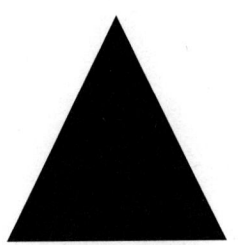

中国学前教育
史料集成

卷
五

幼稚园论集

中册

总主编　喻本伐
本卷主编　喻本伐　徐恩秀

中国教育出版传媒集团
人民教育出版社·北京

编者说明

一、"学前教育"术语,是近代西方"新教育"传入中国后,才得以在中国确立和广泛运用的。学前教育,有广义和狭义之分。广义的学前教育,是指对从出生到6周岁或7周岁的儿童所实施的保育和教育。从这个意义上说,它与中国原本使用的"慈幼教育"或"童蒙教育"同义,并非严格意义的公共教养机构,以与正规学校制度对接。而狭义的学前教育,则是指对3~6周岁或7周岁的儿童所实施的保育和教育,它仅指广义学前教育的后半段。它的重要特征,一为有专设的公共教养机构,二为此机构能与其后的小学教育紧密衔接。本丛书命名之要义,实则偏重于狭义。

二、最早由西方基督教传教士在中国开办的学前教育机构,名为"小孩察物学堂"。中国政府于1902年颁布《钦定学堂章程》时,并未配套设置学前教育机构;在1904年颁布《奏定学堂章程》时,首次以"蒙养院"作为学前公共教养机构的名称。1912年中华民国成立,在随后颁行的"壬子癸丑学制"中,将"蒙养院"变更一字,改称"蒙养园"。在1922年颁行的"壬戌学制"中,又将"蒙养园"改称"幼稚园"。1949年中华人民共和国成立,在1951年颁行的《关于改革学制的决定》中,最终将"幼稚园"改定为"幼儿园"。本丛书的史料收集,依照蒙养院、蒙养园、幼稚园和幼儿园四段展开。

三、本丛书的史料,又依据制度、实践和思想三要素,各自进行分类编年。具体而言,制度部分由"制度、章则、令案"合构,实践部分由"绍介、创设、办理"合构,思想部分由"理论、思想、主张"合构。史料选取,以蒙养院、蒙养园、幼稚园和幼儿园教育为主体,兼及托儿所教育、幼儿师范教育、慈幼教育和家庭教育等诸方面。史料的上、下时限,一般均依法定学制的颁布时间而定,而思想渊源或影响，或则稍溢出此范畴，实为学制颁布前后的铺垫或延伸。

四、具体来说，本丛书由如后10卷合构：《卷一　蒙养院论集》（1904—1911年，包括制度、实践和思想三部分），《卷二　蒙养园论集　上册》（1912—1922年，包括制度、实践二部分），《卷三　蒙养园论集　下册》（1912—1922年，包括思想部分），《卷四　幼稚园论集　上册》（1922—1951年，包括制度、实践二部分），《卷五　幼稚园论集　中册》（1922—1932年，包括《幼稚园课程标准》颁布前之思想部分），《卷六　幼稚园论集　下册》（1932—1951年，包括《幼稚园课程标准》颁布后之思想部分），《卷七　幼儿园论集　上册》（1951—2001年，包括制度部分），《卷八　幼儿园论集　中上册》（1951—2001年，包括实践部分），《卷九　幼儿园论集　中下册》（1951—1978年，包括"十一届三中全会"召开前之思想部分），《卷十　幼儿园论集　下册》（1978—2001年，包括"十一届三中全会"召开后之思想部分）。

五、本丛书的选录对象为各种文论，包括手稿、论文、演讲记录、调查报告、提案、书信、日记、参观记等，原则上不包括单独成册的专著（序、跋除外）。至于论文集、文献汇编等，则选取其中的单篇。对于文论的选录，以全篇整录为通例；其特例，则为部分选录（篇名后标明"节录"或"未完稿"，正文中部分省略）。少量与正文相关并确有必要的文字，收作正文附录。

六、所收文论，以"保留原貌"为准则。尽可能依据最早发表时的原件，而不取全集、文选等再发表件编者之删改或修饰的结果。原文中的繁体字、异体字等，按照国家所颁行的相关规定统一处理。明显的错别字、脱字等，编者统一后置"〔〕"，并将供参考之字或词置于其内。已无法辨识的文字，由编者用"□"表示。原竖版中的"如左""如右"等表述，均改为"如下""如上"等。

七、对于原文中的断句和标点符号使用，由编者依照通例统一处理；对于原文未分段或分段不当者，由编者根据文意，重新进行分段；对于原文中的各式序号标列，由编者按相关标准统一处理；原文（表格除外）中的中文数字，皆保留原样。原文中的表格，均尽可能保留原有形式，但为阅读便利，其中凡为竖式者，皆改为横式；中文数字，一般情况下改为阿拉伯数字。全书的表号和表题，由编者进行统一处理。文中原发表时的附图，保留原样，以"原图"表示；由编者插入的图片等，则用"另图"表示。书中的原图与另图，也分别由编者统一拟题和加冠序号。

八、本书各篇文论的题目之下，标明作者或发文单位及该文面世时间，并置"题解"，交代文章撰写或发表时间、原载刊物、作者简介、相关背景或载刊简介等。文内注释，采用脚注形式，每页均重编序号。注释对象，为人物、事件、专用术语、特殊名词、个别难僻字词、非通译人名或外文等。同一注释对象，在同一卷中仅详注一次，且以首次出现时加注为原则。对于在题解中已介绍的人物等，不再详注。对于难以查找到的非通译人名、地名，权且从略。

九、本丛书的总主编为喻本伐。各分卷主编依次为：《卷一　蒙养院论集》，喻本伐、郑刚；《卷二　蒙养园论集　上册》，喻本伐、张汶军；《卷三　蒙养园论集　下册》，喻本伐、赵燕（武汉市城市职业学院）；《卷四　幼稚园论集　上册》，喻本伐、李先军；《卷五　幼稚园论集　中册》，喻本伐、徐恩秀（集美大学师范学院）；《卷六　幼稚园论集　下册》，喻本伐、王帅；《卷七　幼儿园论集　上册》，喻本伐、郑刚、张汶军；《卷八　幼儿园论集　中上册》，喻本伐、郑刚、张汶军;《卷九 幼儿园论集 中下册》,喻本伐、郑刚、张汶军;《卷十 幼儿园论集 下册》,喻本伐、郑刚、张汶军。除已标明者外,余皆为华中师范大学教育学院教师。

喻本伐

2022 年 4 月 13 日

目 录

第三编

理论　思想　主张

1	幼稚教育面面观｜杨鄂联　1923年3月	003
2	儿童公育｜任开国　1923年10月1日	007
3	儿童每天生活的程序｜陈鹤琴　1923年11月26日	015
4	现今幼稚教育之弊病｜陈鹤琴　1924年3月	020
5	《家庭教育》序｜郑宗海　1924年冬	024
6	儿童和玩具｜雪门　1925年1月18日	027
7	孟禄夫人送玩具 ——致桃红、小桃｜陶知行　1925年1月18日	037
8	幼稚园文字教学之研究｜张雪门　1925年2月27日	040
9	《家庭教育》自序｜陈鹤琴　1925年2月	049
	附录一　《〈家庭教育〉再序》（1926年版）	052
	附录二　《〈家庭教育〉卷头语》（1943年版）	053
	附录三　《〈家庭教育〉重版序》（1981年版）	053
10	民国十三年中国教育状况·幼稚教育（节录）｜陶知行　程其保　1925年春	055
11	幼稚教育与妇女教育｜欧阳兰　1925年11月25日	057
12	给教育学会幼稚教育研究组一封公开的信｜张显烈　1925年12月3日	062
13	评陈著之《家庭教育》 ——愿与天下父母共读之｜陶知行　1925年12月11日	066
14	评"东大教育丛书"之一《家庭教育》｜张雪门　1925年12月27日	070

15	现在幼稚园中亟应研究的问题｜沈百英　1925年12月	077
16	婴孩同情心的发见｜张雪门　1926年1月30日	081
17	参观三十校幼稚园后的感想｜张雪门　1926年2月28日	093
18	《福禄培尔母游戏》释例｜张雪门　1926年4月4日	106
19	罗素与幼稚教育｜志摩　1926年5月10日	117
20	关于《罗素与幼稚教育》质疑与答问｜欧阳兰　徐志摩　1926年5月19日	127
21	幼稚师范问题｜张宗麟　1926年5月	136
22	调查江浙幼稚教育后的感想｜张宗麟　1926年6月	150
23	幼稚园课程组织的概要｜张雪门　1926年7月10日	168
24	《幼稚园的研究　第一集》自序｜张雪门　1926年7月26日	174
25	儿童心理在儿童教育上之意义｜张铭鼎　1926年8月20日	178
26	论幼稚园应有之改革及进行办法 　　——致陈陶遗｜陶知行　1926年9月16日	191
27	论幼稚园切合农村之需要 　　——致陈陶遗｜陶知行　1926年9月17日	193
28	怎样帮助新进幼稚园里的孩子｜张雪门　1926年9月25日	195
29	幼稚园里的几种读法教学法｜张宗麟　1926年9月	203
30	寿六旬慈母 　　——致陶文渼｜陶知行　1926年10月5日	220
31	幼稚园之新大陆 　　——工厂与农村｜陶知行　1926年11月12日	223
32	幼稚园课程编制原则｜唐毅　1926年12月12日	226
33	怎样编制幼稚园的课程｜张宗麟　1926年12月25日	236
34	幼稚生生活状况的实例和讨论｜张宗麟　1927年1月9日	247
35	送给国家的寿面 　　——致母亲｜陶知行　1927年1月20日	258
36	幼稚教育之重要｜菊农　1927年2月17日	260
37	幼稚教育之新趋势｜陈鹤琴　1927年2月20日	264
38	幼稚儿童与家庭教育｜赵廷为　1927年2月20日	275
39	幼稚园自然课程及其教学要点｜雷震清　1927年2月20日	286
40	谈谈幼稚教育｜沈百英　1927年2月20日	296
41	《幼稚教育》发刊辞｜陈鹤琴　1927年3月	304
42	我们的主张｜陈鹤琴　1927年3月	308

43	关于幼稚园课室内几件美的装饰事项｜张雪门　1927年4月8日	321
44	改进儿童教育的一个重要提议	
	——整理儿童用书｜张宗麟　1927年4月14日	327
45	对于幼稚教育的管见｜沈金相　1927年7月20日	333
46	蒙台梭利制度和现时的中国｜张雪门　1927年7月29日	341
47	《蒙台梭利与其教育》自序｜张雪门　1927年7月31日	346
48	第一个乡村幼稚园成立	
	——致母亲｜陶知行　1927年11月7日	349
49	在燕子矶幼稚园开园典礼上的讲话｜陶知行　1927年11月11日	351
	附录 《南京燕子矶乡村幼稚园成立》	352
50	幼稚园数学应怎样教法｜张雪门　1927年11月14日	353
51	幼稚园艺友	
	——致汪纯宜｜陶知行　1927年12月3日	360
52	如何使幼稚教育普及｜陶知行　1928年2月29日	362
53	整个教学法｜陈鹤琴　1928年5月	366
54	近今幼稚教育之概况｜张铭鼎　1928年11月20日	371
55	怎样指导幼稚园的教学做？｜张宗麟　1928年12月30日	383
56	幼稚园师资在教育上的地位｜张景崧　1929年4月21日	391
57	自动教学下之幼稚园的手工｜张雪门　1929年8月31日	395
58	今日之幼稚园｜陶知行　1929年10月28日	412
59	我国手指游戏在教育上的价值｜张雪门　1930年1月20日	416
60	幼儿读物问题的讨论｜龚宝善　1930年3月1日	450
61	创办儿童生活园之倡议｜邰爽秋　1930年4月1日	463
62	幼童唱歌应多用儿歌的商榷｜沈百英　1930年4月	482
63	我国现时最需要的是何种幼稚园教育｜张雪门　1930年5月20日	486
64	艺友制的教育｜陶知行　1930年7月	495
65	幼稚教育谈｜张宗麟　1930年8月	499
66	农谚可以做自然科的教材吗？｜张兆林　1930年11月15日	503
67	中国近年来幼稚教育课程之变迁	
	——在北平师范大学教育学会的演讲｜张雪门　1930年冬	510
68	上海教育界欢迎华虚朋博士时的致词｜蔡元培　1931年2月15日	519
	附录 《蔡子民致词》	521
69	儿童最爱玩的游戏｜张宗麟　王荆璞　1931年3月1日	523

70	四年来之中国幼稚教育｜陈鹤琴　1931年4月15日	531
71	"鸟言兽语的读物"应当打破吗？｜陈鹤琴　1931年4月15日	539
72	再论儿童读物	
	——附答吴研因先生｜尚仲衣　1931年5月10日	545
73	读尚仲衣君《再论儿童读物》乃知"鸟言兽语"确实不必打破｜	
	吴研因　1931年5月19日	551
74	幼稚园要不要有教科书｜张宗麟　梁士杰　1931年10月	554
75	不适用于幼稚园的儿童故事｜陈伯吹　1932年1月15日	561
76	长留慈爱在人间	
	——致孙铭勋、台和中｜陶知行　1932年11月25日	569

第三编

理 论

思 想

主 张

1 幼稚教育面面观

杨鄂联

1923年3月

另图1　杨卫玉像

题　解　　本篇原载《初等教育》第 1 卷第 1 期。发表时间为 1923 年 3 月。原发表时作者署名前冠有"苏二女师"字样。

撰著者杨鄂联，即杨卫玉（1888—1956），字鄂联，江苏嘉定（今属上海）人。早年就读于上海尚贤堂书院、上海理科专修学校。中华民国成立后，历任江苏省第二女子师范学校附属小学主事，江苏省第一师范学校、第二师范学校、苏州女子职业学校主事。1916 年 9 月，在嘉定组织"儿童学会"，研究儿童玩好心理比较、体格及学力比较、群居心理比较。后长期担任中华职业教育社副理事长、总干事。历兼上海大夏大学、上海工商专科学校、中华职业学校、民立女子中学、位育中学、南翔苏民职业学校教授、校长、董事、董事长等职务。著有《女子心理学》《职业教育概要》等。

《初等教育》，教育季刊，1923 年 3 月创刊于南京，由初等教育季刊社出版，合组机关有中华教育改进社初等教育委员会、江苏师范附属小学联合会、北京女高师附属小学校、北京高师附属小学校、东南大学南京高师附属小学校、吴氏兄弟小学校、尚公学校、浙江女师范附属小学校、浙江第一师范附属小学校、江苏第一女师范附属小学校、江苏第二师范附属小学校等 16 个，编辑主任俞子夷，上海商务印书馆发行。旨在研讨初等教育理论，交流各地教育改革的经验，并致力于小学课程研究，为"新学制"的推行铺路架桥。主要栏目，有调查报告、教材与教法、教育消息等；主要撰稿人，有俞子夷、徐允昭、胡叔异、金晓晚等。1924 年 12 月终刊，共出 2 卷 9 期（正刊 8 期，增刊 1 期）。

中国谈〔新〕教育已二十年①了，小学校总算一年多一年，全国各县、各市乡没有一处无小学校。但是，大家公认为基本教育的幼稚园，统全国算起来，没有到一二百所（教会立的在内）。

近年以来，幼稚教育比较发达的地方要算苏州，统共有十几处。除教会立的以外，有省立、县立、市立。所有各个幼稚园的保姆②都是慕家花园派③，所以教学、训练、养护、设备等种种方法大同小异。吾于幼稚教育不很明白，但很欢喜用普通的教育眼光去看她们。看了以后就生了许多问题，现在写出来，请大家研究、指教。

现在办幼稚园的主义，大概为两派：不是福禄培尔④，便是蒙铁梭利⑤。要是参酌两派学说，根据教育心理而成为另一派的，简直没有。苏州的幼稚园大都是近于福禄培尔派，蒙铁梭利的教具，没有一家用的。吾于这一点发生疑问了。

我们教育学生是用研究的方法，根据的学理不是做一人一家的门徒，专门宣传服从的。福氏有福氏的好处，蒙氏有蒙氏的好处。

譬如福氏的教具，确比蒙氏的经济、活泼、应用广、变化多。不过教的时候，不论儿童喜欢不喜欢，定要一班坐在桌上玩的。虽是玩的方法可以许儿童自由，从实际上观察起来，除了极少数聪明、要好的儿童自己设计外，大多数是模仿或呆坐的。这种方法不改良，福氏的发明恩物虽于教育界有绝大的贡献，吾却不敢承认他尽善尽美。

至于蒙氏的教具，其长处就在练习触觉、感觉，并且极自由，可以使儿童单独用的。

---

① 此"二十年"，系指自1902年《钦定学堂章程》（"壬寅学制"）颁布至本文发表时。
② 保姆："保姆教习"的简称，是清末民初蒙养院和蒙养园中幼儿教师的名称，而非现今的家政工作人员。晚清即有"保姆传习所"之设，用以培训幼教师资。
③ 作者原注："慕家花园是地名，美国丁路德女士在该处设立幼稚师范，距今十五年前。现在归并景海女校。"此机构，通称"景海女学幼稚师范科"。
④ 福禄培尔：指弗里德里希·福禄培尔（Friedrich Froebel, 1782—1852），德国教育家、幼儿园制度的创始者。他崇尚裴斯泰洛齐的教育思想，曾在裴氏身边工作了两年。1816年在家乡创办了一所学校，实验裴斯泰洛齐的教育主张，并取得了成功。1837年在德国勃兰登堡为学龄前儿童创办了一所活动学校，1840年将该校正式改名为"幼儿园"。著有《人的教育》《慈母曲及唱歌游戏集》《幼儿园教育学》等。
⑤ 蒙铁梭利：通译蒙台梭利，即玛丽亚·蒙台梭利（Maria Montessori, 1870—1952），女，意大利学前教育家，是意大利历史上第一位女医学博士。1907年，她在罗马贫民区建立"儿童之家"，招收3~6岁的贫民儿童加以教育，获得了惊人的效果。她所创立的蒙台梭利教育法，曾风靡整个西方世界，深刻地影响了世界各国的儿童教育。著有《教育人类学》《运用于"儿童之家"的幼儿教育的科学教育方法》等。

但是，太器〔机〕械、太细密。如结纽一项，儿童自然不学而可能的，何必要借用器具？反不如用自己身上穿的衣服、靴鞋的现成有趣。彩色板分至八十一种之多，不要说幼儿，就是成人，怕也分不清。无怪要受福派的反对了。

但是，我们研究幼稚教育的人，对于两派的长短应有公正的辨别，择长去短，双方利用，岂不更好？何必拘守一派的成法，到底不变呢！

我们要明白，为什么叫"幼稚园"，不叫"幼稚学校"。因为学校是有规律的、有方式的，园是自然的、活泼的。假使既叫做园，而中间的设施和学校没有大分别，还合幼稚园的原理么？

吾所看见的幼稚园，往往地板上画了一个大圈儿，天天叫儿童搬了小椅，照着大圈儿坐。圈坐比排列坐固然好得多，难道不许作方形、椭圆形、三角形坐的？不照了圈坐，便不能算幼稚园吗？

还有，现在一般幼稚园的功课也是一成不变。每天有一定的时间，上一定的课，形式是儿童喜什么、教什么。实际上，完全保姆预定了教什么、做什么，反不如几个施行设计教学①的小学校活泼、自然。

有人说："从前福禄培尔比保姆为园丁，儿童为花木。现在有许多保姆要像花匠了，编松柏为鹿、鹤，屈花木作奇形怪状。"这段譬喻未免过火，却也有几分道着〔理〕。吾以为，一般热心幼稚教育的先生们应该觉悟的。

考"保姆"两字，创始在《唐书》上："师母〔姆〕在右，保姆在左。"②现在，幼稚园的教师称"保姆"，就是这个意思。有人为他下一定义："保姆是保护小孩的身体，使他成人；并替他生母教养他、抚育他，使他和自己的子女一样。"所以，保姆的责任非常重大，不是随便有了些普通学问、技能就可做的，必须要自身先修养，先训练，明

---

① 设计教学：指设计教学法，亦称"单元教学法"。这一教学法的著名倡导者是克伯屈，他以杜威的教育思想为基础，并加以完善和推广。其目的在于设想、创设一种问题情境，让学生自己去计划和执行，并解决实际问题。它要求废除传统的班级授课制、摒弃教科书，不受学科限制，由儿童根据自己的兴趣决定学习内容，在自己设计、自己负责的单元活动中，获得有关知识和解决实际问题的能力。该法定型于1918年，次年杜威来华讲学后，中国便开始试验该法，并曾兴盛一时。

② 语出《新唐书·礼乐志八》。原文为："傅姆导妃，司则前引，出于母左。师姆在右，保姆在左。"在古代，师姆主要负责教导嫔妃礼仪，保姆主要负责养育照料。

白幼稚园的真理，预备办幼稚园的工具，那末才可算一保姆。

大凡一个人，将来成为什么大教育家、大政治家，都是在幼稚园时代下的种子。譬如栽一棵花，总靠着地土培养得好，将来开花、结果也好。所以，吾要劝一般幼稚教育先生们，不要把幼儿看得轻，要切实地努力研究；既不可以墨守成法，更不可以敷衍了事。要知道幼稚教育比什么教育都重要呢！

现在幼稚园有个大问题，就是要不要识字、写字？有许多略明教育心理的人，以为初具人形的小孩，不应硬逼他学精妙的文字。儿童是最喜活泼游戏，若硬逼他识字，使他只觉着痛苦，减少他在园里作业的兴趣和精神。但又一方面却绝对的反对，以为送儿童到幼稚园就是送到学校，到了学校不识字，还有什么可做。此一是非，彼亦一是非，使得办幼稚教育的无所适从。

但是，照吾的意思，幼儿识字、写字并非不可能的，不过要看教的方法是不是合理。从前，蒙铁梭利儿童院中，有一个幼儿叫乌尔茄，一天早上到校，向着众儿说："我衣袋内有一奇怪的东西，是母亲给我的。"这是一件很有趣的故事，就是一个小孩和蟋蟀做朋友。说着，便从衣袋里摸出一张皱而且破的印刷物，口讲指画的给众儿看，众儿看了非常羡慕。蒙氏见了这情形，就觉得儿童要求印刷物——即读物——的动机来了，就把乌尔茄故事教学生，居然个个懂得、识得。足见幼儿不是一定不能识字的，只要看他有没有需要，他的动机怎样。如果迁就了社会，每星期规定识字几小时；或拘执了教育理论，无论如何不教识字，那又不合时宜了。

吾从各方面见到幼稚园的问题都写出来了。吾因了上述几种观念，却生了几个希望：

（1）现在办幼稚教育的先生还要研究新教育学，以调和旧法；

（2）国家应有极完备的幼稚保姆养成机关，程度要提高，决不如现行之保姆传习所[①]；

（3）各地方要多设幼稚园；

（4）女子师范学校不论有没有附设幼稚园，都应有保育学的课程。

这几件是吾的希望，也就是吾近来观察幼稚教育的结论。

---

① 保姆传习所：亦称"保姆讲习所"，系清末民初培养幼教师资的机构。此机构多为短期在职培训性质，即职后补习教育机构。而女子师范中所附设的保姆讲习科，则为职前教育性质，修业年限为二年或三年。

2　儿童公育

任开国

1923年10月1日

题　解　本篇原载《文史地杂志》第1卷第1期。发表时间为1923年10月1日。

撰著者任开国（1898—1928），化名紫云，别号造新，四川青神人。1915年考入四川省眉州联合县立中学，后考入武昌高等师范学校历史社会学系。在校期间，与林育南、邓中夏、恽代英等书信往来，接受马克思主义。1923年加入中国社会主义青年团，任武昌地方执行委员会候补委员，后加入中国共产党。1926年毕业，旋受聘担任武昌师大附属小学教师、中共武昌部委员会组织委员。1927年"七一五"反革命政变后，转入地下工作，后调任为中共湖北省执行委员会秘书长。1928年3月被捕，旋被杀害。撰有《帝国主义释》《经济学说之阶级性》《中国的民族运动与世界革命》等。

《文史地杂志》，综合性季刊，1923年10月1日创刊于武昌，由武昌师大文史地学会主办、编辑并发行。该会由武昌师大国文史地部及国文系、历史社会学系同学组织而成。该刊旨在刊载此会"同人平日研究之报告"。主要内容，有经济、文学、历史、地理等方面的研究报告，以及诗词、读后感、评论等；主要撰稿人，有段青云、任开国、夏孝诚、萧长迈、张弓、张立德、陈耀庭、朱宗武等。停刊时间不详，仅见出此一期。

一

"儿童公育"这个名词，并不是现世才有的。在两千多年前，希腊的哲人拍拉图①也就主张过，不过在现今，则已由理论而变成为事实了。

但是在柏氏的时代，何以不能成为事实呢？因为凡是一种制度之实现都不是偶然的，须要与该时代的生活状况有密切的关系才能。柏氏的儿童公育底主张，只是他想藉之消除治者阶级底私心，以达到他底"理想国"的实现底一种手段，不是由于当时的生活状况上所演生出来的，所以不能见诸实行。

然而，现世则是迫于实际的生活上底要求，不得不将儿童归于社会公育的，不是由于几个有天才的人想出来试试的，或是因为有少数好奇的人想做来玩玩的。所以，虽尝招人猛烈地反对，而他底普遍的进行，总不见因之稍挫。关于这点也没有什么深刻的道理，我们只要看看近世产业革命底情形就很明白了。

妇人在家庭的职务，可分为两大类：一、操作一切琐屑的事务；二、养育自己所生的儿童。自有史以来都没曾变更过的。

但从欧洲十八世纪下半期机器发明以后就不同了。因为机器工业战胜手工业底结果，一切家庭底劳动都变成社会化。如纺织、缝纫、染色、烹调、燃灯等，莫不另有专门的大组织的营业来替代他；甚至连补衣一事，亦无须妇人自做，只要送到修缮处，等下礼拜去领回就是了。

又因为同时，以机器工业底生产力非常的大，在家庭中劳动是不能得着利益的。于是，家庭就完全失掉从前的生产底能力，仅为纯粹的消费机关。妇女们所有的事情，也就只剩下育儿一样。但是，家庭既不能再事生产，妇人为生计所迫，若想专在家中育儿是事实所不可能的，必要到外边工厂里去作苦工，以维持家庭底一部分的用费。妇人既往工厂里作工，则同时不能圆满的兼抚她底幼儿，乃势所必然的。要想养成很健康的儿

---

① 拍拉图：通译柏拉图（Plato，前427—前347），古希腊哲学家。其为苏格拉底的学生、亚里士多德的老师，此三人被广泛认为是西方哲学的奠基者。他曾创办柏拉图学园，成为西方文明较早的有完整组织的高等学府之一。所著《理想国》，提出儿童公育的主张，描绘出了一幅理想的乌托邦的画面。另著有《对话录》《法律篇》等。

童，又是必无的事了。

然儿童是第二代的人类，是社会第二代的柱石。儿童的身体底健康与否，是与社会上的文化底进步有莫大的关系的。为谋社会的向上和挽救社会将来的堕落，对于儿童底教养是不容丝毫忽视的。所以，结果只有靠社会出来担负养育儿童的责任了。

儿童公育不但是在现社会的生活上所必需的，而且在现在妇女底事业上也是绝不可少的。因为自妇人往工厂作工，经济得以独立，发生了女权运动以后，于是妇女无论在社会上经济的、教育的、政治的，都要求和男子享有平等的权利。结果，妇女的智识增高，无论教师、议员及工场监督官或各机关的事务员，莫不充满了女子的位置。

到最近几年来，就是司法官、行政官和外交官等，女子当其选者亦渐有人。女子底职业范围既已增广，且超越了家庭的范围而进至社会之中。则妇人若专心育儿，便不能尽其职务；欲尽其职务，就不能专心育儿。要二者兼顾无缺，又非事实上所能的事。所以，也不得不将幼儿给诸社会公养了。

就上列两段看来，我们就很明白，现在的儿童公育是由于产业革命后，在实际的生活上所产生的，且是无法避免的。他底发达乃是在进化途程上所有的一种很自然的趋势。无论反对者如何地努力，绝不会因而停止。因为要使儿童公育的事实消灭，不是几句空言所可能的，必须除去产生他底根本条件才获奏效，就是非回复到手工业底生产的时代和妇女奴隶地位的时代不可。

但是要使机器消灭，谁也知是不会有的事，并且也无人肯去毁灭他；要反对男女平等，谁也知是不公道的事，并且也无人愿去反对他。机器既不当毁灭，女子又不能压制，这根本产生儿童公育的条件不能除，那么儿童公育自然没有消灭的希望了，并且只有一天天的普遍的可能。

二

再就理论而论，儿童公育是否合理？

我们前面已经说过"儿童是第二代的人类，是社会第二代的柱石"这句话。所以，儿童不仅是其父母的儿童，乃是社会的儿童。儿童既是社会所有的，则儿童的教养当不仅是其父母的责任，实是社会的责任了。

教养儿童既然是社会的责任，则儿童公育自然在理论上是没有说不通的。但是，现在有许多不知道什么是进化的人，不问是非，提及儿童公育，总是凭他底旧观念，一味无理由地反对，不免令人可笑又可怜！进一步者，却说儿童公育是破坏了家庭的团结与人类的爱心。这层颇足以蒙蔽一般人底习惯的心理，故不得不解说于下。

近代家庭破坏的情势固然是很猛进的。但其原因是否因为儿童公育呢？不是，决不是！家庭破坏底根本原因也是由于产业革命。儿童公育前面已经说明，是产业革命后自然的产物。所以，儿童公育和家庭的破坏，两者只限于相互的关系，是没有因果的关系的。

何以说，家庭的破坏是因为产业革命？关于此层，我们须先明白，从前大家庭能够维持的要件是什么？大家庭维持的要件有三：一、家长有无限量的威权；二、有崇祀祖先的习惯；三、妇女的经济不能独立。此三者之中，又以妇女的经济不能独立为根本条件，其余的两种要件都是以之为转移的。

所以，自妇女到工厂作工获得工资，生活因而独立以后，一方面家长失其威权行使的根据，一方面又因为妇女地位增高，在社会上活动之范围日广，要株守家中祀祖，已非事实所能。于是家庭的拆散就成为必然之势，不能挽回了。

再看旧家庭有无维持的必要？儿童依赖家庭生活，既没有独立的精神，而贫者失学，富者往往堕落，其贻害社会莫此为大；且家庭环境太过于单简，儿童长大成人是不会能适应今日复杂的，且社会生活底需要的。所以旧家庭之在今日又那有丝毫维持的价值？于是我们可以知道，以破坏家庭归咎于儿童公育是无理由和意义的话。

至于人类的爱心，本是人类的一种本能，并不消灭的；不过爱于此强，则爱于彼便弱些罢了。如父母溺爱自己的子女，就不甚爱他人的子女；子女酷爱自己的父母，也不甚爱他人的父母是。但现在是趋向大同的世界，这种亲子间偏狭的爱已不能适用的了，所需要的乃是须扩充的人间爱。因为要做到世界大同，须除却彼此仇视的心理，养成公共苦乐的意志。

但要怎样才能养成公共苦乐的意志呢？儿童公育便是唯一的方法。因为儿童由社会养育，则社会就成了一个大家庭，年老的为父母，年青的为兄弟和姊妹。于是，社会的利害就是个人的利害，个人的利害也就是大众的利害。休戚相同自然没有争执了。因而从前的人爱家庭和父母、兄弟、姊妹的心，现在就不得不转其对象而为社会和世人。像这样视社会如自己的家庭，世人如自己的父母、兄弟、姊妹般的爱，是何等的扩大增长的爱呢！还要说儿童公育破坏了人间的爱心，这真是"欲加之罪，何患无词"了！

三

我们现在对于儿童公育，所应该严重考虑的、唯一的，是要问：儿童公育关于儿童的自身底福利上究竟如何？因为无论公育和私育都为的是儿童，总不能于儿童底福利上稍为忽视一点。

如果公育对于儿童有害，我们也可以洪水猛兽视之；若其反是，便应该顺势而提倡了。

要明此点，当先问一句，就是须怎样才能养成健全的孩子？稍有常识的人恐怕都知道要有这两种要素：一、食量的供给，须充分而且优良；二、育儿的智识，须备具而有训练。两者缺一，都难于成功了。

但是，在今日劳动状况之下是怎样的呢？不消说得，妇人到工厂里作工，终日勤苦，身体疲乏，是不能有良好的乳汁的；而物价飞腾、生活昂贵，卖十二小时的劳力还可获一饱，又焉能得充分的食品饲育儿童？至于要个个人都受教育，学有卫生、生理、病态等一切养儿所必要的智识，那更万不可能了。所以，除少数资产阶级的儿童能得到健全以外，其余大多数无产阶级的儿童总是羸弱不堪的样儿呵！

但行儿童公育，是否可以免去这种悲惨呢？我们观察俄国底情形，就知道是可以免去的。俄国自"十月革命"以后实行社会主义，就于大城小镇中设立公共育儿院；又于其旁设立榨牛乳的工厂，由专门家监督，用纯良的牛乳或人乳哺育小儿；并创办许多学校，专门训练看护妇的人材，授以儿童各方面生活的状况、各时期发达的大小及病态显著的特征等智识，分派〔他〕处服务。则儿童既不患食料缺乏，又不患养母不良，自然能够长成很健康的了。我们只要回想，俄国劳动者最初对于劳农政府这种公育的设施所抱有的那般激烈的怀疑态度，而到现在，不过五六年之久，就都欣喜的争将儿童送入院中养育，便可以想像其成绩如何？

不特此也，再看英国的西维亚班霍斯德①女士，当欧战的时候在伦敦设立的育儿院底状况，也可以显出公育和私育之孰有福于儿童。女士在它的自叙传中这样说："我们的育儿院，总算惨澹污秽的海中惟一的沃土。但是，每星期费了我们五天半心力抚养而成的健康小儿，经他们的母亲带去，在缺乏牛乳、缺少空气的小房中逗遛了一天半，就变为不健康的小儿了。"

从此可以知道，若是在社会能够保障一切人的生存的时候，儿童公育或者还可以不成问题。在一切人的生活都没有受保障的时代，将儿童的教养完全委之于连自己的生存都靠不住的父母是不合理，并且对于父母，对于儿童，都是极残酷的。所以，到了社会能够保障一切人的生存的时候，则儿童公育和私育可以并存，由其父母自由选择；而在现在，一般的劳动阶级实都有儿童公育的必要。这不仅是救济儿童，并且是救济了有儿童的父母呵！

但是，在现在的社会——资本主义的社会下面，劳动者全体的生活总不会个个都得住〔到〕保障的。要资本主义的政府——资本家的执行委员会拿出一笔巨款，广办公共育儿院也是不可能的。我们都忍心见住〔到〕一般无产阶级的子女失养吗？

我以为，在未渡过此段悲惨的时期前，热心社会运动的人同时也当做这样一种工作，就是于劳苦群众较多之地，设立若干育儿院，收容无产阶级的儿童。工资极低者，全不纳费；工资较高者，每一儿童可依其比例，年出金若干。有产阶级的儿童，亦可收入，但须视其资产多寡纳开办费及常年费。不足，再随时募捐以充之。如此，一则育儿院可以继续长久，而无倒塌〔闭〕之虑；一则劳动阶级的儿童也可以救济多少了。

四

儿童公育除救济劳苦的儿童外，并且为解放妇女的一个要素。

何以说呢？从前的妇人，所以过非人的生活，不外是终身陷于家事和育儿这两种事

---

① 西维亚班霍斯德：通译西尔维亚·潘克赫斯特（Sylvia Pankhurst，1882—1960），女，英国女权主义者、反法西斯主义者。

务底原故。产业革命的结果使女子不再做家庭中的琐事，算已得着了一半的解放，但儿童若不归诸社会公育，其余一半的羁轭终久是不会脱离的。

妇女为育儿的事务所限，不能尽量地接受她们底工作容量，如生育繁殖的还将终日劳悴〔瘁〕，老死于那看护小孩的奴隶生活。有了智识的女子也不能充分的运用她底才能，或因之自馁其志的亦复不少。所以要女子达到完全的解放，无论社会上政治的、教育的、经济的各种职务，都和男子一样享有真正平等的权利，就不可不实行儿童公育。

不然，就是女子的智识无论怎样的增高，才能无论如何的伟大，而没有男子那样毫无牵累的做事底机会，在事实上总是不可能的了。无怪南非女权运动的领袖须林娜①女士还要说"就是生育小孩，也不是一切妇人都应做的事，只给一部分的妇女负责就可以"的话呵！

五

现在还要说的是，儿童公育对于社会的关系和给予人类的幸福。

我们都知道，人类为求幸福才组织社会，社会不能离人类而存在，人类亦不能离社会而生活，这是当然的事理。所以要谋幸福的增高，须求社会的进步；要求社会的进步，就须要人人肯为社会努力和服务才行。

以前的社会，所以无进步的原因就是一般的人不肯为社会服务；而一般人不肯为社会服务的原因，则是由于把"社会"二字忘记了；但是忘记了社会，也不是他们底道德堕落，乃是当时必然的结果。因为在私产制度之下，个人的生活，如衣、食、住以及求学、旅行等一切费用，都是由于家庭的供给，社会上素没有人过问。所以，他们所感觉的只是除家庭而外，便不能生活；要谋生活的向上，只有图家庭的发展。至于社会，好像就不曾与自己的生活发生过何等的关系了。

因此，谈到社会上公众的事情，自然没有人是肯努力为他出力的；但是将来的情形，

---

① 须林娜：通译施赖纳，即奥利芙·施赖纳（Olive Schreiner，1855—1920），南非女权主义者、作家。著有《非洲农场的故事》等。

就恰与之相反，负养育儿童的责任的，不必是家庭，乃是社会。社会既变为儿童底一个大家庭，并且除这个大家庭之外，差不多没有别的家庭的，也差不多再没有人肯负养育他底义务，儿童自然很感觉社会的重要了。

先前，儿童长大之后，为谋他底家庭的向上底努力和牺牲的精神；现在，就不得不转而报诸社会，则社会上还有废弛的事吗？既没有废弛的事，社会还有不进步的吗？于是我们可以得着一个结论：若是儿童公育普遍的实行之后，社会的发展必有很可惊人的速度，人类的幸福也一定随之而有无限大的增多。

3 儿童每天生活的程序

陈鹤琴

1923年11月26日

另图2　陈鹤琴像

题　解　本篇原载《申报·教育与人生》第7期。发表时间为1923年11月26日。作者在标题之下，对本文中的"儿童"注释为："儿童的年龄以两岁以上为合宜。"

　　撰著者陈鹤琴（1892—1982），浙江上虞人。早年就读于杭州蕙兰中学、上海圣约翰大学。1911年秋，考入清华学堂高等科。1914年夏，庚款留美，先获霍普金斯大学文学学士学位，后获哥伦比亚大学教育学硕士学位。1919年归国，历任南京高等师范学校专任教员、东南大学教授。后创设南京鼓楼幼稚园，致力于儿童心理和幼儿教育研究，并以此名家。1928年在上海主持公共租界华人教育处，后创设中华儿童教育社，担任主席。1940年主持创设江西省立实验幼稚师范学校，任校长。该校后改国立，并增设幼稚师范专修科。抗战胜利后，创设国立幼稚师范专科学校和上海市立幼稚师范学校。著有《儿童心理之研究》《家庭教育》，著作有《陈鹤琴全集》等。

　　《申报·教育与人生》，教育周刊，《申报》副刊之一。《申报》原名《申江新报》，创刊于1872年4月30日，是近代中国发行时间最久、具有广泛社会影响的报纸。该报《教育与人生》周刊，于1923年10月创刊，主编为蒋湘青。旨在推进方兴未艾的新教育运动，为推行"新学制"助阵。主要栏目，有学乘、随谈、言论、消息、论著、专论、杂载、专件、讲演、调查、讨论、研究、青年之友、体育、游戏教材等；主要撰稿人，有蒋湘青、黄炎培、俞子夷、舒新城、廖世承等。1924年12月终刊，共出60期。

我们中国普通的小孩子与外国的孩子比较起来，为什么身体这样孱弱？精神这样痿〔萎〕靡？平常这样多哭多病？死亡数目这样的多？父母方面，训育与教育这样的困难？究竟是生来便这样的，还是后天使然的？如其他生成如此，我们便无法可想；若是后天使然，我们当父母、爱惜小孩子的人，岂可不想法子来救济吗？

其实，中国的孩子与外国的比较起来，初生时本来没有丝毫的区别。试把现在国内实行良好教育的新家庭里面的小孩子，与他们比一比便可知了。那末，这些多哭多病、身体孱弱的小孩子们完全是后天教养不得其法的缘故，就明白了。所以要使得孩子身体强健、性情活泼、幸福增加……非懂得教育方法，且实行之不可。

教育的方法是怎样的呢？这个问题非常困难而又复杂，容后逐渐讨论。现在，暂把儿童每天生活的程序写出来，以供大家采取。

教育小孩子，最主要的就是养成他良好的习惯。我们成人在一天内，有衣、食、住三项下面的动作，大概都是习惯的表显。例如，穿衣、吃饭、走路、睡觉……种种都是机械的动作。不但关于衣、食、住的动作是一种习惯，就是读书、写字、说话、作工等等，大概都是。

我们说话的时候，并不预算口、舌等如何动作。但是不知不觉的，自己便动起来了，这也是习惯。然而说话时说得不清楚，便惹人笑，这便是习惯不良好的缘故；行走时驼了背、耸了肩、低了头、拖了脚，痿〔萎〕靡不振的样子，岂不是幼年养成了的吗？又有许多人，胃口不健，大便不通，以致常多疾病，这岂不是幼时没有养成每天大便一次的缘故吗？

总而言之，我们成人的动作大部分是受习惯的支配。若是我们的习惯养成得好，那末终身受其福，不然便终身受其害。所以近来教育家以为，幼稚教育之主要目的就是在养成良好的习惯。

但是习惯之养成，在乎平日；而每天的生活，尤贵有秩序。本篇主脑即在于此。究竟当否，还请大家讨论讨论。

儿童每天生活程序的规定：

七时到八时——

（1）大小便。早晨醒来披起衣，就使他去大小便。（切不可刚起床，就给他吃糕、饼等物。）

（2）穿衣服。等他解完了大小便后，就与他穿好衣服。（此时可以同他唱唱歌，或者给他看看图画，使他很快乐。这样一来，他就不致〔至〕于不喜欢穿衣了。）

（3）洗脸。不会洗的，可以教他。总以自动为好。

（4）刷牙。也宜把最良好而便当的法子教他。

（5）早餐。等他穿、洗好了，八时便给早餐与他吃。

八时至十时——

（1）游戏。从八时起到十时，使他游戏二个钟头的时间。（但须在适当的范围内，方可任儿童所欲。）

（2）早点心。迨至十时或十时半，给他少许点心以充充饥。

十时至十二时——

游戏。方法、用意同上。

十二时至下午一时——

午餐。午餐前必教他洗手，吃后必要洗脸与手。

一时至二时——

休息。二三岁的儿童，最好是使他睡中觉；年纪稍大的不愿意睡时，也应教他到寝室里去，静悄悄的看看画或唱唱歌，以资休养才好。

二时至四时——

（1）游戏。

（2）晚点心。约在四时许给之。

四时至六时——

（1）游戏。

（2）晚餐。在六时左右。饭前宜洗手，饭后手与脸均当洗之。

六时至七时——

娱乐。等他晚餐后，便同必〔他〕走走，散散步，或唱唱歌、弹弹琴、讲讲故事、看看图画。

睡眠。约在七时或八时行之——

当看儿童的年龄而定。尚有三项，须在同时行之。如：

（1）刷牙。睡眠前必须刷牙，以免牙中积物腐烂。

（2）换衣。眠睡前最好换穿睡衣。

（3）洗澡。临睡时给以适当的温水，与他洗去日间所生的汗垢，使他舒适，以好安眠。再不然，改在早晨起来时与他洗也好。在夏天，最好天天举行；在冬天，每星期至少也要有一次。

上列各条与时间的关系，恐不甚明了。特再绘一"自鸣钟图样"来表明（原图1）。

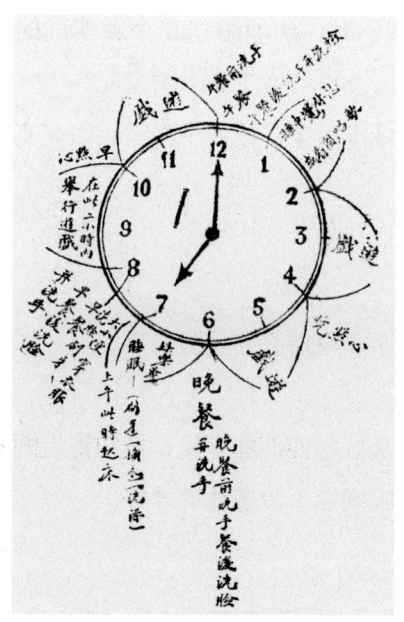

原图1　自鸣钟式作息时间图

上列各条规定的事实与时间，不能作为呆板的定律，也可各随其家庭的情形来增减，总以不违背教育的原则为归束。但是，各条都是根据儿童生理上发育的步骤与原则来定的，尤望阅者勿漠视之为幸！

还有一层意思，不得不说明的，就是关于上面提议的生活程序，他〔总〕有许多人发生种种怀疑：或者以为这种排定的程序似乎剥夺儿童的自由，约束儿童的动作，与教育原理不甚符合；或者以为过于麻烦，不容易实行，纵然实行也未见得能生什么效果。这些论调忽略看来似有理由，但是仔细考察起来，却与教育原理和儿童心理上、生理上发育的步骤大相矛盾。为什么呢？

（1）儿童的年幼无知，缺乏自治能力，不应予以绝对的自由。所以，不能不稍加约束，以谋他个人的与家庭间的幸福。若是采取放任主义，听其自由行动，那末儿童若是终日的要糖果吃，我们也是随他的便，多多的给他，以伤坏他的胃口、夭折他的寿命吗？又如儿童喜欢弄刀、玩火，我们不加限制，任他乱弄乱玩，以致焚伤其身体吗？所以，这种放任主义的论调是不行的。

（2）儿童的幼稚时期为终身幸福的基础，而儿童的幸福就是家庭的幸福。关系既是这样的大，再麻烦一点的，我们也应当去作，何况这个程序也并不十分麻烦。

说到实行一层，其中确有困难的地方，假如我们有决心，也不大困难。至于解决困难的方法及其理由，容后再做专篇讨论。

4　现今幼稚教育之弊病

陈鹤琴

1924年3月

题　解　　本篇原载《新教育》第 8 卷第 2 期。发表时间为 1924 年 3 月。
有关撰著者陈鹤琴,参见前文《儿童每天生活的程序》题解。
《新教育》,教育月刊,1919 年 2 月创刊于上海,由新教育共进社主办,后由中华教育改进社主办,蒋梦麟、陶行知等先后担任主编。该刊以"养成健全的个人,创造进化的社会"为宗旨,坚信"欲求此新时代之发达,教育其基本也"。主要栏目,有评论、专论、演讲录、世界教育、社务报告、调查统计、要闻、国外教育消息等;主要撰稿人,有夏承枫、章洪熙、陶行知、黄炎培、郑宗海、蔡元培等。1925 年 10 月终刊,共出 11 卷 53 期。

幼稚教育在中国究竟发展到什么地步,我没有澈底的调查,不敢妄断。然把我所知道的和所见到的,略略地说出来,以资讨论。

我们中国的幼稚园大抵是抄袭外人的,而外人的幼稚园已时有改进的,而我们还是墨守成规、不知改良,以致陈旧腐败、不堪闻问了。以我的眼光看来,我们中国普通幼稚园大概有四种弊病。

一、与环境的接触太少，在游戏室的时间太多

小孩子生来是无知无识、没有什么能力的。后来与环境、与社会相接触，始渐渐地稍有知识、稍有能力了。他与环境和社会相接触的机会愈多，他的知识愈丰富，他的能力也愈充分。倘使我们不给他玩弄沙土，他断不会知道沙土的性质；倘使我们不让他与猫、狗等动物相接触，他那里会知道猫、狗等动物的生活；倘使我们不带他到街上去观察人民的生活，他那里会晓得民生的艰难；倘使他没有别的小孩子作伴侣，他那里能够学得做人的道理。

有一天，我问一个六岁的小孩子说："你曾看见过松鼠吗？"她说："看见过的。"我再问她说："有多少大？"她举起两手的食指来，在空中摆着，两指相距约两寸许，回答说："这样大。"我说："你在什么地方看见的？"他说："在书上。"他就把一本油印的读本拿来给我看。图中那个松鼠画得非驴非牛，不像一个松鼠。

你看，这个小孩子完全得了一种谬误的观念。他看了这种书上的死图，就得了这种谬误观念。要知图是代表事物的，不能当作事物的。若小孩子没有看见过真的和活的松鼠，不应当给他看书中的死松鼠。若要教小孩子知道松鼠这样动物，我们最好带领他到树林中去看活松鼠；次之，把松鼠拿了来给小孩看，务使他得到一种正确观念。

总而言之，小孩子的知识是由经验得来的。所接触的环境愈广，所得的知识当然愈多。所以，我们要使小孩子与环境有充分的接触。这样说来，我们不应把幼稚园的儿童关在游戏室内，使他们与外界和环境不生直接的接触。

然看看我们中国的幼稚园，幼稚生的生活几乎都是室内的生活。邻近即有田园、即有街市，而不领幼稚生到外边去看看，但呆板地天天叫他在一间小房子内生活。虽有幼稚园的教师有时领儿童到外边去游览，但那也是偶一为之而已。

我知道有一个幼稚园设在楼上的，儿童所有的地方不过几个房间。像这种幼稚园，我们就称他为"幼稚监狱"也不十分过分。我也知道好几个幼稚园，他们所有的儿童太多，而所有游戏室太小。因此，这种儿童在游戏时，不是你碰着我，就是我撞着你。所以，照我个人眼光看起来，现在幼稚园的弊病并不在乎没有房间可以游戏，而在乎没有与环境和社会相接触的机会。

二、功课太简单

我们中国的幼稚园,几几乎变为"幼稚监狱",而儿童所有的活动当然不丰富了。

普通幼稚园所有的功课,不外书〔画〕图、玩沙、玩土(黏土)、摺纸、团体游戏、唱歌、玩接木等几种。天天儿童总是玩这几样东西,无怪他们的生活简单了。

所以,对于课程一方面,我们应当设法竭力扩充的。

三、团体动作太多

儿童的个性不同,我们不能强之以同,他们的年龄常差两三岁的。儿童的年龄有六岁的、有五岁的、有四岁的,有时有三岁的。不但他们的年龄有如此不同,他们的动作能力也相差很远的,有的会跑、会跳的,有的刚刚会走的。不但在年龄上、动作能力上有如此之不同,就在智力上也有很大的差别,有的智识稍开的,有的真如木鸡似的,一点儿也不懂。在这种情形之下,我们应当施以个别教育或小团体教育。

然而一般普通幼稚园都是用一种团体教授法的。我常看见教师对着二三十个儿童讲故事,不论其中有不能领会的,有注意不在听故事的,而总是随性讲去;我也常看见二三十个儿童做团体游戏的时候,有的儿童简直不会做,而也任他滥竽其间。这未免太浪费光阴吧!

还有一种毛病,为用团体教授法所犯的,就是使儿童居被动的地位,而教师反居主动的地位。比方唱歌,教师不管儿童愿意唱、不愿意唱,总要他们一齐唱;又比方游戏,不管儿童喜欢玩、不喜欢玩,总叫他们一起玩;比方玩沙,不管儿童此刻要不要玩,而教师总叫他们去玩。虽然儿童做事不能任其所欲,我们也应从旁暗示、指导;不过,我们不应事事随我们成人的意思去做。要知我们的意思,未必尽善尽美的;儿童的意思,未必都是错的。有许多地方,我们还是要随儿童的欲望和意思。

这样说来,团体教授不应用得太多、太滥。除了在唱歌及几种游戏外,团体教授法不是适用的。

四、没有具体的目标

我们办幼稚园究竟为什么？我们教育我们的儿童，究竟要教养到什么地步？什么技能、什么习惯，儿童应当养成的？什么知识、什么做人态度，儿童应当学得的？以上这几种问题，办幼稚园的大概都没有想过，或想过而不去研究的。结果，这些办幼稚园的天天虽忙忙碌碌，到底没有什么成效，而儿童也没有什么多大进步。

要知没有具体的标准就不容易看出办学的成绩，也不容易改进教授的方法。做教师的，糊里糊涂一天一天地教去；做儿童的，也懵懵懂懂地，一天一天地过去；而一般做父母的，也不去督察督察。

这种无方针、无目标的幼稚园，那里能够发达呢？

总结起来，我们中国幼稚园大概犯以上四种弊病。就是：（1）与环境的接触太少，在游戏室内的时间太长；（2）功课太简单；（3）团体动作太多；（4）没有具体的目标。这四种弊病无非是荦荦大者，其余如形式太重、儿童在一室内太多、教师少训练、设备太简陋，我也不加详述了。

本篇所说的完全是关于幼稚教育之弊病。容后有暇时，再继续讨论幼稚教育应当如何改革。

5 《家庭教育》序

郑宗海

1924年冬

另图3　郑宗海像

题　解　　本篇原载陈鹤琴著《家庭教育》一书第1—2页。撰成时间为"甲子冬月"（1924年冬），出版时间为1925年7月。原题为《序》，今题系编者所拟。

　　撰著者郑宗海（1892—1979），字晓沧，浙江海宁人。1912年毕业于浙江高等学堂，1914年毕业于北京清华学校文科。后赴美国留学，先后就读于威斯康星大学和哥伦比亚大学师范学院，分别获教育学学士学位和教育学硕士学位。1918年归国，任教于南京高等师范学校、东南大学、中央大学。1929年后，长期任教于浙江大学。1939年6月，受聘担任浙江大学龙泉分校主任。1952年院系调整后，历任杭州大学教授、浙江师范学院院长、杭州大学顾问、浙江省教育学会名誉会长，为著名教育家。译有《人生教育》《儿童与教材》等，著有《教育概论》《教育原理》等。作者与陈鹤琴曾为清华学校同学，当时又为南京高师同事，且为终身挚友。

　　《家庭教育》，由陈鹤琴撰著，由商务印书馆于1925年7月初版，为"东南大学教育科丛书"之一。初版发行后很快售罄，遂于同年12月决定再版（1926年5月出书）。自1925年出版后，该书再版十余次。初版时仅12章，其后再版时陆续扩充为15章。中华人民共和国成立后，教育科学出版社于1981年率先重版，后又有多家出版社重版此书，并有绘图本面世。该书为《儿童心理之研究》的姊妹篇，其社会影响至今犹存。

家庭教育素为我国所重。家庭教育的书籍在我国也不乏善本。旧的如颜之推①《家训》，近的如王謥〔园〕所译之《宁馨儿》《儿童鉴》②等书，皆陈义丰瞻〔赡〕，行文畅达。但搜采具体的事实，运以浅鲜之文辞，可期家喻户晓的，那末陈君之书要算第一本了。

看书的法，有时要探其重要之主旨，有时要究其详细之方法。阅本书的，这两方面都要顾到的。但是假如方法上的细节，一时限于设备或环境，有未易实行的地方，那只须临时变通，适用便是，最重要的还在得其精神取法乎上。虽不能一蹴而几，能够步步逼近，便是进步的征象了。现在，请将本书的略历约述一番。

大概教育界人都知道，本书作者陈君鹤琴很是喜欢研究儿童心理和幼稚教育的。陈君在清华的时候很热心于社会公益事项，他也极能与各种的人——学校里同学、校外负贩、驴夫以至乞丐——相接近。他到美国留学，先往约翰霍金大学③。是校以研究精神著称于世，陈君化之，想要研究地质。因陈君向来喜欢做观察、实验功夫，实有科学家的精神。但后来，陈君仍旧拿这种功夫回到"人"的研究上去。如今知道他的略历，也就可明白他是适宜于做那种研究的人了。

陈君回国后一年，成了婚；再一年，得了子；现来，已有子女一对了。他既得了子，就有可以时时研究、时时实验的资料。他起初天天自己沐浴小孩，他一直将所发见的事分类的记载下来。有时把足以见到身心现状的材料摄了影，久久渐已积卷盈帙，分类的记载本已十余本了。我和我内人去访问的时候，他时常拿给我们看。我虽也习教育，若就幼稚教育一项之实施而言，真是惭愧得很！不过，向来对此也有兴味。既有良友之家可以观摩，无形中当然已得益不浅。

他一方既在东南大学教授"儿童心理"一科，一方又实地研究，他的兴味自然益发浓厚。现在，陈君把他数年的研究和经验实地的所得作有系统的序〔叙〕述。陈君且将稿件交我，使我有先睹为快的机会。我阅过之后，但觉珠玑满幅，美不胜收，有数处神

---

① 颜之推（531—约595）：字介，琅邪临沂（今属山东）人。早年博览群书，历仕南梁、北齐、北周、隋诸朝，以重视家庭教育著称。所著《颜氏家训》被后世称为"家教典范"。
② 《儿童鉴》：家庭小说，由王謥园编译、钱生可校订，商务印书馆1918年版。全书分上、下二册，共30章。
③ 约翰霍金大学：通译约翰斯·霍普金斯大学，美国著名的私立研究型大学。

乎其技，已臻乎艺术的范域。私幸有此一卷，置诸案头，可以奉为龟鉴①。陈君以斯科专家而问序于我，忾惶之余，用赘数语于简端，以志一人对于是书之感想，且以告家庭之有子弟者。是为序。

甲子冬月　郑宗海识于南京

① 龟鉴：亦称"龟镜"，指可做借鉴的事物。龟：占卜用的龟甲；鉴：镜子。

6 儿童和玩具

雪门

1925年1月18日

另图4　张雪门像

题　解　本篇连载于《晨报副镌》第 12、13、15、16 号。发表时间为 1925 年 1 月 18、19、21、22 日。原发表时无一、二、三、四标号，现由编者依据前后发表的四部分，分别予以标号。

撰著者雪门，即张雪门（1891—1973），原名显烈，字承哉，浙江鄞县（今属宁波）人。早年就读于家塾，后就读于浙江省立四中。1912 年受聘执教于鄞县私立星荫小学，升任该校校长后，于 1918 年在该校附设星荫幼稚园，并兼任园长，致力于幼教研究。1920 年 4 月，主持创设宁波幼稚师范学校。1924 年，受聘担任北京大学注册课职员，以旁听生身份学习北大教育学系课程。1926 年秋，受聘担任孔德南分校主任，在该校增设幼稚师范科。1930 年后，协助熊希龄创设北平幼稚师范学校。抗战期间，迁校至桂林办理。1946 年赴台湾，创设儿童保育院（后改育幼院），任院长。著作有《张雪门幼儿教育文集》等。

《晨报副镌》，前身为《晨钟报》和《晨报》第 7 版。《晨钟报》创刊于 1916 年；1918 年 12 月，更名为《晨报》；1919 年 2 月，李大钊任《晨报》第 7 版文艺版主编；1920 年 7 月，孙伏园接办第 7 版，报眉印有鲁迅拟就的"晨报附刊"字样，报头定名为《晨报副镌》，日出，四版单张；1925 年 10 月，徐志摩接办该刊，更名为《晨报副刊》，每周出四期；次年 10 月，徐志摩离开，由江绍原、瞿菊农接编。该刊为"五四时期"四大副刊之一，旨在介绍"新修养、新知识、新思想"。主要栏目，有自由论坛、译丛、剧评、马克思研究等；知名周刊，有家庭、社会、国际、诗镌等；主要撰稿人，有鲁迅、康白情、刘大白、胡适、瞿秋白、俞平伯、冰心等。1928 年 6 月 5 日终刊，共出 2314 号。

一

　　玩具在中国，什么时候才有？什么地方的人发明的？恐怕现在谁也不会知道罢。我们从前人的笔记和各地的志书里，也许可以找到些关于玩具的材料。不过，要想证明这实在是什么地方、什么人创造出来的，究竟不易。我们愈〔与〕其相信，这是由于大人替小孩子们预备的，还不如说是小孩子们自己的小手里创造出来的较为正确一些。

　　在乡僻的地方，农家小姑娘手里的囡囡宝宝，那一个不是布和树枝自己扎成的吗？篱笆边有时风窜着一串红红白白地小纸片，如果你去探问，她们一定会快活地告诉你："这是小宝宝的小衣裳。"男孩子拿着竹竿当马骑，我自己先〔也〕可以算是一过来人。恐怕读者脑子里印象还是很深，读者的子女现在又玩起来了。

　　古时，小孩子吃完饭没事干，看着父母做这样、做那样，就不知不觉摹仿起来。因为佢①们年龄少，身子又矮，用大人所用的东西，不但没有这样大的能力，且也不合佢们的脾气。凭藉小小的经验和神秘的理想，结果便产出佢们的玩具来了。

　　我们不要笑佢们所绘的头和躯干等大的人物写生，也不要看轻佢们的耗子手工——只是黄泥一团。若从佢们的眼光看起来，恐怕比大人所绘的和所做的格外有些兴趣哩。（至于后来，怎样由孩子们的手里变成大人的手工，那是时代进化的自然趋势，这里恕不多说了。）

　　中国的玩具自有中国国性的特色。一种物件的出产，总难脱离时代和环境的关系，所以玩具也不能逃出这重范围。中国历来是宗法社会，敬神奉先，无不演剧。现在玩具店的陈列厨〔橱〕里和叫卖的担子上，还有不少的小锡台、小锡椅、小木盘……含有敬祭礼、奉宾客性质等小件；年纸上的长板〔坂〕坡、摩天岭、四郎探母，假而真的赵匡胤、张苞、郭槐和什么元霸锤、青龙刀、花枪，无不间接直接受其影响。

　　自从通商以后，市场上发现了外国的玩具。于是，国中也渐有人留意到教育方面去，像上海商务书馆和六合教育玩具店很出了不少的成绩，把以前中国的玩具弄得更精致一些，更有意思一些。然而，总抵不住外来的输入品。

―――――――
① 佢（qú）：方言，代词"他"。

据几前〔前几〕年津海关外国玩具进口数之调查：民国九年，值关平银八五一四四两；十年，值关平六九七三八两；十一年，竟达到关平一二〇三一〇两。其来源，以日本顶多，美国次之，德国大战以后稍少。这还仅限于天津一处。若以全国统算起来，那还了得！如果国人再不奋起直追，不但利权外溢，而且于国民性也有极大的影响。

有人说："外国玩具便于教育。"这句话谁也不敢反对，不过中国的玩具竟一样都不合于教育吗？况年来输入，日本顶多，驱我们几千万坦白孩子的心，日和桃太郎①、太阳旗，以及一切绘有樱花、富士山的玩具相接触，是不是危险的事？

我并不想倡甚么狭义的帝〔爱〕国主义，然而断不能让含有侵略野心的帝国主义来浸染我们孩子的心！那末，究应根据那一种标准为孩子们选择一些玩具呢？兹条举于下。

二

选择玩具的标准，从教育上大约可以分列优、中、劣三等。有第一种特性而兼有第二种的，那是顶优。仅有第一种的，比仅有第二种的好，然而都可以给孩子们去玩。至于仅有第三种的特性，而与上两种毫没关系，这种玩具，勿论它怎样价廉，也万不可用。

那几样玩具叫之第一种呢？

（1）有教育的可能者。譬如风筝，一面固可以发达筋觉、流通血脉、清洁肺脏，一面又得以引起儿童优美的想像。

（2）有变化的可能者。譬如积木搭屋、造桥、作椅、拟树，都可让儿童用自己的意思改这样、那样。

（3）合于多方面的功用者。譬如五彩方木，有色，可以练习视官；有模纸，可以供摹仿和注意。然创造、构造的本能，却不会受模纸所限。

---

① 作者原注："桃太郎是日本开国的一种神话。桃，便是女子生殖器的象征。这个神话含有浓烈地日本的国民性。日本的每一幼稚园、每一家庭和每一儿童，几乎无一不讲、无一不晓，比英美人《三只小熊》的故事还要普遍。国中小姑娘手里所拿的、背上所负的，全是桃太郎。一年有一时节是迎赛桃太郎的日期，举行的一天真是万人空巷。还有和桃太郎有关系的鸡、狗和猴子，不论在什么玩具上，也常联在一起做的。"

（4）有演绎性者。譬如洋囡囡，小姑娘的手里如果有了一个，一定会引起她做衣、做被、做帽的裁缝工作和抚抱、喂食等做母亲的本能。

那几样玩具叫之第二种呢？

（1）合于儿童的兴趣者。这里可分做三方面观察：（a）关于国民性者。同一偶人，西洋的小姑娘喜欢洋囡囡；日本人喜欢桃太郎①；我国北地的土民喜布娃娃；长江内地的人喜坑山姑娘②。（b）关于异性者。男小孩喜玩木刀、花枪；女小孩喜欢小木碗和偶人。（c）关于年龄者。一个儿童五六岁时，便是吃饭，也不会忘记他的小泥狗或小木马；到了十四五岁时，却因下棋把〔吃〕饭忘了。一张画片，幼时，喜欢小猫和小狗打架；大了，却喜欢风景或美人。

（2）合于儿童的能力者。譬如精致的玩具，多不为幼年儿童之所好。因为伲们的能力没有到能够欣赏、玩耍这些玩具的程度。如果竟把色彩的铅蝉③和橡树〔胶〕的小皮人给了五六岁的小孩子去玩，他一定会把橡树〔胶〕的头咬破，再把铅蝉丢在地上，用小脚去踏。他并不是惧，实在这些玩具太精致了，不合于伲们那时整个的、浑沌的心理。

（3）非固定者。譬如万花筒，一转一样，再转又是一样。

（4）质坚而耐用者。如橡皮球。

（5）价格低廉者。

那几样玩具叫之第三种呢？

（1）含有赌博性者。如升官图④。

（2）颜料有毒质者。譬如泥人，小孩子时常要把它送到嘴里去的。如果所染的颜料是有毒的和容易掉落的，试想吃到肚子里危险不危险！

---

① 桃太郎：日本童话人物。传说他是从一个桃子里蹦出来的，成了一对贫苦老夫妇的孩子，夫妇俩给他起名叫桃太郎。他惩治恶魔，扶贫济困，深得百姓喜爱。
② 作者原注："坑山姑娘是我国民间传说里一件故事。十年以前，长江流域内地的村落间还时常发现，在小姑娘的手里从一梗树枝上扎上些棉花、布条，下面套上一只弓鞋（也有两只脚的，那就有二只弓鞋），上面装上一个布头，再给她穿上衣裳，像煞一个小人儿。每年阴历正月十五夕，用香烛向厕所里去请她。那时，她的身子又变做米筒等了，或说就是紫姑神。"
③ 作者原注："铅蝉下有机簧，开后旋转，颇像蝉的进行。"
④ 升官图：老北京游戏，又名"彩选格"或"选官图"，据传始于唐代。赵翼在《陔馀丛考·升官图》中记有："世俗局戏有升官图，列列大小官位于纸上，以明琼掷之，计点数之多寡，以定升降。"

（3）用口吹者。如喇叭、口吹琴。你吹吹，他吹吹，便徼倖地从不曾碰着一个有肺病的，或别种传染病的人，于呼吸器也很有害处。况未必有这样地徼倖。

（4）有害身体。如玻璃眼镜（害目）、假须（传染）。

（5）质脆而过于精致者。这一种玩具，大半供看而不配使用，价值又一定很贵，于教育上的功用是极少的。

三

上面两节，把玩具一个大概和我们应该用那几种标准去选择它的意思，已经略略地提过了。现在，应该让我们要问到它，究竟于人——尤其于儿童——有什么功效，和大人应怎样利用它去教育儿童呢？

我们只要一提到"玩具"两字，便有人会想到小孩子身上去。以前有许多人，把玩具看得非凡的卑贱；就是现在，也有不少的人，把玩具看得很轻，将不重要的事物叫做"玩意儿"。"孩子的衣食还忙不过来，谁还去管他们的玩意儿？"这几句话，不是我们时常听见人说起吗？

衣食原是维持肉体生活的工具，人生一日也不能离开它的。然而玩具的功用，有时或许比它还要重要。我们当知道，一个人并不是单单只属肉体——外身；同时，还含有一个主持、指挥肉体的灵——内心。一个人，外身和内心平均发达了，那方成功一个完全的人格。

然而完全的人格，并不是傻痴子想吃天鹅肉，昂头望天，天鹅自己会跌到他口里来的，一定要用一种适合自然的工具来帮助他去得到这个目的。那末，要引导小孩子走向完全人格的路上去，玩具便是顶适合、顶自然的工具，正和猎人的枪，帮助猎人去获得天鹅一样。

我们单知道，看不见东西的，叫做瞎子；听不出声音的，叫做聋子。不知道，世界上辨不清红绿的半瞎子（色盲者）和分不出声音强弱的半聋子，正多着哩！我们单看见，会穿衣、会吃饭、会做别人一样的行动，便加上他一个"人"的名号。其实，他讲话，有了后句忘了前句，你对他讲，他却不听，你不讲了，他倒又问。电灯亮了，他相信里面一定有活人的心肝、心肺；电话响了，他又以为是给天主教人捉的儿童的小灵魂。他再也不会信地面是圆的，而且还有六个月白昼、六个月黑夜的地方；他更加不服气，没有真命天子能够治理天下。像这样记忆薄弱、注意散漫、想像浅陋、观察狭野〔隘〕的人，正多着哩！

这难道全是天生成功的吗？不！这都是在幼少的时候没曾找到相当的玩具，把发达本能的时间空过了。一种本能在它应发达的时机里，不曾给它有发达的机会，或者甚至于禁止它；待时机过后，即使将来得到良好教育也恢复不过来了。

现在，且把他健全心身的玩具，按着心理的分类法，每类略举一两个例，以供参考。

（1）生理的

（a）健全外感觉的：

视觉——彩色板、六色球（福禄卜尔①第一种恩物②，商务③及吴亚可④都有仿制品）；

听觉——百音琴⑤、六盒（蒙台梭利练习听觉教具：六个盒子，一样大小，内盛各种东西，如豆、沙、铁末……覆上盖，给孩子们猜认）；

触觉——皮球……

筋觉——扯铃⑥、陀螺……

（b）健全内感觉的：

呼吸器、风筝……

（2）心理的

（a）启发知识的：

---

① 福禄卜尔：通译福禄培尔。
② 恩物：由福禄培尔设计的一套幼儿游戏材料。它首次使用在勃兰登堡那所世界最早的幼儿园中。其寓意为上帝恩赐给儿童进行自主活动的材料。他具体设计制作了六种不同类型的恩物，用以系统训练不同年龄段儿童的各种能力。
③ 商务：指上海商务印书馆。
④ 吴亚可：人名，系苏州玩具制造商。他所创制的一种大积木，合"甲、乙、丙、丁、戊、己、庚、辛"八种形式而成。全副共 610 块，半副即 305 块，平常总以半副计算。这些积木由硬木制成，比福氏恩物大，可供多人同玩。
⑤ 百音琴：亦称"机械乐队"，是一种音乐装置，为德国人梅尔采尔发明。
⑥ 扯铃：游戏器具，通称"空竹"，有单轮和双轮之分。扯抖时，会发出声响。

观察力——小泥狗、小木马、铅兵……

想像力——千变万化、假面具、滑稽人、圣诞老老〔人〕……

好奇性——九连环①……

推理力——扛〔杠〕子人、不倒翁、惊盘……

注意力——投环、军旗……

记忆力——六面画……

（b）启发感情的：

美情〔感〕——画片、蜡人……

同情——洋囡囡（偶人）……

（c）启发意志的：

积极的（勇敢）——木斧、花枪……

消极的（忍耐）——球串（福禄卜尔第二种副恩物）……

四

有了玩具，没有使用的方法，要想小孩子从玩具上收良好的效果是很难的。如果要把每一种的玩具上的功用一样一样叙述出来，同时把使用方法也详细地载明，不但太专门，而且也太拘泥了。况且，玩具的种类很多，一时一地里，那能调查得完？像下〔上〕面所举的，也不过一个大要罢了。

（1）应给小孩子有充分的使用权

有好多的父母用很高的价格给孩子买到一件很精致的玩具来，只放在桌上，让小孩子看。这容易引起孩子们的要求，由热烈而变做谄媚或掘强。于心理上是很不好的，甚至于背地里捣碎或偷拿。就是伊很肯听话，一动也不动，那也没有甚么意思。

还不如给伊买一只大的布老虎，伊倒可以用小手去抚摩它的头和背，用小嘴和它亲

---

① 九连环：中国传统民间智力玩具。即以金属丝制成9个圆环，将圆环套装在横板或各式框架上，并贯以环柄。玩时，按照一定的程序反复操作，可使9个圆环分别解开或合而为一。

吻，用头放在它的背上睡觉。即不然，给一块不值一钱的黄土送伊，也可以用伊的两只小手捏这样、那样。一会儿圆的，说是猫；一会儿长的，又说是耗子了。

（2）玩具不可太多

有许多父母，佢们很留心到儿童身上，很肯买多量的玩具供给佢们的要求，而且一买到就交给，这种结果也是很不好的。儿童有了这样，还想那样；有了那样，又想还有那一样。一面无意识地要求随手使，无意识地破坏。我们试想，一个小孩，两只手各有一种玩具，叫他玩那一种好呢？

所以有教育知识的父母，一定不肯让小孩同时得到多种的玩具。给了他一件新的，必定要待他把旧的玩厌了，方给他交换；而且把旧的，仍归〔旧〕好好地藏起来，待他所有的新玩具都一一的玩倦了，再把旧的拿出来。那时，旧的又和新的一样，而且在他的小心里，别有一种说不出的情感。

（3）父母须给孩子以充分的同情

孩子使用玩具时，不论其成绩怎样，一例要引起他的兴味来。譬如他拿了一块方木，说是桌子；捏一块泥土，算是母亲；点一滴蜡，说是珍珠。我们不用管他做的像或者不像，一定要说他做得很像、很好。以后，他一有机缘，便喜欢来找。不论他所请求的是解释或是批评，那时就可以利用玩具达到教育的目的。

有些父母自己有事，听见孩子要求的呼声便说："我没有功夫，你自己去玩罢！"或者说："你去找你的爸爸（妈妈）罢！"我们试体谅孩子的心——正当兴味淋漓时，得到这样的答案，是何等难受！从教育上着想是何等危险！

（4）父母须给孩子以充分的帮助

当孩子们玩耍时，倘然他的小手里有一辆小汽车，我们便可把铁道放大的地图拿来，摊在他的边上。口里仿着汽笛的声音："呜，呜，火车开了。看呀，烟这样地多！看呀，它已经离开东车站了！"

"他现在已经过了天津，到了德州了！"边说，边把小汽车从地图上渐渐移南。

"看呀，树栅外有这样多的要饭的，佢们好可怜呀！佢们看着我们的车开动，不是把手乱摇吗？"

"呵，济南到了，有好多的乡亲在那里经商。那前面就是泰山，古迹很多！"

"呵，又是一站；呵，又是一站！"

"宝宝,你亲爱的家乡近了。渡江罢,过了江,便是南京。"

"看呀,南京的火车又开了。镇江到了,在那里出好多的米。"

"那是常州,我们的木梳还是早一次在这里买的。"

"呜,到了,到了!这不是无锡吗?这就是你外祖母所住的地方!"

"看这座鲜红的楼房便是新世界旅馆,我们在那边去住一宵好吗?"

从不识不知里灌输知识是教育上顶好的方法。

（5）须以儿童的兴味做标准

因时制宜绝无成见可拘。有许多父母,佢们很明白教育,很知道玩具的功用和方法,而且很肯把时间费给孩子身上。可惜佢们的教材（玩具和使用法）是预先定下的。当孩子没有需要时,就把这个预定的玩具给他玩,和他讲这样、那样。结果,恐怕要使你失望,也许反引起他对于这个玩具的恶感。

富家子弟,常喜欢在门外和邻家的小兄弟叠瓦塔、造房子,而不愿意玩蒙台梭利的教具。这种事实,我们是时常见过的。

（6）使用时,顶好和故事或歌谣联络一起

譬如讲《三只小熊》故事,就把椅子、桌子、小碗、小床、小姑娘和小熊全拿出来。玩偶人,顶好授以《抚睡歌》,不论是《幼稚园歌集》里,或者是本地大人们口传的,都行。

（7）儿童破坏玩具的处罚法

先要推索他所以破坏的原因。如果出于他一时里好奇的冲动,像咬落"橡皮叫孩"的头,或〔摔〕破"泥叫鸡"的腹,可以探问他:"牙床有什么感觉?泥鸡为什么能叫?"待他答不上来,就把被摔的玩具打开来给他解释。因为这是孩子求真的动作,并不是出于故意的破坏。

如果出于故意的,用故事去警戒他顶妥。如视泥孩折了臂呼痛,老母鸡要寻打小鸡的孩子评理。诸如此类,总使得他无形地受了感化顶好。或则叫他自己去修理,修理不完整不给他再买玩具,也颇能促起他惜物的反省。

（8）要养成儿童对于玩具有收集、整理的习惯

先由父母以身作则,然后渐渐地去指导他。久后,他自己玩过了便自己收集。

（9）奖励儿童

顶不好的，给他金钱！

用含有意味的玩具，其功效比什么在〔都〕大。譬如他上学很有定时的，可给他一只小表；他能整洁的，让他有〔拥〕有一面镜子。或者用反面的意思，做鼓励的工具，也颇能收古人佩弦佩韦①之效。

我抄〔撰〕这篇文字的动机，说起来很觉得奇怪。大约前一星期，在"杂务课"桌上见有这样的一张字条，好像说叫他们移三四具书架子到研究所国学门风俗调查室②里去，预备陈设模型和玩具。我自己明知道目标不同，则研究的路径自异，一面又根据去年旧稿写了改，改了又写。今天已经是十四号了，这篇文字刚在〔才〕写完，离圣诞老老〔人〕到的日期还有十一天，离新年也不过十七天了。东安市场③和劝业场④里替孩子们去购备玩具的人，也许不会比往年减少罢？那末，我这一篇文字——于调查风俗上虽无些许的关系——便算给玩具店登一个广告何如？

---

① 佩弦佩韦：多称"佩韦佩弦"。"弦"指弓弦，以牛筋制成，绷紧有力；"韦"指皮革，以牛皮制成，柔软耐用。《韩非子·观行》载："西门豹之性急，故佩韦以自缓；董安于之心缓，故佩弦以自急。"
② 风俗调查室：指北京大学研究所国学门下的分支机构"风俗调查会"的办公室。
③ 东安市场：商场名，位于北京市东城区王府井大街。
④ 劝业场：指北京劝业场，又名大栅栏劝业场。它是清末民初时期北京第一幢大型综合性商业楼，其前身为1905年设立的京师劝工陈列所。

7 孟禄夫人送玩具
——致桃红、小桃

陶知行

1925年1月18日

题 解　　本篇原载《知行书信》一书第139—141页。撰成时间为1925年1月18日，出版时间为1929年1月。正题系陶行知自拟，副题原为"给桃红、小桃的信"。本文副题，系由编者统一拟定。文末"爸爸"署名，系由编者加拟。

　　撰著者陶知行，即陶行知（1891—1946），原名文濬，曾用名知行，安徽歙县人。早年受教于教会学校徽州崇一学堂、南京金陵大学。1914年赴美留学，获伊利诺伊大学政治学硕士学位后，入哥伦比亚大学主攻教育行政学。1917年归国，任南京高师主任教员、教务主任。1922年任中华教育改进社主任干事，全力推进平民教育。1927年创办晓庄师范，以振兴乡村教育为职志。1932年创办山海工学团，以普及教育。1939年创立北碚育才学校，致力于难童中人才幼苗的培养。平生热衷教育试验，并创立了生活教育理论。著有《中国教育改造》，著作有《陶行知全集》等。

　　致函对象"桃红、小桃"，即陶行知长子陶宏和次子陶晓光。写作此信之时，陶行知在上海迎接和接待美国教育家孟禄来华；而长子桃红和次子小桃，则在陶行知北京的家中。当时他们均就读于北京高师附小，桃红为三年级学生，小桃为一年级学生，正可练习写信。

　　孟禄，即保罗·孟禄（Paul Monroe，1869—1947），美国教育家。1897年获芝加哥大学哲学博士学位，1902年任哥伦比亚大学师范学院教授，1915年任该院院长。他是陶行知留学美国时的恩师之一。1921年9月，孟禄来华进行教育调查时，陶行知曾参与其事，后陪同他前往广州，参加全国教育会联合会第七届年会，参与"新学制草案"的讨论；又陪同他前往北京，组织"中国教育讨论会"，请孟禄报告调查中国教育的结果。1925年1月16日，孟禄偕夫人再访中国。此次来华，系率菲律宾教育考察团抵沪。同日晚，郭秉文、陶行知等代表中华教育改进社举行欢迎宴会。席间，陶行知接受了孟禄夫妇所赠玩具。不日，孟禄一行便离沪赴菲律宾考察，所以陶行知要将回信"一齐寄到斐利滨去给她"。

《知行书信》，陶行知自编集，由上海亚东图书馆于1929年1月初版。至1934年9月共出5版。该书收入陶行知在1923—1928年所撰书信97封，主要反映了他推行平民教育和乡村教育时的思想主张。

桃红、小桃：

你们两个人真正好！你们写给我的信都收到了。多谢得很。

因为南京打仗，信在南京搁下了，到前天才收到。

桃红问我为什么长胖了，我也不晓得清楚。大概是按良心做事，心里快乐，所以身体长胖。

孟禄夫人前天从美国到上海，送了两盒玩的东西给你们。大盒是送桃红的，小盒是送小桃的。大盒难玩些。小桃大些的时候，大桃可以借给他玩玩。你们每人都要写一封信谢谢孟禄夫人。收到了就写，要写你们心里的话。

写好了寄来，我给你们翻成英语，一齐寄到斐利滨①去给她。斐利滨是什么地方呢？请阿姑②教你们。不晓得的，就可以写信问问孟禄夫人，好不好？若是好，就问她。你们写给孟禄夫人的信，要自己写，写在好纸上，要写得干净。

新年我不在家里，请你们两个人代表，向太太③拜年，向你们的母亲④、阿姑恭贺。

---

① 斐利滨：通译菲律宾，东南亚国名。孟禄夫妇此次访问中国后，回程还将顺访菲律宾。所以，陶行知准备将感谢信寄往此处，以便孟禄夫妇早日得览。
② 此"阿姑"，系指陶行知胞妹陶文渼（1895—1929）。她丈夫张枝一病故后，便一直与陶行知一家生活在一起，帮助陶行知照料母亲并教育诸侄。
③ 此"太太"，系指陶行知的母亲曹翠仂（1866—1933）。
④ 此"母亲"，系指陶行知的妻子汪纯宜（？—1936）。

熊先生、熊太太①，晏先生、晏太太②，都请你们两个人，恭恭敬敬的代表我去拜年。

不要忘记：拜年的时候，脸和手要洗得干干净净；衣服、帽、鞋、袜，都要穿戴得整整齐齐；话不在多，却要说得得体，说得好听，请阿姑教你们。

爸爸，十四年一月十八日

另图5　陶行知与孟禄等合影（右三为陶行知，右四为孟禄）

---

① 此"熊先生、熊太太"，系指香山慈幼院院长熊希龄及其夫人朱其慧，后者时任中华平民教育促进会总会董事长。
② 此"晏先生、晏太太"，系指中华平民教育促进会总会总干事晏阳初及其夫人许雅丽。当时，因与陶行知共同致力于推进平民教育运动，故彼此来往频繁、亲密。

8 幼稚园文字教学之研究

张雪门

1925年2月27日

题 解　　本篇连载于《晨报副镌》第43、45、46号。发表时间为1925年2月27日、3月1日和3月2日。

有关撰著者张雪门,参见前文《儿童和玩具》题解。

有关《晨报副镌》,参见前文《儿童和玩具》题解。

循着沪杭甬路线,而沪宁,而津浦,一直到了京奉,是我所已经见到的和所已经听到的许多幼稚园里,觉得幼稚生识字实在是一件不易解决的问题。虽然在它们中间,有已教学的,也有未教学的;而尤其教学的所采取的材料和方法,似乎更非提出来给大家研究不可。

我问诸许多没有文字教学的幼稚园里保姆——为什么不教授文字?她们所答的是:

(1) 儿童对于文字教授,没有多大兴趣,而且实在不容易教授。

(2) 文字的拮〔结〕构各国不同,中国的文字和西洋横行拼音的更加差得远。幼稚园各种功课,像唱歌、游戏、手工……都可从翻译入手——借材于国外;独有文字,绝对不许假借。本国自己固然没有这种教材,国外又不能假借,所以只得暂付阙如了。

(3) 小学一年级国语或国文①教科书,都从"人、天、地、日、月""来、来、来,

---

① 国文:系"壬戌学制"颁行前的小学课程名称。其后改称"国语",现今通称"语文"。

来看""狗、大狗、小狗"……教起，何苦耗费幼稚生时间和精神。

我又问诸许多有文字教学的幼稚园里保姆——为什么要教授文字？从她们当中所得到的理由是：

（1）出于儿童家长的要求，而且这样做法，更容易投合社会的心理，引起他们对于幼稚园的信用来。

（2）可以插入小学二年级或三年级。便是不能插班的低能儿，究竟也比没曾识过字的孩子便利。

我更见过她们所采用的材料和方法：有临时和偶发事项联络，随意写几个字，给幼稚生去认的；有和别科联络，自编教材的；有用自己所定的字编做方字①，教幼稚生去认的；有用小学现成教科书的。

从上面看来，固然她们对于幼稚园教学文字——或者教学，或者不教学——的问题，已经有了解决，而且有了办法。不过，她们所持的理由和方法，只可说是她们自己解决的理由和方法，而不能说是幼稚园文字教学本身问题之解决的理由和方法。因为她们都不会从儿童——四岁到六岁——心理上、客观上去做过工夫，那么，她们的理由只可说是主观的、被动的——或者可说是第三者（社会一般人）主观的。理由不正确，方法便失了根据。虽然也有许多可以应用的。

我曾经记过，有一个幼稚园的教材周录②顶低年级第一天所用的文字教材，是"花园"两字；我又参考过别一幼稚园里顶低年级第一天的，是"小宝宝"三字。就这些字讲，还是识"花园"两字，比"小宝宝"三字容易而有用呢？还是识"花园"两字，比"小宝宝"三字困难而没用呢？

有人说，编制教材只要合于当时儿童的环境和兴趣。这句话是对的。不过从何知道，儿童正有认识这些字的本领呢？

在我的笔记中，还有一段摘录：有一个幼稚园，把儿童分作三级教授。其文字的材料，低年级是"黄的花"，中年级是"可爱的菊花"，高年级是"我要我要那一朵黄菊花"，在同一天里教学。就这些字讲，中年级的教材是否较难于低年级而较易于高年

---

① 此"编做方字"，指将编选的若干汉字制作成方形的识字卡片。
② 教材周录：指每周课前的教学计划或教案，而非每周课后的"周记"。

级？如果是的，长的字句是否一定比较的难？——虽然从笼统说，长句自然难于短句的。"黄菊花"三字，是否一定比"菊花"难？"菊花"是否比"花"字难？而"可爱的"三字，是否一定比"那一朵"容易呢？

从各地调查、参观之所得，既未足以作解决该问题的标准。从学理说，幼稚园是各种教育的根基；从事实上想，新学制①规定学校系统已将幼稚园列入；将来的需要，当然更为切迫。而文字教学，在传统的——识字读书就是教育——中国人的思想中，尤认为〔是〕必不可少的问题。我因为感到这里的重要和危险，所以乐意把我一得之见发表出来，供现在一般的讨论。虽然这是未成熟的。

幼稚园文字教学的研究，可以分做三种步骤去进行。就是：

幼稚生（四岁到六岁的儿童）对于文字教学是否需要和可能？如果是佢们所要的，而且也是佢们能够的，那末应该从那一年级（几岁的儿童）教学起？

文字的来源应该从那里去搜集，而且怎样去整理呢？

应该怎样教学法？

一、幼稚生对于文字教学是否需要和可能？如果是需要的而且是可能的，应该从那一年级教学起

人家院子里的粉壁②，如果发现了有丝一样的、有蚯蚓一样的、有空廊圈的、有实心点的……种种墨迹，我们便可断定，这个院子一里〔里一〕定有儿童，而且这班儿童都是四五六岁尚未进学校的儿童。因为这班儿童既未受过老师"清洁"的训练，而父母对于佢们又不忍严厉督责，结果粉壁成了墨壁，墨迹变做佢们宣达情意的象征了。

我们现在的确有些老了，幼年里的生活多半是记不起来。然而，愿意时常和佢们凑在一起，佢们也不一定笑着走避，而且有时还肯告诉我们不少有味的意思，把我们潜伏在心坎里的天真重新燃烧起来。我曾经问过一个儿童，他指着一个小圆点，说是他的小

---

① 新学制：指 1922 年颁行的"壬戌学制"。
② 粉壁：指用石灰刷过的白色墙壁。

弟弟；又指着一个稍大的，这就是他自己；那一个大圆圈下有两点的，说是他的母亲。又有一个五岁的女小孩指着壁上斑驳的碎痕，说这是鱼和水。

我们只要留心去看，几乎到处可以发见，未入学的儿童已经感到了自己心里情意，不是仅仅乎凭着言语发泄了便得。更要进展一步，想把这些情意留下来，同时更要谅解他人所留下来的情意。所以我敢说，幼稚生对于文字教学的确是需要而且可能的。

有人以为，小孩子涂壁只可证明佢们对于画画的需要和可能，而不能归纳佢们就有了读书、写字的需求和能力。然而中国上古文字，本属象形，字、画没有多大的区别，而同为宣达情意的工具。这也不只是中国一国是这样的，便是埃及等国，到现在还留着许多的史迹①，做我们现在的考证。所以我们可以进一步说，幼稚生更宜于教学象形文字，而不能说佢们没有读书、写字的需求。

前年我住在天津，同院子里有一个二足岁的女小孩，她是深州人，她的父亲是业医的。我见她已经读过《女儿经》②有一半多了，而且《经》里认过的字，不论在什么地方见到了，她也认得很清楚。我自己的大儿子③，在他三岁的时候，已经认得一百多个方字。我记得那时，我还有一首"是父是母不糊涂，怜汝雏年识之无。万事因循吾老矣，十年沦落子知乎？……"歪诗，以记其事。虽然这种教学法防害儿童的心身是绝对不行的。不过，今朝我重举出来的意义为想说明，幼稚生对于文字教学究竟是可能不可能的一回儿事。

从上面的几个例证，究还嫌其笼统和特殊，要求更精确的标准，自然非经过测验运

---

① 此"史迹"，指埃及等国使用过的象形文字。它是世界上古老的文字之一，产生于公元前 3500 年左右。该文字多写于纸草上，纸草经过晒或压平后变得坚硬，不易变形，故能保存至今。此史迹成为考古工作者和文字研究者的研究对象。
② 《女儿经》：始撰于明代的约束女子思想道德的读物，作者未详。该书历经增删、完善，文字通俗，宣扬女子的道德规范；该书以格言为主，道理明白晓畅，易读易记。
③ 此"我自己的大儿子"，即张雪门长子张香山（1914—2009），浙江宁波人。1926 年毕业于宁波星荫小学，后入天津中日学院学习。1934 年赴日本东京高等师范留学。1937 年回国，参加八路军，后加入中国共产党，历任八路军一二九师政治部敌工部副部长、太行军区敌工部部长、晋冀鲁豫军区敌工部部长、北平军调部中共方面新闻处副处长。中华人民共和国成立后，历任中共中央马列学院一分院教务处处长、王稼祥政治秘书、中联部秘书长和副部长、中国亚非团结委员会副主席、中日友协副会长等职。译有《现实与典型》，著有《战斗着的日子》《为什么要反对个人崇拜》等。

动[1]不可。现在假定，被测验的儿童为六千人（自然是愈多愈佳），分做城乡各半；而城乡的儿童，又须分作四足岁的、五足岁的、六足岁的三类。在母亲读书、看信、记账的时候，无意中给佢们预备下文具，看有否仿效的反应？更仔细地记录佢们反应程度的浅深。

经过这次测验，其结果：譬如四足岁的儿童，二千人中有四百人反应；五足岁的，一千六百人中有八百四十人反应；六足岁的，二千四百人中有一千八百人反应。因之，我们可以求出各年龄儿童对于文字教学的需要和可能率。以配生式[2]表出来的是：

四足岁的 20% （$\frac{400}{2000} = \frac{200}{1000} = 0.20$）

五足岁的 52.5% （$\frac{840}{1600} = \frac{420}{800} = 0.525$）

六足岁的 75% （$\frac{1800}{2400} = \frac{300}{400} = 0.75$）

因之我们更可以说：六足岁的儿童，一定要给以文字的教学；五足岁的，也可以教学了；四足岁的，对于文字教学比较的不需要和可能，便是不教也好。

我们更可以照样去测验城市儿童和乡村儿童对于文字教学的需要和可能率的高低，以做实地教学时的标准。我们格外要明白，幼稚生的分级应该重学科而不重学年！[3] 如果这一个儿童已经有需求高年级的文字教学的可能，断不能因他是一个四足岁的，便编他入低年级。同样，六足岁的儿童只有需求四足岁文字教学的可能，也断不能因他的年龄关系，便编他入高年级里。（请参看《直隶教育月刊》第一卷第一期拙作《幼稚园教材之商榷及其教学法》）

---

① 测验运动：指当时在中国兴起的教育心理测验。此处的"测验"，需设计专项问卷和统计表格。当时，中华教育改进社聘请美国教育心理测验专家麦柯尔来华，与陈鹤琴、廖世承、刘廷芳、陆志韦等人开展了轰轰烈烈的测验运动。未知以下的测验结果，出自何人、何处。

② 配生式：百分数的旧称，所据为英文 percent 之音译。

③ 此"重学科而不重学年"，即应重兴趣或智力发展，而不应重年龄或学习年限。通常所说的分级编组原则是：重"智力年龄"，而不重"实足年龄"或"学习年限"。

二、文字的来源应该从那里去搜集，而且怎样去整理呢

那一些文字是幼稚生（四岁到六岁）所需要的，而且也是佢们可能的，只有儿童心里自己知道。然而，佢们自己又不会说，而且也无从说起。所以这个工夫，不能不由教育界的人代佢们去做。

依我的意思，顶好预先备妥了有定式的录话纸①，联络各地幼稚园里保姆和家长（自然是母亲更宜），在儿童平日生活（病时及特殊生活时自然不计）中，把佢们谈话所用的字音，一句一句记下来。大约每一儿童每天以十句为限，十天整理一次；时间不要间断，顶远一年（自然是愈久愈佳）。将各地的录话纸统统汇集拢来，做一个大结束。

在搜集时，有须注意的：

（1）录话纸须载明儿童性别、年龄、住居、家长职业以及谈话日期，而谈话的字音就记在谈话日期的下面；

（2）记录时，须默记，不要让儿童预先知道了；

（3）不列举儿童的口吻或个别所专有的特音，而列举就其与文字（国音②）相合的方音；

（4）有几个字音完全是儿童的口吻带地方性极浓的，家长或保姆须十分注意。先用注音字母③记下来，在随时谈话中无形校正之。

从录话纸上，除首列姓名、性别、年龄……中列所录谈话的字音外，其下尾须按照部首分列若干行。整理时，细阅录话纸中的字，先查从"一"的。凡遇这类字，都给它做上一个符号。等把从"一"的字全找完了，于是顺着次序都抄在"一"字部首行下。找完"一"，再依着部首，照样找"丨""丶""丿""乙"……一直把全体的字都找完了、抄清了为止。

---

① 录话纸：指纸质的、有着专项要求的语言统计表格。
② 国音：旧时指国家审定的汉语标准音。1913年于北京召开了"读音统一会"，通过了"注音字母方案"；同时，又由全国各省区代表以每省一个表决权的方式，通过了约6500个汉字的标准读音，遂定名叫"国音"。
③ 注音字母：亦称"注音符号"，系为汉字注音而设定的音标。1913年，由"读音统一会"制定。1918年，由北洋政府教育部发布，共计39个字母；1919年，改订字母次序，并增加字母，共计40个。1930年，南京国民政府将注音字母改称为"注音符号"。

一张录话纸里发见了绝对同样的字，不必写了又写，只要在原字底下记上重见的符号。譬如"妹"字，第一次找到时，就在"女"字部首行下写上一个"妹"字；以后再见着这个字时，不要又再写了一个"妹"，只要在原来写好的那个"妹"字下，添一个"丅"的符号，重见二次时，改作"下"，三次时，改作"正"……重见六次时，改作"正丅"。总计这个"妹"字，在这一张录话纸里发见了七次，便用阿拉伯码字"7"记出之。照上面手续都办过了，再将同部首的字依着笔画多少，照字典一样地排列，另誊一纸；顶后，再把这一张统计的字数写上，和录话纸粘在一起。

从儿童日常谈话所用的字音记录下来的顶多见的字，便是幼稚生应识的顶少字数的限量。再从这许多字排成字单，仔细地散给各年龄（四岁、五岁、六岁）的儿童去认，自然是愈普遍愈好。其所得的结果，按儿童所能认得的字数底多少，便可以假定编制各年龄儿童所能识得的字汇。

在整理时，有须注意的：

（1）计算每字发见的次数，只就全体字数言，而不就各人的字汇言。因为公共常用的字，总比少数人多用的字普遍、有用。

（2）因字发见范围的大小，便可分作全体的、大部份的、小部份的、极少部份的，更将各部份记出各个的发见次数。那末，文字的浅深就可从这里辨得。还有一点，就是那些字是男小孩所常用的，那些字是女小孩所常用的，那些字在那一年龄才首先发见，到那年龄应用越广。凡这种种都该记明，以供将来实施的参考材料。

（3）有一些字，儿童因家庭环境、家长职业的关系，特别用得多。我们就要研究这种职业和儿童的关系怎样，而定这些字是不一定要识得；又有一些字，不论家长职业怎样，儿童全用得很平常，那末这些字是不能不教。

三、应该怎样教学〔法〕

四五六岁儿童的生活正是游戏的生活，简直把游戏当作生命般看待。就在佢们吃一顿饭的时候，也好像将生命隔断了一样。Ella Lyman Cabot^① 定儿童这个时期为"戏剧的时期"。她说："在这个时期的儿童，注意于现实的事情少，而注意于幻想的事情多。"而佢们的注意力又很不容易集中，忽然想这样，忽然想那样；忽然问这样，忽然问那样；忽然跑到东，忽然跑到西。所以，对于这个时期的教学——尤其是文字教学，五段教授^② 固然不行，三段教授^③ 也未始不要失败，比较适宜的，自然要推混合设计教学法了。我希望读者对于这一点特别注意起见，因名这时期的教学法为自然教学法。

什么叫做自然教学法呢？便是不含少许勉强的意味，在儿童不识不知中渐渐地浸濡进去的一种办法。这种教学法没有像三段、五段教授法那样详细可编，便是设计教学法的四段教程也不能全靠。因为这一期的儿童思想本极复杂，注意〔力〕又不集中，凡根据于有系统的心理过程的教学法都要失其功用。我在下面预备举出几个重要的例子，以供现时研究幼稚教育者的参考。至于那些年级应用那些方法，那些方法是那些年级可以应用，那全仗现在的保姆能够活用像前节所选出的文字，巧妙地分配到各种方法里去，是差不多各种方法，无论那年级都可以适用的。

兹条举教学法如下：

（1）在园里用文字标记人名、物名。譬如书包、雨具等，和别人顶容易混扰的，而且也是幼稚生一下课顶所注意的。给他标上各个人的姓名以及物名，不但使佢们容易认识文字，且可免去处置的麻烦。

（2）在保育室里用文字记事。如记气象之红、蓝、黄、白小圆纸片，各记上"晴"（红纸）、"雨"（蓝纸）、"阴"（黄纸）、"雪"（白纸）字样，逐日给幼稚生粘贴。又如记出席、缺席，洁、不洁，谨、不谨的人数，用阿拉伯码字逐天填示在《保育室日记》里。

---

① Ella Lyman Cabot：通译艾拉·莱曼·卡博特（1866—1934），出生于波士顿。美国教育家、作家和讲师。

② 五段教授：指五段教学法。它是一种课堂教学阶段的理论，德国教育家赫尔巴特（J. F. Herbart）将教学分为明了、联想、系统、方法四个阶段。其后，威勒尔（T. Ziller）和赖因（W. Rein）据此加以扩充，订立出如后五个教学步骤：预备、提示、联想、总结、应用。19世纪末和20世纪初，盛行于欧美各国。清末传入中国，曾对中小学教学有着广泛影响。

③ 三段教授：指三段教学法。它由意大利幼儿教育家蒙台梭利根据塞甘的"课堂三步论"所创。所谓三段教学法，是幼儿学习实物及其名称的方法，即通过对物体的命名、辨别、发音三个阶段，使幼儿能记住物体的名称（概念）。教师在教学时所用的语言，要遵循简单、客观、正确三个原则。

(3)用文字代表命令、口号及批评意义。如用"静"字,叫幼稚生镇静;用"好""丑"字,标佢们成绩品的优劣。

(4)用文字插入故事挂图中。如文艺图:图中前面绘一只耗子,后面绘一只猫,中间插入一"追"字。把这种图给幼稚生赏玩,比用抽象去解释"追"字,容易收效。

(5)揭书故事中重要文句。如商务印书馆所出的《儿童文学读本》[①]中,材料颇多。

(6)和游戏科联络。如猜字游戏[②]、书法、竞走、猜果[③]……(请检拙作《幼稚园教材之商榷及其教学法》五节及八节)

(7)多备黑板,悬挂保育室四周,让幼稚生自由涂抹,以养成佢们对于作法、书法的兴趣。

教学时,应该特别注意的地方:幼稚生文字教学成绩很好,固然是一件满意的事;如果佢们对于这一课很冷淡,简直不甚留意,那时万不可急切图功,反因而挑起佢们对于这门功课永远的怕惧性来。教学者只要时时让佢们有重复的机会,接触既久,到底也自能贯通的。

[①] 《儿童文学读本》:系儿童读物。全套共12册,由商务印书馆于1922年8月开始陆续出版,所载内容为儿童文学作品,体裁包括诗歌、童话、小说等。

[②] 猜字游戏:益智游戏,形式多种多样。有以语言形式表达者,如字谜;有以动作形式表达者,类似哑谜,均要求猜出某字。

[③] 猜果:一为猜果谜语游戏,即通过收集有关水果的谜语,让幼儿去揭示相应的谜底;二为看花猜果游戏,即首先认识各种花卉与相应果实的关系,然后再让幼儿看花猜果。

9　《家庭教育》自序

陈鹤琴

1925年2月

题　解　　本篇原载《家庭教育》（商务印书馆版）一书第3—4页。撰成时间为1925年2月（编者推定），出版时间为1925年7月。原题为《自序》，今题系编者所拟。

　　有关撰著者陈鹤琴，参见前文《儿童每天生活的程序》题解。

　　该书初版时，共有12章。章名依次为：第一章，儿童的心理；第二章，学习之性质与原则；第三章，普通教导法；第四章，卫生上的习惯；第五章，卫生上的习惯（续）；第六章，游戏与玩物；第七章，游戏就是工作，工作就是游戏；第八章，小孩子为什么怕的、为什么哭的；第九章，做父母的要以身作则；第十章，小孩子怎样学待人接物的；第十一章，我们要责罚小孩子的时候，应当怎样；第十二章，怎样可以使小孩子的经验格外充分些。1943年再版时，补编了如后三章：第十三章，怎样做父母；第十四章，儿童应有良好的环境；第十五章，怎样教小孩子。1947年再版时，书名下加有文字"怎样教小孩"。

　　本篇附录一，为1926年5月上海商务印书馆再版时所增，名《再序》；附录二，为1943年8月华华书店"桂一版"时所增，名《卷头语》；附录三，为1981年8月北京教育科学出版社重版时所增，名《重版序》。之所以将这三序附于初版序后，是为了使读者对《家庭教育》一书有更为纵深的了解。

　　有关《家庭教育》，参见前文《〈家庭教育〉序》题解。

　　小孩子实在难养得很！有时候，你不晓得他应当穿什么衣服，吃什么食物；有时候，你不晓得他为什么哭的，为什么不肯吃；有时候，你不晓得他为什么生病的，为什么变得怎样瘦弱的？有时候，你不晓得他为什么一个活泼的小孩子，竟变为暮气重重的老少年。

小孩子不但是难养的，而稍明事理的人知道也难教得很！有时候，他非常来的倔强，你不晓得骂他好呢，还是打他好，让他去强霸好呢，还是去抑制他好；有时候，他睡在床里哭喊，你不晓得去抱他起来摇摇他好呢，还是让他大哭大喊的好；有时候，他要出去玩玩，你不晓得给他去玩好呢，还是禁止他好；有时候，他要东西吃，你不晓得给他吃好呢，还是不给他好；有时候，他要唱唱歌，你不晓得怎样教他唱，怎样教他学；有时候，他要识识字、画画图，你不晓得怎样教他识字，怎样教他画图。

像以上这种问题，稍具知识而要教养小孩子的父母，大概都曾觉得，都曾遇着的。小孩子实在是难教、难养得很。

但是我们做父母的，是不是因小孩子难以教养就不去教养他吗？我们知道，幼稚期（自生至七岁）是人生最重要的一个时期。什么习惯、言语、技能、思想、态度、情绪，都要在此时期打了一个基础。若基础打得不稳固，那健全的人格就不容易建造了。所以，我们还是要去教养我们小孩子的。

著者不揣固陋，本个人之学识、经验编集是书，以供负教育子女之责者之参考。

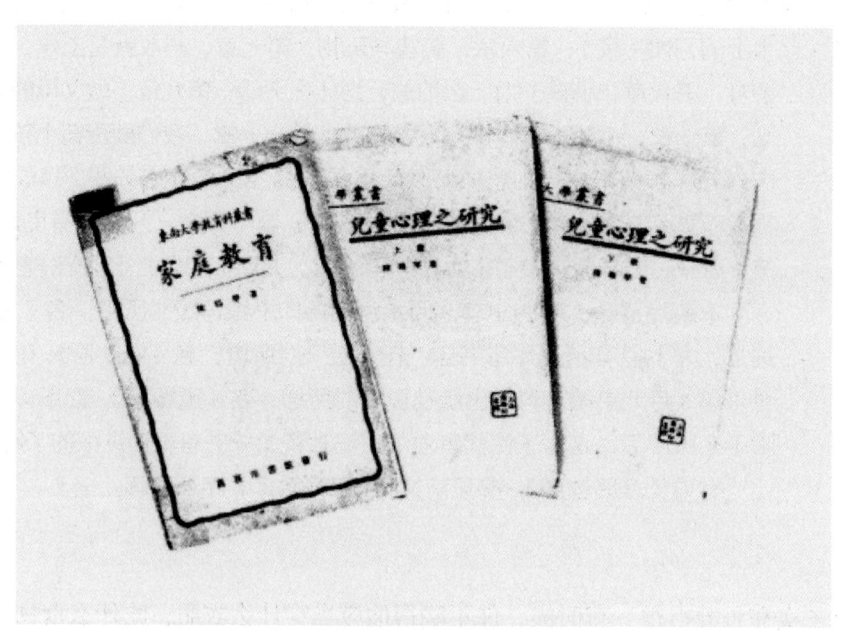

另图6　《家庭教育》和《儿童心理之研究》封面

本书共分十三章。先略述儿童之心理与学习之性质及原则，以为施行家庭教育之基础；次述普通教导法，以作选择家庭教育原则之纲要；继述关于卫生教育、情绪教育、群育及智育各方面之种原则凡九十条。本书前后所有原则，共计一百零一条。每条原则后面举事实一二，以解释原则的真谛；并加以讨论，以使阅者对于该条原则的意义，能够格外了然。

书中所举例子，一部分是由张君洪城供给的，一部分是设想的，一部分是由书所摘取的，一部分是由我实地经验得来的。

现在，我要把我应当特别感谢的几位，在此声明一下。我首先要感谢的，就是我所参考各种书籍的著者。他们意思，直接或间接，我采取的地方很多。

然我最所感谢的，就是我友郑君晓沧[①]（宗海）。约五年前，他介绍给我两本书看：一本是 Bruce and Wiener 两氏所著之 *The Education of Karl Witte*（《佛戴之教育》[②]）及 Winifred S. Stoner[③] 氏所著之 *The Natural Education*（《自然教育》）。我读了这两本书之后，对于家庭教育之兴趣就格外来得浓厚了。所以，对于这两书的著者，我固然十分感激；对于郑君，也十分的感谢。不但在书籍方面，时得郑君的指导；就在家庭教育实施方面，也常蒙切实指教的。此书脱稿后，曾承郑君详细阅过一遍，并蒙赐斧政。我因此又感激不已。

此书原拟与郑君合编的。后因郑君忙于课务，无暇顾及，而我遂独草成此。若能实行原定计划，那此书当不致如今之拙劣，可想而知。

对于我的妻子雅琴[④]，我也非常的感谢。若没有他的耐心协助，那我虽有试行家庭

---

① 郑君晓沧：指郑宗海，字晓沧，陈鹤琴同学、同事兼好友，参见前文《〈家庭教育〉序》题解。
② 《佛戴之教育》：通译《卡尔·威特的教育》。著者为老卡尔·威特。该书写于1818年。书中详细记录了他对小卡尔·威特独辟蹊径的教育方法，应该是世界上较早论述早期教育的文献之一。小卡尔·威特出生于1800年7月。八九岁时，他已经能够自由运用德语、法语、意大利语、拉丁语、英语和希腊语六国语言，也通晓化学、动物学、植物学和物理学，而尤为擅长数学。9岁时考入莱比锡大学，10岁进入哥廷根大学。他于1812年冬，发表关于螺旋线的论文，受到学者好评。13岁出版了《三角术》一书；1814年4月，他被授予哲学博士学位。本书的基本观点是："天才儿子是我教育的结果。"
③ Winifred S. Stoner：通译威尼弗里德·S. 斯托纳（1870—1931），美国教育家，创立自然教育法。
④ 雅琴：指俞雅琴（1897—1986），女，浙江上虞人。幼时为陈鹤琴邻居。早年就读于湖州著名教会女学"湖郡女校"，通英语，会弹钢琴，家政、针线、绣工样样通。1914年陈鹤琴留美前，两人订婚。1920年结为伉俪，此后成为陈鹤琴的贤内助。两人其后共同生活达60余年，生育有7个子女，子女均事业有成。

教育的热诚，恐也不能见诸事实。

对于我的小儿一鸣①、小女秀雅②，我也是十分感谢的。他们不但给我一种试验的机会，并且增进我许多学识，赐给我许多快乐。

张君洪城曾供给我许多实例，我也在此一并鸣谢。

十四年正月，陈鹤琴序于南京

附录一 《〈家庭教育〉再序》（1926年版）

此书问世以来，不过五个月，到今日又要再版了。这可见得，国人对于家庭教育关心很切。我因乘此再版的时候补充几句话，以解释阅者对于本书容易发生怀疑的地方。

第一，这本书大概是根据我个人之经验与学识说的。所以，有许多关于家庭教育的重要问题，因为我没有经验或学识，并没有谈到。阅者请不要误会，把这本书当作一种包罗万象的家庭教育大全。

第二，对一鸣、秀雅说话，总是用英文的。我的意思是要他们从小听惯、说惯，免得大来难学。可惜我不能说别国的言语，若是我能够说，我一定要教他们的。至于中国的言语，我可不必担忧。他们所听的，除了听我说英文之外，都是中国的方言。所以，我不教他，也不要紧的。然竟有人以为，一鸣所听见的，只是我的英语；一鸣所说的，也只是英语；并以为一鸣就要变成一个外国人，且以为我太看轻国语而重视英文了。这种测度未免有些过分。

第三，书中所举的实例，关于一鸣的多，而关于秀雅的少。这不是我有"重男轻女"之见，乃是因为编著那本书的时候，秀雅尚小，乏例可举。

---

① 一鸣：指陈鹤琴长子陈一鸣（1920—2014），祖籍浙江上虞，生于江苏南京。自出生起，陈鹤琴便连续对他进行了808天的跟踪观察，并用文字和照片进行了记录。依据这批基本资料，陈鹤琴除写作了《家庭教育》外，还撰成《儿童心理之研究》一书。所以说，一鸣为这两书的中心人物。他于1940年毕业于沪江大学，曾担任上海学生界救亡协会宣传干事、上海地下学生运动委员会委员，并加入中国共产党，成为上海学生运动的骨干。1946年赴美留学，在美国哥伦比亚大学师范学院学习，获教育硕士学位。1951年回国，先后在华东地区和上海市政府宗教事务部门工作，任上海市宗教事务局副局长、顾问等职。

② 秀雅：陈鹤琴女儿，后更名秀霞。在七兄弟姊妹中排行居二。后任职于外交部新闻司。

以上三点，因容易引起阅者怀疑，故特在此说明。

十四年十二月，陈鹤琴再序

附录二　《〈家庭教育〉卷头语》（1943年版）

这本《家庭教育》，在民国十四年就出版问世。到今天，算算已有十八年了。

在这十八年之中，曾经再版了十来次之多；但不知道究竟有多少父母、多少教师看到这本书，得到实际的益处。我所听到的，许多父母对于这本书都表示相当的满意，许多教师就用这本书作为教育学科的教本。

抗战以来，印刷困难，交通不便，这本书就不容易买到。为满足各方的需要起见，特再重版。

自从本书问世以后，我曾写过几篇关于家庭教育的文字。现在把它们附在书后，以供读者的参考，而作本书的补编。

鹤琴，三十二年一月

附录三　《〈家庭教育〉重版序》（1981年版）

儿童是振兴中华的希望。儿童教育是整个教育的基础，关系到我们伟大祖国的命运。

"老骥伏枥，志在千里。"我虽然年已九旬，但热爱儿童、热爱教育事业之心依然十分炽烈。社会主义现代化建设需要人才，培育人才要从小开始。粉碎"四人帮"后，党中央十分重视教育。我曾在全国教育科学规划会议和全国幼儿教育研究会上，提出关于开展教育科学研究和加强幼儿教育的建议。最近，党中央号召全党、全社会都要重视儿童和少年的健康成长。我更为激动，愿为培育共产主义事业的幼苗再发一分光和热。

儿童教育是一门科学。只有了解儿童，才能教好儿童。实践出真知，要从实践中摸索教育儿童的规律。《家庭教育》是我早年在东南大学执教期间，研究儿童心理及从事家庭教育实践经验所得。这本书自1925年问世以来，再版过十余次。不少读过这本书的父母和教师，感到对教育孩子、处理和解决一些疑难问题，还有一定帮助。因此，特将此书作些删改重版，献给广大的父母们、教师们和儿童教育工作者。

伟大的人民教育家陶行知先生是我的挚友和同志。他对我的帮助、鼓舞和支持很大。今年是他诞生九十周年，重印本书时，我特意重刊了他为《家庭教育》所作的序，以示我对他的深切怀念。

《家庭教育》一书，受当时历史条件和本人水平的限制，内容肯定是不够完善的。这次重版，希望抛砖引玉，引起一切从事儿童教育工作者的研究兴趣和实践热情，从而产生更多、更好适应时代需要的抚养、教育儿童的著作。

这次重版，承蒙教育、出版部门有关领导和同志们的关心和支持，特志此致谢。

陈鹤琴
一九八一年六月

10 民国十三年中国教育状况·幼稚教育（节录）

陶知行　程其保

1925年春

另图7　陶行知像

题　解　本篇原载《民国十三年中国教育状况》（商务印书馆版）一书。撰成时间为1925年春（编者推定），出版时间为1925年6月。该书为英文专著，系由陶知行与程其保合撰。此中文稿，录自湖南教育出版社1984年1月版《陶行知全集　第一卷》第518页，系由杨汉麟、蔡靖芳、熊贤军译，任钟印校。该文是中国教育代表团参加1925年世界教育会联合会第一届年会所提交的论文之一。这届年会于是年7月在苏格兰爱丁堡举行。本篇所摘，仅为"（二）各级学校"中的第一点。原小标题为"幼稚园和幼儿教育"，今题系编者所拟。

　　有关撰著者陶知行，参见前文《孟禄夫人送玩具——致桃红、小桃》题解。

　　联名撰著者程其保（1895—1975），原名琛，字稚秋，江西南昌人。1914年入清华学校高等科，1918年留学美国明尼苏达州哈姆林大学，后入芝加哥大学、哥伦比亚大学师范学院。1923年获教育学博士学位后归国，受聘担任东南大学教职，与陶行知同事。1925年春，他们共同撰写了此文，并由他携此文赴英国参加了世界教育会议。

　　1984年湘版《陶行知全集》，由华中师范学院教育科学研究所主编，湖南教育出版社出版（简称"湘版"）。1984年后先出6卷，为论著3卷、诗歌1卷、书信1卷和杂录1卷；1992年再出2卷，为日记卷和增补卷。曾获1986年"全国优秀畅销书奖"、1988年"全国第一届优秀教育图书特别奖"和1994年"第一届国家图书奖"。全书共8卷，500余万字。

（前略）

在新学制中，幼儿教育占有一定地位。幼稚园主要招收六岁以下的孩子。师范学校，尤其是女子师范学校的实习学校，一般都附设有幼稚园，也有私人和教会办的幼稚园，但幼稚园的数目仍相当少。幼稚园给孩子们提供了一个积极的自我表现的机会，所以，目前迫切需要有足够多的学校来培养幼教师资。

江苏省于 1924 年 1 月召开的省教育行政会议，通过了一项加强培训幼儿师资的决议。这是人们认识到了这种必要性的一种迹象。湖南教育期成会[①]今年也倡导，在城镇创办更多的幼稚园。江苏义务教育期成会[②]还建议，在小学低年级采用幼儿教育方法。

另外，国立东南大学陈鹤琴教授所指导的幼儿教育实验，也是意义重大，而又令人鼓舞的。他有感于目前在幼儿教育中所使用的一些教材和教法都是照搬外国的，其中许多不符合中国儿童的实际。所以，他和他的助手们在 1923 年秋季开始，用自制的玩具、中国的儿歌、童话以及其他的教材，在幼稚园中进行实验[③]。他还打算使幼稚园成为母亲的训练中心和幼童教育中心。

中华教育改进社[④]和陈教授已同意通力合作。在他的计划中，列入一项最经济实惠的幼教实验，以便为民众开办更多的幼稚园。

（后略）

[①] 湖南教育期成会：系湖南省当时成立的地方性教育社团，旨在推进本省义务教育的达成。

[②] 江苏义务教育期成会：系江苏省当时成立的地方性教育社团，由袁希涛发起创设，并自兼会长。该会主持了多项义务教育实验，并发起师范教育下乡运动，旨在培训乡村教师，探寻普及中国乡村教育的途径。

[③] 此"实验"的参与者，有东南大学美籍幼稚教育讲师卢爱林女士，还聘有甘梦丹、钟昭华等人襄助。

[④] 中华教育改进社：民国前期知名教育社团。1921 年 12 月 23 日成立，由新教育共进社、《新教育》杂志社、实际教育调查社三者合并组成。由蔡元培、范源濂、郭秉文等 9 人任董事，陶行知为总干事。该社宗旨为："调查教育实况，研究教育学术，力谋教育进行。"对于推进普及教育、平民教育、女子教育、科学教育、乡村教育等，均有所作为。

11　幼稚教育与妇女教育

欧阳兰

1925年11月25日

题　解　本篇原载《京报·妇女周刊》第50号。发表时间为1925年11月25日。

撰著者欧阳兰，生卒年未详，字畹兰，笔名司空蕙，江西人。1924年考入北京大学哲学系，次年依章由哲学系转入教育系。此期，与张雪门交往较多，因两人均热心研究幼稚教育，支持张雪门筹组了北京大学教育学会幼稚教育研究组。经常在《图画周刊》和《晨报副镌》上发表文章，同时又热心文学，与未婚妻夏希和组织了"蔷薇社"，并邀请石评梅和陆晶清加入。1925年，因抄袭剧本事败露，游欧暂避，后湮没无闻。著有《英国文学史》等。

《妇女周刊》，系《京报》附设之第三种周刊，1924年12月10日创刊于北京，由北京"蔷薇社"主办并编辑，北京京报社发行。该刊宗旨为："提高妇女觉悟，促进妇女解放运动。"主要栏目，有诗歌、日本通讯、评论等；主要撰稿人，有蔓菁、波微、晶清、梦华等。1925年12月20日终刊，共出50号（另有"周年纪念特号"）。

此文系拙著《幼稚教育的理论与实施》一书之第四章。全书年假前可望脱稿[①]，共分九章：（1）绪论——幼稚教育的重要；（2）幼稚教育的基本原理；（3）幼稚教育与儿

---

① 此"脱稿"，未知是否如期实现，或是否真正完成。因为遍查当时各书局出版的相关图书预告和广告，未获此书的出版信息。

童的本能;(4)幼稚教育与妇女教育;(5)幼稚园的教学法;(6)幼稚园的课程;(7)幼稚园的设备;(8)福禄贝尔①的恩物与蒙台梭利的教具之比较;(9)我理想中的幼稚园。

在上面几章里,我们已经承认了幼稚教育的目的是在利导儿童天赋的本能,供给他们感官反应的机会,练习他们基本适应的能力,使儿童能够自然发育,且能得着较丰富的"感觉动作的经验"(seusori-motor experience)②。但是,我们如果把孩子从摇篮里抱起来,将他护养着,经过他生理的改进和他心理的发展,这样我们又必须要求所有的母亲,一齐都能够做他们孩子的导师,必须要求她们一齐都富有生理学、心理学、卫生学、教育学,以及其他与儿童护育有关系的各种知识。因为这些知识是妇女们必须知道的。

初生的小孩,他的生命完全悬于母亲的手中。他饿时,不能自取其食;寒时,不能自着其衣;而且人类的幼稚时期又最长,孩子所需要于母亲的护育又最多。如果母亲没有上面所举的各种知识,那末她的孩子一定会被她牺牲。体力既不能按期发展,智力亦将无从长进;而道德心的修养、人格的陶冶,那更无从说起了。

为什么乡村的孩子,总不及都市里的孩子来得聪明、伶俐?为什么有知识的母亲的孩子,总比无知识的母亲的孩子来得高尚、活泼?固然,儿童的聪明与愚笨,有些是先天遗传的,有些是后天酿成的。有知识的母亲,虽然不能使生来就愚笨的孩子变为聪明,但至少可以免去后天的〔所〕酿成的愚笨。这是很明白的。

如果我们把一个幼稚园的小孩,和一个未入幼稚园的同年龄与同秉赋的小孩相比,我们就可以立刻看出他们不同的地方来。幼稚园的小孩,因为有充分的感觉的训练,有充分的体力发育的机会,有充分的道德的修养,她们自不至〔致〕指鹿为马、指黑为白。他们能够辨别许多不同种类的颜色,能够辨别许多不同高低的声浪,能够知道东西南北、上下左右的正确的方向;他们亦不会侵犯别人的自由,不会搅扰别人的工作。我们知道,他们这些良善的成绩并不是先天的,完全是我们的保姆一天一天帮助他们漫漫〔慢慢〕地养成的。

---

① 福禄贝尔:通译福禄培尔。
② 此英文中的 seusori,当订正为 sensori。

如果我们承认幼稚教育的重要，就不能不承认妇女教育的重要了。Emily Shirreff① 曾经说过："蒙养院的教育和离开蒙养院以后的那几年的教育，是妇女们万难逃避的工作（Education in the nursery and for some years leaving it is inevitably women's work）。"我们不能叫一个粗燥〔糙〕的男子去养育幼稚园的儿童。因为他没有慈爱的容颜，孩子们看见他就要畏惧的；他的严厉的面孔，很容易使孩子们看见逃避，永远不敢亲近他。男子又没有容忍的性情，他们对于孩子们好奇的询问，亦时常感着麻烦，很容易用严厉的拒绝去阻止孩子们的追问。

谈到课程方面，女子因为精于歌舞、长于游玩、善于辞令，正合幼稚教育的要求。因为幼〔稚〕园的课程，除了歌舞、游玩、谈话而外，别无其他的功课；而这些歌舞、游玩的课程，又必非男子们所能胜任的。所以，Shirreff 认幼稚教育为"妇女们万难逃避的工作"。我们对于这句话，实在无法去反驳他。

幼稚教育的重要，我在第一章绪论中已经略略地说过了。但是，为了要养成幼稚教育的师资起见，似乎对于与幼稚教育极相关的妇女教育，也不能不略加讨论。本章就是根据幼稚教育的原理，分论妇女教育的目的应当注意与改良之几点。

妇女教育的目的，固然可以冠冕堂堂〔皇〕的说："是在养成一切妇女都能与男子们一样有人格、有技能，成为宇宙间的一个'完人'，使她们能够在社会中占得与男子们同等的地位，享有与男子们一样的权利。"但是，我们同时也不妨承认，妇女教育的目的是在造就一批有智识、有经验的"良师贤母"。

我知道，我说这句话的时候，一定有许多人反对我。因为妇女教育的目的，如果照这样做下去，妇女们势必渐渐的变成了"家庭之一员"与"学校之一员"。这样，离她们所希冀的"社会之一员"的目的，岂不是相差太远吗？

不错，妇女们应当有"社会之一员"的抱负，不应当屈辱于家庭，不应当屈辱于学校。但是所谓社会，是不是能够脱离家庭而独存呢？是不是能够把学校碰〔摒〕之于社会以外呢？如果明白了这一层，我相信一切名义上的争论，在有识者看来，似乎都不值一笑。

---

① Emily Shirreff：通译艾米莉·希瑞夫，即艾米莉·安妮·伊丽莎·希瑞夫（Emily Anne Eliza Shirreff, 1814—1897），女，英国女性高等教育运动的先驱，同时又是福禄培尔主义的推动者。

近代时髦的妇女完全拒绝一切家庭的事业。她们以为养儿育女是异常可耻的工作，妇女们应当和男子一样，丢开家庭，一心一意在社会上谋活动。这种谬误的思想实在可笑。她们并不知道家庭与社会的关系，更不知道养育儿女对于社会的改进能够发生怎样的影响！的确，她们除了天天唱高调、叫解放而外，什么都不知道，什么都不知道！

我常常相信，妇女的事业不一定要到家庭以外谋活动。如果有孩子的妇女能够好好地将她们的孩子教育完成，这就是她们莫大的工作了。社会的改进，全在各份子的分工合作。男子们既可以在家庭以外，做妇女们所不能胜任的事业；妇女们又何尝不可以在家庭以内，做男子们所不能胜任的事业呢？妇女们如果能够明白这一层，那末我相信，他们不澈底的思想和片面的见解，就一定不会长留于她们的脑中了。

有些人说，妇女生产以外，她的事业就算完了，她的前程就算牺牲了。这种思想，我以为是应当改正的。因为妇女生产是造物者制定的现象，亦即是人类永存的唯一的条件。如果妇女不生产，那末数十年后，人类必将绝迹，而世界亦必将变成了人类以外的其他各种动物的巢穴。所以妇女生产正是她们应有的使命，亦即是她们唯一的使命。

妇女们，你们应当知道，当你们生产的时期临到时，正是你们神圣的工作开始时。你们为了未来的社会，牺牲眼前的安乐。这种牺牲是伟大的，这种事业是神圣的。妇女们，教育儿女正是你们可以自傲的工作呀，正是改良未来的社会的根本的事业呀！

如上所述，我们可以规定，妇女教育的目的为："除了养成妇女为完全的'人'外，还要充分的造就一批有知识、有经验的幼稚教育家。换言之，即须充分的造就一批有知识、有经验的'良师贤母'。"

这种目的，无非是想使世界上一切的妇女，都有充当幼稚园保姆的资格，都可以做孩子们贤良的导师。虽然我亦知道养成幼稚教育的师资，还要另外添设专门的保姆学校或师范学校。但是，妇女们因为与孩子接触的机会太多，而且这种护育儿童的工作，又是妇女们秉性上唯一能胜任的。所以，妇女们对于保姆所需要的一切知识，我认为都不能不知道。

的确，今日的儿童就是未来的社会的分子。如果妇女们有意为将来的社会谋幸福，就应该先期使这些儿童能够享受完美的教育，使他们能够长大成人，为未来的社会谋改进。妇女们，这就是你们万难逃避的工作！这种工作是根本的、首要的，而且是你们秉性上唯一能胜任的。但是，这种工作因为太大，因为太重要，所以必须要求你们能够为了这种神圣的工作而广求知识。你们必须富有生理学、心理学、卫生学、教育学、游玩、歌舞，以及其他各种与儿童有关系的知识。

你们千万不要看轻这种工作，不要以为养儿育女是用不着多大学问的。许多聪敏的孩子、未来的英雄，都被这些无知无识的母亲牺牲完了。许多天才的超儿、未来的创造家，都被这些"劣师愚母"淹没尽了。妇女们，你们应当想到这一层，应当爱惜这些天使般的孩子。看吧，在他们的小心里，满了地充满了光辉和希望，他们能够为未来的社会谋幸福，能够为未来的世界谋永存；看吧，他们晶莹〔莹〕的小眼睛，正在恳切地盼望着你们呢！

妇女教育的目的既然规定了，末了，我们还要附带的讨论一下女子学校的课程问题。我觉得女子学校的课程，应当根据妇女教育的目的分为必修科与选修科两种，并列表于下，以供参考。

（1）必修科：国语、初等数学、生理学、卫生学、儿童学、心理学、教育学、道德学、音乐、跳舞、游戏、图画及其他；

（2）选修科：社会学、经济学、文学、历史、科学及其他。

这里所举的必修科目是每一个妇女都应当知道的常识。除了独身的，而且不愿服务于教育界的妇女，她们可以在必修科的科目中自由伸缩外；我以为，凡是不愿独身的妇女，或是独身而愿意服务于教育界的妇女，对于上列的那几种必修科目，都是应当研究的。因为不愿独身的妇女与独身而愿意服务于教育界的妇女，她们与儿童接触的机会实在太多，而需要的知识亦很广。上面所开列的那几种必修科目，我还觉得是一个最低限度的标准。不过，吾人精力有限，就是这一点，已经很够麻烦了。

12　给教育学会幼稚教育研究组一封公开的信

张显烈

1925年12月3日

题　解　本篇连载于《北京大学日刊》第1823、1824号。撰成时间为1925年12月3日，发表时间为1925年12月5日、7日。

有关撰著者张显烈，即张雪门，参见前文《儿童和玩具》题解。

此"教育学会"，全称"北大教育学会"。其前身，为1922年3月19日发起成立的北大教育研究会。1925年11月12日，该会召开"本届秋季大会"。会议决定，将原"北大教育研究会"更名为"北大教育学会"。其下分设总务、研究、调查、介绍、图书、出版6股，又设分组进行专项研究。张雪门既是幼稚教育研究组的发起人（公开征求有志于幼稚教育的同志），后又被推举为该研究组的召集人。幼稚教育研究组成立会召开于1926年1月12日晚。此公开信对于该组的成立，颇具号召力和凝聚力。

关于当时报名参加幼稚教育研究组者，现今已难以确考。大体说来，当以北京大学教育系的两届在校学生为主体。骨干除张雪门外，还有欧阳兰、陈东原、胡勤业等。幼稚教育研究组的指导教师，为燕京大学心理学教授刘廷芳。尽管该组的活动时间不长，也未见有影响的研究成果面世；但是，该组依旧在民国幼稚教育社团史上占有一席之地。

《北京大学日刊》，初创时每周出6期，为中国第一家高校校报。1917年11月16日创刊于北京，由北京大学主办并出版，编辑主任为徐宝璜，编辑有陈独秀、胡适、沈尹默、孙国璋等。该刊不仅刊载北京大学的校内消息和著述，而且还刊载社会上推动"新文化"和"新教育"的文论。主要栏目，有命令、法规、校长布告、各科通告、校长批示、公牍、通信、杂俎、纪事等；主要撰稿人，有马叙伦、刘复、蔡元培、胡适、钱玄同、徐宝璜、孙国璋等。

1932年9月17日改为周刊，日刊共出2885号。

我亲爱的同志：

虽然我们还没有见过面，也许已经见过了。在分组会①未经成立之前，谁能猜得定我们是同一分组的呢？

不过，朋友，我们只要提起"幼稚教育"几个字，就觉得彼此之间先有一种说不出的情感，在心底里互相流通了。我现在趁还未讨论到论点及方法，愿意将这一篇意见供献给诸位。固然像我的浅薄，就说出来，也未必一定有甚么价值。但能够佐诸位参考上一些材料，我已是荣幸得很了。

我以为，我们对于一种科学的研究先须认清了对象。从对象中先抽出一点，再将这一点分作了几部份，依着进行上的步骤，同时并须顾虑到相联接的事实；等各部份全求出假定以后，再从对象中抽出别一点，更照着上列的历程进行。这也许正可以满足我们要求的目的。

我们对于这种研究，用问号表出来是：（1）对象是什么？（2）率先抽出那一点？（3）那一点应分做那几部份？（4）每部份进行上的步骤怎样？朋友，我这种研究的态度，不知这真对吗？

幼稚教育的对象是什么？

幼稚教育，我以为是指一个孩子从堕地一直到了六足岁的一段时间所受的教育而言。如果那时没有教育，或则授以不良的教育，好多的本能，即使终了他的一生，也许未必能够再会发生，或则简直没有法子改良。

我们用不到说幼稚教育是何等的重要，我们只要想到孩子们黑晶晶的眼睛、苹果般的脸孔和玫瑰花蕊一样的小嘴，看他们的身子一天比一天长大，他们的心力又一天比一天发展，已足够我们的欢乐、安慰了。

幼稚教育应先研究那一点？

---

① 分组会：指北大教育学会之下所分立的幼稚教育研究组。

孩子从生后到了六足岁，中间只可以分做两个时期：从生后到三足岁是第一时期，从三足岁到六足岁是第二时期。第一时期的教育是育婴房的教育，第二时期的教育是幼稚园教育。

我们对于前者，除非自己的太太肚子里正怀着胎儿，否则只有跑到育婴堂里去研究。以眼前的中国家庭和育婴堂的情形立论，陈腐纷乱，那里有容我们研究的价值！所以对于这一点，似不得不暂行从缓。

虽然从别一面说，自然是更觉得紧要了。我们对于后者，固然不敢说怎样乐观，究竟师资、教材、教法、设备……较有系统，而且给我们较有参加的机会。朋友，我们为便利计，还是先研究幼稚园的教育罢！

幼稚园教育可分做几部？

幼稚园教育也可和别种教育一样，分做九部份：（1）教育宗旨；（2）教育制度；（3）课程组织；（4）经费筹划；（5）教育行政；（6）设备；（7）教学法；（8）师资训练；（9）教育批评。

每部份得以各个人的兴趣及材料的利便做标准，先研究一部份，以后更及于别一部。可是，并不一定须循着次序的。

每一部份进步的步骤怎样？

我们从各部份中选定了一部，就可以请求导师给我们介绍关于这一部的重要书籍和参考。遇必要时，又得商知本股干事，和别组交换材料。

如果我们这一部份的根底打定了，还须更注意实际的材料，或则联络调查股，或则请导师给我们做介绍，实际地去观察、参与。一部份研究终了以后，摘录要点，或则提交公开会，或则在相当的出版物上发表。

至于我们各个人对于某一部份特别感到兴趣，要想作为专门的研究，我个人的意思，以为只有认清了专门的目标，不妨采取经济的手段。

我这一篇意见，好像偏于个人的研究。关乎合作方面——譬如由组员或导师提出一个问题，大家合起来对于这一个问题去搜集材料、整理、分析、比较，以至于假定；或则组员分部研究，过了一定的时间，各个人全提出报告来，经大众讨论、综合——实在太少。

然而同志中，一定还有人会想到、会提出的。我？① 我不是早已说过——只要能佐诸位参考上一些材料，已经是荣幸得很了。

愿我们和孩子永永同在！

张显烈，一九二五、一二、三

---

① 此"我？"，疑为衍字。

13 评陈著之《家庭教育》
——愿与天下父母共读之

陶知行

1925年12月11日

题 解　本篇原载《新教育评论》第1卷第2期。发表时间为1925年12月11日。原发表时，题为《陈著之〈家庭教育〉（书评）——愿与天下父母共读之》。今题系编者所拟。

有关撰著者陶知行，参见前文《孟禄夫人送玩具——致桃红、小桃》题解。

本文系陶行知为陈鹤琴的《家庭教育》一书所作序言。该书由商务印书馆1925年7月初版。初版时，仅有郑宗海"序"，而无"陶序"。之后再版时，均无"陶序"；直至1947年11月由上海华华书店再版时，方将此文稍作改动，补加为序，名为《陶行知序——愿与天下父母共读之》。

陶行知与陈鹤琴早年同船赴美留学，又同为哥伦比亚大学师范学院的毕业生。归国后，他们又共事于南京高师和东南大学，并在"新教育运动"中同声相应、同气相求。此时，陶行知正鼎力支持陈鹤琴办理鼓楼幼稚园；此后，陈鹤琴则多方协助陶行知创办晓庄师范。两人相知相助，可谓为终身挚友。这种关系在中国教育史上实不多见。

《新教育评论》，教育周刊，1925年12月4日创刊于北京，由新教育评论社主办、编辑并发行，具体由中华教育改进社、北京大学教育系、东南大学教育科、北京师范大学、北京清华学校、香山慈幼院、中华平民教育促进会、中等教育协进社、初等教育季刊社等九单位共同创办，常任编辑员有陶行知、高仁山、查良钊、赵迺传、孟宪承、汪懋祖、王西徵。编辑方针，为"批评本国现时教育上政策、主张与实施；建议今后本国教育上各种革新的计划；介绍和批评外国最近的教育制度和学说；报告各地教育调查的结果"，旨在发扬民治的精神和养成科学的态度。主要栏目，有教育时评、通信、调查、书评等；主要撰稿人，有高仁山、查良钊、张雪门、汪懋祖、张耀翔、翁文灏、孟宪承等。1928年3月15日终刊，共出4卷100期。

　　此书为"东南大学教育科丛书"之一，系近今中国出版教育专书中最有价值之著作。全书分十二章，立家庭教育原则一百零一条。前两章述儿童心理及普通教导法，为提纲挈领之讨论；后十章都是拿具体的事实来解释各项建议之涵义。在这书里，小孩子从醒到睡、从笑到哭、从吃到撒、从康健到生病、从待人到接物的种种问题，都得了很充分的讨论。这些讨论对于负家庭教育责任的，都有很具体的指导。

　　书中取材的来源不一，但有一个中心，这中心就是陈先生的儿子一鸣。著者在《自序》中，曾声明各项材料之来源，但未指明一鸣就是这本书之中心人物。倘使我们把这本书从头到尾读他一遍，就觉得这是无可怀疑的。一百多条举例当中，在一鸣那儿来的，就占了七十三条之多。其余的事实，只可算为陪客。陈先生得了这个实验的中心，于是可以把别人的学说在一鸣身上印证，自己的学说在一鸣身上归纳。

　　据他自已〔己〕所说，我们晓得《佛戴之教育》(Tne Edncation of Karl Witte)① 一书，对于他研究家庭教育这个问题是很有影响的。佛戴小时通五国方言②，九岁进大学，十四岁得哲学博士，十六岁得法律博士，并任柏林大学教授，都是他的父亲大佛戴的教育理想之实现。一鸣就是陈先生的佛戴，《家庭教育》一书就当作《一鸣之教育》看，也是可以的。

　　郑宗海氏的序文上说："我阅过之后，但觉珠玑满幅，美不胜收，有数处神乎其技，已臻乎艺术的范围。"这种称赞并不过分。

　　我现在要举一两个例，来证明陈先生的艺术化的家庭教育。当他讨论游戏式的教育法时，他举了下面一个例：

　　今天（十三年四月十八日）下午，我手里拿着一只照相机，叫我的妻子把我们的

---

① 此英文中的 Tne Edncation，当订正为 The Education。
② 此"方言"，指不同国家的语言，而非与"普通话"所对应的地域性语言。

女儿秀雅放在摇椅里。预备要替她拍照的时候,一鸣就疾足先登,爬到椅子里去,也要我替他拍照。我再三劝告他,他总不肯。后来,我笑嘻嘻的对他说:"一鸣!你听着!我叫'一、二、三',我叫'三'的时候,你就爬出来,爬得愈快愈好。"他看见我同他玩,也很高兴的答应我。歇了一歇,我就"一、二、三"的叫起来。说到"二"的时候,他一只足踏在椅子的坐板上,二只手挨在椅子边上,目光闪闪的朝我看看。等到我说到"三"的时候,他就一跃而出,以显出他敏疾的样子。(《家庭教育》三五面)

一鸣三岁大的时候,陈先生要一鸣把东西玩好以后,整理好放在原处。一鸣不依,他就想了下面说的一个法子:

后来我对他说:"我帮助你一同弄。"我就"海荷""海荷"的叫着,替他整理起来;他看见我已经替他整理好,也"海荷""海荷"的叫着,把书籍搬到他的书架上去了。(《家庭教育》九五面)

他讨论小孩子为什么怕、为什么哭的的时候①,举了两个例,也可以显出他神乎其技的教育法。

我同一鸣(一岁零十个月)在草地上游玩的时候,他看见一只大蟾蜍,就举起手来向着后退,并且喊叫说:"咬!咬!"我走过去,在地上拾了一根棒头,轻轻地去刺着那只蟾蜍说:"蟾蜍,你好吗?"后来,他拿了我的棒头也去刺刺看,但是一触就缩回,仍显出怕的样子,但比当初好得多了。(《家庭教育》九五面)

有一天,我带一鸣(一岁零三个月)到东大附小去看小学生做戏。做戏的小学生们共有三百多人。戏做得很好,观戏的人大家都鼓掌。在这个当儿,小孩子应当发生惧怕。但我一抱一鸣进门,就笑嘻嘻地对他说:"你看这里许多小孩子。"后来看见小孩子要鼓掌的时候,我就对他说:"我们也来拍掌。"他一听见小孩子拍掌,也就欢欢

---

① 此句中的第二个"的"字,疑为衍字。

喜喜地鼓起掌来。(《家庭教育》九五面)

父母不会教养，小孩子不晓得要冤枉哭多少回。在这种家庭里面，小孩子早上醒了要哭，吃乳要哭，穿衣服要哭，换尿布要哭，洗脸要哭，拭鼻涕要哭，看见生人要哭，喊人抱要哭，讨糖吃要哭，跌了要哭，睡时脱衣服要哭，一天平均总得要哭十几回。估计起来，全中国六岁以下的小孩子，每年流的眼泪该有二万万斤。如果做父母的，肯像陈先生这样细心教导儿童，或是采用陈先生的教导方法，我敢说小孩子的眼泪是可以省掉百分之九十九的。

陈先生写这本书，有一个一贯的主张。这个主张就是做父母的对于子女的教育应有一致的措施。中国家庭教育素主刚柔并济，父亲往往失之过严，母亲往往失之过宽，父母所用的方法是不一致的。虽然有时相成，但流弊未免太大。因为父母所施方法之宽严不同，子女竟至无所适从，不能了解事理之当然。并且方法过严，则易失子女之爱心；过宽，则易失子女之敬意。这都是父母主张不一致的弊病。

陈先生此书所述各种教育方法，或宽或严，都以事体的性质为根据，不以施教育的人为转移。他和他的夫人对于一鸣的教育就是往这条路去走的。我们看他教一鸣，觉得他是个母亲化的父亲、姊姊化的父亲，但他从没有失掉父亲的本色。

这本书出来以后，小孩子可以多发些笑声，父母也可以少受些烦恼了。这本书是儿童幸福的泉源，也是父母幸福的泉源。著者既以科学的头脑、母亲的心肠做成此书，我愿读此书者，亦务须用科学的头脑和母亲的心肠去领会此书之意义。我深信，此书能解决父母许多疑难问题，就说他是中国做父母的必读之书也不为过。

这本书虽有许多贡献，但还是初步试验的成绩。有志儿童幸福者，倘能拿此书来做个基础，再谋进一步的贡献，那就更是我们所希望的了。

14　评"东大教育丛书"之一《家庭教育》

张雪门

1925年12月27日

题　解　本篇原载《晨报副镌·家庭》第13号。撰成时间为1925年12月27日，发表时间为1926年1月17日。

有关撰著者张雪门，参见前文《儿童和玩具》题解。

"东大"，系"国立东南大学"的简称。该校由南京高等师范学校升格改办而成，成立时间为1921年。"东大教育丛书"，全称"东南大学教育科丛书"，作者均为东南大学教育科教师。该丛书尚有朱君毅著《教育统计学》、廖世承编《东大附中道尔顿制实验报告》、程湘帆著《教学指导》等，出版单位均为商务印书馆。

有关《家庭教育》，参见前文《〈家庭教育〉序》题解。

有关《晨报副镌·家庭》，参见前文《儿童和玩具》题解。

我暑假在市场书铺里见到有这样的一本绿色包皮的书，可是，我当时没有机会把这本书打开来。我不是不喜欢看，只因为当时另有一种见解横梗在我的心头：我以为，对现在的家庭谈教育，简直和洋车夫讲卫生一样地不可能①。

---

① 洋车夫：拉东洋车的车夫。东洋车，又称"人力车"，是一种用人力拖拉的双轮客运工具。因其从日本传入中国，故称"东洋车"。在作者看来，拉东洋车的车夫因整日奔跑于尘土飞扬的街道，其身上难免沾有灰尘。

前一星期，高仁山①先生给我介绍了这本书。我仔细地看过一遍，觉得颇有些意思想说。

全书十万余言，分做了十二章，包含了家庭教育原则一百另〔零〕一条。前两章，述儿童心理及学习之性质与原则，是家庭教育重要的原理。三章以下，虽有普通分类的不同，然都是具体的方法，给一般人实际可以应用的。

以"人"做标准看起来，其4、5、6、7四章，似乎偏重于孩子；8、9两章，大概父母和孩子是交互的、平均的；10章，是教孩子怎样去对付别人和万物；3、11和12，是注重做父母的一面。

我们再从陈先生自己所说的卫生、情绪、群育、智育四项去看，谈卫生的，是4、5两章（虽然这两章也含有几条谈情绪的）；谈智、情的，是6、7两章；论情的，是8、9和11三章；论群的，是第10章；论智的，是第12章。

看完了十二章以后，第一件使我心里快慰的是这本书富有文艺的色彩。

他（作者）不但在举例中写得活泼泼地，真像"书中有人，呼之欲出"，就是讨论的地方也能够使读者引起无限的同情。譬如38页有一段：

> 还有许多小孩子，早晨起来高兴，踢踢脚，摇摇手，爬来爬去不肯穿衣服。做母亲的，就去骂他："死东西，你有什么高兴？几天不打，骨头又要痒了，快来穿衣服！"骂毕，就很快的把他去拖来。那天真烂漫的一个小孩子，受了她一番责骂，竟形同木鸡一样了。做母亲的，要使得小孩子高兴尚恐不及；今小孩子高兴而竟去弄他不高兴，究竟是什么道理呢？

---

① 高仁山（1894—1928）：字宝寿，江苏江阴人。早年就读于天津南开中学，1917年留学日本早稻田大学。1918年转赴美国留学，先后在格林奈尔大学、芝加哥大学、哥伦比亚大学专修教育，又赴欧洲进行教育考察。1922年归国，受聘执教于北京大学，参与筹创北大教育学系，并担任系主任。又协助陶行知在中华教育改进社创办教育图书馆，兼任馆长；与胡适、陈翰笙等在北京创设艺文学校，兼任校长，试行"道尔顿制"；还与陶行知共同创办《新教育评论》，轮流担任主编，迅速成为新教育运动的骨干。又积极推进国共合作，任"北方国民党左派大联盟"主席。1928年1月15日，在北京被奉系军阀杀害。他是张雪门在北大就读时的导师之一。张雪门在《幼稚教育五十年》中，记载了他与高仁山交往的经历。

本来说理的文字太死板，顶容易使人寡欢，因之能够使人知，也许不能使人行。像陈先生这样行文的手段，读了不会兴奋的，我想一定很少。除非你肯定这一本书是无价值的书，否则我们不但要替作者庆祝成功，而且〔要〕为将来的家庭教育感到十分的喜慰。

这本书的第二特色是编制的精密。

我们试看：一条原则，全有纲要，有例子，有讨论，有时还有结论。他恐怕原则太简单、太抽象，所以用例子来做个说明，先使读者有一种具体的观念。有时正证的不足，还加以反证。一正一反，两相对照，使读者更易明白。

我们人类，尤其是成人，大概看见了一件事实，总会想到这是为什么呢？作者明了了这种心理，所以举例之后，殿以讨论，以满足读者的要求，比没有要求先供给学理，当然更能深刻。

我们看文字，有时随着作者的兴趣、笔锋看下去，看下去，有时竟将正题目忘了。陈先生于这种去处，一线不放松，在长的讨论后，终有一个结论。郑君宗海说他："富有科学家的精神，后来仍旧拿这种功夫回'人'的研究上去。"我看完了这一本书的编制，我也是这样地说法。

看过这一本书的人，谁都承认，这本书有一位主要的中心人物。这位人物便是陈先生的儿子一鸣。我们知道，作者是一位喜欢研究儿童心理及幼稚教育的人，以专家的学理去实地试验，再以试验的结果报告我们。凭空想像家，那里能够及得他的实在！引援古书者，那里能够有他的亲切！

所以我以为，这种例子正值得我们的尊贵，而且又举得这样地多，那不能不说是本书第三的特色了。

书中第8章原则一："做父母的，切不可暗示小孩子，使他发生惧怕。"所举的例，第二条是讲到教一鸣去看电、看云[①]；第三条是讲，陈先生自己用棒头轻轻刺蟾蜍，并和蟾蜍问好给一鸣看。我们中国旧式的家庭，未始不明白孩子惧怕的心理。譬如母亲常常和孩子所说的："污秽的地方、有蛇的地方，全不要用指头去点，点了指头要烂的。"

---

① 此"看电"，指看电闪雷鸣；此"看云"，指看乌云密布。前者的强光和巨响可惧，后者的阴沉和变幻亦可惧。

我们试想：远远地指点，尚要烂指头；用手去捉弄，自然更危险了。可惜佢们所利用的，只在消极的一面，反变做了父母的欺骗行为。何如打破了它，从积极方面去建设好呢？

有人说，怕惧的本能，根本可以铲除的。我以为，只要利用得好，如畏良心的内疚和公论的指摘，未尝不是 W. Preyer[①] 所说的："Fear, too, to one of the mightiest teachers during childhood."——Mental Development in the Child. P. 23[②]。因为陈先生在这本书里第 8 章专论"小孩子为什么怕的、为什么哭的"没有谈到，恐怕有人误会，我特在这里插上几句。

这本书的好处颇多，原则多采积极的，自是其中之一；尤其是像本章的不容易改变的，陈先生居然也有了积极的办法。我们明白，只有消极的作用，不过使人不会做错罢了；除非有了积极，才有建设之可望。

所以，这积极的应用，我承认是本书特色的第四点。

不过，我对于本书的分类法，却有要和陈先生商量的地方。我以为，家庭教育的分类，愈〔与〕其像本书的分法，似乎不如根据儿童的发展心理学之较有系统。

初生儿到了一足岁，在这一年之中，感觉发达的次序怎样？情绪首先所表示的是那几种？气质是什么时候发现的，是那一种气质？生理上有甚么特征？那末，我们在这一年对于儿童的教育，应该注重那几点？

从一足岁到了二足岁，在这一年中，心理和生理上，发达到了那一程度？那末，我们在那一年对于他的教育，应该注重那几点？

我想，如果能这样编法，一定会使一般人更有兴趣、更有把握。否则，便是不散漫、重复，也很容易遗漏的。

即如本书 6 章原则 10"好的玩具的标准"，却把练习感官的一条没有排入。家庭教

---

① W. Preyer：通译普莱尔，即威廉·蒂埃里·普莱尔（William Thierry Preyer，1841—1897），德国生理学家和实验心理学家，儿童心理学的创始人。1859 年在海德堡大学主要研究生理学和化学，1862 年获博士学位。后由自然科学转向研究医学，1866 年获波恩大学医学学位。1867 年在耶拿大学医学院任生理学讲师，1869 年任耶拿大学教授，并任生理学研究所所长。他以自己的孩子为研究对象，从出生到 3 岁，每天进行系统观察和记录。后在此观察和记录的基础上，撰成代表作《儿童心理》，还著有《儿童初期心理的发展》《纯粹感觉学说基础》等。
② 此英文可译为：惧怕，对一个最强大的教师来说，在其童年期也是有的。——《儿童初期心理的发展》，第 23 页。

育虽不是幼稚园教育，固不必有蒙台梭利教具的完备；然而孩子心知第一步的发展，总起于感觉。有了感觉，才得发生知觉、情绪、概念、观念、思维种种。陈先生既不曾将这一种另立一条原则，连原则里标准都没有排上，实在非凡的遗憾。

又如 7 章没有"唱歌"和"讲故事"的专条。在陈先生或者以为，已经在 56 页之 18 行、57 页之 11 行和 104 页之 8、9 行，说不〔过〕一说了；然而同时同地的看图，在 56 页之 18 行、57 页之 3 行，何尝没有说过。为什么到第 7 章，又占了第 2 原则呢？[①]

他如补充学校教育、联络学校，虽不必另立专章，但至少限度，在第 10 章终当另作一条。这些并不是陈先生故意地略去，也不是陈先生没有材料，因为分类法的关系，遗漏、重复，当然是免不掉的。我在这里固不敢断定，以为按儿童发展心理去分类，必不会有所遗漏，但轻重之间，终有一种难掩的事实。此外，尚有应补充的两点、应更正的两点。

什么是应该补充的呢？

（1）联念的原则[②]，在 14 页已有了两条。我以为，还须补充一条："凡刺戟到孩子的感官愈多，其印象留在孩子的脑筋里也愈久，而且固。"

我们明白，从单一的感觉上所得到的记忆是极脆弱的，尤其是幼稚的时候。有了两种的印象，属于两种不同的感官所接合成功的，比仅凭一种的感官所得到的，就容易记忆得多。

Prof. Mark Baldwin[③] 用一位六岁半的保姆，对于生后五个月的孩子做了一次试验。第一次，（a）把固有的衣服给他看，但一些不言语；以后，（b）用她固有的态度讲话，但

[①] 第 7 章的第 2 项原则为"小孩子应有看图画的机会"。本段所言，既指出了有所遗漏，又指出了多有重复。

[②] 陈鹤琴对此"原则"的诠释有二：（1）凡能使小孩子快乐的刺激，容易印刻在小孩子的脑筋里；（2）凡刺激发生的时间愈长、次数愈多，那联念也愈坚固。依据前者可知，它包括快乐原则；依据后者可知，它包括反复强化原则。

[③] Prof. Mark Baldwin：指詹姆斯·马克·鲍德温（James Mark Baldwin，1861—1934），美国心理学家。1888 年获普林斯顿大学哲学博士学位，后历任森林湖学院哲学教授、多伦多大学逻辑学和形而上学教授、普林斯顿大学心理学教授、霍普金斯大学哲学和心理学教授、墨西哥国立大学哲学和心理学教授、牛津大学斯宾塞讲座教授等职。1894 年与卡特尔一起创办了《心理学评论》，并在 1909 年以前一直担任主编。他的最大成就是编写出版了《哲学和心理学辞典》。他的专著有《儿童和种族的心理发展》《心理发展中的社会和伦理解释》《心理学史》等，其观点影响了陈鹤琴的儿童心理研究。

不让孩子看见；顶后，（c）给他看见，而且唱一支歌给他听。从（a）到（b），从（b）到（c），全是三个星期改变一次。在（a），小孩子对于生客，只会睁大了眼睛呆看，并不有害怕及拒绝的表示；在（b），因没有什么可见，对于声音，自然也不十分了解；到了（c），认识是完全了。

所以，我们要使得优良、正确的刺戟深刻在孩子的脑筋，这一条实在不应该忽略的。

（2）第 11 章原则 5 的例子，讲到青儿的母亲早晚打青儿的一段故事。材料是再好没有的了，可惜陈先生只指出早晚之不当打孩子，却没有举出怎样处置的方法。

如果读者是研究教育的，那当然不成问题；如果是一般的父母，请替佢们着想，还是教佢们责打呢，还是不责打呢？打吧，责〔不〕但和陈先生所举的例子相抵触，而且事隔多时始去惩罚，容易挑起孩子对父母的怨恨心；不打，放纵了一次，恐怕第二次更加胆大，因为他已摸着了父母的脾气，得到了一种对付——逃避——的方法了。

所以，我以为这个例子，应该在讨论中将处置的办法揭出——或则青儿的母亲永远地不去理他，使孩子感到了精神的痛苦，自己来认过。不知道陈先生以为何如？

什么是应该更正的呢？

（1）在 116 页 16 行以下 "摇的这个动作，小孩子固然喜欢的，所以你摇他，他就不哭了" 的一段，未免把事实颠倒了。孩子并不是喜欢摇，所以不哭，实在因为给母亲摇来摇去，摇得头目昏眩，不会哭了。假如我们成人好好地坐在这里，有人把我们的身子这边那边地摇，像给孩子的一样做去，三半规管起了作用，就可以影响到眼黑、头旋、呕吐，种种的不适。对于这种举动，那个成人不会发怒！为什么囟门未合的孩子却喜欢这样做呢？这也许是陈先生一时的忽略了罢。

（2）125 页 12 行所引的孟子之说，恐怕没有这两句罢。大概是"君子可欺以其方"①的演义。我们既用了引句符号，似乎不改原文为是。

总之，这一本书在近今教育界上，实在是一本有价值的〔书〕；虽然在经济或知识上，不免尚有违碍的地方。我们且抛开了经济不说，即以陈先生的家庭做一个例，他老

---

① 语出《孟子·万章上》。完整表述为："故君子可欺以其方，难罔以非其道。"意为：对于君子，可以用合乎情理的方法欺骗他，却不能用违背道理的手段蒙骗他。

太太的意见，就足以时常破坏佢们教育的一致了。（参考本书 111 页之举例 2 和 144 页之举例 1）

不过，这些缺点全是能否的问题，和教育的本身无关系的。读者能够本着郑宗海君所说"假如方法上的细节一时限于设备和环境，有未易实行的地方，那只须临时变通适用便是。最重要的，还在得其精神"做去，我个人就可以代表许多的父母讲一句话：只在这一个星期，我已经得这本书的帮助不少了。

一九二五、一二、二七，雪门脱稿于北大三院①

这一篇稿子写完了，我先送给高仁山先生去看。他看过了，告诉我说："摇孩子的样式，那一种暴乱的、粗鲁的，确实有你所说的危险；还有一种有规律的动摇，不但没有危险，而且是孩子睡眠的时候所喜欢的一种舒服。"我们调查摇孩子的事实，不是母亲的手臂，就是母亲的脚搁在孩子的摇篮上一伸一缩地动着。究竟臂和腿不是机器，快和慢极没有标准的，而且常常因孩子愈哭得厉害，母亲愈摇得使劲。所以，我一方面因得到了高先生补充的意思，固然是很喜欢；但一方面，为现在一般我国的儿童着想，我这一段的原稿，似乎还是不更动的妥当。

一九二六、一、八

---

① 北大三院："北京大学第三院"的简称。"北大一院"，为文学院；"北大二院"，为理学院；"北大三院"，为法学院。张雪门在北京大学注册科担任职员时，便寓居于北大三院。

15 现在幼稚园中亟应研究的问题

沈百英

1925年12月

另图8 沈百英像

题 解 本篇原载《中华教育界》第15卷第6期"自由论坛"栏。发表时间为1925年12月。

撰著者沈百英（1897—1992），又名菊泉，笔名石英、白丁等，江苏吴县（今属苏州）人。1918年毕业于江苏省立第一师范学校，旋任教于家乡甪直镇第一小学。1920年任教于母校附小，协助吴研因实验设计教学法。1923年受聘于商务印书馆附设尚公小学工作，任校务主任兼管养真幼稚园园务。1928年专任商务印书馆编辑，负责编写小学教科书，编写了《复兴国语教科书》等。他担任教材编辑长达35年，为中国儿童教育事业的发展作出了不小的贡献。其间，曾兼任上海中学师范部、立达学园农村教育部教职，担任光华大学、沪江大学、大夏大学教育系教授。1956年，专任华东师范大学教育系教授，主讲"小学教材教法"课程。著有《设计教学演讲集》《小学教科书的改革》等。

《中华教育界》，教育月刊，1912年1月（一说3月）创刊于上海，由中华书局主办、编辑并发行。办刊宗旨是："研究教育，促进文化。"主要致力于精研教育理论，以使"教育普及于全国，文化深入于民间"。主要栏目，有论说、研究、学术、教材、名著、教育小说、法令、通讯、文艺、附录等；主要撰稿人，有陈启天、舒新城、余家菊、陆费逵、邰爽秋、陈伯吹等。1950年12月终刊，共出29卷300余期。

幼稚园在教育上的价值，已被世人所重视了；幼稚园在中国之地位，还不能博大多数人的注意。这不是幼稚园的厄运,却是催促我们急切去研究的好现象。试将现在的幼稚园仔细研究一下,不能使人满意的地方的确不少。以下挨次说来:

第一,要改成中国化的幼稚园。教育有时代化、有环境化的。从前的设施,不能全适应于现在的设施;异地的景况,不能全符合于本地的景况。幼稚园虽发明于外国、盛行于外国,搬到中国来办理,一部分果然要采取和模仿;但是,一面还是要自己创造出适合中国的事物来。试看现在各处办理的幼稚园,大多数还是用外国的教具、外国的设置,甚至于故事用外国的,一歌一舞完全仿行外国的。难道中国没有适用的玩具、没有故事、没有歌舞吗?只要我们去留心研究好了。

第二,要改造幼稚园的课程。新学制小学的课程,已经规定的;幼稚园中的课程,至今还没有定出来。各园有各园杜撰的办法,彼此既不统一,又不适合中国化,弄到杂乱非常。不能衔接于小学校,还是小事;混乱中国的教育,却是一个大问题。

第三,要改去宗教的宣传。近来,对于收回教育权的运动①,闹得非常利害,对于各级学校都不许有宗教的宣传,独不闻幼稚园中要收回教育权。在人家以为,幼稚园是数目少、年纪少,传教不足为惧,实不知中国的幼稚园多数还是教会所设立。婴孩教育是教育的始基,决不能听凭人家来摧残。我们应该亟早图之。

第四,要注意幼稚园的组织。从来保姆对于幼稚园的观念,以为弱小儿童,除上堂教授外,决不能做些什么事情。但经新教育潮流的激荡,幼稚园也有注意"做事教育"的倾向,试行设计的新法。所以我们相信,儿童确有做事的能力,当然要养成做事的能力。唤醒当局注意组织,是当今幼稚园的急务。

第五,要变更批评幼稚园的目光。一般人批评幼稚园的好坏,大概还注重儿童做出来的成绩。成绩果然要注重,但是不能代表全部的成绩。概括教养的全〔部〕价值应该测量智力的进步、体格的进步,来衡量办理的好坏。

第六,要改良幼稚园之读书。有人提倡,小学校一、二年不注重读书。幼稚园中,

---

① 收回教育权的运动:20 世纪 20 年代中期兴起的反帝爱国运动。它首先要求收回教会学校的办学权,接着又要求收回殖民学校的办学权。它依次经历了非基督教运动、非宗教运动和收回教育权运动三阶段。1925 年教育部颁发《外人捐资设立学校请求认可办法》后,并没有彻底收回教会学校的教育权。

当然不能有读书。但是，处中国现在的景况，为提倡幼稚园起见，不得不迁就家庭心理，增设一课读书。现在所有的书本是乏味的，不合儿童心理的，我们应该加以改良。希图逐渐改变，达到不读书的目的。

第七，要改变家庭的心理。送小孩子进幼稚园，多数人的说法，不说要免去在家的胡闹，就说早些出去读书。这种观念大不利于学校的设施。我们应该找相当的机会，使知幼稚园的真价值。

第八，要增进社会上的注意。社会上，不知幼稚园的重要；办幼稚园的，不知设法改革。我们急须联络各方面，做种种宣传的事业，做集合研究的团体。数年以来，可有光明灿烂的一日。

以上就荦荦大端言之。详细办法，有待同志之研究。本篇所述，聊尽提倡之职责而已。

自由論壇

本欄規約

一、本欄旨趣在自由發表個人對於某一種教育問題之意見。
二、本欄取材貴有精采，篇幅愈短愈妙，至長不得過一千五百字。
三、本欄投稿不拘何人，但本誌得加選擇與刪改。
四、本欄所登稿件的酬本誌或現金。

現在幼稚園中亟應研究的問題

沈百英

幼稚園在教育上的價值，已被世人所重視了。幼稚園在中國之地位還不能博大多數人的注意，這不是幼稚園的厄運，却是僅促我們急切去研究的好現象，試將現在的幼稚園仔細研究一下，不能使人滿意的地方的確不少，以下挨次說來：

第一要改成中國化的幼稚園　教育有時代化有環境化的，從前的設施，不能全適應於現在的設施，異地的景況不能全符合於本地的景況，幼稚園雖發明於外國盛行於外國搬到中國來辦理一部分果然要採取和模仿但是一面還是要自己創造出適合中國的事物來試看現在各處辦理的幼稚園，大多數還是用外國的教具外國的設置甚至於故事用外國的一歌一舞完全仿行外國的，難道中國沒有適用的玩具，沒有故事沒有歌舞嗎？要我們去留心研究好了。

第二要改造幼稚園的課程　新學制小學的課程已經規定的幼稚園的課程，至今還沒有定出來各園有各園杜撰的辦法彼此既不統一又不適合中國化的弄到雜亂非常不能銜接於小學校還是小事混亂中國的教育却是一個大問題。

第三要改去宗教的宣傳　近來對於收回教育權的運動鬧得非常利害對於各級學校都不許有宗教的宣傳獨不聞幼稚園要收回教育權在人家以為幼稚園是數目少年紀少，傳教不足為懼實不知中國的幼稚園多數還是教會所設立嬰孩教育是教育的始基決不能聽憑人家來摧殘我們應該亟早圖之。

第四要注意幼稚園的組織　從來保姆對於幼稚園的觀念，以為弱小兒童除上堂教授外决不能做些什麽事情但經新教育潮流的激盪幼稚園也有注意做事教育的傾向試行

另图9　《现在幼稚园中亟应研究的问题》原发表件（部分）

16 婴孩同情心的发见

张雪门

1926年1月30日

题 解　本篇连载于《京报副刊》第 402 号、409 号、415 号、416 号、417 号。撰成时间为 1926 年 1 月 30 日，发表时间为 1926 年 2 月 1 日、8 日、19 日、20 日、21 日。兹将第三次、第四次连载，由编者合为一部分，故全文共分为四个部分。标号也系编者所加。

有关撰著者张雪门，参见前文《儿童和玩具》题解。

本文初稿撰成后，原本未准备即刻发表。当时送交友人欧阳兰（畹兰）一阅，想听听他的修改意见。哪知欧阳兰已将评价成文，并已交《晨报副镌·家庭》发表。当张雪门看了他的文章底稿后，便觉得有完整发表自撰文字的必要，用以免除断章取义的弊窦。于是，又添写了部分内容，交《京报副刊》予以完整发表。

这篇文字所透露的一个重要信息是，张雪门在其子张国维出生后，便嘱托其妻张琼英（英君）逐日录写成长日记，以作为自己研究幼稚教育的第一手资料。有关其妻的情况，现已知之甚少。只知她是江苏无锡人，曾任教于星荫幼稚园。张雪门后因家庭问题离开宁波，前往北京求职。

之所以要对其妻张琼英的情况有所了解，是为了说明她不仅具备录写成长日记的文字能力，还具备有关幼稚教育的专业知识和素养。正因为如此，她所撰写的文字，才具备专门研究的价值；这同时也说明，张雪门之所以能走上专研幼稚教育之路，与他第二任妻子的支持和辅助是密不可分的。

《京报副刊》，为《京报》的十多种副刊之一，又是"五四时期"四大著名副刊之一。1924 年 12 月 5 日创刊于北京，由京报社主办并发行，主编为孙伏园。该刊每日一号，每号八版，既宣传进步思想，也宣传无政府主义，以介绍文艺思潮为主。主要栏目，有时事评论、文学评论、小说、散文、诗歌、剧本、文学理论等；主要撰稿人，有孙伏园、鲁迅、张竞生、彭基相、孙福熙、李小峰、朱湘、马寅初等。1926年4月24日终刊，共出477号。

这篇文字，我友畹兰①在《晨报·家庭周刊》第十四号中，已经给我介绍过了。②他将自己的底稿给我看的时候，就还了我这篇文字。他问我："究竟发表与否？"当时，我因已得到了解释，所以不主张发表。

近日来，我心里时常好像有一件事情搁着，觉得这个疑窦还没有洗刷干净；更从孩子的日记中，找到些别的材料。我知道，对于这一点的研究，正还是在开始的时期。天下事，那里有这样的便宜！单凭着一个孩子的观察和一位友人的批评，就可当做了一种假定或结论。我实是害怕，我还是犹疑，我只要多得到一些指教和证明。所以，另外又写了一篇，连同这一篇一齐发表。也许还有和我同样脾气的朋友加入研究，那更是我真切的盼望。

一九二六、一、三〇，北京

一

引子——我如果是一块石子，愿投向水里去，引起波纹的回荡；我也许是行路人的求宿，小心地将指头按着门铃，要得到洪亮的回响。眼泪郁积在胸头，热血又涌上了心头。呐喊，呐喊，我在人海中已呐喊了三十五年，四周仍旧和死一般的沉寂；呐喊，呐喊，简直要喊破了我的喉头。我不愿意说，人类是没有同情心的；我只害怕，当同情

---

① 畹兰：指欧阳兰，字畹兰，参见前文《幼稚教育与妇女教育》题解。
② 此"介绍过了"，系指欧阳兰在《晨报副镌·家庭》上连载发表的《婴孩同情性的发见》。该文分四次连载。除题目有一字之差外，还在摘录了张雪门的文字后，附加了诸多评论，且多为批评性文论。该文出处为第14号（1926年1月24日）、15号（1926年1月31日）、16号（1926年2月7日）和17号（1926年2月21日）。

心正在萌芽，却已给冷酷的成人同化。什么求知，什么利己，全是成人加给婴孩的名词，毕竟他何曾理会。来，来，让我现在再来呐喊一下！

如果我们的观察不错，也许国内研究儿童的人也有我们同样的发见。那末，我这一篇意见，虽不敢说推翻了一般儿童学家的假定，但至少可以证明，东西洋儿童心身发育不同的一点。

从来的儿童学家，对于婴孩同情心的发展，虽也有迟早的主张；不过，大概总以为，在婴孩一二岁的时候，自利心特大，同情心恐怕不会有的。

美博士 Fletcher D. Ward 将儿童心身的发育分作了五期。在幼年初期——刚当儿童二岁——的时候，以为那时的婴孩，除需人扶助外，只知自适。

White 对于一岁至五岁婴儿期所举之要点，也以为那时的儿童自利心最大。

德耶那大学教授 W. Preyer①，在其有名的著作《幼儿心力的发展》里说："在第一时期的生命，是利己的——伲们有同情，一定的。伲们共享有别人的快乐，但大部分，是要求伲们自己的饥渴的满足，为伲们自己企图舒适的获得。"（参考 W. Preyer: *Mental Development in the Child*，本书已由鄙人从英译本中译成中文，现在正在作第二次的校正。）

德刁平根大学教授 R. Gaupp② 所著 *Psychologie des Kindes*，在其《幼儿底精神发展》里之"感情生活底进化"章，他说："当时（乳儿）的感情生活，完全是利己的；一切感情上的兴奋，都以自己的幸福、苦痛为其内容。"又说："亲爱和依恋底表现是做母亲的所最切望的，但起得很迟。而这种亲爱和依恋，在初时，纯以自利为基础。"（参考陈大齐译述《儿童心理学》）

日本关宽之③《儿童学》第四篇第二章论到儿童的本能。他说："儿童真的同情的发见，至少在四五岁以后。四五岁之前，看见别的婴儿啼哭，自己也啼起来；看见母亲有

---

① W. Preyer：通译普莱尔，德国生理学家和实验心理学家。
② R. Gaupp：通译罗伯特·高普（Robert Gaupp，1870—1953），德国心理学家、精神病学家。民国前期，曾译作"高五柏"。所著《儿童心理学》，由陈大齐翻译，由商务印书馆于 1925 年出版。
③ 关宽之：日本学者，生卒年未详。曾任东京玩具展览会的审查长。所著《儿童学》，由朱孟迁、邵人模、范尧深翻译，由商务印书馆于 1922 年出版。还著有《玩具与儿童教育》《吾儿的玩具》等。

忧愁的颜色，自己也表示忧虑的样子。然而这些都是无意识的，不过是反射的模仿而已。"（参考朱孟迁、邵人模译述《儿童学》）

凌冰编《儿童学概论》第一百页说："小孩的同情心，大概要在五六岁时才能渐渐发达起来。有几个心理学家以为，同情心在小孩二三岁时就有。但我们要是仔细一想，就可知道这个话是不确的。因为人类的同情心必定要具备以下的两个条件：（1）各种事物的经验；（2）丰富的想像力。"

二

以下几则，我是从我们的《小维维日记》中抄下来的。诸位看了，不知作何种感想。然而，我是已经被引起对一般儿童学家的怀疑了。

第一例——生后六百十五天：

早上吃鸡蛋饼的时候，他忽然从罐子里拿出两块来，一块先纳到我的口里，一块递给他的父亲。口里说："吃一丫①，吃一丫。"他自己蹲在被里，也一同吃饼。后来，他饼吃完了，爬到我怀里来啜乳；又招呼他的父亲，一同去啜。他父亲拗不过他，只得假装着啜乳的样子。最后，他自己吸足了，又要叫我去啜。我说："因因，你自己吸罢，我那里吸得着呢！"他看我果竟是吸不着，就也罢了。

第二例——生后六百二十一天：

今晚他父亲身子不爽，半夜里起来上厕所，回来又吐了一地。他惊醒了，就要他父亲一同吸乳。他父亲哼着不理他，他就蹲起来去找，而且用着很可怜的声音叫他，几乎要哭出来。后来，他父亲勉强装给他看，一回〔会儿〕又睡倒了哼起来，他就哭了。

---

① 丫：注音字母，对应汉语拼音中的"a"。

第三例——生后六百二十二天：

午后，他父亲给他剪上一些纸片，有羊、有鱼、有鸡、有猫。他看见了羊，就拿在手中，叫我把奶给它吃，好像这是他的朋友，又好像这真是一件活的东西。后来，又看见了鸡，他就叫："ㄍㄛ① ㄍㄛ，ㄍㄛ ㄍㄛ。"

第四例——生后六百二十三天：

现在，他见不了我的忧愁。只要我低下了头（或则伏在桌子上），他就要来叫我，并且还带着哭的声音叫我。如果我再不答应，他就哭出来了。有时，更用两只小手抱住我的颈项，将小嘴凑过来同我接吻。

第五例——生后六百三十四天：

今天听说发薪，到晚上他才回来。刚走进院子，孩子就欢叫起来。我问他："今天得到几成？"他说："只有一成二。"孩子还缠着他坐了唱。只唱得"这是小孩雨伞"一句，掌柜又来了。孩子只好自己在地上摆来摆去。后来，他就爬到我的怀里来，一声不响，慢慢地睡熟了。他走了以后，半夜里，孩子睡得不很好，常常醒转来哭。

第六例——生后六百三十五天（附他父亲的一封信）：

我昨晚回来，又受了一次孩子热烈的欢迎。像我淡漠的神气，原不该给孩子看见的。为着经济，躲不过，又给孩子知道了。如果他当时撕破脸子，率性地大闹大哭起来，倒似西风扫枯叶，何等爽利！顶可怜的，只是他要坐、要唱——摆来摆去，正在拉这个、拉那个的中间，骤然地感触我俩的沉闷脸色，一声不响地爬到你的膝上来，

---

① ㄍㄛ：两者皆为注音字母，"ㄍ"对应汉语拼音中的"g"，"ㄛ"对应汉语拼音中的"o"。

将头扣紧你的肩,渐渐地睡去。难道他的小心里已经能够体贴到父母的心了吗?

"今早我得到你的信,知道他昨夜一时醒转来哭,一时又叫爸爸、姆妈。他的难受,自然是我们赐给他的;而你,又因他的难受而难受;更写信给我,重引起我的难受。我们三个人心曲中,似乎有一条小河,一天到晚地流着。英君,这也许就是我们的世界了!"

今天他起来,吵着要我抱,不肯自己白相①,也不要吃什么。两只眼睛时常闭着,好像要睡的样子;头颠来倒去,在我肩子上。看他真可怜!不过,还要我给他抱到外面去。

晚上,他父亲来了。起初,他不很高兴;到后来要睡了,就用手招他父亲同他一块〔儿〕睡。他父亲本来想回去的。为了他,就留在家里。

第七例——生后六百三十六天:

这个小孩子,真讨人欢喜。我问他:"你欢喜姆妈吗?"他迷〔眯〕着两只眼睛,张开小嘴,装出笑的样子来。我又问:"你欢喜爸爸吗?"他笑的样子,少许差了一些。随后,我又问侯先生呢?黄先生呢?他就渐渐地不笑了(就是一个比一个笑的程度低了)。

上面的七篇日记,从生后第六百十五天起,到第六百三十六天止。按着实在年龄(chronological age)计算,正在孩子二足岁之末季。这里,用不到引证学理,只要简直从行为上去看,已经觉得和一般儿童学家所见的显然不同了。

我以为,这种的差别也许是一般和个别的差异(因为我们只观察到自己的一个孩子);也许东西洋儿童身心的发育真有不同的地方。然而,观察点的不同,实在是我和一般儿童学家差别的顶大原因。

我的观察点和一般差异的,在于什么地方呢?现在,先举出最重要的二点写在下面:

(1)一种行为,本可看做多面的,然而终究是一种行为。

---

① 白相:吴语词汇,玩耍的意思。

假使有人说，我们的第一例，不过是因为孩子自己不能看见自己的吃饼、吸乳，要想明白吃饼或吸乳动作的形式，自然须有这一种的行为。所以，像这种的行为，可以说是求知性（curiosity）的表示。

又如第二例，他不过要求他自己求知性的满足，为自己企图舒适的获得。即如以下的五种例子，多少都含有为自己企图舒适的意义。所以，这些行为仍旧可以当做自利看待的。

像这种的观察，我不能说是完全错的。不过只见到一面，将其余的多面抛了。婴孩的第一期，其顶有力的是饥饿和享乐。饼和乳是他惟一的占有品，吃进口里，立地就会感到有一种甜美、温和、滋润的舒适。现在，他情愿搁下了自己的享乐，分给别人。虽说不上这就是耶稣所说"以己所欲，施之于人"的微义，但多少总有些同情的意思。

至于第四例，同情的成分比利己多得多，这是用不到根据生物学上、心理学上原理去解释的。只要平心静气考查一下就可以知道的。况行为是一个整块的东西，是一种连串流动不息的活东西。Thorndike[①] 以为，人类的一举一动都是外来刺戟的反应，本来没有甚么可以分的。有些人分做同情性（sympathy）啦，竞争性（rivalry）啦，模仿性（imitation）啦，恐惧性（fear）啦，求知性（curiosity）啦，还有什么什么……无非为供给初学者研究便利起见，觉真像停流〔留〕不动的机械，可以给人分做多少相隔不关的种类？

所以我主张，在我所举的倒子中，有利己，有求知，有饮食，有……还有同情。不过万不能说，不到二足岁的婴孩，其同情心还没有发展。

（2）一种本能（这个名词，在本文中全是沿袭用的），本有两种性质。然而，终究是一种本能。

这句话是怎样说呢？譬如妒忌和竞争都是出于竞争性的，而前者的流弊是忌刻嫉妒，后者便是当仁不让。他若恐惧之有谨慎、胆小之分，何尝不是如是。

利己和利他，似乎是绝对的性质，其实并不是这一回儿事。真的利他，乃真的利己

---

① Thorndike：通译桑代克，即爱德华·李·桑代克（Edward Lee Thorndike，1874—1949），美国心理学家、动物心理学的开创者和教育心理学体系的创始人。早年在哈佛大学，师从詹姆斯进行实验心理学研究。后转入哥伦比亚大学，师从卡特尔，获心理学博士学位。其后在哥伦比亚大学师范学院执教。著有《教育心理学》《学习心理学》《奖赏的实验研究》等。

的拓大。孟子说得好:"生,我所欲也;义,亦我所欲也。二者不可得兼,舍生而取义者也。"① 一个人,除了自己的生命,还有什么东西可以比得上他的尊贵?那末一谈到利己,只要利我的生命已经是够大了;然而,尚有所欲尤甚于生(是义)者在。可知真正的利他,才是真正的利己。孟子还有一段,谈到"所恶有甚于死者"②,也可以引到这里来做一个启发。

譬如我所举的第二例子,说他是利他,固然可以的;说他是利己,也未尝不可。本来是根据于同一本能出发的。Thorndike 说,本能是可以改变的,可以约束的。(一、常用它,它就强;二、不常用它,它就弱;三、有的不好的本能,可设法提高、改良,或则简直把它铲除了。)

美国第一流教授法家麦克麦雷(McMurry),对于桑戴克(Thorndike)主张赏善罚恶和赏善同恶应将愉快和不愉快连接起来的意思,也有相类的学说。所以,我们教育儿童的人,只要想法拓大,提高利己性,就是引伸其利他性了。若说婴儿只知利己,没有同情,实在是太武断了。

三

况且,历来儿童学家所假定的,也并不是澈底的主张。Fletcher D. Ward 和 White 的学说,读者除参照上二段文字外,下文也许还有连带可供反证的地方。我想,不另外讨论了。

其余 W. Preyer 以下四人,都当有简短的解说,尤其凌冰先生。因为他是和我在同一国度里研究儿童工作的人;而其所编的《儿童学概论》,又是综合诸家的学说。

W. Preyer 并不否认婴孩有同情。不过说,大部份是求佢们自己饥渴的满足,为佢们

---

① 语出《孟子·告子上》。此句之前的原文为:"鱼,我所欲也;熊掌,亦我所欲也。二者不可得兼,舍鱼而取熊掌者也。"
② 语出《孟子·告子上》。完整表述为:"生亦我所欲,所欲有甚于生者,故不为苟得也;死亦我所恶,所恶有甚于死者,故患有所不辟也。"

自己企图舒适的获得。即以"佢们有同情，一定的，佢们共享有别人的快乐"几句而论，是已经很明白了。况利己和利他，并不是绝对的意义，我上文已经说过了；且本能的出发，在成人眼光看起来，最初那一种不根据于利己主义？

便是以道德感情发达的途程而论，也是一样地经过了盲目的顺从（模仿的反射），经过了怕受刑罚的恐惧（恐惧性和本能的约束），经过了爱父母的爱情（同情的初步）；然后达到完全的同情心，最终达到了正义的人格（道德上行为巩固的习惯）。截段去看，那一步不是利己？整个推来，何莫不趋向于同情的呢？

R. Gaupp 之说，我的前文已不少可以引来做他的反证了。他说："一切感情上的兴奋，都以自己的幸福、苦痛为其内容。"又说："初期对于母亲的亲爱和依恋，纯以自利为基础。"又在同章里举了一个例子："儿童对于母亲的爱和母亲对于儿童的爱有别，不是本能的。其所以爱母亲，不过是爱他的最大的恩人罢了。倘父母把儿童完全交给侍女，不自抚养，儿童便把他的柔媚转献侍女了。"

婴孩爱母之爱是不是本能，系另一问题。本来本能之说，在科学的心理学家根本上早已经否认了。现在且抛开了本能不说，那一种同情不是认定了对象于我有利才始发生的？不过，"我"的范围有大小。过大了，世人便看不清"于我有利"的地方，就认做了同情；小的，其"有利于我"自然容易见到，便以为是利己了。

耶稣救人，却给人钉在十字架上，可算是顶有同情心的一个人了。我们且将他分离时的祷告，摘一段到这里来看一下，他对于"我"字的意义，看得十分广泛；同时，也可以做"利己"的注脚。

> ……我为他们祈求，不为世人祈求，却为你所赐给我的人祈求。因他们本是你的。凡是我的，都是你的；你的，也是我的，并且我因他们得了荣耀。从今以后，我不在世上，他们却在世上，我往你那里去。圣父啊，求你因你所赐给我的名保守他们，叫他们合而为一，像我们一样……

至于婴孩"我"的范围，自然较小。顶早，连手的"我"和眼的"我"都分离的。以后，才进展到认识了自身上整个的"我"。母亲给他抚育，他爱了母亲；侍女给他抚育，他爱了侍女。他对于母亲的爱和对于侍女的爱，原是一样的，原不是天生的。却和他后来经验丰富时之爱社会、爱世界、爱万物的爱（同情），出于同一的根源。

这种表白还不十分正确。因为在这里，实在没有一件可以算做天生的（本能，根本上就有可以怀疑的地方）。所以在这时候的婴孩，我们可以说，他的"我的范围"小，企图自己舒适的量也小，因而同情心也小；然而不能嫌其小，而说其没有。

R. Gaupp: *Psychologie des Kindes*（其第四版，几乎和前几版的内容完全不一样）在出版界，比较上为最近的出品（一九一七年）。同章里又有一段谈到："一岁半乃至二岁的儿童，已略有同情的表示。到了三岁，确已有真正的同情。"可知他对于孩子的自利，也并不是倡绝对的肯定论者。

四

关宽之反射模仿之说，其所下反射与本能的定义，在同章本能的意义里说：

> 反应简单的，叫做反射；复杂而有系列的，称为本能。所以，这二种动作虽则是非常相像，然而精密的区别起来，反射运动完全是机械的、生理的，没有意识的作用；本能的动作，多少含有意识的作用。

我们从一般的家庭里去观察，时常可以得到不少反射模仿的好例。有一次，我看见一个女佣抱着一个孩子。她脸上装成很苦的样子，向着孩子说："乖乖，乖乖，可怜呀！乖乖，可怜呀！"孩子"呀"的一声哭出来。她倒笑了。后来，孩子不哭，她又用着同样的形容去逗他。如是的哭了好几次，一直等到孩子的母亲自己来抱，她就也走开了。

不过，我们从事实上调查所得，四五岁以前孩子同情的表示，决不如是的简单，也决不如是的无意识。就是我上面所举的七个例子，也并不全是机械的模仿，多少总带有些经验的重现。便是机械的反射模仿，也不能不说是同情。本能，本来是逐渐发展的（Thorndike 和他的一派都是这种主张）。况他下文又说：

> 这种反射的模仿，为发达真的同情所必须经过的阶级，所以叫做反射的同情。儿

童在游戏的时候，先和洋囡囡表同情；其次，和犬、猫等动物发生同情；最后，与人间也发生了同情，渐次养成他真的同情。所以，反射同情，一称"原始的同情"，是真的同情的根本。

既称之曰"同情"，还有什么假和真之分？不过程度的浅深、等级的高下而已。可知同情的发展决不是在四五岁以后。

最后，我要讲到凌冰①先生《儿童学概论》第一百页所说的同情心了。他以为，人类的同情心必须根据于经验和想像力二种条件。孩子年龄小、经验浅，想像力不远；因之说其同情心必然非凡地狭隘，那是不错的。若以其年龄太小，经验和想像都不丰富，便推论到孩子是没有同情的；除非完全肯定了那时的孩子没有一些经验和想像。但许多儿童心理学家、幼稚教育家、发展心理学家所告诉我们的，并不是这样。

W. Preyer 说：

> 生后三月，比声音更有效的是母亲脸色的表示。在两月里，他已认识了他的母亲和她的存在，以及她的声音。各个的孩子，三个月便能分析他母亲有没有戴帽子，已经很正确了。到了三个月之末，知力的符号更加倍的增进。和爱和严厉、快活和端庄，彼此已辨得十分精密。母亲的注视渐渐地移了方向，他知道是一种不许的明晰符号；而母亲之微启口角，以示满足的神气，更足以使孩子坦白地认识，盈盈地笑起来了。真是母亲和孩子之间有一个公共的灵魂在。她在睡时，似乎还记着孩子；而孩子虽没有语句，已能感到母亲的意志了。大部份家人适当的动作，本不会含有使孩子模仿佢们，或则有意的去成就其类似的极纤微的用意。在孩子的眼中，却在精查成人的行为，时常用一种探问的表示。虽在生后五月，这种态度已经是很显明了。佢们的来来去去，佢们的坐下站起，佢们的团团打圈子，都足以惹起孩子顶高的注意点。（参考

---

① 凌冰（1894—1993）：原名庆藻，字济东，河南固始人。早年就读于南开学校，后考入清华留美预备学校。毕业后，赴美留学，先后入读斯坦福大学、哥伦比亚大学、克拉克大学，获教育学硕士学位和哲学博士学位。1919年归国，受聘为南开学校大学部第一任教务长。后历任河南省立中山大学校长、河南省教育厅厅长、中华民国驻古巴国全权公使等职。1945年后，居留美国。著有《儿童学概论》。

W. Preyer：*Mental Development in the Child*）

而 White，也以积经验（从环境上积得）作后发展的准备，为婴儿期特色之一。所以我们可以说，二三岁小孩的经验是幼稚的，但不能说他是没有。至于想像，在凌先生同本书里也曾道及。第一三八页叙第三样儿童与成人不同的地方，就是"儿童之想像，大半偏于记忆。这种想像，英文叫作 reproductive imagination。儿童在两三岁的时候，除了这种想像外，便没有别的想像"。

后来，他又述到儿童想像力发达之因：（1）知觉上之习惯联络（habitual association of sensation）；（2）语言之发达；（3）生灵之趋向（tendency to animism）；（4）富于模仿性。然而这四种的发展虽迟早不一，不过到二三岁，大概也颇健全了。而从四种所产生的想像力，虽然没有这四种的鲜明；然而多寡，终不能说是没有。

现在我预备收束了。我这篇文字，不过因我们小维维的日记，怀疑到历来儿童学家的观察；更因他们主张的不澈底，所以不敢轻易地抛弃了我自己浮薄的观念。我未始不知道，对于这种重要的学理，全不能凭着一个人的记录。不过，我终究是一块小石子，这一次落下水去，但愿能够引起多少的波纹回荡，已够得我们的快乐了。其实，这依然还是一种幻想。那里可以投宿？跋涉长途的旅人是只找门铃，不问回响的。

喂，朋友！站开一些。现在，我真要投石子了。

一九二六、一、一七

17　参观三十校幼稚园后的感想

张雪门

1926年2月28日

题　解　　本篇连载于《晨报副镌·家庭》第 18 号、第 19 号和第 20 号。发表时间为 1926 年 2 月 28 日、3 月 7 日和 3 月 14 日。原发表时未分节，一、二、三、四节均系编者加拟。

　　在本文文前，张雪门写有如后的话："这篇文字，承高先生仔细地给我看过几遍，又承他切实的指导，特在这里谢谢他。"在本文最后，又附录了高仁山先生所撰的一段文字（见正文第四部分）。

　　撰著者张雪门，参见前文《儿童和玩具》题解。

　　有关《晨报副镌·家庭》，参见前文《儿童和玩具》题解。

　　"幼稚园"三字，七年前向人探询，恐怕就有人说是孤儿院。[①] 近年来，这种昏昧的现象，表面上似乎改良了不少：游艺会中，不时已有幼稚生表演的节目出现。尤其是民国十一年公布教令第二十三号《学校系统改革案》[②]，居然有"幼稚园收受六岁以下之儿

---

① 此"孤儿院"，因中国传统的慈幼机构名为"慈幼局""育婴堂"等，而西方传教士来华所创设的同类机构，故多名为"孤儿院"；加之中国建设"新学制"前，所见的学前教育机构，名为"蒙养院"和"蒙养园"，故"幼稚园"为何物，大多数人难知究里。直至 1919 年酝酿改订学制后，以幼稚园取代蒙养园的呼声才逐渐高涨，故言"七年前"世人多不知"幼稚园"为何物。

② 《学校系统改革案》：通称"壬戌学制"（农历壬戌年颁布）。1922 年 11 月 1 日，中华民国北洋政府以"大总统令"形式颁布此制。其中，规定了"六三三"的学制系统。为区别于此前颁行的"壬子癸丑学制"，又称该制为"新学制"。

童"的规定。然而，书房〔坊〕中关于这种出版物，现在也许还到不了十种；恩物非向苏州吴亚可①预定，〔否则〕就须自己打图样找木匠赶制。

我们明白，没有这一种出版物，社会中就没有研究这一种科学的人；也可以说，是社会中少有这一种的人才。我们更明白，没有那一种的需要，就没有那一种的供给。我们只看同年十二月新学制课程标准起草委员会②对于初等教育方面，只有《小学校毕业标准》及《小学〔校〕课程简表》，而没有幼稚园的课程标准，一直到现在依然没有，就可以知道了。国中除三五有名的首都、商埠外，那一县准能找到一校幼稚园？唉！幼稚园，你的足迹到了英美是何等的光荣，为什么到了中国便不一样呢？

异样且让其异样。究竟异样到甚么的一个程度？进一步来说，其异样的原因还是出于幼稚园的本身，还是出于国人实施的不得法？除去年来政治不上轨道、教育费无一定的款③、什么全得不到安详的进行这一个定则（这一个定则，讨论到眼前的中国，甚么问题都可以应用，所以且放下来不说）外，单从现在一般所已经成立的幼稚园着眼，细细地推求其一个没有良好成绩的主因，似乎也是必不可少的工作。

一

为此，我们抛开了幼稚园量的问题，且先从幼稚园质的问题说起。我们要研究幼稚园质的问题，顶好借原来的福禄贝尔④的幼稚园做个比较：究竟我的和福禄贝尔的有没有差异？为什么差异？那末，我们所教的是什么（教材），是用什么工具（教科）去教学？所要贯澈的是什么？如果像现在这样，是不是要改革？应怎样改革？这都是应该讨论的。

---

① 吴亚可：系苏州玩具制造厂商。
② 新学制课程标准起草委员会：系全国教育会联合会下属的专业委员会，负责起草与"新学制"配套的课程标准。1920年10月，全国教育会联合会第六届年会期间曾有此提议。1922年10月，第八届年会期间正式设立。"壬戌学制"颁行后，该委员会于1923年6月配套公布了《新学制课程标准纲要》。
③ 的（dí）款：指确定可靠的款项。
④ 福禄贝尔：通译福禄培尔。

从民国七年起，就我所参观过的幼稚园，而且印象留在我的脑子里还不十分糊涂的，有下列几校（表1）：

表1 幼教机构调查表

地点	NO.	校名	备考
北京	一	国立北京女子师范大学附属蒙养园	蒙1 ☆ 3
	二	博氏幼稚园	○
	三	崇慈小学内幼稚园	○
	四	京兆第一幼稚园	☆
	五	京师第一蒙养园	□
	六	私立京师第二蒙养园	☆
	七	美侨幼稚园	○
	八	日侨幼稚园	□
天津	九	女师附属蒙养园	☆
	十	仰山幼稚园	○
	十一	中西女学附设幼稚园	○
	十二	维斯礼堂附近幼稚园	○
苏州	十三	天赐庄幼稚园	○
	十四	女师附属幼稚园	☆
	十五	市立幼稚园	☆
无锡	十六	竞志女学附设幼稚园	□
上海	十七	商务书馆办幼稚园	☆
	十八	日侨幼稚园	□
	十九	清心幼稚园	○
	二十	广东幼稚园	☆

续表

地点	NO.	校名	备考
南通	二十一	新育婴堂附设幼稚园	☆
杭州	二十二	弘道女学附设幼稚园	○
	二十三	女师附属蒙养园	□
宁波	二十四	幼师附设第一幼稚园	☆
	二十五	星荫幼稚园	☆
	二十六	江东县立女子高小附设蒙养园	☆
	二十七	圣模幼稚园	○
	二十八	甬北幼稚园	○
	二十九	群学社附设幼稚园	○
奉化	三十	培本幼稚园	☆

在三十校幼稚园中，发现了三种不同的现象：

（1）宗教式的。关于这一种，凡图〔表〕中标有"○"符号者全是，可以教会办的幼稚园做代表。

（2）日本式的。图〔表〕中标准有"□"符号者全是①，可以蒙养园②之较旧者做这一种代表。

（3）普通的。凡图〔表〕中标有"☆"符号者全是。关于这一种，较为复杂，大致出于公立或私立。表中之"一"，分三级教育：一级采蒙台梭利教育法，其余二级是参用福禄贝尔的。"十六""三十"是早已停办了。尤其是"十六"，停办得顶早。听说无锡又新添了一校。宁波上学年同道乡又成立了一校，都是普通的。可惜我全没有参观

---

① 此句中的"准"字，疑为衍字。
② 蒙养园：民国初年学前教育机构的名称。它由"壬子癸丑学制"所规定，用以区别清末的"蒙养院"。1922 年"壬戌学制"颁行后，方改称"幼稚园"。

过。我所参观过的，在表上所列，有的最少只去过一次，也有我自己亲手办的。[①] 凡表中所标"☆"的幼稚园，好多从前是日本式的，如京师私立第二蒙养园、宁波星荫幼稚园等，全是这个例子。这种趋势的变迁很快，而且很普遍。

另图10　教会杭州弘道女学附设幼稚园幼儿就餐图
（后立者为该园主任屠嘉夫）

另图11　普通养真幼稚园幼稚生跳枫树舞图

我们试一考查其原因，愈〔与〕其说是出于思潮的影响，还不如说是保姆的更动。现在我再将养成师资的地方——就我所知道的——列出一张表来（表2）。

表2　幼师培训机构调查表

校名	曾否办过毕业	现状	毕业生服务地点	备考
北京女高师附属保姆科 ☆	民六、民十一〔九〕办过毕业各一次	业已停办	北京、天津	国立
燕京女学附设幼稚师范科 ○	办过	继续进行	北京、天津、湖广	教会立
京师第一蒙养园保姆班 □	前清光绪末年毕业一次	早已停办	北京	私立当时教员聘由日本
苏州天赐庄景海女学附设幼稚师范科 ○	办过，毕业多次	继续进行	苏州、无锡、宁波	教会立由慕家花园改

---

① 此"我自己亲手办的"幼稚园，为表中所列"星荫幼稚园"。

续表

校名	曾否办过毕业	现状	毕业生服务地点	备考
无锡竞志女学附设保姆科 □	毕业一次	早已停办	?	私立 当时教员聘由日本
上海清心女学附设幼稚师范科 ○	办过	继续进行	上海	教会立
杭州女师范附设保姆养成所 □	毕业一次	早已停办	?	公立（?） 当时教员聘由日本
杭州弘道女学附设幼稚师范科 ○	办过	继续进行	宁波、杭州	教会立
宁波幼稚师范学校 ☆	民国十二年度毕业一次	停办	宁波	私立

从这张表，只〔至〕少可以见到两种趋势：

（1）由日本教师教授的学校，在近年早已消灭了；就是参酌办的保姆科①，也一校都没有。那末，现在养成师资的地方，只有教会里惟一的路径。

（2）保姆的人才，由非教会养成的，既一天比一天缺乏；而有限的人才，更大多数（或则可说是全数）埋没于家庭里，自然变成更加稀少。他方面，由教会中养成的，一年一年地继续毕业，又正值社会上需要的时候，自然全国的幼稚园将逐渐归入她们的领域了。

从这两种趋势，可以得着一个假定：

社会因人才的缺乏，不能不延聘由教会出来的保姆。而保姆因办事人宗教信仰的关系，却不能不牺牲一部份宗教仪式。更因日本式的蒙养法在阴背里还伏着多少残留的印象，所以产生近年来一般幼稚园的普通现象。

---

① 保姆科：全称"保姆讲习科"。在清末民初的学制系统中，规定女子师范可附设保姆讲习科，用以培训学前教育师资和保育员。

二

我现在就把上面所举的三种幼稚园来讨论一下。

（1）如果我们去参观甚么公理会、长老会、美以美会立的幼稚园，一定可以见到美丽的教室、小巧的桌椅、精致的恩物，在一时自由活动以后、工作以前，孩子们一定要闭一忽儿眼睛；伲们的小嘴，一定还要唱一只〔支〕祷告的歌曲；早晨相见，放学话别，"上帝祝福"，诗一样的调子，全从伲们的舌端跳到恬静的空中，弥漫到这边那边。伲们的心灵是甜美的，精神是活泼的；伲们对人，确实会像爱自己一样地去爱他。伲们真是天国的种子，伲们真是上帝的儿女。伲们对于上帝，断不会有成人一般的愚笨，会想到他是戴棘荆冠的西装的玉皇大帝①。在伲们想像中，不过当"一种白玫瑰，因为被太阳看得太难为情，满脸全红起来，变做了红玫瑰"的飘忽的意味；却又如有了这个，从浩漫的自然界得到一管玄秘的钥匙。

教会立的幼稚园里保姆，如果抱这种态度去教训孩子，我是不反对的，正如我不反对"神话教授"的用意一样。可是，事实还是事实，她们拿的是教会的钱，吃的是教会的饭，那里可以不给教会尽职！然而这个职务却是教会的职务，不是教育的职务；她们愿意给教会造成功一批教徒的心，比替社会造成一批健全分子的心热烈。所以，她们是为她们自己的教会尽职，不是为教育服务；是为的宗教，不是为的孩子。所以，她们喜欢谈耶和华造亚当、夏娃，不准孩子说"猴子变人"的故事。

有知识的家庭，因之不肯送孩子到那边去；无宗教的家长，自也不肯送子弟到那边去。她们所收的，大半是她们教会里的徒子徒孙，将永远得不到国中社会深切的同情。虽然她们有的是美丽的教室、巧小〔小巧〕的桌椅、精致的恩物和较有训练的保姆。要想改良，除非舍宗教的狭义而为广义，略宗教的形式而取精神。然而，这那里能够！

（2）日本式的幼稚园，又可以叫做"小学式的幼稚园"。因为它很像是小学校。它在中国，虽没有再生的希望；然而它的历史，确实经过了多少峨冠博带的日本人的脑底、眼前，多少带些岛国的色彩。伲们感到了，幼稚园的课程和小学校的太不衔接；伲们又感到

---

① 此句形象地说明了不中不西、不伦不类的矛盾心态。

了，幼稚园训练的标准和小学校太不一致。他们将游戏、谈话、手工、唱歌、识字、算术、图画、排板、检查身体、习字、积木，分作一个时间一个时间的功课，明明白白地规定在逐天的功课表里，不会混杂的，而且也不许混杂。保姆高高地坐在上面，孩子一排一排地坐在下面。固然，从系统上、管理上，给保姆不少的便利。然而，伫们所注意的是去衔接小学，却疏忽了幼稚园的本身；伫们所顾到的是成人的主观，却忘怀了孩子的心身。

在我们的国度里，固然因这种人才的缺乏，这种的幼稚园因而日益减少；便是有，恐怕随着现时教育的进步，迟早也自然要淘汰的。伫们将幼稚园的教育太看作了当一种知识，而且将知识又看得太机械。伫们只看到现在困难的一点，急于搜求一个眼前的办法，却不曾将目光照到孩子的心身，探出一个真正的原理来。伫们只接受了成人的一片主观的意见，却拒绝了跳跃的生命和烂漫的天真。人生是整个的，同时是多方面的，却如无数多角形之成为圆形。可惜，伫们只知道有多角，而不知道有圆。

在这种的幼稚园里，很容易发见它和小学校衔接的苦心。只有这一点是值得赞美的。然而，它衔接的路径走错了。现在的小学校，教师的态度、教材的联络、教方的混合，那一种不是和幼稚园息息相关？然而到底还是小学校去采法于幼稚园呢，还是幼稚园去迁就小学？所以我以为，这一种幼稚园是谈不到改良的，除非破坏了重新建筑。

（3）至于现在一般普通的幼稚园，它的构成的要素，在上面假定里已经略略地说过了。因之，这些有完全的训练（福禄贝尔的教育法），而却无宗教的束缚；发挥福禄贝尔的精神，同时又可以吸收蒙台梭利的血液。我所认为在国中顶有希望的，就是这一种的幼稚园。

三

从前我在宁波幼稚师校[①]，经过一个大设计"秋日的收成"（内含三个小设计：果木

[①] 宁波幼稚师校：全称"私立宁波幼稚师范学校"。该校由张雪门主持创设，并兼任校长。创设时间为1920年4月。初定学制为2年，后延展为3年，招收宁波当地高小毕业的女生入学受教。是年底，张雪门辞职北上。虽然该校仅有一届毕业生，但它是中国第一所由国人自办的私立单设幼师培训机构。

的收成，一星期；谷实的收成，一星期；棉花的收成，一星期）以后，预拟了一个星期的"感谢节"的设计题。当那一个设计终了的时候，孩子们各个人把自己六天里所做的手工，满拿在佢们的小手里，预备携回去送给各个人——自己所要送的人——家里的或则家外的，认识的或则不认识的。佢们恳切的态度、匆促的神气、微圆的笑窝，全足以表显佢们内心里充满了感谢的诚意，给我们一个深切的印象，更引起我们热烈的同情——急于想听见佢们回来的报告。那才是将各个人、团体、自然界打成一片，那正是福禄贝尔所要的。

如果有人怀疑说，这是泛爱的宗教，我承认；有人夸张说，这是艺术的生活，我也承认。这种教育，一面固然根据于福禄贝尔，但同时对于蒙台梭利的，也并不完全拒绝。虽然现在一般的普通式的幼稚园因经费的关系，只能将福禄贝尔的恩物和蒙台梭利的教具割裂凑用。但为真正的孩子着想，真正的幼稚教育着想，我总希望有福禄贝尔全部的恩物，万不得已，也只能将蒙台梭利的教具抽出几份（至于理由，容在下文再伸，这里暂时不说了）。

此外还有三种现象，为上列的幼稚园一般的缺点（虽然也有例外的）。有的只有一种，有的是两种，有的简直是包括了三种。这三种的缺点完全在于保姆的身上（自然，学校的经费也是一个大原因。然而我上面已经说过这一个定则，讨论到眼前的中国，甚么问题都可以应用，所以且放下来不说）：第一种，因保姆过于要好；第二种，是太不要好；还有一种，是保姆的自身尚未觉悟。

关于第一种，保姆想在顶短的时间里有优好的成绩，所以将孩子看做太机械了。凡顶爱听的歌曲、顶细繁的画本、顶复杂的恩物、顶纤腻的舞蹈……不管孩子可能不可能，只管以"顶好的"做标准，全搬过来交给孩子。她们只感到了形式的美丽，而忽略了原理的重要；她们只感到了知识的有味，而忽略了精神的基础。她们的耳朵，只听见社会赞美的誉辞；她们的眼睛，只顾到孩子巧妙的成绩。可是，她们的内心，实实在在不明白游戏、谈话、唱歌、手工，只是活动的工具，而背后还有一种牵这些线索的更重要的原动体。有了这一个（原动体），其活动才是有生气的，不落空；没有了这一个，无论活动得怎样美妙、习熟，全是无生命的虚空。

举一个具体的例来说罢，一则文艺的谈话，不贵在孩子能够机械地像水一样，一时里就能背诵，而重要却在促佢们记忆、欣赏的提高。明白这一些，就是当时什么全说不上，只要在佢们的印象中，薄薄地有梦一样甜蜜的意思，很想再听一回、二回，极愿意牢牢地捉住这个中间顶紧要的一点、二点，那末这一次的谈话便是成功了。不然，丰富的故事、美丽的辞句，不过教成一只巧妙的鹦鹉，有什么可以荣耀呢？因为有一批的保姆疏忽了这个顶重要的原动体，不明白孩子的心身，勉强其"不会"做到"会"，"生吞活剥""扭住牛头饮水"，所以保育室里的空气，只有紧张、严肃、苦闷、怨恨、寒怕，还有什么和爱、光明、新鲜、活泼的气象！这那里是我们所希望的呢！

关于第二种，实在我没有好意〔思〕去说，而且也是不忍说。然而，不说又那里能够呢！这一种的现象，保姆只知道有保育室，而不知保育室外，其重要比之保育室更甚；只肯担任上课时一段时间的教训，对于课外的，简直要筑一壕深沟和巨垒。我们试想，一天二十四小时，在保育室里只有三小时①，就是十分认真，能有几多教育的功效；而况未必认真到十分。所以，幼稚园不和家庭联络，消极的，可以使孩子从幼稚园所受得的教育无进展的可能；积极的，实可以变动校里所持的旨趣。况且无责任心的保姆，其态度大半是消极的、苟且的。因之，教材多陈袭而少变化，教方喜保守而厌进取，但图时间的敷衍，只要和旧式的不相违碍，甚么孩子的光阴，甚么创造性，全不在她们的心上。

我们对于上一种的现象，尚有改进的希望；如果这种的灰色毒菌一经传入保姆的血液，即使改善其环境，至多也只能促醒其一部份的觉悟。究竟已经达到保姆年龄的人，全人格差不离都已固定了，还有多大的希望呢！

关于第三种，保姆太注重了自己的成见，太注重了自己的方法。这种教育好像一张方方的格子，叫孩子只在这格子里活动；走来走去，全在这张方格的中间，便以为是教育的成功。否则强迫地拉，也要拉他进去。可惜，她们只知道这是好的，而想不到这个"好"的实现，除愚笨、高压手段以外，另有一种神秘的暗示。

E. P. Peabody② 说："幼稚园的教育是真正的教育，使成人和孩子有交互的喜慰。"

---

① 此"三小时"，指当时幼稚园均为半日制，故幼儿每日在幼稚园里的室内活动时间，大体为三小时。

② E. P. Peabody：通译伊利莎白·皮博迪（Elizabeth Peabody，1804—1894），美国女学前教育家。1860年，她创办了美国第一所英语幼儿园。她还创办了幼儿园教员培训班，成为美国历史上第一个幼儿教师培训机构。她终身致力于美国的幼儿教育事业，对美国的幼儿教育产生了广泛而深远的影响。因此，她被看作是美国幼儿园的真正奠基人。

Goethe① 说:"教育是相互的。孩子会告诉双亲,什么是佢们对于他的教训有疏忽的地方。"

如果只知道责孩子——你为什么这样地桀傲不驯?为什么不听我教你的方法,照我的方法去做?实在没有领悟到,孩子的形容里已经有了答覆。他的答覆是——你教我相信自己的成见,强别人去照自己的成见去做,现在我已有意见(不过我的意见不是你的意见)了——你为什么这样地桀傲不驯,为什么不听我教你的方法,照我的方法去做——我不是已经明明白白从我的形容上表示给你了吗?

暗示的效力顶大!所以,保姆不从自己的人格上有所觉悟,无论说得怎样的天花乱坠,孩子所得到的,也只有老师的天花乱坠的舌头和老师的行不顾言的行为。我们看见保姆自己立在圈子外,教孩子做这样、那样的时候,恨不得找一面镜子来给她。

现在我是想写结论了。我的结论所要问的,究竟我们的幼稚园在眼前什么全谈不到自己创造的时候,应该采那一种标准才好?

我们明白,幼稚园是福禄贝尔创始的。可惜,他所受的宗教教育及早年林下生活②的印象太深。虽然后来他也在耶拿大学③受到科学上进化的态度,及衣浮墩④地方得着许多关于地文学⑤上和博物学⑥上许多经验,其所采取科学的方法(请参考拙译:Emily Shirreff《福禄贝尔教育制度·恩物章》,见十四年三月份《晨副》——《福禄贝尔恩物

---

① Goethe:通译歌德。即约翰·沃尔夫冈·冯·歌德(Johann Wolfgang von Goethe,1749—1832),德国诗人、剧作家、思想家。他的作品充满了狂飙突进运动的反叛精神。他在诗歌、戏剧、散文、自然科学、博物学等方面都有着较高成就。著有剧本《铁手骑士葛兹·封·贝利欣根》、中篇小说《少年维特之烦恼》、诗剧《埃格蒙特》和《浮士德》等。

② 林下生活:指闲居山林田野、无拘无束的生活方式。在此所言,为福禄培尔 15 岁时回到家乡,给一个林务官当学徒,为时两年,使他对大自然产生了浓厚兴趣,并养成细心观察事物的习惯。

③ 耶拿大学:位于德国图林根州耶拿市,创立于 1558 年,是德国古老的大学之一。1799 年,福禄培尔进入该校学习数学和自然科学。

④ 衣浮墩:通译伊佛东,地名,位于瑞士西部地区。裴斯泰洛齐晚年在此长期办学。在此所指,为福禄培尔前往此处就教于裴斯泰洛齐一事。

⑤ 地文学:亦称"自然地理学",是研究地球表面自然面貌及其成因、结构和相互关系的学科。

⑥ 博物学:人类与大自然打交道的一门古老学科,指对动物、植物、矿物、生理等学科的总称。宽泛地说,它包括天文学、地质学、地理学、生物学、气象学、人类学、生态学、自然文学、动物行为学、保护生物学等学科的部分内容。

的研究》),究难掩其神秘的象征主义①。因之,他的实施方法好多和现代心理学相冲突。然而,他的"一原论"②,如果有人能重其精神,弃其字面,放手做去,这种增加积极的甜美和有生意的仁爱的修养底价值,终是颠扑不破的。

至于蒙台梭利,有人称她是幼稚教育的改革家。她的教法本来和福禄贝尔相似;不过,她是本于现代科学,而不是本于玄学③。在教育实施方面,履行学生的"个人表示"的原理④,比福禄贝尔尤为自由。然其教材的范围过狭,而社会互助方面又不十分注意。所以我主张,现在办幼稚园的宗旨应该根据于福禄贝尔;而活动上,不妨自由地多多参用蒙台梭利的教具。

顶后,我还应该将福禄贝尔的恩物和蒙台梭利的教具特别在这里提出。因为这些全不是单独的玩具,本来都是故意为教育设的;而且也不能看做单独的功课,却是时常和游戏、唱歌联在一起的。现在,且分开来说一个大概罢。

福禄贝尔的恩物是有系统的。虽然我没有福禄贝尔正统派的拘泥,然而由球体而圆柱体,以至于正立方体,表显物体的逐渐变化及功用;更由正立方体,而第三种(八块小正立方体)、第四种(八块小长方体)、第五种(第三种的多数变形),以至于第六种(第四种的多数变形),表显物体分析综合之妙;由是而第七种,方由立体而放为平面;由是而第八种,更由平面而进为直线;直到了第九种金属的环,以代表曲线。其步骤都是有一定的层次。如果但有前者而没有后者,孩子的活动自无进展的可言;但有后者而略其前者,孩子不独无比较的机会,且失了观察的根基。所以,我总希望为真正的幼稚教育着想,应该有福禄贝尔恩物的全部。因为这是不许割裂的,一割裂便失了系统。

而蒙台梭利的教具,大约分做三部:(1)属于实际生活方面的,各种活动的;(2)属

---

① 象征主义:19世纪后半叶在法国兴起的一种文学思潮的名称,后形成"象征主义流派"。其代表人物为马拉梅、魏尔兰和兰波。象征主义不追求单纯的明朗,也不故意追求晦涩;它所追求的是半明半暗、明暗配合、扑朔迷离的艺术效果。也泛指以具象事物和行为反映抽象理念和意义的文学表现方法。
② 一原论:通称"一元论"。它是与"二元论""多元论"相对的哲学名词。其意为,世界只有一个本原。具体而言,有唯物主义一元论和唯心主义一元论。凡肯定世界万物的本原是物质的,强调物质是根本存在,属唯物主义一元论;凡认为世界万物的本原是精神的,强调精神的第一性,属唯心主义一元论。福禄培尔的"一原论"属于后者。
③ 玄学:形而上学的另一名称。它是一种与科学相对的理论,具有纯解释性的思维特点。
④ 此"个人表示"的原理,即认定每个儿童均具有内在潜能,其生长是由于内在潜能的发展。

于官感〔感官〕训练的；（3）属于小学课程中各种正式学科的（如写字）。她不限制孩子先玩那一种教具，只要孩子要玩，就将他所要玩的一种给了他。他果然会玩，自然他已有了玩的能力；如其不会玩，自然会更换；不会玩，依然不肯放弃，可知他已有玩的意志，一回两回的试去，究竟还是可以成功。所以我敢说，蒙台梭利教具正可以给福禄贝尔恩物的补充，大可以任各个人自由的使用。割裂，也许没有多大关系的；虽然有了全部，自然更佳。

完了。且容我再附一个声明：

以上的三十校幼稚园，调查的时间大半不是在同一的年月。至于设备，更是各自各式。我并不是不知设备和教育有密切的关系，也不是嫌烦冗故意不说，因为这是经济问题。"这一个定则，讨论到眼前的中国，甚么问题都可以应用，所以且放下来不说。"我上文不是已经再三地声明过了？

These are only perfect kindergarteners who are hidden in Christ, receiving every child in his name, and humbly learning of them the secrets of greatness in the kingdom of heaven, which is to be established on earth. ——E. P. Peabody

四

幼稚园带宗教的仪式，当然我们反对的。福禄贝尔最大的发见，在洞悉小孩子的内心。但其教育原理颇带神秘的采色，尚有改良的余地。蒙氏注重感觉教育，她的全部的教学法至今尚未完全宣布出来。英美教育专家对于此点，很有不满意的。但据我看来，蒙氏之弱点，在教学及教材两方面都欠贯串的全生活的训练。或者我们办幼稚园要改良的地方，就是要向全生活一个目标上去讲求？

仁山，一五、一、二八，北京

18 《福禄培尔母游戏》释例

张雪门

1926年4月4日

题　解　　本篇连载于《晨报副镌·家庭》第23、24、25、26、31号。发表时间为1926年4月4日、11日、18日、25日，5月30日。今由编者辑录为一篇，拟以总题，并将各篇的出处附后。

有关撰著者张雪门，参见前文《儿童和玩具》题解。

有关福禄培尔，参见前文《幼稚教育面面观》注释。

《福禄培尔母游戏》的编者，为布洛男爵夫人（一说别劳侯爵夫人）。她于1849年结识福禄培尔，并深信其学说，于是加以大力宣传。当福氏去世后，她于1855年前往法国，前后居留了三年，发表宣传幼儿园的讲演百余场。正是经过她的不懈介绍，方获得法国政府的支持，使幼儿园在法国植根。在此期间，她将福禄培尔在1843年出版的《母亲的爱抚之歌》（今译《慈母曲及唱歌游戏集》或《母亲：游戏与儿歌》）重编，注释并出版了《福禄培尔母游戏》一书，更是扩大了福禄培尔的影响。

有关《晨报副镌·家庭》，参见前文《儿童和玩具》题解。

落下！落下！——《福禄培尔母游戏》之一

（一）格言

每一种母亲本能的游戏，全伏着一种很深的不识不知的思想。即简单如"落下！落下！"的游戏，也实寓有玄妙的动机。经过她的实行，而且时常的实行，母亲竭力去教养孩子的知，同时并增大其力。她要使这两者都健全和注意，所以等到他会立起来走、奔的时候，就知道免得有跌倒。

（二）作法

亲爱的母亲，你是立在桌子的边旁，或者立在你孩子的摇床边，在这上面放一个棉〔绵〕软的褥子。你小宝贝肥胖的背，半坐半起地在你亲手做的包裹里。你抱他起来，这样子的：少许离开褥子的上面，于是轻轻地抽出你的手，让他随着舒服的姿势跌在褥子上，受着极微的震动。

这个游戏，还有一种做法：孩子睡在褥子上，正是在你的前面；你拉牢他的手，使他坐起来；于是再放开你的手，让他再睡倒在褥子上。这种做法也可以给他经验到一种极微的震动。

（三）歌

先是和妈妈相离，后又和妈妈相聚。

（四）宗旨

这游戏是练习孩子的身体使之强健，然也为着他的心灵。眼看着要跌倒了，却又不会跌坏他，这就是母亲练习孩子的〔心〕灵。大概一个人碰着不顺心的事情，或则经过一二次的失败，都要灰心的；然而仍旧不应该叫他有灰心，还是要叫他有前进的胆量。

在这第一个游戏就显出福氏写这本书的根本原理。这个理在孩子的游戏中，万不可失去！因为福氏正要从这些游戏中，将最紧要、最奥妙的教训种在孩子的内心；但是，游戏还是自由自在地游戏。

（五）解释

歌词的首句，福氏的意思是重在游戏；后一句是提明，凡母亲所说、所做的，全是本乎她的爱心。教育孩子的根基，在于孩子有信心。

但父母教训孩子并不一样：有的叫孩子做甚么事，先要经过一次婉转的劝诱，其结果易使孩子桀傲而不驯；有一种，使孩子和奴隶一样，完全用强力压制的。但在这一种的游戏，第一次也许孩子还有些骇怕；后来，他知道母亲不会跌坏他的，他就放心了，将信靠全放在他母亲的身上；随后，更明了母亲的爱。

若是母亲没有智慧，也没有爱心，孩子便不会信靠；母亲的信爱不专，孩子的信靠就也不能实在。所以，福氏最注重的是，母亲愿意孩子信她是甚么样的人，她自己就得实实在在做成那一样的人。

母亲不能得孩子的信靠，是母亲不配得他的信靠；母亲能得孩子永久的信心，那方算教养孩子的方法是完备了。孩子信仰了母亲，一定顺从；有做错的事情，也决不隐瞒；即使受了母亲的责罚，也终无怨恨的心思。若孩子有所探询，也许因他太小，说了也不见得能明白。母亲就说："你岁数小，等你大一些我再告诉你。"他也决决不会疑惑的。

至于孝顺、信爱，究竟怎样能在他内心发见呢？那就在于母子相连发出来的。推广此心，也可以到别人的身上；再往远推，也可以到真理的身上。

凡人一生，起伏至不一定。不独身体，就是性情，也有跌倒的时间，或是生气，或是有了私心。但人是不独求其不跌倒，便以为是顶好的了。能够每逢跌倒的时候，就会立刻站起来，方才是顶可贵的。

原载《晨报副镌·家庭》第 23 号，1926 年 4 月 4 日

肢体的游戏——《福禄培尔母游戏》之二

（一）格言

当孩子伸出他的小手臂和小脚腿，自娱地乱动乱踢的时候，唤起了母亲和他玩耍的冲动。这种冲动，分配给她的是造物主，暗示她怎样从外形可以教养其内心——怎样从游戏和很好玩的方法，她因以得唤醒其感动、觉悟和响慕。

（二）作法

你的小孩子睡在清洁褥子上，正是在你的前面。他早浴已毕，偏〔遍〕体舒畅。现在，他是享乐于空气的洗澡。在这种充满了天福的健康，他伸出了他的小手臂，而且将短肥的小脚乱踢乱蹬。你的本能告诉你——那就是他要找一件东西，挡在那里以试验他

的力量,而且乐其力量的增长。

对于他这种活泼的动作必需上的指导,你母亲的爱敏捷地反应:你就放你的手挡在那里,给他的小脚交互地蹬踹。但是,你不要仅以生理上教养为满足。你长时训练你孩子的感动,去鼓舞他内心的跳跃。他应该不单知道了,从你的力以明白他的自己;在有些法子里,在有些极微的程度里,你必定要使得他感到这个"爱"。从这个"爱",悟到了你一切的动作。所以,当继续这种小游戏,你便开始唱起歌来;而爱,是心的曲子,就从声音的曲子启示出来了。

（三）歌（母亲和孩子玩耍时唱的）

你的小脚腿,磨出油来,做我们的灯。

（四）宗旨

孩子玩耍,母亲一见他玩,也要同他玩在一起。母亲那时,也在孩子的地位里。但母亲和他玩,不像孩子无目的的;母亲是有意的,引起他得些经验。这就是母亲的本能——这本能方成了一种明智。母亲为着孩子的内心,要借着外形使之发达,是凭外形以变更内心。在这一游戏就可以见到,是使孩子从游戏中作成了一个自力的工作。

（五）解释

这一游戏和前一游戏是相连的：前一游戏是练习孩子的全身,这一游戏是练习他的肢体。内里的意思也有相关的地方：两个游戏都是使孩子觉得,自己母亲虽然使他自由,却仍是看护他。孩子用腿蹬踹,并非是空空的,因他母亲用手挡着,稍微觉得有一些仿佛有意踹他母亲的手似的。

这一游戏如同作了一件工作似的,不但是练习他的身体,也要叫他有明智。藉着游戏,恍如成功社会的一个分子了。在游戏中,必须他先出力,然后有成。因为他玩耍,不觉是空的,其目的是要成就一件工作。玩耍出乎天然,不过其中含有一层迩意,使孩子明白：凡事必须先作,然后可有收成。小的时候吃喝穿戴,全是自己不出力得到的。照这种情形过去是很危险的,将来年纪渐长,以为什么都是这样的。父母不趁早设法,孩子自助的心力就逐渐减少了。灵性是在孩子的心理〔里〕,当其萌芽时,父母就当借着玩耍，使这个灵性发达起来。到了他已能自觉的地步，使他知道这力量是由他自己所出的，自己藉着行动以彰显自己的。

　　人若认清以上所说的理，应当用何法引导、感动和约束，使孩子的行动得以发达起来？比如父母惟恐孩子碰见危险事的时候，如果真愿意孩子有力量胜过危险事，就得让他去做事。便是长大了，任他的意志或道德，也都是这样的。有许多孩子，因他的父母虑其年纪太小，以为他那里有力量，甚么都替他代做。其结果，都是在孩子自己力量做的以下。更因此，孩子逐渐地不肯用力。然而催促孩子，也当量力而行；若是他做不来的事，也要他去做，那末一定使他退缩丧胆。

　　为什么母亲要给孩子解说？为什么福氏要母亲在游戏时唱歌？因为言语、行动和物件，全是相连的。孩子从母亲的声音可以学话，所以孩子当多听说话，更赖物件的形式，使他更加明白了。各种言语应用在游戏中，是给他帮助、发展顶好的方法。母亲用手挡他，使他会有抵抗的力。然外形改，内心也改。因母亲和他玩耍，他不但觉得要对付母亲的力量，也当对付母亲的爱心，这爱心是从母亲的唱歌声音得来的。

　　从这一游戏，母亲使他自由地自立，并给他一个解除私心的法子，使他知道非得自己出力，不会有所得的。人无论成好成坏，皆由于人自己所要成的是什么地位的人——是现于自己的志向，人全是凭着行动造成的。

原载《晨报副镌·家庭》第 24 号，1926 年 4 月 11 日

尝味[①]——《福禄培尔母游戏》之三

（一）格言

　　孩子从感官认清自然。母亲应明白，他是从前者（感官），才找得后者（自然）的。不能见的领域的大门，经过感官才得开放；只有精神，能把这一块不能见的领域带到了光明的地方。感官里是孩子灵所寄宿的出发的所在。感官的教养完全，你一定可以得到，

---

① 此标题原发表时，误排为"尝未"，系由编者订正为"尝味"。

你孩子是不会有困苦的，而且有了这种好教养，他还能够得到〔心〕灵的安乐。在所有自然的教训里，可以追踪到上帝的爱。你必须使孩子早知道，从外表以窥探内心。如果孩子有了这一种的接合（就是内心和外物，可见的现世和不可见的永久中的接合），他自会开辟一条生命目标的路程。对于他，从上帝的规律在自然里所显示的，将在他自己的灵里，探得了上帝的平安。

（二）作法

"吃这个梨！""啊！这味道多甘美！""孩子，来呀，尝这个好葡萄干！""嘬动你的小嘴巴。这是甜的，还是酸的？"用这种巧妙的方法练习孩子的味觉。后复借孩子尝得的味道，让他认出各味的果子来，以发展其味觉。更采相似的手术〔续〕，以培养其别的各种的感觉。

（三）宗旨

本节游戏是练习孩子的味觉，以辨别万物甜酸、苦咸、生熟等味，实是各感觉发展的第一步。各种感官，功用不一，目的则同。所以本节的宗旨并不拘于单独的味觉，甚么感觉全包括在这个里面了。练习感官的宗旨有三：（1）使孩子从感官得以认识万物。（2）凡物莫不有理。做母亲的，应该使孩子体认万物，以启发其内心的理，这就是物、人和真理相贯通处。感官就是这些的介绍。（3）练习感官的必需，使孩子将来得以免除一切的困苦，且得找到永远的安乐。

（四）解释

这一首游戏和前四首仍旧相连的。[①] 前面是注重全身和肢体的练习，这一首才归到了感官的练习。

在自然界中，万物的性质所显出来的，全是整个的。要将万物的各个性质细细地分

---

① 此"前四首"，指在《母亲：游戏与儿歌》一书中，排在《尝味》之前的有：（1）四肢运动的游戏；（2）啊！我的"小宝贝"跌下来了（增加孩子全身力量的游戏）；（3）风标或风车（手和肘关节运动的游戏）；（4）一切都没有了（手关节运动的游戏）。

别开来，全须借重感官。从练习感官真能认出各物的性质。这种练习，不同平泛，其重要注力于从感官的练习达到体认内性的功夫。

在这一游戏中，福氏要母亲使孩子借此以自卫：不但给孩子吃，并使孩子自能挑选。这决不是靠赖母亲和师长，实在是自己能从内里认得。所以用功夫，全在使孩子能够利用他的感官，辨清何物有益、何物有损，而且自己会选。福氏还要使孩子从他的感官，叫他分出各有各的相关的地方。比如在《尝味歌》所说，使孩子能有一种知觉；所知的，就是口能尝出甜酸、苦咸、生熟等味。在《闻馨歌》，是使孩子明识，鼻子能够闻出各花的香味。在手指的《琴歌》，是使孩子有分清各音的知觉。

在幼稚园所用的恩物，是使孩子凭藉各物的体形、颜色及其软硬、重轻……以练习其手摸眼看的知觉。孩子明白了各物的不同（或相对），就当使他知道，这不同（或相对）中有何种关系，更要练习他的艳丽的知觉（美感）。藉着这些各的颜色的〔和〕声音……叫孩子自己挑选出，什么是他所喜悦的。我们尤须当心，凡一切不好的颜色，或是不好的声音，一经打入孩子的感官里，恐怕就有毁坏这艳丽知觉（美感）的危险了。但我们也当记得，在这真实、华美中，也有力量，也有真实，却不可过于奢华。

幼稚园所用的恩物，是为练习孩子感官的知觉；在这些所附带的游戏，是为练习孩子美的文学的感觉。总之，这些所有教训的由起，全是因乎万物藉乎味、馨、色等，使人认明万物的性质。

原载《晨报副镌·家庭》第 25 号，1926 年 4 月 18 日

闻馨——《福禄培尔母游戏》之四

（一）格言

凡所有的生物，全含有生存竞争的元素。这种事实应该使你的孩子早早地领略。所以每一种植物，有每一种特殊的生命的格式，不拘在样子、颜色和香味上表现出来。因为有一种活动力使之生存，就须具备了这些性质。

（二）作法

母亲将各种的花放在孩子的面前，使之领略各花的香味，更使孩子闭上了眼，从香味认出花来。

（三）宗旨

（1）使孩子从花领略到万物各有各的生活的式样。

（2）感觉的联络。

（3）必须服从感觉的预示，切实做去，不可有意或过分。

（四）解释

培养感觉的重要，在上节"尝味"中已说过了。尝味的特别意义，论到各物的天性，必须经过感官才得着有知解的要旨，也已经解释过了。

紧接味觉的是嗅觉。实在这两种感觉，在亲密的连合及交互的应响上，真好像双生的姊妹。从这两者彼此的补充，更使我们增进认识外物的利和害，不但在于生理上的生命，且及于高等的精神。那里是生理上辨物的完结和精神的开始，是很难说的。在感觉里，生理和心理、简单动作和知力、本能和道德，彼此全溶〔融〕在一起。所以，练习感官是顶重要的，尤其是味、嗅二觉的修养提高以及锻炼。

实在起说〔说起〕来，味觉和嗅觉似乎不是两种很分别的感官，不过是一种感官的两端。这两者不但是彼此的补充，且供给别的感官的缺乏。在许多地位里，视的、味的料件离开了我们，对异物的天性很难断定。那末在这里，嗅觉就能够使得我们明白：物之有害于康健者，预示其危险，在视觉上有一种阴晦反抗的气包。在味觉、嗅觉上，使得人有一种不耐和呕吐，而且在听觉上，也时常预示有一种不实和难听的声音。这些真好像是不同金属所做成的交相联络的链子。用一个譬喻说，人就是如斯如斯的一条链子。

万物在他本身上是好的，有时过了分，便变做了有害。在我们享受这些时，它就会有一种难受的表示。比如将许多朵绝香的丁香花，关在一间小屋子里，大概一多，便觉得昏闷，而昏闷，便要变成憎恶的。服从这种感觉的预示，切实去做，才觉免除生理上、道德上的损害。

福氏对于这节的游戏，不过将上列的真理寓在这个里面，希望做母〔亲〕的，和那《尝味歌》一样一样的，不可忘记了嗅的料件的事实；注重于譬喻的意思，不要单单搜索于字句。从生理的闻馨移到道德的领域上去说，就是讲到人类有好名的矫饰的邪香。人但知善是善的，不知有意做出善来，像花的送香一样，便是不正当的。人但知做好的事情愈多愈好，想所有好的事情全归在自己身上去做，比如将许多绝香的丁香花关在一间小屋子里，不知道这已经是给真理所恶心了。所以福氏说，一种虽然是好的，可以多做的；除非好的本身，自要有许多地方活动的必需，它的影响可以算做是好的。如果不是这样，人——是呀，还有小孩子——必定为着自私，将许多好的、美丽的东西聚起来，恐不一定都能保留好的和美丽。

原载《晨报副镌·家庭》第 26 号，1926 年 4 月 25 日

影戏——《福禄贝尔① 母游戏》之五

这里所说的影戏并不是电影，只要有了一种发光体，用两只手做各种的样子，便可以投出好多美丽的影来。前一星期，我的朋友谭卓如君问我会不会这种游戏。我说，我虽知道，可没有全试过。你会吗？他说，他不会，他的夫人却会，不过有许多忘了。天下的父母，想知道而还没有知道的，我想，断不仅仅只有卓如的一个人。现在，我把所编的《福禄贝尔慈母游戏辑要》第六章第二十八节"影的兔"和八种影画（原图 2），先介绍在这里发表。虽不敢说尽合一般父母的需要，至少总可以充他们供给孩子有一部份的礼物。

母亲叫她的孩子看墙上的影。

"这是什么？"

"什么，是一只兔呀，有可爱的嘴巴、耳朵、脚，还有拢总②。"

---

① 福禄贝尔：通译福禄培尔。
② 拢总：一共，总共。

（一）格言

光在墙上很灿烂。没有人的动作，光是全个的。单有了光，不能成画；手没有光，也是无用。两种合起来，才成功了美丽的画，给孩子的眼睛又惊奇、又欣喜。

多看影画，可以使孩子的思想更深。让他在白的墙上自己去投影，虽然是很粗劣的，不过一回二回叫他做过去，终可得到。有一种不是从前的思想，这就是自己的创造——如果他要做，他的意志就能够支配他的手了。等他有了深思的爱，等他大了的时候，他的思想又当回到了童伴的家乡，恐怕他更要有一幕墙上的兔影明白的重演。最后他的心说，谁为上帝作工，谁得到了上帝的平安。我们有了天光去工作，自然会产生那美丽生命的投影。

（二）作法

母亲在墙上以手作兔的影子，动摇兔的耳朵，并说它要吃草，又用声音说："打猎的来了！"小兔遂即跑走了。

（同时，如有二个人用手做兔子的影子，因手的大小不同，做成大小不同的二只兔子，更可以使孩子欢喜。做的时候，还可以任意的参加一些解释或故事。）

玩的时候，最宜是早晨、黄昏或晚上。因为那时可以利用阳光或灯光，对着墙弄出影来。这种游戏是小孩们最喜欢的，就是较大的儿童也喜欢玩。等后来，可以使他们自己去做。

（三）宗旨

本节游戏是练习孩子的创造力，使他的生命凭藉永久无穷的天光，为投美丽生命之影在人世画图上的预备。

（四）解释

弄影游戏，人所共知，人所共会，而且孩子总很喜欢看。但其中有一个深意，墙上的兔影怎样成功的呢？很明亮的光照在很白滑的墙，只要中间隔了一种暗的东西，立刻就会现出孩子所喜欢看的样子。

这是外表的事实。从这事实的暗示，给预觉的心底是什么真理呢？这不是光的创造变化的力量，引导混沌的形色造成功了美丽，使我们的心欣然而安慰吗？这不是较之我们的心有了上帝的光，用我们顶深的经验企划快乐、幸福的形式〔成〕一种固定的精神吗？最重要的颈喉，最严禁的孔隙，是和煦阳光中的美丽。如果光下去了，一切它所创造的优美的山河，就失去它的迷力，实在是完全地丧失。

这不是和我们的人生一样吗？昨天激于情绪的狂热，所有我们的情谊，全以为是美丽的，是幸福的；今天，狂热的光是已经衰了，反觉得这些全是抑压我们的，反抗我们的。只有自信在我们最深的内心是永不黑暗的，能招〔召〕回遗失的我们心灵的平安。

呵，母亲，所以这是你神圣的职务，须早使你的宝贝感到，工作不是内面的光和外面的光。让他明白看出，这一种是那一种的符号，而追求光和色的，源于太阳；就是使他知道，去追求他生命的意义和美丽之源于上帝呀。

原图2　八种影画图

原载《晨报副镌·家庭》第31号，1926年5月30日

19 罗素与幼稚教育

志摩

1926年5月10日

另图12　徐志摩像

题　解　本篇连载于《晨报副刊》第1389、1390号。发表时间为1926年5月10日、12日。

原发表时附有照片三帧，分别题名为《罗素的一家》《罗素与其夫人勃兰克女士》和《金铃与恺弟》。因照片过于模糊，只能删去。特此说明。

撰著者志摩，即徐志摩（1897—1931），名章垿，字槱森，笔名南湖、云中鹤等，浙江海宁人。早年就读于杭州府中学堂和北京大学。1918年赴美国留学，1921年赴英国留学，入剑桥大学当特别生，研究政治经济学。后从事新诗创作，成为"新月派"代表诗人。历任北京大学、光华大学、东吴大学、大夏大学、中央大学教授，一度担任《晨报副刊·诗镌》主编。现今的研究认为，徐志摩与罗素的交往，始于罗素1921年7月从中国返回英国之后。此后，他们逐渐成为友人。

罗素，即伯特兰·罗素（Bertrand Russell，1872—1970），英国哲学家、数理逻辑学家，诺贝尔文学奖获得者。1893年获剑桥大学三一学院数学学士学位。其后，留校担任研究员，不仅对数学、逻辑学多有研究，还对哲学、政治学、社会学和教育学颇多创见，成为蜚声世界的学者。1920年10月应邀来中国讲学，从而与中国和中国学者结下了不解之缘。

罗素对于子女的教育，可视为对卢梭自然主义教育思想的实践。他之所以选择隐居于康华尔，除有利于静心写作外，更为主要的原因，便是让他们的子女接受一种不同寻常的教育，使他们成为一代新人。此即徐志摩文中所言的"新爱弥儿"。

使徐志摩感触最深的，并非约翰介绍花，或是介绍火车、轮船及其航线；

而是罗素恼了后对约翰的教育方式：不是粗率地将他与妹妹分开，便是将他"一把掀进了海里去"。罗素视"勇敢、胆力、无畏的精神，是一切德性的起原、品格的基础"的观点，显然深获徐志摩的认同。

有关《晨报副刊》，参见前文《儿童和玩具》题解。

我去年七月初，到康华尔（Cornwall，英伦最南一省）去看罗素夫妇。他们住在离潘让市九英里、沿海设无线电台处的一个小村落。望得见"地角"（Land's End）的"壁虎"尖突出在大西洋里，那是英国伦岛最南的一点。

康华尔沿海的"红崖"（Red Cliffs）是有名的。但我在那一带见着的，却远没有想像中的红崖的壮艳。因为热流①故，这沿海一带的气候，几乎接近热带性，听说冬天是极难得见冰雪的。这地段却颇露荒凉的景象，不比中部的一片平芜；树木也不多，荒草地里，只见起伏的巨牛。滨海，尤其是峣峣的崖地，有地方壁立万仞，下瞰白羽的海鸟，在汹涌的海涛间出没。

罗素的家，一所浅灰色方形的三层楼屋，有矮墙围着；屋后身凸出一小方的两廊，两根廊柱是黄漆的，算是纪念中国的意思——是矗峙在一片荒原的中间。远望去，这浅嫩的颜色与呆木的神情，使你想起十八世纪趣剧②中的村姑子，发上歇着一只怪鸟似的缎结，手叉着腰，直挺挺地站着发愣。

屋子后面是一块草地。一边是门，一边抄过去，是种着这各色的草花，不下二三十种。在一个墙角里，他们打算造一爿中国凉亭式的小台。我当时，给写了一块好像"听风"还不知"啸风"的匾题。现在想，早该造得了。这小小的家园是我们的哲学家教育他的"新爱弥儿"③的场地。

罗素那天赶了一个破汽车到潘让市车站上来接我的时候，我差一点不认识他。简直

---

① 热流：通称"暖流"，即从低纬度流向高纬度的洋流。它可以使流经的沿岸提高温度，因而有助于生物的生长。
② 趣剧：诙谐剧、滑稽剧或闹剧。
③ 新爱弥儿："爱弥儿"为卢梭教育小说的名称，也是书中的主人翁。爱弥儿所接受的教育为自然主义教育。卢梭主张采用实物教学和直观教学的方法，让孩子从生活和实践的切身体验中，去习得必需的知识和谋生的手段。此"新爱弥儿"，系指罗素的子女。因其依据卢梭的教育理念教育子女，故有此称。

是一个乡下人！一顶草帽子是开花的，褂子是烂的；领带，如其有，是像一根稻草在胸前飘着；鞋，不用说，当然有资格与贾波林①的那双拜弟兄！他手里擒着一只深酱色的烟斗，调和他的皮肤的颜色。但他那一双眼，多敏锐，多集中，多光亮——乡下人的外廓，掩不住哲学家的睿智！

另图 13　罗素夫妇访问北京大学留影

　　那天是礼拜，我从 Exeter② 下去，就只这辆奇慢的车。罗素先生开口就是警句，他说："萨拜司的休息日，是耶稣教与工团联合会的唯一共同信条！"车到了门前，那边过来一个光着脚鸭子、手提着浴布的女人。肤色，叫太阳晒得比罗素的更紫酱，笑着招呼我。可不是勃兰克③女士？现在罗素夫人，我怎么也认不出来，要是她不笑、不开口。

　　进门去，他们给介绍他们的一对小宝贝。大的是男，四岁，有一个中国名子，叫金

---

① 贾波林：通译卓别林，即查理·卓别林（Charlie Chaplin，1889—1977），英国电影演员、导演。5岁时已有演出经历，后以无声喜剧电影名噪全球。他在表演时，总是头戴圆顶礼帽，脚穿一双大皮靴，手持一根手杖。因此，这成为卓别林喜剧电影的主要形象。
② Exeter：通译埃克塞特，为英国英格兰西南部城市名，系德文郡首府。
③ 勃兰克：通译布莱克，即多拉·布莱克（Dora Black，1894—1986），英国作家、女权主义者和社会活动家。1920年，她与罗素曾一同访问中国，后结婚生有一子一女。孩子渐长后，罗素夫妇依照自己的教育理念，于1927年开办了一所学校——比肯山学校，试行"渐进教育法"。这段婚姻在1935年以离婚而告终。

铃;小的是女,叫恺弟。① 我问他们:"为什么到这极南地方来做隐士?"罗素说:"一来为要静心写书;二来(这是更重要的理由)为顾管他们两小孩子的德育(to look after the moral education of our kids)。"

我在他们家住了两晚。听罗素谈话,正比是看德国烟火,种种眩目的神奇,不可思议的在半空里爆发,一胎孕一胎的,一彩绾一彩的,不由你不讶异,不由你不欢喜。但我不来追忆他的谈话,那困难就比是想描写空中的银花火树。我此时想起的,就只我当时眼见他的所谓"看顾孩子们的德育"的一斑。这讲过了,下回再讲他新出《论教育》的书(On Education: Especially in Early Childhood, By Bertrand Russell, Published London, George Allen and Unwin)。

金铃与恺弟,有他们的保姆,有他们的奶房(nursery)。白天,他们爹妈工作的时候,保姆领着他们。每餐后,他们照例到屋背后草地上玩:骑木马、弄熊、看花、跑。这时候,他们的爹妈总来参加他们的游戏。

有人说,大人物都是有孩子气的,这话许有一部分近情。有一次,我在威尔思②家,看他跟他的两个孩子,在一间"仓间"里打"行军球"玩。他那高兴,真使人看了诧异:简直是一个孩子——跑、踢、抢、争、笑、嚷、算输赢,一双晶亮的小蓝眼珠里,活跃着不可抑遏的快活;满脸红红的,亮着汗光,气呼呼的,一点也不放过,正如一个活泼小孩子。谁想到,他是年近六十,"在英语国家最伟大的一个智力"(法郎士③评语)的一个作者!

罗素也是的。虽则他没有威尔思那样澈底的忘形,也许是为他孩子还太小,不够合伙玩的缘故。这身体上(不止思想上与心情上)不失童真,在我看,是西方文化成功的一个大秘密。回想我们十六字联"蟠蟠老成,尸居余气;翩翩年少,弱不禁风"④的汉族,不由得脊背里不打寒噤。

---

① 此"金铃"的英文译名,为约翰;此"恺弟"的英文译名,为凯特。
② 威尔思:通译威尔斯,即赫伯特·乔治·威尔思(Herbert George Wells,1866—1946),英国著名小说家(尤以科幻小说见长)、新闻记者、政治家、社会学家和历史学家。著有《时间机器》《莫洛博士岛》《隐身人》《星际战争》等。
③ 法郎士:指阿纳托尔·法朗士(Anatole France,1844—1924),法国作家、文学评论家、社会活动家。著有《金色诗篇》《希尔维斯特·波纳尔的罪行》等。
④ 语出梁启超《新民说·论毅力》,原句为:翩翩年少,弱不禁风;蟠蟠老成,尸居余气。

我们全站在草地上。罗素对大孩子说："来，我们练习。"他手抓往了一双小手，口唱着"我们到桑园里去，我们到桑园里去"那个儿歌，提空了小身子，一高一低的打旋。同时，恺弟那不满三岁的，就去找妈，给她一个同哥哥一样。再来，就骑马。爸爸做马头，妈妈做马尾巴，两孩夹在中间，做马身子。得儿儿跑，得儿儿跑，绕着草地跑一个气喘才住。

有一次，兄妹俩抢骑木马，闹了。爸爸过去说："约翰（男的名），你先来，来过了让妹妹。"恺弟就一边站着等轮着她。但约翰来过了，还不肯让，恺弟要哭了。爸妈吩咐他，也不听。这回，老哲学家恼了，一把拿他合仆着抱了起来，往屋子里跑。约翰就哭，听他们上楼去了。但等不到五分钟，父子俩携着手，笑吟吟的走了出来，再也不闹了。

妈叫约翰领徐先生看花去。这真太可爱了！园里花不止三十种。惭愧，我这老大，认不到三种。四岁的约翰，却没一样不知名，并且很多种还是他小手亲自栽的。看着他最爱的，他就蹲下去摸摸、亲亲。他还知道各类花开的迟早，那几样胡〔蝴〕蝶们顶喜欢，那几样开顶茂盛，他全知道，他得意极了。恺弟虽则走路还勉强，她也来学样，轻轻的摸摸、嗅嗅，那神气太好玩了。

吃茶的时候，孩子们也下来，约翰捧了一本大书来。那是他的，给客人看。书里是各地不同的火车头，他每样讲给我听：这绿的，是南非洲从那里到那里的；这长的，是加拿大那里的；这黄的，是敦伦〔伦敦〕带我们到潘让市来的，到那一站换车；这是过西伯利亚到中国去的，爸爸、妈妈顶喜欢的中国，约翰大起来，一定得去看长城、吃大鸭子；这是横穿美洲过落机山①的，过多少山洞，顶长的有多长——喔，约翰全知道，一看就认识。

罗素说，他不仅认识、知道火车，他还知道轮船，他认好几十个大轮船，知道它们走的航线，从那里到那里。他的地理知识早就超过他保姆的。这学，全是诱着他好奇的本能，渐渐由他自己，一道一道摸出来的。现在你可以问他，从伦敦到上海，或是由西特尼②到利物浦，或是更复杂些的航路，他都可以从地图上指给你看；过什么地方，有

---

① 落机山：通译落基山，是北美洲科迪勒拉山系东部山脉的主体，被称为北美洲的"脊骨"。
② 西特尼：通译悉尼，是澳大利亚新南威尔士州首府。

什么好东西看、好东西吃，他全知道。

但最使我受深印的是这一件事。罗素告诉我，他们早到时，约翰还不满三岁。他们到海里去洗澡。他还是初次见海，他觉着怕。要他进水去，他哭。这来，我们的哲学家发恼了："什么，罗素的儿子可以怕什么的！可以见什么觉着胆怯的！那不成！"他们夫妻俩简直把不满三岁的儿子，不管他哭闹，一把掀进了海里去。来了一回，再来，尽他哭。好，过了三五天，你不叫他进水去玩，他都不依，一定要去了。现在，他进海水去，就比在平地上走一样的，不以为奇了。

"东方做父母的，一定不能下这样手段不是？我也懂得。但勇敢、胆力、无畏的精神，是一切德性的起原、品格的基础。这地方，决不可含糊。别的都还可以，懦怯、怕，是不成的。这一关，你不趁早替他打破，你或许会害了他一辈子的。"罗素每回说勇敢（courage）这字时，他声音来得特别的沈着，他眼里光，异样的闪亮，竟彷佛这是他的宗教的第一个信条、做人唯一的凭证。

我们谁没有做过小孩子？我们常听说，孩子时代是人生最乐的时光。孩子是一片天真，没有烦恼，没有忧虑，一天只知道玩；肢体是灵活的，精神是活跃的。有父母的孩子，尤其是享福。谁家父母不疼爱孩子？家里添了一个男的，屋子穹顶与僻的基角，都会叫喜气的光彩给照亮了的。

谁不想回去再过一遍蜜甜的孩子生活？在妈的软兜里窝着，问爹要果子糖吃；晚上睡的时候，有人替你换衣服，低低的唱着歌，哄你闭上眼，做你蜜甜的小梦。

年岁是烦恼，年岁是苦恼，年岁是懊恼。咒它的，为什么亮亮的童心一定得叫人事的知识给涂开了的？我们要老是那七八十来岁，永远不长成，永远有爹娘疼着我们，比如那林子里的莺儿，永远在欢欣的歌声中自醉，永远不知道"The weariness, the fever, and the fret. Here, where men sit and hear each other groan……"[①]那够多美！

这是我们理想中的孩子时代。我们每回觉得吃不住生活的负担时，往往惆怅光阴太匆匆的，卷走了我们那一段最耐寻味的痕迹。但我们不要太受诗人们的催眠了，既然过去的已经是过去，我们知道有意识的人生，自有它的尊严。我们经受的烦恼与痛苦，只

---

① 此英文为英国诗人约翰·济慈所创作的诗歌《夜莺颂》第三节中的一部分。可译为："忘记这疲劳、热病和焦躁，这使人对坐而悲叹的世界……"

要我们能受得住，不叫它们压倒，也自有它们的意义与价值。

过分耽想做孩子时轻易的日子，只是泄漏你对人生欠缺认识。犹之过分伤悼老年同一种知识上的浅陋。不，我们得把人生看成一个整的，正如树木有根、有干、有枝叶与花果。完全的一生，当然得具备童年与壮年与老年三个时期。

童年是播种与栽培期，壮年是开花成荫期，老年是结果收成期。童年期的重要，正在它是一个伟大的未来工作的预备。这部工夫做不认真、不透彻时，将来的花果就得代付这笔价钱——The child is father of the man①。

真的，我们很少自省到我们一生的缺陷：意志缺乏坚定，身体与心智不够健全，种种习惯的障碍，使我们随时不自觉的走上堕落的方向。这里面有多少情形，是可以追源到我们当初栽培与营养时期的忽略与过失？根心里的病伤难治，在弁髦②时代种下的斑点，可以到斑白的毛发上去寻痕迹。在这里，因果的铁律是丝毫不松放的。并且我们说的孩子时期，还不单指早年时狭义的教育。实际上，一个人品格的养成，是在六岁以前，不是以后。这里说的孩子期，可以说是从在娘胎时起，到学龄期止的径〔经〕程——别看那初出娘胎、黄毛吐沫的小囡囡，正如小猫、小狗似的不懂事；它那官感开始活动的时辰，就是它来人生这学校上学的凭证。

不，胎教家还得进一步主张，做父母的在怀胎期内，就该开始检点他们自身的作为，开始担负他们养育的责任。这道理是对的，正如在地面上，仅透乃至未透一点青芽的花木，不自主的感受风露的影响。秉承父母气血的胎儿，当然也同样可以吸收他们思想与行为的气息，不论怎样的微细。

但孩子它自己是无能力的。这责任当然完全落在做父母的与及其他管理人的身上。但我们一方面看了，现代没有具备做父母资格的男女们，尽自机械性的活动着他们生产的本能，没遮拦的替社会增加废物，乃至毒性物的负担，无顾忌的糟踏血肉与灵性——我们不能不觉着怕惧与忧心！再一方面，我们又见着那分有资格的父母们，因为缺乏相当的知识，或是缺乏打破不良习惯的勇气，不替他们的儿女准备下适当的环境，不给他们适当的营养。结果上好的材料，至少不免遭受部分的残废——我们又不能不觉着可惜

---

① 此英文可译为：三岁看到老。
② 弁髦：指刚成年。弁，黑色布帽；髦，童子眉际垂发。

与可怜!

因为养育儿女,就算单顾身体一事,仅仅凭一点本能的爱心,还是不够的。要期望一个完全的儿童,我们得先假定一双完全的父母,身体、知识、思想,一般的重要。

人类因为文明的结果,就这躯体的组织也比一切生物更复杂、更柔纤、更不易培养。它那受病的机会与〔以〕及病的种类,也比别的动物差得远了远。因此,在猫、狗、牛、马,是一个不成问题的现象;在今日的人类,就变了最费周章的问题了。

带一个生灵到世界上来,养育一个孩子成人,做父母的责任够多重大。但实际上,做父母的——尤其是我们中国人——够多糊涂!中国民族,是叫"不孝有三,无后为大"① 一句话,给咒定了的。生儿子是人生第一件大事情。多少的罪恶,什么丑恶的家庭现象,都是从这上头发生出来的,影响到个人,影响到社会,同样的不健康。

摘下来的果子,比方说,全是这半青不熟的,毛刺刺的一张皮,包着松松的一个核,上口是一味苦涩,做酱都嫌单薄。难怪结果是十六字的大联:"蟠蟠老成,尸居余气;翩翩年少,弱不禁风。"尤其是所谓"士"的阶级,那应分是社会的核心,最受儒家"孝"说的流毒;一代促一代的,酿成世界上唯一的弱种。谁说今日中国社会发生病态与离心涣散的现象(原先闭关时代,不与外族竞争,所以病象不能自见。虽则这病根,已有几千年的老),不能归咎于我们最荒缪〔谬〕的"唯生男主义"?

先天所以是弱定了的,后天又没有补救的力量,中国人管孩子,还不是绝无知识、绝对迷信、固执恶习的老妈子们的专门任务?管孩子是阃② 以内的事情,丈夫们管不着。除了出名、请三朝③、满月、周岁,或是孩子死了出名报丧。

家庭又是我们民族恶劣根性的结晶,比牢狱还来得惨酷、黑暗,比猪圈还来得不讲卫生。但这是我们小安琪④ 们命定长大的环境,什么奇才异禀,敌得过这重重"反生命"的势力?这情形,想起都叫人发抖。

我不是说,我们的父母就没有人性,不爱惜他们子女。不!实际上,我们是爱得太

---

① 语出《孟子·离娄上》。
② 阃(kǔn):指妇女居住的内室。
③ 请三朝(zhāo):婴儿出生第三天举行的宴请仪式。
④ 安琪:英文 angel 的音译。

过了。但不幸天下事情，单凭原始的感情是万万不够的。何况中国人所谓爱儿子的爱的背后，还耽着一个不可说的最自私的动机——"传种"。有了儿子，盼孙子；有了孙子，望曾孙。管他是生疮生癣、做贼做强盗，只要到年纪，娶媳妇传种就得。

生育与繁殖，固然是造物的旨意；但人类的尊严，就在能用心的力量超出自然法的范围，另创一种别的生物所不能的生活概念。像我们这样原始性的人生观，不是太挖苦了吗？就为我们生子女的唯一目标，是为替祖先传命脉，所以儿童本身的利益是绝对没有地位的。

喔，我知道你要驳我说，中国人家何尝不想栽培子弟，要他有出息（"有出息"，是的。旧的人家，想子弟做官发财；新的人家，想子弟发财做官。现在，因为欠薪的悲惨，做父母的渐渐觉得，做官是乏味的。除了做兵官，那是一种新的行业）。动机还不是一样，为要满足老朽们的虚荣与实惠。有几家父母，曾经替子弟们自身做人的使命（非功利的）费一半分钟的考量、筹谋？再没有一种反嘲（爱伦内①），能比说"中国是精神文明"来得更恶毒、更鲜艳、更深刻！

我们现在，有人已经学会了，嘲笑英国维多利亚时代所代表的理想与习俗。喔，这也是"爱伦内"。我们的开化程度，正还远不如那所谓"菲力士挺"②哪！我们从这近几十年来的经验，至少得了一个教训，就是新的绝对不能与旧的妥协，正如科学不能妥协迷信，真理不能妥协错误。

我们革新的工作，须从根底做起；一切的价值，得重新估定；生活的基本观念，得重新确定；一切教育的方针，得案照前者重新筹画——否则我们的民族，就没有更新的希望。

是的，希望就在教育，但"教育"是一个最泛的泛词，重要的核心就在教育的目标是什么。古代斯巴达③奖励儿童做贼，为的是要造成做间谍的技巧；中世纪的教育，是为训练教会的奴隶；近代帝国主义的教育，是为侵略弱小民族；中国人旧式的教育，是

---

① 爱伦内：英文 irony 的音译，意即反讽。
② 菲力士挺：英文 philistine 的音译，意指庸人、市侩或缺乏教养的人。
③ 斯巴达：古希腊城邦之一。其政体是寡头政治，以其严酷纪律、独裁统治和军国主义而闻名。其教育仅重尚武精神的培植，强化军事训练，轻视文化知识的学习。

为维持懒惰的生活。但西方的教育，虽则自有它的错误与荒谬情形，但它对于人的个性，总还有相当的尊敬与计算。这是不容否认的。

所以，我们当前第一个观念，得确定的是人，是个人。他对他自身的生命负有直接的责任。人的生命不是一种工具，可以供当权阶级任意的利用与支配。教育的问题，是在怎样帮助一个受教育人合理的做人。在这里，我们得假定几个重要的前提：（1）人是可以为善的；（2）合理的生活是可能的；（3）教育是有造成品格的力量的。我在这篇里说的教育，几乎是限于养成品格一义。因为灌输智识只是极狭义的教育，并且是一个实际问题，比较的明显、单简〔简单〕。

近代关于人生学科的进步，给了我们在教育上很多的发现与启示。一点是，使我们对于儿童教育特别注意。因为品格的养成期，最重要的是在孩子出娘胎到学龄年的期间。在人类的智力还不能实现"优生"的理想以前，我们只能尽我们教育的能力，引导孩子们逼近准备"理想人"的方向走去。

这才真是革命的工作——革除人类已成乃至防范未成的恶劣根性，指望实现一个合理的群体生活的将来。手把着革命权威的，不是散传单的学生，不是有枪弹的大兵，也不是讲道的牧师或讲学的教师。他们是有子女的父母，在孩子们学语、学步、吃奶、玩耍最不关紧要的日常生活间，我们期望真正革命工作的活动。

关于这革命工作的性质、原则，以及实行的方法，罗素在他新出《论教育》的书里，给了我们极大的光亮与希望。那本书，听说陈宝锷[①]先生已经着手翻译。那是一个极好的消息。我们盼望，那书得到最大可能的宣传。真爱子女的父母们都应得接近那书里的智慧。因为在适当的儿童教育里，隐有改造社会最不可错误的消息。

我下次也许再续写一篇，略述罗素那本书的大意与我自己的感想。

附：罗素原书，北京饭店法文图书馆新到多册。

[①] 陈宝锷：指陈剑翛（1896—1953），名宝锷，江西遂川人。1920年毕业于国立北京大学，后留学英国伦敦大学，获心理学硕士学位。归国后，历任南京市教育局局长，教育部蒙藏教育司司长、社会教育司司长，江西省教育厅厅长等；并曾任北京大学、武汉大学、中央大学教授，西北联大校务委员会常务委员，广西大学校长等职。著有《儿童的幻梦》《品性与本能的相互作用的研究》等。

20　关于《罗素与幼稚教育》质疑与答问

欧阳兰　徐志摩

1926年5月19日

题　解　本篇原载《晨报副刊》第 1393 号。发表时间为 1926 年 5 月 19 日。原发表时仅署名"志摩"。因第一部分系欧阳兰所撰，故由编者补署其名。

　　有关欧阳兰，参见前文《幼稚教育与妇女教育》题解。
　　有关徐志摩，参见前文《罗素与幼稚教育》题解。
　　有关《晨报副刊》，参见前文《儿童和玩具》题解。

一、欧阳兰先生来件

当徐志摩先生的《罗素与幼稚教育》一文，第一天在《晨副》上发表时，我看了标题就非常奇怪。我心里想：怎么志摩又谈起幼稚教育来了，真有趣！当时，我因为忙于上课，没有仔细的看他，所以留下的印象很少。

过了两天，这件事几乎完全忘记了。直至今天，在北大"普通教学法"堂上，听见高仁山[①]先生说起，我才回忆转来。高先生说："徐志摩对于教育，是外行的，他那篇《罗素与幼稚教育》很多错误；并且罗素的 *On Education*[②]，我也看过，内容并不是这样。你们

---

① 高仁山：时任北京大学教育学系系主任。
② 此英文为书名，可译为《论教育》。

这班有几位研究幼稚教育的[①]，似乎应当负一点责任，把他的错误找出来匡正匡正。"

我听了这话，心上非常怀疑。于是，我就立刻跑到阅览室去，重新找出志摩那篇文章来看。当看到："……有一次，兄妹俩抢骑木马，闹了。爸爸过去说：'约翰（男的名），你先来，来过了让妹妹。'恺弟就一边站着等轮着她。但约翰来过了，还不肯让，恺弟要哭了。爸妈吩咐他，也不听。这回，老哲学家恼了，一把拿他合仆着抱了起来，往屋子里跑。约翰就哭，听他们上楼去了。但等不到五分钟，父子俩携着手，笑吟吟的走了出来，再也不闹了。"那一段时，我不觉呆了。心里想，这样行吗？这种对付儿童的方法，如其真是出自罗素的主张，那末，罗素就是错了；如其不然，那就一定是志摩误会了瞎描的。

我因为没有看过罗素的 On Education，不知道罗素的主张是否如此。所以，此时不能证明。但是，我们却应当知道，儿童的心理，无论是中外，大概都是喜欢劝导，喜欢暗示；至于吩咐、命令，无论如何，对于儿童是不适宜的。约翰骑在木马上，久久不肯下来，这是儿童常有的现象。做父母的，如果要设法叫他下来，最好的方法，就是劝导、暗示。这样，他就一定愿意听话，一定不会固执。

如果这也不会发生效力，那末方法还多得很。第一，你可以利用儿童游戏的心理——因为一切儿童都是喜欢游戏的——以游戏式的方法去教训他。这样，似乎也用不着"吩咐"，更用不着"一把拿他合仆着抱了起来，往屋子里跑"那种野蛮的手段。

南京陈鹤琴先生，在他的《家庭教育》一书上，曾讨论过这事。他举了一个例，内容与罗素的很有些像。现在，我不妨把他录在下面，以供参考：

今天（十三年四月十八日）下午，我手里拿着一只照相机，叫我的妻子把我们的女儿秀雅放在摇椅里。预备要替她拍照的时候，一鸣就疾足先登，爬到椅子里去，也要我替他拍照。我再三劝告他，他总不肯。后来，我笑嘻嘻的对他说："一鸣，你听着！我叫'一、二、三'，我叫'三'的时候，你就爬出来，爬得愈快愈好。"他看见

[①] 此"这班"，指北京大学教育学系首届1924级的学生。该班除欧阳兰、陈东原等热心研究幼稚教育的学生外，还有旁听生张雪门。在张雪门的发起下，以该班学生为骨干，成立了北大教育学会幼稚教育研究组，开展了相关学术研究。

我同他玩，他很高兴的答应我。歇了一歇，我就"一、二、三"的叫起来。说到"二"的时候，他一只足踏在椅子的坐板上，二只手扶在椅子的边上，目光闪闪的朝我看看。等到我说到"三"的时候，他就一跃而出，以显出他敏疾的样子。

在这个例子里，一鸣不肯离开摇椅，正和约翰不肯离开木马一样。然而，他们对付这种情境之下的儿童所用的方法，却大不相同。罗素是采用强迫式，叫他屈服；陈鹤琴是采用游戏教调法，让他自动的离开摇椅。

这两种方法比较起来，我们当然赞成陈君的。因为他的方法，很合儿童心理与幼稚教育原理。至于罗素那种"一把拿他合仆着抱了起来，往屋子里跑"那种野蛮的办法，那更糟不可言了！因为儿童处在这种强力与压抑的势力之下，他外面上诚然不敢违背，固然不得不屈服；然而他的小心里，却未免太没趣、太不高兴了！好好儿一回事，弄得大家不高兴，这又何苦来？

除此以外，还有一个更危险的错误，似乎不能不指出来说说。志摩先生在同一文中有一段说：

> 但最使我受深印的是这一件事。罗素告诉我，他们早到时，约翰还不满三岁。他们到海里去洗澡。他还是初次见海，他觉着怕。要他进水去，他哭。这来，我们的哲学家发恼了："什么，罗素的儿子可以怕什么的！可以见什么觉着胆怯的！那不成！"他们夫妻俩简直把不满三岁的儿子，不管他哭闹，一把掀进了海里去。来了一回，再来，尽他哭。……

我真不知道，读者诸君看了这一段文以后，究竟作何感想！

儿童学游泳，这是谁都赞成的；儿童要勇敢，这也是谁都赞成的。但是，引导儿童游泳，养成儿童的胆力，自有他们适当的方法。至于罗素那种"强掀入海"的强迫方法，我却始终认为很危险，认为不合教育原理。

因为儿童的天性，本来是爱玩水的。但他走到海边，看见波涛的起伏，浩渺无际，他心里，因为不明了海的情境，所以觉得害怕。等到父母要他入水时，他又因为不明了入水的意义，不明了海浴的用处，他的怕当然更加利害。这时，当父母的，依理只应详详细细的告诉他一切意义,多多的给他以暗示,以使他明了一切,自动地跳入海中。这样才可以说,适合幼稚教育的原理。如果你贸贸然任一己之所欲,强迫儿童做他所不明了的事情,结果虽然暂时屈服于你的威权之下,有时得着了一种成功的效果;但是,儿童因为始终不明了他所以要做这事的所以然,结果将来必多危险。

至于罗素那种"强掀入海"的野蛮手段,我以为,不但违背教育原理,而且有时还会酿成儿童后日的精神病症。为什么呢?因为儿童当害怕时,如果你不但不预先给他一个满意的解释使他不怕,还要任你一己之所欲,强把儿童拉到他正是怕的境界里去。那末,结果儿童的精神上,必将遭受一种不能忍的非常的打击。这个必将使他长大后变为病症。这种事实在变态心理学上随处可以看见。

别的不说,即如日前谢循初[①]先生在本刊发表的《潜意识的意义》一文里,所举的例子:

> 英国某医生,自小患怕窄症(claustrophobia)。后来经 W. H. R. Rivers 大夫令患者自析梦境。数日以后,患者果得做梦。当他在床上考虑一个梦境的时候,忽然忆起了三四岁时的一段经验,即患者走到一条黑暗的夹道中间,见大门关闭,力不能开;同时,夹道的又一端,又立有一个棕色的猎狗,向他猙猙狂吠。他吓得面无红色,全身战栗。

谁知这种恐怖的情境,且断定了他的病症。因为恐怖到了极点时,精神上即受异常的打击,终至于生病。

所以,如果照变态心理学看来,罗素那种手段似乎应当竭力的反对。因为这样,必将酿成可怕的精神病症,对于儿童的将来非常危险。

以上两点,是我根据志摩口中所记述的罗素,而指出的比较重要的错误。此外,还有许多不关紧要的错,我预备不多说了。自然,在我还没有证明志摩的纪述是原有误会

---

① 谢循初(1895—1984):安徽当涂人。1915 年考入南京金陵大学。毕业后赴美留学,获芝加哥大学心理学硕士学位。归国后,历任国立武昌高等师范学校、北京师范大学、北京大学教授,国立暨南大学教育学院院长、光华大学教育系主任、华东师范大学心理学教授等。主要译著有《心理学》《现代心理学派别》等。

或失实以前,这个错误只好暂时请罗素负责。因为志摩对于上举二点,完全是采用客观的描写,他自己并没有发表意见。虽然他在篇末,也曾吐露过几句,但都是很浅薄的,所以也不在话下。

不过,据高仁山先生说,真正的罗素,与真正的罗素的幼稚教育,却并不如徐志摩先生口中所述的一样。这层,我只有暂时的存疑,因为我现时还没有读过罗素的 On Education,所以还不能说话。

但是,如果不幸高先生的话竟是说对了,那末,我们就一定要来劝志摩先生,以后作文千万要小心些,不要一误再误,还害于人,使这些可爱的儿童白白的受苦。如果徐先生并没有误会罗素的意思,而且描写的确是真确呢?那末,我们除了向徐先生道歉外,似乎对于这种违背儿童心理及违背幼稚教育原理的学说,就应当根本的反对他,更不宜把他搬到中国来!但是,像这样一个大名鼎鼎的世界哲学家,恐怕总不至于这样的不懂得儿童心理与幼稚教育原理吧?我想。

五月、十三、晚十二时

二、徐志摩答辩文[1]

我很高兴欧阳兰先生这封信。因为在这昏沈的社会里,过昏沈的日子,我们不容易相信,居然还有少数人,留心到像我这些不合时宜的文章。我有时,自分是一个无聊赖的闲人;既然来到这水边,也何妨顺手拣几块石片,劈几个水碗[2],多少也是一种消遣。至于这石子下去,有没有响声,水面上起不起皱纹,我早就没有期望的热心。

说起我,又得讲我自己。我不能成系统的做学问,又不能独辟一个思想的方向,我的写作大都是不期然的,不经心的。有时深夜独坐,也未始没有古怪的影像,忽隐忽现

---

① 原发表件仅有序号,题目系编者所拟。
② 此"水碗",即打水漂游戏所产生的水花。当掷出的石片在水面上弹跳时,所激起的水花便像一连串的水碗。

的在我内心的幔壁上晃动；但我又没有神通的魔杖，怎能指住了它们，喝一声："站住，美丽的幻象！"可怜我手里这杆秃毛的破笔，叫它有什么法想！

我因为拿到一本罗素论教育的新书，才想起年前在英伦极南访罗素时愉快的逝迹；又因为新近（张雪门先生猜得对）常听人讲起幼稚教育，所以就大胆动笔。却不料外行人的马脚，一来叫内行专家们看出！谈教育，我是外行。我从没有学过什么教育原理，也没有参观过半个学校。但这样说来，我什么事都谈不上内行，那一门都不是我"专"的。我的自解是，我这一次写文，至多是想介绍罗素这部新书，顺便也许跑一趟野马。我决不敢自吹懂得一丝一屑的教育，成人的或是童年的，我真的是外行。

让我按欧阳先生来信逐条作复。

第一，高仁山先生的话，一半是对的，一半似乎不很切题。他说我"教育是外行"，是对的；但他说我上星期一那篇文里很多错误，"并且罗素的《论教育》我也看过，内容并不是这样"，我有些茫然。因为我那篇里叙述的，只是我去年在罗素家里时身亲经历的情形，并不是罗素那册书的内容——我才提到那书，还没有讲哪！

第二，欧阳先生分明是真爱儿童的一个人。他看不惯不论谁家的孩子，叫老子给"一把拿他合仆着抱了起来，往屋子里跑"；他似乎是绝对不主张训育儿童应用任何力的干涉与责罚；他更受不住"把不出三岁的儿子（这里，我该说不满四岁。上次错了，看下文），不管他哭闹，一把掀进了海里去"。关于这点，我得承认，因为要侧重训练勇敢（我们张眼看看我们周围，有多少称得出分两的勇敢）。我在字句间纵容了一些愤慨的意味，说得过激一点许是有的，但我想还不至〔致〕是错误。

关于约翰占骑木马的情形，我完全是据实报告。这里，有罗素在他书里的一段话作证。在"责罚"章里第一三四页上，他说：

> 在不得已时，最厉害的责罚是应当的、自然的、愤怒的表情。有几回，我的孩子对他妹妹动蛮，不讲理。他妈恼了，就出声呼斥。这效力很大，孩子哭了。这来，非得骂完，全跟他讲好，不完事。这印像下去很深，只要看他事后对妹妹的样子就知道。有时候，我们采取较温和的责罚。那是在他一定要我们不肯给他的东西，或是干涉他妹妹游戏的时候。逢到这种情形，在理喻与劝告无效时，我们就把他送进一间空屋子去，让门关着，告诉他，他什么时候好了，就可以下来。要不了几分钟，他哭一个痛

快以后，他回来了。这来，照例总是好了。他完全懂得，他这一回来，就是他应承好了的意思。……

这第二种（较温和的）责罚，正是我那天亲眼见的办法。孩子不讲理，大人过去劝，不听反而闹，大人就提溜了他上楼去。他哭过了，知道自己错，不等大人走回头，就跟了下来。我实在看不出有什么野蛮的地方。欧阳先生心目中的孩子，分明是理想化的孩子——安琪儿似的美丽，安琪儿似的可崇拜，安琪儿似的柔顺。安琪儿，当然是轻易不该受我们支配，且不提别的责罚法。至多，你只要暗示、劝导，他们就不会不唯。

谁不愿意这样乐观的看事情？但实际怕没有这么简单。欧阳先生可以放心，罗素先生对孩子的爱，准比得上你我的真切。他反对旧法的训练与责罚（例如 *Fairchild Family*[①]），也准不逊你我的热烈；他研究儿童心理的状态，也准够得上你我的用心。但他同时却并不反对，〔对〕儿童有时施行相当的责罚，并且实验在他自己孩子身上，曾经收效的。我与他同意。

现代教育家中，主张绝对不用责罚法的，也有人。那当然是再好没有。但在我个人见过的孩子，有时总不免有倔强任性的情形。那时候纵容，你明知道不对。唯一的办法，当然只有采取某种可能的、最温和的责罚来治。就是蒙台梭利，也自有她的以备不虞的责罚方法。虽则她的，当然不是老式的办法。那才是欧阳先生所谓野蛮了。

还有，关于罗素夫妇最后用强制教孩子入海的一节，也是欧阳先生对于我的叙述吃吓而怀疑的一点。本来是的，我那天讲的确是来得太兀突些。孩子究竟小，如何经得起那样暴烈的手段？但关于"害怕"，在罗素书中，特别有一章。我也打算讲到时，从详讨论的。那天的，无非是个引子。

现在，为免得一部分读者（例如欧阳先生）从我的记述里，得到一个罗素是一个野蛮的父亲，根本不配讲幼稚教育（如其我那话是实情）的错误的印象起见，我赶快得拿他的原文来供参考。虽则我不敢担保，我们都能同情罗素尊重勇敢、唾弃怯怯的热烈情感。

[①] 此为书名，即《费尔柴欧德一家》。该书系玛丽·玛莎·舍伍德（Mary Martha Sherwood）所著，系儿童文学读物。

那本来是，如其你期望你孩子的，极度只是好脾气，见人唯唯的笑、乖乖的叫，别的品格上的问题都是次要的话，那就与罗素的见解完全不相投合了。关于这一点，我供认，我个人的偏见也是十分的深。我可以说，我与其有一个懦怯的孩子，还不如没有孩子。天下再没有比懦怯更丢脸、更下流的事了。这在我，也许带一种"报复"的意义。因为我现在回想起来，中国父母所指导于孩子的，只是一个平庸、不生是非的孩子，胆子越小越好。训练与教育的方法，有意或无意，当然也就按着这目标走——结果是我们这"猪化"兼"鼠化"的民族！

我们来看，罗素怎样想法祛除他孩子的非理性的胆怯：

> 到如今为止，最难克制的一种怕，是怕海的怕。我们最初想带孩子进海的时候，他才两岁半。初起，简直是不成功。他不喜欢水的冷，他听了波浪声响害怕。在他看来，浪水只是这往里进，永远不往回退。浪大的话，要他近着海都不行。这是在他胆子一个小的时候：活的东西、古怪的声响，还有许多别的东西，都会叫他吃吓。我们对付他的怕海，一步一步的来。我们把他放在离着海的浅水洼里试着，训练他觉着水凉不再受惊。过了夏季四个暖月份，他学会了在离着海浪的浅水潭里爬着，也顶喜欢的，但他还是哭。每回，我们把他放进水深够齐他腰的较深的水潭里试。我们教他，习惯海浪的声响的法子，是叫他在看不见浪的海边玩儿一点钟的样子；然后，我们拿他到看得见浪的地方，同时指给他看，浪头进来了，还是退下去的。
>
> 这几种方法，连着他的爹娘与别的孩子泅水的标样，只把他教到可以带近海浪不再害怕的程度。我深信，这怕是天性的。我信得过，我们没有给过他什么暗示来造成这怕。下年的夏天，他三岁半，我们再来试。拿他进海浪去，他还是这怕。我们怎么哄他，给他看旁人都在浪里，他还是不依的结果。我们采用了老办法，在他露出恇怯的时候，我们使他觉出，我们看他不起，有勇敢的时候，我们竭力的夸奖他。每天这样来，有两星期的光景，我们直把他淹进海水里去，齐到脖子深，凭他怎样挣扎，怎样哭闹。他的哭闹，每天好一些。在哭闹不曾完全停止以前，他已经开始要进水去。在两星期末，期望的结果收效了，他再也不怕海了。从那时候起，我们听他完全自己进水去玩。每回天气合式，他就自动洗澡去——分明是有极大的兴味了。怕，并没有完全去掉，只是一部分叫傲气给压住了。但是，他一天惯似一天。现在，一点怕都没

有了。

　　他的妹妹才二十个月，从没有见海怕过。她见海就跑了进去，一点也不踌躇。

　　（这里，他加一段小注。说他自己当初同年岁时，叫他的大人给一把抓住他的脚跟，往水里倒着栽，隔一会儿才给放回。这办法说也怪，竟然结果使他爱水。可是他说，他不保荐这办法。）

在下一段里，他说他也知道，这用力强制的办法是不合近代学理的。但用来征服怕惧，他以为有时是有效验的。他书里论怕的一章，是很值得中国父母们注意的。
但我此时，对不起，又得暂时带住。再有话，又得等下回了。

21 幼稚师范问题

张宗麟

1926年5月

另图14　张宗麟像

题　解　　本篇原载《中华教育界》第15卷第11期"师范教育号"。发表时间为1926年5月。

　　撰著者张宗麟（1899—1976），乳名德保，浙江绍兴人。先后就读于绍兴浙江第五师范、宁波浙江第四师范。1921年考入南京高等师范学校教育科，师从陶行知、陈鹤琴等名师。1925年毕业后，应陈鹤琴之邀，主持办理南京鼓楼幼稚园，成为中国第一位男性幼儿教师；又致力于幼稚教育研究，发表了一批科研成果。1927年6月，任南京市教育局学校教育课幼教视导员，指导组建南京市幼稚教育研究会，参与创办《幼稚教育》杂志。1928年，应陶行知之邀，任晓庄学校指导员主任。曾主持创办了燕子矶幼稚园、晓庄幼稚园，并任吉祥学园园长，全身心投入乡村教育运动。1930年晓庄学校被封后，历任集美幼稚师范教员、集美乡村师范校长、湖北教育学院教育系主任、山东邹平简易师范学校校长。1936年回沪，主持山海工学团和国难教育社。1937年，抗日战争全面爆发后，在上海从事文化救亡活动。1942年赴新四军淮南根据地，任江淮大学秘书长；后赴延安，任延安大学教育系副主任。中央教育部成立后，历任教育部高等教育司副司长，高等教育部计划财务司副司长、司长等职。著作有《张宗麟幼儿教育论集》等。

　　有关《中华教育界》，参见前文《现在幼稚园中亟应研究的问题》题解。

本篇讨论两个问题：

第一，在中国教育现状之下，是否应该设立幼稚师范？

第二，倘若以为应该设立的，那末应该怎样办，方才能够适应需要？

一①

第一个问题，可以很肯定的回答："中国急须有富于国家精神的幼稚园教师，所以急须设立完美的，富于研究、试验精神的幼稚师范。"这个答案的解释，可以从事实和学理两方面来说。

（一）从事实方面看②

从事实方面看来，中国实在需要幼稚教师。

近五六年来，各处幼稚园增加得很多。如浙江有几县，在县教育经费项下，有幼稚园费的开支。在社会上，普通小学校，凡经济稍稍宽裕的小学、师范附属③，都设立幼稚班，同时独立的幼稚园也日渐增多。所以，各处需要良好的幼稚教师很急。但是，幼稚师范毕业生很少很少。从前江浙两省的女子师范大都办过保姆班④，每班的毕业人数大概也有三四十。可惜，各校都不继续办下去。

在江南诸省，只有苏州的景海⑤、杭州的弘道⑥，可称多年的老幼稚师范。从民国五六年起，每年都有毕业生。内容如何暂且不论，就人数一项说，每次毕业不过六七人，实

---

① 此标号及其后的标号二，均系编者所加。
② 此标题及其后的标题（二），均系编者所加。
③ 师范附属："师范附属小学"的简称。
④ 保姆班：指幼稚师范班。因清末蒙养院和民初蒙养园的师资均称为"保姆"，因而培训其师资的机构，也称为保姆班、保姆讲习科或保姆传习所。
⑤ 景海：指景海女学。1902 年为纪念已故的海淑德（L. A. Haygood）女士，遂创办此校并定名。她是美国监理公会派往中国的女传教士，在华传教、办学多年，尤其专注于女学和幼稚教育办理。景海女学在 1916 年起分设幼稚师范科、普通师范科、音乐科等，并附设六年制小学、幼稚园作为学生实习之用。1917 年，景海女学改为苏州景海女子师范学校。
⑥ 弘道：指杭州弘道女学。其前身有三个教会女学，即美国基督教南长老会创办在杭州天水桥的贞才女学，美国基督教北长老会创办在杭州大塔儿巷的育才女学，美国基督教北浸礼会创办在杭州珍珠巷的蕙兰女学。1912 年这三校合并，正式定名为弘道女学，1916 年设立幼稚师范科，并附设幼稚园。

在供不应求。所以，从数量方面看来，国内的幼稚教师已经感到不足。

各处所设养成幼稚教师的学校，程度不一。即以入学资格而论，从前北京女高师附设保姆班[①]，投考生以师范或中学毕业生为合格。杭州弘道、苏州景海，收初中毕业生；南京一女师[②]，则收旧制高小毕业生。从前，各女师附设保姆班之学生，竟有小学肄业生。入学资格的高下，虽然不能判断将来学业的优劣；但是，各种求学工具还未完全的学生，恐怕读了几年幼稚师范，希望她独立研究教育，也着实不容易的。

再看看她们的课程，真是令人惊骇。现在，举一个国内最负盛名的幼稚师范的课程表来作例（表3），请国内教育家大家来批评批评。究竟这样的师范教育，是否能养成完美的教师？

表3 某幼稚师范课程表

科目＼学分＼学年	一年级（与高级中学一年级同）	二年级	三年级
英文	20	10	10
国文	12	12	12
社会问题	6		
宗教学	4	4	4
体操	2	2	2
生理及卫生	3		
生物学	3		
家政学	2	1（儿童保护法）	2
音乐	2		

① 此"保姆班"，当称"保姆讲习科"。增设时间为1916年，学制为1—2年。1917年获得结业证书者为14人。1919年秋，招收了保姆讲习科学员20余名，学制为2年。该科学员除发起成立"幼稚教育研究会"外，还编辑了刊物《北京女高师幼稚教育的研究》。

② 南京一女师：全称"江苏省立第一女子师范学校"。因位于南京，故有此称谓。该校于1917年冬开设保姆传习所，次年3月附设蒙养园，1922年保姆传习所改为幼稚师范学校。

续表

学分 学年 科目	一年级（与高级中学一年级同）	二年级	三年级
琴学	（1）随意科	1	1
心理		3	
音乐教法		2	
唱歌		1	
美艺		2	2
故事		1	
幼稚与国民歌曲		1	
国文教法		2	
圣道教法			2
学校管理法			1
近世教育史			3
实习		10	15
启智用具教法		1	
秩序法			2
实习商榷			1
幼稚教法			2
学分总数	54	53	59

幼稚教师在校的修养，既然如此，那末她们的实地施教也就免不了"师说传授"的"老汤头"。我看过江浙十几所幼稚园，其中有几位教师还能自知改进，有几位简直以"从前我们所学如是"，做回答问题的总诀。所以，每所幼稚园里都画起大圆圈

来，^①把活泼泼的儿童都用软禁、威吓的手段，围坐在圈子里。从早晨到中午，不问儿童兴趣，总是教几种规定的课程。琴声一响，大家起立；唱的歌，也有赞美诗，也有英文歌，也有外国曲调，不问儿童能否了解。讲故事的时候，不问儿童愿意与否，只叫他们静坐，坐得像姿势图上的同样严肃。

儿童究竟是动的，因此弄得全堂难以处置。每逢节日，照常放假，儿童也不知道放什么假，莫明其妙。平日看待室内活动是幼稚生入园的唯一责任，不愿意放学生到户外去的。所以，对于自然常识和户外运动的技能，几乎成为非幼稚生能习的学科。诸如此类的情形，在江浙是很多很多的。我想，内地诸省的幼稚教育，或者也同有此病，或者不如。我听到湖南只有一所湖湘幼稚师范^②（教会立的），其中课程几乎由一人包办。毕业生因供求不符，所以全省的幼稚教师，多取给于普通师范或中学毕业生。在通常情形而论，江浙还算比湖南诸省好呢！

无论从人数、课程或实地施教的现状而论，我国非设立富于研究、试验精神的幼稚师范不可。

（二）从教育原理方面看

在教育原理的一方面，幼稚生在体力、智力上，都和到学龄的儿童不同。所以，应该有不同的教育。

德国佛洛培尔^③（Froebel），大家都知道，是一位创造幼稚园的始祖。他的有名著作 *Education of Man*^④，在过去的三十年里，很占世界教育言论界上的重要地位。虽然到现在，已经有许多学说不适宜。这部书当然是鼓吹、提倡幼稚园最重要的著作。其中，最紧要的一句话就是说："教育最重要的功能是发展人类各期的生活，适应人类各期的需要，

---

① 此"大圆圈"，通称"朝会圈"，实则为幼儿的活动圈。凡游戏、故事、常识、舞蹈、音乐等课程，甚至朝会、表演等活动，均在此圈中进行。教师总是居于圆心地位，而幼儿多围坐在圆周上。
② 湖湘幼稚师范：全称"长沙福湘女中附设幼稚师范科"。福湘女中由美国基督教长老会成员牧拿亚女士联合遵道会、循道会共同创设于1913年，校址在长沙北门外长春巷。1920年，学校增设幼师部，并附设幼稚师范科，开始培养幼教师资。
③ 佛洛培尔：通译福禄培尔。
④ 此英文为书名，可译为《人的教育》。

且适合于各人各期的需要。"

幼稚生的年龄，自四岁到六岁，身体的发达，急需学习的事物的[①]繁多，学习力的特异，儿童心理学上都早经有人发明。所以近二十年来，对于幼稚生的眼光，又从佛氏神秘的学说变到科学的实验。同时，重视幼稚生的力量比佛氏更加来得有证据，幼稚生和其他儿童的特异也格外来得可靠。（关于这点，可以参看陈大齐译《儿童心理学》，陈鹤琴编《儿童心理之研究》和凌冰的《儿童学概论》。）

特殊的儿童应当有受过特殊教育的人才去施教。所以，幼稚园应该有曾经受过幼稚师范教育的人才去任教师。普通师范生所学习的教育原理与技能，大半是普遍的，是注重在小学教育的。倘若移到小学教育以前去（preschool education），在原理上还有一部分可以引用，在教学的技能上很难应用。

幼稚园里的游戏、音乐、手工、图画诸科，固然不是小学可比，又非小学里的雏形，就是将来应该设立的读法[②]、数学等，也断乎不可直抄小学教学法的。还有家庭的联络，是幼稚教师最重要的职务，恐怕也是普通师范生难得做到的。此外如养护上，也比小学里更有繁重的责任。

凡此种种，都非受过专门训练的人才所能胜任。这是我国急宜设立优良的幼稚师范之又一理由。

二

第二个问题的答案，较为冗长。归纳起来，可得三点：（1）解除从前的神秘色彩；（2）适合我国的国民性；（3）养成有随时改进、试验、研究的精神。这三点，可以称为办幼稚师范的目标。至于如何实施，为便于说明计，仍分课程、学生、教师诸项。

---

① 此"的"字，疑为衍字。
② 读法：指读法教学。宽泛说来，类同于语言教学；严格说来，则是识字、写字和阅读教学。当时的主流理论反对在幼稚园识字，而陈鹤琴和张宗麟通过试验后认为，幼稚生识字，既有可能，也属必要。

（一）课程

新学制师范科课程，课程委员会已拟有大纲。[①]然而所列科目都是普通师范教育的性质。至于专科师范的课程，虽全国注目的农村师范[②]也没有谈到，所以各处设立专科师范都是各自为政。前节所举的幼稚师范课程也可以公然施行，没有人去批评他了。

幼稚师范的课程应该怎样拟呢？她的标准如何？国内教育家还很少注意到。据我多方搜罗的结果感想，觉得定课程的原则，还是和其他专科学校的课程原则同的——注重于专科职业的训练，同时不忘于与职业有关的普通训练及公民训练。本此原则，那末可以厘定其中的细目了。

现在，举二个幼稚师范的课程实例（表4、表5），或者可以作为有心此道的参考。

---

① 此"大纲"，指"壬戌学制"颁行后，新学制师范科课程标准起草委员会所拟订的《新学制师范科课程标准纲要》。
② 农村师范：当时通称"乡村师范"。

表 4 江苏省立第一女子师范学校附设幼稚师范课程表[1]

科目	第一学年 上学期	每周时数	每学分数	下学期	每周时数	每学分数	第二学年 上学期	每周时数	每学分数	下学期	每周时数	每学分数	第三学年 上学期	每周时数	每学分数	下学期	每周时数	每学分数
人生科学与哲学	公民训练	2	2													社会科学	2	2
教育	儿童心理	2	2	幼稚教育	4	4	教育概论	2	2	教育概论	2	2	参观报告	2	2	参观报告	2	2
教育				设计法	2	2	设计法	2	2	福禄培尔及蒙台梭里学说记及	2	2	保育法	2	2			
教育													批评	2	2	批评	2	2
国文	国文	4	4	国文	4	4	国文	3	3	国文	3	3						
国语							国语	2	2	国语	2	2						
英文	英文	4	4	英文	4	4	英文	4	4	英文	4	4	英文	5	5	英文	5	5
幼稚艺	恩物	2	2	恩物	2	2	恩物	2	2	恩物	2	2	儿童文学	2	2	儿童文学	2	2
幼稚艺	手工	2	1	手工	2	1	手工	2	1	手工	2	1	手工	2	1	手工	2	1
幼稚艺	游戏	2	1	游戏	2	1	游戏	2	1	游戏	2	1	游戏	2	1	游戏	2	1

[1] 作者原注:"该校于十一年秋季招收幼稚师范生一班。有学生三十余人。当时入学资格为中学肄业生、高小毕业生,幼稚园或小学教师。"

续表

科目		第一学年 上学期		第一学年 下学期		第二学年 上学期		第二学年 下学期		第三学年 上学期		第三学年 下学期	
		每周时数	学分数	每周时数	学分数	每周时数	学分数	每周时数	学分数	每周时数	学分数	每周时数	学分数
幼稚学	唱歌	2	1	唱歌 2	1	唱歌 2	1	唱歌 2	1	唱歌 2	1	唱歌 2	1
	故事	2	2	故事 2	2	故事 2	2	故事 2	1	教材讨论 1	1	教材讨论 1	1
	体育与童舞	2	2	体育与童舞 2	2	体育与童舞 2	1	体育与童舞 2	2				
						谈话法 2	2	谈话法 2	2	数的教法 2	2		
										实习 18	4.5	实习 18	4.5
家事						家政及实习 2	2	养护 2	2	园艺 2	1		
自然科学	混合理科	3	3	混合理科 3	3					自然研究 2	2	自然研究 2	2
图画		2	1	2	1	2	1	2	1				
练琴		10	2.5	10	2.5	10	2.5	10	2.5				
合计	每周时数（练琴、实习在外）	29		33		31		31		26		22	
	每学期学分总计①		27.5		30.5		28.5		28.5		26.5		23.5

① 在原发表件中，此内容的部分数据计算有误，编者已作订正。

表5　美国支加哥① 市立国民保姆养成所课程表②

科目 \ 每年时数 \ 科别年级	本科 一年级	本科 二年级	（一年）高等科	（一年）师范科
心理学	36	72	36	
教育原理	54	72	18	
社会学	18	18	18	
实习	378	377		
手工	90	36		
卫生	18			
英语文学	72	54	54	
博物	18	18		
体操	72	18		
游戏			576	
音乐	54	72	26	
图画		54	18	
教授原理		72	126	
遗传学		18		
郊外研究			18	
家政学			18	
教育心理学				36
保姆养成所沿革史				36

---

① 支加哥：通译芝加哥（Chicago），位于美国伊利诺伊州东北部，为著名国际金融中心之一。
② 作者原注："该校为专门学校，新生入学，以高等女学曾修十五科目之卒业生为合格。该校修业年限，预备科三个月，若考试及格，然后入本科，为期二年，高等科一年，师范科一年，共四年又三个月。此表根据一九一九年日本小学校长团《美国幼稚教育状况报告书》。"

续表

科目 \ 每年时数 \ 年级 \ 科别	本科		（一年）高等科	（一年）师范科
	一年级	二年级		
近世教育史				36
实习科视察报告				72
保育法比较研究				72
管理法				216
讨论会				36
随意科				144
论文作成				36
全年总时数	810	881①	908	684

上述两张课程表，谈到专门训练，第一张胜于第二张。然而，第一张最大缺点为英文一学程。我并不反对读外国文，并且承认近年来我国新教育确实借助于欧美各国。但是，在三年的幼稚师范里无端加了几小时的英文，实在无谓已极。是否以养成直接阅读英文教育著作为目的？我敢说，以高小毕业生的程度，每星期读了四五小时的英文，读了三年，实在难以直接读英文的教育著作。至于为职业而读英文，那是愈不成话。幼稚师范生在原则上不应当于毕业后短时期内升学。② 所以，为预备升学而设此科，也似乎不合理；况且在养成职业技能的时期内，万万不应当占有升学的预备时间。所以，在幼稚师范里不必有外国文字。

次之，这张表里对于教育上普通训练也似乎太少。支加哥第四年的课程，几乎完全为普通教育或高深的教育研究，使教师能够乐业，能够改进自身的事业。在学时代，当

---

① 在原发表件中，此数据原为883，现订正为881。
② 此"升学"，指学生从幼稚师范科毕业后，因受服务年限制约，若干年内不得报考更高一级的学校。换言之，即须在幼稚园工作期满后，方有资格报考更高一级的学校。

培养其求学的兴趣与能力。该表第四年的课程具有深义。

惟两表有共同的缺点，就是没有好好儿的公民训练。在支加哥的学生为中学毕业生，或者已受了良好的公民训练；在苏一女师的学生来自小学，着实宜致意于此点。不然，像时下一般幼稚教师，只知有基督耶稣，不知有中华民国，缺乏公民常识，那是贻害不浅的。

（二）学生与教师

关于学生与教师的问题有四：

1. 性〔别〕的问题

幼稚教师在现代教育制度之下，几乎完全是女子。但是，创设幼稚园的始祖，确是一位男教育家。① 我们把一切迷信和崇拜偶像的观念丢开，来谈谈事实问题。平心而论，男子也可以任幼稚园教师。说男子粗暴，不适宜于初离母怀的儿童吗？这是一般教育家的迷信。我就是在幼稚园做事的一个，幼稚生很喜欢和我在一起的。当年的佛洛培尔，不是也很能接近幼稚生吗？

除此以外，一切反对男子任幼稚园教师的理由愈加不充足。所以在事实上，幼稚师范应该收男生的。不过，为过渡时代的安全计，在最近的几年里，我还不希望骤然实行。②

2. 入学的资格

幼稚教师实在要万能的，所以于普通知识、技能的修养要非常充足，于志趣方面，尤宜有坚忍耐劳、不肯轻易改换的。所以最低限度应收初中毕业生。倘若再提高，招收高中毕业生那是更好了。

3. 在学的年限

我国普通师范科，修业期为三年；专科师范，则视责任之轻重，而定增加年期之久暂。幼稚师范实为专科，但是因为毕业后的报酬问题，与现代社会上不甚注重幼稚教育

---

① 此"男教育家"，即福禄培尔，亦即后文所言"佛洛培尔"。
② 此句指男女同校后可能出现恋爱的问题。当时，虽小学和大学均可男女同校，但有关中等教育男女同校的问题，不仅社会上有激烈的反对之声，而且在制度上也未能冲出缺口。因此，张宗麟只能是"不希望骤然实行"。

起见，对于增加年期一层，似乎暂时谈不到，所以就以三年为准则。不过专科的课程，应当尽量收纳于这三年之中。

4. 教师须有专门学识与经验

幼稚师范的教师，在国中可以算得最难物色。普通大学毕业生，对于教育上各种知识差不多都有，独有幼稚教育一项，简直十九不知道的。

从前东南大学教育科①曾经设过这个学程。但是，也不过讲了些普通学说。北京女高师②在民国九年设立保姆班，目的也并不在乎养成幼稚师范的教师。所以，现在要想办优良的幼稚师范，最大的困难在乎物色教师人才。

为目前救急计，凡普通教育学说，可请大学教育科毕业生担任；各种专门课程，则不如请富于有幼稚园经验的保姆担任，或者和有教育上高深学识的人士合任。一面请各大学教育科，注意添设此类学程。如美国哥仑比亚大学③，每年关于幼稚教育的学程必有十七八个，暑期学校④也开设七八个幼稚教育学程。这样培植幼稚师范教师的人才，我国虽然一时办不到，但是也应当在教育科里占相当的位子，每学期应当设立多少学程，以应社会之急需。

（三）今日中国急应注意的幼稚师范教育问题有二

1. 停办各教会设立的幼稚师范

各国教育条例，没有外国人设立师范的。我国教会学校都受条约的保护，所以自小学以至大学，几乎全学制系统里的学校都有。

这种办法当然非我国人民之福。其中幼稚师范尤其占势力，因为她们是独一无二的

---

① 东南大学教育科：东南大学前身是创建于1903年的三江师范学堂。1915年升格改办为南京高等师范学校，1918年增设教育专修科，1923年南京高师正式并入国立东南大学。其教育科分设有教育、心理和体育三系。张宗麟即是毕业于该校教育系，因而了解相关情况。
② 北京女高师：前身为京师女子师范学堂，民国成立后，升格改办为北京女子高等师范学校。其实，该校早在1916年便曾办理过一年制的保姆讲习科，因此其附设保姆讲习科的时间，也并非"民国九年"（1920年），而是1916年。
③ 哥仑比亚大学：通译哥伦比亚大学，位于美国纽约市曼哈顿，是美国的私立大学，为常春藤盟校之一。
④ 暑期学校：利用暑假校舍闲置而开办的短期培训学校。它主要用来培训在职教师，时间仅为月余，为继续教育的机构之一。

幼稚师范，全国的幼稚园教师几乎都是出其门下。她们的课程，差不多都是像讨论第一个问题里所举的课程实例。

这种以传教为主体的师范教育，在民主国教育制度之下，万不能容留的。所以，在振兴我国幼稚教育的消极方面，就是停办教会立的幼稚师范。

2. 每省至少须设立一所完美的幼稚师范

十三年度江苏省立学校校长会议，其中有一条："在最近五年内，江苏只许一女师设立幼稚师范一班。"这样议决案，在校长先生们以为是省教育经费拮据，所以设法节流。那里知道，幼稚教育完全操诸外人之手！

江浙两省的幼稚教师，几乎都是受了很深的教会教育。我们用很粗率的推理来说，江浙的幼稚园都是教会教育的新机关。

从前佛洛培尔的幼稚教育原理，虽然富于宗教色彩，自从儿童心理昌明以来，我们就不肯妄从宗教式的幼稚教育了。所以，我们于收回教育权①的政策里，收回幼稚教育是无可疑义的。

收回幼稚教育的第一步是收回幼稚师范。此中步骤，在积极一方面，是各省于适当地域设立幼稚师范一所，每年招生，继续办下去。至于他的组织，能够独立则独立，不然就附设于女子师范，在经济上可以省得许多。

末了，我要向读者郑重声明一下，请大家不要轻视这个幼稚师范问题——完全操于教会的教育问题——幼稚教育是一切教育的基础，我们断不可使这块基础教会化的。所以，我们大家应当来注意，至少应当问问，她们办的是什么东西？

---

① 收回教育权：指收回传教士和殖民者在华的办学权限。

22 调查江浙幼稚教育后的感想

张宗麟

1926年6月

> **题 解**　本篇原载《中华教育界》第 15 卷第 12 期。发表时间为 1926 年 6 月。
> 　　有关撰著者张宗麟，参见前文《幼稚师范问题》题解。
> 　　本文所力陈的弊端之一，便是仪型外国。这不仅反映于教会幼稚园的办理上，即使是国人自办的托幼机构，也几乎毫无例外地沾染了此病。这还不仅反映在设备、玩具、布置、节令庆祝等方面，更是集中地反映在课程、教材和教法上；即使在教学用语上，也是以英语作为时尚。在作者看来，这无疑与民族精神相违。
> 　　有关《中华教育界》，参见前文《现在幼稚园中亟应研究的问题》题解。

此次调查计划，本为沿沪宁、沪杭甬两线，逐县详细调查。后以时日等关系，只得择地、摘要而行。

总计五处——南京、苏州、杭州、绍兴、宁波，共幼稚园十六所——南京鼓楼、东大附属、金陵大学附属、苏一女师附属、浙一女师附属、弘道、景海附属[①]、成章、绍兴

---

① 景海附属：指景海女学所附设的幼稚园。

县立、浸会、悟道、苏州城东、培德、毓秀、培英，又育婴堂①两所——绍兴、苏州。

为期半月——十四年十月一日至十月十六号。每幼稚园参观之时间，最长者一日。有因机会不巧，适遇假期，如宁波秋节假为中秋后一日，杭州有数处教会学校提早放国庆假，不能见其实地施教，只得与主任等详细谈话，并周视其校舍、设备及学生成绩等等。

各幼稚园所用方法、设备、课程等等，除有几所施行新法外，大都均相仿佛，宛若教育部有严厉之规定，非如此办理不可者。

按：教育部颁布之《幼稚教育章程》甚略，无强迫、划一之命令〔令〕。在吾国近年来教育界，对于教育部之命令，视同过耳之风。如吾国小学教育，教育部实有详细定章；而吾国各处小学，除毕业年限相同外，余皆各自为政，以谋改进。独自由创办之幼稚园反多雷同。此中必有原因，读者且看后文。

余于各处，虽各有详细记录，然一本内容少有变化之流水账。若向大众报告，非但读者将感嚼蜡之味，即于幼稚教育之改进，亦难有裨益。左右思维，不如将此次个人之感想及所得之事实两相参照，并附以幼稚教育之新趋势，看此数处幼稚教育之优点何在？弱点何在？宜如何改良？宜如何添设新事业？

虽所言只属苏杭数处，然而江浙两省，或者尽属如是。推而至于全国，同有斯病者，亦可以取鉴也。

一、办幼稚园之方针

吾国新式教育——学校教育——皆仿自外国，此尽人所公认者也。幼稚教育之来华，尤为近十数年间事。②故一切设备、教法，抄袭西洋成法，亦势所难免。

---

① 育婴堂：清代慈幼机构的名称。其渊源可追溯至宋代创设的慈幼局、举子仓、广惠仓等，为收养孤儿难童之所。晚清传教士所办慈幼机构，亦有称育婴堂者。民国成立后，私立慈幼机构亦沿用此名。
② 此"十数年"，系指1915年《国民学校令》中规定"国民学校得附设蒙养园"以来。

于是，所有幼稚教师，非宗法福禄培尔（Froebel），必传述蒙得梭利①（Montessori）。两派虽时有入主出奴之争，然而其不切中华民族性，不合中国国情，而不能使中国儿童适应，则一也。

昔年在陈鹤琴教授儿童心理班上，曾闻此等言论，犹疑陈师言之过甚。自此次参观后，始信吾国有民族精神之幼稚教育方在萌芽，而有数处，且完全为外国化。倘易其语言，则难别其为中国儿童教育也。今举数例如下：

（一）玩具与恩物

儿童在六岁以下者，其日间最主要之生活活动为游戏，此儿童学家公认之定律也。故幼稚园中最重要之工作，为教导儿童如何游戏。然而，其时儿童于团体游戏，尚不发生若何兴趣，惟个人的游戏最为发达。夫个人游戏，非徒手可以行（虽有数种，如翻筋斗、独脚跑等，然亦含有比赛性），必须有相当玩具。故福禄培尔之研究幼稚教育，首重恩物（gifts）。恩物者，即玩具之一类也。

若以儿童心理为立足点以言之，则玩具之范围甚广，虽图画、手工之用具，皆玩具也。吾国对于儿童玩具，自来无人研究。一切旧式的玩具，皆乞儿、丐人制造之，售于街头。其价值之廉，千百倍〔分之一〕于西洋玩具。然而一经研究，其不合儿童心理、缺乏教育上价值者，几件件皆可指摘。近来，国内虽有改良玩具之工厂，然而自前数届儿童玩具展览会观之，其成绩仍不甚优良。

吾国玩具既如是不良，于是稍知儿童心理者，必多方采取外国玩具，或行仿造，或直接购自外国。故此次所见幼稚园，凡经费充足、设备丰富者，一入其门，耳之所闻，目之所见，多为外国玩具。脚踏车、电车、口琴、橡皮计数圈、捧球小孩（为练习向目标掷物之用）、摇铃（中为薄皮鼓，边缘响铃，擎手而玩）、乒乓、地铃、洋囡囡②、各种积木、皮球等，无一非外国的玩具。其中，外国气最甚者，虽一纸一笔，亦非外国式样、外国材料者不用。问以何不用中国式样，用儿童时时见到之花样者岂不更好？则必答曰："外国货好，中国的不能用。"噫！是何言欤！

---

① 蒙得梭利：通译蒙台梭利。
② 洋囡囡：指洋娃娃。

夫吾国儿童玩具之少，本不足讳言。然而成人用具，倘能稍稍改其形式，无一不足以成为儿童玩具。如僧道所用之铙、钹乐器，街上所见之黄包车、小车，农人之耒、锄，工人之简单的工具，以及木剑、竹刀等，倘能缩小而改造之，无一非儿童玩具之最优良者。

或曰："儿童好新奇，用外国玩具则更有兴趣。"此言亦似是而实非。儿童好新奇，固也，独不闻儿童好模仿乎？为教育上便利计，为养成未来本国国民计，不如多利用、模仿本国成人之动作。彼西人之玩具，亦多由成人之用具改造而成者也。强令中国甫能行走之儿童，而仿行外国成人之动作，岂非傎①欤？

（二）音乐

幼稚生之活动，次于游戏者为音乐。此次所见者，皆为外国音乐。叮咚钢琴之声，诀舌英文之歌，凡遇上课，随在闻之。有数处儿童在室内之一举一动，皆以琴声为转移。

养成儿童听官有审美之能力、行动有节奏者，彼音乐之效可谓大矣。然而所唱之歌，多为外国译歌，或为吾国古诗，或为《圣经》上赞美诗，或为英文歌。学语儿童教以华语，即说华语；教以西洋诗歌，即唱西洋诗歌。在教授上，两无困难。然而关系于儿童终身者，大有差以毫厘、谬以千里之慨也。

余曾问某处教师："学生能唱国歌②乎？"答曰："国歌之歌辞与曲谱，儿童皆难以学唱，故未教授。"此言若为经验之谈，吾无间言。虽然余以为，能唱英文诗歌或毫不顺口之赞美诗之儿童，一曲卿云短调，倘能用心教授，决非难事。（余于音乐一科虽无研究，然以个人学唱歌之经验而论，外国辞句之歌曲及赞美诗，实较《卿云歌》③为难

---

① 傎（diān）：颠倒错乱。
② 此"国歌"，为中华民国北洋政府所定的国歌，名《卿云歌》。歌词据《尚书大传·虞夏传》中舜帝时候的《卿云歌》改编，由萧友梅作曲。歌词为："卿云烂兮，纠缦缦兮。日月光华，旦复旦兮。日月光华，旦复旦兮。"1920年4月，国歌研究会聘请萧友梅谱曲，后由国务会议决议和总统批准，于1921年7月1日通令颁行。客观说来，此词古奥，并不利于幼儿演唱。
③ 《卿云歌》：古歌名。相传功成身退的舜帝禅位给治水有功的大禹时，有才德的人、百官和舜帝同唱《卿云歌》。诗歌描绘了一幅政通人和的清明图像，表达了上古先民对美德的崇尚和圣人治国的政治理想。原文为："卿云烂兮，纠缦缦兮。日月光华，旦复旦兮。明明上天，烂然星陈。日月光华，弘于一人。日月有常，星辰有行。四时从经，万姓允诚。于予论乐，配天之灵。迁于贤圣，莫不咸听。鼚乎鼓之，轩乎舞之。菁华已竭，褰裳去之。"

敢问，读者之经验亦如是乎。）

友人凌音，目睹南京人士闻奏国歌而不起立，闻奏日本胜中国之凯旋歌而拍手，不胜慨叹。夫南京人士，或者未曾受音乐训练，故一概拍手以贺。然而以教育自任之幼稚园，在如此重要之音乐课程中，如此缺乏国家精神，专务外国化者，其危机岂可胜道哉？

今节录凌君所拟"今后中国音乐教育的目标"之纲目于下，愿全国幼稚教师听诸（原文载《中华教育界》十五卷一期）：

（1）能代表中华民族性的；
（2）发扬民族的美德；
（3）适合民族的程度。

（三）放假日

学校之于假期，为教学极大的机会。在小学校中，每逢节气，即以之为课程之中心，演为设计。此中用意，欲儿童明了此节目〔日〕之意义者，占一极重要位置。故欧美学校之于耶稣圣诞节，日本之于天长节，莫不尽力筹备，送赠礼物，烹调食物，邀请来宾，甚或开庆祝大会作种种表演。

而事前之预备、手工之制作、音乐之歌词，以及图画、文学、语言等科，无一不倾全力于此假日。此种举动，全国皆然。若有不如此行者，群引以为奇耻，而不以同侪齿之。此等精神，何等可钦、可佩。

余此次参观，适遇二盛节——中秋与国庆——若以东西洋之习俗推测之，则各处之盛会与节礼课程，必将满纸记录矣。及今覆视之，惟有某处于国庆日放假，不能参观；某处于中秋日放假，不得参观；某处，因社会风俗关系，秋节假非正中秋，乃中秋后一天。故各幼稚〔园〕又给假，又不能参观其教法，只得与其教师谈话。某处，于国庆前一日做小国旗等，搜遍全本记录，不得预备节日之记载。此或为机会不巧，余赴甲处，适甲处于节日不重视；而乙处，适有种种举动，不得见也。果尔，则不重视者只有数处；而重视者正多，是吾国幼稚教育之幸也。吾恐重视者少，而不重视者多也。

……与之谈课程，偶及点心问题……旁坐之幼稚园主任插言曰："去年圣诞节，我们做了很好的汤圆子，煮熟了吃。小朋友吃他自己做的东西，格外来得快活……"余乃询以圣诞节有何种举动，主任答："有庆祝的表演，有提灯会，有礼物……"余更询以此次国庆拟若何举动，主任答："小朋友年纪太小了，也做不来什么，大概庆祝会是要请他们参加的。"余乃默然。

此为余参观记录中之一段。读者读此幼稚园主任之谈话，可以想见，该园之办法，外国化欤？抑中国化欤？

吾国国魂所系之国庆纪念日，可以因小朋友之无能力而毫无举动；而吾国漠不相关之耶稣诞日，乃使无能力之小朋友作种种举动。如此教育，是替基督教养成基督徒，非为中华民国教育国民。如此教育，贻害吾国者实大，急宜设法干涉者也。（此处本拟举其名以示世，然而滔滔者天下皆是也。凡教会设立之教育机关，几乎无一不如此。岂可令彼区区之幼稚园独任其咎哉！）

（四）其他①

其他关于设备、布置、教法等，外国气亦均甚重。例如墙上所贴之图画，贴中国图画与儿童者，甚少甚少；多半皆张挂外国之儿童画，或商务书馆之坐立姿势②。前者，不能使儿童了解；后者，则难以应用于幼稚园，均不甚适当。

吾国儿童画之缺乏，较玩具尤甚。市上所售百子图③等，毫无儿童气。面具既非儿童，动作之神情亦非儿童。书坊出版之《儿童画报》等，其中佳者固不少，如动物故事等；而只知抄袭、不知变化者，亦甚多，如儿童面具，倘细细观察之，多非中国儿童之貌相，颇似日本儿童相。总之，吾国美术界上无儿童的地位，各幼稚园又不得不借助于外国。此等责任，似乎美术家应任其咎。

此外，如早上相见，竟可说："某某早。"而有数处，必曰："Good Morning。"其他如："请、谢谢、对不起、原谅……"等，亦有用"Please, Thank you, Excuse me……"者。

---

① 此标题系编者所加。
② 此"商务书馆"，即上海商务印书馆；此"坐立姿势"，系指商务印书馆专门印制的关于儿童坐立姿势的图片或挂图。
③ 百子图：亦称"百子迎福图""百子嬉春图"或"百子戏春图"，系中国民间的传统贴画。它反映了祥瑞之兆，用以表达喜庆之意，祝福、恭贺之情。

最可笑者，某处有一部分儿童，教师以中国命令其做某事，儿童不从，若以英语，则儿童闻命即行。此某处教师，亲为我言之。

又行至某处，适为国庆纪念后二日，黑板上挂有小国旗，其旁即写有"上帝爱护我们……"一条。谈话时，教师虽先说国旗，然三言两语略过去。惟上帝一语，则反覆解释，使儿童大家说，又继之以唱赞美诗。如此教法，尽忠于基督教，可为至矣、尽矣、蔑以加矣，其如中华民国何！

吾国幼稚教育，是否尽如江浙，吾不得妄加推测。然而江浙幼稚教育偏重外国，偏重基督教，忽视祖国之习气甚深，此余欲大胆言之也。

然则，何以有此结果耶？盖尝考之，此风之养成，与幼稚师范有密切关系。今之幼稚教师，多半为昔日幼稚师范之学生。其次，则普通师范生或中等学校学生也。其中师范生等，因在校时对于幼稚教育均不甚注重，一旦出校服务于幼稚园，种种技术几乎件件皆新学。取近而效法，人情也。所效者，必为幼稚师范附设，或幼稚师范生所办之幼稚园。故幼稚师范，于幼稚园之影响甚大。

吾国幼稚师范，何校最早成立，尚无调查报告可查。然而以江浙两省而论，各女子师范之设幼稚师范科，实效法各教会学校之成法。如浙之弘道、苏之景海是也。

教会附设之幼稚师范，其主要教师必为西人。于是，为教科〔育〕上便利计，又因其从前所受教育之故，一切教材、教法，莫不取资于西洋。幼稚师范生所学如是，则出校服务亦必如是。于是江浙之幼稚教育，皆外国化矣。苟有不如是者，将受其讥矣。

此后，吾人不欲改良幼稚教育则已，如欲改良者，非从改良幼稚师范教育〔入手〕不可。近闻中华教育改进社将与东南大学教育科合办幼稚师范专修科，以提创中国化的幼稚教育为目标。此事于吾国幼稚教育界，裨益必不浅。甚愿当局诸公从速举行，以救此嗷嗷待哺之幼稚教育饥荒儿童也。

二、课程

幼稚园无课程表，各处教师皆深知之。不强迫弱小儿童行呆板生活，是为此次参观成绩中之最优点。各处教师，且完全明了课程表虽无有，而教师间自己的课程表确实天天预拟。遇有儿童无特别问题发生时，即依照预拟者而行；如有特别事情，则即更改程序，决不使此机会错过。此等言论，十六所教师皆如是言之。可惜余以时日关系，只能一度参观，不能证明教师所言者，为谈学理，抑为事实之报告也。

所经过之五城，南京、苏州之幼稚园，大都为上午的；宁波、绍兴、杭州，上、下午皆有。此因社会、家庭习惯关系。倘无下午班，则学生将减至极少极少。杭州一女师，至二时即散学；绍兴、宁波，非至三时以后不能散学；苏州除景海以外，皆不设下午班。余因上午参观景海，预计下午可以参观二女师①及其他诸校。孰知午餐后，以电话询之，各处皆无课。

景海幼稚园之下午班与上午班，为两批学生。上午班乃贫民子弟，免费入学；下午〔班〕为收费生。上午之学生，至下午虽来园中玩耍，不能进课室。其教法亦有分别。上午学生无识字课，学生来园最初一件功课为洗手脸。教师于指导时，较下午班为严厉。据云，非如此严厉，学生即不听命。然则儿童初入园时之习惯，即如是乎？抑教师以为，贫民子弟有恶习惯，必须严厉，必须叱咤，然后渐渐养成，非严厉不足以施教欤？此中大有研究之价值。

南京鼓楼幼稚园②之下午班，与上午班性质亦不同。下午班专为年岁稍长者而设。其课程中，虽亦有图画、游戏等，然而以识字、读法、书法为中心目标，教师遇有相当机会，必教儿童识字、写字。故该班学生中，有能认单字数百，能读《儿童文学读本》，商务、中华出版之《国语读本　第一册》及《儿童画报》之简单说明者。

杭州、绍兴、宁波诸处之下午班，与上午班完全相同。幼稚园之所以只设半天课程者，盖不欲使六岁以下之儿童，终日离慈母之膝下，而专过学校生活也。此意究竟正当与否，至今各家讨论尚无结果。然而以儿童身体而论，则中膳后至少须休息半小时以上。

各处设下午班者，倘能注意到此点，则下午班之设，至少于身体上无害。至于下午之课程，似乎须与上午有别。如南京鼓楼之以识字为中心目标，亦是一法。然而不必雷

---

① 二女师："江苏省立第二女子师范学校"的简称。
② 鼓楼幼稚园：系陈鹤琴创设的幼教机构。1923年春，陈鹤琴在自家客厅创办南京鼓楼幼稚园，该园作为东南大学教育科的幼教试验园地，建立了我国第一个幼教试验中心。1925年，陈鹤琴等人筹资购地建舍，单设为私立幼稚园。随后开展一系列幼教试验，并以此作为《幼稚园课程标准》的制定依据。

同。盖四岁以下之儿童，若强之以识字，于身体上既有害，于识字上亦未见有若何效力。

读法、识字在幼稚园中，究竟是否有教授之必需？以社会之要求而论，则必须有此科；以余个人之经验所得，在四岁以上儿童，尽可教识字、识数。然则此二课，究宜如何教授？若执教科书或一本《看图识字》或《幼稚识字》而教之，则难有效果。著者曾搜罗种种幼稚园读法教授法，当写成专篇，与国中同志讨论之。

幼稚教育课程中最重要之一科，而各处幼稚园皆付缺乏者，自然科是也。乡村儿童在五六岁时，大都能识自然界最普通之物名。居近水乡者，鱼、虾、稻、菱等物名，物性及其生长等，在五六岁时已能识其大略；居于山谷间者，山果、野兽之状态与食法，亦于斯时渐知之；居于城市者，若无成人有意教导，虽年逾十龄，不能辨粟、麦，不能别鹅、鸭者，比比然也。自然界智识最切人生，而城市居民往往因环境关系，不能知之。此为教育上最大之缺憾，故年来小学教育中，自然一科占极重要之位子。

幼稚园教师若能注意此点，则各科教材皆可取给于自然界。庭中空隙可以遍树花木，屋角树荫可以饲养家禽、家畜、蜜蜂之类。改造学校环境，使儿童得与动植物日日接触，为吾国幼稚园最重要之事项。（吾国幼稚园运动方在萌芽，所有幼稚园大都在城市，城市环境处处为商业化，失却自然之优美。幼稚园急须有调济之功能。）

一园之大不过数亩，决不能搜罗自然界事物至详尽，必须出外搜寻，此旅行之所以为必须也。旅行之功效甚多，而藉此机会，可以教自然科，此亦其中主要功效之一。杭州弘道、南京鼓楼二处，常有旅行。

据云：旅行之结果，儿童知识可以增进许多。不独自然界，即历代人物、古迹、大建筑及本地之胜境，皆可因之而使儿童领略；更有人事、社会上各种常识，如僧道拜忏①、婚丧仪礼、各种日常食物之制法（如豆腐、年糕、馒头等），各种日用物件之制造（如木匠、漆匠、织布、染色等），亦得因此而灌输极简单之知识。且旅行归来，或有采自路旁之标本，或因名胜之轶事，无一非极佳之教材。又于旅行之中，有访问家属之举者率领十余学生，赴某儿童家中作客，或赴邻近幼稚园作客，儿童亦必极感兴趣，且可以藉此练习宾主之道也。

---

① 僧道拜忏：请僧道念经礼拜，为人忏悔罪过、消灭免祸。

关于本问题，须讨论者最多。除以上数项外，尚有手工、图画、谈话、唱歌、故事、游戏、休息、进点心等问题。然逐一讨论，有碍篇幅，故各节分散讨论，读者明其大意可也。

今更提出一极不引人注意之问题，与读者讨论之。儿童于各项动作之后，除去说话、运动而外（以严格的言之，此两项亦可有成绩保留。前者照话记录，如南京鼓楼之儿童杜撰故事之记录，后者可用摄影），其他若图画，若手工，若写字，儿童皆有作品。此类成绩，此次所见诸处，大都由儿童携回家中，且成绩上亦不注明年、月、日。所以儿童进幼稚园数年，几乎不能确知其进步几多，更不能明了，用何法教导则进步速，如何则进步迟。

儿童初来之性情如何？几时以后改善得几多？教师若不明此类事实，何以作研究之根据？何以作适应个性之指导？更何以报告家属？夫学生作品携回家中，在当时可以得儿童及其父母之欢心，未始毫无作用。所以，园中亦不宜将件件儿童成绩品，不分皂白一味保存。须家属与幼稚园两得益，故有时不妨允许儿童携回家中，而有许多必须保留于园中。倘能请家属合作而保留之，则尤妙矣。

三、校舍及设备

此次所见校舍，大都尚能适用。若以幼稚园之建筑与小学校相较，不知高出几倍。（此言非空话。著者春间曾有"小学校校舍之调查"，结果有数县十分之八九皆为庙宇、祠堂改的。）然有数处，虽建筑费甚巨，而其结构与布置，仍不甚适宜，转不如由旧屋改者。如杭州一女师附属[①]，虽只有敞厅小屋，而颇为适用。其中，亦有颇合理想而建筑者，如苏州景海。其大略形状，如下页图（原图3）：

---

① 此"附属"，指浙江省立女子师范学校附属幼稚园。因该校设于杭州，故称"杭州一女师"。

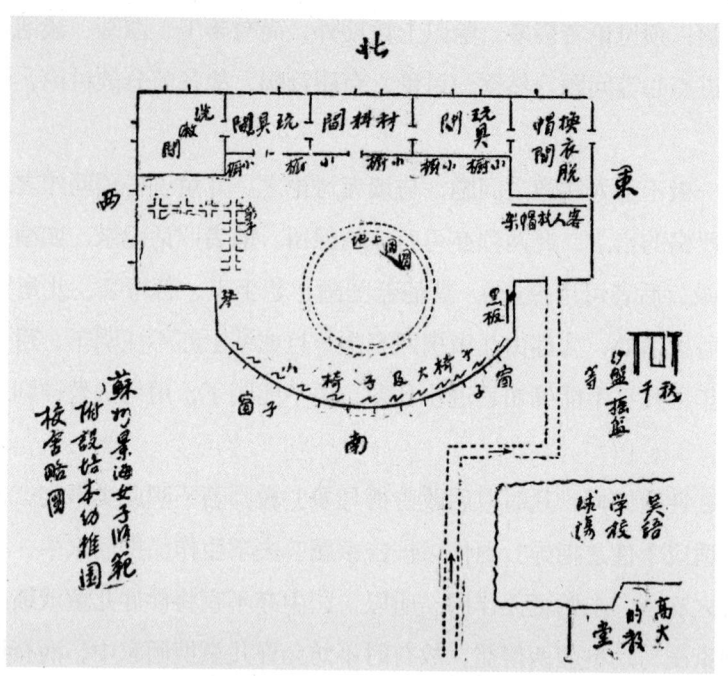

原图 3　苏州景海女子师范附设培本幼稚园校舍略图

该园房屋不多，亦不大，然而每间皆能得用。如课室之大，洗漱室、玩具室等，皆能处处得宜。至于室内之设备，亦颇有研究。如玻璃窗之多，通室光明；窗槛之低，虽三岁之儿童，亦能开关；墙之周围，亦处处利用，装置小壁柜，为儿童放物件之用；洗漱室中之设备，手巾、面盆而外，且有浴盆、牙刷等。据教师云："上午免费班学生来时，必须使之洗面、刷牙或洗浴。"各室壁上之图画，若以图画之本身论，亦皆得体。如洗浴间中之洗浴图、课室中之美术图及各种教育图，倘能取材本国，则尽善尽美矣。

所可惜者，该园环境不甚相宜也。园址在苏州城天赐庄教堂之后部，而教堂中，平时即为吴语学校①。无论儿童是否将养成基督徒与否，而上课时吴语学校之西人，有时来球场上游戏、掷球，有时大家高声学苏州话，其扰乱儿童之力甚大。吾以为，若选择中国式的幼稚园之地址：第一，不能邻近教堂；第二，环境须幽静的；第三，须多空地

---

① 吴语学校："吴语"，亦称"吴方言"，系中国汉语方言之一。吴语学校为教会设立的语言教育机构，旨在使西人学习吴语和中文。

的。然后，学生可以多作户外游戏，不致〔至〕于常常聚在室内。

各处设备，大都雷同，间有一二新异之件。然而，欲觅一所设备完备之园则不可得。今举其最普通应注意之点如下：

（一）沙盘

沙盘之变化最多，儿童亦最喜欢玩耍。而此次所见沙盘，有极小之木盘放在凳上。其中，装出假山、道路，作为课室中装饰品之一者。有形状较大放在室中，亦不能使学生入内玩耍者。

其最佳者，则容积甚大，可以同时有十人玩耍，放在室外，教师常常指导儿童玩耍。盘上有盖，以防天雨。沙盘之中，有各种瓢、铲之类，有特制者，有利用废弃之盒子者。如此，则沙盘之用方尽。

然则一般幼稚园，往往因欲得家属欢心，不许儿童进沙盘玩耍。虽有沙盘，形同虚设，以沙盘为装饰，未免近于滑稽。

（二）积木

无论福禄培尔式之积木，或蒙脱梭利①式之积木，或旧式的积木，其木块必甚小，且小至长不满寸之细图柱。故商务书馆所制之积木，无论甲种、乙种，两种皆甚细小，各处采用之者甚多。此种积木，若揆诸儿童心理，毫不适用。近年来，有改为大积木者，而小块之积木，其良好者仍留用。

盖积木之功用，一方练习儿童之思考，而一方亦须有合作之精神；且积成之物，能使儿童实地运动者，则尤佳。细小之积木，只能在桌上独人搭成小物件，且既成之后，亦不能玩耍。面〔体〕积若放大，可以合作；搭成物件以后，儿童可以实地玩耍，如搭成阶梯，儿童可以一步一步的走上去，搭成房屋，竟可钻进去坐。

余见南京一女师有大积木一副，即如是。可惜因四周铁质物太多，木材亦太好，故每块木条之重量颇不轻。此亦美中不足，未免可惜。

---

① 蒙脱梭利：通译蒙台梭利。

余以为，幼稚园之设备虽千头万绪，件件须备，一园之微，亦决不能达完全之地步，此亦实情。然而有一要诀，"供给儿童游戏的环境"是也。

故有几件物件必须置备，而同时此数件物件于布置上颇有研究。如应放室外者，必须放于室外。如东大附属之游戏室，非不完备也，其滑梯之用意，亦甚佳。可惜放在室中（其阶梯与小楼式的看台相连，儿童自甲端拾级而上，跑过看台，然后溜下）。露天生活，无论如何，必较室内生活为合卫生。

故一切大容积之玩具，如梯子、滑梯、秋千、跳高架、独绳秋千、双圈秋千、沙盘、摇篮、小悬木、木马等，皆宜放在室外。而此种种设备，苟能布置成为有继续性者，则尤佳。于是，儿童玩甲物既毕，即可继续玩乙物。引起儿童游戏之动机，莫过于此。

室内设备大半散见以上数节，其布置上之最要原则为"便于儿童"与"多变化"。故一切桌、椅等等，高低必须适合儿童身材。即如壁上图画及照相等项，其用意无非欲使儿童注意。然而，终年陈列此物，与不设无异，故必须几日换易新物。若因材料不多，可以周而复始；而所挂物件，不必出重价购得者。学生成绩，即可为陈列之大宗。壁间错落悬儿童漫画极有教育价值，亦极有艺术意味者也。

四、教师

本节之一部分，已于第一节中略述之——幼稚师范。今所欲言者，为更小之问题，或可曰，讨论未来幼稚师范之办法。

（一）性〔别〕的问题

此次所见，除南京鼓楼有男教师外，其他数十位幼稚教师尽为女子。幼稚园之创始人福禄培尔，男子也；而蒙得梭利，为女史。言乎成绩，皆足称道。故历史上的称雄，不必重提，乃言其事实。

初离慈母怀抱之幼儿，心灵之嫩，正如娇艳之蔷薇，处处须极小心以爱护之。此幼稚教师性情须温柔、和爱之大原因，亦即女子占优胜之主要理由。

次之，则寻常男子虽心爱儿童，而不惯帮助儿童作事（此非天性，乃后天之习惯与社会之影响）；而幼稚生之待助于成人，较小学生为多。故小学教师，男子尚可胜任，幼稚园即难以插足。

其三则为，女子与幼稚儿童较为相似。例如：声音之相似，又能似其母亲；跳舞、游戏时，活泼、轻快之相似等。

此外，尚有教育界之习惯，以为男子研究幼稚教育将为同侪所不齿，同时女教育家亦必讥笑。习尚如此，于是幼稚教育界中之男子，绝无而仅有矣。

以上数点，除第三点中有几部分——如唱歌等——有充分的理由外，其他皆得以人力改变之。例如：性情之温柔与否，男子之性情，未必人人粗暴；而女子，亦未必人人温柔、和善。余曾见，某女教师对于幼稚生，大分青白眼：对待富室子弟，和颜悦色，循循善诱；对待贫苦学生，则怒目厉声，举动粗卤。可见，性情温柔，尚有对人的问题之研究。况此中性情粗暴之人，倘对于甘心而为之事，亦必细心；若对喜与周旋之人，亦必温柔。读者如能恕吾之俗理者，可以男女恋爱作例：世间无论如何卤莽之男子，对待爱人必体贴入微，驯于槛中之虎。况男子本有生而温柔者乎？谁曰不得研究幼稚教育者耶？

至于男子无帮助幼儿之能力与忧惧社会舆论，则不成问题，前者可以学而成。初胎养子之母亲，岂曾学养子乎？男子抚养褓褓儿童之事，世亦常见。即如陈鹤琴教授之抚养①其长公子一鸣，即其一例。褓褓亦可抚养，岂有不能帮助能跑、能说的儿童之理乎？社会舆论问题竟可置之不理。倘有无知之徒有意奚落者，即可以福禄培尔自命，轻视彼蚩蚩者流可也。

以上言男子有研究幼稚教育之可能性，今更述幼稚园中非有男教师不可之理由。温柔，固为教师人格条件之一；而刚毅、勇敢，亦为人师者所不可缺。若儿童长养于温柔女子之手者，则异日成人，亦将偏于柔而缺乏刚毅、勇敢。故为调剂儿童模范起见，幼稚园中亦须有男教师。其理由一也。

女子因体力之薄弱，及其他种种关系，在能力上未免较逊于男子。如旅行时之照顾，教导上较用力之事项；更有自然教导之一部分，如捕捉昆虫、鱼蟹，攀山涉水采植

---

① 此"抚养"，指教养和研究。

物标本诸事，在今日之幼稚园女教师，能力尚嫌不足，而大多数之男师范生能之。倘幼稚园中有男教师者，则女教师不能为之事，可以代劳，教导上即不感困难矣。其理由二也。

今之幼稚教师，往往为暂时职业，研究心较为缺乏。此中原因，甚为复杂。或因能力之不足，或因中途之辍教。故吾国十数年来，毫无国化之幼稚教育，依然惟他人之旧法是赖者，此必为极重要之理由也。男子之研究幼稚教育者，今日尚未萌芽（若以江浙二省而推及全国，则男子任教幼稚园者，真如凤毛麟角）。究竟是否能胜于女子，尚未敢预言。然而以小学教育之成绩而言，似乎男子而能加入幼稚教育。将来最小限度之成绩，必胜于今日；或者竟能与小学教育并驾齐驱，亦未可知。所以，幼稚园中应聘男教师，而有志于教育之男子，不当鄙弃幼稚教育。此其理由三也。

虽然，幼稚教育之于女子职业问题，尤有莫大关系。盖从事他种职业之女子，出嫁育儿以后，其影响于职业甚大。即使从事小学教师，亦将感困难。故美国小学校之女教师鲜有妇人，此中盖有不得已之苦衷也，惟有从事幼稚教育者竟可毫无困难。

幼稚园之设立，轻而易举。在家中择定较广敞之房屋一间，略事布置，即可成为谈话室；招邻居幼儿数人，加以自己之子侄、叔弟，即可施教。此等事，无论为新妇或已为母亲者，随在可行，于家庭上无多大困难。

余之所以重言此节者，深愿今之女幼稚教师始终维持其素志，随地实行其所学也。

（二）每个教师同时能指导几多学生

幼稚生之上课，与各种学校不同，个性之宜注意，较任何学校为尤甚。余见寻常幼稚园，团坐三四十儿童于一处，教师口讲故事或谈话。虽有问句，然回答之学生似乎为固定的某某数人。其他诸人或互相谈笑，以扰乱大众，或自己木坐，或手足乱动，发出种种扰乱之声。教师虽常常用暗示或命令禁止，其效力亦甚微。此类现象几乎无一处无之。

又如上文所说，儿童图画、手工等成绩，各校大都不记年、月。除记名外，不写任何字，以至〔致〕失去极佳之识字机会，此实为教导上一大缺点。惟平心而考其原因，实亦难怪；以一二人有限之时间与精神，欲作此数十人数次之记录，亦势所难能。更有儿童清洁问题、个人之研究、游戏之管理（团体游戏，一二教师可以同时管数十人；而个人游戏，则不易）、家属之访问（教师访问家属，为学校与家庭合作之重要工作。故新式之幼稚园教师每星期至少须至各家属一次，报告其子女在校状况及询问在家庭状况，共谋教导改善之方）、家属之招待、校景之布置等，皆与幼稚生之幸福，直接的或间接的有关。若须件件皆顾得周到，则一二女子何能办到！

究竟每位教师能担任几多幼稚生，此事尚无试验报告。然而以此次参观之直觉感触，一二教师教导三四十幼稚生未免太多。

五、余论

以上皆为幼稚教育的直接问题。今将略言幼稚教育的间接问题，亦可曰幼稚教育中的分枝问题。

（一）育婴堂

育婴堂为吾国慈善事业之一，其用意至善。此种运动，美国方在萌发，全国不满十处。① 而吾国则各县皆有。若以数目示外人，吾国人之注意贫民儿童，颇足以睥傲世界。然而一察其内容，则其办法之恶劣、办事人之中饱私囊者，是犹捉刀杀无辜之婴孩，惨无人道，莫此为甚。

余以为，余所见者不过二所，或不足以作准。偶与陈鹤琴教授谈及此事，孰知全国皆然。呜呼！襁褓无知，施此极刑。（人之死，以饿死为最难受。然而饿死犹有日期，过此即死，为期尚短。倘于将死之时，饲以少许极粗劣之食物，则又可苟延残喘，可以缓死。然而死者之难受，实痛苦于任何死法！）

桀纣② 之暴，犹赦孩提。今乃假慈善之名，行暗杀之实，其残酷为何如耶？其中黑

---

① 此"不满十处"，系指当时兴起的保育学校而言，而非指教会和社会办理的慈幼机构。
② 桀纣：相传均为古时的暴君。桀，中国夏朝末代君主，名履癸。他文武双全，但骄奢淫逸、残暴无情。纣，中国商朝末代君主，名受。他天资聪颖，但荒淫无道、拒听忠言。《孟子·离娄上》有言："桀纣之失天下也，失其民也。"

幕，颇难调查；甚至欲见婴孩一面，亦非有极熟悉之人作介绍不可。即见也，亦只得见其最少一部分，其大多数婴孩，必日寄养民家，东西散居，不能毕见。所见到之婴孩，面色黄瘦无人色，甚有已满周岁尚不能作一面笑容者。

索其章程，或云无有；即使有之，亦不过官样文章，上欺官厅而已（社会上从来无人预闻婴儿问题，所以竟可不必欺骗）。调查之难，决非普通人住一二日所能为功。故此次之参观，只知其不良，只知其惨无人道，实不知其如何杀婴儿也，心中殊为不快。然私志，甚愿救此无数婴孩，必当有机会以调查其详情，公告天下也。

尝问婴儿之来源？据云，大多数为私生子。在中国社会情形及法律之下，私生子无保障。彼办婴儿院者，谅必洞悉此情者也。虽然私生子之智力多胜越寻常儿童，倘能抚养成人，养成天才，效力于国家、人类者，又何可限量。今中途夭亡，即不夭折，因调护之乖方、养料之不足、疾病之时侵，而智力与体力皆不健全。虽生为天才，亦将因生理之变化成为白痴，成为低能儿也。其可惜也孰甚！倘能改良婴儿院，不啻为国储才。愿我教育同志，共起而图之。

（二）妇女班

妇女班，为失学年长女子补习而设。余于绍兴见得二班——成章①及晤道②。其中所用课本亦为补习性质，非全为小学用书，其课程亦与寻常学校不同。而最有意味者，则为教室中闻婴儿声也。盖妇人之有襁褓子女者，常随身怀抱至课室听讲；为学生者，眼看书，记字义，耳听教师之讲，手中、膝上坐有亲爱之子女，虽忙碌异常，亦别有乐趣。

余因此想到，妇女班倘能与幼稚园联络，则幼稚园之推行与教导上，必更为便利。成章、晤道虽尚未见有若何成效，苟能更加改良，维持至久（二校皆初级幼稚园），其成绩必优于一般单设幼稚园者也。

篇末，吾更有一言向社会告者：幼稚园乃谋儿童身体上、智力上及道德、习惯上之幸福之所，非若普通初级小学。其最大目的乃增加儿童知识，更非寻常私塾以增加识字

---

① 成章：指绍兴成章女校。1912年由蔡元培、鲁迅等发起创设，旨在实现陶成章生前普及妇女教育之意愿。1914年改办为女子小学。1927年起，男女生兼收，改名为私立成章小学。

② 晤道：通称"悟道"，即悟道女校，又名悟道妇女学校。该校系教会性质，由美国基督教浸礼会主办。1925年，悟道女校附设幼稚园。

之数目为目标。若家属抱有此态度，幼稚教师当示以其他成绩，使家属信服幼稚园除识字以外，尚有其他重要工作。若教师以为社会之意难违，则不妨委曲求全，同时，切不可忘去幼稚教育之真正目的。

23　幼稚园课程组织的概要

张雪门

1926年7月10日

题　解　　本篇原载《国家与教育》第 23 期。发表时间为 1926 年 7 月 10 日。有关撰著者张雪门，参见前文《儿童和玩具》题解。

在本文中，张雪门所确立的课程设计的两大标准：一为"须合于孩子所需要的"，二为"须合于孩子所必要的"。若仅为前者，属"个人本位"的价值取向，纯为发展儿童个性；若仅为后者，属"社会本位"的价值取向，旨在发展儿童群性。这种两者兼顾的标准，似属中庸之道，但无疑具有现实可行性。

《国家与教育》，教育周刊，1926 年 1 月创刊于北京，由北新书局发行，由国家教育协会主编，先后由余家菊、曹刍担任主编。其主旨，在宣传国家主义教育，重点探讨国家主义与公民教育。主要栏目，有论著、译介、时评、教育动态等；主要撰稿人，有刘炳藜、余家菊、谢循初、张大渡、杨廉等。1927 年 1 月 22 日终刊，共出 39 期（第 25—39 期附刊于《醒狮周报》）。

一、课程是什么

课程是什么？课程是经验，是人类的经验用最经济的手段按有组织的调制，用各种的方法以引起孩子的反应和活动。

幼稚园的课程是什么？就是给三足岁到六足岁的孩子，所能够做而且欢喜做的经验的预备。

二、目的何在

经验是什么？从孩子生后八星期，眼睛感到外物骤然的移动立地闭紧，一直到了他长成时，在社会上处置多方面比头发还要复杂的问题，全是。

我们不要将眼睛的骤闭，当一回很容易的事。如果没有第一天的调节光感的基础，恐怕也未必能够实现。我们也不必顾虑到，处置复杂问题的为难。只要具有了这个经验的根本，总有胜任的一天。

然而，从眼睛的骤闭以至于处置要务，中间的相隔，不知有多少的等级。从第一级到第二等级，再从第二等级到等〔第〕三级。从此，一级一级漫漫〔慢慢〕地开去，一直走到了很远很远。

究竟依着那一条历程？用什么方法走的呢？我们只要细心地观察，从孩子的身上就可以得到很明确的证据了。

小孩子的视觉，第一步所能接受的，只有光。对于外物，正像一片海水放近他的眼边，上面的颜色，光明和黑暗，坦平和凹凸，常相混扰。所以，没有一样东西可以明白地看出。

在二月里，他已认识了他的母亲和她的存在；三个月，便能分别她的母亲有没有戴上帽子，已经很正确；到了三月的末，对于母亲脸色的表示——慈爱和严厉、快乐和端庄、承认〔和〕否定——都能一一辨明了。

我们再从他的行动上去观察：生后不到一年，他的小身子有时就会拗起来了；随后，便能起来握住床栏，然而跌倒是很容易的；再后，他就能站得稳，而且也会沿着床栏走几步；现在，放在地上居然能走了，不过有时踫着桌角和椅子，终免不了还要跌跟头；最后，行路就完全了。

我们从低级的活动向高级看，好像一串悬空的链子。有了第一级，才产生了第二级。我们换过头来，再从高级的活动回顾到低级，好像在金指环里去找紫铜，不但失了它的本质，简直是不要它的了。所以经验的真价值，不但从旧经验去产生新经验，且从有了新经验去改革旧的经验。

因之，幼稚园课程的目的在于联络孩子们的旧观念，以引起其新观念，更谋其旧经验的打破、新经验的建设。那末，才是有机体有生命、有意义的进步的人生。

我们在孩子到幼稚园来的第一天起（其实，从孩子堕地后，那一刻、那一秒钟可以不给他预备的），就须充分地预备了给他去适应。

三、怎样才能把目的实现

要想以上的目的实现，那末规定课程的时候，不可不先有几种标准。所谓标准便是：

（1）须合于孩子所需要的

当进幼稚园年龄的孩子，最喜欢的是模仿。对于成人或年长儿童所做的事情，如家庭里事务、商店里买卖、工场里建筑、田野里耕种，看一样，欢喜一样，欢喜一样，便要学一样。所以，把这种材料编入课程，定能适合他们的兴趣。

同时，他们好奇心极强，对于动植物的生长、天气的变化、路上的所见，凡能够引起他们搜求新经验的欲望的东西，也为他们所需要。

（2）须合于孩子所必要的

这一条虽比不上前条的自然，不过对于孩子发育上极为重要。编制课程时，也万难疏忽。比如生理方面，孩子腿力的锻炼、感觉的练习……知识方面，几何形、文字和数的观念……人事方面，衣、食、住、休息、娱乐等等，都是属于这一种的材料。

除上述的二条标准外，更须参考下面的二种原则：

（1）根据设计教学的原则[①]

根据设计教学的原则，来在现在的孩子的自己的环境里搜集材料，以改进儿童的态度、习惯。

"现在"，是对"过去"和"将来"说的；"孩子"，对"成人"说的；"自己"，对"外国""异乡"说的。合起来讲，我们所取的材料，须要按照现在孩子自己的家庭、社会、自然里去找。固然不是从外国可以抄袭，也不是教师自己可以武断。举一个例来说，孩子要上课了，忽然想到手里拿的偶人，应该放在那里才好？

---

① 此标题及其后（2）的标题，均系编者所加。

那末，第一桩必要的事情，便是搭眠床。搭眠床须用材料，材料便可直接到铺里去办。办到材料以后，尚有许多问题。有的主张用纸帐子，有的主张用布帐子，有的主张两个偶人合睡一张床，有的主张一个偶人睡一张床。床搭好了，当然是他们自己家里所用的床，用不着教师死板板给他们指定铁床。有了床，将偶人抱去睡觉，大家口里唱着睡歌。无须学那"清风吹，小儿睡"从西洋译来的歌曲，只要唱本地方通行的老调，就很有兴味了。（在这里，有一种很可惜的事情：好多中国的儿歌和童谣散在民间，还没有人搜集、整理，谱入音乐哩。）还有，偶人醒来要洗脸，洗脸须用脸盆……不说了。这些例是举不完的，只此也已经够了。

（2）根据实验的方法

根据实验的方法，使教师与学生的经验交互发生影响。个人方面，得以自由发展其个性；学校全体方面，得以完成共同合作的生活。

所谓师生经验交互发生影响，不单指教师从学生方面得到了教授的经验和学生从教师方面得到了知识的经验而言。在幼稚园里，教师不过较长的孩子。大家一块儿唱歌，一块儿游戏，虽所做的工作并不是完全一致，然正因其各做各的，反成就其全体共同合作的生活。

比如清明以后，天气一天比一天温和，街上时常听见卖花的清脆的叫声。小孩子便要问："这种花是那里来的？"教师捉住这一个动机，和他们商量种花的方法。等到实行的时候，各级各有一块的园地，教师们自己也占了一方。而每一方级园里又各种各的（比如一个孩子种一种花）。这一个级园和那一个级园，在全体看起来，不是整个的校园吗？或则等植物高大的时候，教师担任整修枝叶，大孩子除虫、灌溉，小孩子专门去草，也是一样。

又如布置偶人的卧室。有些喜欢做桌子上放的花瓶，有些喜欢给偶人做垫褥、被窝、枕头，有些喜欢在他的垫褥上绣一朵花。合起来，不是很美观的一间卧室吗？

又如开游艺会。有些招待客人，有些修饰会场，有些唱歌，有些舞蹈，有些什么什么……都是不妨各个人的个性，而享有共同合作的生活。

四、组织的一例

根据上面的标准,在北京阳历九月的时候,预拟定这一个月的教材。如果有偶发的事项,或则节气不准,教材和环境未必适合,全不妨随时变更。

(一)此月工作的纲要
(1)幼稚园　入园的指导。
(2)家庭　凉秋的家庭生活。
(3)社会　秋日的市场、中秋节。
(4)自然　秋季的植物、秋季的动物、秋分。

(二)此月工作的说明
(1)入园的指导
新进幼稚园的孩子,起初的几天,因为换了一个环境,什么全觉得很希奇;同时,旧学生又很喜欢向他们表示自己的经验。教师可以叫旧的去带领新的,同时并可以给他们彼此介绍。

举行这种仪式,或则可以开一个欢迎会,或则从报告各人的住址、家长的职业、从家到校的路程,给他们画出一张来,都是孩子们所喜欢的。以后,每天什么时候到校?什么时候放学?上课、下课有什么记号?见了教师和同学有什么礼节?到校来时,路上常看见的是什么?这些全可以凭藉唱歌、游戏或者沙盘中表现出来的。

(2)凉秋的家庭生活
在这个月里,夏衣要收藏了,床上须添被单;窗户的冷布拆去,改用白纸或者玻璃;院子里的天棚和檐前的帘子,下的下了,藏过的藏过了。孩子见到了家庭的种种改变,便想到他们的偶人身上。这正是给教师一个很好设计的机会,更可从做衣引到市场去购材料;购得材料,又可引起他们种种的计划。

(3)秋日的市场
因孩子到市场去购材料,便可以带领他们参观各商铺。那时,夏布店改卖皮货了,扇子店改卖帽子了,饽饽铺凉糕停做,改售月饼(以阴历八月十五日中秋节为止)或花糕（从中秋后一日起到重阳止）了。他们从参观所得，想起自己开商店的游戏。这个动机，我们又可以拿来做别一个的设计。

中秋节——孩子在市场里，看见许多人在"稻香村"买月饼，路边摊子上摆着好多的"兔二〔儿〕爷"。他们很想明白，这是什么一回儿事，而且也很想和成人一样的，将礼物送来送去。根据他们的需要和兴趣，教师用图画、故事、谈话、唱歌，给孩子们更拓充起来，大足以培养其无穷的欣赏意味。

（4）秋季的植物

从亲戚家送来的果子，觉得不是夏季里的瓜果了。这些全是春季美丽花木所结的果实。因之，教师可以引他们到园地里去看，告诉他们这些树是产生这些果子的。

以后的天气便须渐渐地冷了，各种的花草也都已经结籽了。我们须赶紧把这些种子收藏起来，预备明春再种。同时，将油菜籽种下去，使他明年早些开花。

秋季的动物——秋分，因园地逐渐的冷落，许多靠花为活的虫豸都预备休息了。那时，教师可给孩子看幼虫作茧的情形，引起他们去寻找幼虫和收藏幼虫的兴趣。

虫豸休息了。许多靠虫豸为活的鸟类，所以也要搬屋了。从前，乌头紫颔的燕子，现在一只都看不见了，他们是回南〔方〕过冬去了。天气从此一天比一天短，因为已经过了秋分。

要保持孩子这种的兴趣和感情，总要设法使他们有发表的机会。这发表的机会多着哩！图画、唱歌、手工、游戏等等，都是很适宜的活动。

幼稚园教师如果想把课程组织得更充分、更有系统，每星期可以编制教材周录，对于谈话、文艺、诗歌、感觉游戏、节奏运动、体操、恩物、手工等等，全定下一种细目。

不过，本文的责任，只在说明组织的概要。写到这里，自应截止。

24 《幼稚园的研究 第一集》自序

张雪门

1926年7月26日

题 解 本篇原载《幼稚园的研究 第一集》一书卷首。撰成时间为1926年7月26日,出版时间为1926年9月。

有关撰著者张雪门,参见前文《儿童和玩具》题解。

《幼稚园的研究 第一集》出版后,裴文中在《新教育评论》上,发表了《介绍一部研究幼稚教育的书籍和著者——〈幼稚园的研究〉和张雪门先生》。文中论及了本书的撰写背景:"张先生与我认识已有两年了。这两年之中,他底生活最苦。学校里的薪水欠着不发,各处的稿费收入无定,还有妻子之累,吃饭都有问题;然而,他能忍饥耐苦,伏在案上专门做幼稚园的研究。这种毅力真令人起敬。"

《幼稚园的研究 第一集》,北新书局1926年9月初版。为张雪门的第一本自编论文集,是他在1923年至1925年中所撰写的研究成果。该书除《自序》外,共收文6篇。篇目如后:(1)幼稚园的一日;(2)幼稚园的课程;(3)幼稚园文字教学之研究;(4)福禄贝尔恩物的研究;(5)幼稚园;(6)参观三十校幼稚园后的感想。全书约8万字。

另图15 《幼稚园的研究 第一集》封面

从民国六年度起到十一年度止，这六学年的时间，我完全在幼稚教育上做实际的工夫。因为如此，所以随时要发生问题；想从问题中找出答案，所以不断地研究。我那一时期研究的态度，可以说，比较上是被动的，趋向上是积极的，功能上是应用的。

从十二年度起到十四年度止，这三年的时间，天使我有一个清闲的机会。① 自己既贫且懒，别人也差不多忘掉了我，因之想在机械的生活中，只开辟一个心灵的世界；预备对于幼稚教育从福禄贝尔②研究起，再经蒙台梭利，最后才根据现在我们孩子的环境，来创造自己的乐园。可是，我这一期研究的态度已经由被动而变为自动，积极变为消极，应用而变为理论了。

本集的十一篇论文③，成于最近的两年。但作文的动机，多少是前一期的残余，而且好多还是前一期的现成材料。便如第一篇——《幼稚园的一日》，实开端于民国十一年的春天和鄞县教育参观团④、宁波女子师范⑤四年级生参观苏州天赐庄幼稚园⑥的时候。因为见到了我们的保姆——鄞县县立星荫幼稚园教师——只管摘录该园的动作，充自己笔记的材料；更见到在风琴傍〔旁〕有好几位年轻的女教师——景海女学幼稚师范前毕业生——尽抄写的，只有游戏和歌曲。感到用抽象的学理给中国一般的幼稚园教师，决不如给她们有一个具体的方法。

回甬以后，下学年在幼稚师校附属幼稚园⑦，每星期就试编教材周录，每日又定了教材细目。随后，又把这个计划推用到星荫幼稚园⑧。就是我现在的编制，把具体的

---

① 此"清闲的机会"，系指1923年赋闲宁波，1924年担任北京大学注册课职员，1925年旁听北大教育学系课程这段时间。1926年9月担任孔德南分校（初小部）主任后，才又重新忙碌起来。
② 福禄贝尔：通译福禄培尔。
③ 此"十一篇论文"，恐系向北新书局提交书稿时的数目。最终成书时，则仅收录论文6篇（详见本文题解）。
④ 鄞县教育参观团：张雪门在《幼稚教育五十年》中，曾提及"江苏教育参观团"。"鄞县"，是就参观团的人员构成而言；"江苏"，是就参观的地点而言。
⑤ 宁波女子师范：指竹洲女师，创设于1912年，位于宗源瀚创建的竹洲辨志书院故址。
⑥ 天赐庄幼稚园：全称"苏州景海女学幼稚师范科附属幼稚园"。因其位于苏州天赐庄，故俗称天赐庄幼稚园。该园为教会性质，前身为慕家花园幼稚园。此前身，由美国传教士金振声（V. M. Atkinson）女士创办，附设于1889年创设的英华女学。其后，所附设的幼稚师范科并入景海女学，该园也迁至天赐庄，遂改此名。
⑦ 此"附属幼稚园"，指张雪门与宁波同乡共同创设的宁波幼稚师范学校所附设的幼稚园。
⑧ 星荫幼稚园：指宁波星荫小学所附设之幼稚园，创设于1918年。当时，张雪门担任星荫小学校长；在他的主持下，附设了此园，并兼任园长。后单设为鄞县县立星荫幼稚园。

《幼稚园的一日》列在正篇，教学过程等列在附录，也未始不根据这一个经验。

至于其余的各篇，我同心的朋友，如肯稍许用些心在篇首、篇末的地方，都可领略到我的用意，完全脱不了被动和应用。明白地讲一句话，不过在前一期实际工作时，没有功夫把这些整理出，直到现在，方才写出来罢了。

我不敢说，我自己配研究幼稚的教育。我颇明白我自己的脾气。

第一种，我看幼稚园的教育当一种宗教，却不当它是科学。本年国民军撤退的前几天①，北京城中天天闹飞机和炮响。我那时，一些都不挂在心上。因为我有一间小屋子，在这小屋子里又有笔，又有书，我只觉得我自己住在另一个世界上。等到那一本《福禄贝尔游戏辑要》整理完毕的一天，适值唐之道②改编府卫队，忽然明白了，自己仍旧住在这一个世界，反觉得寒怕起来。这种心理简直和我二年以前一样：我以为世界是黑暗的，只有儿童是世界的光明；世界是虚伪、是丑陋，只有儿童是世界的真和美。活泼泼地幼稚园里的孩子，而年年把他们送到黑暗、虚伪、丑陋的世界去，所以我每当给他们文凭的时候，心里常常难受。

第二种，我注重幼稚园的儿童，却忽略了自己的孩子③。年来北京的教育费无着，家里面不免闹着恐慌。每每打电话来，只得抛开了书本，忧忧闷闷的回去；不过，忧忧闷闷的回去，依然是忧忧闷闷的出来。眼看着脸黄肌瘦的自己的儿子，一句话没有说，到底还是没有办法。畹兰常常取笑我，你——这傻老头儿，只会在三院里做儿童梦。的确！我只会做梦，不会想到实际，我只会背着他们垂泪。唉！我真有愧做儿子的父亲。稚望有信告诉我，说他自己对于家庭实在太"个人化"了。虽然这是表明他个人态度的不对，却好像替我写照，大概朋友们的性情，彼此总不会差得很远。

我也时常想，我这种脾气，那里配研究幼稚教育！不过，除了这一种，更没有别一种能给我这样的兴奋和慰藉。许是只有这一点，可说我始终可以研究幼稚园的一个理

---

① 此"国民军撤退"，指1926年4月15日，冯玉祥所部国民军在北京被"直军""奉军"包围，不得已而撤出北京这件事。
② 唐之道（1880—1931）：字润甫，河南南乐人。早年毕业于保定武备学堂，1905年留学日本，入陆军士官学校学习。后加入同盟会，参加上海武装起义，曾任国民第一军第九师师长、蓟榆警备司令等职。他原为皖系段祺瑞部属，又改追随冯玉祥，后因所部被改编而去职。
③ 此"自己的孩子"，指张雪门的子女。在1926年时，张雪门身边仅有12岁的张香山和2岁的张国维。

由罢。

  在这里，我还应该声谢的是高仁山先生给我不少的材料，陈东原①先生对于幼稚园课程的指导和夏希和②女士百忙中作这幅福禄贝尔的写真。还有李小峰③先生，允许我在北新书局发行，免得我另筹经费。而这一本小册子，居然能够供给我已见面和未见面的朋友们参考，我当然也是很感激的。

民国十五年七月二十六日
张雪门记于北京北河沿北大第三院

---

① 陈东原（1902—1978）：安徽合肥人。1929年毕业于北京大学教育系，后留学美国，入密歇根大学、哥伦比亚大学学习，后获硕士学位。1937年回国后，曾任安徽大学教授、中央教育部督学兼社会教育学院教授、重庆女子师范学院院长。1950年任川东教育学院教授，1956年任西南师范学院教育系教授。著有《中国教育新论》《中国古代教育》《中国教育史》等。

② 夏希和：女，生平事迹未详。擅绘画，懂文学。时为欧阳兰未婚妻，两人共同发起成立"蔷薇社"，旨在为妇女运动发声立言。

③ 李小峰（1897—1971）：名荣弟，笔名林兰，江苏江阴人。中国近代出版家、著译者。1918年考入北京大学哲学系，加入"新潮社"，并一度主持《新潮》月刊出版。毕业后，在鲁迅的支持下，于1925年在北京创办北新书局（取"北京大学"和"新潮社"各第一字）。与鲁迅兄弟关系密切，出版了他们的多种著作。1927年迁北新书局于上海，声名鹊起。著有《徐文长故事集》等，译有《疯狂心理》等。张雪门任职并旁听于北大时，结识了他，并得其之助，在该社出版了自己的著述。

25 儿童心理在儿童教育上之意义

张铭鼎

1926年8月20日

另图 16　张铭鼎像

题　解　　本篇原载《教育杂志》第 18 卷第 8 号"儿童心理专号（下）"。发表时间为 1926 年 8 月 20 日。

　　撰著者张铭鼎（1904—1979），字铁生，江苏高邮人。精通外语，热爱著译。1924 年在《学艺》杂志上发表了《康德学说的渊源与影响》，次年又在《民铎杂志》"康德号"上发表了《康德批判哲学之形式说》，对康德哲学作了比较系统的介绍。1927 年加入中国共产党。1929 年留学德国柏林大学，专攻哲学，后担任中共旅德支部负责人。1937 年 10 月 29 日，与杨虎城同船启程归国。归国后，历任《国民公论》编委、《青年知识》主编、中共香港工委书记等职。中华人民共和国成立后，历任中共中央对外联络部第一处处长和中央国际活动指导委员会副秘书长、亚非研究所副所长、亚非学会秘书长、中非友协副会长、中联部三局顾问等职。著有《中非交通史初探》《哲学与现代思想》《孙文学说概要》，译有《实践理性批判》《论理学》《黑格尔之历史哲学》等。

　　同一时期，有关"儿童学"或"儿童心理学"介绍的文论，并非鲜见；然而，能够密切与幼稚园教育联系起来者，则实属不多。本文"藉科学上对于儿童的分析"，对于幼稚园教育的内容和方法的变革，指明了可以努力的方向。

　　《教育杂志》，教育月刊，1909 年 2 月创刊于上海，由商务印书馆主办、编辑并发行。历任主编，有陆费逵、朱元善、李石岑、唐钺等。该刊旨在"研究教育，改良学务"，为中国近现代较有影响的教育期刊。主要栏目，有图画、言论、教授管理、教授资料、史传、教育人物、教育法令、章程文牍、记事、调查、评论、杂纂、答问、绍介批评、名家著述、附录等；主要撰稿人，有俞子夷、黄觉民、杨贤江、赵廷为、黄炎培、蒋梦麟、胡适、陈鹤琴等。在其办理过程中，有过两次中辍。1948 年 12 月终刊，共出 33 卷 382 期。

一、儿童心理与儿童教育

普通人的眼光，以为儿童就是一个具体而微的成人。因此，对于儿童的行为和思想，总喜欢拿自己的行为和思想来解释它们。贤如裴斯塔洛齐①（Pestalozzi）虽开始用科学的方法来研究儿童的心理，也以为儿童不过是一个未成熟的成人。由此可见，这种谬误的观念，实早已深入人心。

于此，能打破这种谬误的观念、为儿童心理上开一新天地、为儿童教育上建一新纪元的，不能不推近世儿童心理之研究。这因为自近世以来，关于儿童心理研究之进步，一日千里；而其重要的发见，即在打破儿童就是成人雏形（the miniature of adult）之谬误的观念。

据儿童心理的研究所得，所谓儿童，无论在他们的体力或智力上，都看出不是一个成人的雏形，而自另为一种不同的动物。他们的身体不仅比成人小，即其构成身体部分之筋肉、骨骼等等，也与成人不同。他们的心理较之成人，不仅为分量上的不同，抑且含有性质上的差异。又，他们幼稚的行为固不仅受外部的影响，其实也受内部的制限的。

可克派屈克（Kirkpatrick）说："儿童与成人，其头长为一比二，身长为一比三，腕长为一比四，足长为一比五。"

---

① 裴斯塔洛齐：通译裴斯泰洛齐，即约翰·亨里希·裴斯泰洛齐（Johann Heinrich Pestalozzi, 1746—1827），瑞士教育家。早年进入卡罗林学院，学习语言学和哲学。后创办孤儿院，收容 50 多个贫苦儿童，开始了教育实践活动；又创办了斯坦兹孤儿院，继续他的教育实验。1800 年与友人在布格多夫创设了一所寄宿制学校（后迁伊佛东），深入进行教学方法的改革，取得了显著成绩，遂名扬全欧。在主持该校的 25 年中，形成了自己系统的教育理论主张，包括和谐发展、教育平等、要素教育、教育与生产劳动相结合等。著有《林哈德和葛笃德》《论教学方法》《葛笃德如何教育她的子女》《天鹅之歌》等。

拉德^①与吴伟士^②（Ladd and Woodworth），于其所著《生理心理学纲要》（*Elements of Physiological Psychology*）中，以为初生儿童的脑部重量，为三八〇格兰姆^③；一岁，增至九四五；二岁，增至一〇二五；三岁，增至一一〇〇；四岁，增至一三〇〇。自四岁以后，其重量之增加，则逐渐迟缓。自八岁至十岁间，不过增至一四〇〇格兰姆而已。其后，则几无增加可言（然亦有谓能增加至十五岁的）。又，初生儿脑重与体重之比，为一与八；而成人脑重与体重之比，则与〔为〕一与五十。

从这样身体上的比例以及脑部上的发展看来，我们就可恍然晓得，儿童的确不是成人的雏形了。

说到这里，就不能不连带述及，首先阐明儿童心理而增高儿童地位的卢骚^④（Rousseau）。在卢氏的名著《爱弥儿》（*Emile*）中，卢氏以为，儿童确非成人可比。成人不了解儿童的心理如何，而仅以自己所要学的来教儿童学；并且拿成人的眼光，来希望儿童照样的做。像这样的教育，不仅是忽视儿童的能力，抑且是摧残儿童的本性。

总之，凡是把儿童看作是具体而微的成人的，这种观念实在是谬误的。我们如果要改善儿童的教育，非先打破这种谬误的观念，以自由发展儿童的个性不可。

自此以后，一般从事于儿童教育的人，始恍然知儿童心理之重要；而研究儿童心理之倾向，遂因以大起。由是，儿童心理就与儿童教育生出密切的关系来了。

本来，儿童心理是与儿童教育有密切关系的。要谈到科学的教育，必先要明了儿童的心理。换句话说，就是非明了儿童的本性与能力，以做儿童教育的根据不可。

儿童的本性与能力如何，与他们体力与脑力的发展、年龄与性别的差异，各有不少的关系。这都是儿童教育者所须研究的对象。

---

① 拉德：指乔治·特朗布尔·拉德（George Trumbull Ladd，1842—1921），美国哲学家、心理学家。历任鲍登学院、耶鲁大学、克拉克大学教授。1887年出版《生理心理学大纲》一书。该书被心理学专业广泛采用，被视为一部标准教科书。

② 吴伟士：通译伍德沃斯，即罗伯特·塞申斯·伍德沃斯（Robert Sessions Woodworth，1869—1962），美国心理学家。先后师从詹姆斯和卡特尔，为美国机能心理学哥伦比亚学派的主要代表。除修订《生理心理学大纲》外，还著有《动力心理学》《心理学》《现代心理学派别》《实验心理学》等书。

③ 格兰姆：英文gram的音译，意即克，为质量或重量单位。

④ 卢骚：通译卢梭，即让·雅克·卢梭（Jean Jacques Rousseau，1712—1778），法国启蒙思想家、哲学家、文学家、教育家。他明确提出自然主义教育观，批判了传统教育的陈腐。著有《爱弥儿》等。

于此，柏拉图（Plato）就首先以为，他们如果不能明了被教育者的本性与需要，则系统的教育（systematic education）即不能成功。

苟再分析的言之，则瓦得尔（Waddle）也以为："关于幼儿手部、臂部、腿部之自然的运动，身体的屈伸，眼部、头部之显然无目的的运动，面部的运动，声音的咿唔，以及其他的种种都足表明，为最简单而最原始之种种表现方面的倾向（生来的倾向）。苟没有这些倾向，则教育与训练即失其作用。诚以这些都是未成熟的材料，而教育即发端于此的。由此可知，教育本身的意义，即包含在个人由其动作上的反应所造成的种种变化以内。而在我们对于儿童生活的研究上看来，所谓教育'即成于筋肉上的作用'一语，的确没有再比它格外显著了……"

由上看来，我们就可推想，儿童心理者所研究的意义，实不外霍尔[①]（Hall）所谓"对于儿童的研究，系表示介绍人类进化的思想与人类的心域之中"。而儿童教育者所当视为重要的责任的，也就不外詹姆士[②]（James）所谓"来替儿童看出他的本能上准备（instinctive readiness）的时候，这就是教育者的第一种责任"了。

儿童心理的研究，既系表示介绍进化思想于人类的心域之中，故儿童心理学的内容，可算是心理进化史或精神发展史。由成人复杂的精神，追溯其简单的作用；由儿童身体的生长，研究其精神的发展；根据观察、实验与统计，藉以断定其精神现象之发生的情形与其发展的顺序，俾为儿童教育之确实的根据。

庶几，儿童教育者得知，儿童在各时期中的精神状态，而施以适当的教育与训练，这就是儿童心理者之最重要的任务。换一方面说，儿童教育者既须了解儿童心理，以定教育的标准而收教育的效用，因不能不藉儿童心理学为其根据。那末，他们就不可不力

---

① 霍尔：指格兰维尔·斯坦利·霍尔（Granville Stanley Hall，1844—1924），美国心理学家、教育家，是美国第一位心理学博士、美国心理学会的创立者。曾担任霍普金斯大学教授、克拉克大学第一任校长兼心理学教授。为美国儿童心理学研究的先驱，被誉为"儿童心理学之父"。著有《儿童的生活与教育方面》《青春期》等。
② 詹姆士：通译詹姆斯，即威廉·詹姆斯（William James，1842—1910）。美国哲学家、心理学家，实用主义的倡导者，美国机能主义心理学派创始人之一，也是美国早期实验心理学家之一。长期担任哈佛大学教授。1875年他设立了一个非正式的心理学实验室。1904年当选为美国心理学会主席。1906年当选为美国国家科学院院士。著有《心理学原理》《对教师讲心理学及对学生讲生活理想》《实用主义》等。

矫从前教育者以学校为教育主体的谬解,而另以儿童为教育的主体了。所以自卢骚、裴斯塔洛齐、福禄培尔（Froebel）以后,最近教育上占优势的二大倾向,如杜威（Dewey）之实用主义的教育哲学与蒙铁梭利①（Montessori）的教学法,都是以儿童心理为根据,而从事于教育上的改造的。

杜威侧重动作方面的活动（motor activity）,以为学习实由于行为（learning by doing）;并谓教育亦非仅为将来生活的预备而设,抑且即在现在生活的本身。故学校方面,须从合作的活动与互助的生活上,以建设儿童社会的种种活动。不宁惟是,兴趣与本能的倾向,既为学习上之重要的根据;则学校课程方面,亦应准备实际的、科学的与职业的设计,以鼓励儿童的创造活动,而确定其知识。

蒙铁梭利以为,许多感觉训练的方法颇可适用于教育幼稚的儿童,因即有"蒙铁梭利教学法"出。其法盖根据自治（self-administration）的原则,以启导儿童的自发性,而产生学习上之真正的动力;利用恩物的游戏,以引起儿童好动的与创造的冲动,而发展其互助的精神。

总之,杜威是要藉儿童自然的活动,以启导他们的能力、创始性与自发性;蒙铁梭利是要藉儿童自由的活动,以启导他们的自发性与创造性。二者既皆充分的含有儿童心理的根据,所以终究能在教育上做一番根本改造的工夫。

有人以为,儿童心理研究的结晶,在教育上就是"哥白尼革命"（Copernic Revolution）,这实在是值得很可玩味的一句话。

如上所述,我们既约略的明了儿童心理与儿童教育的关系。兹请更进而分别详论之如下。

二、儿童心理之具体的研究

上面虽谈到儿童心理的概略,然我们还不明白什么是具体的儿童。所以现在所要讨

---

① 蒙铁梭利：通译蒙台梭利。

论的，就是"何谓儿童"一个问题。

在未讨论这个问题之前，先须一论儿童心理与生理的关系。

此种关系，旧时论者虽意见不一，然大都为肯定的解答。而自近二三十年来，所有关于儿童神经系统与其智力发展的情形，自经过许多生理学者与心理学者精密的研究之后，尤足以显然看出生理与心理两方面之密切的关系。

什么是心理的性质？生理心理学者说，无论何种心理的状态或历史，都与神经系统的作用有相关的变化（correlative change）。"没有许多神经原，也不会有心理作用（No psychosis without neurones）。"这就是他们的一句格言。甚或以为，一切心理作用的起原均由于运动，均由于有机体对于环境上所发生的反应的运动；如果没有这样生理方面的运动，也就没有什么心理作用了。

而主张达尔文（Darwin）进化论的，且谓心理发展的顺序，无异于生理发展的顺序，这都是生物进化的结果啊。

总之，所谓儿童，实无异为一行为上的有机体（behaving organism）。自其有生以来，即具有与生俱来之种种反应的倾向。而此种种反应的倾向中，有许多的形式与效用，已经为其神经筋肉系统的性质（the nature of his neuro-muscular systems）早已决定好了。但此许多已经决定的反应，仍不能适应于一切生活上的需要。因为有这些不能适应将来生活需要之生来的行为（inborn behavior），所以才会有精神发展或心理进化的作用。不然，所谓心理固无异为一冗物（superfluity）而已。

于此，可知人类知力的由来：一半，固由于生来的倾向；而一半，则由于教育的结果。儿童生来即有反应刺激的简单能力，这可以说是生来的知力作用。而以后之种种反应、刺激的不同方法与其所含有的复杂的意义，就非教育与学习的作用不足以获得了。

"何谓儿童"这大概是包含儿童时期以内所有身心发展的状态而言。所谓儿童身心发展的状态，就实际的观察看来，本各各不同，诚难固定一确实的儿童时期。然就大体观之，由儿童初生时期以至于身心成熟时期，一切机能的发展大都包含人生最初十八年或二十年。

自初生至三岁，系身心逐渐发展的时期，是为第一期；自四岁至七岁，系身心适当发展的时期，是为第二期；自八岁至十三岁，系身心迟缓发展的时期，是为第三期；自十四岁至十六岁或十八岁，系身心迅速发展的时期，是为第四期。兹分别述之于下。

（1）第一期，可称为"婴儿期"。这时期的特征是在一般感觉力与运动力之逐渐的发达。在此时期中，凡关于满足其简单欲望所须之视觉力、听觉力，以及维持其基本生活所须之反射运动、本能运动等，都逐渐的发现出来了。这一时期，我们又可称为"萌芽的期时〔时期〕"。

（2）第二期，可称为"幼儿期"。这时期的特征是在发挥其固有的能力，而参入环境上学习的要素。所以这时期内的儿童所最能令我们注意的，一是好奇心的旺盛，一是模仿力的丰富。因为好奇心旺盛的原故，所以求知心亦渐强；因为模仿力丰富的原故，所以被暗示性亦渐大。这一时期，我们又可称为"发展的时期"。

（3）第三期，可称为"少年期"。这时期的特征是在根据第二期的倾向与经验，以逐渐发展其智力上的作用。因此，所以儿童的记忆力逐渐的发达，儿童的想像力也逐渐的活泼了。又因为记忆力发达之故，其结果遂促成智力的开展；因为想像力活泼之故，其结果遂促进思考力的敏锐。这也是我们所要注意的，在这时期内，儿童身心的发展虽互相平行，但在十一岁前后的时候，其进展上确呈出一种迟缓的现象。这一时期，我们又可称为"过渡的时期"。

（4）第四期，可称为"青年期"。这时期的特征是在身心两方面发展的猛进。儿童至此时期时，已入了情欲成熟的时期。身体上与精神上的发展，因不能互相一致，而以女孩为尤著。因此，他们的思考力虽显然发达远过前期，然不能如情操发达之甚。所以，此时关于理性的能力，亦终不敌其审美与恋爱的观念了。但他们对于生活的途径与事物的意义，确渐有选择的与判断的能力，而其人格之形成遂基于此。这一时期，我们又可称为"成熟的时期"。

由上所分的四期看来，可知儿童身心发展的状态，固不外为生来的倾向与环境的影响之结果。这里所谓环境的影响，就是教育的作用。所以，儿童正式教育的年龄，最好是根据其身心发展的各时期，而各各施以特别的教育与训练。

于此，卢骚对于儿童教育所分的四期，所谓：自一岁至五岁，为第一期；五岁至十二岁，为第二期；十二岁至十五岁，为第三期；十五岁至二十岁，为第四期。在一、二期内，应注重体育；第三期内，应注重智育；第四期内，应注意德育云云。虽截然划分三育的时期，在各期内不免有顾此失彼之虑，但确可给近日学级分制方面以一个重要的暗示呢！

总之，所谓儿童心理具体研究之实际的价值，不外在根据儿童身心发展的可能性，构成种种普遍的原理，以为儿童精神训练或教育之一助而已。这里所谓普遍的原理，总而言之，则有以下五种，即：

（1）生长性（growth）。发生心理学（genetic or child psychology）之根据，即由儿童的生长性而来。反之，儿童身心方面如毫无生长之可能，则亦无所谓发生心理学。诚以儿童生而即赋有进化的动力，其儿童期愈长，则此进化动力之发展乃愈大。换句话说，即其神经乃愈复杂，体力乃愈发育；而精神的成熟，乃愈能达于极致。知乎此，就可以明白，人类儿童期之所以长于任何其他动物的原因了。

（2）定期性（periodicity）。我们第一步，既看出儿童生长性的现象；第二步，就要看出这生长性，在实际上发展的顺序。这就是儿童生长的定期性。无论任何儿童，其身心发展的时期纵不能一致，但其发展的倾向与顺序大都是相同的。就实际的情形看来，关于身体的发育，以胎儿为最速。因为当胎儿落地时，其身体已比原始的精虫大了五百万倍了。此后所堪注意的，就是一入了青年期的时候，女孩身体的发育常突过男孩，然其耐久性则较逊。所以一过了此期，其急性的发育也就逐渐停止了。至于儿童精神方面的现象，则以与维持生活愈有关系的，其发展的时期为愈早，而其发展的极致大都以青年期为限。

（3）继续性（continuity）。关于儿童身心发展的现象，虽有时期上的不同，然是继续的，而非骤然的。因此，所以他们生来的倾向终能因为环境的影响，而继续的发展至于极致。不然所谓教育，也就无所施其作用了。

（4）自动性（self-activity）。自动性，是生长性一种当然的推论。因为儿童身体方面苟无种种活动，即无生长的可能，其精神方面亦然。苟无精神上的种种活动，则亦无生长的可能，这就是自动性的原理。所谓教育上的基本作用，就包含在这种原理之中。如现在教育之着重自然性（spontaneity）、自由性（freedom）、创发性（initiative）、创始性（originality）等等，总看出是表现这种根本原理的。

（5）变易性（variation）。关于儿童心理的研究，一方面固在建立普遍的原理，而他一方面则在发见变易的现象。儿童心理是最容易变易的，其注意力极薄弱，其兴趣极复杂，所以关于他们一切的游戏或作业，没有什么一定的倾向，差不多都是随境而迁、随物而异的。因此有人以为，这是从事儿童教育的所极感困难的一点，甚或认为，教育上一种不良的现象。其实，这种观念是谬误的。夫世界愈进化，则环境愈复杂，而适应环境的能力，亦必须日新月异。所以人性的好变，实即为顺应此种环境之最良的倾向；而教育上之可能性，亦即由于此种变易性而来。关于此点，非一言两语所能尽，兹再详论于下节"儿童教育之可能性"中。

三、儿童教育之可能性——可塑性或可教性

上节所谓儿童的变易性，实即为神经系统对于种种外来不同的刺激所发生的种种不同的反应之关系。此种关系，以经验与学习之故，永远在变易之中。故其显然的特质，即为可型性（plasticity）。

所谓可型性的意义，即系指神经原因感受种种外来刺激，而不绝的产生变易的反应之能力而言。人类之所以高出于其他动物的，就是因为具有此种可型性之故。而此，尤为儿童时期以内之最重要的特征，甚至谓儿童期就是可型性，也无不可。

因此，所以儿童期是准备适应环境的最重要时期，也是发展个人能力的最适宜时期。环境愈复杂，适应的能力愈须丰富，即学习的时期愈觉重要。这里所谓学习，不外为神经原之特殊的联结与神经结（synapses）之适当的改变；而可型性的职能，即在具有种种生来的能力，以准备此种学习的作用。

由上看来，所谓可型性的意义，实不外为可教性（educability）。而可教性之能够充分发展与否，亦即由可型性所具有生来的能力之丰富与否而断。生来的能力，如好动性（manipulation）、发音性（vocalization）、注意力（attention）、精神制驭力（mental control）等，如有充分发展的可能，则可教性的能力大，而学习的能率亦高。否则，学习的能率即不免因之而减低。

如以神经系统的关系而言，苟使神经原缺乏感受神经流（currents）的能力，或是不能为神经流的作用所继续的影响，则学习的能率也必定是异常薄弱。所以，神经原之能为特殊的联结与神经结之能为适当的改变与否，确关系于学习方面甚大。因为学习的意义，就是要对于思想的、情感的、行为的种种反应上，而施以改变作用的。

夫儿童期之为可型性最强的时期，既为我们确实的肯定，所以一般人以为儿童期的

实际价值，就在发展其潜藏的能力，以构成其良善的习惯。凡是儿童所具有的特性、兴趣与智力，如能构成其品性与行为的，都须加以应用与发展。这就是一般教育者所应负担的责任。其实，所谓教育的区域与职能，也就在根据儿童此种的能力，来加以适当的改变与指导，以使适于人类社会之复杂的环境而已。

因此，所谓社会的环境，在儿童教育上，也自居有重要的地位，盖以儿童既具有可型性的要素。其次，就要从事于环境上的模仿。而种种习惯，如食宿的习惯、行为的习惯，都是常常于不知不觉中，由环境的模仿而养成的。所以，儿童教育者所应明白的，就是儿童期的神经系统，正是准备改变的良好时期，也是养成习惯的适当机会。那末，在此时期内，关于教育环境之设置，应当是如何重要呢？

总上所述，我们可以看出，儿童教育之可能性，显系由于儿童心理方面之可型性或可教性而来。换句话说，所谓儿童的教育，也就是由于儿童神经系统中之有用的改变所生之产物（the production of useful changes in the nervous-system）。关于此种有用的改变，析而言之，不外为知识上之改变、技能上之改变与理想上之改变（changes in knowledge, in skill, and in ideals）。而促成这些改变的作用的，则非教育不为功。

虽然所谓儿童教育的可能性，固须有心理上的根源，然亦有心理上的制限。苟没有心理上的根源，教育固失其作用。然若转而言之，则此所谓教育的作用，无论如何，亦决不能突出于心理上的制限之外。关于此理，其说得明白而透切的，当莫过于桑代克①（Thorndike）了。

桑氏以为，教育意义之重要，系在于认识本性方面的事实，以及其决定生活上进展的关系之确实的知识，这是显然无疑的。但如果要在生前，即已决定之能力与兴趣方面而别图有所创造，这就枉然徒费心机了。要晓得，环境上最大的作用固非创造力，但仅为刺激力与选择而已。我们能够设置种种教育的环境，以减少许多不如意的活动，使无发现的机会，并增加许多如意的活动，使其常在一种适宜的刺激之下。我们又能藉智慧、能力或同情的作用，使它们可以继续发现于个人的生活之中。但我们所有一切企图的结果，确是永远为生来的才能与缺点（inborn talents and defects）所制限的。

---

① 桑代克：指爱德华·桑代克。

由是可知，人类生来的姿〔资〕质，实足以决定其最后的造就。环境与教育虽也有多少改变与发展的作用，但终为此种姿〔资〕质所制限。所以，教育的可能性之极限，也就仅止于此。

但以上所谓教育可能性之制限，并不是一种什么悲观的论调，也不是否认实际的造诣之可能；不过藉以阐明人类的本性，俾一般教育者，得因此增加许多教育上的效用，而减少其浪费而已。

四、近今儿童心理研究对于幼稚教育之暗示

从前教育哲学者与儿童研究者，对于儿童种种的活动，虽费了许多研究的工夫，但其结果仍缺乏科学上的价值。直至晚近以来，儿童既做了实验室中一种试验品，于是关于儿童体力上的发展，以及其精神上的发展，才有了不少比较精确的报告。像这样报告的结果，受其影响最大的，当莫过于儿童教育了。良以关于儿童心理的知识愈增，则影响于儿童教育之设施方面的愈大。此理至明，毋庸再赘。

从前以为，两岁的儿童是不能参入游戏团体之中的。即如这样幼稚的儿童，是否就能实行教育上的程序，这也是一个很大的疑问。然据爱阿华[①]儿童幸福研究所（Iowa Child Welfare Research Station），对于二岁至六岁的儿童之实验的结果看来，才明白他们确能在每天的短时间中，乐于承受教育上一种最简单的程序；并且他们因为觉得是在从事于真正的工作之故，似亦有少许的毅力与自制力，并不即舍弃一种作业，而另外从事于其他的作业。而在这样教育的程序之中，我们可以时常看出，一种真正优美的音乐，对于这些幼稚的儿童，确是有很大帮助的。此外也能证明，对于他们有多少作用的，则以富有教育价值之儿童恩物为最。要之，所谓种种作业上的活动，如果能适于他们本能的欲望（instinctive desires），那就自有教育上的效用了。

自然，许多幼儿的父母，很愿意替他们设置许多构造复杂而适于较高智龄的玩具。

---

① 爱阿华：通译艾奥瓦，美国中北部州名。

其实，就实际的情形看来，许多幼儿常喜欢玩弄粗大的木块，使接成一条火车的样子，而不愿意去玩弄一种精致的电气机器（an elaborate electrical engine）。像这样的情形与原因，高勃①（Gaupp）曾经说过：

> 普通经验异常明显的告诉我们，凡生来想像丰富的儿童见了最简单的物体，反比现代玩具工艺所产生的复杂玩具，格外觉得高兴，格外玩得长久。奢侈的玩具，不让儿童精神有想像的余地，不让儿童乱暴的玩耍，所以于儿童自教的目的上，于鼓舞儿童的想像上，练习儿童的技巧上，都远不及简单的物品。不好看的洋囡囡，经得起播弄，是儿童所最爱玩的。

由此可知，儿童心理对于玩具的选择，既与成人所期望的相左，则儿童教育者，苟在各种玩具对于儿童精神发展的各时期之关系上，下一番研究的工夫，的确可以得到多少实际上的价值呢。

至于在现在许多教育上的运动中，自以幼稚园为最适于幼稚儿童的团体了。然自近今儿童心理研究者看来，则以为此种幼稚园于数年之内必分为几种班次。其中，对于年龄较长的儿童，则须组织成一班。因为他们是要从事于直接准备原始的工作之种种设计的（engaged on projects that are directly preparatory for primary work）。自然，关于这些儿童之教育的时候，是要多消费于游玩与谈话之中的。因为在这里，才能教他们格外了解实际的环境，以及衣、食、住的作用与其构造的历程呢。像这类的儿童，一方面，在他们作业的活动中，就能开始应用数目的观念；而他一方面，关于他们所从事的工作上，也就能连带具有许多读书的兴趣了。

至于年龄较稚的儿童，在现在的幼稚园中，最好是格外准备许多适当的设置（如食品之类），以构成其日常生活上之简单的习惯；并且要格外准备许多类于育儿室（nursery）之游戏的活动，以引导他们于作业的活动之中。

于此，儿童心理研究者又以为，现在一般设有幼稚园的小学校中，将来对于其中任

---

① 高勃：通译高普，即罗伯特·高普。

何幼稚的儿童，至少必定教他们每天都做一点钟的工作。这种预言并不是空想，的确是有实现的可能的。

　　总之，就近今儿童心理研究的趋势看来，将来的学校，一定是要格外认识对于幼稚儿童所负担的责任。这里所谓责任的意义，并非要在此种重要的教育时期中，想避免许多关于母亲方面的看护方法。其实，是要藉科学上对于儿童的分析，以及其种种训练的方法，来格外加以辅助与指导的。

26 论幼稚园应有之改革及进行办法
——致陈陶遗

陶知行

1926年9月16日

题 解　本篇原载《新教育评论》第 2 卷第 19 期。撰成时间为 1926 年 9 月 16 日，发表时间为 1926 年 10 月 8 日。原发表时，题为《主任干事陶知行先生致江苏省长函：论幼稚园应有之改革及进行办法》。今题系编者所拟。此题之上，标有总题《中华教育改进社创设试验乡村幼稚园（专件）》；此函之后，还收有《主任干事致江苏省长函：论幼稚园切合农村之需要》。函后署名"知行"，系编者所加。

　　有关撰著者陶知行，参见前文《孟禄夫人送玩具——致桃红、小桃》题解。

　　致函对象陈陶遗（1881—1946），名公瑶，号道一，江苏金山人。清末秀才，后入松江融斋师范学堂学习，旋留学日本早稻田大学。在日期间加入同盟会。1909 年参与发起组织"南社"。1911 年筹款资助上海革命党人。中华民国成立后，任临时参议院副参议长。1925 年 12 月至 1926 年 12 月，被孙传芳任命为江苏省省长。其间，他对陶行知在江苏筹办乡村教育事业多有支持，并为乡村幼稚园的筹办拨付了开办费。1927 年退隐后，依旧支持晓庄学校的办理。1939 年与张元济等人共同创办合众图书馆，担任董事长。次年，被推选为国民参政会第二届参政员。书法精湛，尤擅章草。

　　有关《新教育评论》，参见前文《评陈著之〈家庭教育〉——愿与天下父母共读之》题解。

（上略）

　　人格教育，端赖六岁以前之培养。凡人生之态度、习惯、倾向，皆可在幼稚时代立一适当基础。

吾国人漠视幼稚时代之重要，学校教育耗费精神，纠正幼稚时代已成之不良态度、习惯、倾向，可谓事倍功半。放任者，听其滋长蔓延，不加纠正，更不堪问矣。有志之士，起而创设幼稚园，以正童蒙，宁非当务之亟！

惟遍观国中之幼稚园，其弊有三：取法外国，不适国情，一也；费用太大，不能普及，二也；所收儿童，多属贵族，三也。知行欲矫其弊，而创一适合国情、节省费用、裨益平民之幼稚园，蓄志已久，无由实现，殊觉闷闷。

今拟合各方之力，共成美举。计画粗定，谨为我公陈之：

（1）该园拟设在燕子矶，已蒙丁校长①许可；

（2）教员业已聘定，对于幼稚教育富有研究及经验者二人来此服务；

（3）三岁至六岁儿童愿入园者，照丁校长计算，可得三十人以上；

（4）经常费每年二百元左右，可暂由改进社担任，徐图就地筹款；

（5）开办费中，建筑约需五百元，设备约需二百元，共七百元，拟请补助费或捐款充之。

由上述计画观之，所缺者，惟开办费之七百元。何时筹足，即可于何时开办。窃思中国开办乡村幼稚园，此次实为创举。倘能依据适合国情、节省费用、裨益平民三种方针切实试验，则数年之后，必于幼稚教育有所贡献。

我公乐育为怀，素所钦仰，倘蒙设法玉成，则国内儿童拜赐多矣。

（下略）

知行，九月十六日

---

① 此"丁校长"，即燕子矶小学校长丁超，生卒年籍贯未详，字兆麟。早年毕业于陆军小学，后经过甲种师范讲习科训练而任教职。曾任江宁县尧化门国民学校校长8年。1924年年初，调任燕子矶小学校长。到任仅半年，便使该校面貌一新。是年8月，陶行知曾考察过该校，并撰文《半周岁的燕子矶国民学校——一个用钱最少的活学校》在《申报·教育与人生》宣传过该校。后大力支持陶行知筹办晓庄师范和燕子矶幼稚园。著有《燕子矶小学》。

27　论幼稚园切合农村之需要
——致陈陶遗

陶知行

1926年9月17日

题　解　　本篇原载《新教育评论》第 2 卷第 19 期。撰成时间为 1926 年 9 月 17 日，发表时间为 1926 年 10 月 8 日。原发表时，题为《主任干事致江苏省长函：论幼稚园切合农村之需要》。今题系编者所拟。函后署名"知行"，系编者所加。

本篇后收入《知行书信》（上海亚东图书馆版，1929 年 1 月初版）一书，改题为《乡村幼稚园之需要——给陈省长的信》。

有关撰著者陶知行，参见前文《孟禄夫人送玩具——致桃红、小桃》题解。

有关致函对象陈陶遗，参见前文《论幼稚园应有之改革及进行办法——致陈陶遗》题解。

在陶行知接连发出二信后，陈陶遗于同年 9 月 23 日复函。其中有言："接展来书，具悉种切。执事热心幼稚教育，拟创设乡村幼稚园于滨江乡之燕子矶，实为当今切要之图，曷胜纫佩！除饬管理处筹拨开办经费五百元藉襄盛举外，相应函复。顺颂教绥。"随后，开办费到账。

有关《新教育评论》，参见前文《评陈著之〈家庭教育〉——愿与天下父母共读之》题解。

（上略）

日昨为创设乡村幼稚园事，曾上一书，说明方针、办法①及请求补助之意，谅已达览。今尚有未尽之言，请为我公陈之。

村中生活，随农事为转移。农忙之时，村中妇女或下田工作，或须准备茶饭，无暇照料幼儿。此时年龄稍长之兄姊，为小农生计所逼，亦须襄助农事，不能充分陪伴弟妹。故农忙时，乡村幼儿实为大累，父母徒唤奈何。村中有小学者，父母有时竟以之付托乡校管理。其校长、教员，或因学校原无相当设备，或存教师非保姆、学校岂育婴〔所〕之见，辄严词拒之。

苟校中明了，六岁以前为人格陶冶最紧要之时期，物色相当人才，设备相当工具，以应此天然之需要，则其造福村儿、便利农民岂有限哉？

乡村小学，夺农民之助力，其势逆；幼稚园，予农民以便利，其势顺。势逆者难办，势顺者易成。倘所办幼稚园能成为平民的、经济的、适合国情的组织，则一方提倡，全国响应，幼稚教育且先小学而普及矣。

夫普及之计，端赖人才之培养。乡村幼稚园试办有成，即进而谋师资之训练，期在吸收村中资质聪明、同情富厚之妇女，教以试验成功之结果，则薪俸之给，可以适合乡村财力；一切设施，自不难持久，且可为乡村妇女辟一职业新途径矣。岂非一举数得哉？

今各种准备已有把握，所缺者惟开办费之七百元而已。务请在预备费中拨给，以便即日兴工，克期开学。如蒙俯予照准，则全国儿童幸福及乡村生活，不难开一新纪元。甚愿我公有以成之。

方今政局混乱，杀机正盛，人民救死不暇，知行乃进此迂缓之策，颇似不知时务。故惟有德者能闻之，不足为他人道也。

（下略）

知行，九月十七日

---

① 此"方针、办法"，参见上篇《论幼稚园应有之改革及进行办法——致陈陶遗》。

28 怎样帮助新进幼稚园里的孩子

张雪门

1926年9月25日

题　解　本篇原载《中华教育界》第 16 卷第 7 期。撰成时间为 1926 年 9 月 25 日，发表时间为 1927 年 1 月。

该文此前曾在《新教育评论》第 2 卷第 24 期（1926 年 11 月 12 日）上发表，题为《怎样在幼稚园里引导新进来的孩子》。此后，该文又收入张雪门自编的第二本论文集《幼稚园研究集》。

有关撰著者张雪门，参见前文《儿童和玩具》题解。

有关《中华教育界》，参见前文《现在幼稚园中亟应研究的问题》题解。

幼稚园的建筑，如果是很完全，设备又十分充足，那末就让孩子们进来罢！虽然准备上少用一些功夫，他们将来自然也会适应——自然也会跟上了轨道和在众人一块儿工作。

一个幼稚园，有的是地方。要坐就坐，要走就走；要粘着母亲，就让他们粘着母亲；而且有的是玩具，要玩就玩，要看就让他们去看。那末，孩子们新从家庭里出来，见到了这样，便觉不到有什么怕生的地方，反感到幼稚园里花木、动物、玩具、小同伴、教师和动作，什么都很希奇、很新鲜：一时，见这个孩子把积木搭一座房子，那个孩子又将三只毛制的小熊放在外边，另有几个人又摺着桌子和椅子；一忽儿，又听到一位比自己姊姊年纪大一些的女人，给一队孩子讲"三只小熊出了门，一位小姑娘到它们家里去"的故事；一忽儿，又见到好多孩子在一个白的大圆圈里爬起爬倒的跳。这些有趣味的现象不断地从孩子们的视官、听官，一次一次地来挑拨。即使他们当时觉得有些怕生，不好意思竟进去参加，但时间稍许长一些，怕生的成分愈低，好玩、好奇的要求便立地实现了。

所以，教师在这种的幼稚园用不着焦急。一焦急，反促进他们的寒怕；也用不着勉强，一勉强更糟了。我们当知道：新进来是入学的第一天，幼稚园是教育的开始。起首错误，牵动全局。注意这批新来的孩子，这正是我们的责任，也是我们的权利！

但事实上，现在那里有这种完备的幼稚园？所以教师对于新进来的孩子，不能不先有一种准备。请列说于下：

一、教师自身的准备

每一个幼稚园都有恩物、小椅子、画片、兔子……每一位教师，自然都有相当的学问。但是，要把刚从家庭脱离的孩子和恩物、小椅子……及自己学问发生一致的关系，第一要紧的却是经验。

新毕业年轻的教师在未担课以前，最经济的办法先到有成效的幼稚园里去实习——半年或一年。临时，再考察各新生的家属，热心地推究他们的环境，尤其要知道他们的母亲和孩子的个性。

当新〔生〕进来的时候，把自己的心放到他们在第一天情感的内部，细细地体会他们的内心：有的望见高大校门，当作了衙署；有的看见了许多人，当作出了事情；也有当保育室，是拐孩子的秘窟。要给他们同情，要给他们爱心，更要把和悦的笑容给他们。那末，才足以减少他们天然的怕惧性。这原不是立时能够收效的！我们要忍耐，我们要负责。

二、设备上的准备

保育室的一边，可以放几许玩的东西——像偶人、皮球、小马车。在教师点名叫他们从母亲身边一个一个过来的时候，很可以引起他们的注意。但不要陈设太多，尤忌一间屋子里，四面都有玩具陈列，反使得注意力不易集中了。

清静的一间小教室，四周充满了和平、安恬的颜色，壁上张着很大的黑板一方，地板上环放孩子们坐的椅子，只把一张大的五彩故事图或博物图钉在黑板上，从灰色中，更觉得它敷色的鲜明和用笔的灵动。小孩子见到了自然地会看着发问，谈话的动机便可以借此唤起。

树荫低〔底〕下盖一座铁丝笼，笼中有枯木，有小屋子，有地穴；鸣禽栖在树枝上，鸡伏在坿里，兔在地穴中跳进跳出。拿一些饲料，分给新进来的孩子去喂动物，或则将喷水壶放在他们的手里，叫他们去灌溉花草。不但可以使他们忘怀了母亲，又足以促进自然研究的兴趣。

进行圈里也可以放多少把椅子（有多么〔少〕个孩子，放多么〔少〕把椅子）。骤然地，教师击一下磬，或则打一下钢琴。这种意想不到的举动，立地能够使孩子们镇静。随后，便可以使他们明白：这就是各个人归座的记号了。

椅子的前面不要有挡。否则孩子们的脚常喜欢搁在挡里。虽然也可以告诉他们——坐的时候，脚须双双踏在地板上，那末脚便"睡着了"，不会闹——不过，终究又多费了一次手续。有的孩子常不喜欢坐在椅子上，或则立在椅子背后，或则站在椅子边傍〔旁〕。教师须注意，他的椅子有没有别的事故。如果是钉子露了，也许太旧了，应赶紧给他换一把好的。新进来的学生多半不肯自己说话。

三、管理上的准备

管理上最简便的方法，可以叫旧生去引导新生。如果旧生中有他们的姊姊、哥哥，自然更佳。

有时，新生也可以和旧生分开来教。他们都坐在圆桌子边，把画本放在桌子上，教师指给他们看，告诉他们这是什么。有时，也可以问他们"是什么"，但自己发音必须柔和，轻轻地，一句一句清楚地说。

把会闹的孩子先拉到身边。孩子们挤着围坐时，保不定他们的手不动。有时，常常因这个人的手撞在那个人的身上，便哭闹起来，使大家的注意又散漫开去，而且很能够因一个人的哭，引起许多人都哭起来。这里有一个好法子：教师只要见到一位新生神经过敏，在一队里已经有哭的表现时，赶紧把一件玩具不声不响地递给到他的手掌里。那末，不但消灭他的哭，而且可以防止他手的动摇。

孩子们坐在椅子上，椅子是放在进行圈的时候，教师可以叫他们做"坐下""起立"简易的模仿动作。开始时，他们有些错，就让他们错罢。只要能够引起他们的注意，便不会混扰了。从椅子上起来站在圈里的时候，逐渐可以叫他们跟着表演"伸手""拍掌""伸臂到极高"和"蹲到极低"等姿势。孩子们见到教师蹲到极矮的样子，往往会发笑，是已经感到游戏的快乐了。

讲故事的时候，用画片给他们看，或则不时给他们画在板上。孩子模仿很快，不久自然会在小黑板上涂抹。

教师始终当保守的是引导者的态度——静默的态度。这静默容易得到孩子的尊敬、顺从和平安。他们既然能尊敬、顺从、平安，以后在幼稚园里，便自己会做各种游戏，而且能够自己选择同伴去做。

功课表原不必一定。在设计教学的经程中更无预定的必要，不过开始时，每天有一定的功课，似乎容易引上轨道一些。

还有，"家庭须知"也须预先印妥。新学生录取以后，每个家属都给一份，使他们对于幼稚园先有一种了解和准备。否则，当第一天开学的时候，许多家长带领孩子，外加男女佣人，人多口杂，在一方面本是招待难周，一方面又茫无适从。更加有些家长，混在孩子进行圈上任便发言；有些拉着自己的孩子，教师怎样说，他混着也怎样说，在教学上简直可以使教师没有办法。

如果当了那时的情境，请问还是禁止他们呢，还是劝导他们呢？劝导，一边才静，一边又起来了；禁止，往往挑起家属的误会。真是不说不成，说又不好说的难题。所以这些事都应该预先规定在"家庭须知"里，而且陪送的时间、携带的物品、种痘、旅行和请假……也应该统统写上，那困难就少得多了。

四、教法上的准备

我愿意孩子自己定出些事情，而且自己按着步骤去实现自己所定的事情。我相信，这种有目的的方法，就应在人生初受教育的时候开始。像这种自定的、自做的、有目的的方法，不要多少外力的参加，便是一般所称的"设计教学法"。这种方法在外表上，其活动和结果，不论绘画、摺纸、唱歌……本来和别的教法所发生的活动和结果并没有两样，但在孩子行为的基本上却完全不同了。换一句话说，这种教学的经程便是人生生活的准备。

有些孩子当看着好多的大积木，想不出怎样做才好的时候，教师只要不命令他，尽不妨用相当积极的言语去提醒他。或者说，你想把木块去做什么东西呢？他想了一想，或者说我去做什么；或者他看一看别人的工作，要求和他一同做，别个人或者愿意，或者拒绝，都有各个人的自由。

至于过小的孩子，他们想不到去做甚么，实在他们也没有能力可做甚么，便靠着沙床专心地掘沙、堆沙。也许，这便是设计的初步。

教师受他们咨询时，固然可以参"末议"，但千万不能将"让其独立"四个字忘掉！事情做完了，尤须给他们一个充分的批评，于他们的经验上、兴趣上都很有关系。

有些孩子始终引不起自己设计时，尤其是这种方法开始的时候，教师可以自己参加到他们的中间，当作他们的引导人，那些孩子们便可以跟着做起来。他们虽然是跟着教师做，却不是听着教师的命令做。"跟着做"，便是孩子们自己的意志所定。——这和被一个人强迫去做的，大大两样！

如果孩子们对于这种方法成了习惯，是不是比围在桌子上一个一个听受教师指点的容易吗？容易，难道不较有价值吗？

五、材料上的准备

幼稚园的材料跳不出孩子和自然界、社会界的经验。教师在谈话中，可以问他们，在暑天里所做的和所见的事情；又可以问他们，家里有几个人和他们各个人的职务①。如果孩子们暑天里住在城市，保不定不时到公园去。那末，灌花、畜鱼、养鸟等事实，便足以使他们从绘画、摺纸或堆木表现出来。从家里的人谈到《家人歌》和《手指的游戏》（见《福禄贝尔母游戏辑要》②第六章第十九节），更可以推论到住居和用器。那末，唱歌、手工、游戏、恩物全联在一起。家庭里有厨房，厨房煮饭、烧菜。由饭推究到农人的耕种、收获、晒谷、砻③米；由菜推究到种园地的人、卖菜的小贩和交易的市场。好多的表情唱歌、模仿操和小红鸡的故事④，都是那时很适用的材料。

院子里多种果木和蔬菜，他们谈话后跑出去观察，忆起时又从新发问，实有引起手工、恩物或画果实的可能。

学历⑤也可以给孩子们另做一份。上面须选其能代表这一个月的事情，用颜料画出图来；下面分作三十格（月小）或三十一格（月大），每天用红、蓝、黄、白的小圆纸贴上一张，做晴、雨、阴、雪的标号（参考《幼稚园的研究　第一集》——《幼稚园的一日》）。能够这样，不但促进他们自然的研究，且养成其记事的习惯。

那班过小的孩子们玩第一、二两种恩物，有时不需话〔语〕言，单从游戏中就可以明白各个的动作和方向。例如"我拿小球在手中"⑥等唱歌游戏，有时，拿别一种颜色来比；有时，在圆桌面先放上许多色球，教师叫一种颜色，孩子拿一种颜色球出去；也有时，由教师随意创作游戏。例如说"圆柱是老师，正方柱和球体是大、小学生"，和说"正方柱是猫，圆柱和球是大、小耗子"，随便编说，随便活动起来。无形中，很容易使他们明白了二〔三〕种的形体。

---

① 此"职务"，实指家庭成员的角色定位，如爷爷、奶奶、爸爸、妈妈、哥哥、姐姐、弟弟、妹妹等，而不是指职位规定的工作。
② 《福禄贝尔母游戏辑要》：系福禄培尔的幼儿教育著述《慈母曲及唱歌游戏集》。该书曾由张雪门译，并在《晨报副镌·家庭》连载。
③ 砻（lóng）：去稻壳的工具，形状像磨。
④ 小红鸡的故事：根据目前资料所得，主要讲述的是小红鸡和狐狸斗智斗勇的故事。后续出现了不同的版本。
⑤ 学历：指教学历。此历可分学年历、学期历、月历、周历等，即将每一时限的教学活动列表或绘图，然后依历施教。
⑥ 本篇后收入《幼稚园研究集》时，此处跟注有："见美华书馆印《幼稚园与初等小学诗歌》第六十四首。"

六、养成良〔好〕习惯的准备

孩子的习惯无论好坏，全不是一进来就能养成，而且须继续不断地做去，尤贵乎教师能以身作则。现在我所能举的，不过几个关于能够引起良〔好〕习惯的动机。换一句话来说，只是一种准备罢了。

（1）从行为上养成习惯。例如：拿手工和恩物以前，手必须清洁，用后必须放置原处；见教师行礼和进退，必须听从琴声。

（2）借文艺以养成习惯。例如《猪朋友》《小孩和雀子》……都是很好的故事和歌曲。不过演讲、歌唱的时候，教师必须对于这一故事（或歌曲）表深切的同情，恍如自己"亲临其境"一样。那末，才足以鼓舞孩子实行的情感。

（3）从玩具上养成习惯。最好给每个人有一个偶人，叫各自看管他们的偶人衣、食、住。这是于他们将来的牺牲、慈爱、忠实、顺从诸德性很有关系的。[1]

除上举的六项准备外，本来还应该有有系统的课程组织。不过，课程须随着时间变更，而且决不限于始业的那几天，只得另在专章发表。本篇写到这里，就这样地收束了。

一九二六、九、二五，北大[2]

---

[1] 本篇后收入《幼稚园研究集》时，将（2）（3）两项归并为一项，并改写为："从谈话上养成习惯。例如：对同学说话时，声音要轻；别人的话未完，自己不抢着先说，以及一切发表的姿势。"
[2] 本篇后收入《幼稚园研究集》时，落款变更为："十五年雪门写于将离北大三院之日。"

怎樣幫助新進幼稚園裏的孩子

張雪門

幼稚園的建築如果是很完全設備又十分充足，那末就讓孩子們進來龍雖然準備上少用一些功夫他們將來自然也會適應——自然也會跟上了軌道和在衆人一塊兒工作一個幼稚園有的是地方要坐就坐，要走就走，要粘着母親就讓他們粘着母親；而且有的是玩具，要玩就玩，要看就讓他們去看。那末孩子們新從家庭裏出來見不到有什麽怕生的地方反感到幼稚園裏花木動物玩具小同伴教師和動作都很希奇很新鮮一時見這個孩子將一座房子那個孩子又將三隻毛製的小熊放在外邊另有幾個人又摺着桌子和椅子；一忽兒又聽到一位比自己姊姊年紀大一些的女人給一隊孩子講「三隻小熊出了門，一位小姑娘到他們家裏去」的故事一忽兒又見到好多孩子在一個白的大圓圈裏爬起爬倒的跳這些有趣味的現象不斷地從孩子們的視官聽官一次一次地來挑撥即使他們當時覺得有些怕生不好意思進去參加但時間稍許長一些的成分愈低好玩好奇的要求便立地實現了所以教師在這種

的幼稚園用不着焦急，一焦急反促進他們的寒怕也用不着勉強一勉強更糟了。我們當知道新進來是入學的第一天幼稚園是教育的開始起首錯誤牽動全局注意這批新來的孩子這正是我們的責任也是我們的權利！

但事實上現在那裏有這種完備的幼稚園所以教師對於新進來的孩子不能不先有一種準備請列說於下：

I. 教師自身的準備 每一個幼稚園都有恩物小椅子畫片兒……每一位教師自然都有相當的學問但是要把剛從家庭脫離的孩子和恩物小椅子……及自己學問發生一致的關係第一要緊的卻是經驗新畢業年輕的教師在未擔課以前，最經濟的辦法，先到有成效的幼稚園裏去實習——半年或一年。臨時再考察各新生的母親和孩子的個性當新進來的時候，把自己的心放到他們在第一天情感的環境，尤其要知道他們的母親和孩子的個性當新進來的時候，把自己的心放到他們在第一天情感的衙署有的看地體會他們的內心有的望見高大校門當作了衙署有的看見了許多人當作出了事情也有當保育室是拐孩子的秘窟

怎樣幫助新進幼稚園裏的孩子

1

29 幼稚园里的几种读法教学法

张宗麟

1926年9月

题　解　　本篇原载《中华教育界》第 16 卷第 3 期。发表时间为 1926 年 9 月。本文七个部分的标号，均系编者所加。

有关撰著者张宗麟，参见前文《幼稚师范问题》题解。

张宗麟在入职鼓楼幼稚园前，曾有两个月教小孩识字的家教经历；尤其是通过在该园一年多来所进行的读法试验，使他对这个问题予以了肯定的回答。在中国古代书馆、私塾的启蒙教育中，对于五六岁的童蒙，均是由识字入手来施教的，并且采用了集中识字法。这种呆读死记的识字传统，在近代新教育兴起后，遭受到强烈质疑，甚至视之为"科举遗毒"。于是，在学前阶段识字，便一直被官方法规视为"禁区"。

依据上述可知，张宗麟在幼稚园中所进行的读法试验，可称为逆势而为。因此这种主张，既不为大多教育学家所接受，也未为教育行政部门所采纳。在依据鼓楼幼稚园试验而拟定的《幼稚园课程标准（草案）》中，原本有"读法"和"数法"两门课程；而在 1929 年教育部颁行的《幼稚园课程暂行标准》中，则将此两项删去，仅保留了其他七项课程。

尽管张宗麟所主张的，未被大多同行或教育行政部门所接受，但他始终坚信自己的试验结果，并矢志不渝地倡行。直至 1956 年，他还撰写了《幼儿园是可以进行识字教育的》（载《张宗麟幼儿教育论集》）。他始终认为，对于这个问题，关键不是"该不该"的问题，而是"是否有条件"的问题。

有关《中华教育界》，参见前文《现在幼稚园中亟应研究的问题》题解。

小学、中学的读法教学法①，研究试验的人很多很多；惟有幼稚园的读法，少有人注意到。在外国杂志上，有时还能见到一二篇；在中国的各种教育刊物，关于这类材料简直绝无仅有。这并不是大家有意弃而不谈，大约因为蔽于幼稚生不必注意于读法之成见。于是不明底蕴，以为果真可以不研究。而国内幼稚园，亦以读法一项为装饰品，或以之应酬家属之要求，并不重视此科。

实地施教者既如是漠视，旁观者那里还有切实之贡献呢？今年暑假，我做了两个月的家庭教师，学生就是五六岁的小孩子。家长请我的唯一目的，希望教读、写两门。这时候，我真有些手足无措。翻遍从前所学的，只有类似的原理，并没有类似的方法。既然没有现成方法可模仿，只得各处搜寻，问师友，翻杂志、书籍，东凑西凑，编成教材，想了教法，一个个的去试验。

那时候确实得到几种方法，但是因为时间太短，学生数太少，得不到什么成绩。现在把这几种方法继续在鼓楼幼稚园试验，看看将来结果如何？希望全国幼稚教师，大家都来试验。将来各出试验的结果互相来对较，看看那几种方法来得好？那几种方法应该改良？那种方法完全不适用？幼稚园里，还是应该专用某种方法，还是各种参用？各种方法之中，是否有学生程度的关系，还是可以一视同仁的？等等问题，都希望大家来解决，更希望国内幼稚教育家再研究出更好的方法来。所以，本篇不过做一个引子罢了。

一、第一法

此法联络故事、涂色、剪图、贴图、识字，使儿童经过许多历程，然后认字。近来，美国幼稚园盛行此法，且有作大规模之试验者，如纽约城。友人张君德孚，在东大②儿童研究班也试验半年。据说成绩很好，教法很复杂，能使儿童不知道是在识字，只知道是听故事、画图等等，但是不知不觉之中已认识字了。

---

① 读法教学法：当时对识字、写字和阅读教学法的总称。因阅读须以识字为前提，故此法的基础为识字；至于写字，在幼稚园中则不宜作出统一要求，可参见前注"读法"。
② 东大：指东南大学，前身为南京高等师范学校。

方法的说明，可以分作以下几个步骤：

（一）预备教材
（1）在儿童的经验中，搜罗最常见的动物、玩具、人事及各种动作。

（2）决定用某种物件以后，即以此物为出发点，编一段极有兴趣的故事。

（3）将故事里最重要动物等，画成一张轮廓或白描的图。图的适当处，写几个预备教的字（图甲[①]）。

又画一张图画，把故事中的重要动作画出来。只有〔是〕少去图甲上所有的人、事，在他们应占的地位上写了他们的名字（如故事简单，就可以省去图乙）。

（4）预备有关系的各种实物，以便教授时的需要。

（二）教授的步骤
下列的步骤，不是必须逐一照做、不能前后调换的。教师倘若以为可以省去一步或加增一步，都可以的，只要看是否是必须。至于次序的调换，那是愈加不成问题。我们大家知道，印板式的教授是死的，断不能施于活泼泼的儿童的。

我们虽然在很严正的试验之中，也常常要顾到儿童临时的情况。不能以为，预定是如此，就尊之为无上妙法；看做天下的儿童，尽如轮船、火车里的机器，总是照样开关的。儿童是活的，教儿童的方法也是活的、随机应变的。这是我们应该认为教育上的金科玉律。

（1）遇有适当的机会，或教师布置一个合用的环境，引起儿童好听故事的动机。于是，教师乘机讲一个故事（如何讲故事，另详）。

（2）讲完故事以后，问儿童刚才所讲的故事里有什么东西。儿童如能回对出来，就可以做第三步；如不能回答，教师可以重说一遍故事，然后用暗示的方法，使儿童对于这几件物事特别注意。

（3）儿童既然能够回答几件重要的事物，那末问他们："喜欢把这几件事物画出来

---

① 此图和后文的图乙，在原发表时均未附上，因此只能付之阙如。

吗？"这时候，儿童必定说："喜欢的。"于是拿出图乙来，叫儿童去拿颜色笔出来。大家都预备好了，教师问："某件画什么颜色？"学生说："某色。"……问完，然后叫学生拿出某种色笔来，开始涂色。

（4）儿童一一涂好了色，那末教师拿出图甲来给他们看。这里，开始教字了。重复一遍故事，问儿童某某在什么地方？某某在什么地方？儿童也差不多能回对了。教师就说："在这张（指图甲）图上，某地方有某某吗？"儿童说："没有。"教师问："有什么呢？"……教师说："这里是某某几个字。"大家念几遍，把一张纸上的字逐一教完，然后做第五步。

（5）儿童既然知道某某的地方，也略略有某某几个字的影象，那末可以问儿童："要不要把某某贴在某处？"儿童也必说："要的。"教师叫年长的儿童分发图甲，每人一张；又叫另一个儿童分发剪刀，教师预备浆糊。

（6）教师又问："某某在某处是怎样的？"……儿童一一回答正确完毕，教师再重述一遍。起头叫儿童剪，剪一件贴一件也可，一起剪完贴也可。

教授的步骤到这步大略完毕，以后就是复习的识字手续了。

如何复习，下文一段专讨论此事。现在举二个例子在下面。

第一例。此例专为初识字的儿童用，比较来得简单。

（1）题目：不倒翁。

（2）图画。只有一张，大小形状，如下图（原图4）：

原图4　不倒翁图

穿红衣服、禄〔绿〕裤子，白须、黄发、棕色的面孔、红的口。（颜色可以随教师自定，不过不可由学生乱涂。教师说什么颜色，教儿童拿什么颜色涂，可以因此练习辨别颜色的能力。）

（3）故事：从前有一位老人，年纪很老了，头发变做黄色，胡须都雪白了。他很和气，一天终是开着口笑，从来没有愁的样子。他喜欢穿红衣裳、绿裤子，常常和小朋友一块儿玩。一般小朋友看他穿的好看，又因他和气，所以都喜欢同他玩。但是，小朋友里有几个皮〔脾〕气不好的，常常推倒这位老人。你想，这么大的年纪，那里经得起跌交呢？一天，有一位仙人在半空中看到小朋友如此无礼，于是叫老人到仙人的家里去，教了许多本事。以后他和小朋友说〔玩〕，无论怎样推他，没有人能推得倒了。

（4）歌："不倒翁，推不倒。不会跑，不会跳。穿着绿裤子，披着红棉袄。年纪虽然老，一天到晚咪咪笑。"

第二例。此例适用于能涂小地方颜色的儿童，比第一例的程度高得多了。

（1）题目：老鼠赎尾。

（2）识字。白鼠对黑猫说："我的尾巴，请你还我吧！"

（此条并不限定，看儿童已有识字的能力而定。倘若真的不能认识，只要能知道到"黄牛、白鼠、黑猫"这几个字，也够了。）

（3）故事。有一天，一只黑色的猫和一只白老鼠在一块儿玩耍。黑猫忽然把白老鼠的尾巴拿了就走，白老鼠在后面追，请求还他的尾巴。黑猫说："你要你的尾巴，除非拿一杯牛奶来换。"白老鼠听了这话，跑到田里对着黄牛说道："黄牛妈妈，请你给我一杯牛奶，我可以向黑猫去赎回尾巴。"黄牛说："给你一杯牛奶是可以的，不过你应该拿一捆干草来换。"白老鼠听了，连忙跑到山里，找着一位樵夫，他就恳求道："先生，请你给我一捆干草。因为我的尾巴被黑猫拿了去，黑猫要一杯牛奶去赎；我跑到黄牛的地方去讨牛奶，这位黄牛说，要一捆干草方才可以换得一杯牛奶。先生，请你拿给我一捆干草吧！"樵夫听了这话，就给老鼠一捆干草。白老鼠拿了干草，向黄牛换了一杯牛奶；又拿了牛奶，到黑猫的地方赎回尾巴。

（4）图画。有 a（原图 5）、b（原图 6）两张。

（a）预备贴的。上面的字就是识字的材料之一种。贴的时候，白鼠和猫的地位最要注意。下面一块空格是预备贴字的——白鼠对黑猫说："我的尾巴请你还我吧！"

（b）预备涂色的。涂成以后，一个个都剪下来，把字也剪下来，都贴到 a 图上去。

（5）教授程序。参看本节"教授的步就〔骤〕"段。

原图 5　剪贴底图

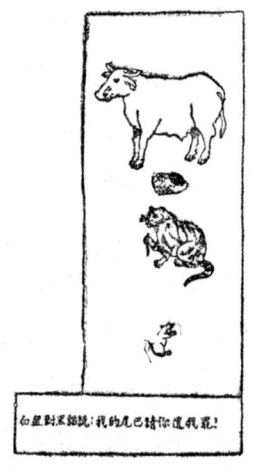

原图 6　剪贴图样和字样

二、第二法

利用儿童喜欢唱歌、唱诗的倾向，加以游戏的动作；然后视儿童识字能力的高低，教以相当的字句。儿童至三岁左右，初能说简单句子的时候，就很喜欢唱有韵的歌谣。这时候，教歌谣的功用还谈不到表情感、写风俗等。不过，〔可〕练习口齿、唇舌，灌输简单的常识，并且养成欣赏文学的基础。

所以，幼稚园的课程中应该有口授歌谣的一科。（可惜我国幼稚园里的唱歌，大半是佶倔聱牙的译诗，或含义深奥的古诗；甚至于有莫明其妙的英文歌、赞美诗，真真可笑之至。）此法就是利用此点而编造的。

现在，把编造教材和教授的步骤说明于下。

（一）编造教材

社会流行的歌谣，种类很多很多——私情、怨恨、风俗、季候、时事……儿歌，其中关于儿童的材料很少。所以，选择适合于儿童的歌谣已经觉得不容易，何况还要加上许多严酷条件去选择呢？所以此法之难，就是难在选择教材。我们选择歌谣的标准如下（这几条条件，我们自己想想，还是很宽的）：

（1）有动作的；

（2）可以表现的；

（3）字义不深奥，也不猥亵，不过很通俗的；

（4）意义富于兴趣的，但是没有残忍、骄傲等弊病；

（5）全篇中有最适合儿童经验的字，就是一个字不认识的小孩子，也可以因此认得一两个字。

因为条件定得宽，所以我们所选的歌谣，大半还能留原文，改的地方并不多。

现在引一出在下面做例子，请读者批评（原图7）。

（二）教授的步骤

现在，将上面所引的一首来做实例，说明我们所用的教授程序。

（1）做"猫捉老鼠"的游戏，这个游戏要在室外做的，做的方法大略如图（原图8）。教师口令一响，老鼠出来，猫去捉他。鼠当逼急时，可以躲进圈子里去。倘若被捉了，成〔或〕互换位子，或另换二人。

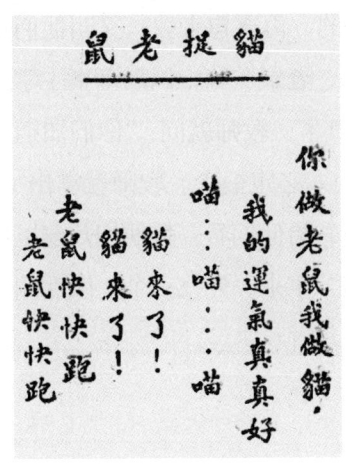

原图7 《猫捉老鼠》歌

原图8 "猫捉老鼠"游戏图

（2）游戏做了几次以后，教师问："要唱《猫捉老鼠》的歌吗？"此时学生必回答："要唱。"于是，教师叫学生坐在地下，教师也坐在地下，一句一句的口授。这首歌谣并不难，所以只要口授三四遍，已有一部分学生能唱。再复习几遍，然后可以做下一步。这时候，倘若学生已有倦容，就可停止，得〔待〕明日再做下面几步。（据我们的经验，学生到这步，已有倦容。）

（3）到了第二天，先教唱歌谣。教师可以拍掌击节，以助其兴。唱了几遍，教师暗示学生停止。问："要做游戏吗？""昨天的'猫捉老鼠'好玩吗？""今天再来做好不好？"那末，联手成一大圆，公举一只老鼠出来、一只猫出来。教师又叫儿童拉着圈走，一面唱歌谣。唱完一遍，教师发令，老鼠出洞，猫向前去捉。捉住以后，大家拍掌并唱歌谣作贺。如此做两遍，立刻继续做第四步。

（4）教师问："我们把〔这〕个游戏画出来好不好？"儿童必回答："好。"教师把预先画好的图拿出来给儿童看，说明图中意义（可以请儿童说明，或用问答法）。做到这步，又可以停止，明天再做。

（5）先看图画，叫儿童回答问句，然后唱歌谣。两三遍以后，继续做第六步。

（6）"我们要把歌谣写出来吗？"……拿出印好的纸来，每人一张的分给完毕。教师叫起识字能力高些的儿童，站起来读（当然有许多字来〔未〕认识），教师从旁帮助他。如此，可以叫两三人读，教师也读一遍。然后教师读一句，叫学生也念一句。（这种念法，除去几个识字能力高的儿童，或可因此认识几个字以外，其他儿童很少有益的。）

（7）分做两班来教：（a）已经能识几多普通字的，再逐句来教；又叫他们自己来读，教师又指出单字来，给他们认。初时最易，如"猫、老鼠"等，以后渐指生字。（b）程度低的，教师还是要他们不看字的念。念到很顺口了，教师就问："你们知道'猫'字吗？"他们或说知道，或说不知道。其实，知道的人必定很少。教师就拿出一个"猫"字（预先预备好，用大的纸写，最好有彩色的）来，给他们看。教他们几遍以后，那末叫他们翻转故事纸来，叫他们在这张纸上找出"猫"字来。先找一个，以后叫他们一个一个的都找出来。（倘若要教"老鼠"二字，也可以仿行。）

（8）复习。方法不一，本篇末段再讨论。

三、第三法

此法细分之，可以成为许多独立的方法，但是性质都相仿佛，所以总为一类。或者可以叫他是图画法，此法最易施行。幼稚园里图画一科很着重的，教师倘若肯用力些，几乎无时无地不可以教。下面所举的几种方法，不过是举其例而已，不是说只可以限于这几种。

（一）涂色

涂色是幼稚园课程之一。教师预备了动物、植物或其他物事的轮廓，教儿童用颜色笔、蜡笔（或铅笔，不能用毛笔）涂色。涂成了以后，用阴文的字印在图画的旁边空白的地方。印出来的字是空心字，又可以使儿童涂颜色。涂好了颜色，再来教字。

下面的图（原图9），是一个教从来没有认过字的儿童的例子。

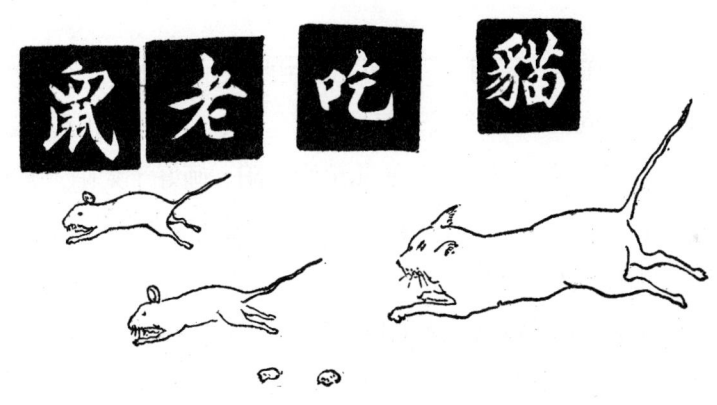

原图9 《猫吃老鼠》填色图

（二）剪贴

此法非但与图画相联，且与手工有关。幼稚园里的图画和手工（尤其是剪纸工），本来很难分的。有时候画好了图，可以连续做手工；反之，有许多手工，如剪纸、泥土〔工〕等，非经过着包〔色〕的手续，简直是没有完毕。利用此法教识字，有两种方法：

（1）做完了图画、手工，然后用空心字，或教师用笔替他写起字来。（最好是用心空〔空心〕字，儿童可以经过涂色的一次动作。）

（2）另用一张纸，印好了空心字，涂好了颜色，然后把剪下来的东西贴上去。（此法很简单，恕不举例。）

（三）空心字

空心字的样子，见本节（一）的例子上。这种空心字，既可以涂色，又可以认字，确是一种好教材。他可以和各种方法联合起来，也可以单独用。此法就是单独用的。

用白纸一张，印许多空心字，不必成为句子，给儿童去涂各种颜色。然后，教儿童把他一个一个的剪下来，排成句子，再依次贴到一本簿子上去。

此法，已有练习缀法的意味。所以，只可用于已经认识几多普通字的儿童。我以为，在前期小学一、二年级里，竟可用此法。

（四）日记

此亦画图之一种。在某一星期中，竟可完全用此法。譬如：

星期一，天气晴，问儿童："今天天气好吗？""天气好，有什么东西在天上呢？"因而渐渐的引到，有很好的太阳，然后使儿童画太阳。画好了太阳，教师问："你们要认得'太阳'两个字吗？"……先在小黑板上写"太阳"两个字给儿童看。如有空时间，可以逐张纸上印"太阳"两个空心字，教儿童涂色而认。

星期二，有客人来，就可以做"人的日记"。

星期三，天气有云了，就做"云的日记"。

星期四，下雨了，就做"雨的日记"。

星期五，自然课讲蝴蝶，就做"蝴蝶的日记"。

星期六，旅行去，又可做登山涉水、看到种种物件的"旅行日记"。

此法不愁无事可记。每天的故事、自然、常识等所讲的新鲜事物，都可以拿来做资料。至于将近纪念日、节气，或儿童或教师的生日，那又可增多许多材料。材料是随处都有，只要有人去找。

每班儿童识字的程度不齐，所以同做日记、同画一件事物，教师可以教不同的字。例如"太阳"的一张画，可以教"太阳""今天天气好""前几天天下雨，今天天晴了""我起来得很早，看到太阳出地来"……

教师倘若难以想出适当的句子，可以和"第五法"联合，请儿童自己说，教师替他写，或印空心字。

四、第四法

此法可名之曰"实物法"。很简单，普通小学校里，有时亦常常采用。但是，有一点很不容易解决的难处——实物和抽象的字不能联合起来。四五岁的儿童，倘若环境富有事物，并不是关在家里的，他很能叫出许多物名来。不过，这是具体物和抽象的话相联合；倘若要转到具体的物和抽象图相联合，用言语表现出来，又非加一番工夫不可。

今年碰到二个初进幼稚园的孩子，他知道"狗"，能叫"狗"。但是给他看狗的图，他就叫不出来。看图已经难到如是，认字愈加不必说了。中国现在流行的字已经不象形。倘能象形，就容易教得多。

据个人的经验，"羊"字比"狗"字容易教得多，"馬"字也不难教。但是教过了"馬"字，非常难教"鳥"字。倘若要教"鳥"字，在短时期里简直是不可能了。此中就是因为，"羊"字有象角形的两点，"馬"字有象脚的四点，"狗"字不能牵强去象形。"鳥"字的字形与"馬"字容易相混，"烏"字愈加难和"鳥"字分别了。在楷书上，象形字简直绝无仅有，但是我们可以自己意会去象形的，可以帮助不少。①

次之，指事字里也有几个字容易教的，例如"上、下"等字。至于形声、会意等字，就不容易拿来利用；非到儿童已经有了几个字的基本，方才可教。至于转注与假借，愈加不容易教了。但是，我们利用"六书"②的原理去教识字，很可以减少实物与抽象字

---

① 此段中的繁体字，根据文意进行了保留。
② 六书：古人分析汉字而归纳出来的六种构成方式，具体为象形、指事、会意、形声、转注和假借。"六书"一词最早见于《周礼·地官·保氏》。东汉许慎在《说文解字》中，对"六书"予以了解说，是历史上首次对六书定义的正式记载。

体联合的困难。

此法的教材，可称多极！凡自然、常识、故事、图画、手工、唱歌……一切课程上的字，都可以来利用。见花就可教"花"〔字〕，见猫就可教"猫"字。但是，有几点教授经验，很可以和读者来讨论。

（1）动物比植物容易教。"牛、羊、猫、马、狗"等，都不难教。植物中，只有"花、草"二个字，与"牛、羊"差不多容易教。教"稻、麦、豆"，就不容易；要想教"菊花、桂花"，那"菊、桂"等字之难教，几乎和指不出实物的字同样难教。

（2）在初学写字的时候，笔画的多少很有关系，在学认识的时候并无多大关系。"七"字比"鼠"字在笔画上不知相差几多，但是，"七"字比"鼠"字难教。

（3）实物的能活动与否，似乎无甚关系。最重要的是此物在儿童经验上，受到刺激的多寡。所以，日常的物件也可以教。

（4）实物往往有两个字合成一个名辞的，就应该合教。分开来教单字是不容易的，有时候还要养成儿童错误观念。如"火车"，就应该二字联合教，不应该单教"车"字；而引火车的实物，儿童很容易看一个"车"是两个字的，或认"车"字为"火"字的。至于如何分别复习，详于后文复习法。

（5）实物法单独施行不很容易，最好请儿童自己动手画图来帮助。

五、第五法

此法可以名之曰"儿童自述法"。只可用于已识字、有根基的儿童，并且似乎只适宜于教少数儿童（二三个），不能同时教多数儿童。我在暑期里有两个儿童就是受此法的试验的，结果他们的成绩很好。

所谓儿童自述，就是教师引起某种动机，使儿童讲述；教师略略的修正一下，然后把他逐字写出来。儿童有几个字是认得的，有几个不认得的，就可以因自己讲过的话意会下去，再加上教师的指教几句，句子就可以完全认识。

此法可以单独施行，也可以与其他工作联络的教。下面写几条教授经验出来，说明施用的手续。

（一）单独的施行

有一天，我到〔去〕上课。这两个小孩子在大门口看见，拉住我的手说："今天我们去看牛。一只黄牛耕田，一个小孩子骑在另外一只牛的背上。"……我们到了读书的屋子里，大家坐下来，我又请他们二个讲今天看牛的事情。他们又很起劲的说了一遍（自然是两个孩子各说一遍）。我问："要把这件事写出来吗？"他们说："要的。"我说："黄牛哥哥会耕田，对不对？"他们说："对的。"又说："牛弟弟背上坐了一个人，对不对？"又答："对的。"我先将这两句话写在黑板上，请他们读。其中，有"会、耕、背"是生字。但是教了一遍，他们就能读了。于是，把这两句句子写在一本小册子上（用牛皮纸订的，长不过四寸，阔不过三寸）。

又有一天，他们家里来了一位客人。他们对我说："今天，我们家里来了一位苏州客人，我起来得很早去接他。我说：'某某早。'他说：'宝宝早。'"因此教了："今天我起来得早，因为苏州客人到。我说：'客人好。'客人说：'宝宝好。'"

（二）和别课联络的教

此法最易与图画联络。次之，手工、故事也可以的。

有一天，大家看《儿童画报》，忽然看到一张：树上鹊噪，地下有一只猫和一位女孩子。我叫他们说明图的意思。说明以后，我说："三只小鸟树上叫，一只黄猫地下跑，小妹妹看了哈哈笑。"他们也就学起来，并且学了好几遍（这大概因为是有韵的句子，近乎歌谣）。我说："写出来好不好？"他们很高兴的拿出小册子来。我就逐句写了。此中虽有生字，他们竟不教而能读下去。

又有一天晚上，他们的父母教他们剪图画，他们竟把两张不联贯的图，贴出有关系来：一张是一个妇人做衣服，一张是一个小孩子据案读书。到了第二天，他们给我看，并且要求我写："母亲做衣服，小弟弟读书。"写成以后，他们也不教而能读下去。

其他例子很多，如讲过一首故事，看到一件新物事，做过一件新事情，他们都会来要求写的。

此法教师须留意三点：

（1）儿童不完全的话，应该改成完全句子，无文法上的错误；

（2）儿童有时说得太长，教师应该把他摘要的叙述一番；

（3）所写的句子，能有韵最好。不然，也要逼肖儿童口吻。

六、第六法

此法采用教科书，大部分的教材取给于书上。不过，教法与普通小学校里教法，略略有些不同。

年岁稍长、识字较多的儿童很希望有一本教科书，天天可以拿回家去，可以上下的随意看图，随意识字。教师就应该利用这种心理，请家属替他买一本程度相当的读本。各书坊间出版之幼稚教科书，似乎都不适用。因为程度太浅，里面的字，普通的字，差不多都认得。冷僻的，还不须要；并且所有的，大半是单字，或单个物名，少有整的句子。

凡已经识得百数十字的儿童，能稍稍读简单句子的儿童，非常不高兴再认单字。（单字不容易记，此在学习上已详详的替我们说明，在实际经验上也是如是。）所以，只好偶而请他们看看彩图，认认单字；断不可以拿了一本《幼稚识字》或《幼稚读本》，天天去教他们。

商务印书馆出版的《儿童文学读本》第一、二两册，及《国语读本》一、二两册，中华的《国语读本》一、二两册，都可以采取作为教材。因为其中大半是数课有连续性的，句子也简单，也有兴味，并且复习的机会真多（尤其以《儿童文学读本》为最多）。几乎一个字，有十几次的接连复习；并且有时候在句子的里面，用图画来代字，真能引起儿童读书兴趣。

一本教科书，不能每课都好的，更不能逐字都好的。所以，拿了一本教科书逐课的教，是教师的错处之一。

儿童每日的兴趣不同（虽然儿童的兴趣，有时候可以由教师造成的），那里有每天喜欢读教科书的儿童！但是，教师不能因为儿童不喜欢教科书，就可中断读书。应该要预先有充分的预备，使儿童有兴趣。每天强〔迫〕儿童读教科书，是教师的错处之二。

环境是最好的读法教材，所以应该尽力采取环境上的教材。例如，出去旅行一次，教读法时，应该充分的利用；儿童做了一件特别游戏，或有特别事故，就应该利用。此为教读法的教师应注意之第三点。

利用读法以养成种种必须的观念，如爱国、爱自然、爱清洁等。例如将到国庆日，读法就可专重于国庆节上应有的种种事物；将到夏季，应该取材于夏日卫生，如拍蝇、灭蚊等。此为教师应注意之第四点。

以上四点，都是拿着教科书教读法的教师应该注意的。倘若教师注意到这四点，一月之中，教授教科书的日子就不多；教科书于儿童，也就是一种很新鲜的读法教材了。

普通教师教读本，每次只教一课；学生要求多教，他就不答应。到第二次上课，必须背诵；不能背诵，就有相当的责罚。这两点都错误的。

每天读一课，倘若遇到都是熟字，遇到一课的意义未完，遇到儿童兴趣很好，喜欢读下去；教师强令读一课是专制，也是摧残儿童读书兴趣。

至于背诵，除去口头熟练以外，在认识一方面，未见有若何关系。竟有口头烂熟，一字不识的，如初进私塾的学生，口头已能诵《百家姓》《神童诗》《千字文》之类，读起块头字来，竟有一字不识的。所以，我们只要儿童能识得，不要儿童能背诵。因为认识的坚固，在乎多刺激或强刺激（学习律上的多因与显因）。识字的多刺激，是视觉与发音器的动的多刺激；单靠发音器的多刺激，好像"小和尚念经，有口无心"，熟读千篇，不识一字的。

此外，对于用教科书的，还有一点意见要说，团体教授可以少用，不如少用，能够同时只教两三人的，就应该这样教。多用个别教授，偶一用团体教授，效果比个别教授来得好。儿童同等年龄的伴友有竞争的兴趣，不过不很浓。教师就可以利用之，作为团体教授的基础，但是，团体不可太大。

七、复习法

复习的意义非常广。凡学习新事物，除第一次见面学习外，到第二次，就是复习。学习的效果完全得自复习。所以，心理学家成篇累年的研究学习法，严格的说起来，大部分是讨论复习法。我先举一个希望学习之有效果，必须有复习的实例。

陈鹤琴先生有几位侄子，在某校读英文。在校时时听过讲的英文，回到家里由陈先生再口授七遍；他们自习，又是七遍。当时，试验在指定的四十二生字中，有十八个不能识义的字，有二十一〔个〕发音不准确的字。第二天早上，又试验一下，结果有十六个不能识义的字，十六个发音不准确的字。（那次试验有四人，这是其中成绩之一。）

从这种地方我们可以知道，学习事物确是不容易的。幼稚生识字，犹十三四岁的童子学英文，或者还要难些。据我的经验，最容易认识的字，如"羊、牛"等，非复习在十次以上不能完全认识。倘若稍稍难些的字，如"到、有"等，非三四十次不能认识。这里虽然有个性的差异，教法之不同，字形、字义之难易等分子，但是我们至少可以大胆说一句："复习在学习上最为重要。"

翻开无论什么普通心理学书（除非纯粹讨论感觉的心理学丛书），都可以找到讨论学习律（the laws of learning）的。从学习律里，就可以得着复习律（how to review）。我现在，把它几种重要的复习律写出来，然后再来讨论实际施教情形。

（1）同时复习不如分期复习。譬如读一节文字，若一时想读熟，所费的力，所读的遍数，必定多于分作几期读（就是说，今天先读几遍，明天再读几遍，后天再读几遍）。

（2）复习的材料须整个单位的。心理学上，关于整个与分段（whole or part）之争最为久长，到现在还没有完全结论。但是一般试验结果，凡意义联贯的材料应该整个学习的。在复习上，尤须整个。从前分段学习的，到复习时必须整个，成效方速。

（3）复习时，当借助于已经熟悉的材料。联念[1]在学习上，最有功效的。我们把新的材料用种种方法，联到旧的上面去。那末，新的也可以变做旧的一部分。如此，很可以减少许多的复习工作。但是，当旧的材料还不是完全熟悉的时候，那就不可利用，免得生出谬误的联念来，那就很费力了。

（4）两次复习时间的距离不宜过长。倘若能一天之中作两度的复习最好。

（5）初学时，对于材料须完全明了，得〔待〕复习时再来解释内容是来不及的。倘若有困难之处，尤宜一一解除。

以上五条，不过是荦荦大端。倘若要完全举出来，非本篇能力所及；况且其中争端甚多，我们只好把大多数心理学家所承认的来应用，也就受惠无穷。

看图识字、实物教授等，固然于初学识字者有很多的帮助；但是要儿童离去帮助品

---

[1] 联念：依据陈鹤琴的解释，即将记忆中的知识与当前建立联系。在此所论，似与"正迁移"或"负迁移"相关。

而认识，方才算得完全认识。复习的工作大部分要注重在此点。我对于复习上，简直找不出新的方法来，只好把很旧式的几种来应用。

（1）原教材的复习。此法又可分为两种：（a）如图画法、故事法等，依照原有教授程序重教，其中图画等，一件也不省去的。（b）如自述法、用课本法等，原来是少图画关系的，拿来照原文复习。

（2）块字的复习。儿童曾经教过的字都写在方块纸上，然后每天拿来复习几次。此法已经脱去图画等帮助的分子。还有类似块字复习之一法：用立方木块，上面写着预备复习的字，任意放在儿童面前；教师先依着这几个字，杜撰一只〔个〕故事讲给儿童听；讲完以后，那末请儿童拿出某字、某字来。

（3）随地复习。此法在黑板上做的次数较多，就是教师随意在黑板上写几个字，请儿童来认。儿童数，两个或三个，程度相仿，可以竞争，用圈来做奖品。此法若施之于字汇较多的儿童，尤为容易。可以在任何地方复习，如看《儿童画报》，看各种广告图、食物上的字、路上所遇见的字等。只要教者留心指导，随时随地都有相当的材料。

30　寿六旬慈母
——致陶文渼

陶知行

1926年10月5日

题　解　　本篇原载《知行书信》一书第148—152页。撰成时间为1926年10月5日，出版时间为1929年1月。正题系由陶行知自拟，副题原为"给文渼妹的信"。本文副题，系由编者统一拟定。文末"知行"署名，系由编者加拟。

有关撰著者陶知行，参见前文《孟禄夫人送玩具——致桃红、小桃》题解。

致函对象陶文渼（1895—1929），女，安徽歙县人。陶行知胞妹。早年在家乡接受了基础教育，与陶行知之妻汪纯宜是同学。后嫁与陶行知在崇一学堂、金陵大学的同学张枝一，婚后无生育，张氏未久不幸病逝，陶行知遂将次子陶晓光和小儿陶城过继给陶文渼为子。此后她便与陶行知一家生活在一起。她不仅上奉母亲，下协助陶行知夫妇教养四个孩子；而且还参与办理中华教育改进社社务，组织领导晓庄师范的妇女工学处。写此信时，陶文渼在陶行知北京的家中，而陶行知正在南京全力筹创燕子矶幼稚园。

题目中所称"慈母"，为陶母曹翠仂（1866—1933），安徽绩溪人。陶父陶位朝当时在休宁县万安镇经营"亨达官酱园"，遂娶其为妻。她嫁入陶家后，家道中落，酱园转给他人，他们夫妇随即归里。她平日勤劳、俭朴，操持内外，教养子女，对陶行知品格形成的影响甚大。正因为她曾任歙县崇一学堂所在教堂的帮佣，所以才有了陶行知以后的入学读书，并逐步得以深造。在陶行知归国后，她又帮助陶行知料理家务，照顾小孩，使陶行知能够全心全意地投入中国的教育改造事业。

有关《知行书信》，参见前文《孟禄夫人送玩具——致桃红、小桃》题解。

文渼吾妹：

九月二十三夜的信收到了，读着令人乐而忘忧。

关于母亲寿辰一层，您所陈述意见十分圆满，我完全赞成。

你说"寿辰是自家亲人的大志喜"，这句话初看很平常，骨子里最有精彩。我反覆涵咏，而后领会此中意味之深厚。

志喜之法，您说是要做母亲喜欢的事情，这是喜上加喜。我们能照这样做去才算是真的做寿。

今人做寿，又只限于一两日之热闹，您却要时时常常的为母亲做寿，所以说："总期母亲今后时时刻刻多得新快乐。"

这三层意思，可当作做寿的金科玉律看。请大家就照这话进行，我当然是遵办的。

我为事业所拘，不能常侍膝下，母亲一切起居、饮食、娱乐，只得付托吾妹、纯宜及四个蟠桃①好好侍奉。我虽在千里之外，而无内顾之忧，已立志要乘母亲六秩荣庆之年，为国家教育创一不可磨灭之事业，以作吾母寿人、寿世之纪念。

秋节②后两天，收到母亲饲蜜桃绿豆图③，看着不愿放手，真是好一幅天伦大乐图啊！我要想把母亲爱蜜桃的心，本着"幼吾幼以及人之幼"④的精神，推而远之，使凡如蜜桃的，都能得蜜桃之爱护，享蜜桃之幸福。小孩子从能走路、能说话的时候起，到进小学止，是最可爱、最要教导的时期。

爱护幼儿的人创设幼稚园，就是要培养四五岁的小孩子，使他们的生活可以丰富。但是国内一般幼稚园有几种流弊：第一，他们仿效外国，不合国情；第二，他们灌输宗教，制造成见；第三，他们费钱太多，非有钱的地方不能办；第四，他们学费太重，非富贵的子弟不能进。有了这几种流弊，所以不易推行。

吾国以农立国，人民百人中，有八十多个住在乡村里。要想把幼稚教育推广，必须把这些流弊除得干干净净，使他们可以下乡，然后才能收普遍的效果。照现在情形，幼

---

① 此"纯宜"，指陶行知之妻汪纯宜；此"四个蟠桃"，指陶行知的四个儿子：桃红（陶宏）、小桃（陶晓光）、三桃（陶刚）和蜜桃（陶城）。
② 秋节：指农历八月十五的中秋节。
③ 此"图"，当为照片。
④ 语出《孟子·梁惠王上》。该句之前，尚有"老吾老以及人之老"句。

稚园下乡，好比是"骆驼穿针眼"。所以，我想打破外国的、成见的、费钱的、富贵的幼稚园，而要创造一个省钱的、合理的、平民的、适于国情的幼稚园，使他可以下乡去为农民子弟谋幸福。

此事已经筹有头绪，开办费由江苏省长陈陶遗[①]先生拨，经常费由改进社及明陵小学[②]担任，地点已选定燕子矶[③]，主事已请定陆慎如[④]女士。现在就要兴工建筑，明春即可开办。奉上宣言书[⑤]一纸，原理、办法都可一目了然。

我深信，此举可为幼儿教育开一新纪元。且等到建筑完工，筹备就绪，办法有了把握，就要进一步谋普遍推广之法。那时，已有具体成绩供人观摩，自能得到相当信用。预备借重吾母寿期，为全国幼儿教育募集百年基金。平日与我发生关系的，当在万人以上，拟与诸同志共成盛举。

母亲前不以公开做寿为然。为子女者，应当体贴他的意思：一、父亲已经去世[⑥]，单独做寿要引起无限悲感；二、亲友应酬，杀生必多。母亲不愿为其生日杀生，宅心至为仁厚。这两层意思都是我们亲自晓得的，断不能违背。但为全国幼儿教育募集百年基金，使一切寿礼尽归训练幼儿师资及开设模范乡村幼稚园之用，事为善举，似属可行。尚望代为委婉请示。

我拟于寿辰前四五日进京。近来身体、精神都好，请全家放心。母亲、纯妻、大桃、小桃、三桃、蜜桃请代报平安。敬祝

康乐！

知行，十五年十月五日

---

① 陈陶遗：参见前文《论幼稚园应有之改革及进行办法——致陈陶遗》题解。
② 明陵小学：位于南京市中山门外，时任校长为王伯秋。该校为中华教育改进社特约乡村学校。
③ 燕子矶：南京郊区地名，面临长江，为一风景名胜之地。当时，其周边均为农村。
④ 陆慎如（？—1927）：女，籍贯未详，为当时幼稚教育界的名人。此时已应陶行知之聘，负责主持筹办燕子矶幼稚园。然而在1927年春，她便因病辞世。这也是燕子矶幼稚园未能如期开办的原因之一。
⑤ 此"宣言书"，系指即将在《新教育评论》上发表的《创设乡村幼稚园宣言书》。
⑥ 此"去世"，指陶行知的父亲陶位朝于1915年病逝于南京。当时，陶行知尚在美国留学。

31 幼稚园之新大陆
——工厂与农村

陶知行

1926年11月12日

题 解　　本篇原载《新教育评论》第 2 卷第 24 期。发表时间为 1926 年 11 月 12 日。

该文后收入陶行知自编教育论文集《中国教育改造》（上海亚东图书馆版，1928 年 4 月初版）。

有关撰著者陶知行，参见前文《孟禄夫人送玩具——致桃红、小桃》题解。

所谓"新大陆"，系指意大利航海家哥伦布（C. Colombo，1451—1506）于 15 世纪末、16 世纪初发现美洲大陆一事。此为"地理大发现"中的重要事件，在人类文明史上中占有重要地位。陶行知以此借喻自己在幼稚园方面的探寻和发现，即在发现了乡村幼稚园的重要后，又发现了城市工厂幼稚园的重要。

乡村幼稚园的首设，为 1927 年 11 月 11 日开办的燕子矶幼稚园。其后，又先后创设了晓庄中心幼稚园、和平门中心幼稚园。1929 年秋，又将晓庄学校的幼教机构合组为蟠桃学园，从而有利于乡村幼教实验的深入。

工厂幼稚园的首设，为 1934 年 4 月 1 日开办的"劳工幼儿工学团"，简称"劳工幼儿团"。该团设于沪西劳勃生路女工聚居区，专门招收女工子女入团受教；招生对象为断乳至 8 岁的劳工幼儿，即将托儿所、幼稚园和小学一、二年级连成一体。该团是在陶行知的指导下，由其门生孙铭勋和戴自俺具体办理的。

上述两种幼教机构，在中国幼儿教育发展史上均属首创，因而确实具有发现"新大陆"的意义。还有本文最后提出的卫生要求，实则是办理乡村和工厂幼稚园的最低标准。若成了"传布疾病之幼稚园"，那便事与愿违了。

有关《新教育评论》，参见前文《评陈著之〈家庭教育〉——愿与天下父母共读之》题解。

最需要幼稚园的地方是什么？最欢迎幼稚园的地方是什么？幼稚园应当到而没有到的是什么地方？幼稚园还有什么新大陆可以发现？

一、女工区域是需要幼稚园的

妇女上工厂做工，小孩子留在家里无人照应，最感痛苦。若带在身边，那末工厂里的特殊、紧张之环境，便要阻碍儿童的发育。

倘使工厂附近有相当之幼稚园，必能增进儿童之幸福，而减少为母者精神上之痛苦；同时女工既不必心挂两头，手边又无拖累，则做工效率自然也要增加好多。

所以为儿童教育计，为女工精神计，为工业出产效率计，这种工厂附近必须开办幼稚园，这是幼稚园的第一个新大陆，我希望幼稚园同志快来探获。

二、农村也是需要幼稚园的

农忙的时候，田家妇女们忙过〔个〕不了，小孩子跟前跟后，真是麻烦。哥哥、姊姊也要帮忙操作，无暇陪伴弟、妹玩耍，所以农忙一到，乡村小孩子就要缺乏照料。

倘使农村里有了幼稚园，就能给这些小孩子一种相当的教育，并能给农民一种最切要的帮助。幼稚园的同志们！诸君可曾想到这个新大陆？我深信，如果诸君愿意下乡，采桑娘子必定是诚心诚意的欢迎诸君的。

幼稚园的下乡运动和进厂运动必须开始，实无疑义。但现在的幼稚园必须经过一番根本变化，方能到乡村和工厂里去。

他第一要打破外国的面具，第二要把贵族的架子放开，第三要省钱，不当用的必不用。这里要整天整年的幼稚园，半天的幼稚园只能解决一半的困难。幼稚园放假，也只能跟着女工、农妇空闲的时候为转移。

现在幼稚园，还有一件事没有注意到，这事就是儿童的康健。儿童的康健比什么事还要紧。幼稚园教师倘没有受过严谨的卫生训练，则幼稚园恐怕要变成传染疾病的中心。

我有一个朋友，全家害过猩红热，又一个朋友的小孩儿都染着百日咳，还有好几家朋友的小孩子染着沙眼病和天花，都是因为幼稚园里不注意卫生所致。

我希望，大家把儿童康健当作幼稚园里面第一重要的事情，幼稚园教师应当做康健之神。工厂和农村是幼稚园可以发现的新大陆。他们只欢迎爱护康健的幼稚园，不欢迎传布疾病之幼稚园。

32　幼稚园课程编制原则

唐　毅

1926年12月12日

另图18　唐毅像

题　解　　本篇原载《教育杂志》第 19 卷第 2 号"幼稚教育专号"。撰成时间为 1926 年 12 月 12 日，发表时间为 1927 年 2 月 20 日。

本篇还见载于《河南教育》第 2 卷第 5 期（1929 年 10 月 15 日）。

撰著者唐毅（1897—1975），原名荣琛，字现之，又作献之，广西灌阳人。1919 年考入南京高等师范学校教育科，为陶行知高足之一。学习之余，热衷著译。历任广西省立第二师范学校、四川省立第二女子师范学校、南京东南大学附属中学、广西省立第二女子师范学校、广州中山大学附属中学教职，并曾任中华书局编辑。1932 年受命为广西省立师范专科学校筹备处主任。1934 年任山东省乡村建设研究院研究部导师兼训练部主任。1937 年负责筹办桂林师范学校，后任该校校长。1941 年应聘为广西大学教授。1946 年任广西省立桂林图书馆馆长。1949 年后，任广西省司法厅厅长等职。译有《幼稚园课程研究》《近代教育家及其理想》《近代西洋教育发达史》等。

有关《教育杂志》，参见前文《儿童心理在儿童教育上之意义》题解。

要说明幼稚园课程编制的原则，当先说明幼稚园及课程二者的意义，然后才可以明了幼稚园课程的意义及其编制的原则。现在，且先说明幼稚园的意义。

一、幼稚园的意义

自来对于幼稚园的意义之解释已各不相同。即福禄培尔自身,对于他也没有一定的界说以说明之。所以到后来,便有 Herr von Arnswald 和 Arnold H. Heinemann 两派的纷争。前者认幼稚园为儿童发育滋长的机关,后者认他为普通教育之唯一的预备场所。这两家的争执各有至理,我们不能说他们错误,但亦不能说他们全对。因为各有所偏,不能得到真理之全。

实则幼稚园对于这两方面的意义都应该包容并举,不可偏废。试一考福氏,"在其(指幼稚园)中之儿童,非受教者,乃发展者"之一语,便可以知道,上述之两种意义都包括在里面的了。"发展"二字,固包括有"发荣滋长"的意思;但"为将来预备"的意思,未尝没有包括在他的里面。

Jadasu Misawa 博士说:"卢梭之学说,大反对牺牲现在以为将来。"福氏则认为,现在之完满,同时即为将来之保证。其言曰:

> 以后相继各期之强健的、完满的发展与培养,实基于以前各期生活之健壮、之完满的发展焉……婴儿、儿童、成人,有一事为彼等不可不知者,即其所从出之各期的发展。于是以后各期之生,将如春笋之怒放,而本其前期之努力,以完成其所需也。

观此即可以知道,发展之中实自然的含有"为将来预备"之意。正如河水长流,其进展之中,自然带有预备之性;又如草木滋长,其发荣之中,实具有预备之基。发展当前即是预备将来,二者如链中之环,不可分离,更不能畸轻畸重,致生流弊。

然则照这样讲来,福氏式的幼稚园当可称完善,何以流弊不少,诋毁他的日多呢?不错,福氏式的幼稚园确然是不完善,但他的弊病不在"发展"二字为之厉阶①,实在因为他的教育哲学含有神秘的意味。他心目中的儿童不是寻常儿童,乃是他神秘世界、象征世界中的儿童。儿童乃教育的中心,中心尚且认错,设施焉得不错? 所以,我们现

---

① 厉阶:源自《诗经·大雅·桑柔》中"谁生厉阶,至今为梗"。指祸端;祸患的来由。

在要重新的估定儿童的价值，以为设施幼稚园之标准。

我以为儿童不是神秘的，不是无用的，不是具体而微的成人，乃是生物的、生长的、需要社会扶助的。幼稚园的目的，即在发展这生物的、生长的、需要社会扶助的儿童之自然的行为和培养他正当的习惯及其基础。

所谓自然的行为，除普通所谓本能外，尚包括情感、冲动等等在内。举凡动作、思维、语言、喜怒，不问先天的、后天的、偶然的、必然的都是。幼稚园中务使此等行为自然的、无碍的一一发露出来，然后根据教育目的，分别他们的当否，而培养其当者，改除其不当者。

从前的教育，不顾儿童自然的行为，固然是大错；现在的教育，不顾正当习惯之养成及不当习惯之打破，亦属不对。真正的教育应当三方兼顾，不可偏畸不均。可是，幼稚园时期为人生之始，自然动作必多，而不当之习惯必少，且易改除。故须对于发展行为及培养正当习惯方面多多尽力，不当的习惯自然会渐归消灭，而最要的实在立定将来正当习惯之基础。

二、课程的意义

课程是启发行为、培养习惯和改正习惯之有次序的历程。他不是科目，如历史、地理、物理、化学等。因为科目是人类经验的结果。他不是教材，如一首诗、一个鱼或一件化石。因为教材是静的。

课程乃是教者考察了学者的行为以后所设备，足以引起行为、培养习惯和改正习惯之一种程序。他是活动的、一贯的、适合学者行为，而为他所需要的。只须把学者安放在这程序的当中，他便不能自己〔已〕的、努力的，并且循序的依着课程的程序，一一活动上进；而能于不知不觉之中，兴趣淋漓的得到了正当的行为，改正了不正当的行为。

三、幼稚园的课程

普通的课程意义，我们已经明了，那么幼稚园课程的意义自然可以推想而知。质言之，就是恰合启发幼稚生行为、培养其习惯和改正其习惯之有次序的历程。

现在所要说的是，什么是行为？什么是习惯？我以为，儿童既是生物的、生长的和需要社会帮助的，他当然有种种的活动，有种种的感想和种种的需要。他拾得一朵小花，便想到他的小巧瓶儿，将花插在瓶儿里面，觉得很美丽。于是乎，手之舞之，足之蹈之，歌舞起来。那知不懂事的猫儿，无端的跳过去，将插花的美美的瓶儿打碎了，又"哇"的一声大哭起来。母亲无法，只得带往园里去，看见一只小鸟在芙蓉树上歌唱，才罢了哭声。凡此等等，都是儿童不期而然发出来的行为。幼稚园的课程需要有如这等事物，启发儿童行为的力量，不可如从前之勉强学生读书、作算一般。

行为既经启发，便当保持其兴趣，继续努力，以养成其习惯。由这已得的习惯更进一层，以期获得更新的习惯。所以，桑戴克①很注重由各种习惯的组合能产生新的活动。他说："创造并不是舍弃照例的工作，也不是不喜欢相沿的习惯，也不是不顾现成的习惯，乃是努力于新事业或做事的新方法。"换言之，即是一种希望改进智识或能力的态度。所以我以为，习惯不是死板的，乃是一种工具、一种态度和一种做事的途径。

若就他所含的内容说来，便有道德的、健康的、技能的、思维的、好尚的；若就他表现的途径说来，便有起居、饮食、图画、手工（或作业）、唱歌、谈话、游戏、应对等；若就他藉以表现的材料而言，便有日常用具——刀、尺、布、草、碗、碟、桌椅……——纸、笔、墨、砚、积木、玩具、沙盘、黑板、家畜、花木、诗歌、故事等等。

四、编制幼稚园课程的原则

根据上面的理论，遂有下列各条的原则：

---

① 桑戴克：通译桑代克，即爱德华·桑代克。

（一）非神秘的，乃人事的

这一条原则在现今中小学中已不成问题，惟在幼稚教育中便不可不注意。因为倡立幼稚园的始祖福禄培尔便是一个神秘大家，而他的宗师裴斯泰洛齐又是一个极端信奉宗教的信徒。所以他幼稚园的设施，如儿童的坐次、恩物的次第以及作业的进程，无不带有神秘色彩。

虽说近来的幼稚园，经蒙台梭利、杜威二人学说的改革，已大非昔比，可是积习已深，拔之不易。何况耶稣教徒又利用之以为传教的工具，想乘儿童无成见之时，即行注入宗教的神秘的思想，以造成其第二天性，俾将来死忠于耶稣教会。

试看我国各地的幼稚园，什九在教会之手。所说的是耶稣神话，所唱的是颂圣之歌，尚有祷告等等形式，以束缚其精神。这种办法在耶稣教会，诚为得计；然在具教育眼光者看来，实为戕贼儿童、桎梏思想、阻碍发育、汩没个性，理当反对，以归到世间的、人事的道途上来，注重人与人在世间的关系。

（二）非成人的，乃儿童的

此意极容易明了，无用赘述。可是即以儿童而论也有各期的不同，不可不多多的注意。

我们要知道，幼稚园的儿童是三岁到六岁的，此时期的儿童智愚之差并不十分大。设使我们对于他有适当的养护与教育，使他的身体与行为有正当的发展，而无丝毫的差错与阻碍，将来长大成人，各人的智愚、能力、修养，相差必不甚大。必如此，然后可以算得是真正的平民教育。

近读《新教育评论》第二卷第十九期，陶知行先生致江苏省长函①中有：

> ……人格教育，端赖六岁以前之培养。凡人生之态度、习惯、倾向，皆可在幼稚时代立一适当基础。吾国人漠视幼稚时代之重要，（至使）学校教育耗费精神，纠正幼稚时代已成之不良态度、习惯、倾向，可谓事倍功半。放任者，听其滋长蔓延，不加纠正，更不堪问矣。有志之士，起而创设幼稚园，以正童蒙，宁非当务之亟……

---

① 原发表时，此函题为《主任干事陶知行先生致江苏省长函：论幼稚园应有之改革及进行办法》。

等语，可谓先得我心。

至于此时期之心身如何，行为如何，应如何养护、教育？则请主持幼稚教育诸君自去研究，恕不赘了。

（三）非舶来的，乃本地的

我因为见我国的幼稚园内部设施、取材，多半是舶来货，唱英文歌，读英文，讲外国情形的故事——好故事本无时间、空间的界限，可是有许多故事是地方色彩特别浓厚的。

其内容虽然浅显，设非亲临其地、明了他的社会情形，决不容易懂得——把天真烂漫的儿童，生吞活剥的放在外国的环境之中，叫他手足不知所措。即许勉强适应，而所学的又非所用。回到家中仍是另外的一个天地，与实际的生活毫无联络，不特使他觉得来到幼稚园是一桩苦事，并且养成他以为学业与生活无关的谬见。

我们大家都知道，课程最大的功用是在满足需要。现以甚至儿童将来终身可以不需之事物强他学习，其不合理实尽人皆知。这乃大大的违背杜威"生活即教育，教育即生活"之一原理。

所以我们要矫这弊病，其课程必须是本地的，所学的就是本地的事，就可以在家庭、在路上、在别人家里、在会场中、在原野和园林里可以应用。即是在这等等的处所可以学习的。

（四）非板滞的，乃活动的

课程最大的毛病便是容易流于板滞。近来，课程上论理的编制①和心理的编制②之分，就在这一点上。

---

① 论理的编制：依照知识的逻辑体系和相关学理来进行编制，它偏于理性、较为规范，因而较为恒定。
② 心理的编制：依照教育对象的心理特征和发展水平来进行编制，它偏于感性，相对灵活，因而允许变通。

矫正这种弊病，实在儿童本位主义①怒潮之澎湃。我们平常人看来，中小学校的课程，板滞则有之；幼稚园是何等活泼的机关，那有这样不幸的事件？那知大谬不然！他偏偏要走入这条岔路。

考其所以至此的缘由，又是福氏为之厉阶。他那神秘的哲学、象征的恩物，就不免有这个毛病。加之后来谈幼稚教育的人物受了论理编制的遗毒，硬把变化活泼的恩物、自由动作的作业，变为刻板式的、代数式的"罚物"和笨事。再加之不肯长进、只知照例的保姆姑娘们，又贪着懒儿，不思变化。于是乎，春光明媚的幼稚园便成为隆冬苦寒的荒原了。

当然，既曰课程，必有程序。凌乱无章的事物犹如乱丝一般，又从何入手，又从何进行？所谓要活动者，是在次第之中有活动之余地，有临时变更之可能；是要"遇有良好的环境，或儿童有明显的需要时，就赶快的将这些活动介绍给他"，不一定要依照课程的次第，一步不乱的实现出来。

（五）非模仿的，乃创造的

幼稚园课程，可说是适合于幼稚生行为之一串的刺激物，使儿童处在里面自然的引起反应，鼓舞起来去创造他理想的事物。他会用积木建筑一所房子，房子的边旁，又筑了一条马路，有了马路，又想到了汽车。临了，自己去做一个警察，更邀起同志的小朋友表演种种警察的行为。

这等行为乍看以为是模仿，其实是儿童自己费了心思，才可重新做出来的事业。其作为在社会上，或许是最陈腐不堪、司空见惯的事业；但在儿童方面，的确是他的创作，值得我们大大称许的。然则，什么才是模仿？是不许儿童自用心思照例的依赖保姆或是同班，依样画胡卢的去做。

我曾看见，某幼稚园的保姆，自己不惮烦的代儿童们剪裁了鸟笼和鸟，叫儿童先

---

① 儿童本位主义：相对于"社会本位主义"而确立的术语。其思想渊源，可追溯至古希腊；文艺复兴后，卢梭、裴斯泰洛齐等人也多有倡言。在中国，它是在杜威1919年来华讲学后，依据其"儿童中心论"所兴起的一股教育思潮。它旨在反对"预成论"，要求尊重儿童个性及身心特点，以儿童为主体安排相关教育活动。

将鸟儿贴在白纸上，再将鸟笼贴在鸟儿面上，使成人看见说："啊，鸟笼里面有一只鸟儿。"那知有一个儿童偏偏不这样干，他不把鸟儿关在笼里，所以他把鸟儿贴在纸的一端，鸟笼贴在纸的他端。那不知创造为何物的保姆见着他这样的做，硬说他做错了，好在他很有理由的反抗的说："我喜欢飞在外面的鸟，不爱把他关在笼子里！"

其实，不仅这样的课程，凿〔斫〕伤了儿童的创造，就是福禄培尔的恩物、蒙台梭利的教具也不能逃这个罪名。不过，福氏的恩物用得好，尚可以略减些这类的罪过罢了。

（六）非片面的，乃多方的

儿童虽然小，但他的活动却是多方的。他有对人的活动、对自然界的活动、发表自己的思想及情感的活动、自娱的活动、研究的活动等等。

他这种种的活动，一方是发展他的能力，一方却是获得种种的习惯。在成人看来，他们有许多动作是可以不必的、不需的，但在儿童却是万不可少的行为，或将来毫无用处，或是他将来有用行为的基础。

所以，幼稚园不可视为传教的机关，不可视为读书的场所，更不可视为代为父母的软禁儿女的牢狱。他是一个儿童生长的乐园，当使他有多方的活动、多方的发展；万不可以单调的偏于一二事件的课程，束缚了他们，使他们灿烂光明的前途为片面的课程所阻碍。

（七）非孤立的，乃衔联的

课程既为多方的活动，但各个活动决不是孤立的，乃是互相衔联的。就横的说，各种活动必有一中心，而其他的活动都直接、间接的与他联络，成为有条理、有系统的活动。同时这活动又为他活动的基础，以为未来的行为之根源。

要这样，才有生长的可能，人生的活动才能够继续得下去。所以，在有许多人不特想把幼稚园中的各种活动互相纵横的衔联，还要更进一层的谋与小学校的衔联。他们说：

> 我们认幼稚园，所以至今还未曾表现他的实在功效，实由于他的衔接问题，还没有得到相当的解决……因为这个原故，所以不得不将他的功课重新改组一番，使他可以作学校课程的基础。现在一般人的观念都认定儿童由四岁到八岁是一个心理的时期……所以，幼稚园与小学的中间应该使他没有界限才好，若仍然存着界限，他们便

失掉正当的联络，而各行其是了。（见中华出版的《幼稚园课程研究》）

（八）非预备的，乃当前的

但衔联尽可以衔联，却不是预备。牺牲现在去预备将来，是戕贼儿童最大的痛事。

试一回想，我国科举时代之教儿童读与他经验毫不相关的"四书""五经"，乃至"朱注"[①]，是何等惨酷而不经济的事。经教育界革命家的卢梭，大声疾呼的说"不可牺牲现在，以为不能着摸的将来"以来，此种为预备将来的课程，至今尚没有完全推翻。其中的原因，一方面，固然是由于人类顾虑将来之根性有以致之，而为他最大的保障的却是形式陶冶说[②]。此说以为，于狭小活动中陶冶成熟之心思、能力，可以应用于人生活动之任何方面。

蒙台梭利的教具便含有这个意味，以为感官经过这等教具的练习，便可以施用于一般的事物。而不知纳活泼儿童于单调的、依样的作业之下，实足以阻遏其创造，而牺牲了他的现在。

福氏的恩物虽然较好，但亦不免这种毛病。所以编制课程万不可为"预备说"和"陶冶说"所误，反戕害了儿童活泼的现在，为其将来正当发育的阻碍。惟一的补救方法便是顾到当前，使他的能力得充分的发泄，而获他此时所能获得、所要获得的经验，以为继续发展的根基。

因为要是不察儿童现在的能力，而贸贸然以其不能领受、不必需要的课程给他，就如同对聋子谈话，要跛者竞走的一样。但这尚不过是不能而已，有时恐怕还要惹起揠苗助长的悲剧。

（九）非苦工的，乃玩耍的

玩耍并不是偷懒，也不是无所事事，乃是自发的胜任愉快的活动。这里面是含有努

---

① 朱注：指南宋朱熹所撰《四书章句集注》。该书此后不仅作为官学的必读书目，甚至作为科举考试的内容和标准答案的依归。

② 形式陶冶说：亦称"形式教育论"，是一种与"实质教育论"相对的教育学说。它认为，普通教育的主要任务就是训练感官、发展能力，并据此设置课程和选择教材，而轻视知识的传授。这种教育理论，以英国教育家洛克为代表。

力及欲达到目的的欲望的，不是由外面强制他做的苦工。

课程之好不好，只须看儿童有不有这一种自发的胜任愉快的活动，便可以断定了。有的人以为这种事体是不可能的，是教育理想家的一种幻想，顽固的儿童不用那强制的方法，那里肯去做事。

殊不知，儿童本来是好动的。只要你不养成他不动的坏习惯，他自有求知、探讨和发现的欲望，去催促他好学不厌、乐以忘忧。只要你肯刺激他的欲求，设备他可以探及的环境和供给他所以得到的方法。

何况，儿童的想像非常丰富，常假想些事物以自娱，这一种的活动便是作信（make believe）活动①。近来各校之盛行表演，便是利用这种活动。有了这种活动，虽不是当前的事物，也可以用来变为当前的事物，以成为儿童丰富的经验。

（十）非个人的，乃团体的

一种课程不可只供一个人工作，最好是带有社会性。福氏式的幼稚园，对于这点颇能顾得到；蒙氏的儿童院，便少团体的合作了。

但我在此地，要更进一层的说，所谓团体的，不但在形式上是共同的，即在各个儿童的目的上、思维上以及行为上都是共同的。与其说全班人围坐着静听保姆讲故事为团体的，不如说三几个儿童立在花下谈话为团体的，因为他们的心都聚在一气啊。

所以，幼稚园的课程应当有集中儿童心意的功用。有时一个大单元在表面上看来尽可以各行各事，但是他们共同的目标，却在完成他们共同所欲实现的事物。有人以为，团体的作业足以妨碍个人的自由和个性的发展，实则这乃是皮相之谈。所谓自由，所谓个性，不是放肆和任意的别名，乃是由自己选择的意思。既经选定一事一物，便自己努力去实现这事物，这便是个性的发展。

总结：上面的十条，乃是我个人一时的感想，不能叫作原则，尚祈研究幼稚教育的专家有以教之。

十五年十二月十二日

---

① 作信活动：通指假装、假扮等活动，在此实指"假装游戏"。

33　怎样编制幼稚园的课程

张宗麟

1926年12月25日

> **题　解**　本篇原载《教育杂志》第 19 卷第 2 号"幼稚教育专号"。撰成时间为 1926 年 12 月 25 日，发表时间为 1927 年 2 月 20 日。
> 本篇还见载于《河南教育》第 2 卷第 5 期（1929 年 10 月 15 日）。
> 有关撰著者张宗麟，参见前文《幼稚师范问题》题解。
> 有关《教育杂志》，参见前文《儿童心理在儿童教育上之意义》题解。

这篇文字是我们一年半来编制幼稚园课程的试验经过情形。在我国幼稚教育如是幼稚时代，大家都在那里尝试，又缺乏标准的课程[①]，所以免不了许多错误，要走几步回头路。我们就如在迷径中想找出路的一样。这篇报告也就是找路的历程之一。某路可以试行的，某路难通的，同志诸君，大家努力来确定一下。庶几，这片满生着榛莽、荆棘的荒场，可以辟出一条康庄大道来。

这个试验从开始到今日大约有一年半了。其中，经过三个时期：

第一期：十四年秋冬，这期可以叫做散漫期。

第二期：十五年春夏，这期可以叫做论理组织期。

第三期：从十五年秋季开始到现在，还是继续进行，可以叫做设计组织期。

---

① 此"缺乏"，指幼稚园缺乏统一的课程标准或大纲。而中小学教育，此时均颁行了全国统一的课程标准，从而使课程设置和施行均有章可循。

第一期，散漫期

十四年暑假后，我到幼稚园①去服务，这是我第一次实际从事于幼稚教育。当时我于幼稚教育，只有几多学理和不满于我国教会式的幼稚园的直觉。

不久，我沿着沪宁、沪杭甬路去跑了一次。回来以后，对于抄袭外国的成法，不问国情和儿童个性的幼稚园的感想，愈加来得深切（详情请看《中华教育界》卷一期《调查江浙幼稚教育后的感想》一文）。其中，最不满意、最急须做的是课程。于是和同事商议，决意来做课程的工作。

我们的幼稚园是新创办的，毫无旧习惯的限制，我们说一声做，就可以做的。那时候，我们的思想里有几条极粗率的原则：

（1）一切课程是儿童自己的，不是教师的，更不是父母或社会上其他的装饰品与利用的工具。

（2）一切课程是当地、当时儿童自发的，不能抄袭任何人家的课程。

（3）教师之责任，只有供给儿童的询问及各种应用材料，并指导儿童所需要的事物。

（4）注意于儿童身体的健康、动作的活泼，不愿儿童受有许多知识和斯文，如木偶之礼节。

有了以上四条中心思想，于是拟定要做的课程标准和方法：

（1）把通常幼稚园里所有的课程一律废止。例如走朝会圈，形式的图画、手工、唱歌、恩物、游戏……或完全废止，或废弃它的形式，让儿童自由的去做。

（2）极力把幼稚园的设备增多与改进，希望布置得很丰富的环境，使儿童得随地可以遇到刺激，可以自发的去活动。

（3）教师要希望儿童做某种活动，或使儿童明了某种观念，只布置某种环境刺激儿童。例如重阳节，我们只做了许多重阳旗②挂在壁上，又贴了小朋友执旗登高的图。儿

---

① 此"幼稚园"，系指陈鹤琴创办的南京鼓楼幼稚园。
② 重阳旗：重阳节用彩纸制作的三角形小旗，在旗上剪刻出图案，各家或制或买，通常插在门楣上，小孩则喜欢持旗玩耍或登高。据说，此旗源于唐代皇家令旗。

童看到了，就会自动的要求做重阳旗，要求登北极阁①去的。

（4）教师的工作也改变了，不像从前，可以规定某时间工作，某时〔间〕休息、预备。从开门到放学，都是工作时间。不过，各人的技能、学识，决非万全的，所以要分工。在某种环境、某种工作由某教师担任，其余的教师不是绝对不参加。所以名为分工，其实没有严格的界限，还是互助的。

照这样的做法，在计划的时候，以为这是最合乎理想没有了。初试的几天，确是儿童活泼、教师兴致淋漓，全园充满了生气。我们也以为，这样的做下去，庶几合乎"园"的一字了。那里知道，几天以后困难丛生了，并且各种困难都不易解决。归纳起来，有以下几种：

（1）教师穷于应付。在寻常的幼稚园或小学校里，教师都在未教以前预备教材，临时就拿出来教。我们既然没有固定的教材，所以教师的预备工作愈加增多。几乎每天预猜，儿童将发现什么、什么兴趣，极力向各方面去找寻。但是儿童的兴趣是不容易猜的。有时候猜着，恰恰预备停当，可以应用；但是，多数是料不到的。所以教师时常感到，不知怎样应付的苦处。有时看到儿童有这样兴趣，实在以为应该有相当的教导，心里很想找些材料来应付；但是如电闪石火的儿童兴趣，决乎不再等你了。教师内心的责罚实在太重了，一天之中，不知道要受到几次内心的苛责。

（2）儿童在平面上打转。我们为什么要有教育呢？希望儿童于各方面的进步更有效、更迅速。从前，教育上的注重教材也有几分理由的。我们这次试验，适得其反了。儿童自由的发展，教师因为忙于应付儿童目前的需要，很不易另辟新路使儿童前进。因此，儿童所发生的需要总在一个平面里的。这实在很危险。

（3）不好动的儿童就呆坐了。有几多儿童，非有强烈的刺激，不能使他有反应。初进幼稚园和怕羞的儿童，尤其如此。我们让儿童自由了，于是活泼的、终日手足不停的活动；怕羞的和怯弱的儿童，就眼望着别人动，东坐一刻，西坐一刻。教师呢，心理〔里〕很想帮助这类儿童，但是事实上很难做到。岂不是枉费了儿童很可宝贵的光阴吗？

（4）儿童渐渐有崛强的神气。养成服从的习惯也是幼稚园主要工作之一。我们不希

---

① 北极阁：位于南京鸡笼山上。南朝刘宋时在此设日观台；明代朱元璋定都南京后，又在此建观象台。当时，此处已成为旅游景点。

望儿童毫无个性的表现，丝毫不知道自由活动，更不希望儿童变成教师命令中的机械。但是儿童崛强、骄横了，实在也不容易施任何教育。在这期试验之中，儿童渐渐儿崛强了，有时候谈不到几句话就会一哄而散的。这是很可怕的一个现象。

（5）儿童注意难以集中。自己感到兴趣的事，能把全部注意集中，这是教育上的原理。但是在这条原理的例外，实在太多了。这期试验中，儿童在半天之中，不能集中注意作业的例子，实在太多了。各种作业都是他们自己找出来的，于是见东就到东去，见西就到西去，难得做完一件事。因注意之不集中，所以各种学习的进步都极迟缓。

上述的困难，我们起初极力设法补救。教师于布置环境、搜罗材料上，根据儿童将发现的几种兴趣，或社会上将要举行的事情，多方面的预备，平时又手足不停的帮助儿童。但是教师的精疲力尽，仍旧不大有补于儿童，而每每感到预备不周。

幸而我们幼稚园的四周很好，有公园，有农场，有北极阁的小山，所以我们常常带着儿童到自然界里去。儿童到了自然界里，各种刺激多了，于是各自去寻找。因此，教师也得以减少困难，儿童的获益也可以增多些。

但是我们的内心责备还是很利害的。我们对于这期试验的怀疑也与日俱增，天天想改变试验方法。不过总以为时期不长，或者得不到结论。所以直维持到半年之久，方才改换方法。

第二期，论理①组织期

我们既然感觉到新辟的路是难通的，同时对于一般墨守成法的不满意，势非再找一条路来走不可。这是这期试验的动机。

我们既然遇到没有组织的困难，于是就从组织方面着手做去。当时以为，课程非经教师组织过，学生很难有所得的。但是我们的初志——以儿童为主体，合于当时、当地的……——依然不变，所以我们的进行历程如下：

---

① 论理："逻辑"的旧称，而非"伦理"之误。

（1）先拟定下周课程大纲。这个大纲是根据当地当时的节气、自然物、社会习惯而拟的。

（2）在星期五的一天，教师和指导员详细讨论课程细目。大概以某某节气或自然物等为中心，而定细目。

（3）根据细目去找材料。

（4）在实行预定课程的时候，教师就依着表上所载，一件一件的做去。有余，移到下星期去；不足，再找新材料来补充。

现在，附录课程表一张作实例。《鼓楼幼稚园第十五周课程预定表》（六月七日至六月十三日，本星期课程以过端午节为中心）：

星期一上午：

装饰房子、整理庭园。

音乐：种瓜。

游戏：老虎跳。

故事：《张天师的大扫除》（一、引子及灭蝇）。

下午（本星期读法，集中于第二、三次检查过的字）：

读法：(1) 缀法牌；(2) 图画法（因故事而引起的，大约为张天师之类）。

数学：转珠盘。

故事：《张天师的大扫除》（二、灭蚊）。

星期二上午：

手工：做香袋儿（缝衽）。

图画：老虎等（水彩画）。

音乐：复习。

故事：《张天师〔的〕大扫除》（三、整理房子）。

游戏。

下午：

读法：(1) 缀法盘（新字）；(2) 读本。

故事：《张天师〔的〕大扫除》（四、扫除身体上的污秽）。

旅行：看瓜果。

星期三上午：

旅行法：地点临时定，以常识（端午风俗）为目标。

下午：

读法：（1）缀法牌；（2）自述簿。

故事与谈话：端〔午〕节的风俗。

星期四上午：

手工：香袋儿（缝衽）。

图画：端午故事。

音乐：复习。

故事：张天师故事的总说。

游戏：张天师故事表演。

下午：

端午请客之预试——买物、请客的礼节等。

读法：自述法。

星期五上午：

手工：老虎、香袋儿（如缝衽已成，则做泥工）。

图画：端午房间里的装饰品。

故事：《端午风俗》《请客吃什么》。

音乐：复习及节奏。

下午：

读法：（1）缀法牌；（2）总复习。

表演：张天师的故事。

星期六上午：

端午请客。

常识：买物、请客、烧菜。

故事：各说故事，以娱来宾。

音乐：随唱一歌，以娱来宾。

此外，每日有检查清洁及户外游戏等，吃点心、休息。每星期五，检验体重及身长等，不详载。

这样的做法，确是觉得困难减少多了！教师的预备时间可以省去许多，应付儿童，反而来得容易。学生的学习成绩，比前一期进步得更速，就是社会上，也以为这样办法是对的。我们也非常喜欢，以为此路可以走通了。但是试行未久，又发现这条路上陷阱很多，不过上面铺着稻草，在外观上是好看罢了。我们发现了以下许多陷阱，并且想要设法填补，也不容易的。

（1）强制了儿童的兴趣。儿童的兴趣，有几多是因着社会或环境上普遍刺激而发生，但是也有因特殊刺激而发生的。这种兴趣为学习的最好动机。但是试行了此法，没有方法再能顾到这层了。

还有一层困难，有许多儿童对于某事感到兴趣以后，很能持久的做去。例如，有许多孩子跳进沙盘以后，甚至忘记回家吃饭的。但是，我们因为实行预定课程的关系，不得不牺牲他们，或强制他们跟着我们同走了。

（2）轻蔑了儿童的个性。我们实行了此路以后，非做团体活动不可。团体活动太多了，不能把每个儿童的个性都顾到。走得快的儿童，强拉着叫他慢慢走；走得慢的儿童，已经跟得汗流气喘了。

（3）教材常常会不适用的。我们虽然是儿童的伴侣，但是究竟不是儿童了。我们以为重要的、有兴趣的，有时候很能合于儿童的，但是，也有极不适合儿童的。例如清明节，不是一件很值得做的节气吗？那里知道，我们园里儿童的家庭，大都有特别情形，没有扫墓的举动。所以清明节的教材，我们定了以后完全不能做。

（4）临时发生的事情很难插入。预定的课程往往有系统的，要连续的做的。倘若中途插一事，就会发生阻碍的。但是，儿童生活那里会有这样论理组织呢？社会上临时发生的事情也很多。废弃了这样可贵、可爱的事情，实在于心不忍，做了又有种种阻碍。例如，有一次做"苍蝇"的作业，忽然有一个儿童捉到了一只小麻雀，这只小麻雀是已经受了重伤的，所以不一刻就死了。这是一件很值得做的事——葬小麻雀。我们就依着儿童的兴趣做去了。做过这个作业以后，重新再回到"苍蝇"作业的时候，实在费了不少的力，还是觉得很勉强的。

（5）总之，照着这条路上走去，处处觉得很勉强，很失去很可爱的机会，又剥夺了儿童不少的自由。只图教师的便利，博得社会上的欢心，不顾儿童本身如何，那是我们不肯做的，也是一条很危险的路。

"再来改换罢，再来改换罢！"这是我们十五年将放暑假的时候，在会议席上同声一致的话。

第三期，设计组织期

没有组织的既然不对，有了组织又走不通。旧方法也不能应用，势非重找一条新路不可。我门〔们〕找到的新路是设计的，也可以说得是中心的。

说起"设计"二字，在中国教育界如是好换新的时代，大家以为这个东西已经旧了，在小学里已经要厌弃了，幼稚园里还以为新的，未免可笑。但是我敢说，我国幼稚园里采用此种制度的，为数决不多。在我们是第一次试验，所以称他是新的路。现在，把我们怎样做的方法和走的路径来报告一下。

（1）在本星期教师会议，下星期大概可以做些什么。

（2）把要做的东西拟定以后，于是商议它的内容：大概可以有几种活动可以做的。

（3）将各活动内应用的材料及可以参考的书籍，教师详细预备。不过所谓预备，是教师自己的预备，不是替儿童件件都装好。儿童可以不用思想，现成来做的。

（4）布置或寻找引起这个设计的环境。

（5）儿童既然感到有兴趣，教师顺着儿童的兴趣，引起诸种活动的各方面来。但是，并不强求合乎预定的。

（6）时间上完全无限制。

（7）儿童如不能维持到完了这个设计的全部历程，教师急须考察一下，究竟是什么缘故？可以补救吗？

（8）儿童临时发生特种兴趣，教师也须尽力去指导。有时，竟把预定的改变，做这个临时发动的事。

（9）幼稚生急须看到结果。所以各个设计中，当分做许多小段落，他们的兴趣方才可以维持。

（10）在同一设计中，因为各方面很多，所以儿童各自愿意做那方面，完全听儿童自由的，并没有儿童会议等举动。至于数个儿童之合作，也完全由儿童自由结合的。

附《本期试验课程之实例》（十五年十一月二十九日至十二月五日）：

一、课程总说

本周因张先生回家，就以此来做课程的中心。可以做的事情如下：

（一）张先生又要回家去了，小朋友应该送些礼物给张先生。

（二）张先生怎样回家去的？

（三）和张先生通信。

此外，例行工作如下：

（一）星期一晨，向国旗行礼；

（二）星期六晨，周会；

（三）检查清洁三次；

（四）检查习惯一次。

二、各种活动可以试做的各方面

（一）张先生又要回家去了，我们小朋友应该怎样？

（1）张先生为什么又要回家去了？(a)张先生前次为什么不对小朋友说明，急急地回家去呢？(b)这次请张先生来报告。(c)张先生这次几时动身走？(d)问张先生几时可以来？(e)张先生家里的情形怎样？

（2）送些什么给张先生带回去？(a)张先生爱什么东西？小朋友亲手做出来的都喜欢。(b)小朋友做些什么呢？有许多东西，如泥制的，张先生是带不回去的。(c)小朋友不如来画好看的图画，做剪贴、绣像的手工。那些又便于带，又很有趣。

（3）张先生也送礼物给小朋友。

以上三项，大概在星期一、二两天做完。星期一做（1）（2）两项。到了星期二上午，就来开一个欢送会。这个会里可以做的：

（1）张先生报告回家去的路径等；

（2）送礼物给小朋友；

（3）小朋友送礼物给张先生；

（4）唱歌欢送；

（5）讲故事，弄乐器，答小朋友的雅意；

（6）欢呼；

（7）进茶点。

（二）张先生怎样回家去的？

（1）张先生的家在那里？(a)张先生家住在浙江绍兴。(b)张先生回家去的时候，要路过上海、杭州。小朋友那个到过上海、杭州？(c)张先生的家乡有很多的山、水、鱼，又有很好看的花，很好玩的小朋友……(d)张先生家里有白发老母，又有将出阁的妹妹。小朋友，想想看，张先生见到母亲的时候怎样？小朋友见到母亲的时候怎样？

（2）张先生走回家去的吗？(a)张先生回去坐的东西很多：坐马车到下关；坐沪宁车到上海；坐沪杭车到杭州；坐轮船过钱塘江；坐长途汽车到绍兴城里；坐小船到家里。(b)这次回去要用多少盘费呢？马车费一块钱，沪宁车三块钱，沪杭车二块钱；又，饭食等一块钱；过钱塘江的轮船是义渡，不要钱的；长途汽车二块钱，小船等一块钱。小朋友，共总化了几块钱了？

（3）张先生从家里回到南京来，又怎样呢？

以上三项，从星期二下午做起，做到星期四。办到了，又是一个新起头。

（三）张先生的信来了，我们来写回信罢！

（1）这是张先生写来的信。(a)张先生已到上海了——读信。(b)张先生的信那里来的：张先生到上海写信，交到邮筒里去；邮差把信收到邮局里去；邮务员看过邮票，盖过邮戳，送到火车上去；火车把信带到南京来，到了北门桥的邮局；北门桥的邮差，把信送到幼稚园里来。(c)看来信的信封上面的邮票和邮局的盖戳……

（2）我们也来写信答覆张先生：(a)写什么话？图画也好的。(b)怎样写法？合写呢，还是一个小朋友写一张？(c)怎样写信封？(d)怎样寄信？用四分邮票——此处可以教各种邮票；用浆糊封住信封，送到邮筒里去。本段由写信引起邮局，又由邮局引起邮票。本园小朋友就继续做搜集邮票的活动了。

此制是否可以通行，到现在还难说。倘若困难不多，又容易解决的，我们预算做二年，或者有些成绩出来。

篇末，我将说一句题外之言："无论有怎样好的课程，有怎样好的教学方法，倘若教师不会活用，很难收效。所以根本说起来，教育的效果还在教师的掌握中。愿我做幼稚教师的同志，大家努力！"

附《南京鼓楼幼稚园日课顺序》（十五年秋起）：

上午八时五十分，儿童来园。

九时～十五分，检查清洁，或检查各项成绩，或开周会等。

九时十五分～十时十五分，儿童自由活动。此时，即实行设计上的活动。

十时十五分～三十分，小班进点心、讲故事；大班唱歌（本园音乐，有许多是董任坚夫人编来做试验的）。

十时三十分～四十五分，大班进点心、讲故事；小班唱歌。

十时四十五分～五十五分，休息。

十时五十五分～十一时半，自由活动，或继续设计活动，或赴户外运动，搜集自然材料，等等。

十一时半，上午放学。

下午二时二十分，儿童来园（下午儿童就是上午的，不过四岁以下的不来了）。

二时半～三时半，各种试验，如读法、数、写字，及东大心理班的各种测验。

三时半～四时半，自由活动。在此时间，有时亦有游戏等试验，大都则为继续设计活动。

四时半，放学。

上面的日课顺序，非每日如是。我们到野外去的机会很多，附近的北极阁小山，鼓楼公园，东大农场、校园，金陵大学的农场等地，几乎是我们的第二教导场了。每逢出外去，就不照着此顺序，就是在园的时候也常常变动的。

十五年十二月二十五日脱稿

34　幼稚生生活状况的实例和讨论

张宗麟

1927年1月9日

> **题　解**　　本篇原载《教育杂志》第 19 卷第 2 号"幼稚教育专号"。撰成时间为 1927 年 1 月 9 日，发表时间为 1927 年 2 月 20 日。各点的"实例"和"讨论"，均由编者加拟。
> 　　有关撰著者张宗麟，参见前文《幼稚师范问题》题解。
> 　　本篇大体可视为札记。"实例"，为随时的教育记录；"讨论"，则为有针对性的生理或心理论析。照说，每则均应有"实例"和"讨论"两项。但是，五、七、九、十仅有"讨论"，十一、十四仅有"实例"；而十二，则是"讨论"与"实例"颠倒。这大约是札记的不太周延之处。
> 　　有关《教育杂志》，参见前文《儿童心理在儿童教育上之意义》题解。

这篇文字的用意，想把一个陈旧的方法，也是最简便、最有用的方法，介绍给诸位实际从事幼稚教育的同志们，并且希望诸位读完以后，即日实行试验。在我理想中，诸位所得的结果，必定要比世界名著《爱的教育》①（由夏丏尊译成中文，商务出版，定价一元三角）里所说的来得亲切、有味。现在我先把方法说明一下，然后再来举几个实例和讨论。

---

① 《爱的教育》：意大利作家亚米契斯（Edmondo De Amicis，1846—1908）所著。1923 年由夏丏尊翻译，先连载于《东方杂志》，后结集出版。

方法。方法名叫观察法（observation）。儿童心理学里已经当它是历史上的方法了，但是我们实际教育儿童的人，无论如何难以去做精确的心理试验。当我们感觉到，儿童心理或其他科学不能满足我们的需要时，我们只好凭着平日的经验来解决问题了。

这类经验都是实地观察得着的，所以称它观察法。这里我要声明两句话：（1）切不可以为，观察法是胜于其他的试验；（2）切不可迷信，教学上所需要的，心理学……上，已经有充分的供给。

用品。用品简单之极，纸夹或纸盒一只，小纸头多张，随带的笔一支。随时所见到的都可以记录，就是资料。不过，有一件最重大的需要物——教师的勤于记录，持之有恒，并且肯随时随事留心和思考。

实例和讨论：

一、健康与作业

实例

中康初进幼稚园的半年，非常活泼，各种作业成绩都很好。到了第二学期，性子暴燥极了，各种作业往往不知道怎样做。后来据医生查验，患不消化症。

达权是一个很可爱的孩子，可惜有些皮〔脾〕气，后来渐渐加重了。他父亲是研究教育的，知道这事不好，急急请医生去诊断。原来鼻子里生了一个小瘤，施手术后，他就驯良如故了。

讨论

健康是儿童最要的条件。所以，蒙台梭利不责罚儿童的作坏事情或不听话，先诊断身体上有没有起变化。我们有时候以为儿童变坏了，其实儿童何尝负责呢？因此我以为，幼稚园应该与医生联络。

二、两性差异

实例

爱莲、光光……一切女孩子都喜欢各种小宝宝,做种种提抱、穿衣等活动,她们平时的活动也都来得幽静。只有安琪儿喜欢勇猛的活动,但是她很喜欢做小宝宝的衣、裤之类。

其余一切男孩子很少去玩小宝宝的,有时候还要打它呢。他们最喜欢拉许多小朋友学兵操,在滑梯上叠罗汉。有一天,俞老师买了一个绍兴"小宝宝"来,样子很别致的,崇义(男孩,两岁四个月)很喜欢抱它。但是到了下午,就不高兴去接触它了。

讨论

两性差异,在最新的儿童学上说,幼年并没有发现;从另一方面说,幼年儿童,当然没有像青年期的两性差异的表现。但是我们日常观察所得,确乎有些不同。

我想,我们的经验决不致〔至〕于像从前人说,在吃奶时抚摩母亲的乳部,就是性的表现的附会罢!至于说是身体强弱的关系,到也未必。据我所知,我所见到的女孩子,未必弱于男孩子。诸位教师们,以为这个问题应该怎样解决呢?

三、自然进步

实例

鲁还在四岁半的时候,识字的能力几乎一些也没有。过了暑假,大大儿的进步了,非常喜欢读书。到了将近五岁的时候,又喜欢写字了。

中康初来幼稚园时(将近五岁),不喜欢听故事,往往听不到三句,站起来就跑,不跑就闹。到了将近六岁,很喜欢听故事了,非但不闹人家,并且时常拿了《儿童画报》……来,要求教师讲故事。

讨论

强迫儿童做事是一件最不幸的事。有许多事情，何必去强迫呢？只要等时机到了，自然会办到的。过于强迫，防着发生反动，那可是危险呀！有时候，竟会断送儿童——永远厌恶某件事。

不过，教师不可以此为藉口。设法去引起儿童的兴起〔趣〕的工作，还是要努力去做的。

四、家庭教育

实例

德宁初来园时，很能画图画，识字也很多；但是不善于其他的活动（除桌上的活动以外），并且不很能快跑。后来知道祖母非常钟爱他的，在家的时候，虽坐到椅子上去，也有人代劳的。

讨论

我们知道，儿童的个性是两部分合成的——先天的遗传、后天的习染。我们天天嚷着，教育要适应儿童个性。他的大来源——家庭——非详详细细明了不可的。访问家庭也是教师责任之一。

五、喜欢户外

讨论

据我个人的经验或参观时所见到的，儿童大都在户外活泼，各能表现他的个性，这是一件最好的现象。我们平时竟可以不跑到房子里去做事，竟可以模仿些日本人所创的露天幼稚园，我们可以因此把满地铺着的自然物来教儿童，我们可以在草地上做游戏、讲故事。

因此，我主张幼稚生在户外作业的，不论冬夏都可以的，除非有烈日、狂风、大雨。

六、喜欢泥沙

实例

我们的儿童，没有一个不喜欢泥沙。秀霞、光光、莲英等，爬进沙盘（我们有一个很大的无底沙盘，放在院子里），能够很久的玩下去，做糕饼、架大炮、挖洞……有时候不愿意回家去吃饭，似乎沙泥的饼已经够充饥了。

崇义、福生因年龄很幼，不很能坐下来做事，但是碰到做泥工就很高兴，勇敢的做了。

讨论

置办一个木框子的无底沙盘很便宜的，放在院子里又很有用。我敢请没有置办的幼稚园里都做一个。

教师千万不要怕儿童弄污衣服，倘若以为要受家庭的责问，或者备一件套衣或围巾，到也不妨。

七、团体游戏之不易

讨论

我从前有一个奢望，想试出几十个团体游戏，作为幼稚园游戏科的参考。但是结果很坏，有时候勉强做了一个，也不中用的。做了一年半了，结果勉强可以用的游戏，不到十个。

在读者诸位的经验里是怎样？

八、儿童的思考

实例

一天大家围着唱歌,敏才忽然一个不小心,鞋子踏着和安的手,和安动也不动。敏才用鞋子踏踏自己的手,立刻绉〔皱〕眉,于是再看看和安。

这天是一鸣值日,当一切东西收拾停当后,忽然看到小朋友的手巾有些不干净了,于是对安琪儿说:"我们去洗去,好吗?"安琪儿回答道:"手巾是你家的女佣人替我们洗的,每星期一次。""我家的女佣人洗得不好,我们换一处去洗,好吗?"一鸣很神气的问着。"到什么地方去呢?"安琪儿很不能决下来的反问。这时候,旁边站着的卓如很活泼的说道:"我家的衣服有时候送到洗衣公司里去的。我们也不妨把手巾送到洗衣公司里去罢!"一鸣、安琪儿齐声称:"好,好!"于是,三个人分拿二十几条手巾,到洗衣公司里去了。我在邻室听到他们的讨论,又从窗子里看到他们神气活现的送手巾去。他们回来之后非常快活,拿着公司的收条来报告。

讨论

哈哈!不满六岁的儿童也有试验的、推论的精神。我们幼稚教师不必替儿童多担忧,凡事要去帮助他们了。说句过分的话罢:"什么事,应该让儿童自己先去试验一下,教师只要站在旁边指导就是。"

九、机械学习

讨论

有一次,我做了一个儿童观察力的试验。起初,在壁上挂了两星期的照相,儿童几乎完全不知道,后来经过教导,几乎每个儿童每张都能背出来了。

我很觉着有丰富的环境,必须有好的教导,同时又感觉到,机械学习也是可能的。无怪乎许多幼稚园能背诵《圣经》,唱赞美诗和英文歌。[参看本杂志"儿童心理专号(下)"]

十、读、算那个容易些

讨论

这句话在幼稚园里有答案的——读法容易，算法难。

我把几种读法教学法试过，大都可以用，并且用极枯燥的书本诵读，只要稍稍变化一下，儿童也兴趣淋漓的。

但是，算法就不兴〔行〕了。我曾经找到很多的初步算术的教学法，但是左试也不对，右试也不好。总之，儿童没有算的兴趣，或者可以说，没有数的观念。他们能顺数而数至一百，也知道三大于二；但是一加一是八，六也会大于九的。

倘若时局太平，我想做一次大规模的试验，试验算法可否列入幼稚园的课程里去。

十一、儿童无畏物

实例

有一天，我们到中国科学社[①]里去，儿童跑进生物陈列所，真是快乐的了不得。壁上有一条大蛇的标本，几个儿〔童〕聚着叫："某先生来看，多好玩啊！"并且用手抚摩。但是这位先生是怕蛇的，大叫："阿呀！"儿童都跑开了。

我从对面看见了，很着急。过了一忽儿，慢慢的跑近大蛇旁边，也用手去抚摩。就有儿童说："张先生，摸不得的！"我就乘此对他们说，这是什么，它的可怕在那里……但是，事情已经遭过了。

过了好几个星期，又去了好几次，又用了好几次的谈话，儿童方才又敢去摸蛇的标本了。现在我们的儿童，个个能跑到鼓楼公园北极阁去找自然物的。他们真不以自然物为可怕的，但是这也应该感谢他们几位伴侣的。

[①] 中国科学社：中国近代规模最大、影响最广的科技社团，以"联络同志，共图中国科学之发达"为宗旨。1914 年由中国留学生发起成立于美国，1918 年迁回国内。总社初设上海，次年迁南京，1928 年又迁上海。

十二、笑

讨论

普通的笑话，如《广笑林》①《儿童笑话》……所载的笑话，很不容易使幼稚生发笑的。不能使儿童笑的故事，很难吸引儿童的注意的。

怎样能够使儿童笑呢？动作的突变，眼睛、面部的表情，表现形状等的对比，还有事实的变化。从这几方面着想，大约可以得到几分把握。至于要儿童忽然大笑，只要有一件在儿童经验中以为是奇特的事物，就能大笑。

实例

秀霞说："我家捉到了一只老鼠，它的尾巴有这样这样长。"说的时候，展开两臂作手势，听到的儿童就大笑了。

十三、哭

实例

第一天进幼稚园的儿童，有种种不同的样子：有的看到玩具，就撒开母亲的手去玩；有的依依于母亲的膝下，看到母亲去了，到也不哭；有的见到母亲去了，就放声大号。有几个儿童竟会哭到一星期之久的。每天送来必哭，数分钟后不哭；明天来，又是如是。

某儿是一个很好的孩子，不过要哭。父母钟爱他，每天不是母亲来陪，就是父亲来陪。某儿做事的时候，频频回顾，看父亲或母亲走了没有。这样有两星期，他的父母以为可以不发生问题了。那里知道，回首一看他的母亲不在，就抛了手里的东西，直向大门外追出去，她于是再回来。但是我们以为，这是不应该的。于是对她说明理由，明天

---

① 《广笑林》：笑话集，由民国时期李定夷所编，国华书局 1917 年 4 月初版。

叫佣人送来，佣人送到就回去。他当然也哭，哭了好几天，后来终究好了，并且是一个很好的孩子。

韩兰第一天进园，是姊姊陪来的，玩了一个上午。第二天，佣人送来，走进屋子，和教师们请早安等，都很好。恰恰我们因为讨论事情，没有和他去玩，他走进里向去，站了一忽儿，又走到院子里去，忽儿呜噎起来了，继之就放声大号。虽经多方设法，全归无效。他是继续的接连哭了三天，家里就不送他来了。

又有一对小姊妹，平时在园很好。每见母亲来园就要哭，非母亲一只手抱一个回去不可。

讨论

至于因身体不舒服而哭，因争夺……而哭，那是愈加多了。

总之，幼稚园里的哭声很难免的。不过，这是我们的问题，应当设法去解决。

十四、爱

实例

卓如、卓民在家里时，常会因着抢东西吃而闹的，但是到园里来，从来不闹过一次。卓如之爱护其弟，真所谓无微不至。

据我所观察，大的儿童没有欺侮小的举动，只有帮助的。爱莲爱护自己的弟弟和邻家小朋友青鸾，俨然是慈母看待儿女。

去年的秋天，我的父亲死耗传来，我星夜奔回家去。第二天，小朋友见我不到园，很奇怪。吃点心的时候，卓如问吴先生说："张先生那里去了，怎么我四处都找不到呢？"吴先生说明事故，他们几乎都要哭了。

下午，他们就写了信。当我接到"张先生请你不要哭了"和有图画的信的时候，我的悲哀也因此减少了许多。

我因事忙，星期天也往往去办事。① 邻居的小朋友也必闻声而至，他们也来做事的，但是常常爬到我的膝上来。有时候，画成一张图画，请我鉴赏；有时候，要求我弹琴，她们来跳舞；有时候，她们来唱歌给我听。这样虽然分我的心，但是没有他们来，我就会觉得留不住的。

研究幼稚教育的同志们呀，儿童的爱比什么还要来得纯洁、可宝贵。这种爱，只有我们从事儿童教育的人们享受得着。得到儿童爱的人往往不肯放手的，无怪乎许多大教育家情愿终身做儿童之友。同志们，我们有这样纯洁、可宝贵的代价，实在可以自傲，就是其他的所得少些，又何妨呢？

一六、一、九，于南京

---

① 此"办事"，指利用休息日，到鼓楼幼稚园整理资料、从事研究等工作。

幼稚生生活狀況的實例和討論

張宗麟

這篇文字的用意，想把一個陳舊的方法，也是最簡便，最有用的方法，介紹給諸位實際從事幼稚教育的同志們，並且希望諸位讀完以後，即日實行試驗。在我理想中諸位所得的結果，必定要比世界名著愛的教育（由夏丏尊譯成中文商務出版定價一元三角）裏所說的來得親切有味。現在我先把方法說一下，然後再來舉幾個實例和討論。

方法　方法名叫觀察法(Observation) 兒童心理學裏已經當牠是歷史上的方法了。但是我們實際教育兒童的人無論如何難以去做精確的心理試驗。當我們感覺到兒童心理或其他科學不能滿足我們的需要時我們只好懇着平日的經驗來解決問題了。這類經驗都是實地觀察得着的，所以稱牠觀察法。這裏我要聲明兩句話。（一）切不可以為觀察法是勝於其他的試驗。（二）切不可迷信教學上所需要的心理學……上已經有充分的供給。

用品　用品簡單之極紙夾或紙盒一隻小紙頭多張隨帶的筆一支，隨時所見到的都可以記錄，就是資料。不過有一件最重大的需要物——教師的勤於記錄持之有恆並且肯隨時隨事留心和思考。

實例和討論

（一）健康與作業　中康初進幼稚園的半年，非常活潑各種作業成績都很好到了第二學期性子暴燥極了各種作業往往不知怎樣做後來據醫生查驗患不消化症

達權是一個很可愛的孩子可惜有些皮氣後來漸漸加重了他父

教育雜誌　第十九卷　第二號　幼稚生生活狀況的實例和討論

一

另图 19　《幼稚生生活状况的实例和讨论》原发表件（部分）

35　送给国家的寿面
——致母亲

陶知行

1927年1月20日

题　解　本篇原载《知行书信》一书第167—169页。撰成时间为1927年1月20日，出版时间为1929年1月。正题系由陶行知自拟，副题原为"给母亲的信"。本文副题，系由编者统一拟定。文末"知行"署名，系由编者加拟。

有关撰著者陶知行，参见前文《孟禄夫人送玩具——致桃红、小桃》题解。
致函对象"母亲"曹翠仂，参见前文《寿六旬慈母——致陶文溪》题解。
有关《知行书信》，参见前文《孟禄夫人送玩具——致桃红、小桃》题解。

母亲：

家中从前寄来的信，如今都收到了，并未遗失，只是来得慢些。

儿从母亲寿辰立志，决定要在这一年当中，于中国教育上做一件不可磨灭的事业，为吾母庆祝，并慰父亲在天之灵。

儿起初只想创办一个乡村幼稚园，现在越想越多，把中国全国乡村教育运动，一齐都要立他一个基础。儿现在全副的心力都用在乡村教育上。要叫祖宗及母亲传给儿的精神，都在这件事上放出伟大

另图20　陶母读书图
（右为陶行知次子陶晓光）

的光来。

儿自立此志以后，一年之中，务求不虚度一日；一日之中，务求不虚度一时；要叫这一年的生活完全的献给国家。作为我父母送给国家的寿面，使国家与我父母都是一样的长生不老。

试验乡村师范[①]开办费要一万五千元，经常费要一万二千元，朋友们都已答应捐助，只要款项领到就可开办。

阴历原想回家过年，无奈一切筹备事宜必须儿亲自支配，不能抽身。倘使款项早日领到，或可来京两星期。如果到了腊月廿七还没有领得完全，那年内就不能来了。好在家中大小平安，儿亦平安康健，彼此都可放心。

昨日会见冬弟[②]，知道金弟[③]在西安尚好，可以告慰。冬弟亦较前强壮。

桃红、小桃、三桃、蜜桃给我的拜年片子都是很有意思，很有价值，儿已经好好的保存了。敬祝

康乐！

知行，十六年一月廿日

---

① 试验乡村师范：指1927年3月创设的南京晓庄试验乡村师范学校。因当时尚未觅得校址，故只能泛称。
② 冬弟：指陶行知的表弟曹子云（1902—？），安徽休宁人。先任职于中华教育改进社，后协助陶行知创设晓庄师范，并毕业于其中。
③ 金弟：指曹子云的胞兄曹伯鸿。

36 幼稚教育之重要

菊农

1927年2月17日

题 解 本篇原载《晨报副刊》第1521号。发表时间为1927年2月17日。

撰著者菊农，即瞿菊农（1900—1976），原名世英，字菊农，江苏常州人。1918年考入燕京大学。1919年与瞿秋白、郑振铎等人创办《新社会》旬刊，1920年创办《人道》月刊。1922年毕业于该校研究科。1924年赴美留学，1926年获哈佛大学哲学博士学位，他是在哈佛大学获得博士学位的第一位中国学生。归国后，与张东荪、黄子通等共同创办《哲学评论》。又投身于平民教育运动，任职于香山慈幼院。曾任北京大学、清华大学、上海自治学院、北京师范大学教授，湖南大学文学院院长。著有《教育哲学ABC》《乡村建设与教育》《乡村教育文录》等。

文中所言"育养学校"，通称"保育学校"。保育学校虽在英美兴起有年，然而对于国人而言，则是新鲜事物。1927年2月20日，陈鹤琴在《教育杂志》第19卷第2号上，发表了《幼稚教育之新趋势》。其中，就专列有一项介绍保育学校，并视此为"幼稚教育的最大新趋势"。在他看来："蒙养园与幼稚园实在没有什么大分别。所分别者，蒙养园所招收的儿童比幼稚生较小一点，所用的教法较为自由一点而已。"这"蒙养园"，实为保育学校。

瞿菊农撰写此文时，刚从美国留学归来未久，况且又有着在美国波士顿参观育养学校的亲身经历，因而所述更为切近，也更为可信。联系他在撰文前后投身于平民教育和慈幼教育的经历，更可知他试图以行动来践行自己的主张，以使国人皆能明白幼稚教育之重要。

有关《晨报副刊》，参见前文《儿童和玩具》题解。

从教育上看，未及学龄的儿童的教育比以后的学校教育重要得多。而教育上最叙〔忽〕略的，却正是这个时期。这是一件应当注意的事。也许从前人以为，这是父母的事。但做父母的，曾否在这一点上注意，却很成问题。

今日的儿童就是将来的成人。此时不注意他们的教育，将来社会一定吃亏。所以，为社会幸福、为个人幸福计，现在的成人对于儿童应当负很大的责任。最重要的是六岁以前的儿童，我们不应当不闻不问。因为在儿童身心发展上，无论在生物学的观点下、医学的观点下、心理学的观点下，这时期都是最重要的。这时期的教养、训育，我们称之为幼稚教育。

从生物学的观点看，这时期最重要，理由却很简单。这时期，在人之一生中最早，种种基本动作都是这时期练成的，就身体的发展上讲，亦是此时最快。因此，此时期的可教育性最高。人总归是在不断的增加之中。不给他好动作（教育），他就许得到许多坏动作。这些坏动作在幼稚时期生了根，将来真不容易改正，或者竟是无从改正。

从医学上看，六岁以前的幼儿，夭折者甚多。中国是没有统计，假如有可靠的统计，数目一定很可惊。同时，假如从小就有适宜的营养与保护，不但可以减少六岁以下的儿童的死亡率，更可以除去或预防将来须〔许〕多病根子。就现在医学上的进步看，医生们懂得儿童的，的确可以预备种种保护小儿的方法。有许多六岁以前的儿童，因为大人不管他，也不会管他，不是夭殇，便是伏了许多病根。这真是对不起他们的一件事。不但对不起他们，简直是人类的大规模的自杀。

从心理学方面看，这时期更重要了。前面说过，六岁以前儿童身体发展最快，心理方面亦是如此。此时，儿童之可教育性最高。一人的性格、行为与态度都是在此时有了基础，并且养成了许多习惯。现在因心理卫生学发达之结果，我们知道许多成人时代的困难都可以追溯到这时代，更可以证明这时代的重要，幼时的经验足以型〔形〕成一个人的全部生活。

幼稚教育本来很少有人注意，但近数十年来，因儿童研究发达之结果，不能不承认，这几年时间的重要。从前，国家是不管幼稚教育的，社会亦是不管幼稚教育的。推原其故：一则由于不曾真明了儿童之需要与本性；二则误于以教育为知识的传授的窄狭的观念；三则由于父母不懂得真正爱子女的方法，不肯使儿童受适宜的幼稚教育；四则由于教育学者，并不曾因〔另〕提出有根据的教育方法；五则由于国家完全不管这件事，社会上又无舆论的督促。结果，竟将所谓未及学龄的儿童都列入教育范围之外。

　　从个人发展的立足点上看，影响儿童的成长的有两个重要的元素：一是遗传，一是环境。关于遗传之一元素，如优生术之类，可以说是不在幼稚教育范围之内，现在不必讨论。就环境一元素论，有下列四〔三〕层应当注意，同时都是社会或者政府应当特别注意的。

　　（1）与儿童关系最密切又最自然的环境是家庭。要六岁以前的儿童得到最合宜的育养，第一要注意家庭。在这一点上，最重要的是要教育儿童的父母，尤其是关于儿童身心卫生的知识，然后应用这些知识来养教他们的儿童。做父母的应当知道，他们的行为处处可以影响儿童的人品（character）。

　　（2）为要使儿童身体得到合宜的发展计，应有儿童卫生的机关，应有特种的专门医生医治有病的儿童和儿童的母亲，应有公家的看护妇帮母亲的忙，同时对于乳母身体应有严格的检查。

另图21　瞿菊农与来华访问的罗素夫妇合影
（后排左一为瞿菊农，前排左二、左三为罗素夫妇）

　　（3）对于两岁到四岁的儿童，应有育养学校① (nursery school)。育养学校的主要目

---

①　育养学校：通译保育学校。系由英国的麦克米伦姐妹所创设，专门为5岁以下的儿童提供教育，且多招收贫苦家庭的子女。该机构以保育为主、教育为辅，兼有日托中心的功能。1913年该校定制，1918年《费舍教育法》正式将保育学校纳入国民学校制度。此后，便形成保育学校运动，并传至世界各地。

的有二：一、设置合宜于儿童生活的环境；二、养成儿童良好习惯与态度。至于办育养学校的人当然要有专门的训练，四岁以后就可以入幼稚园了。

　　这些办法并不是理想，外国很有办到的。记的前年在波士顿，曾参观一育养学校，那里儿童都是在六七岁以下。我们走到里面，真觉得这就可以算乐园。外国的政府，亦很注意这一件事。例如美国的 Sheppard-Toroner Act[①]，便是一个证据。现在，英、美、加拿大，都有促进儿童幸福的机关，有的是私立的，有的是政府立的。我们中国怎样？

　　这一段短文的目的，并不是要详细提出幼稚教育的原则，更不是想提出详细的儿童育养计划；只想提出一个问题来，问我们中国，对于这一点曾否注意到。如其不曾注意到，应否对我们这些六岁以下的儿童，做一番育养工夫？因为这种教育或许比任何教育都重要。

---

① 此英文为法规名，可译为：《谢泼德—汤纳法》。1921 年，在女权运动和儿童保护主义者的双重压力下，美国国会通过了该法案。该法确立了资助地方建立妇幼保健诊所的援助计划。该法规中的英文 Toroner，当订正为 Towner。

37　幼稚教育之新趋势

陈鹤琴

1927年2月20日

题 解　本篇原载《教育杂志》第19卷第2号"幼稚教育专号"。发表时间为1927年2月20日。

原发表时附有照片三帧,分别题名为《日本之户外幼稚园》《看他们多快活》和《营养、日光、空气、游戏、休息是蒙养生发育之要素》,因照片过于模糊,只能删去。特此说明。

有关撰著者陈鹤琴,参见前文《儿童每天生活的程序》题解。

本篇写作之时,陈鹤琴创设的鼓楼幼稚园已正式办理年余,且多项试验已取得初步成果;加之南京幼稚教育研究会业已发起筹组,南京市的幼教工作者开始拥有了自己的社团,使共同研讨并改革成为可能。因此,陈鹤琴放眼世界,介绍幼稚教育之新趋势,以免除闭门造车之局限,此亦为势所必然。

有关《教育杂志》,参见前文《儿童心理在儿童教育上之意义》题解。

教育应当随时势而改变的。时势改变了,而教育仍旧不改变,那这种教育是"死"的,没有效用。幼稚教育自从福禄培尔氏提创以来,至今已有百余年的历史了。在这百年中,世界思潮的变迁、时势的转移,如万马奔腾,大有一日千里之势;而幼稚教育,也曾经过几次大变更,到今天又发生了许多的新趋势。兹胪列于下,以资研究幼稚教育者的参考。

一、注重自由活动的新趋势

福禄培尔氏原是一个教育革命家，他的思想原是超特的，他的教法原是合乎儿童心理的。

试一考当时的教育，小学办得非常的严肃，除了读、写、算三课之外，就没有什么旁的功课。小孩子一天到晚关在学校里，没有什么自由活动的余地。福氏出来提创幼稚园，反对注重形式的小学教法，介绍游戏、唱歌、舞蹈、故事、谈话、手工等等工作，使小孩子有生气，能自由活动，一洗当时教育的积弊。

但是到后来，一般幼稚园教师竟忘了福氏提创幼稚园的用意，把福氏的教法弄的非常呆板，把活泼的幼稚园变成无生气的小囹圄。小孩子的一举一动差不多都要受教师的指挥，唱什么歌，玩什么游戏，讲什么故事，做什么手工，都是教师的意思。

什么到了玩积木的时候，各小孩子拿一盒小积木放在桌上，教师说"一"，大家把手放在盒子上；说"二"，大家把积木倒出来；教师又说"搭牌楼"，大家都搭牌楼；教师说"搭楼房"，大家都搭楼房。搭了一歇，教师说"时候到了，大家把积木放好"，大家就把积木放好。

像这种呆板的教法，只可以教木偶人，不可以教活泼的小孩子。

所以，意大利的蒙铁梭利①出来，极力提创工作自由，以矫正幼稚园的这种弊病。蒙氏根据了 Itard②，Seguin③ 二人的低能儿教授法的原则，制造了几十种教具，让小孩子自己去选择，自由去玩弄。

但细考她的教具、教法，我们不得不致疑者有二点：

---

① 蒙铁梭利：通译蒙台梭利。
② Itard：通译依塔德，即让·马克·加斯帕德·依塔德（Jean Marc Gaspard Itard，1774—1838），法国外科医生、特殊教育专家。他早年为耳科专家，后致力于聋儿教育。1800 年经聋儿教育家斯卡尔介绍，选定阿韦龙森林中发现的"野孩"维克多进行教育实验。经过长达 5 年的训练，取得了一定成效，并撰写了《阿韦龙野孩维克多》一书，从而为特殊儿童教育奠定了理论和实践基础。
③ Seguin：通译塞甘，即爱德华·塞甘（Edouard Seguin，1812—1880），法国精神科医生，智力落后教育奠基者之一。1837 年在巴黎创设智力落后儿童学校。1848 年移居美国，创设奥兰市塞甘心理学校，继续从事智力落后儿童教育。1876 年当选美国智力缺陷协会首任理事长。著有《白痴的精神治疗、卫生及教育》《白痴及生理治疗法》等。

（1）她的教具还是非常呆板，极少变化。什么扣纽扣、系鞋带，什么拼颜色、搭尖塔，什么安放几何形的木块（geometrical insets），什么玩弄圆椎形（cylinders），都是呆板而少变化的东西。扣纽扣、系鞋带这些动作，小孩子应当学的，应当自己做的。我们可以教他解扣他自己的衣服，打结他自己的鞋带，何必一定要他去解扣那布架上的"死纽扣"、打结那布架上"死鞋带"呢？蒙氏的这些教具为低能儿则可，普通的小孩子就要厌其呆板、缺少变化了。

（2）蒙氏的自由教法，每每使小孩子随意乱弄。其结果，小孩子学不了什么东西。小孩子固然要自己学的，但是必须要教师指导的，不然尝试错误，不知要耗费多少光阴、多少精力呢！

从上二点看来，蒙氏的儿童院①并不怎样高明。她所主张的是自由，而她的教具实在是太呆板，实在是束缚儿童的自由。

所以近年来发生一种新趋势。这种新趋势，一方面，解放旧式幼稚园的束缚；一方面，矫正儿童院的放任。这种趋势就是自由工作。在这种自由工作制度之下，小孩子得以自由工作，得以自由集合，得以自由合作；但教师必须从旁指导，不让小孩子瞎做、瞎弄，妨碍他人的工作，消磨自己的光阴，以养成各种叫嚣的坏习惯。小孩子做什么、画什么、唱什么，教师预先必要有充分的准备，临时必要有适当的指导。教师常常在旁照顾，若做错了或要做错了，教师就应从旁指导。这样一来，小孩子的进步很快。

但是这种教法非常难用。采用这种教法的，非要达到下面四个条件不可：

（1）教师自己的学识要高，技能要精。

（2）幼稚园教师要多。一个教师只能照管七八个儿童，若儿童太多就不能顾到了。

（3）教具、教材要多，让儿童自由玩弄，自由试验；不然，天天玩弄二三种东西，断断学不出什么东西来。

（4）教师要尽责，每天要有充分的准备；若不尽责，虽有丰富的教具、教材，也是无用的。

---

① 儿童院：通译儿童之家。

二、注重户外生活的新趋势

凡是儿童都喜欢户外生活，都喜欢野外生活的。

但是，看看现今一般的幼稚园，差不多很少注意到这一点。普通的幼稚园总是几间房间，把小孩子关在里面，户外即有宽敞的空地，也不知道充分地利用。要晓得，空气、日光是生命的根源，运动、游戏是健康的要素；要晓得，户外还有美丽的花卉、可爱的禽鸟。小孩子玩赏之余，当然可以发生审美的观念、博爱的同情，于小孩子的性情、知识都有很大的补助。

所以，近来幼稚园颇有注意户外生活的趋势。草地、花园、户外游戏场等等，是幼稚园必需的设备；万一没有草地、花园，教师必须常常带领小孩子到公园、野外去玩。

在日本，有一个幼稚园叫做"户外幼稚园"（Houseless Kindergarten）。这个幼稚园当初是没有园舍的。小孩子一天到晚在户外生活，饱尝新鲜的空气，享受天然的美景；到了雨雪之时，始让小孩子在室内活动。这个幼稚园已经办得五年了，听说办得颇有成效，很受社会的信仰。看了下面的照相，该幼稚园的户外生活可见一斑。

三、厘订课程的新趋势

大学、中学甚至小学，都有规定的课程。试问，幼稚园有没有相当的课程？

幼稚园的课程素来是规定的。什么故事、手工、图画、唱歌、舞蹈、游戏、谈话等等项目，我们都听见过的。但是，做什么样的手工？画什么样的图画？唱什么样的歌？唱多少歌？做什么样的游戏？都没有规定的。除了这些普通功课之外，还有什么别的东西幼稚生应该学的？如关于卫生上的习惯、做人的德行，我们都要顾到的。

有了一定的课程，做教师的就有所适从。否则，好的教师勉强可以应付，没有经验的教师就不知怎样做了。

所以，近年来研究幼稚教育的，都感觉到这种需要。什么课程、什么内容、什么目的、怎样做的，种种问题都要解决。

在一九二〇年（？），国际幼稚教育协进会在美国开始调查各地幼稚园实地所用之课程，汇齐了许多材料编辑成书，名曰《幼稚课程之研究》(唐毅①已将此书译成中文，由"中华"出版②)。自从此书出版后，研究幼稚园课程的兴趣就日加浓厚了。

美国哥仑比亚大学幼稚园③，新出了一本关于课程书，名曰《幼稚园一年级之行为课程》(Conduct Curriculum for Kindergarten and First Grade)。此书是该园近四五年来的试验结果，专以儿童的活动为编制课程的根据。这种编制的方法似乎很合近代的趋势。

但是，比这种课程还要美备的，当然要推 Denver④ 城的幼稚园课程了。这个课程也是根据儿童的活动的。儿童的活动分为数类：初步、卫生、家庭、社会等等。根据各种的活动选定各种教材、教法。

以上所说的课程书籍都可以给我们做参考的。

四、规定标准的新趋势

与课程相仿佛的，就是标准。几岁的儿童应当做什么样东西？例如图画，四岁的儿童应当画得怎样好，五岁的儿童应当画得怎样好。又如唱歌，三岁的儿童应当唱得多少好，四岁的应当唱得多少好。总之，关于幼稚园所有的工作，我们应当都有一定的标准。

若没有规定的标准，那儿童的能力如何、学业进步如何、品格如何，我们都无从说起。做父母的，不知道他们的小孩子在幼稚园究竟怎样；做教师的，也不知道他们的学生究竟怎样。大家糊里糊涂的过去，小孩子一到了六足岁，不问他的程度如何、能力如何，我们就给他一张修业证书，送他到一年级去。

反过来说，有了标准，做教师的常常可以考察小孩子的成绩。究竟他们的学业有没

---

① 唐毅：字现之，南京高师教育科毕业生，参见前文《幼稚园课程编制原则》题解。
② 此"中华"，指上海中华书局。所译书名为《幼稚园课程研究》。
③ 哥仑比亚大学幼稚园：通称"贺拉斯·曼幼稚园"。贺拉斯·曼（Horace Mann，1796—1859），美国教育家。他主张任何人都应该接受公共教育，他推动马萨诸塞州建立了公立教育系统，被誉为"美国公立学校之父"。1887年，哥伦比亚大学师范学院为进行男女同校实验而创设贺拉斯·曼学校，幼儿园仅为其中之一部。该幼儿园的师资优良、设备齐全、课程丰富，为当时美国较好的幼儿园。
④ 此为地名，通译丹佛，为美国科罗拉多州首府。

有进步？他们的长处在那里、短处在那里？考察之后，就可以想方法去补救、去奖励。这样说来，标准的规定实在是一桩很重要的事。所以，近年来发生研究幼稚园各课标准的新趋势。

Rogers① 拟定了两种"卫生习惯表格"：一种为家庭用的，一种为幼稚园用的。就是小孩子在家里与在幼稚园里，所养成的卫生习惯。Julia Wade Abbot 新近也拟了一个"卫生习惯表"，以作幼稚园之健康标准。在一九二四年，Ruth Andrus 研究蒙养院的儿童从两岁至四岁的习惯，找得情绪上的习惯，共有一四四条；智力上的习惯，共有一一一条；动作上的习惯，共有一一七条；行为上的习惯，共有七五条。这种研究是很有价值的，做教师的拿来可以作为考查幼稚生之用。

南京鼓楼幼稚园近已积极编制标准，什么习惯标准、什么图画标准，现正在编造中。不久，就可供给同志们做参考了。

五、研究幼稚生心理的新趋势

与幼稚教育直接有关系的，就是幼稚生心理的研究。若不知儿童的心理而施行教育，那这种教育必定没有良好结果的。

儿童心理学是幼稚教育的基础。未施教以前，我们应当知道儿童的心理：他怎样学的？用什么方法学起来最经济、最有效力？比如图画，我们应当怎样教他，他才能学得好；又如玩积木，什么样的积木，他玩起来最有兴趣、最有益处。

从前所用的积木太小，不能引起小孩子的兴趣，不能发达小孩子的身体。所以，近来我们有一种放大的积木②，小孩子可以拿来搭大房子、大公园；不像从前，只能在桌上搭一种几寸大的东西了。

---

① Rogers：通译罗杰斯，即卡尔·兰塞姆·罗杰斯（Carl Ransom Rogers, 1902—1987），美国心理学家，人本主义心理学的代表人物之一。
② 此"放大的积木"，即希尔积木。它尺寸较大，拼搭成的物体较为实用，幼儿可在其上或其间玩耍。当时，苏州玩具制造商吴亚可曾进行仿制，并很快为中国各幼稚园所采用。

近来，用科学的方法研究幼稚生的心理的，有 Gesell①，Terman②，Johnson③，Watson④，Boldwin⑤ and Stecher⑥ 等。他们都已费了好几年的工夫，精细研究幼稚生的心理。国际幼稚教育联合会曾推选一个"儿童研究委员会"，专门研究儿童的心理。这个委员〔会〕现已费了三年的工夫，研究六岁儿童的言语。所得的结果，已于该会机关报《儿童教育》上陆续报告了。

还有关于情绪上、智力上、行为上的种种问题，都要澈底研究的。明了儿童的心理、生理之后，我们才能施以相当的教育而收优良的效果。

六、幼稚园与一年级之联络

我们在上面已经说过，小学的教法原是很呆板的，除了读、写、算之外，就没有

---

① Gesell：通译格塞尔，即阿诺德·格塞尔（Arnold Gesell，1880—1961），美国儿童心理学家。1906年获克拉克大学心理学博士学位，1911年在耶鲁大学创办儿童发展诊所，同时攻读医学博士学位。1915年获博士学位，留校继续从事儿童研究。后创立"儿童成熟理论"，编制了耶鲁量表（专门测量婴儿和学前儿童的行为发展），并最早使用电影来观察、记录儿童的行为。著有《幼儿行为图表》《学前儿童心理发展》《婴儿期和人的成长》等。

② Terman：通译推孟，即刘易斯·麦迪逊·推孟（Lewis Madison Terman，1877—1956），美国心理学家。早年历获印第安纳大学硕士学位、克拉克大学博士学位。后长期任职于斯坦福大学，从事心理学研究。其主要贡献有二：一为修订比奈—西蒙量表；二为对数千名天才儿童，进行了长达几十年的跟踪研究。1923年当选为美国心理学会主席，1928年当选为美国国家科学院院士。

③ Johnson：通译约翰逊，即玛丽埃塔·约翰逊（Marietta Johnson，1864—1938），女，美国教育家、进步教育协会的创始人之一。1907年在亚拉巴马州的费尔霍普创办了费尔霍普学校，该校以"有机教育学校"而闻名。其目标在于发展人的整个有机体，包括培养感觉、体力、智力和社会生活能力，用以改善生活和文化。她根据学生的年龄来分组，称作"生活班级"，而不叫年级，课程计划则以活动为主。杜威把约翰逊的教育实验称作"教育即自然发展的一个实验"。

④ Watson：通译华生，即约翰·布罗德斯·华生（John Broadus Watson，1878—1958），美国心理学家、行为主义心理学的创始人。早年师从杜威、安吉尔等著名学者。1903年获芝加哥大学哲学博士学位，旋留校任教，并专注于动物心理实验。1908年受聘担任霍普金斯大学教授，负责指导实验室。通过多年研究，于1913年提出"行为主义心理学"主张，力求心理学研究的客观化，并用以区别弗洛伊德的心理学说，故被称为"心理学第二思潮"。著有《行为主义者所看到的心理学》《行为：比较心理学导论》《行为主义》等。

⑤ Boldwin：当订正为 Baldwin。通译鲍德温，即詹姆斯·马克·鲍德温（James Mark Baldwin，1861—1934），美国心理学家。

⑥ Stecher：通译斯特克，生平事迹未详。

别的课程。后来受了幼稚园的影响,加入游戏、唱歌等功课。到了现在,小学的教法比从前活动得多了。但是教室的椅桌,还是呆板钉牢的;所读的功课,还是一班一班教的(道尔顿制①的教法,当然不在此例)。什么节奏、故事、自由工作,还是没有采取。一个活泼的幼稚生,在幼稚园里自由惯的、活动惯的,一旦进了形式很重的小学,当然要发生种种困难。

所以,为沟通小学与幼稚园起见,有许多地方,小学一年级与幼稚园联络起来成为一个系统,同由一个人去主持。不但如此,美国所有公立、私立的幼稚师范,差不多都附设普通师范科,以造就幼稚园与一年级的师资。美国还有一种很重要的杂志,专门为沟通幼稚园与一年级出的,取名为《幼稚园与一年级》(*Kindergarten and First Grade*)。不过,这种杂志近因包括蒙养园②教育,已改名为《美国儿童》了。

在中国,也有几处把幼稚园与一年级联络起来的,例如杭州的宏道女学③,南京的东大附小④。总之,一年级应当与幼稚园有密切的衔接,以免双方的损失。

七、蒙养园的运动

近十年来,幼稚教育的最大新趋势,就要算英国的蒙养园运动⑤(Nursery School Movement)了。英国素有一种家庭保姆的习尚,就是有钱的人家,大概是要请保姆去

---

① 道尔顿制:亦称"道尔顿实验室计划"。由美国女教育家帕克赫斯特(H. Parkhurst,1887—1973),于 1920 年在马萨诸塞州道尔顿中学所创行,并因此而得名。该法旨在弥补班级教学制度的不足,发展学生个性,认为每个学生都应该以适合他自己的速度去取得学习进展。20 世纪 20 年代早中期,中国曾引入进行过实验。
② 此"蒙养园",为学前教育机构。若联系后文分析,此处的蒙养园,实指保育学校。该机构兴起于 20 世纪初的英国,由麦克米伦姐妹主持创设,招收 5 岁以下贫苦儿童,提供保育和教育,兼有日托中心性质。
③ 宏道女学:亦称"弘道女学",系设于杭州的教会学校。1912 年,由教会原设的蕙兰女学、育才女学和贞才女学合并而成。开设有中学、高小、初小三部,后增设幼稚师范科。办学质量相对较高,培养了吴贻芳、倪雪梅、周觉昧等教育名人。
④ 东大附小:全称"东南大学附属小学"。当时,陈鹤琴既执教于东南大学教育科,又兼办鼓楼幼稚园,因此便将"幼小衔接"列为了研讨的课题之一。
⑤ 蒙养园运动:严格说来,应译作保育学校运动。

教养他们小孩子的；但是一般劳苦的子弟，那就不能受同等的教育机会了。有的父母因为日里要出去谋生，年幼的小孩子只能在家里随便玩玩，就没有人教养了；有时竟因孩子太小无人看顾，做母亲的就不能出去谋生了；还有许多小孩子并没有受家庭的约束，终日在龌龊的街上跑来跑去，或是聚赌，或是打架，种种坏习气就互相传染了。

有一位女士，名叫 Margaret McMillan[①] 目睹此种惨状，遂于一九一四年在伦敦 Depford[②] 城，于人烟最稠密、贫童最多的地方办了一个蒙养园，以加惠一般可怜的儿童。同时 Grace Owen[③] 在别处，也创办蒙养园极力提倡。所以不到数年，各处蒙养园的成绩斐然，而大规模的运动就开始了。

英国议院于一九一八年，竟毅然决然通过一个破天荒的大议案[④]，把蒙养园作为全国人民教育的基础，正式认定健康教育的重要；凡各处蒙养园，愿让政府按期检验他们蒙童的体格的，就可以得着政府的补助。这种议案虽并不强迫各地方设立蒙养园，但风声所播，开始创办者不一而足。所以不数载，蒙养园在国中就很普遍了。

近年来，美国人士也正极力鼓吹蒙养园的制度；各处著名大学教育科，几都有添设蒙养园课程之举。美国两种著名幼稚教育杂志《美国儿童》和《儿童教育》，专辟一栏，讨论蒙养园的实施与组织。国际幼稚教育协进会特设蒙养园一部，以研究蒙养园的种种进行事宜。至今，美国各处设立蒙养园也渐渐多起来了。

但蒙养园究竟与幼稚园有什么分别？在组织上，蒙养园所收的儿童比幼稚生年龄还要小，两周岁的儿童就径可进蒙养园；幼稚园里的儿童，最小的也须三岁。普通的幼稚园只有半天的工作，蒙养园大概是全天的。在目标上，蒙养园与幼稚园也有一点不同，

---

① Margaret McMillan：通译玛格丽特·麦克米伦（1860—1931），英国保育学校的创办者及保育学校运动的领袖。1908年与其姐拉歇尔·麦克米伦共同在博乌开办实验诊疗所，1910年改称德普特福特学校治疗中心，次年发展为野营学校，1913年定名为"野外保育学校"。其后，保育学校便在英国不断出现。1923年当选为英国保育学校联盟的首任会长。

② Depford：当订正为Deptford。通译德普特福特，位于伦敦南郊，当时为贫民区。

③ Grace Owen：通译格雷斯·欧文，曾任保育学校联盟首任名誉干事。1920年出版《保育学校教育》一书，将保育学校视为"家庭的补充或延伸"，主张不应对儿童进行读、写、算的训练，应以儿童的自然本能为基础，再增进其经验；多组织集体活动，培养其协作精神。

④ 此"议案"，即《费舍教育法》。费舍系时任英国文教大臣，该法案由他起草。该法规定，地方当局为2～5岁儿童开办幼儿学校或保育学校，并将其纳入国民学校制度；除伙食费和医疗费外，保育学校实行免费入学。

蒙养园所最注意的是健康。政府一方面派员时常去检验蒙养生的身体，看蒙养生有否疾病，有否充分的教育；一方面供给蒙养生健康的环境、滋补的营养，什么空气、日光、游戏、清洁、休息，都是蒙养园所应注意的要素。但是我们不要误会，蒙养园所最注意的固是儿童的健康，但智力的发展、德性的培养也是要顾到的。幼稚园对于儿童的健康并不是不注意，不过没有像蒙养园来得那样注意罢了。

从上看来，蒙养园与幼稚园实在没有什么大分别。所分别者，蒙养园所招收的儿童比幼稚生较小一点，所用的教法较为自由一点而已。

蒙养园这种组织，当初是为贫寒子弟的；到后来，有钱的人看见这种组织办得很好，也起来创办蒙养园，以教育他们自己的子弟。现在，美国有许多蒙养园，如 Haverford Nursery School，[①] Cambridge Nursery School，[②] Ruggles Street Nursery School，[③] 等等，都是有钱的人自己私办的。

总起来说，幼稚教育自从福禄培尔氏提创以来，已经经过了几番改革。到今天，又有许多新趋势发现了：儿童的活动要自由的，要辅导的，最好要在户外做的；幼稚园所用的教材要详细规定出来，这种规定的教材要"活"用的，当然不能"死"用的。除了规定教材外，我们应当规定幼稚园的各种成绩标准。但要澈底改造幼稚教育，非澈底明了儿童的心理不可。所以，近来有许多心理学家出来研究这个重要问题。但比上述种种新趋势还要有声有色、哄动一时的，那要算蒙养园的运动了。

参考书：

（1）Margaret McMillan，*The Nursery School*，E. P. Dutton & Co.，N. Y.

（2）Grace Owen，*Nursery School Education*，Dutton & Co.，N. Y.

（3）R. Hashizume，*The Houseless Kindergarten*，Muromashi Ikeda near Osaka，Japan.

（4）*Childhood Education Magazine*，Williams & Wilkins Co.，Baltimore，Md.

---

① Haverford Nursery School：通译哈弗福德保育学校。哈弗福德为美国地名，位于宾夕法尼亚州。
② Cambridge Nursery School：通译坎布里奇保育学校。坎布里奇为美国城市名，位于马萨诸塞州。
③ Ruggles Street Nursery School：通译拉格尔斯街保育学校。该校位于美国波士顿，由阿比盖尔（Abigail Eliot）和伊丽莎白（Elizabeth Pearson）于 1922 年创办。

（5）M. D. Horn, Speech Development of Children, *Childhood Education*, Oct., 1926.

（6）Patty Smith Hill, The Education of the Nursery School Teacher, *Childhood Education*, Oct., 1926.

（7）Vera Fediaevsky, The Kindergarten in Russia, *Childhood Education*, Oct., 1926.

（8）Frances Lawrence, A Nursery School Demonstration in Honolulu, *Childhood Education*, Nov., 1926.

（9）Gesell, *Psychology of the Pre-school Child*, Houghton Mifflin Co., 1925.

（10）Baldwin and Stecher.

（11）Buford J. Johnson, *Mental Growth of Children in Relation to the Rate of Growth in Bodily Development*, E. P. Dutton & Co., N. Y., 1925.

（12）H. M. Johnson, *A Nursery School Experiment*, Bulletin XI, Bureau of Educational Experiments, N. Y.

（13）Ruth Andrus, A Tentative Inventory of the Habits of Children from Two to Four Years of Age, *Teachers College Contribution*, No. 160, 1924.

（14）Gesell, *The Pre-school Child*, Houghton Mifflin Co., 1923.

（15）Goodnough, *The Measurement of Intelligence by Drawing*, World Book Co., 1926.

（16）Denver, *Kindergarten Curriculum*, Published in the American Childhood, 1926.

于东南大学

38 幼稚儿童与家庭教育

赵廷为

1927年2月20日

另图 22　赵廷为像

题　解　本篇原载《教育杂志》第 19 卷第 2 号"幼稚教育专号"。发表时间为 1927 年 2 月 20 日。

撰著者赵廷为（1900—2001），字轶尘，浙江嘉善人。早年就读于北京高等师范学校英语科，后转至教育科，于 1924 年毕业。短期担任《教育杂志》编辑后，受聘担任浙江春晖中学教师、教导主任。此后，历任温州十中教职兼附小主任，教育部编审处编审，安徽大学、中央大学、苏州社会教育学院、大夏大学教职。中华人民共和国成立后，长期任教于华东师范大学，并致力于研究小学教育，在教学法方面颇有造诣。著有《小学教学法通论》《小学教材及教学法》《教育概论》等。

文中对于设立家长学校，举办婴孩周、儿童幸福展览会等社会活动，以及密切家园联系、实施家长预备的教育等举措的推介，无疑是十分宝贵的经验。此类介绍均关涉到家长素质的提高，而这个问题无疑是提高家庭幼教品质的关键所在。文中"造就良母"的"不合时宜之言"，在今日看来，其相关课程确实"比外国文更重要"。

有关《教育杂志》，参见前文《儿童心理在儿童教育上之意义》题解。

一

幼稚的时期在人生的各时期中，占据一个最重要的位置。因为幼稚的时期较其他人生时期为早，所以儿童在此时期内的发展，足以决定此后发展的途径。最初六年间的儿童生活正是一切教育的基本，一人的体质、性情，皆于此时定之，正如一所建筑物之是否牢固，全视其墙基若何一样。

（一）从生物学的观点来说

生物愈幼小，则发育愈迅速。体重及身高的百分比之增加，在幼稚时期较在任何时期为大。初受胎的卵子，重量不过半瓩①而已；迨儿童初生时，据密诺脱②（Minot）的估计，重量已增加五万倍。

在生后最初的五月中，婴孩的重量增加二倍；在第一年内，发育的总得数为200%，第二年发育的总得数大约为30%。此〔后〕，发育的速率逐渐减小；到了第六年以后，每年仅增加10%而已。

及至春情发动期，发育又稍迅速；然发育的可能性，仍是在最初的六年内决定的。

（二）更从医学的观点言之

幼稚时期是死亡率最大的时期。该塞尔③（Gesell）说："在全国（指美国）死亡的总数中，有三分之一以上是在六岁以下发生的。"（见 Gesell：*The Preschool Child*, Chap. I.）

幼稚儿童抵抗疾病的能力非常弱小，所以他不但必须学习走路、握物等等，并且必须获得一种能够抵抗疾病的身体组织。

在此时期中，负有保护之责者，一面应用适当的滋养，以减少疾病的机会，一面使儿童养成各种卫生的习惯。这些问题兼含教育的和医学的二种性质。

（三）再自心理的方面观察

幼稚时期，心的发展的速率正与身体发育的速率一样的巨大。这心的发展不仅是限

---

① 瓩：毫克的旧译，即千分之一克。
② 密诺脱：通译迈诺特，即查尔斯·塞奇威克·迈诺特（Charles Sedgwick Minot，1852—1914），美国解剖学家、生物学家。1872年毕业于麻省理工学院，后任哈佛大学教授，主要研究胚胎学。著有《人类胚胎学》等。
③ 该塞尔：通译格塞尔。

于知慧的方面，在社会的、感情的及道德的方面也极显著。

幼稚的儿童不仅得到知觉及动作的适应，并且养成待人接物的态度，获得偏见、欲望及特殊的动作的方式。

在此时期内的教育影响于品性的养成至为巨大。心理分析学[①]已显示许多的实例，证明在最初数年内，不幸的经验足以产生不调协的发展，而引起成年时代许多变态的行为。该塞尔说："幼稚时期的生活是容易忘记的，但这数年的岁月并不长逝。在神经系的组织中，这数年的生活已留下印痕，而继续支配个人的行为。"（见 Gesell：*The Preschool Child*, Chap. I.）

他又说：

> 这话似过于形容，但按之现代心的概念，也颇有根据。一切动作皆受以前的动作之制约。就神经学言，人是一束神经的模型（a bundle of neurone pattern）；就心理学言，人是一束的习惯杂合（complex）及交替反射。最先形成的模型及杂合，最容易保持。

二

幼稚的时期既如此之重要，公立教育的制度理应对于幼稚儿童的教育，特别加以注重了；但是，在实际上却不然。强迫教育时期是从七岁起的，幼稚园在学校系统中，并不占据重要的地位，不过是一种附属性质而已。

除了上海、北京等巨大都市以外，普通的城镇是完全没有幼稚园的。至于幼稚教育的责任，还是由非正式的教育机关——家庭——独自担负呢！

在一方面，幼稚时期是最重要的教育时期；在他方面，幼稚儿童的教育最被忽视。于是，幼稚教育的提倡成为刻不容缓了。

我以为，提倡幼稚教育，宜分二途进行。

---

① 心理分析学：亦称"精神分析学"，是以精神病的治疗为背景，研究人的深层心理发生、发展及其规律的科学。其创立者为奥地利心理学家弗洛伊德（S. Freud，1856—1939）。

一途是幼稚园及其他正式的幼稚教育机关之推广。这是大家所认为重要的。因为若无正式的幼稚教育机关，幼稚教育决无进步的可能。

但是，更根本的方法是研究并提倡家庭的教育。一则，因为在许多没有幼稚园的区域内，家庭将继续为幼稚教育之惟一的机关；二则，因为家庭的生活是儿童最亲切的生活，无论它入幼稚园或否，从这种生活中，它总不免受到最重要的教育的影响。

有些父母自把儿童送入小学或幼稚园后，便以为子女的教育已付托有人，此后可取不闻不问的态度。这显然是一种莫大的谬误。

文明尽管变迁，工业革命的影响尽管巨大，家庭之教育的职能总不会完全失去。至于幼稚儿童的教育，更是家庭所不能卸责的了。

三

现在，让我们看一看我国一般的家庭教育是怎样。

为饥寒所迫的家庭，自然顾不到子女的教育了。生计艰难的家庭，常叫子女做各种家里日常的工作，例如买物、扫地之类。这也未尝不可使儿童从实际动作中，得到普通职业的训练；但在父母的意识中，并不含有什么教育的目的。所以，也算不得家庭的教育。

仅止家境尚好的父母，对于子女的教育，稍可加以注意。然此类家庭的父母，对于子女教育所取的态度，也常不出于下述之数种：

（1）不关心——许多家庭内的父母仅顾到自己的享乐，对于子女的前途完全是不关心的。此种父母是不负责任的父母。

（2）厌视——还有许多家庭的父母，自己想安静做事，对于儿童的啼哭或喧嘈非常厌视。如果在邻近有什么幼稚园或小学校，他们必赶速把子女送去，以省免自己管理的麻烦。自后每逢放假的日子，他们必为之绉〔皱〕眉蹙额。这种的父母是自私自利的。

（3）溺爱——溺爱子女在我国是最普通的家庭现象。在积习相沿的家庭制度之下，对于独生的子女的宠爱，可说是一种自然的趋向。祖母的爱孙使姑息子女的态度更益坚定。在此种家庭之中，子女常养成各种反社会的、不合宜的习惯；且因在幼稚时代已度过一种安逸适意的生活，到了长大，决不能适应于优胜劣败的社会。

（4）苛严——有些家庭的父母趋于相反的极端，对于子女非常苛严。如果子女稍犯一点过失，他们必加以打骂，不问此过失的性质是怎样。在此种家庭之中，儿童的生活是极其干枯、苦痛的。恐怖心非常发达，儿童见了父母，正如老鼠见猫一样。服从的习惯固已在此种家庭的生活中养成，但是，活泼泼的天真早就消失无存了。

（5）强迫识字——有许多家庭的父母很想对于子女的教育负一点责任，却是不了解教育之真正的意义。他们把识字看得特别重要，当儿童年龄还幼小时，就要教以识字。儿童对于识字的兴味自然是极少的，于是父母用责罚去强迫它们。此种不正当的强迫，显然足以阻碍调和的发展。

总之，现今一般的家庭对于子女的教育，不外是漠视或不了解。漠视，是忘了做父母的责任；不了解，是由于儿童知识的缺乏。故提倡幼稚教育者，不可不先注意家长的教育（parental education）及家长预备的教育（pre-parental education），以使为父母者，明白自己责任的所在，并了解儿童教育的原理。

四

家长的教育在英美各国逐渐受到教育者的注意了。

在美国，有全国举行的婴孩周（Baby Week），有儿童幸福展览会（Child-Welfare Exhibits），皆足以促进父母对于儿童抚育的兴趣。

在英格兰及威尔斯[①]，教育部在一九一六年时已提开七万六千元，作为维持育婴院及家长学校的费用。伦敦的圣盆克拉司学校（St. Paneras School），不仅为年长的子女设班教授，且为男子亦设有关于家长教育的夜校。关于此种的施设，很有足供我国采取的地方。

但是，我所认为最重要的是幼稚园职能的推广。各地已设立及将设立的幼稚园，应

---

① 威尔斯：通译威尔士（Wales），英国领土的一部分，位于英国大不列颠岛西南部。

不仅为幼稚教育之正式的机关,且应为家庭教育的模范。

幼稚园的创始者福禄培尔(Froebel)说:"如果儿童的母亲不开始去教育自己,进步的希望是极少的,让他们到幼稚园里来,亲自去研究这个制度。"在别处,他又说:"幼稚园想使一种合于儿童及人的本性,且能满足时代的要求之教育,为一般的儿童所可收受。此种组织更想指出,这样的教育可在家庭中施行。"

现在流行的幼稚园完全不与家长连络,未免是眼光狭隘。其实,如果幼稚园不进行一种家长的教育,以得到家长的合作,幼稚园的目标是难以实现的。

至于家长预备的教育,在我国简直是完全被人忽视的。但是我们如静加研究,实在不能不承认,这是一个极重要的公立教育的目标。

美国中等教育改组委员会所订之七大教育目标中,有"良好的家庭分子"一项目。这当然是把父母所应负的教育的责任包括在内的。巴必脱[1](Bobbitt)在老司盎格来斯[2](Los Angeles)所订的课程目标中,也列入"家长的活动"一条。由此可见,家长预备的教育之重要,是一件为教育者所共同承认的事实。

以造就贤妻良母为惟一的目标之女子教育,固应受吾人的反对。但是,一种完全置此目标于不顾之女子教育,也未免是矫枉过正。社会的理想无论如何变动,我深信,造就良母,总是女子教育的最重要的目标之一。

我主张,在中等以上的女子学校中,家政学、儿童心理学及儿童卫生学等科,在课程中应占据一个比外国文更重要的位置。

五

以上述幼稚时期家庭教育之亟应提倡。现在,我要把幼稚时期教育的根本原理说

---

[1] 巴必脱:通译博比特,即约翰·富兰克林·博比特(John Franklin Bobbitt,1876—1966),美国教育家。早年师从名师霍尔,获克拉克大学博士学位,后着重研究课程领域。1918 年出版《课程》一书,标志了"课程论"这门分支学科的创立。后又撰写了《课程编制》一书,奠定了自己的学术地位。另著有《教什么和应该教什么》《现代教育的课程》等。

[2] 老司盎格来斯:通译洛杉矶,位于美国加利福尼亚州西南部。

一说。

实施幼稚时期的教育是非常的困难。陈鹤琴先生在其所著《家庭教育》一书中说：

> 有时候，他（小孩子）非常的倔强，你不晓得骂他好呢，还是打他好，让他去强霸好呢，还是去抑制他好；他睡在床里哭喊，你不晓得去抱他起来摇摇他好呢，还是让他大哭大喊的好；有时候，他要出去玩玩，你不晓得给他去玩好呢，还是禁止他好；有时候，他要东西吃，你不晓得给他吃好呢，还是不给他好；有时候，他要唱唱歌，你不晓得怎样教他唱，怎样教他学；有时候，他要识识字、画画图，你不晓得怎样教他识字，怎样教他画图。

单单去定立若干教育小孩子的目的，并不是难事。巴耳谋[①]（Palmer）曾说过："在最初八年间，教育的鹄的在于养成一个身心活泼，且能在一切平常的生活境遇中，自己制驭自己之儿童。他应是自立的、诚实的，有一种略为确定的人格，却是具着一种社会的态度，渐可压抑自我，而进于社会意识的发展。"（Palmer, *Play Life in the First Eight Years*[②], pp. 270.）但是怎样去实现这个鹄的，却不是容易的问题呢！

如果我们要解决这许多幼稚教育的问题，我们须先了解儿童的本性。儿童的本性，不能在此处作详细的叙述。如今，让我根据儿童的本性，提出数项为父母及幼稚教育者所应注意的要点。

父母及幼稚教育者，首先要认清楚的是儿童非具体而微的成人。

现在一般的父母及幼稚教育者，因为抱着准备生活的观念，不能静待儿童之缓慢的发展，常用对待成人的方法去教育儿童，这可以说是一个莫大的错误。

儿童与成人的差异是很大的。就身体的方面而言，儿童头部占据更大的比例，且其内部的器官也有不同的组织。论兴趣、冲动、态度及能力，儿童与成人之成熟的程度更相悬殊。有许多成人的需要，是为儿童所不了解的；但是，儿童也有许多重要的需要，

---

① 巴耳谋：通译帕尔默，生卒年未详。曾任美国纽约城幼稚园副指导员。
② 此英文为书名，民国时译为《童年之游戏生活》，1916年出版。关于该书的内容，详见杨贤江发表在《教育杂志》第14卷第7号的书目介绍。

每易为成人所轻视。要言之,幼稚的儿童需要一种与成人不同的教育,正如需要一种与成人不同的食物一样。如果我们用对待成人的方法去教育儿童,那就与用成人的食物去喂初生的小孩一样荒谬了。

且按之现代教育的理论,顾及儿童的需要之教育,即"所以准备生活"。杜威说:"教育是由生活准备生活。"朋塞尔[①]把这思想发挥得更透辟,他说:

> 儿童与成人的需要,在程度上固大不相同;然在性质上,却无什么殊异。儿童的兴趣及活动,大部受成人的兴趣及活动之刺激及暗示。他们的游戏,大部分是模仿其父母及邻人之职业的、组织的和社会的活动。……因为儿童与成人之有目的的活动,在性质上很是相同。所以,儿童用更新、更好的方法,去适应其自己的需要之每次的经验,即是适应其将来同性质的需要之准备。所以,幼稚教育的第一原则,乃是适应儿童目前的需要。准备成人生活的观念,不可盖蔽住这个最重要的考虑。(Bonser, *The Elementary School Curriculum*[②], pp.17-19.)

第二件为父母及幼稚教育者所应注意的事实是,儿童具有一切成人的可能性及能力,不过在胚芽的状态中而已。

负有教育之责者,应供备适当的情境,使儿童运用这些能力以免退化。我所最着重的,〔为〕能力的推理。因为这是一种在社会生活中最重要的能力。照一般人的见解,推理的能力是为儿童所缺乏的;但我们如仔细研究儿童之有目的的活动,不能不承认,儿童的推理正与成人相同。论材料,儿童的推理与成人的推理,固有程度深浅之分;然就推理的过程言,儿童也有各种欲达的目的,也会选择求达目的的手段,也从事于试验及发见。

总之,他们的推理也包含一切成人思想的要素。从推理的心理学讲来,推理之能力

---

① 朋塞尔:通译邦瑟,即弗雷德里克·戈登·邦瑟(Frederick Gordon Bonser, 1875—1931),民国时译为庞锡尔。美国教育家,主要研究小学教育。
② 此为书名,民国时译为《设计组织小学课程论》。该书由郑宗海、沈子善译,商务印书馆于1925年8月初版。

是不易改善的。但是，如果教育者不供备情境，以使儿童善用这种能力，却很易于退化。杜威指出："时间的浪费、完全受人命令的工作及预定的动作方式，皆足以使此能力消散而失去效率。"（Hill, *Experimental Studies in Kindergarten Education*, pp. 12-13.）但是，在现今一般的儿童家庭生活中，这三种情形都是非常习见的。所以，防止推理能力的退化，应为父母及幼稚教育者意识中的教育的目的。

然幼稚教育的根本方法，乃是利用儿童的游戏。这是父母及幼稚教育者所最应注意的要点。

小孩子是生来好动的，喜欢玩这样，玩那样。要是我们强迫他们不活动，一定不会有好的结果。这种好动的趋向正是他们的自我表现。我们须先给与他们以一种自我表现的自由，方可使他们得到运动的能力及器官的适应，习知环境内事物的性质，并发展想像、思想及注意的能力。

我们可以说，幼稚教育的口号是自由、游戏、自我表现或快乐的生活。禁止及责罚，除于不得已时采用外，在幼稚教育上占据极不重要的地位。父母及幼稚教育者的惟一的责任，在于供给适宜的情境，以刺激儿童作各种足以引起身心的发展之游戏。

如今，让我们考虑，在家庭内如何供备一种游戏的教育。

六

欲在家庭中供备一种游戏的教育，相当的设备是不可少的。所以，设备的问题，首先值得加以考虑。

在普通的家庭中，儿童应有游戏室一间。在此室内，应备有化装表现台、简单的体操器具、可以移动的屏帘与板壁及长凳之类。在墙壁上，还可饰以各种的画图，以增美感。此是儿童自己的房间，由他自己治理，完全听他的自由，只要不妨碍人家就是了。儿童又应有一间卧室，每一儿童皆应有自己的床、椅及衣柜，整理的责任，由他们自负。凡此，皆足以使儿童了解主权及责任的意义，并开始习知理想的、民治的原则。

在幼稚儿童的教育中，玩具占据一个最重要的地位。但是，玩具的选择却极重要。父母在购买某种玩具时，应该问："小孩子能够用这玩具做什么事情？这玩具能否刺激小孩子的想像、创造及工作？"好看的、完备的玩具，如一应俱全的火车之类，倒没有什么教育的功用。因为除了有一点声响之外，儿童仍对于铁路之理一无所知。

幼稚儿童最适宜的玩具是洋娃娃。这是人类的象征。社会上一切关于家庭及工业的生产品，都以适应人的各种需要——美的、家庭的及工业的——为目的。所以，在儿童的游戏生活中，代表人类之小娃娃，也足以激起其自然的、生产的活动。洋娃娃的数目不必多，但是必须有大有小，足供表现家庭生活之用。在旁的父母，更须鼓励其制衣、织帽的活动。产品虽极粗劣，而其一种游戏的精神，实较满箱之精美的衣服有更大的价值。

洋娃娃之外，户内的玩物，如皮球、摇马、马车、绳子、积木、火车、洋娃娃的房子、尘拂、扫帚、小动物、石子之类；户外的玩物，如拖车、冰鞋、水桶、铲子等，皆应供备。

更重要的是制造玩物的用具，如剪刀、铅笔、尺、小斧、钉、锤等等。在儿童，游戏与工作是分不清楚的。幼稚的儿童往往为了满足其游戏的需要起见，集中精神去从事一种有生产的工作。

有了丰富的设备及玩具，以激起幼稚儿童之游戏的活动之多种重要的身体的及心的习惯，皆可在家庭中养成。但是做父母的须记得，要使儿童养成有价值的习惯，最好用一种游戏的精神。

有一首故事，讲到游戏的精神很是有趣：

一个三岁的女孩子正在玩洋娃娃，他的父亲对他说："睡眠的时候到了。"女孩回答道："我们正趁车到祖母家里去。"父亲用命令的口气叫他放下洋娃娃，同保姆去睡眠。他很不快乐地顺从了。隔了数日，当女孩正作同样的游戏时，保姆又叫他睡眠。女孩又说："我同娃娃正趁火车到祖母家里去。"此时，母亲回答道："好，好，但这是卧车，茶房已经把卧房预备好了。"于是，他转过身来对保姆说："茶房，请你同他到卧房里去。"

此种游戏的方法，不仅使儿童守按时睡眠的习惯，且足以发展他的想像。此种方法，到底比命令的方法好，还是比命令的方法坏，读者不难加以评判了。

七

以上，不过指出家庭对于幼稚教育所负的责任，及家庭教育一般的方法而已。至于家庭教育之系统的叙述，读者可用陈鹤琴先生的《家庭教育》为参考。

总之，现今流行的家庭教育，有根本改善的必要；而教育界，应努力使一般的父母得到关于儿童本性的知识，并明晓其对于子女教育的责任之重大。换言之，公立教育对于家长的教育及家长预备的教育，也不应加以完全的忽视。

39　幼稚园自然课程及其教学要点

雷震清

1927年2月20日

另图 23　雷震清像

题　解　　本篇原载《教育杂志》第 19 卷第 2 号 "幼稚教育专号"。发表时间为 1927 年 2 月 20 日。原发表时，题下标有文字 "课程之分类—自然科之必需—自然课程之编制—教学要点—结论"。

撰著者雷震清（1900—1984），字仲筒，湖南永州蓝山人。幼年丧父，家境贫困，靠亲友接济入学。先后就读于长沙私立明德中学、东南大学教育系，后出任南京市教育局小学教育股长。又受陈鹤琴之邀，到上海创办工部局东区小学、华德路小学、蓬路小学；公余编写教材，协助办理中华儿童教育社会务。1937 年在山东调查乡村教育的现状。1941 年又协助陈鹤琴创办江西省立实验幼稚师范学校。1946 年受聘执教于中央大学师范学院，讲授幼儿教育课程。又负责重建中央大学附属大石桥小学并担任该校校长。著有《小学校长》《幼稚园的自然》等。

有关《教育杂志》，参见前文《儿童心理在儿童教育上之意义》题解。

一、课程之分类

幼稚园收集六岁以下之儿童，扩大其生活，丰富其发育。各种学习均在活动之中，本无所分其课程。然为从事教育者讨论之便利，及进行时间之支配计，故分列之。

分列之法，约有二种：

其一，以科目为标准（论理的）。

美哥伦比亚师范院之附属幼稚园①行之。该园课程计分：

（1）音乐——听唱及玩各种简单之乐器，间亦加以节奏之动作。

（2）游戏——分个人及团体二者。

（3）自然——此为幼稚园新增之科目。目的在使儿童欣赏自然之景象，注意观察四围环境之事物，因而发生研究之兴趣。

（4）公民——家庭与社会之实际活动，为儿童耳闻目见者，使儿童日加练习，知所应取之态度。

（5）手工——剪贴、木、泥等工。

（6）图画——重写生画，为儿童自由发展之门径。

（7）故事——练习语言之主要科目，并可怡情益智。

（8）谈话——与故事同。

（9）读法——读法可施行于幼稚园之中，乃最近之事。该园近正在进行试验，我国南京之鼓楼幼稚园，近亦在试验，闻结果尚佳。

（10）旅行——旅行在幼稚园中，近亦占重要之位置，与自然教学发生密切之关系。

（11）识数——幼稚生之数目观念，因抽象意义较多，尚未能确定是否可能施以训练。

其二，以儿童之活动为基础者。

但忽②（Denver）公立学校，曾有详细之规定，分儿童之活动为五：

（1）社会之活动——郊叙、纪念日、避灾等。

（2）身体之活动——自然的，如跑、跳、爬；模仿的，如演剧等。

（3）家庭之活动——缝纫、烹饪、玩小玩具、洋囝囡等。

（4）精巧之活动——图画、手工等。

（5）新入学时之活动——房屋方向、玩具用品等之地位等。

以上二者，骤视之，似分轩轾；然细察，则知其为二而一、一而二也。因观察点不同，出发遂因而有别。如请客，在科目方面，为公民科；在活动方面，则各种活动无不可包含其中。一就教材分，一就方法分也。

————

① 此"附属幼稚园"，即哥伦比亚大学幼稚园，通称"贺拉斯·曼幼稚园"。
② 但忽：通译丹佛，美国城市名。

本篇仅及其中自然科之内容及教法，故舍其他而言此。

二、自然科之必需

　　草木之开花结实，动物之飞舞跳跃，天然之变化，气候之不同，在在足以起儿童之疑，致儿童之惑，而生其好奇之心。此种好奇之心，为求知之秘钥。古人所谓"入德之门"，不外乎此。教育者当视此为极良好之时机，不可稍一疏忽，并应从而指引之，以满其欲。

　　惜吾国之负有家庭教育之责者，遇见儿童有所问，不但不为之指导，并反而嗔其为多事多言。即稍进步之幼稚教师，亦多以走朝会圈、玩恩物、触感觉器为事，对此则毫不注意。言念及此，为之叹吾国幼稚教育之幼稚不置。

　　为今之计，苟幼稚教育者，不欲促进儿童之幸福、丰富儿童之生活、促进儿童之思想则已，如其欲达此种效能也，则非分其精力，以注意于自然科之教育不可。

　　自然科之重要如此，其目的究何在，吾人不可不详加讨论。大概言之，约分为：

　　（1）欣赏自然之景象——皎洁之素月、灿烂之明星、澎湃之洶浪、苍翠之峻岭，此远观之景象也；时而万花齐放，时而一碧无垠、蝶舞鸟歌、犬吠鸡鸣，此近处之景象也。若是之宏壮优美，儿童接之，足以起其愉快之情感，引诱儿童由此感觉入于欣赏态度，自然科之力也。

　　（2）注意环境之事物——儿童足迹之所至，身目之所接，万物万事，各呈其特殊之变幻，各表其固有之功能，与儿童之生活常发生密切之关系。激刺其心思，促进其注意，因而训练其观察之能力，使随时随地注意于观察与认识。

　　（3）陶冶爱物之观念——儿童之于自然物，常以不尽之情绪、无穷之想像，寄乎其中，以为举目四顾，芸芸庶汇，各有其生活之状，如吾人然。兴趣因此而益足，同情因此而益盛，爱之、护之必不遗余力。教师设本此而增进之、扩大之，则爱物之念于以养成矣。

　　（4）获得摄生之知识——自然界动植物，何者有害，何者有益，均与吾人生活有绝大关系。儿童知识不足，经验缺乏，每以好奇之冲动舞弄之、捕捉之，而伤及身体于不觉。自然教学中，关于此种种，教师常可以无形中指示之。

（5）影响儿童之健康——以新鲜之空气、充足之日光，涤荡儿童之身心，使其身体具有强壮、熟练、优美诸特质。神经系统因而健全，精神作用亦因而活泼、愉快。

凡此五者，皆幼稚儿童所必需，而历来幼稚园教材之所缺，故不得不列自然一科以补之。

三、自然课程之编制

"中央列举，地方概括。"此联邦政治家行政组织之言也。意谓中央权力，由各邦给与，宜一一列举，以限其范围；而凡不属于此范围中者，则各邦自为政，以便适应其地方之需要。吾人编制课程，亦然。

凡国中共同之点，应略为列出，以便各地之遵守，而养成一致之精神。至各地特殊之环境，则随各地之自由选取教材，以便适应其需要。此种情形，于教育系统中，阶段愈低者则愈甚。故小学校、幼稚园之地方色彩，较中学及大学为浓厚。

本篇所云编制，既不能每地为之定出，故仅及其大概。未述之前，兹先论原则。盖原则为事实之母。校中一切设施皆当准乎此也。

（一）原则

（1）幼稚园教材须就儿童生活中取之。蒙氏之恩物，虽为儿童练习感觉之要具，然非生活中者。故儿童在校中，与出校后有别。适当之自然教材，当取之于儿童日常所接触者。如目击之景物、耳听之声音、口食之菜蔬，以及手足所接触者皆是。

（2）幼稚园教材须能随时变换。儿童之个性不同、环境有别，教材之适应于甲儿童者，或乙童未之见。故教材当随时变换，就地取材。

（3）幼稚园教材须合乎时季。一年四季，时而严寒，时而奇热，草木以之而萌芽，而开花，而结实，而枯稿。此四季之景象，完全于自然界中表现之。教材之选择，亦当随此时季之变换，以适于儿童之实际观察。

（4）幼稚园教材须含有渐进之意味。自然事物日趋改进，胶柱鼓瑟①势必不可。然

---

① 胶柱鼓瑟：比喻固执拘泥，不能变通。

杂乱无章，儿童见之而生畏亦非所宜，应略具改进之意味。如车之观察，则使明有小车、人力车、马车、火车、汽车、电车之类；灯，则有桐油灯、煤油灯、电灯等是。含有改进之意义于其中。

（5）幼稚园教材当含有混合之性质。幼稚园儿童对于事物，多为欣赏及察其功用，并不含有科学之作用，不必分析过细。如秋季之野花，不妨即以"野花"为题，不必分析为某种某种。因分析以后，儿童不甚觉其可爱也。

（二）课程大纲

根据以上之原则，则幼稚园之自然课程，必不可用科学之分类；当依时季，而发为具体之事物。故本大纲中所述，即以四季为准，而略述其大要。

1. 秋季

（1）秋季之景象：气候、花色、果实、落叶、候鸟、虫类之绝迹等。

（2）园艺作业：（a）收获瓜果、山芋、蕃薯、花生等物；（b）种植白菜、萝葡、水仙、郁金香等；（c）欣赏地上之花草、地下之果实，如蕃薯及其与人类之关系；（d）校园之装饰、布置，观察家庭与学校。

（3）利用玉蜀黍、花生米、棉花方法。

（4）比较数种植物。如葡萄，考查其，（a）枝：圆而长，蔓延架上，曰藤；（b）叶：宽而大，有缺角，深绿色，渐变黄而落；（c）果实：形圆，多数丛生，未熟时，色青而味酸，既熟后，色紫而味甜；（d）用途：叶在架上，可以为避日息凉，果实可为食物。

（5）观察秋收之果实。收集萍〔苹〕果、梨子、石榴、葡萄、西瓜、南瓜等，比较其形状、颜色及尝其味，并及利用之方法。如石榴，（a）生长：在石榴树上；（b）形状：圆而有花冠之遗迹；（c）色：淡黄色；（d）皮：保护果实；（e）果实：甚多，成〔呈〕小粒状，味甜；（f）用途：食物。

（6）秋季之虫类——蟋蟀。注意其声音、形状及其发声时之状态、栖息之处所。

（7）兔：（a）前后足之比较应用；（b）食物；（c）感觉：听觉——大小、形状及耳之转动；嗅觉——鼻之移动；视觉——眼之位置；（d）洁白之毛。

（8）雁：（a）羽毛；（b）飞形；（c）声音；（d）来去；（e）整齐之行列。

（9）蟹：注意其外壳、脚行走方法及与人之关系等。

（10）中秋节与重阳节：(a)中秋节，欣赏月色之皎洁，注意中秋之食物；(b)重阳之野景。

（11）菊：欣赏其颜色及形状，注意其培养与爱护。

2. 冬季

（1）冬季之景象：气候，日之长短，虫类之蛰伏，植物、动物之保护方法。

（2）水：雨、雪、冰。

（3）树木：常绿树，注意其叶。

（4）果实：橘、香蕉，与前季之比较。

（5）腊梅：(a)梅花之色、形状、大小；(b)梅花之枝干；(c)与菊之比较。

（6）猫与狗。猫：(a)猫之家；(b)行动：无声、跑、跃、爬；(c)眼之变化；(d)作用。

（7）马、牛与羊。马：(a)身体：强壮，四肢健于行；(b)性质：驯良；(c)毛及尾；(d)保护法。

（8）鸡与鸭：注意其羽毛、声音、蛋及用途。

（9）炭：种类、热度、注意[①]。

3. 春季

（1）春季之景象：气候之变迁、树木之萌芽、昆虫之活动等。

（2）树木：比较各种树木之发芽、生叶；欣赏其生长之现象。

（3）花：如桃花、梨花等，观察其颜色及成长等。

（4）蛙：蛙之变态。最好莫过于将甚小之蝌蚪入园中，以小皿盛之，使儿童观察其渐渐生长成蛙。

（5）植树节：种植树木、花草，如玉蜀黍、豆类及其他瓜类等。

---

① 此"注意"，即注意事项，指烧煤炭时须谨防煤气中毒。

4. 夏季

（1）夏季之景象。

（2）野花：（a）欣赏各种小花开遍之郊野；（b）家庭或学校中花园之保护。

（3）蚕：变态及其吐丝，并其用途。

（4）桃、李、杏等果实。与前同。

（5）蝴蝶：（a）飞舞之状态；（b）静止时之翅与飞舞时之翅；（c）颜色之欣赏；（d）吸花汁之状态及其关系。

（6）蚊：（a）形状；（b）吸血之方法；（c）疟蚊；（d）预防法。

以上所列，仅其大概，后者较前者所列尤少。盖一切可仿前法以推之，故不多列。本大纲所列，难免不受挂一漏万之讥。惟神而明之，是在用者，正不必拘拘如此也。

鼓楼幼稚园，为我国实行自然教育之最早者——现在中国恐只有此园，特别注意行之——兹录其今年上期四月二十六日至六月二十日，二月内自然材料如下：

日期——四月二十六日至五月二日

自然教材——驱灭室内窗上之蝇；采月季、玫瑰等花装饰花瓶；灌花；捉蝴蝶、鸟；做蝇拍；观察蚕之发达；樱桃、芦芽、船；蝇之发达及其害。

日期——五月三日至九日

自然教材——蚕豆；蚊蝇之比较；蚊蝇拍灭方法之比较；蚊蝇害处之比较；本园（即鼓楼幼稚园）花木与草地内蚊子；樱桃成熟、蚕豆成熟；茭儿菜①之来源；未熟之桑果；污水内的虫。

日期——五月十日至十六日

自然教材——落花及将熟之麦；麦与面包；本园花木；蝇蚊（注意于公共之卫生）。

日期——五月十七〔日〕至二十三日

自然教材——麦与豆之比较；有燕雏之人家；蚕之作茧；蚕之生活史；拔蚕豆老干。

五月二十四〔日〕至三十日

---

① 茭儿菜：野生茭白，是一种水生蔬菜。

自然教材——燕子及芙蓉鸟①；桑园；蝴蝶与燕子；蚕茧及蛾；旅行梅庵②（东大校园）。

日期——五月三十一日至六月六日

自然教材——种蕃薯及花生；灌所种之物；黄瓜（短距离旅行）；石榴花；看小猫去。

日期——六月七日至六月十三日

自然教材——种瓜；灭蝇、灭蚊；看瓜果。

日期——六月十四日至二十日

自然教材——鼓楼公园看水虫、金鱼；凸眼的金鱼生活；水虫怎样生活的。

上列各项，均从该园课程表中录下；次序均仍其旧，故有重复之点。视此，更可明前例之大纲，不过其概要。现不必遵守其次序，复不可全据其内容，在在均须本乎儿童之兴趣及环境之机会以为定。

四、教学要点

幼稚园之自然课程，因其内容丰富、包罗万象之关系，故自有其领域。但在教学进行方面，则各科之方法均可合用；各科之教材，自然均可加入。千变万化，惟求其适而已。"适"之一字，言之固易，而行之则殊不易。盖儿童在幼稚期，其心理之状态最显著者，为可塑性、无畏性、喜游戏、好模仿、屋户外生活、好奇等等。欲求其适，未可易言。本节所言，仅及其应注意之点。至于如何方适，则在有责者之善于应用而已。教学上之要点列后：

（1）以户外为原则，户内为例外。户外生活，为自然教学中之最大要素。因各种现象均现于前，不独动机易于引起，即实际观察亦易于求得，且能使学生多受日光及新鲜之空气。至于室内，非天雨或大风外，以少为宜。

---

① 芙蓉鸟：亦称"金丝雀"，毛色分黄色、白色等。喜爱鸣叫，属于鸣禽。
② 梅庵：指当时设于东南大学校园中的纪念馆。该馆专为纪念该校前身两江师范学堂的监督李瑞清（号梅庵）而建。

（2）注意其反应。吾人为成人，成人之脑筋，无论如何儿童化，均不能得儿童思想界之全部。故所教事物，间有失之过深之处。宜时时注意学生之反应，因而察其明了之程度，随时求其改进以期于适。

（3）解述一切，宜多含效用之说〔要〕素。儿童视察事物，每记其效用；或以其效用一二点，代表事物之全体。故用效用为说明一切之要素，儿童必易于明了。

（4）取欣赏之态度。吾国教学儿童，常以祸害及恐惧促儿童之注意。儿童本不畏一切，然久而久之，则习以性成，虽欲不惧不可矣。此后，当以欣赏之态度出之，即或有危险须避，亦宜谨慎处之。改变儿童之注意，以使之远于危险，不必以惧怕为手段也。

（5）儿童自动。教学时，如有儿童能力所及之处，即令之自动，不必一一假手于教师。

（6）比较。各种自然事物，种类繁多，欲一一为之教学，势必不可。宜利用比较作游戏，如芙蓉花与菊花之比较是。任儿童说出，并为之比较其谁说为多。

（7）利用场所。户外教学，其周围事物最易分散儿童之注意；又地之形势、风之方向、光之射线等，往往阻碍教师之声音或儿童之视线。教学之时，教师之地位须稍高，以便儿童之视线。利用风之方向，避却日光之直射，使儿童不觉其痛苦。

（8）避却不当之动作。户外教学旅行，每须采集数物以为标准。儿童常不择地之所在，任意采集。如在公园或花圃之中，则宜使儿童注意于规则。又，儿童采集昆虫或其他动物，每折其一头或臂以为戏。此种残暴之性，不可发现，宜随时利用同情而禁止之。

（9）校中多养蓄动植物。如种植植物，可使儿童参加。收获之时，儿童食其所得，其愉快不可以言喻。又蓄数种小动物于园中，儿童每日喂之，注意其生长发育，以及其他种种，爱好生物之心，不觉滋养乎其间矣。

（10）困难问题之回答，当适当。世间事物，问题甚多，有已有解决方法者，有永久无法者，有解决而儿童不明了者，到处皆是。儿童之困难问题，随时发生。吾人之回答，当视其明了之度，略为之解述。如不明了或不知者，则宜以待查告之；至不能回答者，则不妨以神话为之解述；然亦不可玄妙太甚，免妨害其思想。

教学要点应当注意者甚多，本节所列不过其大者。神而用之，在教师之善于变化而已。

五、结论

幼稚园中设立之自然课程，现正在萌芽时期，既无前法之足循，复少实状之足纪。故本篇所述，自知必有未当，尚望读者加以指正为幸。

又，一事之成功，恒须多数人之努力合作方能有成。幼稚园之自然科，欲其有成，当亦不外乎此。故甚希望，全国幼稚教师努力合作，则数年之后，必有成效之可能。努力之方，兹依愚见，述一方法如次。

下列一表（表6），为幼稚园记录自然科教学之用。希望各个幼稚教师，将每日所处理关于自然之事实及方法，详细记录于表中。经过半年，然后整理、统计而发表之。如数年后，集此发表之物，即为中国极良之幼稚园自然课程及教法之书。后之研究及教学此科者，亦将感谢前此之幼稚教师于无涯矣。

表6　幼稚园自然科教学记录表

自然事物：　　　日期：　　　地点：　　　教法大要：

学生＼事项	从前见过否	明了之程度	有兴趣否	各人问句

附注：本篇得同学张君宗麟之协助甚多，特此志谢。

于南京

40　谈谈幼稚教育

沈百英

1927年2月20日

题　解　　本篇原载《教育杂志》第 19 卷第 2 号"幼稚教育专号"。发表时间为 1927 年 2 月 20 日。

　　撰著者沈百英，参见前文《现在幼稚园中亟应研究的问题》题解。

　　作者于 1925 年接任商务印书馆附属尚公小学校长后，又将商务印书馆原设养真幼稚园收为尚公小学附设幼稚园。不仅肩负了该幼稚园的管理之责，同时也须为该园的办理方向作出抉择。因此，他经常深入该园，观察幼儿的活动和教师的教学，并开展教法改进的试验，试图通过试验探求改革之路。本文即可视为该园教法改进的初步试验报告。

　　有关《教育杂志》，参见前文《儿童心理在儿童教育上之意义》题解。

　　自愧对于幼稚教育，没有仔细研究过；更没有当过幼稚教师，说得出一些实际经验来。那里配来谈幼稚教育呢？不过，平日对于幼稚园的著述，很喜欢拜读拜读；对于幼稚生的上课，很喜欢去参观参观。自己不能说有多少经验，不过低年级的教师却当过几年。或许幼稚园的教法和一、二年级略有几分相同的地方。因此不揣冒昧，也来谈谈幼稚教育，还望研究专家加以指教。

第一，谈谈幼稚园的算术游戏

幼稚园里不希望他们有多少算术本领，所以也不必特别去教他们算术。但是能够在各种游戏里参加一些算术的机会，未始不是一举两得的好法子。下面举出几个例子，聊示一般。

（一）第一例

带韵语的唱数游戏。

教材有："一只老花猫，两只耳朵竖得高，三角眼，四处找，五爪舞起，六鼠就逃，七曲八绕，几乎追牢。追过橱顶，跌了九交，到底没有捉到。花猫心里，十分懊恼。"

又："冬瓜冬瓜，两头开花。"一口气，要说二十四个冬瓜。"一个冬瓜、两个冬瓜……二十四个冬瓜。"

教起来，用全体呼唱，或依教鞭高低呼唱，或用体操时报数法唱。总之，要有兴趣，不要使他们厌倦。

（二）第二例

故事式的数数游戏。

教材如："三岁小宝宝，拿着铜子排一条。母亲教他数一数，一遍一遍数不了。他数一个、两个，忘了再数；一个、两个、三个，忘了再数；一个、两个、三个、四个，忘了再数……"

依次讲下去，依次数下去。数到后来，爸爸来了，他又忘了；哥哥来了，他又忘了；姊姊来了，他又忘了。大家一齐看他，他拿着铜子不数了。

这一个故事，一壁讲，一壁拿着铜子，叫儿童依故事中去数，他们的兴会一定很好。

（三）第三例

数数的玩具。

譬如用一个点头痴官（中国纸泥玩具之一），把手一摇，他的头点个不休，就利用他〔教〕数数的游戏。豫先，可叫儿童各人猜定一数。查结果，是被谁所猜准，大家拍手鼓励他。

（四）第四例

认数字的游戏。

教材，如地上写了几个数字，用豆囊去投。投中了一字，要说出什么数来，算胜；或者投中了，拍手计出数来，算胜。其中有好多变化，全靠教师的活用好了。

或者用两块立体方木（每块每边约四寸），每面写一个数字，指名儿童在地上掷弄，可以练习认数字，还可以练习加、减、乘各法。

（五）第五例

认数故事游戏。

这一个方法是把认数、故事、游戏三种趣味合在一块去做，对于幼年儿童很有兴趣。

方法，在讲故事前，先备好九个硬纸剪成的蛋，每个蛋上写个数字。讲故事时，分配一儿做母鸡，一儿做老鼠。老鼠问母鸡说："小孩向你借皮球，你肯给他玩吗？"母鸡说："不肯。"老鼠去了。老鼠再向母鸡说："小狗向你借馒头，你肯给他吃吗？"老鼠〔母鸡〕说："不肯。"……把类似鸡蛋的几种东西插进去。老鼠说："我要吃你的鸡蛋，可以吗？"母鸡说："请你等一下，待我藏一藏。停刻儿，你找到几个，就给你几个。"

老鼠退出。母鸡把蛋子藏在各人身边。随后，由老鼠来找。找到后，说出蛋上的号数，作为鸡蛋被老鼠吃去。错的，行个礼，再换一个人来代替他。

（六）第六例

加减法游戏。

这种方法在小学一、二年〔级〕里通行最多。在一组年龄较大的幼稚生，也可以趁着机会去做做。例如投环游戏、猜拳游戏、飞鹰游戏、买卖游戏、拍球游戏等等。另有专书可供参考（商务本《算术游戏》）。

第二，谈谈幼稚园的读书

小学校里的读书问题，讨论的人很多；幼稚园里的读书问题，讨论的人很少。最近在《中华教育界》十六卷三号上，有一篇张宗麟君著的《幼稚园里的几种读法教学法》，所论很详。本文所述的，偏于教材编制方面，及适合于团体教授所应用的。

（一）书上的字

低年级的教科书，从铅印体改为石印体①，都认为很合式了。但是，据个人看来，还不满足。最好，把他改成"孩儿体"。

譬如成人写"小大由之"四字，把"小"字，写成"小"。一竖钩，写成头粗、腰细、脚又大；左点，像种子；右点，像鸟嘴。儿童看了一笔，已经非常复杂，既不便认，又不便记，更不必说模写了。

如果改用"孩儿体"，对于儿童的读书问题便解决一部分了。

另图24 沈百英所编儿童读物封面

---

① 石印体：指用石印法印出的字体。石印法，是根据石材吸墨及油水不相容的原理创制的一种平版印刷方法。而配合这种方法印出的字体，便称为石印体。

（二）语句的兴趣

同样一句话，给孩儿看的，要用孩儿的语气，才合他们的心理。

譬如说："月亮亮，月亮亮，家家宝宝出来走月亮。"如果改成："月亮很亮，许多小孩出来走月亮。"那就没有兴趣了。

采用儿歌化的教材。例如："排排坐，吃果果；小肚子，吃不多。小肚子，吃不多；排排坐，唱山歌。"又如："小宝宝，年纪小。不会走路，要妈抱。妈妈抱了，哈哈笑。""小宝宝，不要抱。学走路，哈哈笑。走一步路，跌一交。"

选用字句多重复的。例如："我愿做个好小孩，头发清洁大家爱。我愿做个好小孩，面上清洁大家爱。我愿做个好小孩，手上清洁大家爱。我愿做个好小孩，脚上清洁大家爱。我愿大家做个好小孩，大家清洁大家爱。"共七十二字，只有十八个不同的字；一课，平均每字反复四次。

又如："小宝宝，你要谁来抱？你要爸爸抱，爸爸出门买衣料。小宝宝，你要谁来抱？你要妈妈抱，妈妈替你做棉袄。小宝宝，你要谁来抱？你要姊姊抱，姊姊替你结手套。小宝宝，你要谁来抱？你要哥哥抱，哥哥上学要趁早。小宝宝，你也不要抱，坐在小车里，替你摇几摇。"共九十九字，有三十六个不同的字，平均每字反复2.7回。

比前课生字虽多，但是兴趣要好些。所以，字多也不妨事。（以上两课教材，都给幼稚园最高班生读的。）

（三）单字句的教材

对于单字的选择，主张多用可以表演的材料。作者曾在《幼稚园概况》[①]上，略述他的好处。

依表演分：（1）指示的字，如"黑板""桌子"等；（2）用声音表示的字，如"唱歌""火车"等；（3）用动作表示的字，如"撑篙""切菜"等；（4）用声音和动作联合的字，如"放枪""吹喇叭"等。

新授，用表演入手；复习，用表演练习。儿童只知在游戏，不知在读书，是一种很

[①]《幼稚园概况》：全称《商务印书馆附设尚公学校养真幼稚园概况》，由商务印书馆1926年6月初版。

好的材料。

（四）书上的插图

现在幼稚园的读本上都有插图。有个"马"字，画匹马；有个"牛"字，画只牛。虽是可助兴趣，但是兴趣不多。

如果要使插图充满儿童的兴趣，非采用滑稽画、拟人画、孩儿画不可。例如（原图10—13）：

原图10　拟人画　　　原图11　滑稽画　　　原图12　孩儿画　　　原图13　缩形画

（五）用大挂图教

幼稚生年龄很小，注意力不易集中。叫他们看着某字，他们又看到图上去了；叫他看着第一面，他又翻到第八面、第九面去了；叫他读书，他又弄东西了。要他集中注意，是万分困难的事。

如果用了大挂图，将一张很大的纸，照着书上的字与图，放大起来。用教鞭指一字，读一字，比较容易集中注意，容易认识字句。读者不信，请尝试之。

（六）复习的一法

复习法很多，最经济而最有兴趣的，举一例子在下面：

用一张大纸，划了方格，随便写着许多生字。另外用一块方孔板，如图（原图14）——套上一字，叫儿童读出一字，愈读愈快，每次约有十分钟的练习。

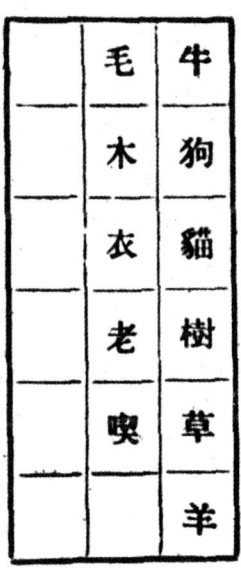

原图14　生字复习底版

（七）组织幼稚园图书馆

图书馆的分类，只要分成图画、单字、短语、故事、歌谣等类好了。看完第一类，可看第二类。

材料的来源，除购买坊间本外，可采用香烟片说明图、剪贴书报说明图、儿童画说明图等。

第三，谈谈幼稚园的音乐

走进幼稚园，不绝的听着琴声、歌声，这是何等的快活。可是仔细调查一下，有许多不能使人满意的地方。原来他们所选的曲，不是西洋耶稣调，就是东洋进行曲；所选的词，不是文言句，就是土白调（唱歌以音韵为要则，不成韵的土白调非常难听）；所教的方法，不是静听，就是和唱。这样教音乐，只能说有一科音乐罢了，谈不到音乐能陶冶性情，能养成活泼的兴趣。以下，略供一些对于音乐的意见。

（一）乐曲

采用中国固有的曲调，或就负贩①声编为曲谱，例如上海人《卖白果》的。

$$\underline{\dot{1}\ 5}\ |\ \underline{6\ 6\ 5}\ |\ \underline{6\ 5\ 4\ 3}\ |\ 2\ \underline{\overset{\frown}{3\ 2}}\ |\ 1\ -\ |$$
炀　手　熟白果，一个铜子买四　个。

$$\underline{5\ 5\ 5\ 3}\ |\ 2\ \underline{3\ 2}\ |\ 1\ \dot{6}\ |\ 5\ 1\ |\ \underline{2\ 2\ 2}\ |$$
香又香来　糯又糯，便　宜　价钱　买好货。

$$\underline{\dot{1}\ 5}\ |\ \underline{6\ 6\ 5}\ |\ \underline{5\ 3}\ |\ 2\ 3\ |\ 1\ -\ |$$
要　吃　就来数，不　买　要　挑　过。

---

① 负贩：担货贩卖；亦指小商贩。

（二）歌词

编选幼稚园用的歌句，应有下列各条要则：（1）歌词过长，很不适宜，但是太短了，也没有什么兴趣；（2）儿歌最合于儿童的兴趣，应该多方采用；（3）要编成可以表演的歌；（4）与其描写大人的生活，不如改为描写儿童的生活；（5）字句虽不给儿童看到，也要浅显、明了为主；（6）语句合于儿童的口气，使儿童易于上口，易于记熟。

（三）新授法

新授一歌，该有下列各项步骤：（1）从歌词上引起动机；（2）范读语句；（3）模仿读；（4）奏琴范唱；（5）学唱；（6）离琴范唱；（7）和琴唱。

（四）表演法

表演法的分类和名称，不知应该怎样说法。现在，姑且把他分成下面几种：

第一种：声音模仿。像"鸡叫喔喔喔，蛙叫阁阁阁，风吹呼呼呼，雨下滴沥托"。

第二种：说什么，表演什么。唱到"坐"就坐，唱到"拍手"就拍手。

第三种：唱什么，模仿什么。唱"打铁"，作打状；唱"小小孩，儿童学吃饭"，左手握圈作碗，右手伸两指作筷，模仿吃饭状。

第四种：情绪的表示。唱到"来来来"，作招手状；唱到"快乐"，作笑；唱到"惊惶"，瞪出双目。

第五种：简略的表示。唱着"出门去"，踏步作走状；唱"小宝宝，年纪小"，拍胸，示小指。

以上各种表演法，在实际表演起来，还不止唱一句、做一句。应该把各动作联合起来，化成一个柔软的姿态；并且要在甲动作过渡到乙动作的时候，增出一种过渡的动作来，才有活泼的神气、优美的表情。

于尚公小学

41　《幼稚教育》发刊辞

陈鹤琴

1927年3月

题　解　　本篇原载《幼稚教育》第 1 卷第 1 期。发表时间为 1927 年 3 月。原发表时题为《发刊辞》，今题系编者所拟。

有关撰著者陈鹤琴，参见前文《儿童每天生活的程序》题解。

《幼稚教育》，初定为月刊，实为不定期刊。1926 年底，陈鹤琴、张宗麟以鼓楼幼稚园为主，联络南京市其他幼教工作者，筹备成立南京幼稚教育研究会，并由张宗麟编成此创刊号（1月交稿，3月印成）。1927 年 9 月，南京幼稚教育研究会正式设立，后刊出《幼稚教育》第 1 卷第 2 期。此时，该刊可视为南京幼稚教育研究会会刊。合办单位，有鼓楼幼稚园、晓庄乡村师范学校和江苏大学实验小学。主要栏目，有课程、教材、教法、书报介绍等；主要撰稿人，有陈鹤琴、张宗麟、俞选清等。《幼稚教育》实出 2 期，系论文集性质。1928 年 5 月，该刊更名为《儿童教育》。1929 年中华儿童教育社成立后，将《儿童教育》定为社刊。

无论发行什么刊物，总得有一定的目标和相当的内容。现在，我们要发行一种幼稚教育月刊了。试问，她的目标何在？内容如何？此不但读者所急欲知道，就是我们自己，亦须有澈底的了解。因此，先将我们的目标、内容大略分说于下。我们发行这月刊的目标有四。

一、试验状况的报告

东南大学教育科为实地研究幼稚教育起见,特在南京鼓楼设立幼稚园[①]。同时,中华教育改进社也委托东大研究是项教育,并于每月津贴一部分实验经费。此园自从去〔前〕年九月开办到今,已经有了年半。[②]

在开办的第一年,我们于筹备时期非常忙碌,无暇去做试验工作,没有什么成绩。今年来,幼稚园在设备、组织两方面都粗有头绪,对于试验的事业也就渐渐着手进行。既然有了这很好的研究机会,是应有相当的结果。不过这些结果究竟是好是坏,一时不能断定,必须经过比较普遍的、比较长久的试验,才能下个批评。

所以,我们想把每月所做的工作和所得的结果从事整理,报告于专门研究幼稚教育的同志,希望再加以试验,或可得到一种比较可靠的结果。一方面对于我们自己,有了报告,也可以明白已往的成绩、历来的手续,因而增加我们研究的兴趣和工作的精神。

这就是发行本月刊的第一个目标。

二、各方意见的交换

幼稚教育在我国,"幼稚"极了。所可叹的,就是幼稚教育办了二十多年,不特至今没有一个地方是在做研究的工作,并没有什么书报可以供人参考;比之欧美各国,确是不可以道里计了。

但是,现在我们究竟如何可以使这种幼稚教育进展呢?这当然先要有人去实地研究,实地研究的人愈多愈好。因为少数人的精力有限,他们所研究的范围必定不能广大。加之局于一园,解释、判断难免偏于主观。推敲、切磋真理才出,科学、进步端在合作。我们想利用了杂志,作专门研究幼稚教育的一种成绩交换机关。

---

① 此"幼稚园",并非东南大学教育科附设性质。有关鼓楼幼稚园性质,可参见《南京鼓楼幼稚园概况》或《一年来南京鼓楼幼稚园试验概况》中的相关介绍。
② 此"年半",系指鼓楼幼稚园1925年秋季迁入新址后,至1927年春这段时间。

这就是发行本月刊的第二个目标。

三、实行家庭的联络

幼稚教育原属父母的责任。从前是没有另立学校去教育那些幼儿的，就是现在有幼稚园了，那幼稚园究竟不能替代父母。没有家庭的合作，也决不能教育得有十分实效。这不但因为儿童与父母相亲的爱力深、相处的时间长，他们对于儿童的影响，从而也较大；往往儿童在学校得到一些好处，抵当不住家庭环境的坏处，而且在现今中国的家庭，似更有联络的必要。

所以我们在平时，或请儿童的父母来园，或带全园的儿童去家。父母们在园里，可以看到儿童所做教育化的日常活动；儿童去家了，有时候父母亲自做些糕饼给他们吃，便是一种有意思的设计，可以得着实际生活的经验，是一举两得的。

我们在发表言论上，心目中也不仅限于研究幼稚教育的同志，常推及到一般儿童的父母，想要实行幼稚园与家庭的联络。

这就是本月刊的第三个目标。

四、引起社会的注意

幼稚时期关于儿童一生，何等重要！所以，幼稚教育是儿童的基本教育，亦即人群的基本教育。儿童在这个时期，关于习惯、知识、言语、思想各方面都打了很深根基。倘使在这个时期，根基稍一不稳，将来要想建造健全的人格，也就不可能了。所以，我们要培养健全的人格，促进健全的社会，第一须注重幼稚时期的教育，竭力宣传初期儿童教育的重要，而引起一般社会的注意。

这就是我们发行本月刊的第四个目标。

至于月刊内容，侧重实际材料。因为所刊行的几种教育杂志，大半趋于理论而略于实验，不知空谈理论或不适于实情。外国例证，更难免于隔膜；而关于我国教育材料，随处皆是。实验虽费时力，苟有所得，俾〔裨〕益实大。这也是我们研究的主要条件。

本刊的纲目，大概可分七项：（1）课程；（2）教材；（3）教法；（4）书报介绍；（5）通信及讨论；（6）儿童作品；（7）插图。

最后，我们还有一些附带的意思，就是凡百杂志所载，原非不朽的名著，它们的功用只是为引起研究的反应。何况我们这种刊物，在本国还系创作，缺点定多。希望我们的缺点能够激起读者的反应，作一种"引玉"的"抛砖"！

42　我们的主张

陈鹤琴

1927年3月

题　解　　本篇连载于《幼稚教育》第 1 卷第 1、2 期。发表时间为 1927 年
　　　　　3 月、10 月。
　　　　　　有关撰著者陈鹤琴，参见前文《儿童每天生活的程序》题解。
　　　　　　题中所言"我们"，系陈鹤琴所代表的南京幼稚教育研究会。因此，"我
　　　　　们"不仅指陈鹤琴和张宗麟，也不仅指南京鼓楼幼稚园的同人，还应包括廖
　　　　　世承和陶行知，廖世承代表东南大学实验学校（正准备恢复幼稚园），陶行知
　　　　　代表晓庄师范（拟议办理幼稚师范和附设幼稚园）。这两者，正与鼓楼幼稚园
　　　　　一起，共同发起筹创该会。当然，此后陆续加入该会者，也理当视为"我们"
　　　　　之一员。该会每两周集体研讨一次，由各幼稚园轮流主办，研讨结果刊载于
　　　　　《南京特别市教育月刊》。
　　　　　　有关《幼稚教育》，参见前文《〈幼稚教育〉发刊辞》题解。

　　幼稚园这种教育机关，在中国本来是没有的。现在我们既然来创办这件事，就应当先自己问一问：用种甚么目标？怎样的办？倘是一些主张都没有，仍旧像中国初办教育时候，今日抄袭日本，明日抄袭美国，抄来抄去，到底弄不出甚么好的教育来。

　　我以为，无论对于任何事体，要想去办，总得先计划一下，规定那几种步骤去做。否则只是盲目的效法，那里会有好的结果呢！至于主张对不对，适用不适用，这个当然

是不能一时断定。我们现在办这个幼稚园[①]，是先有了研究，再根据着儿童的心理、教育的原理和社会的现状，确定下面几种主张做去。

一、幼稚园是要适应国情的

现在中国所有的幼稚园差不多都是美国式的。幼稚生听的故事，是美国的故事；看的图画，是美国的图画；唱的歌曲，是美国的歌曲；玩的玩具、用的教材，也有许多是从美国来的；就连教法，也不能逃出美国化的范围。

这并不是说，美国化的东西是不应当用的。是因为两下国情上的不同，有的是不应当完全模仿的。尽管在他们美国，是很好的教材和方法；但是在我国采用起来，到底有多少不妥当的地方。

要晓得，我们的小孩子，不是美国的小孩子；我们的历史、我们的环境，均与美国不同；我们的国情与美国的国情，又不是一律。所以他们视为好的东西，在我们用起来，未必都是优良的。

比如那个《三只熊》的故事。因为熊在美国是一个很平常的动物，各处动物园里都有；小孩子玩的熊，图画上画的熊，都是非常的普遍。因此，熊竟成为小孩子很熟悉的动物。所以他们的儿童听起熊的故事来，是很有兴趣的。

若拿来讲给我们中国的小孩子听，就不免有些隔膜了。因为熊是我们小孩子从来没有看见过的。玩的熊，也从来没有的；就是关于熊的故事，也从来未曾听过。以这样未见过、未听过、未玩过的动物，做了故事对他讲，当然是不能引起他的兴趣，不能使他领会了。若是我们将这种好的故事稍为改变一下，将熊变为虎，那小孩子听起来，就容易懂得多了。

又如外国的圣诞节，在外国是一个很重要的节期。在这个节期里，人人心目中只有圣诞节。街上看见的，家庭里所预备的，都是圣诞的礼物；并且在这个节期，时有一种

[①] 此"幼稚园"，指由陈鹤琴领衔创办、张宗麟等人协办的南京鼓楼幼稚园。

使人忘记自己、顾念别人的趋向。有钱的，送礼给没钱的，使他快乐；大人送礼给小孩子，小孩子送礼给大人；什么亲戚、朋友，都预备相当的礼物互相赠送，表示大家相敬相爱的意思。像这种节期的风俗，确是可以唤起人民的一种敬爱心，一种舍己为人的观念。在外国幼稚园里，当然要遵守、要举行的。

可是在中国，素无此等风俗，就没有举行此等礼节的必要。不过，这种舍己爱人、使人快乐的精神，我们却应当采行的。我们不妨采用这种精神，去庆祝我们的国庆，庆祝我们的新年。那么我们的国庆，我们的新年，不将更加有意义么？

总之，幼稚园的设施总应当处处以适应本国国情为主体。至于那些具世界性的教材和教法也可以采用，总以不违反国情为唯一的条件。

如此，则幼稚园的教育可收事半功倍之效，可充分适应社会的需要了。

二、儿童教育是幼稚园与家庭共同的责任

幼稚教育是一件很复杂的事情，不是家庭一方面可以单独胜任的，也不是幼稚园一方面可以单独胜任的，必定要两方面共同合作，方能得到充分的功效。现在试看中国的幼稚园，有几个是与家庭合作的。

有的父母，把小孩子送到幼稚园里去，并不是为小孩子要受教育，乃是为自己的方便。因为小孩子在家里吵得很，没有功夫去对付他，所以把他送到幼稚园里去，使他收收心，其他并没有什么目的。所以把教育小孩子一切的任务都置之不闻不问。

有的父母则不然，他们对于儿童的教育非常注意。但是，因为对于幼稚园的情形不十分明了，不晓得小孩子在幼稚园里究竟作些什么事情。所以在家里所教的与幼稚园里所学的，常不能相融合，甚至于两方面发生冲突。像这样的父母，本来是可以帮助幼稚园的，无奈幼稚园不去同他们合作，竟以为儿童的教育是幼稚园可以单独担任，不必同家庭去商议的。

并有以为，小孩子在幼稚园是教师的责任，在家里方是父母的责任。所以，只要问自己教得好不好，而不必问儿童在家里的情形怎么样。这种态度真是大错而特错！不知道儿童教育是整个的，是继续的。为教师的，应当知道儿童在家里一切的情形，吃的是

什么？做的是什么？玩的是什么？学的是什么？做父母的，也应当知道，小孩子在幼稚园里做些什么？学些什么？如此，则两方所施的教育就不致发生冲突，而所得的效果也必定很大。但是，有什么方法可以使这两方面了解，使这两方面合作呢？

我想，合作的方法很多，现写出几条来。

（1）恳请〔亲〕会。幼稚园每学期至少要开一次或二次的恳亲会。一方面，展览儿童的成绩和表演的能力，使其做有目的的活动；一方面，教师可以藉此与儿童的父母相认识。

（2）讨论会。幼稚园的教师可以每月集合各家的父母一次，讨论儿童身心发育之种种问题，并可以报告儿童最近的缺点，请他的父母到家里注意纠正。儿童的父母也可将儿童在家里的不良习惯，随时报告教师，请教师设法诱导。如此，双方交换意见，庶可容易了解、容易合作。

（3）报告家庭。我们不但应用讨论会，探究小孩子的种种心身问题，也应将小孩子在幼稚园里所做的工作和一切关于品性上、习惯上的种种举动，都应当详细报告家庭。如此，可以使父母知道在家里怎样教导他们的孩子了。

（4）探访家庭。幼稚园教师应当时常去探访儿童的家庭。由此可以知道，儿童在家里的生活状况，而且藉此可以增进两方面的感情。遇见困难的问题，两方面就容易浃洽了。

若能实行以上所说之方法，那幼稚教育的进展殊未可限量呢！

三、凡儿童能够学的，而又应当学的，我们都应当教他

什么东西是幼稚园应当教的？什么东西是幼稚园不应当教的？这种问题是我们办幼稚园的人首先要注意的。

对于这个问题，有人主张，幼稚园不过是小孩子玩玩的地方，只要有点可以玩的东西，使小孩子快乐快乐就是了，不必教什么东西；有的主张，幼稚园应当用一种有系统的教材去教小孩子，什么读法、写字、理化常识，都在必修之列。

我们现在要问：究竟实际上，小孩子应当学些甚么东西？有甚么标准？我觉得，下

面三种有讨论的价值。

　　第一个标准是，凡儿童能够学的东西，就有为幼稚园可能的教材。比方一个小孩子能够识字了，不论他是两岁还是三岁，我们就应当设法去教他识字。但是，"能学"的这个标准还不够。假使这个小孩子字虽能识几个，然而学习的时间要非常之长，教师所费的精力又要非常之多。在这种情形之下，倒反不如用这些时间、精力，去学别样东西来得妥当而有效力。所以，在"能学"的标准之下，也要有点限制才好。例如有些东西，小孩子虽然学是能学，不过学了或足以妨碍他身心的发育，那就更加不必勉强他学了。

　　第二个标准是，凡教材须以儿童的经验为根据。我们从前私塾里读书的时候，天天念《三字经》《千字文》和"四书""五经"等书。虽然能够背诵得很熟，但是觉得毫无意义。因为书上所讲的，与儿童的经验隔离得太远了。所以，我们应当以儿童的经验为选择教材的根据才好。

　　第三个标准是，凡能使儿童适应社会的，就可取为教材。我们选择教材的时候，不但要问：这种教材小孩子能学不能学？与他们经验有没有衔接？我们还要问：这种教材同他现在的和将来的生活上发生什么样子的影响？如其这种教材和他现在或将来的生活上有不良影响的，那么就是小孩子能够学的，又与他经验衔接的，也不能教他的。譬如偷桃子这件事，偷是小孩子能学的，吃桃子是小孩子的经验里有的，教他去偷桃子来吃，他是很高兴的。但是，这种行为与他生活上是有妨碍的，而且为社会上所不许的。所以，我们总不能拿他来做教材教他们的。

　　我们若根据以上的三个标准去选教材，那所选的教材就不致〔至〕于大错了。

四、幼稚园的课程可以用自然、社会为中心的

　　小孩子能够学的与应当学的东西，本来是很多的。但是，我们不能就这样茫无限制的、毫无系统的去教他？总必定要有一种组织，在相当范围内，使其成为一个系统，并使各科目中间互相连接起来，发生关系。

　　因为儿童的生活是整个的，所以教材也必定要整个的、互相连接，不能四分五裂的。我们不能把幼稚园里的课程，像大学的课程那样独立。什么音乐是音乐、故事是故事的，

不互相发生影响的。我们应当把幼稚园的课程打成一片，成为有系统的组织。

但是，这种有系〔统〕的东西，应当以什么为中心呢？这当然要根据儿童的环境。儿童的环境，不外乎两种：一种是自然的环境，一种是社会的环境。自然的环境，就是各种动植物的现象；社会的环境，就是个人、家庭、集社、市尘等类的交往。这两种环境都是与儿童天天要接触的。

所以，我们应当利用这两种环境，作幼稚园课程的中心。

五、幼稚园的课程须预先拟定，但临时得以变更的

普通幼稚园的教法有两种：一种是固定的，一种是自由的。

固定的教法就是教师把一日间所做的种种工作，按照一定的时间去支配，什么时〔间〕做什么工作，都是刻板不变的。不管小孩子所做的这件工作有没有做好，时间一到，立时就要停止。这种注入式的教法，有好处也有坏处：好处呢，是容易见效，学得不久即学会了；坏处呢，是小孩子不能独自创造，不能独自发表意思，以致好的或有天才的小孩子，不能积极的向上进去。这种教法在我们中国的幼稚园里，还是很通行的。

还有一种教法是自由教法。自由教法是让小孩子各人自由去工作，小孩子喜欢做什么，就做什么。不过，在这种自由工作之中，也有点相当的限制。不然随意妄动，就要妨碍别人的动作了，而且这种教法非常之难：一方面，幼稚园的设备要充分；一方面，教师的知能要丰富。设备不充分，则小孩子终日只做一二种工作，玩一二种的玩具，甚至缺乏兴趣，不是生厌偷懒，就是妄动胡闹，对于真正的工作，并没有学到。若是设备充分，而教师没有相当的学识去指导儿童的动作，那末儿童也学不出什么东西来。

但是，这种自由的方法能够运用得当，儿童所得的益处实在是不可限量哩！由此，儿童的能力可以加强，儿童的思想可以发展得很充分。天资特别的儿童，不致为全体所牵制而不能上进；其他儿童，也得以各人尽量的发展。

这两种方法在运用上都是各有利弊。我们无论采取那一种，或者两种都采取，我们总应当把每日所做的功课预先拟定出来。谁去拟定呢？教师呢，还是儿童？那也不必拘泥。有了这种拟定的功课，教师就可以有相当的准备。不然，临时仓皇，就不容易应付。

倘使临时发生一种很有兴趣的事情，那不妨就改变那拟定的功课，以做适时的工作，满足儿童的需要。

六、我们主张，幼稚园第一要注意的是儿童的健康

我们中国人素来是不注重卫生的，所以身体羸弱、精神萎靡，故外人称我为"病夫"。要知道，强国先强种，强种先强身。要强身，先要注意幼年的儿童。儿童的身体不强健，到了成年，也不会健强的。所以，幼稚园首先应当注重的就是儿童的健康。

不但为要强身、强种、强国，我们应注意儿童的身体；就是儿童目前的问题，也非得有强健的身体不能解决的。因为他的智力、他的行为，都是跟着他的健康走的。身体不强，就不容易学。常看多病的小孩子，对于他的学业发生许多的妨碍；就在病后，也常常不愿意动作、不肯听话，又容易发脾气。

身体强健的儿童则不然，他的举动活泼、脑筋敏捷、作事容易、乐于听从。比较有病的小孩子，真是大相径庭呢！所以，幼稚园为儿童的将来与现在，都应极力注意儿童的健康。

还有一层，办幼稚园的人应当特别注意的，就是小孩子常有患传染病的。如百日咳、沙眼、癣疥等类，都是很容易传染给别人的毛病。倘使幼稚园对于这些疾病，平时不加注意，那么一传二，二传三，不久就要一起传遍了。一个好好幼稚园，将成为一个传染疾病的机关了，这不是很危险的么？

所以，幼稚园一方面要常常注意儿童的健康，检查儿童的疾病，以免传染；一方面，要有充分的设备，使儿童每日有相当的活动，以强健他们的身体。

七、我们主张，幼稚园是要使儿童养成良好习惯的

人类的动作，十分之八九是习惯。而这种习惯，又大部份是在幼年养成的。所以幼年时代，应当特别注重习惯的养成。但是，习惯不是一律的，有好有坏。习惯养得好，

终身受其福；习惯养得不好，则终身受其累。

譬如某孩子少时非常放纵，娇养惯的；他的父母也没有什么知识，不去严加约束，反而时常叫他去拿人家的东西来玩。到大来，偷窃的习惯已经养成了。一看见人家的东西，有时就要起盗心。

又如某幼稚生，在某幼稚园上学，开始执笔就用四个指头执的。他的教师没有留心，不去矫正他。过了一载，这种执笔的姿势差不多变成一个牢不可破习惯了。后来他换了一个幼稚园，那园里的教师发觉了他的坏姿势，费了四个月的功夫，才把他矫正过来。倘使这个教师也是如前的教师一样，忽略过去，没有替他矫正，那恐怕到后来还要难改呢？

所以，我们应当特别注意，儿童所要养成的种种习惯，以期建筑健全人格之巩固基础。

八、我们主张，幼稚园应当特别注重音乐

音乐是儿童生来喜欢的。三四个月的小孩子，就能开始咿咿呀呀的唱了；到了八九个月，他就能发出唱歌的声调了。快乐的时候，格外要唱得起劲；等到一岁的时候，就差不多一天到晚不歇地唱；再大一点，只要一听见别人唱歌的声音，就要跟着唱起来。虽然所唱的并不是一样，但是总像一种曲调的样子。到了三四岁的时候，小孩子好唱的能力，格外发展得强大；而喜欢音乐的兴趣，亦格外来得浓厚。

所以，幼稚园为满足儿童的欲望起见，就应当特别注重音乐，以发展他们欣赏的能力，养成他们歌唱的技能。若是儿童生来虽然喜欢音乐，但是环境没有什么音乐的表现，以适应他们的欲望，这怎样可以有音乐的才能呢？

试看，中国虽有种种的乐器，但是会玩的很少。各处虽有戏剧的流行，但是除了几个戏剧家以外，会唱的又是很少。一般普通的人民差不多全然没有唱歌的能力。比较欧美的情形来，真是愧煞！

欧美人民之家庭、社会，大半都充满了音乐的环境。中等以上的家庭差不多都有相当的乐器，或是纲〔钢〕琴，或是留声机，每日都有一些时候家庭团聚，弹弹唱唱，以

资娱乐，并且由此可以陶冶性情。小孩子于不知不觉间受了这种影响，慢慢的就养成一种音乐的兴趣、音乐的技能了。这不但他们的家庭是如此，他们的社会方面也很提倡音乐的。如音乐会是常常举行的，乐剧则各大城市都有。至于学校方面，格外是注重的。所以，他们随便什么公共聚会，都有一唱百和之势。固结团体的精神，发扬国家的光荣，从音乐中很能表现他们的情感。

转过来看看我们中国的情形，简直可以说，要找一个大家能唱的公共歌曲，也找不出来；甚至于连一个国歌，也不能普遍的会唱。在这种情形之下，个人的情感、团体的精神，如何可以充分的表现出来呢？

所以，为满足儿童个人的欲望、需要计，为唤起团体爱国的精神计，我们不得不特别注重音乐的一科。

九、我们主张，幼稚园应当有充分而适当的设备

经验是发展儿童个性的工具，经验也就是学问。无论在家里或在幼稚园里，我们应当给小孩子一种充分的经验。经验的来源有二：（1）与实物相接触；（2）与人相接触。这两种接触的机会都要靠着充分的设备为转移的。

假使小孩子在幼稚园里，没有什么可玩的东西、可做的事体，那么就是有许多小孩子团聚在一起，也不能做出什么有用的事体来。若是有了可玩的东西、可做的事体，那么所学的就多了。

但是，现在我们中国的幼稚园呢？设备都是非常的简陋，大概有几盒恩物、几块积木、几把剪刀、几张纸头、几盒蜡笔、几个皮球、几张桌椅与及其他少数事物而已。试问，在这种情形如〔之〕下，怎样可以丰富儿童的经验、发展儿童的个性呢？

幼稚园要求发展、扩张儿童的经验，非有充分的设备不可。有了充分的设备，小孩子就可以随意玩弄。不但不致生厌，而且由此可以得到许多知识。比如：此一刻，画图画或做衣服；等一刻，又去作游戏、骑车、跳绳种种动作，以及关于发展儿童各方面个性，都应当有充分的设备。

不过，在设备的充分之下，也要有一个条件，就是设备不但要充分，而且要适宜。

假若设备专是充分而并不适宜，那么他的效力也就有限，并没有多大的用处了。比如：像球形的恩物太少，便不能达到发展儿童肌肉与思想的条件；秋千太高、太大，小孩子不易玩弄；滑梯每每的太陡、矗直，使小孩子易遭危险。这都是设备上所急应注意到的。

所以，我们筹备幼稚园的种种设备，都应当顾到他们的数量问题、适用问题才好。

十、我们主张，幼稚园应当采用游戏式的教学法去教导儿童

游戏也是儿童生来喜欢的。儿童的生活可以说就是游戏。儿童既然有这种强烈的本性，我们就可以利用这个动机去教导他。

比方教他识数，我们不能够呆板的教他这个是一，那个是二；我们可以叫他做各种识数的游戏去识数。识数的游戏，比较用呆板的方法容易学得多。

又比如识字，我们也不应当用呆板的方法去教他认字。我们也可以用种种游戏的方法，如识字牌、缀法盘等去教他。

因为儿童总是喜欢游戏的，而且他游戏的时候会忘记了自己，用全副的精神去作他的游戏。名义上虽说是游戏，但所学的确是很好的学问、很好的东西。不但如此，还有许多别的游戏，如玩"小宝宝请客"等，都可以学了许多的东西。

因为游戏的直接用处，虽只是寻求快乐，然而间接的用处则甚大。因为他可以发展儿童的身心敏捷、儿童的感觉，于儿童的生活有莫大之助益。

所以，幼稚园应当采用游戏式的教导法去教导儿童。

十一、我们主张，幼稚生的户外生活要多

"幼稚园"这个名词的意思，本是一个花园，让小孩子在里面自由活动，随意游玩，吸收新鲜的空气，享受天然的美景；不是像大学生，拘在一间教室里面的。

但是，中国的幼稚园并不是一座花园，简直是几间房子，小孩子从早到晚，差不多都是在那里生活。有的幼稚园只有一间房子，没有什么空地可以自由娱乐。这种幼稚园

简直是一个监狱，把一般〔班〕活泼的小孩子关在里面，过一种机械式的生活。像这种幼稚园，真是还不如不办来得好。

还有一种幼稚园，园内有许多的空地，或者邻近也有很好玩的地方。但是，教师不知道儿童的需要，不晓得利用这些空旷的地方；只一味地把小孩子关在室内，不出去活动，不肯变更他们的教学方法，不晓得小孩子是顶喜欢野外生活。什么飞鸟走兽、野草闲花种种东西，都足以引起他们的注意。至于新鲜的空气、明亮的日光，都是小孩子强身的要素。

到了这种野外的地方，做教师的就可以随地施教，看见什么，就可以教什么。小孩子看见了这些野外的景象，就得了一种深刻的印像。若是教师在这种适宜的地方，教小孩子唱歌、作游戏、画图画、讲故事等功课，这样小孩子学了许多天然的实物，又可以学到普通所教的功课，并且可以增加儿童的快乐，活泼儿童的精神，强健儿童的身体。像这种户外的教学，比较室内的生活来，不知道要相差多远。

还有一层意思要说的，就是我们因为有他种原因，不能领小孩子天天到野外去生活，也应当让小孩子多得些庭院的生活，不应把他天天关在房子里面的。因为教室的功用有限，只有在天气寒冷的时候或下雨下雪的时候，应当在室内工作。在好的天气，总应当让小孩子常常出去玩耍。

十二、我们主张，幼稚园多采用小团体的教学法

幼稚生的年龄是不齐的，智力又各人不同，兴趣又不能一致。所以，幼稚园不能够把他们归在一起，叫他们做一种同样的工作。

常看见幼稚园讲故事的时候，一起的小孩子团团坐着听教师讲，其实真真能听教师讲的，只有几个，其余的都不留心听，不是玩弄这样，就是玩弄那样。就使教师讲得很动听，还是不能引起全体人的注意。这不是很不经济的事么？

最好把故事分开来讲，大的为一班，小的为一班。小的，可以多用图画来帮助教学，使他容易领会。教音乐的时候，小孩子也应当像这样分开来教。如此，程度高的，不致〔至〕于受程度低的牵累，可以直往上进；程度低的，也不致〔至〕于赶不上。这个情

形，不但对于故事、音乐是应当如此，就是其他的功课也应当照样的分。

如此，教学的效力可以增加，儿童的兴趣可以格外浓厚。

十三、我们主张，幼稚园的教师应当是儿童的朋友

幼稚园的教师不是私塾的先生，私塾的先生是很有尊严的，儿童对于先生是很害怕的；因此儿童大半不愿意进馆去受这种拘束，由此师生之间就有许多的隔膜，以致先生教起来不容易教，学生学起来也不容易学。

反过来说，若是教师如同学生的朋友一样，与学生非常的接近，同玩、同学，那么教师就容易明了各个学生的性情、能力，教起来就容易引导，学起来也容易听从了。

所以我们主张，幼稚园的教师应当作儿童的朋友，同游、同乐的去玩去〔教〕的。

十四、我们主张，幼稚园的教师应当有充分的训练

小孩子是不容易教的，幼稚园的教师是不容易做的。因为幼稚园的教师要善于唱歌，要善于弹琴、善于绘画、善于讲话，及其他种种技能，并且要熟悉自然界的现象与社会的状况，要有很丰富的常识，要明了儿童的心理。想要满足以上这许多的标准，非要有充分的训练不可。

为什么幼稚园教师要有这样的训练呢？这里面的原因很多。

（1）因为儿童是狠难教的。各个儿童的年龄看起来相差狠少，但是他们的智力确相差狠远。三岁的儿童比两岁的儿童晓得的多，五岁的儿童又比四岁的儿童晓得的多。幼稚园的儿童，有的三岁，有的五岁；有的智力狠弱，有的智力狠强。做教师的不能用一律呆板的方法去教导他们，必定要有充分的学识、高深的技能，方能因才〔材〕施教，满足各个儿童的需要，且儿童的注意力狠薄弱，教导不易，非有特别训练的教师，实在不能胜其任。

（2）儿童开始学的时候，应当学得好。我们都晓得无论学什么东西，第一次学坏，

第二次就更容易学坏，所以我们要谨慎学习的初步。有许多小孩子因为当初学的时候学得不好、学得不对，后来改起来就非常困难。譬如小孩子写字，十居七八没有适当的姿势，或是笔拿的不好，或是坐的不正，或是头歪在一边。种种坏的习惯都是由于开始学写字的时候，他们的教师没有留意去指导他们的缘故，以致后来一误再误，成为第二天性。

所以，要教小孩子教得好，必定要在第一次的时候教得好。这样子说来，教师非得有充分的训练不可。

十五、我们主张，幼稚园应当有种种标准，可以随时考查儿童的成绩

幼稚园究竟应当教些什么东西？小孩子究竟应当做些什么东西，做到什么地步？幼稚园毕业的程度究竟是怎样的？要解答这种种问题，非得有种种标准不可。

幼稚生应当在幼稚园里养成什么样的德行？什么样的习惯？什么样的技能？得到什么样的知识？我们都要研究的。

所以，我们考查品行，应当有品行标准；甄别习惯，应当有习惯标准；检验技能，应当有技能标准；测验知识，应当有知识标准。知道幼稚生的成绩，就可以施相当的教育：成绩好的，可以格外鼓励他上进；成绩坏的，设法补救。这样一来，好的坏的，都有相当的教育。这样说来，标准是实行优良教育的根据。

不过，标准虽然是怎样重要，做起来也狠不容易。一个标准常有费一二年功夫始得做成的。不但编制的功夫是长，而且编的手续也是狠繁。但是，我们不能因为编制之麻烦就不去进行呢！

总起来说，我们在上面所主张的十五条信条，当然不是金科玉律、尽善尽美的。但从现在中国幼稚教育的情形看来，这十〔五〕条信条也须〔许〕是治病的良方呢！

43　关于幼稚园课室内几件美的装饰事项

张雪门

1927年4月8日

题　解　　本篇原载《新教育评论》第 3 卷第 19 期。发表时间为 1927 年 4 月 8 日。

有关撰著者张雪门，参见前文《儿童和玩具》题解。

当时，因张雪门的恩师高仁山代表北京大学担任《新教育评论》的轮值主编，故特邀张雪门兼任该刊编辑。其后，张雪门逐渐成为编辑骨干。因此，他便有可能在该刊发表自己的幼教研究成果。本文即为其一。

有关《新教育评论》，参见前文《评陈著之〈家庭教育〉——愿与天下父母共读之》题解。

一个未识面的人，他的人格如何、品性如何？从他室里的陈设，总可以推得其大概。这种例证求之于幼稚园课室的装饰，尤为鲜明。

好多对于幼稚教育有热忱的人，看幼稚园就是他们灵魂的归宿地。他们将课室里的装饰，不论一瓶小折枝，或一张小画片，那一样不当作生命般看待！因其生命的火在内心里发〔燃〕烧，就不得不有所发泄；而发泄到装饰上，自然格外具有意味，有魔力。

他们对于自己创设的装饰，不时会一个人呆对着微笑，这是他自己的内外表一致上所得到的安慰；孩子们见到了，喜得发跳，这是师生们的内心所得一致的安慰；参观人更因参观而忘了自己，这是人类生命彼此交感所得到的一致的安慰。像这种的装饰是有生气的，因有"生命的火"在后面作他们的导师，当然值得人们的寻味、融化。

可怜为衣食来担任幼稚园的教师，他们生命的火并不在内心里燃烧。幼稚教育的兴味敌不住金钱的诱惑，课室里的装饰只在敷衍董事和参观人的眼目。他们外表上虽然也勉强的、被动的做去，心里实说不尽厌倦和苦闷。像这种的装饰是无生气的，因没有"生命的火"在后面作他们的导师，当然引不起自己、孩子们和别人的欣慰了。

但小孩子和环境的关系是非常密切，从环境上所受得的教育价值比一切都伟大，而且有力。假使教师使孩子们天天和不调和的颜色、棼乱的东西，以及不美的画片相接触，犹如投纯白的鸽子到污泥里去，这是多吗危险呀！

教育的有一种功能是在养成孩子们享受完全正确、美丽的观念，认定这一个标准。所以，要使他们读好的书、唱好的歌，描摹自然的美和研究一切的艺术。孩子们要领略更适当的美的享受，而尚无实现的能力，先使之生活于美的课室中，未始不是一件重要的问题。

我常想，小孩子是无翅的天使，应该使他们飞翔于风和日暖、花香鸟语的地方。但理想终归是个理想罢了。不要说现在的年头，经济的压抑厉害，便是经济有法措置，那酷暑沍①寒、风雨霜雪之天，如果没有房子，怎样抵御？有房子，就有窗，有门，有顶棚、地板，这便是人生永久的樊笼！而况一般的幼稚园大半赁②自民房，或则从旧的建筑——庙宇、宫殿——改造。小的苦于狭暗，大的失于空廓，去理想更不知几千万里。但我们不能过重理想、抛弃事实，正和不能过重事实、抛弃了理想一样。从事实中来表现理想，才是真实的理想；否则不是做梦，便是蹈空。

人类中，如果不是病态的，总爱自由和自然。从忙迫的职业中，有时跑到山中去偷几天清福，为着何来？小孩子是原始人的重演，其爱自由和自然，当然比成人更甚。幼稚园的课室是幼稚生的樊笼，这樊笼且和有生俱来，固然没有办法，但从樊笼中谋向自由与自然，能够做一步是一步的做去，是人力上应尽的责任。这是可以从装饰上设法的。

装饰上第一件事，在于"活用"。

比如课室过小，仅足容二十人，应多开玻窗，使窗外的景色——树枝的摇动、鸣禽

---

① 沍（hù）：指水因寒冷而冻结。
② 赁（shì）：指出赁；出借。

的上下、草地上的兔子、看门的老人，一一尽量的投入。那末，孩子们身虽在小室中，却如在园子里了。

壁上的油漆或粉刷都宜分作两格：下格色深，上格色浅。则入眸顿感宽大。如果课室过大，人数太少，尤当从一间屋子中分出若干段落来：这里席地，那边安桌；明处种花，暗处藏物，有时更可用围屏遮隔。这是一例。

又如，画片总须放在孩子的眼前，和他们的视线相平。那末，孩子们才感到格外的亲近，自然会不时跑过去赏观——大家讨论。

如果不幸限于房子的建筑，要这样装饰时便找不到适当的地方，可用四根方木造一架空的长四方的轮廓，框里面钉上了青灰色的爱国布①，学生的成绩和研究的材料都可在这面上陈列出来。这又是一例。

装饰上第二件事，在于"单绝〔纯〕"。

课室中须有舒齐的气象，这是极明白的事情。无论在虚壁上、桌子上、架棚上，如挤满了许多书本、花瓶、画片或别的东西，全足以引起烦乱的观感。

请看第一图（原图 15），好许多孩子围在一个地方看鹅的画片。这画片靠静穆的背境，除自己以外，更没有别的东西，自然不会引起孩子们烦乱的观感，只有承认它的美点，亲切注意。

原图 15　儿童看鹅图

---

① 爱国布：在 20 世纪 30 年代前后，中国人民为抵制帝国主义国家布匹的倾销，提倡使用自产土布，并称为"爱国布"。

或如地炉旁两边的空壁，各边放一张茶几。这一张方茶几上搁一盆草本的花，那一张圆茶几上放一瓶半开的折枝，各有空壁做各的背境，除自己外，再没有别的。当然娇滴滴，更觉得可爱。

装饰上第三件事，在于"变化"。

小孩子好新而厌旧，所以装饰须不时变换。无论怎样精美的雕刻品，如果永久搁在一处地方，非但视若无睹，且感到怪腻得生厌。况有些装饰品，其质地上自有更换的必要。教师苟能利用，岂仅满足孩子的心理罢了。

课室中油漆或粉刷（如歉〔嫌〕价贵，可用裱糊），一年中至少须改变两次。热时须用寒色，冷时须用暖色。寒色沉穆，可药热时的浮燥〔躁〕；暖色轻扬，能助冷时的活动。

盛折枝用器，器颇不一，有瓷瓶、瓷钵、铜瓶、铜钵、瓦樽、竹筒等别。大概天气热的时候，须用瓷品；冷时，须用铜器。一取其净，一取其厚，而且不易受冰冻的破裂。然也不一定如是，从瓷器中偶杂铜器，或从铜器中偶安瓷品，更别有意味。

至于一日之间窗纱和阳光，也宜相因变化：早上，东（向东的）窗的窗纱放下，西（向西的）窗的窗纱卷上（放则障日光的太烈，卷则迎窗外的景色）；下午，西窗的窗纱放，而东窗则卷。如晴日和风，更宜勤开窗户。风从东南来，则开东南（向东南的）窗而闭其余，并移盆景于窗盘上，使花香的煦风，幽芬满室；西南来，也是一样。

又如画片，不一定高价的才好；便是零碎小画，随时购入，过几时更换一下，乱其先后排列的次序，都能够使孩子们感到满足。

装饰上第四件事，在于"调和"。

孩子们是幼稚园里的花，要使花尽量的开放，先要使这块园地能够适应尽量开放的花。

论到这一点，不但小椅子、小桌子须要和孩子们的身量和兴趣相称；便是藏物的橱、出入的门，以及一切的一切，都应该小一些、矮一些，合于他们的使用。（论到这里，自然会想到建筑物更觉要紧，但可惜这一层，多半限于经费。我上文已经说过。现在，只能在可能的范围中，从装饰上去谋补救的了。）

如果屋宇过于高大，顶棚不妨放低，或用纸糊，或用苇编。这是调和的第一义。

他如颜色，能唤起孩子们强烈的情绪，用以装饰，格外适当。课室中，所以当搜罗多种色画，按着他们的理解力和兴趣，分类钉在大家易见的地方。比如孩子生活、故事、野景、伟人、古迹和一切熟悉的动物画片，都宜平时广为搜集，勤加鉴别。

如果钉黑板架上，与其竖列的，总不如横列的（和黑板作横的平行）和谐（原图16）。

原图16　幼儿活动室中的装饰

假使墙壁四周也预备裱装壁画时，只可取狭长的一条，且务须上和顶棚、下和地板互相平行，而壁画画片的长短大小更宜十分相仿（原图17[①]）。

原图17　幼儿活动室中的壁画装饰

又如室里养护植物，可使孩子们分一些职务去，他们很喜欢拿水壶浇。更快乐的，

---

① 此图后收在《幼稚园研究集》书前，题名为《教室四周壁画的装饰》。

三四朵美丽的小花竟会渐渐的从自己手里抽出来—含苞—开放（原图18）。

原图18　幼儿活动室中所养护的植物

瓶中的折枝，拣梗子长的，参差两三枝，须疏散地插在长的花瓶中；那梗子短，叶子又重重叠叠的，用钵或花篮去盛较好。

综上文所举的幼稚园课室关于装饰上的几点写出来，也感不到有甚么深意；不写，又似乎负重债似的，总想写出来给几个人看一看。我想，现在一般的幼稚园还无暇谈装饰问题，便是供给装饰材料的地方也恐怕不十分多，就我所知道的 The Medici and Emery（Brown Robertson Co., New York）。Prints of old masters and the French and German reproductions of modern paintings[①] 尚值得赞美，更如 The Eural frieze of the John L. Shearer School, Napa, California, painted by Louise D. Tessin[②]（原图17），也已有现成的材料。但我相信，中国幼稚园课室的装饰终有成为问题的一日，那末我所举的几点许是可充那时的引玉的砖？

---

① 此英文可译为：美第奇和埃默里（纽约：布朗·罗伯逊公司）。绘画大师的作品和法德现代绘画的复制品。
② 此英文可译为：加利福尼亚州纳帕市约翰·L. 席勒学院的欧拉浮雕画，由路易丝·D. 泰新所画。

44 改进儿童教育的一个重要提议
——整理儿童用书

张宗麟

1927年4月14日

> **题　解**　　本篇原载《新教育评论》第 3 卷第 20 期。发表时间为 1927 年 4 月 14 日。
>
> 　　有关撰著者张宗麟，参见前文《幼稚师范问题》题解。
>
> 　　有关《新教育评论》，参见前文《评陈著之〈家庭教育〉——愿与天下父母共读之》题解。

一、缘起

这篇文字是我的经验要求我写的。我到幼稚园里来服务将近两年了[①]，这期〔其〕中最感困难的是我一部分的教材——书本上的教材，最不满意的是儿童用书。

现在各书局最赚钱的是儿童用书，但是最不留意的也是儿童用书。他们几乎是无目的、无组织的竞争出版。国内又没有专门机关来整理、研究、指导，所以弄得我们实际上要找些教材来供教师们的参考，困难之极。

寒假多暇，与师友们时作此题的讨论，并读了几部关于儿童用书研究、儿童图书馆的专著和杂志等。本篇不过把各方面材料汇集起来，向国内留心此道者进一言。倘日后

---

① 此"近两年"，指作者 1925 年 7 月毕业于东南大学教育系后，受陈鹤琴之邀，到南京鼓楼幼稚园从事实验研究工作。

能得些许之效，非但全国儿童之幸，亦数十万儿童教师之大幸。

二、理由

没有说明所以要整理儿童用书之先把儿童用书的定义来谈一下。

（1）本篇所指儿童，从襁褓起至小学毕业止。

（2）本篇所指儿童用书，包含下述数种：（a）教科书。如商务、中华、世界三书局出版的小学教科书。（b）儿童课外用书。如中华出版的《我的书》，商务的《图书故事》之类。（c）杂志。如《小朋友》《儿童画报》等。（d）教师参考用书。如各教授书和各种丛书等等。（e）家庭母亲或父亲用书。此类书籍，我国极少，如《家庭教育》《儿童保育法》《儿歌》之类。

以上五大类之中，当然又有若干小类。此处不细分。这五类中，（a）为应该全国统一的书籍，用的人数最多、关系最大。我国政治一旦上轨道，必有一番改革。（d）的一部分与（a）同行。（b）（c）两类最杂，最需要整理。（e）类似乎不重要些，但是急需有人来研究。

现在来列举所以要整理的理由。

（1）照现有儿童用书的数目，已经值得做整理工作。我国在二十年前，断乎谈不到这个问题。现在书的数目一天多〔于〕一天。我虽然没有详细统计，但是据我所知，这类书的总数当有四五千本。这许多书，在出版者说起来，没有一本有丝毫之弊的。他们的广告是真话吗？我们暂且不管，就是这一大堆的书缺少系统，各本又是杂货店的一点，已经是应该有整理的必要。

（2）为改进儿童教育计，必须先做整理工作。书的影响之大，谁都承认的。照现在这样缺乏正当目的竞争出版状况之下，贻害不知有多少，其中教科书的影响尤其来得大。所以急需有人来做整理的工作，将各种书中的材料详详细细的来分析。某种材料，可以保留的；某种材料，应当重新做过的；某种书，应该用什么方式的，并且研究出一个系统来。

（3）整理的结果是儿童、教师、父母的昏夜明灯。在这样乱七八糟的书堆里，没有那个可以得到好书读的。偶而得到了一些好东西，也不知要费了几多力，实在太不经济。

况且小学教师和父母能够鉴别的又是少数，儿童愈加不用说了。照教育原则说起来，儿童用书有年龄、环境、个性三方面的关系。倘若有了几条指示的路径，那种儿童应该看那种书，有了几多能力可以读那种书，分类明晰，需要的时候检查便利，应用起来就不致有大困难了。许多人批评中国小学教师懒惰，不肯找参考教材；家庭父母没有能力，不能谋儿童幸福；儿童愚蠢，不能多读书。我以为，未免一笔抹煞，太冤枉了。社会上没有指导，要负一部分责任。

（4）为师范教育效率起见，必须有整理儿童用书的工作。"教学做"是最近师范教育的重要原则。但是所谓"做"，最需要有指导，方才可以免去浪费。从前师范毕业生，大都不明了国内共有教科书几种（其他儿童用书，愈加不必说了）。现在奉行"教学做"的，或者不致蹈此故辙。但是，要防着"只知其一，不知其二"的危险。所以有人说，此后师范学校的指导员非常难做。其实并不难做，因为他的一部分教材要从乱堆里去寻觅，那末自然难了，不但是难，并且危险百出。倘若有了整理儿童用书的专门机关，指导员可以节省东寻西觅的精神、时间，师范生又可获得寻觅一部分教材的宝钥，决不致再有随便教儿童之弊。

三、办法

虽然只有四五千本儿童用书，要想好好儿整理起来着实要费些力。我拟了三种办法，要请三种机关做的——专做、各大学做、各大书店做。

（一）专做的办法

在没有头绪，想把历来的儿童用书都整理、研究、分析一个系统出来，非有专做机关不可。办法如下：

（1）工作。先搜集国内的儿童用书的全部分，并选择搜罗外国儿童用书和研究儿童用书的书报若干份。把国内的材料分析、分类、试验，得到最普通的纲要后，然后根据已得的纲要，再去研究各种材料，希望做出一个有系统的纲要出来。这个纲要里面有各项原则、检查表（index）、量尺（scale）等等。详情，将来可以请专家讨论。不过，总希望所有结果能一目了然，便于检查的。

（2）人员。因工作的重要，所以做事的人要学识、经验、勤奋三全。名额：研究员二人、助理一人。资格如下：(a) 研究员，要大学教育科毕业，从事小学教育（最好是实际上的教师，不是行政人员）一年以上，本国文清通，能阅读两种外国语文，富有常识，做事能实事求是，勤奋不虚伪者；(b) 助理员，要有教育常识、最普通统计技能，本国文清通，略能阅读外国文者。

（3）期限。要把从前的儿童用书整理完毕，非有两年不可。继续整理的责任，可以请国内大学教育科分任。

（4）经费。每年二千元，两年合计共四千元。因为国内所有儿童用书，可以设法请各书店捐助；国外的，也可以廉价买到。开支，以薪给占大部分。

（5）经费来源。在目前状况之下，国内没有一个大学可以出此巨资。此事又是改进小学教育最重要的事，不可稍缓。所以各国退还庚款①中，可否设法补助兴办？

（6）整理地点。整理的时候需要很多的参考，所以这个机关应该在大图书馆附近，并且与该馆订立特别条约，研究员可以有特别借书的办法。据我所知，上海东方图书馆②里儿童用书很多很多，中华书局也不少，同时与国内各大学有极可靠的接洽。因为在进行的时候固然需要帮助，将来继续的工作尤其需要他们做。办法详下节。

（二）各大学做的办法

据我所知，现在国内各大学的教育科太注重于介绍外国材料、各种理论，实际上的工作做得太少了。本节就是要求各大学做对于小学教育有实地贡献的工作，并且希望是着实的、耐着心的、继续不断的做去。有几种办法：

（1）创设便教物③陈列所。便教物当然不止书籍，但是为容易着手计，应该从书籍

---

① 庚款：全称"庚子赔款"。系农历庚子年（1900年）八国联军占领北京后，强迫清政府于次年签订的《辛丑条约》中所确定的赔款。总计4亿5千万两白银，分39年还清。自1909年起，美国率先退回部分赔款，作为发展中国教育事业和留美学习基金。其后，各国亦先后仿效。
② 东方图书馆：系商务印书馆附设的图书馆。其前身为涵芬楼。1924年建馆于上海，藏书达46万余册，为当时国内之最。1932年"一·二八"事变中被焚毁。
③ 便教物：亦称"教便物"，即教学辅助用具，包括模型、标本、挂图、幻灯，以及教学参考资料等。

着手。从这所陈列室里可以看出便教物的演进、教育与时代潮流的关系、今后应该改进的方针。目前最适用的便教物可以作本校师生研究材料,可以为附近教育机关、家庭、社会之模仿。如何办理,异日再讨论。

(2)教育系或全校图书馆内有儿童用书专室。吾国最近出版书籍,用分类计算起来,没有再比儿童用书多了;他的关系又如是大——关系于全国儿童教育,实在值得有特别注重之价值。当便教物陈列室没有完全成功或难以举办的时候,可以在教育系阅书室里或全校的图书馆里另开一室,作为师生研究之所。好在这种书籍价值很便宜,比较外国书要便宜几百倍。倘若团体、机关去买,书店里又有一个特别折扣。我深愿,国内许多专注意于西籍的大学图书馆替我国小学教育界里种些福田。

(3)改进附小的图书馆。附小图书馆是实验儿童用书场所之一,应该要办得儿童能不假管理员的力,自由拿书看,又能很顾公德的保护书籍。至于增多书籍,那是最紧要的问题。有人以为这是高调,办不到的。我不愿意举例子,只用最诚恳的话来劝各附小主任去试试看,究竟做得到吗?要想找些参考材料,可以询问杜定友[①]先生,或看下面的几本书。

Powell: *The Children's Library*.

Hazaltine: *Library Work with Children*.

(三)各书店急须改良的办法

目前,各书店对于儿童用书,只知道竞争出版,不知道改良内容,又缺少统盘计算。所以出版得太多,非常不经济,没有科学方法的贩卖术,销路当然不广。但是,各大书店关于儿童用书所做的工作实在不少,又很肯投资。正如一位壮汉,力气不小,可惜缺乏拳术的训练,角斗起来,终究要失败的。所以书店为本身计,急须改良;为社会、国家计,尤其要改良。现在有三种方法急须举办的:

---

① 杜定友(1898—1967):广东南海人。早年毕业于交通部上海工业专门学校附属中学。1918年赴菲律宾大学学习图书馆学,后获文学、图书馆学、教育学三个学士学位归国。1921年担任广州市立师范学校校长,受命改组广东省立图书馆。其后,发起成立中华图书馆协会,主持广州中山大学图书馆,成为中国图书馆事业和图书馆学的大家。著有《图书馆学概论》等。

（1）改良编辑部。最近据友人报告，我国各大书店都没有儿童用书的专部。以如此重要的工作——儿童用书的销数与印刷几乎占其他各书之半——附属到其他部分里去（有的附设于国文部，有的附设于哲学组，有的附设于教育组），岂不是笑话吗？所以，各书店急须增设儿童用书部、专任编辑，并托专门教育机关试验。那末，各种出版物可以有统盘计算。新出版的，固然可以极力慎重；旧有的书，请专家批评，以定继续出版与否。这样做起来，好东西的出版必能大大的增加，销路当然可以增多，社会上也就得到很大的利益。

（2）改良营业部。要想营业的发达，改良书的内容是质的增美。倘若不会做生意，营业不能发达，社会上也不容易受影响的。美国购书有"儿童月"，在这月中买儿童用书可以特别便宜，这是一法。但是根本办法是指导买书的人。最简便的方法，莫如很诚实的定出几种表来。这是极妙的广告，也是很好的指导。

（3）以顾主手头所有的钱来配货的表。例如顾主有五块钱，照现在的图书目录，不知买那几本好。于是买得零零落落，难以应用。书店里倘若能做出一张表来，从一块〔钱〕起，到一百块钱止，详列有几多钱可以买某种性质的书几本、某种性质的杂志几多等等，顾主一目了然，岂非便利。同时顾主觉得，还有某种书籍还没有买，急急设法去筹款，书局生意又可以源源而来了。

（4）依儿童年龄可以读的书籍表。儿童用书与儿童年龄虽无极精确的关系，但是在大处是有区别的，例如三岁的用书和六岁的用书很显出不同来。这张表虽然不容易做，但是大致不误的表比完全没有好得多。

（5）书籍性质表。此表最容易做，但是最须要诚实，不可专以广招生意为目的。又，其中分类尤很明晰、准确。此事可以与专家讨论，免得因此贻误全局。

以上三表可以合成一表，但是为便于检查起见，不如分列。

（四）慎重出版

现在所有的儿童用书，好材料固然很多，不好的也着实不少。此后书店里，要从质的方面着想，不要偏重于量的增加。还有一点急须注意，儿童用书也应该与其他书籍一律看待，再版时应该要修改。书店千万不要惜小费，随便过去。

45　对于幼稚教育的管见

沈金相

另图 25　沈金相像

1927年7月20日

题　解　　本篇原载《教育杂志》第 19 卷第 7 号"教育评坛"栏。发表时间为 1927 年 7 月 20 日。本文三个部分的标号，均系编者所加。

撰著者沈金相（1901—1990），浙江嘉兴人。早年毕业于南京中央大学教育学系，先后担任南京女子中学教务副主任、浙江省立民众教育实验学校社教科主任、浙江省立第五中学校长、浙江大学龙泉分校训育主任等职。1946 年 7 月，任浙江大学附中校长兼该校师范学院副教授。中华人民共和国成立后，任教于嘉兴一中、桐乡一中。撰有《提倡职业教育之劝告》《江苏民众教育参观记》《识字教育的重要与实施的捷径》等。1991 年浙江省立绍兴中学校友联谊会出有《沈金相先生纪念集》。

有关《教育杂志》，参见前文《儿童心理在儿童教育上之意义》题解。

近几年来，我国教育界对于小学教育的研究、讨论，总算积极进行，不遗余力。讨论的文章、研究的问题，散见于报章杂志的不知有多少；并且除了文字讨论以外，还有实地去试验，设计教学法啊，道尔顿制啊，先后都有试行的学校。因为大家认小学教育为基本教育，小学教育的好坏影响于儿童的将来很大，所以不嫌词费，不惜精力，热心地研究，诚恳地讨论。这实是很好的现象。

但我很奇怪，大家对于小学教育既认为基本教育，热心研究；而对小学教育以前的更基本的幼稚教育，讨论的人很少，实地研究的人更少。难道幼稚教育大家认为不重要，而不值得研究、讨论吗？不知儿童在幼稚时期学习的能力最强，一切基本习惯和经验都在此时期内学得。设此时而无良好教育，恐影响于儿童将来较小学为尤重。

一

现从各方面观察，以见重要之一斑。

（一）心理方面

儿童在幼稚时期，学习的能力最强。从二岁至六岁所学的事情，倘若总计起来，实在惊人，可以说，终身的基本材料和工具都在这时期内学得。例如日常语言，人生需要之动作、习惯、道德，大部分都在这时期里养成。即如学习语言一端，我们成人学习一种方言，有时学了五六年，还是不合的；五六岁的儿童，不要半年，就可学成。

这种容易学习的能力，在心理学上称为可塑性（plasticity），在教育上称为可教性（educate ability）。儿童既有此天赋本能，我们就应当利用机会，养成种种良好习惯，学习一些基本知识。假使在此时期内完全放纵，不善为教导，那末社会上的坏环境、恶习气将要来引诱他们，使之养成种种不良的习惯。等到养成之后，要改变就不容易了，而且儿童还有好群、好玩等等天性，平常家庭中总不能有许多设备及许多同伴来满足他们的欲望。要发展这种天性，尤其非幼稚教育不可。

（二）生理方面

儿童时代，心理方面的发展固是很快；生理方面的发育，也有一日千里之势。但是生理方面的发育，须有外力的启发；技能的学得，尤须多练习的机会。

假使一个儿童终日没有适当的活动，那末他的身体一定不能发育健全。富贵人家的儿童常多衰弱，就是没有适当活动的缘故；并且正在发育的时候，假使有一部分稍有反常的状态，不立刻去矫正，等到将来发育完全之后，就不能改变了。

所以在儿童期内，我们时时刻刻要给儿童有适当的活动，并留意矫正他们身体上的缺陷。这种职责也要靠幼稚教育。

（三）家庭方面

儿童时代需要适当的教育，适当的启发，我们既经知道了。但是，一家家务非常繁复，那里有许多教育儿童的功夫？况且有许多家庭，连父母自己没有受过教育，怎样可以教育子女呢？

即使有了充分的时间和学识去教育子女，而上边所说的发展、好群、好玩等天性，仍旧非幼稚教育不为功，而且幼稚教育非但对于儿童有很大的益处，就是家庭经济方面也有许多帮助。

常见一般劳苦人家，其妇人为了子女的缠绕，不能帮助他的丈夫去生利，以致经济弄得很困难。假使有了幼稚园，他们的子女可以送进幼稚园去，那末多余的时间就可替人家作工，趁几个工钱，经济方面也可宽裕了。所以从家庭方面看来，幼稚教育也有提倡之必要。

（四）社会方面

人类的环境、生活比其他动物要复杂万倍。数千万万人成了一个社会，我们在这种社会里做人，一定要学言语、文字，要知风俗、人情；什么战争、什么竞争，都要赖我们的武力、智力去制胜；什么美术、什么制度、什么道德，都要赖我们的适应能力去学习。

我们的环境、生活既然这样复杂，我们的适应能力就要大了。要发展适应能力，非有发展的时期和可以发展的性质不可。而儿童时期就含有这两方面的意思，故当充分利用，加以良好的教育，培养基本的习惯，使将来能适应于社会。

社会的文化也赖以一代一代的保持，一代一代的遗传。要晓得，人类的智识完全要靠后天的学习。学习的时间尤长，所得的智识愈高、能力愈大，所做的事业也愈广，所创造的东西也愈多，社会的文化因此而增高。所以，我们为增高社会文化计，在儿童时代须得要加以良好的教育。

（五）小学方面

照我们现在的情形，义务教育年限一时不能加长，一般儿童所可受到的教育，只有初级小学的四年。在此四年之内，除了寒暑假、星期例假以外，每年不过授课二百二三十天，四年计算，亦不过八九百天。在此八九百天内，要把一个块然无知的小孩教成一个健全的公民，要有丰富的常识、良好的习惯、基本的经验，这是何等困难的事！

况且儿童初进学校的时候，往往已染有社会上不良习惯，学校内第一步工作还要改变此种坏习惯。所以教育的手续，尤其觉得困难；四年的光阴，尤其觉得不够。假使在未进小学校以前已受过了幼稚教育，种种不良习惯已经防止或改变了，一切基本智识也已知道一个大概了，那末在小学校内教授起来不知要容易多少，所得的效率自然要增加不少，人民的程度亦因之而增高了。

二

从上边各方面看来，幼稚教育实是很重要，而有立刻普及的必要。可是，现在已有的几所幼稚园缺点很多。我现在把最重要的举出来，以供大家的研究改良。

（一）教法太呆板

寻常幼稚园的课程，每天开始，走一个早会圈（morning circle）。儿童对老师说："老师早。"教师也同样的说："小朋友早。"唱歌、讲故事、做手工（如穿珠子、泥工、剪纸等），挨次的做下去。到了十时或十时半，给儿童有十分钟或一刻钟的休息。在休息的时候，儿童方才可以自由活动，然后到屋里来吃点心。吃过点心，大家来静坐或展开席子来睡，大约五六分钟，然后再来唱歌、谈话、玩恩物，到十一时半放学。

这种教法比之小学、中学、大学，要学生成行的坐在教室里听教师的讲解，确是变化得多了。所以初次参观幼稚园的人，没有一个不以为方法新颖，心神畅快的。但是继续的参观一星期，或继续的去看几多幼稚园，就觉得这是换一个面目的机器式的训练。

教育是要适应儿童心理的，要适合儿童当时需要。照这样呆板板的教去，除非各地儿童心理是印刷机器造成的方才有用。不然，无论如何应该改良的。

（二）教材太固定

教材是要适应儿童目前之需要的，且能切合于人生需要的。倘若于此二者一无所取，或者偏过其一，就不是好教材。所以，教材当从自然界及人生生活里找得。

而现在幼稚园所取的教材不外色纸、珠子、黏土等，以及几本西洋歌本，几本半中半西的故事读本，几种机械式的恩物。不敢跑到自然界里去，向大地要些教材；也不肯回转头来，向日用品寻些材料。每天只能照着已有的教材去做，那里会适合需要呢？

（三）设备太仿洋式

我们要办一完善的幼稚园，自然要有很丰富的设备。不过丰富的设备并不是一定要仿照西洋，并不是把外国幼稚园内所有的东西，我们一概办到就算丰富。

我们置办设备有两方面要顾到：一方面要顾到经济，一方面要注意效用。我最反对所谓各种恩物，其训练方法千遍〔篇〕一律，实在机械极了。例如我们要儿童辨别颜色，不妨领儿童到自然界里去观察，何必一定要限定的几种呢？要儿童练习配形，不妨任取一张或圆或方的纸，剪成几块，叫他配齐来，或配成各种形状亦可，何必一定要做成的几块长、几块方呢？

而现在的幼稚园一味的抄袭，以为非此就不能成为完善的幼稚园，实在无谓极了，而且这种西洋式的设备价值非常昂贵，照我国教育界现在的经济状况，尤不相宜。

（四）与家庭生活距离太远

现在幼稚园内的设备既都带西洋气味，而园内生活又都以上等人家为标准。研究幼稚教育的人只知从理想方面着想，食物要如何优美，房屋要怎样装饰，起居要怎样安适。

照最高的标准讲起来自然应当这样，但是普通的人家那里够得上。要晓得，教育儿童要学校与家庭两方面负责的。假使学校的标准太高，与家庭生活隔离得太远，仍旧不能收效的。

（五）教师无专门训练

教儿童之难比教任何时期的学生为难。譬如中学生、大学生或高年级的小学生，都能在教室内静默听讲；教师有所吩咐时，都能照样去做。所以，教师可以尽量的拿出要教的来教导。到了幼稚园就不如此。他们不肯静坐几分钟，教师叫他们这样做，他们偏又不是这样了。况且幼稚园的教材又没有固定的，随时要教师自己搜集，搜集适宜的教材更非易事。所以幼稚园的教师格外的难做，非有专门训练的人简直不能胜任。

但是我们中国，对于幼稚园的教师，大家看得不甚郑重，以为教几个小学生，随便什么人都可教的。因此现有的幼稚教师大都没有受过专门训练。就是从幼稚师范出来的人，也因幼稚师范课程的不完善，仍旧不能胜任愉快。关于这层，我们提倡幼稚教育的时候应当格外注意。

（六）缺乏一定的标准

现在的幼稚园都没有一定的标准。他们不希望幼稚园毕业有如何程度，只知道儿童到了六岁就应当送进小学里去。所以，我们为目前急需起见，赶紧应该立出幼稚园的标准来。幼稚园最低限度应该养成怎样的儿童，无论在知识上、技术上，应该有多少习惯、多少常识，并希望身体上发达到如何地步。

三

现今的幼稚园既有上述许多缺点，那末满意的幼稚园究竟应当怎样？现在，姑且把我个人的意见写出来，请有志研究幼稚教育的人加以批评、指正。

（一）生活要家庭化

我上边已经说过，现在的幼稚园距离家庭生活太远，很难收教育的效果。所以我主张，幼稚园应当力求家庭化。非但园中一切设备，要以普通家庭为标准，就是家庭〔园中〕生活状况，也须仿照家庭式样。

盖儿童在幼稚园时期，年龄还不到六岁，完全还要依依膝下，过那童稚的生活。假使环境改变太骤，使之拘禁在学校形式之下，那末一定不能适合儿童的心理，其本能一定不能自由发展。所以幼稚园中应当无一切学校形式，师长俨如父母，儿童视同子女，在融融泄泄、不知不觉之中，灌输自然界及社会上一切有用智识，并培养其良好习惯。

总之，要使儿童在幼稚园中不觉得是在过学校生活，而仍旧同在家庭一样。那末，他们的身心既得愉快，所得的进步也就可想而知了。

（二）设备要平民化

现今幼稚园最大的缺点就是洋气太重，完全是一种贵族式的幼稚园，所造就的也不过是几个富贵人家的子弟。但我们要希望幼稚教育普及，不是几个特殊阶级的专利品。所以标准不宜太高，一切设备须从价廉物美方面着想。

例如：美丽的油画固是好看，但我们不妨从旧杂志中剪下几张图画来贴贴；洋娃娃固是有趣，但我们不妨用花布来做几个。要晓得，儿童玩四五元一个的洋娃娃和玩几文钱一个的布囡囡，是发生同样兴趣的。园庭中与其种植些西洋名花，反不如向学生家属要些野花凡卉来种种。

总之，幼稚园的设备要力求平民化，务与平民生活相接近。那末经费既可减省，普及就比较容易了。

（三）教法要自然化

现在无论那一类的教育，大家都知道要自然化，最忌机械式。幼稚教育适当儿童幼稚时期，自然格外要注重自然。而现在的幼稚园大都免不了呆板、单调等弊病。即以教材而论，大都是固定的。

其实，幼稚园的教材实在多的很。灿烂的自然界，无论虫鱼、鸟兽、花木之类，无一不可以取之为教材；有组织的家庭，日用的物品，最常遇到的人生习惯，皆可取为教材。所以，教材随时可以找到，不必太为固定。

教学方法亦不必定在教室中讨生活，大可行至旷野，接触些自然界的景物，或从事日常生活，使之明了社会上实际情形。由此所得的智识比在教室内文字上的灌输，要切实不少；而且利用野外生活，空气既新鲜，而儿童身心又畅快，于身体的健康又有很大关系。所以，近来有人提倡露天幼稚园，无非也是这个意思。

以上三点，系对幼稚园自身而言的。此外如师资的训练、标准的确定等，俟有机会，再当专篇讨论。

對於幼稚教育的管見

沈金相

近幾年來我國教育界對於小學教育的研究討論總算積極進行不遺餘力討論的文章研究的問題散見於報章雜誌的不知有多少；並且除了文字討論以外還有實地去試驗，設計教學法啊，道爾頓制啊，先後都有試行的學校因為大家認為小學教育為基本教育的好壞影響於兒童的將來很大所以教育的難詞費不惜精力熱心地研究，誠懇地討論，這是很好的現象但我很奇怪大家對於小學教育既認為基本教育而對小學教育以前的更基本的幼稚教育討論的人很少，實地研究的人更少難道幼稚教育大家認為實地研究的人更少難道幼稚教育大家認為不重要而不值得研究討論嗎? 不知兒童在幼稚時期學習的能力最強一切基本習慣和經驗都在此時期內學得設此時而無良好教育恐影響於兒童將來較小學為尤重現從各方面觀察以見重要之一班。

（一）心理方面 兒童在幼稚時期學習的事情倘者容易了而且兒童還有好藏好玩等等天性平常家庭中總不能有許多設備及許多同伴來滿足他們的慾望要發展這種天性尤其非幼稚教育不可。

（二）生理方面 兒童時代心理方面的發展固是很快生理方面的發育也有一日千里之勢但是生理方面的發育須有外力的啓發技能的學得尤須多練習的機會假使一個

在教育上稱為可教性（educate ability）兒童既有此天賦本能我們就應當利用機會養成種種良好習慣學習一些基本知識假使在此時期內完全放縱不善為引導那末社會上種種不良的習慣等到養成之後要改變就不容易了而且兒童還有好藏好玩等等天性平常家庭中總不能有許多設備及許多同伴來滿足他們的慾望要發展這種天性尤其非幼稚教育不可。

兒童在幼稚時期學習的能力最強從二歲至六歲所學的事情倘者可以說終身的基本材料和工具都在這時期內學得例如日常語言人生需要之動作習慣道德大部分都在這時期養成即如學習語言一端我們成人學習一種方言有時學了五六年還是不合的；五六歲的兒童不要半年就可學成這種容易學習的能力在心理學上稱為可塑性（plasticity），

—1—

另图26 《对于幼稚教育的管见》原发表件（部分）

46　蒙台梭利制度和现时的中国

张雪门

1927年7月29日

题　解　　本篇原载《新教育评论》第 4 卷第 9 期。发表时间为 1927 年 7 月 29 日。

　　有关撰著者张雪门，参见前文《儿童和玩具》题解。

　　本文内容，实为《蒙台梭利与其教育》一书的第五章，标题原为"她的制度和现时的中国"。不过，书中的最后一段话，本文未录。兹补录于后："综上所述，固未能包括蒙氏的制度和现时的中国；但留在我的精神界，常时感想到的，恰是这五种。也何妨先写出来，充我这次研究的结束呢！"

　　有关《新教育评论》，参见前文《评陈著之〈家庭教育〉——愿与天下父母共读之》题解。

　　蒙台梭利教育在我国近十年来幼稚园的成绩，可说是已经失败了。不过失败的原因，与其说是教育的本身，还不如说是教育者的修养、设备的不完全和缺乏科学的精神。

　　如果这些原因真是我国不能更改的特性，那末蒙氏的教育无论在欧美办得多好，按着民性、国情的不同，也可以假定是不适宜于我们的国家。然而最近五年以来，从经济、政治、交通等变化，直接、间接的关系，教育渐有世界上同一潮流的趋向。看看人家已成就的制度，自己不知道为什么还呆等着！已经等得这样地糟和这样地无办法，这是多吗荒谬和颓唐呀！

去年（一九二六）九月，北京警察厅扩充保婴会①；本月（一九二七年七月），京师总商会②又有附设工人婴孩寄托所的决议。这两件事都不是出于教育界自动的建设，全由于社会演进自然的趋势。

我们虽没有工夫参与这些重要的工作，但对于为什么要有这些工作的本身，不能不辨别清楚。明白了这一点，然后实施上才有根据。否则，建楼阁于散沙的上面，倒下来，还不是和未建筑时一样吗？

近年以来，生活的程度日高，物价比之前五年，几乎贵到了三倍以上。当年天天勤劳的工人，还足以维持其最低限度的生活；现在连这一限度的生活，恐怕也维持不住了。他们既没有知识，又没有获得知识的机会，眼看着生活一天比一天艰难，更那里有心思会想到怎样去改良家庭，怎样去教育儿女。这种事实断不是拘于北京的一隅，恐怕任何地方都是这样罢。

所以，要替工人保障生活（扩充这一句话的意思就是保障社会的安宁，否则阶级革命的流血恐怕是避不掉的）。第一种，要免除一切的学膳费；第二种，要不妨碍工人工作的时间。第一种，对于工人是消极的利益；第二种，是积极的利益。在男子，既可减轻家庭的负担；妇女，也因子女有了寄托，可以加入于工作。待生活稍裕，才会想到家庭和子女的幸福。不然，与其说是他们的幸福，还不如说是他们的孽债。

在这里常使我想到蒙氏孩子房③的制度。真的，孩子房是替劳工的子女打算，不使之有失于教养；而且以学校为中心，催促其家庭改良，并是一种免除劳资阶级革命有效的办法。

所以我主张，不论保婴会也好，工人婴孩寄托所也好，第一步应该采取的便是蒙氏

---

① 保婴会：慈幼性社会团体。清代在普设保婴局和育婴堂后，民间慈善人士则组织保婴会，来协同、配合慈幼事业的开展。不过，此北京警察厅所组织的保婴会，则与传统的此类组织不同。1925 年，中央防疫处以"地方办理公共卫生为防疫之根本"为由，商准京师警察厅试办了公共卫生事务所，下设卫生科、保健科、防疫科和统计科。该所保健科设立保婴会和母亲会，举办妇幼卫生保健的专题讲座。因此，此保婴会的功能，为宣传指导婴儿保健知识的集会。

② 京师总商会：商业团体组织。正式成立于 1906 年，1928 年停止活动。该会设立后，除调解经济纠纷、维持市场稳定外，还开展慈善赈济，发展商业教育。后言"工人婴孩寄托所"，即是为工人子女所开办的临时托儿所。

③ 蒙氏孩子房：通称"蒙台梭利儿童之家"。是意大利幼儿教育家蒙台梭利创设的幼教机构。

孩子房的制度。

在中国又有二种特殊的养育孩子的机关，叫做育婴堂和孤儿院。育婴堂所收孩子，其年龄都比孤儿院小得多；其所收养的孩子的来源，前者没有后者性质的清楚，大半出于私生子及贫家无力自养的婴孩。

如果我们的眼光不为旧伦理所蒙蔽，注力于历史的调查以及人种学的研究，全世界多少宗教家、哲学家、名将、宿儒，出身于私生子的，在成分中恐怕也不少。这种私生子，如再能获得良善的教育，其所成就不但是一国的光荣，实在是全人类的幸福。然而，这决不是我们育婴堂所能期望的。

社会的基础，本来是应该建筑于"各尽其能"与"各取所需"的学理上的。我们想各尽其能，便不容放松"能"的教育。上面所说的免除劳资革命有效的办法，仅仅注意于下一句"各取所需"。为社会的进步计，根本重要还在于上一句的"各尽其能"。而这种的"能"，就应该在孩子身上练习起。然而，这又不是现在一般的孤儿院的目的。

大凡一国的建立，必有其一国的精神。无论其为斯巴达①的尚武，苏维埃②最近的主义，要想收效的迅速，最好直接实施于国民身上。换一句话来说，便是国家和国民中间不该再有第三种的存在，俾得贯澈其教育的目的。然而，这一个比学校澈底——很好的机会，却给育婴堂与孤儿院错过了。所以我第二步的希望，能够扩充蒙氏孩子房的精神，以改革现在一般的育婴堂与孤儿院。

孟禄③博士调查中国的教育，以为小学的进步不少。究竟小学有没有进步？从大多数看起来，还不是和从前一样吗！除少数中最少数稍有成功的，此外不过是形式上的变迁，能贯澈其主义吗？自由主义、自动主义，已成现在小学校中普通的名辞，但根本没有经过自己节制的训练。

我还从比较上优良学校的调查里，已经见到二次的失败了。先时，教师想要养成学生的自由与自动，把从前一切所订的校规牌全删除了。这时候，学生真像野马从羁勒中

---

① 斯巴达：古希腊城邦国家之一。斯巴达人体格壮、勇敢、尚武，热衷于征伐。
② 苏维埃：俄文 совет 的音译，意即代表会议或会议。起源于 1905 年俄国无产阶级革命时，建立了工人代表苏维埃。俄国十月革命后成为国家政权的组织形式。
③ 孟禄：指保罗·孟禄（Paul Monroe, 1869—1947）。1921 年 9 月来中国调查教育，时任美国哥伦比亚大学师范学院院长，为教育史专家。

放出来：在上课时，有的彼此谈话，有的故意打闹，更有的靠在桌子上睡觉。教师感到教授的困难，于是想从教材上改良，编作有趣味的故事。可惜，这种包糖的药丸，只能刺戟学生一时的兴奋，后来又渐渐地疲倦下去。不但对于"不能编作故事的"根本的练习感到了乏味，便是"故事式的"也觉得平泛无奇。

教师又没法了，因之想到学生自己的设计。可惜，这种缺乏根本训练的设计，起初所赚得的是乱烘烘地满堂的发言；后来，变做弱小的不管事，专为少数强大者的争执。对于学问，更是凭着情感，采小节而忽略系统，到底还是办不好。

蒙氏的教育完全根据于自由主义。她一开端便主张："自由没有实施的组织，是无用的。"所以，她实际上的训练，不论在感官上、知识上，甚至于放一只碟子、走一步路，都含有自己节制自己的作用。为树立小学学生根本的训练起见，所以我第三步，更愿意幼稚园能够实践蒙氏训练的精神。

中国从前将"教育"二个字，仅看作知识的传授。而这一种的知识，又仅限于书本的知识。这种错误的观念，近几年来似乎改进了不少；可惜对于读、写的根本练习，反觉得没有办法了。有的主张，根本的废除汉字；也有的主张，采用注音字母①做汉字的预备。但一经弃了汉字，研究到拼音的问题，尤其是读、写的练习，除"包糖"的办法以外，很不容易引起孩子的兴趣。

蒙氏对于这二种的供献，虽不能应用于英美等国度。（因意大利语是一种表声音的语言。在文字〔字〕上就是我们所常见的罗马字。意大利的孩子只要认识了字母的形、声，听见声音，便能够拼字。其所写字汇等于所讲的语汇。因写出来立地成为自己的表示或通讯的一种新格式，孩子对于这些练习自然会感到兴味，常肯自动的练习。蒙氏"读写自动发展"的结果，在英美断不能有这样的如意。比如说"I have two boxes"，那一个"two"字的音，和"to""too"都是相类；非绝对知道"已经学过所拼的字母"，是不能的。所以其所写的语汇只限于其所熟知的字汇了。）但和我国的注音字母，以及新提议的国语罗马字②完全一致。

---

① 注音字母：亦称"注音符号"，在《汉语拼音方案》公布以前用来给汉字注音。
② 国语罗马字：全称"国语罗马字拼音法式"，亦称"国音字母第二式"。1928年由南京国民政府大学院公布。它由26个拉丁字母构成，与注音符号并用。

如果幼稚园有人肯做这一种试验，我相信，其所成就决不在意大利之下。这是我所盼望于国人的第四步。

中国的教育，前清的时候，本来抄袭日本，实在是转抄德意志。近年以来，模仿美国。究竟中国的孩子是中国的，外国的孩子是外国的。根据外国的孩子来教育中国〔的孩子〕是不成的。我们要求真正的教育，其基石应该筑在我们自己孩子的身上。对于孩子，他的父母遗传怎么样？家庭环境怎么样？身体发育怎么样？心理发展怎么样？以及疾病、饮食、种痘，都须随时调查，随时测验，随时有详细的记录。如果这样做，不但教育有了根据，且对于全世界人种学、生物学上〔是〕一种大供献。

这种科学的教育，近代除蒙氏——有这一种精密而自然的方法——以外，实在不多；而在中国，尤属鲜少。然偶然有一二学校，没系统的作部份的试验，也未始不能得到良好的成绩。

民国七年，京师公立九个小学校，总计学生一千四百四十四人。洪式闾①博士检察其寄生虫病，结果患病者达一千另〔零〕八十二人，占百分率七十三.五七％。而上年在香山慈幼院②第一院蒙养部检查的结果，仅为百分率二四.四％强。同一在慈幼院中，住宿院里（第一院和第三院）的和院外（第二院和第五院）的又是不同：前的患者，占百分率四三.〇〇五％强；后的，竟达到了百分率八四.一〇％强。教育家有了这一个根据，既可以促饮食的改良，且可探得儿童性情优劣的真因（有的不良的儿童，其原因多半由于寄生虫的搅扰。蒙氏处理孩子妨碍他人的方法，必先检查其生理上有没有疾病），供训练的实施。

我们如果真要使孩子们得些幸福，真要在世界上负一些使命，我觉得蒙氏的科学的教育法，很能满足国人第五步的要求。

---

① 洪式闾（1894—1955）：浙江乐清人。1917 年毕业于北京医学专门学校，后曾两次赴德国进修，研究病理学和寄生虫学。1923 年回国返校任教。曾任北京医科大学校长兼寄生虫学教授、杭州热带病研究所所长、中央卫生研究院华东分院院长、浙江省卫生厅厅长、浙江医学院院长等职。

② 香山慈幼院：民国时期著名的慈幼机构。它由熊希龄主持创办，设院于北京香山静宜园，正式创设于 1920 年 10 月。该院主要招收难童和孤贫儿，后也招收了一批自费的"附学生"，用以平衡学校开支。该院创设婴儿教保园、幼稚园、小学、男子初中、女子师范、幼稚师范科（后单设为北平幼稚师范学校）、职教班、艺徒班等教育机构，师资优良，院誉颇高。张雪门后受聘到该院编辑"幼稚师范丛书"，主持创办北平幼稚师范学校，并长期负领导之责。

47 《蒙台梭利与其教育》自序

张雪门

1927年7月31日

题　解　　本篇原载《蒙台梭利与其教育》一书第5—8页。撰成时间为1927年7月31日，出版时间为1929年11月。原发表时题为《自序》，今题系编者所拟。

有关撰著者张雪门，参见前文《儿童和玩具》题解。

张雪门在《幼稚教育五十年》中记有：他在编译此书时，"商务有一本但焘的《蒙台梭利教育法》，钱稻荪也有一本从日文整理出来的《蒙氏教育》。先生说，要研究一位教育家的思想和设施，终以本人的著作做根据，会比别人的编纂为直接"。《蒙台梭利与其教育》编成出版后，教育部于1931年2月将此书函寄中国驻意大利使馆，嘱使馆工作人员转寄蒙台梭利，用以表明中国相关研究的进展。由此可知，张雪门关于蒙台梭利的研究起步虽稍晚，但其研究成果显然是超乎前人了。

《蒙台梭利与其教育》，由世界书局1929年11月出版。封面署有"张雪门编译"，内封则有沈尹默题签的"蒙台梭利与其教育"，卷首载有周作人序。该书计约5万字，随书附有44帧插图。全书共分为如后五章：(1)蒙台梭利是谁；(2)她的教育根本学说是什么；(3)她在教育上的成就怎么样；(4)她在教育上实施的工作是什么；(5)她的制度和现时的中国。其中第4章，又分为如后四节：(1)日常生活的训练；(2)感官的训练；(3)知识的训练；(4)孩子家。

我从十三年度回到北京来，因为职务的机械和经济的压迫，①对着已往的生活，好像已死的恋人，虽然感伤，同时反觉得安宁了。在这一学年中，只向朋友的地方借看几本自己所心爱的文学作品，偶然整理几篇从前的旧稿，什么全没有做便这样地过去了。

从十四年度起，自己才规定研究的计划，想从福禄贝尔②和蒙台梭利的著作中得到深一步的认识，最后再根据现在我们孩子的环境，来创造自己的幼稚教育，同时更想多选几种心理、生物等科，充立说的根基。我当时预备一年工夫做福、蒙二氏的研究和整理，半天〔年〕工夫认清二氏真正的价值，然后以毕生的时间来担任创造的工作。

谁知道，单是福氏的工作几乎费去我一年的光阴。直等到十四年度下学期，也就是在十五年四月十日唐之道改编府卫队、全城紧闭的那一天才告成。随后，对于蒙氏的研究更一天比一天的因循。虽然去年的秋季（十五年度上学期），想靠中华教育改进社读书会的组织来催促自己，但到了应该报告的日期，究竟也没有看了几本书。幸而这一天雪下得很大，会员到的，连我只有三个人，大家议决延期。这一"延"，便延到没有时期了。

我多年的老朋友，都说我富情感而少理智；有说我热心有余，而组织力不足。但我这一次的失败，也许不是这一个的原因罢。我不敢替自己辩护，我也无需为自己辩护。

实在，我从十五年度起，又担任了小学一部③的主任。早晨，看见孩子们嘻嘻哈哈的来，傍晚又看见他们嘻嘻哈哈的去；上午闹烘烘地女教师很多，下午又逐渐地减少了。外加校役、电话，这边一件事，那边一件事，我就在这一种环境中讨生活，自然觉得时间的不够了。更有时从出版物上见到了关于幼稚教育的记载，或许能够使我喜欢得夜里睡不着觉，或许使我担心——不得不做发表的文章。原知道这样的过去是不成的！不但误人，而且自误。事实本来应该和理想一致，职业本来是一种嗜好。渡口的舟子，在猛烈的阳光底下摇过去，又摇过来，似乎很苦，但我们在北海划小船又感到很乐了。

---

① 此"职务"，是担任北京大学注册课职员。说职务"机械"，是须课前到教室点名，并且日常总是与表册为伴；说"经济的压迫"，是因职业的收入低微，而又有着家小的负担。
② 福禄贝尔：通译福禄培尔。
③ 小学一部：指北京孔德学校的南分校。孔德学校是华法教育会利用法国退还的"庚子赔款"筹建的，并以法国近代实证主义哲学家孔德的名字命名，创设于1917年12月。其后，初小部增设南分校，1926年由张雪门担任主任。此处通常称为"一部"，故张雪门也被称为"一部主任"。

"苦恨年年压金线，为他人作嫁衣裳。"① 都不是真正为自己的人。我将怎样办呢？我还不是依然这样吗！至于匆促时间的写文更易犯不成熟的弊病。譬如，我前在《参观三十校幼稚园后的感想》一篇，论到蒙氏教具的玩法。从现在想起来，便是一个大错误。恐怕将来的稿件，更多像这类的错误，连订正也来不及了。然而，我因不时的有感，还时常不能不发表；更因不时的发表，愈使研究的工夫减少；研究的工夫愈少，恐怕越发表，越变做不成熟了。

人生几何！已往的光阴不能再来；未来的光阴，又一天比一天的减少。自己在镜子里虽然还认得自己，但把五年前的照片和现在的，同时递给一个从前不认识我的人看，谁还知道，这个便是那个呢！现在如是，将来可知。嫌恶的白发现在已变做不嫌恶了，连秃头还当作了一种美观哩。掉下一颗牙齿，从前要哭了好几天的；现在，连哭的意思都没有了。精力一衰，经济的困难，又是相连而来的事实，恐怕那时要求现在的时间都不能得了。

我想到这些时，常整天呆坐，然而我有什么的办法呢？这一个暑假，我心里更觉得不安，我几乎疑心自己在做梦。平时被人骂作"革命"的几个朋友，② 都给"革命"的政府监禁了；有几个骂"革命"的官僚，现在都在"革命政府"底下去工作了。唉！我真厌憎这一个现实的世界，我将归宿到那里去！

我厌憎到了极点的时候，连我自己的身体，也厌憎极了。有一天我说："呸！你，庸劣的东西，你这个只配被动的奴隶，烈火焦灼了你的心胸，梦想蔽住了你的眼睛，光阴吃尽了你的青春，你不能存在这一个的世界。从今起，就把你拘禁在一间小屋子里。"以后几乎一个月的工夫，我就在一间小屋子里，天天看书运笔，整理这一本《蒙台梭利与其教育》。

今天本书告成，就是我释放的日子。然而，我将到那里去呢？

一九二七、七、三一，雪门记于北京孔德南校

---

① 语出唐代诗人秦韬玉的《贫女》。
② 此"革命的几个朋友"，系指高仁山、李大钊等被张作霖逮捕，后被杀害。

48　第一个乡村幼稚园成立
——致母亲

陶知行

1927年11月7日

题　解　　本篇原载《知行书信》一书第224—226页。撰成时间为1927年11月7日，出版时间为1929年1月。正题系由陶行知自拟，副题原为"家信"。本文副题，系由编者统一拟定。文末"知行"署名，系由编者加拟。

有关撰著者陶知行，参见前文《孟禄夫人送玩具——致桃红、小桃》题解。

致函对象"母亲"曹翠仂，参见前文《寿六旬慈母——致陶文渼》题解。

本篇撰写于燕子矶幼稚园开办之前夜。因陶行知早在一年以前，便发愿以创办此园作为"寿六旬慈母"的纪念物。其后，由于创设晓庄师范而暂时搁置。当晓庄师范步入正轨后，陶行知随即了此夙愿。

有关《知行书信》，参见前文《孟禄夫人送玩具——致桃红、小桃》题解。

母亲：

我们现在晓庄师范的生活已经上轨道了，大家做事、看书，快乐得很。新学生已经考取了八位，还有好几位要来考呢。明天幼稚园行开学礼[①]，我们要热闹一番。

儿身体虽较前稍瘦，但精神是十二分充足的。此刻天气、饮食都好，每天都要加胖一点，很是可喜。

---

① 此"开学礼"准确说来，应为"开办日"。燕子矶幼稚园系1927年11月8日开办，同月11日才补行开学礼。

去年母亲生日，儿曾寄渼妹一书，请渼妹抄一份寄来为盼。

明天开学的幼稚园，为中国的第一个乡村幼稚园，是去年发愿要办出来为母亲祝寿的纪念物。所以，明天预备请小学生每人吃一碗寿面。①

子云弟②在晓庄，每日进步甚快。

现在天气凉了，前次寄来之棉袍颇合时宜，现已上身了，舒服之至。棉被也厚，晚上很暖和。

纯妻十月廿四日之信，桃红廿三日之信，小桃廿三日之信，都收到了。我将家里寄来之信都订在一本，现在已有四本了。我希望，家里每逢收到我的信，也订成本子，方不致遗失。

家中字帖，除桃红、小桃需用的之外，请一并寄到南京神策门外晓庄学校为祷。先寄几本来，随后可以慢慢寄。敬祝

全家安乐！

知行，十六年十一月七日

---

① 此"小学生"，为燕子矶小学的学生。因燕子矶幼稚园开办之初，是借用燕子矶小学的校舍。
② 子云弟：指曹子云，小名冬弟，为陶母曹翠仂的侄子，当时在晓庄师范学习并工作。

49　在燕子矶幼稚园开园典礼上的讲话

陶知行

1927年11月11日

题　解　　本篇原载《晓庄幼稚教育》一书第7—8页。系演讲记录，记录者未详。演说时间为1927年11月11日，出版时间为1934年3月。原发表时，题为《燕子矶中心幼稚园开学演说词》。今题系编者所拟。

　　该文最早发表于《乡教丛讯》第2卷第4期，发表时间为1928年2月29日。是期《乡教丛讯》已佚，幸见载于《晓庄幼稚教育》。为反映演讲大意，又从湘版《陶行知全集　第二卷》上摘录了最后两段。兹将《申报》相关报道收作附录。

　　有关撰著者陶知行，参见前文《孟禄夫人送玩具——致桃红、小桃》题解。

　　《晓庄幼稚教育》，系"晓庄丛书"之一。由晓庄学生孙铭勋、戴自俺合著，由上海儿童书局1934年3月初版。本书详细载录了晓庄幼稚教育的发展历程，共分为如后六章：（1）三个乡村幼稚园；（2）建立蟠桃学园之前前后后；（3）蟠桃学园；（4）半载蟠桃初献寿；（5）迈皋桥幼稚园；（6）新安幼稚园。

　　第一次我觉得乡村里有设立幼稚园之必要，是宋调公[①]君告诉我："农忙时，往往有母亲一只手抱着小孩子，一只手拿着凳子，到学校里来托先生给他看管。他只求先生守着小孩子，不给他走开，他就感激不尽了。"

[①]　宋调公：指宋鼎（1901—？），号调公，籍贯未详。时任江苏省江宁县尧化门小学校长，该校为"中华教育改进社特约乡村学校"之一。他热心乡村教育事业，后任晓庄学校指导员。抗日战争时期，在四川万县从事难童教养工作。

又一次，看见一位母亲在田中做事，对面地下放一个筐子，里面坐着一个小孩子。这孩子便是他的儿子。

又一次，我遇了一个小学生，我问他，为什么不进学校？他说，现在田里很忙，他要帮助妈妈带小妹妹。

受了这三次感触，我便想创办乡村幼稚园。

……恰巧舍妹文溇来信，和我商量家母六旬寿辰家庆的办法。我忽然下了一个决心，要在这一年内，把她老人家给我的最好的精神，开始充分地表现出来，为她老人家祝寿。

我想来想去，没有想到办法。一天，豁然觉悟到，家母最爱的是我的第四个小孩，称他为"蜜桃"。因为家母之爱蜜桃，就联想到天下的像蜜桃的小孩，立刻决定要使全国个个乡村都有一个幼稚园，为儿童造福，并立志要在这一年之内把第一个乡村幼稚园成立。

附录　《南京燕子矶乡村幼稚园成立》

南京试验乡村师范自今春开办第一院以来，试验乡村小学教学做颇有成效。秋季又创办第二院，培养乡村幼稚教师。该院为试验乡村幼稚园各种教学做起见，拟设立中心幼稚园三所。第一中心幼稚园设于燕子矶，已筹备就绪，于前日在燕子矶小学举行开学典礼。

到会者，有该校全体指导员、学生，中心小学指导员及燕子矶小学师生与邻近农民。济济一堂，九时开会。

（1）向党国旗行最敬礼。

（2）恭读总理遗嘱。

（3）校长致辞。略谓："农家在农忙之时，对于不能帮助田作之幼稚儿童，视同赘物，此于儿童及其父母皆有极大损失。乡村幼稚园，即所以谋幼稚儿童之幸福，并补助家庭教育之不足。惟吾国幼稚园多犯外国化、贵族化及不经济三病。本园为全国乡村教育之首倡者，所以力向中国化、平民化及省钱路上走去云云。"

（4）演说。张宗麟、马侣贤、丁超等，皆有极诚恳言辞。

（5）余兴。小学生唱歌、笑话、进点心等。至午尽欢散会。

原载《申报》1927年11月15日第8版

50　幼稚园数学应怎样教法

张雪门

1927年11月14日

题　解　　本篇原载《新教育评论》第 4 卷第 18 期 "幼稚教育专号"。撰成时间为 1927 年 11 月 14 日，发表时间为 1927 年 11 月 25 日。

撰成时间的确定，是据该文在收入《幼稚园研究集》时，张雪门在文后补加有如后文字："雪门拟稿于孔德南分校，时一九二七，一一，一四。"

有关撰著者张雪门，参见前文《儿童和玩具》题解。

有关《新教育评论》，参见前文《评陈著之〈家庭教育〉——愿与天下父母共读之》题解。

"幼稚园数学应怎样教法？我实在弄得没有办法了。我教到这门功课就觉得头痛。"这是我和幼稚园教师谈话时，所常常听见的。本来将数学当一种正课教学，就是在小学校也觉得困难，况且是幼稚园呢！

在蒙台梭利制度下的"孩子之家"[①]，关于数学的训练，设备上多吗精密，教学上又何等自然。但蒙氏从经验上，还以为最妥善的方法在于日常的应用。比如"把这两粒钮子扣好"，或"拿三只杯子放在桌子上"，总比甚么的特殊的教具自然得多。可知无论那一种功课，如果真能成就孩子的一种知识和技能，决不是抽象的教材，也不是专用几种

---

① 孩子之家：通称"儿童之家"，系蒙台梭利创设的幼教机构。

器具，或专靠有几种特殊目的的实物，所能孤立地养成的。

但叫孩子去练习几种教材或几种教具，这种练习即使可以使孩子对于那种教材或教具做得很巧妙，然而其结果不一定能在实际生活中适当地应用。况且限定了功课，专去训练孤立的知识、技能，却和孩子实际生活不生什么关系，究竟是勉强的。既勉强了，自然不一定不是困难。

我们如果认定孩子是一个人，那末，他自有其自己的人生生活，他自有其自己的冲动、倾向和动作。他受到刺戟时，自有一种相当的反应；他感到困难时，自有一种连带的需求。我们能够帮助他什么呢？他只有看着、等着，让他自己缓缓地、自由地走向人生的路上罢了！然而，幼稚园教师们正可甚么都不管，孩子自己会获得数学的知识、技能吗？不！这又是错了。

孩子的生活决不是自己孤立地生活下去的。他发生动作，必有发生动作的倾向；发生倾向，必有发生倾向的冲动；而他发生冲动，更有他所以发生的原因。这原因是什么？就是他的环境。教师、教材、设备和一切，都是他的环境，和他的生活都有密切的关系。不过，生活并不是为某一种特殊的环境所得而支配，却也未始不和别一种的环境不发生影响。如果我们相信这一句话，那末一种功课能够适合孩子的需求和兴趣，于不知不觉之间变成功一种他的知识、技能。除非这种功课真能适应他的生活，一种教材能够满足孩子的需求和兴趣，以便利他的动作。即使不是切应于他的永久的生活，终也是能够切应他的偶然的生活。

其实，这不但数学如是，无论那种功课全一样的。我们真要想解决幼稚园数学教学的问题，所以只有一条路子，就是和他生活发生关系。活用的教材，固然不用说了。便是预定的，至少限度，也总当以能够适应他偶然的生活为标准。教学者能够注意到这一层，什么生活，什么日常的应用，什么教法，什么教材，才打成一片，才是真正的妥善办法。

现在为求明白起见，请举例于下。（其已有专书的记录，如福录贝尔[①]和蒙台梭利

---

① 福录贝尔：通译福禄培尔。

几何形的训练①，以及蒙氏的长竿教具②，恕不赘述。）

（1）早会的时候，学生们记完了日历，教师说："今天到的有多少人？"随意选一个人去数。数错了，再另选一个人数；等数得不错了，才听他在考勤表上记上阿拉伯数字。再问："有几个人没有到？"随意指定一个人答覆。如果答得不错，也叫他在考勤表记上未出席的人数。再问："出席的人比昨天多还少？"等答对了为止。

当一个问题提出的时候，必须由学生们先行举手；然后，由教师指定一人答覆。答案的正否，仍当由学生们举手表示；其永远不举手的人，须由教师随时鼓舞，使之有尝试的勇气。否则，这种练习便不能普遍了。

（2）领取恩物的时候，教师看着他们缓缓地一个、一个（或一片、二片）放到桌子上，随口给他们说："一个、二个（或一片、二片）……"等拿回到箱子里去的时候，也是同样做法。久而久之，他们自己也会这样数了。

又如，学生用第三种恩物排成了桌椅。教师说："这中间四块排在一起的是甚么？"学生答："桌子。""那桌子边旁的一块呢？""是椅子。""那一块呢？""也是椅子。""这一块呢？""也是椅子。""还有一块呢？""也是椅子。""那末，中间连在一起的四块是桌子，散置的四块是椅子，是不是？""是。""请你再明明白白告诉我，这四块呢？""桌子。""那四块呢？""椅子。"（原图19）

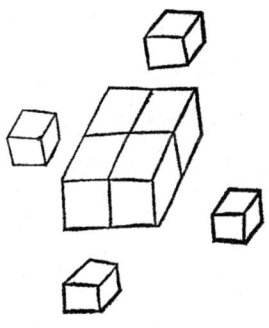

原图19　第三种恩物排成的桌椅

---

① 几何形的训练：感官训练的方式之一。其中，又可类分为多种多样的教案。
② 长竿教具：通称"长棒教具"，为蒙氏教具的一个系列。该系列由10根红色木棒组成，每根长度相差10 cm；旨在练习视觉辨别，以及发展手、眼与肌肉的协调性。

做手工时也可以同样的应用。比如说:"你要几张红纸?"或则对于小的学生说:"我给你二张绿纸和一张白纸,一张、二张、再一张,一共给你三张了。"随说随分给他的纸片。

(3)园中设一个日晷①,用阿拉伯数字来代替地支②。等上课铃打的时候,教师向学生们说:"现在是什么时候?"(最好钟的表面也是用阿拉伯数字代替罗马字)从举手的人中间,指定了一位来答覆:"这是九点钟。"再由他们选出一个人去看日晷,同时都望着钟的短针。后来大家都知道,现在确是九点钟了。

如果孩子们还不知道钟和日晷,这也是很容易的事情:只须教师当着钟鸣的时候,常常对着他们说,这是几点钟了。他们耳官听着时钟报数的声音,同时视官又见到短针的所指,久而久之,也能认得了。

(4)秋分、春分休作时间③更动的时候,教师说:"上星期是八点上课,今天改到九点上课,改迟了多少时候?""从九点上课到十二点放学,在学校里是多少时候?"

对于个人说:"现在你几点钟起床,几点钟睡觉,你可睡得多少时候?""你玩得多少时候呢?"又如:"你今天是几点钟来校的,到上课有多少时候?"都是很自然的问题。

(5)做手工常常应用量尺。尤其是摺纸和组纸的时候,尺、五寸、寸、半寸,以及四分之一寸,都可以相当地练习。

(6)早会全体报数以后,每个学生须将自己所报的数记清。教师说"7",报"7"数的学生奔向前来;教师说"9",报"9"数的学生向前。如果全体人数有五十六位,不是常常可以练习到五十六个的数了吗?

(7)教师用十张各色的硬纸片,片上各记上0、1、2、3、4、5、6、7、8、9的数字。除"0"是放在一个空座外,其余全分给九个坐的学生。教师说"17",拿"9"和"8"数的学生立起来;教师说"15",拿"7"和"8"数的学生起立;同时,"6"和"9"数

---

① 日晷:本义是指太阳的影子,引申义为古代的测时仪器,通常由晷针和晷盘组成。古人依此并利用太阳的投影方向,来测定并划分时刻。
② 地支:与"天干"共同组成中国古代传统历法纪年。地支,即子、丑、寅、卯、辰、巳、午、未、申、酉、戌、亥的统称。地支与"十天干"(甲、乙、丙、丁、戊、己、庚、辛、壬、癸)相配,共配成六十组,用来表示年、月、日的次序,周而复始,循环使用。
③ 休作时间:现今通称"作息时间表"。即上下学、上下课等校内的活动时间表。

的学生也可以起立。在别一时候，如果做减法的游戏，也可。

（8）教师用固定的十进法币①四种，比如元、角、分、厘，各种的数愈多愈佳。有时，可和偶发事项联络，做换币的游戏；也有时，可和学生家属接洽。假定十进的币制，免得和市价相混。

（9）搜集旧邮票，不论一分、二分、三分、四分、五分、一毛，每一个人都给他贴在一本本子上。后来各种都有了，而且各种都有了好几枚，教师随时考其成绩，问："这一种比那一种多几枚？这一种价值总数比那一种如何？"

（10）木板一块，锯成正圆形的圆盘；上贴白色厚纸，离边一二寸，绘上一圈；圈里分做几十小格，在每格里画小点；圈和小点相对的地方，注一阿拉伯数字，格里一点、二点、三点……即注上1、2、3……（数字的多寡，视孩子程度的高低而增减）；又在圆盘的中心，竖一圆柱；柱顶套一条竹片，使能旋转活泼〔动〕；再于竹片的一端连以线，线端系针（原图20）。玩时，用指一拨，竹片即环圈旋转。停了以后，看针所看〔指〕的格里点数，便叫他们各自记上。平均玩过几次，总揭若干，以相比较。

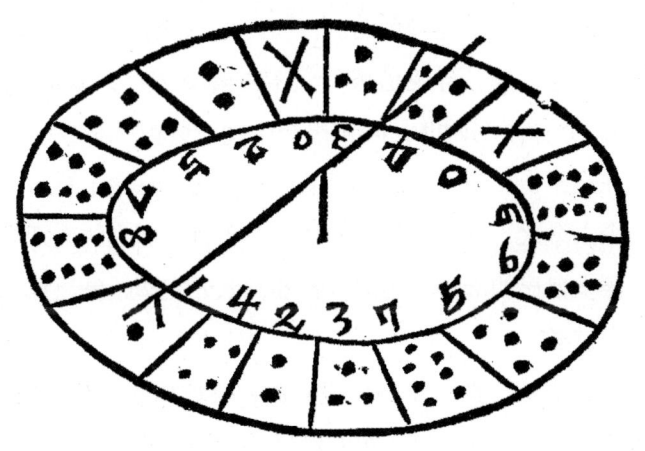

原图20 转针计数盘

---

① 法币：中华民国时期国民政府发行的货币。1935年11月4日，规定以中央银行、中国银行、交通银行三家银行（后增加中国农民银行）发行的钞票为法币，禁止白银流通。

（11）学生们有时开商店，各种货品订定了价目都揭示在小黑板上，一面更联络家庭，各取假定的十进法币来做买卖。

（12）教师分给每个学生一张数字牌，将全体分做两队。口号一起，每队各出一人，到黑板上将数字誊出。看谁做得正确，就给他的一队记上一个胜利符号。以后，更可以练习迅速的比赛。

（13）利用各种制币①做猜数的游戏。一个孩子拿着若干制币立在中央，向四周的人说："我有一元大洋、三个铜元和一个毛洋，请问我共总有钱多少？"假定制币是十进的，那答得正确的孩子一定会想出这是一元一毛三分。谁先猜对的，便让谁来代替立在中央的孩子。

（14）孩子们环圈而坐，选一个孩子立在中心。他将豆囊②投给在座的一个人，并且说："快捉，快捉！捉住就说，六的数目不叫六，还可以叫做什么？"捉着豆囊的孩子必须立刻掷还，且说："四和二，或一和五……"

（15）像上面的游戏，更可叫立在中心的人，用同色和异色的数字牌，先拿出一张，扬给全体一看就收回；又另拿一张出来，给全体看一下又收回，说："一共是多少（两次都是同色的）或相差多少（两次是异色的）？"先还出正确答数者，代扬票的人。久而久之，大家都知道"同色是加，异色是减"，不待扬票人发问，就很快的答上了。

（16）全体学生，分作平均两队；队和黑板中间，各置一张桌子。教师将写有算题的卡片若干张分放在桌子上。口号一起，每队的第一人，从桌上拿了一张卡片到黑板上演算。算完，第二个人继之，再从桌上拿卡片去。不过，后去的人须先将前人的错处更正，然后始可演〔算〕自己的卡片。结果，看那一队先完毕，就是那一队胜利。这种游戏，每队人数都不宜过多。

以上的例子，如照正课比拟：第一例是数数、书数和心算的减法；第二例是数数；第三例是识数；第四例是心算的加减；第五例是心算的除法和十进诸〔制〕等；第六例是数数；第七例是识数及心算加减；第八例是十进诸〔制〕等；第九例是心算加、减、乘；第十例是识数、书数和加减法；第十一例是心算的加、减、乘；第十二例是书数及

---

① 制币：指硬币。硬币按其制作工艺可分为精制币和普制币。此处具体指普制币。
② 豆囊：游戏或体育用具。即用小布袋装入豆类，缝合后用作抛掷之具。

心算加减；第十三例是心算的十进诸〔制〕等加法；第十四例是心算加法；第十五例是心算加减；第十六例是四法演算。

　　再从动作的性质归纳起来：第一例到第六例是日常的应用，第七例到第十六例是游戏的活动。日常应用固然是生活，游戏活动也未始不是生活。不过，前者是活用的，后者是预定的罢了。若将二种相比，后者虽没有前者的自然，但至少也是适应孩子生活上偶然的需求。幼稚园的教师能依照这两种标准引申而拓充之，还有甚么数学教法的困难呢？

51　幼稚园艺友
——致汪纯宜

陶知行

1927年12月3日

题　解　　本篇原载《知行书信》一书第230—231页。撰成时间为1927年12月3日，出版时间为1929年1月。正题系由陶行知自拟，副题原为"给纯宜的信"。本文副题，系由编者拟定。文末"知行"署名，系由编者加拟。

有关撰著者陶知行，参见前文《孟禄夫人送玩具——致桃红、小桃》题解。

致函对象汪纯宜（？—1936），系陶行知原配，安徽休宁人。早年与陶行知胞妹文渼是同学，1914年与陶行知成婚。婚后育有四子，相夫教子甚勤。此时仍居家北京，次年举家南迁至晓庄师范，终与陶行知团聚。

信中所言"幼稚园"，系指燕子矶幼稚园，是晓庄师范开办的第一所乡村幼稚园，开办时间为1927年11月11日。

有关《知行书信》，参见《孟禄夫人送玩具——致桃红、小桃》题解。

纯妻：

皮袍已收到，质地甚佳，袍面亦特别可爱。新年穿此，在乡间可以大出风头了。

一月一日，系晓庄学校落成纪念日①，将有大热闹。深望您及全家，均在此同乐。

---

① 此"落成纪念日"，是指定于1928年1月1日，为晓庄师范校舍的全部落成所举行的庆祝活动。

幼稚园已开学，收了徒弟三人①，跟着幼稚园教师学做先生。此法非常有效。时局稍静，您是可以享优先权来此学习的。敬祝

康乐！

知行，十六年十二月三日

---

① 此"徒弟三人"，实称"艺友"。系燕子矶小学校长丁超的夫人，以及另外两位燕子矶小学毕业的女性。

52　如何使幼稚教育普及

陶知行

1928年2月29日

题　解　　本篇原载《中国教育改造》一书第183—188页。初次发表时间为1928年2月29日，结集出版时间为1928年4月。

本篇最初发表于《乡教丛讯》第2卷第4期，发表时间为1928年2月29日。此期《乡教丛讯》已佚。

有关撰著者陶知行，参见前文《孟禄夫人送玩具——致桃红、小桃》题解。

《中国教育改造》，系陶行知自编教育论文集，由亚东图书馆1928年4月初版。收录他1918年至1928年的教育论文、评论、讲演稿等，共32篇。至1934年4月，发行即达7版。陶行知在该书自序中有言："当选择旧稿时，我曾下了一个决心，凡是为外国教育制度拉东洋车的文字，一概删除不留；所留的，都是我所体验出来的。所以，我所写的便是我所信的，也就是我所行的。"由此可知这本论文集的价值所在。全书计约9万字。

　　教人要从小教起。幼儿比如幼苗，必须培养得宜，方能发荣滋长；否则幼年受了损伤，即不夭折，也难成材。所以，小学教育是建国之根本，幼稚教育尤为根本之根本；小学教育应当普及，幼稚教育也应当普及。

　　如何使幼稚教育普及是我们最关心的一个问题。依我看来，进行幼稚教育之普及要有三个步趋。

一、改变我们的态度

一般人的态度，总以小孩子的教育不关重要，早学一两年或迟学一两年，没有多大关系。我们很漠视小孩子的需要、能力、兴味、情感。因此，便不知不觉的漠视了他们的教育，把他们付托给老妈子，付托给街上的伙伴。在这种心理之下，幼稚园是不会发达的。我们要想提倡幼稚园，必须根本化除这种漠视小孩子的态度。我们必须唤醒国人明白，幼年的生活是最重要的生活，幼年的教育是最重要的教育。

关心幼儿的父母，明白幼稚教育之重要，并且愿意送子女进幼稚园。但是他们有一种牢不可破的成见也是要不得的。这成见就是不愿他们的子女与贫苦人家的子女为伍。他们以为自己的子女是好的，贫苦人家的子女是不好的；他们以为，贫苦人家的子女进了幼稚园，便要把他们的子女带坏了。因此，幼稚园便成了富贵人家和伪智识阶级[①]的专利品。

我们应当知道，民国只有"人中人"，没有"人上人"，也就没有"人下人"。"人中人"是要从"孩中孩"造就出来的。

教育者的使命是要运用好孩子"化"坏孩子，不应当把好孩子和坏孩子分开；更不应当以为，富贵人家的孩子是好孩子，贫苦人家的孩子是坏孩子；尤其不可迁就富贵人家的意见，排斥贫苦人家的儿女。

富贵人家及伪智识阶级的父母，倘不愿把亲生子女做新中国被打倒之候补者，就应当把自己的子女和不幸的人家的子女放在一个幼稚园里去受陶冶。办理幼稚园的先生，倘若不愿把幼稚园当作富贵太太们打麻将时用之临时托儿所，便应当把整个的幼稚园献给全社会的儿童。

可是这样一来，幼稚园教师便须明白他们的使命：不是随随便便的放任，乃是要运用好孩子"化"坏孩子，运用坏孩子的好处"化"好孩子的坏处。

承认幼年生活教育之重要，是普及幼稚园之出发点；承认幼稚园为全社会幼儿的教育场所，是普及正当幼稚园的出发点。我们必须得到这两种态度，幼稚园才有普及的希望。

---

① 伪智识阶级：亦称"伪知识阶级"，系陶行知创立的专门名词，指专习并传授无补于世用知识的脑力劳动者。详见陶行知自撰论文《"伪知识"阶级》。

二、改变幼稚园的办法

幼稚园的办法是费钱的,不想法节省必不容易普及。最需要幼稚园的地方是乡村与女工区。

女工区的幼稚园还可由工厂担负经费,纵使用费太多,尚易筹措。乡间是民穷财尽,费钱较少之小学,尚且不易普及,何况费钱加倍的幼稚园呢?所以在乡间推行幼稚园好比是牵只骆驼穿针眼。

我们必须向着省钱的方针去谋根本改造,幼稚园才有下乡的希望,才有普及的希望。

三、改变训练教师的制度

普及教育的最大难关是教师的训练。我们要想普及幼稚教育至少需要教师一百五十万人,这是一个最难的问题。因为不但是经费浩大,并且训练不得其法。受了办理幼稚园的训练不一定去办幼稚园,或者是去办出一个不合国情的幼稚园,那就糟了。

幼稚师范是要办的,但幼稚师范必须根本改造,才能培养新幼稚园之师资。纵然如此,我们也不能专靠正式幼稚师范,去培养全部的师资。

我们现在探得一条新途径,很能使我们乐观。试验乡村师范学校的幼稚师范院[1],在燕子矶设了一所乡村幼稚园,叫做第二中心幼稚园[2]。开办之初,便收了三位徒弟,跟着幼稚教师徐先生[3]学办幼稚园,张宗麟[4]先生任指导。前天他和我谈起幼稚园的徒

---

[1] 幼稚师范院:指晓庄师范第二院。其时仍在筹办之中,计划由陈鹤琴兼任院长,但并未真正设立。可能正因为发明了艺友制师范教育,故此院的筹办停止。
[2] 第二中心幼稚园:指燕子矶幼稚园。这里相应的"第一中心幼稚园",系指南京市鼓楼幼稚园。当陈鹤琴未能兼任幼稚师范院院长后,鼓楼幼稚园便称为"特约幼稚园",燕子矶幼稚园则称"第一中心幼稚园",晓庄幼稚园则称"第二中心幼稚园"。
[3] 徐先生:指徐世璧(1898—?),女,安徽南陵人。江苏一女师幼稚师范科毕业。时任晓庄学校幼稚教育指导员,主持燕子矶幼稚园的办理。
[4] 张宗麟:任南京市教育局幼稚教育视导员,兼任晓庄学校指导员,参见前文《幼稚师范问题》题解。

弟制，似可推行到小学里去，并且可以解除乡村小学教员的一个大问题——生活寂寞。我说："这是的的确确的。徒弟制不但能解除生活寂寞，并且能促进普及教育之进行。普及小学教育及幼稚教育，非行徒弟制不可。"

倘以优良幼稚园为中心，每所每年训练两三位徒弟，那末多办一所幼稚园，即是多加一所训练师资的地方，这是再好没有的办法。我看三百六十行，行行有徒弟，行行都普及。木匠到处都有，他是怎样办到这个地步的？徒弟制。裁缝匠、泥水匠、石匠、铁匠和三万万四千万种田匠，那一行不是这样普及的呢？

老实说，教学做合一主义，便是沥清过的徒弟制。徒弟制的流弊是劳力而不劳心，师傅不肯完全传授，对于徒弟之虐待。假使我们能采徒弟制之精华，而除去他的流弊，必定是很有成效的。若把这种办法应用到幼稚园里来，我是深信他能帮助幼稚教育普及的。

我和陈鹤琴先生近来有一次很畅快的谈话，他主张拿鼓楼幼稚园来试一试。鼓楼幼稚园是最富研究性的，现在发了宏愿要招收徒弟来做推广幼稚师资之试验，是再好没有的了。

以上所说的普及幼稚教育的三个步骤，不过是我个人所见到的，一定有许多遗漏的地方。关心幼儿幸福的同志，倘以别的好方法见教，那就感激不尽了。

53　整个教学法

陈鹤琴

1928年5月

题　解　　本篇原载《儿童教育》第 1 卷第 3 期。发表时间为 1928 年 5 月。有关撰著者陈鹤琴，参见前文《儿童每天生活的程序》题解。

所谓"整个教学法"，亦称"单元教学法"或"大单元教学法"。即打破分科的、线性的传统教学内容模式，将教材、活动等划分为完整的单元而进行教学的方法。简言之，便是将知识和经验整个地传授给学生，而不是零碎的、片面的、单纯的讲授。它通常与"综合课程""合科课程"或"活动课程"配套，相对重视经验的获得。因此，它更适用于幼稚园教学。

《儿童教育》，教育月刊，原名为《幼稚教育》，1928 年 5 月创刊于南京，由中华儿童教育社主办并编辑，更名为《儿童教育》，由开明书店出版并发行。该刊面向幼稚园和小学教师，旨在探讨教育儿童的内容和方法，并致力于联络家庭教育和学校教育，让全社会都重视儿童的初期教育。主要栏目，有专题研究、教学材料、书报介绍、本社消息；主要撰稿人，有陈鹤琴、葛承训、张宗麟、李清悚、郑晓沧等。停刊时间不详，目前能查到的最后一期的时间为 1937 年 4 月 30 日。

现今小学校里的教学法是怎样的？[①] 我敢说，是不合教育原理的，是四分五裂的，是违反儿童的生活的，是违反儿童的心理的。

什么国语、算术，什么社会、自然，什么图画、手工，什么唱歌、游戏，什么故事、卫生，都是分得清清楚楚，不相混合的。同一个教师教同一级儿童。教国语的时候，教蜜蜂；教图画的时候，教兔子；教手工的时候，教摺船；教唱歌的时候，教《麻雀和小孩》；教故事的时候，讲《小猪过桥》。这种分科的教法是完全没有顾到儿童的生活、儿童的心理的。这种杂乱无章的教法弄得儿童莫明其妙。

要知道，这种分科教学法是模仿大学的。大学生的程度高、知识深，非分科教学不可的；但小学生则不然，教师尽管可以用整个教材去教他，不必分科教的。若要分科，那末高年级或者可以采用，低年级绝对不宜采用的。在未说明理由以前，让我先来介绍一种新的教学法。这种教学法暂名为"整个教学法"。

什么叫做"整个教学法"？整个教学法就是把儿童所应该学的东西整个的、有系统的去教儿童学。这种教育〔学〕法是把各种功课打成一片。所学的功课是无规定时间学的，所用的教材是以故事或社会或自然为中心的，或是做出发点的。但是，所用的故事或关于社会、自然的材料，总以儿童的生活、心理为根据的。这种教材最好一个教师教，万一一个教师不能教，二三个教师也可。不过，时间稍难支配罢了。现在试举一例，来表明这种教学法。

（1）先以实物引起儿童的兴趣：乌龟和兔子。教师须预备一个乌龟、一只或两只兔子。

（2）研究龟、兔的生理特质……（自然）。

（3）讲故事《龟兔赛跑》。若儿童有别的龟兔故事，尽管可以先讲。

故事《龟兔赛跑》：

---

① 本篇原发表时，是针对当时的小学教学法立论的。其开门见山的问句是："现今小学校里的教学法是怎样的？"这显然是针对小学低年级的教学而问的。《陈鹤琴教育文集》和《陈鹤琴全集》编者，在收入此文时，均在小学之后添加"幼稚园"、小学生之后添加"幼稚生"。从其后所附实例来看，这是符合陈鹤琴本意的。但本书收录，仍以原发表件为准。

有一天早晨，有一只乌龟，从河里爬到岸上来玩玩，遇着一只白兔子。乌龟说："白兔哥哥早！"兔子也说："乌龟哥哥，你早！"乌龟爬得很慢，白兔看他不起，说道："你走得这样慢，实在太不便当。"乌龟回答说："你不要看轻我，我走路最有耐心，恐怕你还不如我呢！"白兔听了，哈哈大笑，说道："怪了，怪了！像你这样走路，如何赶得上我？你若不信，我们就来跑跑看。"乌龟说："好得很！那边山上有一棵大树，看那个先跑到。"

正说的时候，来了一只花猫。乌龟就喊道："花猫姊姊，我们要赛跑，请你来做公正人。"花猫说声"好"，就走过来，举起前脚说："预备！一、二、三，跑！"

白兔提起四脚，好像飞的一样，向着大树跑；乌龟也立刻很起劲地一步一步向前爬。白兔跑到半路，回头一看，乌龟远远的落在后面。白兔停下来说道："今天天气真热，且等我休息一下再跑；乌龟爬得很慢，万一追上我，我一跳就可以赶上他。"说了就倒在地上，呼呼的睡熟了。乌龟一息也不停，爬到那边，看见白兔睡着，就笑了一笑，再望〔往〕前爬。不多时，乌龟就爬到大树底下，坐了下来。那时，白兔醒了，回头一看，不见了乌龟，就拼命的望〔往〕前跑。跑到树边，看见乌龟早在那里，就很惊异地喊道："你怎样会先到的？你怎样会先到的？"

讲故事的时候可以用下面的挂图（原图21）。这种挂图须放大，且须着色，以引起儿童的兴趣。

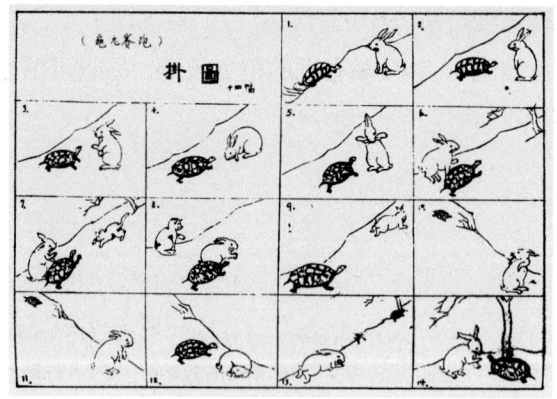

原图21 《龟兔赛跑》挂图

故事讲后，教师可以把下面的各种手工图：剪贴图、描画图、拼图、排列图、着色图、穿线图（原图22、原图23），一种一种的拿出来，给儿童看，让儿童做。

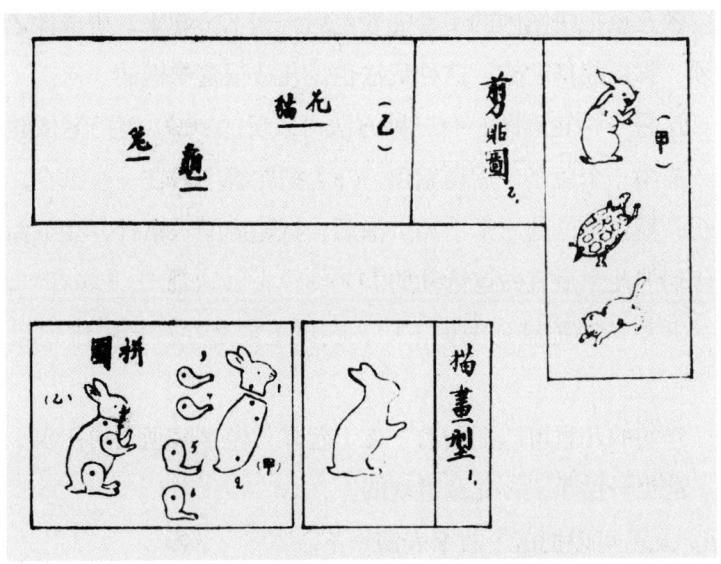

原图22 《龟兔赛跑》之剪贴图、描画图和拼图

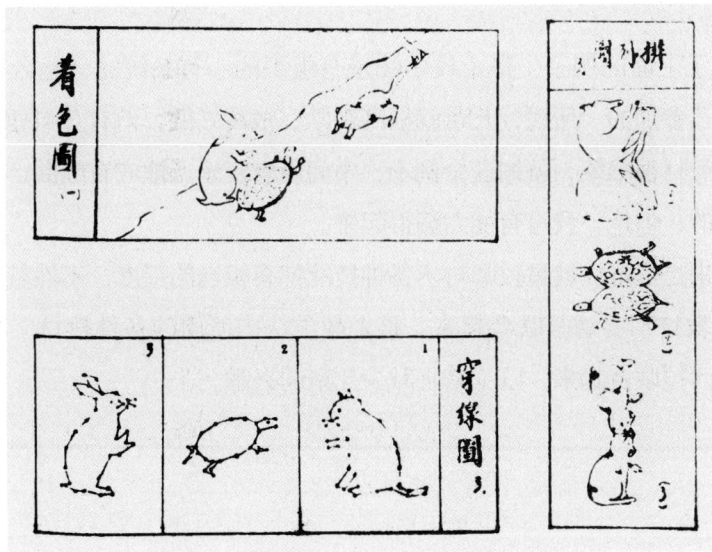

原图23 《龟兔赛跑》之排列图、着色图和穿线图

（4）剪贴。儿童可将甲图内龟、兔、猫三种空白图，先着色。着色后，剪下来，贴在乙图的相当名词上。若贴得不对，就可以教他。这种方法不但包含剪贴、着色，也是包含初步的认字。

（5）拼图。教儿童把拼图内的甲部先着色后，剪下拼起来，拼成像乙部的兔子一样。这个纸兔子的须、脚是能移动的。这种玩法也是儿童很喜欢做的。

（6）描画。这是一种轮廓图，有二种方法可以玩的：(a)用铅笔依照轮廓，在轮廓图下面的纸上，描画一个兔子，后再着色。(b)把轮廓图放在一张纸上，然后用蜡笔在轮廓上左右涂鸦，把空白的地方都涂掉。涂后，把轮廓图一拿开，在下面的纸上就现出一只兔子了。年幼的儿童最宜做这活动的。

（7）排列。儿童可以把排列图剪下后，在桌上或是在沙箱内排列起来，成功一个故事。

（8）着色。年幼的儿童可以把图着〔色〕起来，做学习画图的初步。

（9）穿线。这也一种手工，儿童喜欢的。

（10）表演。儿童可以把这个故事表演一下。

（11）画图。可以叫儿童把这个故事画出来。

（12）课文。课文是绘图的，就是把上面印的故事一节一节地画起图，使儿童读起来更加有兴趣。

总结：看了上面的例子，整个教学法是有组织的、有系统的，是合乎儿童心理的，处处要儿童自己参加的。所以，儿童就很高兴学、很高兴做，但有几点要声明的：

（1）这种教材很难编，就如这个例子，中间没有音乐。理应有歌曲、谱词，可以教儿童唱的、舞的；但是，我没有能力编得起来。

（2）教起来是很难，就是教师对于各种技能都有相当的程度，不然就不能教了。

（3）各种教材不要勉强联合起来。整个教学法内所用的各种教材，若无相当材料，不必勉强东凑西拉联合起来，以〔免〕减少儿童的兴趣。

54 近今幼稚教育之概况

张铭鼎

1928年11月20日

> **题 解**　　本篇原载《教育杂志》第 20 卷第 11 号。发表时间为 1928 年 11 月 20 日。
> 　　有关撰著者张铭鼎，参见前文《儿童心理在儿童教育上之意义》题解。
> 　　有关《教育杂志》，参见前文《儿童心理在儿童教育上之意义》题解。

现在时贤讨论儿童教育的很多，我亦曾于《儿童心理在儿童教育上的地位》一文中述及，近今儿童心理研究对于幼稚教育之暗示；但为篇幅所限，未能畅所欲言。现复于此论列一二，藉见幼稚教育的重要，并以为国内关心此种教育者的参考。——著者附志

一、幼稚教育之解释

生活之得以发展，生长之得以成熟，其源泉皆导自一般儿童之幼稚时期。故教育之意义，若诠为生活或生长，则幼稚儿童的生活与生长在教育上实居有重要的地位。所以马黑[①]（Maher）曾以为：

---

① 马黑：通译马赫。

训练与教育之应即开始于儿童之生后，已成为近今之一显著的事实。在此幼稚时期（pre-school period）里，对于儿童的训练，应有以建立其正确的身体的、心理的、道德的与社会的种种习惯。

如再详细一点说，加赛尔①（Gessel）复以为：

　　在人类发展时期里，其居于有势力的地位而足以影响一切的，莫若童提之势力。所谓幼稚的时期，如自生理方面言之，实为后来时期之权舆，于个人发展上，确系一种极关重要的时期。此种时期既为后来时期之权舆，自必足以影响于一切后来的发展；这几年既为决定体格之基础，亦复能决定品性。如从确实的生长律看来，这几年里，实为形成他日发展之初基。要之，儿童的年龄愈幼，其生长的程度愈速，在其生活上最初六年里之心理生长的总量，殆远过于其后来任何时期里所成就的一切。

据此，则幼稚教育之重要，不难窥见一斑。

　　虽然，从前对于此种富有可教性的幼稚时期，却并没有加以任何的注意。这不特贫人的儿童如此，即富人的儿童亦然。一切的幼稚儿童在家庭里所受的训练，如以科学的眼光看来，既不合于幼稚时期之发展情形，复不适于教育上之需要。于是所谓身体的、心理的、道德的、社会的习惯，惟有决诸不适当的养护与盲目的幸运。因此，儿童天赋的能力固未能加以充分的发展，且儿童的死亡率乃多由是而激增。幼稚儿童之不幸，莫此为甚。

　　幼稚儿童在家庭里，既不能得到教育上训练的机会来充分发展他的能力，而避免死亡，于是就特别需要适当的教育机会与价值，以补救家庭训练的缺点，而增进幼稚儿童的幸福。故所谓幼稚的教育，实成为家庭教育与学校教育之最重要的过渡。换句话说，在自由的与自然的家庭生活里，如何可以供给幼稚儿童若干教育的机会，使其得以适应于后来正式的学校生活与训练，这就是幼稚教育之惟一使命了。

----

①　加赛尔：通译格塞尔。

近今学校的工作，既逐渐成为生活的部分，故家庭与学校两方面，实有日趋于融合互助之境之必要。明乎此，就可想见幼稚教育在教育上的地位了。

以上，既概括地解释幼稚教育之意义；以下，就具体地由此一释：（1）幼稚教育之发展的渊源；（2）幼稚教育之主要的根据；（3）幼稚教育之确实的目标。

（一）幼稚教育之发展的渊源

关于幼稚教育之发展的渊源，可分四种步骤来说。兹分述于下：

1. 慈善家对于幼稚教育之贡献

幼稚教育之滥觞，实始于一二慈善家之慈善事业。他们以为贫苦无告的家庭，决难使其儿童享有相当的幼稚教育。而这样家庭里的幼稚儿童，其生长未到成熟的时候，就多被迫而从事工作。即使其不致夭亡，而到了成人的时候，亦多趋于贫乏与犯罪一途。遂慨然悯怜，因为设立种种教育的机关，如恤孤堂（asylums）、育婴院（day nurseries）等，以代替家庭的养护职务。

尤其显著的，如欧文①（Robert Owen）之所以创立幼稚学校（infant school），也就是因为怜悯工人儿童的原故。所以他对于十岁以下的儿童就禁其作工，使入此种学校；而三岁以上能够行走的儿童，也许其有就学的资格。若其对于六岁以下的儿童之训练，则以有裨于儿童本身为主，而多表现于歌唱、跳舞、游戏种种形式里。此外所着重的就要一推道德的训练了。因此，其影响于幼稚教育处，如心理学说之引用，以及妇女教师之训练，大概俱由此种的幼稚学校而萌芽。

2. 医生与保姆对于幼稚教育之贡献

幼稚教育虽因一二慈善家之提倡而开其端，但其能使一般社会深感幼稚教育之需要的，则为医生与保姆之功。盖医生与保姆，各以科学的眼光测知普通社会对于儿童之过分的疏忽，遂与以严密的攻击，使各人感得幼稚儿童的健康生活之重要。

---

① 欧文：指罗伯特·欧文（Robert Owen，1771—1858），英国空想社会主义者、企业家、慈善家，被称为"现代人事管理之父"。他在新拉纳克担任纺织厂的经理时，曾附设幼儿学校，招收不满6岁的儿童入内保育。该机构实际包括了托儿所、幼儿园和游戏场等。著有《试论性格的形成》《新道德世界书》等。

自此以后，幼稚儿童之死亡与疾病，固因以显然减少；而家庭与学校里，对于幼稚儿童健康生活之重视，亦因以逐渐增高。近今幼稚教育，之所以见重于社会而称为基本教育，一般幼稚教育者之所以感得婴儿身体的与心理的生活之关系，以及一般幼稚学校之所以能够进展有效，实隐受医生与保姆之赐不少。

3. 教育学者对于幼稚教育之贡献

幼稚教育之所以得有今日，我们固当要感谢慈善家、医生与保姆，但尤不可忘记教育学者的功劳。这就是说，我们如没有教育学者像福禄培尔（Froebel）一流的人，来极力提倡幼稚的教育，则幼稚教育纵居重要的地位，但决不会有具体的贡献和设施。

良以幼稚教育中之最大的贡献莫若幼稚园，而首先提倡幼稚园的就是教育学者福禄培尔。福氏相信，儿童生活的发展系始于幼稚时期，并信儿童的自动性系定自他们的兴趣与欲望。于此，苟加以适当的指导，即足发展其天赋的能力。故幼稚园之重要观念，虽重自然的，但系受指导的自己活动；而其目标，则为教育的、社会的与道德的（关于幼稚园之讨论，更详见于后）。于是，幼稚教育之新动力与新价值，就自福氏以后另外开了一个新纪元。

4. 心理学者对于幼稚教育之贡献

教育学者对于幼稚教育之所以能有贡献，不可不特别感谢心理学者之研究。因为幼稚教育之指导儿童从事于自己的活动，不但要具有意义，且复须使儿童感得心理上的满足与愉快。故此种活动必须发自儿童之兴趣与欲望，以构成其所需要的适当经验，否则教育与儿童就不能发生密切的关系了。此种见解即系由于心理学者所贡献的原则而来。

所以，现心理学者华生（Watson）以为，我们应当喜欢看见，这些幼稚儿童的年级付托于研究儿童心理学的学生之手。而教育学者赫尔[①]（Hill）也以为，我们对于那些给与批评、指导与鼓励的心理学者，很愿意表示感谢的。

（二）幼稚教育之主要的根据

在近今幼稚教育里，我们觉得一般幼稚教育者所常常谈到的，除福禄培尔与蒙特梭

---

① 赫尔：通译希尔。

利等人外，当以杜威与桑戴克为最。所以，凡是研究幼稚教育的人，如果想要找到幼稚教育之学说上的主要根据，就不可不明白杜氏与桑氏二人学说对于此种教育的影响。

杜威学说对于幼稚教育的最大影响，就是他的实验主义的教育哲学。如近今幼稚园之中心要义，所谓"教育即生活"，这就显系由于杜氏的学说而来。所以，近今一般幼稚教育者都很想把杜氏教育哲学里的原则应用到幼稚教育上，尤其是他的"社会化的学校说"。此外，如杜氏所谓兴趣与努力、道德的训练与思想，也都是他们力图实施的圭臬。

近今的幼稚教育，如总括起来说，不外在于扩张儿童的经验，而发展他们解决日常生活问题的思想力。这里所谓思想，系包括立意（purposing）、设计（planning）、实行与判断（executing and judging）。而其使儿童实施这些步骤时，则必须利用他们所参加的种种活动。因为他们在这里，就能遇着需要思想的问题了。于此，我们对于杜氏所谓"思想乃一教育经验的方法"（Thinking is the method of an educative experience）一语，苟加以玩味就可明白，他的学说与近今幼稚教育的关系了。

桑戴克学说对于幼稚教育的最大影响，就是他的学习律。桑氏的准备、效果、练习三律，固能应用于长大的儿童之学习方面，亦能应用于幼稚的儿童之学习方面。盖欲使幼稚儿童从事于愿意的活动而构成经验，惟有使他们出发于兴趣，使其满足于种种活动的结果，并于适当的环境设置良好的机会，使其得以应用其结果。像这些结果又必须藉反覆练习，以成为固定的经验，而当其练习时，对于练习的原则，如注意的集中、思想活动的准备、反覆的运用等等，一一都要加以注意才好。

但是，这里所须特别注意而不可加以摧残的，就是幼稚儿童的创造性与自发性。于此，桑氏为阐明创造性、自发性与习惯构成的关系起见，在他所著《自发性与创造性的教育》（Education for Initiative and Originality）一书里，就说得格外明白了：

> 创造性的意义，固非轻视旧日方法的机械工作，亦非厌恶原来沿袭的知识与风俗，更非减少种种固定的习惯之谓；乃系从事新工作，或以新方法从事工作的力量之增加，乃系企图改良知识或行为之态度，乃系促进改变的习惯之组织。

因此，所以凡是实施幼稚教育的人，一方面固极力运用桑氏的学习律，以构成儿童的经验；而他一方面，则力图利用桑氏所谓自发性、创造性，使得儿童的种种习惯藉以达于更有结果的创造。桑氏学说在幼稚教育上之重要，即此已不难想见。

（三）幼稚教育之确实的目标

幼稚教育之目标在藉科学的方法，研究未达学龄的儿童，冀在教育上给与充分的发展机会，以增进其健康，而助其建立美满的家庭关系。因此，所谓幼稚教育的含义，不仅指幼稚教育或教师，即如心理学者、保姆、医生、体育教师、母亲，亦包括在内。这里虽将母亲列于最后的位置，但决非表示她的责任就是最轻的。

她须对于幼稚教育上具有丰富的兴趣，须愿与以上一切专家相合作而听其指导，冀能适当的使其儿童充分的发展其身体上、心理上、社会上、道德上的造诣。像这样的发展，实为造成有价值的公民之必需的条件。推而远之，如构成新世界制度与实现国际和平之能力，其肇端亦始于此。所谓幼稚教育的价值就可在这里看出来了。

换一方面说，幼稚儿童对于他们自己的经验，并不能分别其孰为社会的、孰为自然的。关于人类的种种活动，他们固觉得有趣。即自然现象而有关于人类活动的，他们也常常感到多少的愉快。所以，关于幼稚教育程序的目标，尽可不必分别这两种经验；且须在儿童所能感得人类经验里，如家庭经验、学校经验两方面，使其调和而为一，藉他们自己活动的种种可能性表现出来，而以他们自己的幸福为指归。如是，则幼稚教育就会产出美满的结果，幼稚儿童也会感到良好的幸福了。

总之，如具体的列述幼稚教育的确实目标，不外：（1）藉环境里有意义的方向，鼓励儿童的兴趣；（2）纠正、扩张、组织儿童的经验；（3）养成儿童适宜的态度与习惯。

由此看来，也难怪近今的幼稚教育要在完全学制里占有一定的位置，而幼稚教育者的训练，乃浸浸与中学教师、大学教师的训练有同等的重要了。

二、幼稚教育之范围

近今幼稚教育之范围，盖包含育婴学校（nursery school）与幼稚园两方面。如广义言之，即小学校的最低年级，亦多划入幼稚教育的范围之内。至于幼稚儿童的年龄，自三个月或六个月起，即可施以幼稚的教育。自此至三岁或四岁，率为育婴学校的教育时期；自四岁至六岁，率为幼稚园的教育时期；其后，则为小学校的教育时期。其间关系，至为密切，且其伸缩性亦甚大。今以（1）育婴学校；（2）幼稚园；（3）幼稚园与小学教育三项，分论于下。

（一）育婴学校

育婴学校在我国虽寂然无闻，在西洋如英美等国却是很多，而且有渐趋于重要之势。来蒙得（Raymond）说："近今国内外教育一桩最有趣味的事，莫若学制上的眼光乃下倾于幼稚园以前的时期。对于这些幼稚儿童的年级，行将有种种完备的设置；而其最有意义与计划的，莫若育婴学校了。"于此就可以推想，近今育婴学校在幼稚教育上的地位了。

育婴学校之设立，多因以下的种种的需要而起：一为成人研究幼稚儿童生活的实验室之用；一为成人从事于父母训练的实习之所；而其尤要的，则藉最新的设备、教育的方术、科学的方法，以适应幼稚儿童的需要，增进幼稚儿童的幸福。

我们在欧美常常所遇见的育婴日校（day nursery），多设立于工厂之侧或滨水之区。凡外国人或工人的儿童，因其父母终日工作无暇看护的，自六个月起至三岁或一岁半止，都可享受此种学校的教育。此种学校的设置甚周，有厨房、有浴室、有寝室、有游戏场、有防护婴儿的走廊、有婴儿的摇篮。而负责看护这些婴儿的，大都为一看护妇或保姆，她所须具有的程度则为看护儿童的技能与知识。这就是善于养护健康婴儿与看护病儿的技能，以及充分了解婴儿生活历程的知识。

关于此种学校里之婴儿的生活，我们可用美国波士顿最著名的勒格尔街育婴学校（Ruggles Street Nursery School）做一个例子。在这学校里集有许多国家的婴儿。他们简单的活动，大概都能除去他们自己的包被用手举起来，也能自然的移身到各种不同的房间里与游戏场上。于此，校里就准备了许多摇床，供他们休息之用，并且在中午的时间，还飨以可口的点心，而这里非常注意的就是婴儿的健康与疾病。

此种学校里，各个婴儿的自发活动，不外为扣鞋带、除包被、裹包被、洗手、乱涂、呀呀作语、积木游戏、沙土游戏，以及滑梯、颉颃板①等类的游戏。要之，如家庭的活

---

① 颉颃板：跷跷板的别称。颉颃（xiéháng），原义指鸟上下飞，引申义为不相上下、互相抗衡。

动、创造的活动，以及健康的养成与社会习惯的训练，就是这里婴儿每天的工作了。在这些工作里，来氏谓其价值，即在教育上的四大目标，如身体的效率、个人的效率、社会的效率、闲暇的利用上看来，确有不少的贡献，而足以为其后来一切学习的基础。

虽然我们如谈到育婴学校，也不可闲却家庭。因为此种学校里，关于婴儿食宿问题之具体的、根本的程序，非母亲同教师来合作不可。教师对于婴儿在学校或家庭里所得到的不良的习惯，必须一一加以纠正与改良；而做母亲的，同时也要这样做，才可以产出良好的效果。总之，母亲与教师两方面如根本相合作，则幼稚教育就有发展之望了。

不宁惟是，即幼稚园亦非与育婴学校合作不可。因为婴儿的教育既系继续的生活历程，则育婴学校之一切设施自影响于幼稚园不少；而尤其觉得需要的就是育婴学校的价值，如在全部教育计划上得着切实的证明，则幼稚园对于此种价值所设施的教育，必须有相当的改变与适应。苟如是，则所谓基本教育之幼稚教育，就建筑在一个坚固的基础之上了。

此外要连带述及的就是育婴学校的教师。育婴学校的教师在从前并无任何重要的地位，但自近今以来，育婴学校既感需要，故其教师的标准亦因以逐渐提高不少。凡是近今育婴学校的教师，其所需要的程度，一方面固须能够帮助儿童，使其得以充分表现种种天赋的能力；而他方面，对于发展儿童次一时期的生长之知识，也须有确实的准备才好。要之，此种教师的程度之提高，固足以看出育婴学校地位之重要，且足以看出，育婴学校在幼稚教育中尤为基本的了。

（二）幼稚园

幼稚园自福禄培尔提倡以来，一方面欲藉行为、自动、表演，发展儿童天赋之能力，于是运动指导的游戏、歌唱、色彩、故事，以及种种人类的活动，遂成为幼稚园里重要的材料；一方面因发见人类社会性之重要，而欲以实施于教育程序里，于是幼稚园的教室遂成为社会之雏形，遂成为实行互助合作与社交之开始的场所。

因此，所谓表演游戏，如表演木匠、铁匠、农夫等，遂设法佐以音乐，而参入于幼稚生活动之中；所谓有趣味的故事，遂设法佐以动作、歌唱，使幼稚生能够感得兴趣与了解；所谓建设的游戏，遂设法使幼稚生利用沙土、积木、纸块等等，而发展其技能；所谓有意义的玩具，遂一购置，以发展幼稚生的创造力与审美力。

要之，个人的发展，乃系幼稚园所定的目标；动作的表演，乃系幼稚园所用的方法；社会的合作，乃系幼稚园所取的途径。由此看来，我们就可以了解，恩特（Hunter）所谓"幼稚园乃系达到近今学制里种种目标的组织之一部"一语的意义了。

以下，更从课程、师资、教室与设备三方面，一述近今之幼稚园。

1. 课程

近今幼稚园之课程，系由种种科目与有价值的活动组织而成，而其目标则在适应四岁至六岁的幼稚生之需要。关于此种组织所选择的教材，以包含所教的一组幼稚生之共同有关的经验为主。如分析的说来，此类经验应包含：

（1）与自然事物或现象接触的经验（自然研究）；

（2）与人类或人类活动接触的经验（家庭的与社会的生活）；

（3）与人类知力所产生的结果接触的经验（文学、音乐、艺术等）。

其他如讲演、手工、图画、唱歌、表演、游戏等等关于课程的活动，都是幼稚生藉以表现的途径。由此种表现的结果，他们的经验就可因以有了意义、有了组织了。不过我们在这里所要注意的，就是这些活动的形式，如引用于课程里面时，必须有以满足幼稚生的根本上的冲动，而促进其教育上的发展。

2. 师资

在一种完备的幼稚园之发展程序里，师资之选择，实一重要的问题。换句话说，除非幼稚园能够选择良好的师资，否则其发展程序上决无成功之希望。

诚以良好的幼稚园的师资，必须具有远大的思想、充足的知识，明了处理幼稚园程序的一切原理，养成待遇幼稚生的适当态度；且须受过特殊的训练，获得相当的经验，而又能够感到丰富的兴趣。像这样的师资，才可用以从事于幼稚园的工作。

这就是说，选择幼稚园的师资须以其劳绩（merit system）如何为惟一的前提；否则缺乏教授的经验，又未尝受过一般的教育与特殊的训练，这就没有幼稚园教师的资格了。

3. 教室与设备

幼稚园所需要的一种教室，须便于发展幼稚园的理想与程序。但对于此种教室之结构，亦不可设想过高；否则，经济方面就要遭受重大的损失了。

此种教室比较适宜的结构，峨克兰得①公立学校的建筑标准（Building Standards for Oakland Public Schools），很可做我们的一种参考。此种标准以为幼稚园教室须有二十二呎宽，四十五呎长。其中则包括钟室、工作室与小更衣室，并设置一个壁火炉……出入的门口，以及适当的户外的游戏场所。

（三）幼稚园与小学教育

近今的教育学者以为，幼稚儿童自四岁到八岁时，在心理上实为一个不可划分的时期。在此时期里，关于幼稚园与小学一年级的教学，应当具有同等的、一般的特征。换句话说，在这两方面之间，不应有什么显然的界限，且须为格外根本的联络。

由此看来，幼稚园与小学教育的关系是最密切不过了。幼稚园与小学教育既有若是的关系，所以关于这两方面之联络的组织，以及种种有价值的适当指导，实为近今研究幼稚教育的人所力图讨论、解决的问题。而尤其重要的，一方面，就在对于不十分了解幼稚园的小学教师，说明幼稚园的性质，以使其明了幼稚园对于小学工作所建设的基础；而他一方面，在使得幼稚园教师知道同小学教育切实联络的方法。

如上所述，幼稚园的组织与小学校的组织，苟共趋于合作的途径，则幼稚园对于小学的工作，就能贡献其良好的工作方法与教材。反之，小学方面亦能分析幼稚园的种种目标，而藉以格外增进幼稚生的发展，不负幼稚园的一番造就。这就是幼稚园所得到的相当报酬了。

若具体的说来，近今幼稚园里关于小学一年级补习班的组织，就多少含有此种任务了。因为小学一年级教师对于幼稚生的教授，多欲利用幼稚园的方法，使其由随便的程序，以从事于正式的教室工作，但幼稚生往往有不能这样做的。那末，这就要列入补习班里，再施以适当的训练，使其在下学期里得以从事于一年级的正式工作。

所谓小学一年级的补习班，须待教师与校长同感有组织必要时，始可成立。其成立的时候，多在每学期的第一个月里。换句话说，在这第一个月以后，小学一年级里就不应当再使幼稚生降级了。即使他们降级的时候，教师对于他们的能力更有加以注意之必

---

① 峨克兰得：通译奥克兰，城市名，位于美国加利福尼亚州西部。

要。如任何幼稚生到了能够从事于正式的一年级工作的时候，就有使其升级的必要；不拘在什么时候，只要教师是认为适当的。因此，关于这样幼稚园、小学一年级教师的训练（kindergarten-primary teacher training），就觉得非常需要了。

幼稚园与小学一年级间的连合，既日见其重要；故其所需要的教师之训练，是应当包含这两方面的工作的。再明白说一句，就是近今幼稚教育的趋势，既视四岁至八岁的儿童时期为一单元，则在此时期里的教师，就不可不了解此单元里的儿童需要与教学方法。所谓训练，盖即指此而言。一个教授儿童的教师，如充分明了高年级与低年级的教材、教法，则她必能产生更大的教育上的效率；而幼稚园与小学教育之切实的联络，也就可更进一步了。

结论

在结论里所要讨论的：一为幼稚教育之影响，一为幼稚教育之倾向。兹分论于下：

（一）幼稚教育之影响

近今幼稚教育，因科学研究的结果，既迥异于前，故其影响于教育上一切设施之处，实在是很大。它藉自然的途径，以接近于儿童的生活与心理；它用心理学的概念，以发展儿童的能力与冲动。它之利用儿童的动机，它之引用设计教学法与它的程序之日趋于社会化，它的教材之日趋于心理化，以及儿童之由是得以从事于合作的实施与团体的努力，得以应用试行错误法（try and error method），以组织其种种的活动，在在足以在教育实施上产生种种新动力，创造种种新概念，尤其是能使小学教育格外生出若干新意义与新效率。

诚以自幼稚教育发展而后，于是世人皆知，儿童乃一自动的而非被动的学习的动物，而新眼光乃由此生。又，教育的效率多由于行，并非专由于学，而新观念乃由此出；且儿童重要的事务乃系游戏一种观念，尤为教育上增加若干新价值不少。于是，所谓书本的教授、机械的记忆、严格的训练，不独绝迹于幼稚教育里，即小学教育与中学教育里，亦因以大加改革不少了。

即就幼稚教育的本身看来，教育之应施于幼稚的儿童已成为近今不移之铁案。如英美各国对于幼稚教育之设施，在最近四五年间，实有争先恐后之势。于此，我们对于此种教育的发展，实可大胆预想一个光明的将来了。

（二）幼稚教育之倾向

幼稚教育的影响，虽若是之大，但是我们切不可对于幼稚教育所产生的一切的结果，就完全抱着一种满意的见解。因为近今幼稚教育还是一种相对的新运动，其一切设施还没有都成为标准化。即其课程方面，也没有就能列出几种简单的纲要来，指导一切幼稚教育者的工作。所以幼稚教育的新倾向还是在继续研究，以期发见更完备的教材与教法之历程里。如美国耶鲁、哈佛、爱阿华、哥仑比亚各大学里，现在正设备若干研究室与实验室，来从事于幼稚儿童的研究与实验。冀为育婴学校与幼稚园之一助，且有设置完备的幼稚园、小学一年级的教育机关，以从事于实施的研究。

以上所谓研究、实验与实施，都是想藉以得着良好的结论，使得一般教育局长、视察员、校长，对于幼稚教育更有具体的见解与计划；而一般教育局长、视察员、校长，也希望幼稚教育研究者能以近今最新的学说，说明幼稚教育的目标与方法，使其有完满成功的可能。希望幼稚教育研究者的贡献，能使应用旧教学法的幼稚园教师一改旧日的眼光，而了解应用最新的方法与教材；能使小学教师看出幼稚园程序之心理学的根据，而有以使用适当的方法，以继续发展幼稚生的生活，而扩大其经验。

由此种幼稚教育的倾向看来，我们如说它是"日之方中"，还不如说它是"方兴未艾"为较有意义、较有希望呢！

最后，请更以巴比特（Bobbitt）的几句话，说明幼稚教育与全部教育的关系，而为本文的结束。巴氏说：

……幼稚学校、小学校、中学校、大学校，一切都是训练同一的成人生活的，一切都是向着同一的最后目标的。有的是近于人的教育历程的开端，有的是近于人的教育历程的终局。总之，一切的部分都不过是为一种历程而设而已……

55　怎样指导幼稚园的教学做？

张宗麟

1928年12月30日

题　解　　本篇原载《乡教丛讯》第 2 卷第 24 期。发表时间为 1928 年 12 月 30 日。

本篇还见载于孙铭勋、戴自俺编著《晓庄幼稚教育》（上海儿童书局 1934 年版）一书。

有关撰著者张宗麟，参见前文《幼稚师范问题》题解。

《乡教丛讯》，乡村教育半月刊。1927 年 1 月 1 日创刊于南京，先由中华教育改进社与乡村教育同志会合办，后由晓庄学校与乡村教育同志会合办。主编陶行知，张宗麟一度担任执行主编。该刊旨在推进乡村教育，报道办学实况。主要栏目，有言论、演讲、特载、记事、报告、通讯等；主要撰稿人，有陶行知、赵叔愚、杨效春、邵仲香、张宗麟等。1929 年终刊，共出 3 卷 60 期。

本校到现在，有特约的幼稚园一所[①]、自己办的幼稚园二所[②]、幼稚班二处[③]。有了这许多幼稚教育的事业，所以特设指导部。该部分职分部与小学指导部相仿。小学指导部的详情，已于本刊二卷第廿一期遗尘先生一文内，说得很明白，本篇不再多说了。请读

---

① 此"特约的幼稚园"，系指陈鹤琴主持办理的南京鼓楼幼稚园。张宗麟曾在该园工作、研究了近两年。
② 此"自己办的幼稚园"，一为燕子矶中心幼稚园，二为晓庄中心幼稚园。
③ 此"幼稚班"，一为万寿庵中心小学附设幼稚班，二为和平门中心小学附设幼稚班。

者先参看那篇文字。

　　本篇只就指导的方法来说。本校现有幼稚园教育指导员二位又四分之一[①]，因为宗麟大部分时间都费在生活部；有艺友四人、女同学九人、长期参观女同志三人、教师夫人一人，都是直接受指导的。其他男同学愿意赴幼稚园的，也有数人。如万寿庵、和平门二处，都是男同志办的。

　　鼓楼幼稚园是本校特约的幼稚园，她供给我们材料和研究方法。我们在相当时期也去工作，并且是学生实地教学做的场所之一。晓庄和燕子矶都是女同学实地教学做的场所，男同志愿去的，得指导部主任的允许，也可以去的。这两处都有指导员常驻的。

　　以上是本校幼稚园的事业概说，以下分几段来说明方法。

一、怎样指导艺友

（一）艺友是什么

　　中国什么行业都有徒弟的，无论医生、木匠、瓦匠……都通行。独有穿得文气十足的教师，因为要架子、要面子，不肯从师做徒弟。这是教育界最大的弊病。

　　本校的艺友制，老实〔师〕就是徒弟。因为徒弟不好听，所以改成此名。但是我们平日的名称还是这样叫的。

（二）艺友制有什么好处

　　从做上学、从做上教，就是艺友制。从前师范生，在师范学了一大堆不相干的东西，毕业期到，出去做教师。在他做教师的第一天，就是他真真学习的第一天。所以，从前学习的历程不免是浪费。

　　本校"教学做合一"的学说，就是艺友制的原则。她们不来晓庄过生活，只在小学

[①] 此"二位"，一为徐世璧女士，二为王荆璞女士。此"四分之一"，是指张宗麟。他此时担任晓庄学校生活指导部主任、晓庄教育局局长、《乡教丛讯》执行主编，所兼任的晓庄幼稚教育指导员，只是此四职之一。

或幼稚园过生活；她们除出自己看书以外，大部分时间就是与小朋友过生活。

艺友制最大的好处，就是一切生活都是教师生活。今日所做的即是实际的技能，就是将来要用的。我们教育上最怕的是所学非所用，社会上最不经济的是所用非所学。艺友制最小限度的好处，可以免去"学""用"分家的弊端。

艺友制做了没有几天，就有人反对，理由是"教师工匠化""教师只有技术，而无学识"。这两种说法都有误会的。

"工匠化"就看轻教师吗？人生长了双手，不会动、不会做才是可耻。做工难道可耻吗？老实说，教师就是职业之一种，从事职业的人都是劳工。教师原本是工匠，还有什么化不化呢？"劳工神圣"之论，大概我们不致〔至〕于否认罢！

次之是"只有技术而无学识"之论，似乎也不是艺友制之弊。从前的徒弟制确有此弊。细考徒弟制所以有此弊之故，因为师傅对于他的技艺，是知其然而不知其所以然，因此也就不告诉徒弟以所以然了。例如做中国旧式雨伞的人，终是这几根骨子，不肯加多或减少，那就拘束起来了。教师到了这个地步，那真是"教书匠"，艺友制决不会发生此弊。导师与艺友，事事用研究的态度，处处是平等的精神，常常讨论为什么要这样这样的。不过所讨论的，限于某种职业（教师技能），不及旁技。换一句说，就是减少了许多课堂生活与中学化的师范课程就是了。所以对于某种职业上，只有研究得愈加细、愈加精、愈加澈底，不会有知其然而不知其所以然的弊病。

（三）本校指导艺友的步骤

本校自从决定招收艺友以后，就想方法做。先后收到幼稚园艺友四人，拨在燕子矶幼稚园里。这样前无古人可以参考的方法，做起来不免要特到〔别〕小心。我们分下列几步来做的：

第一期——这期况〔以〕实地参加幼稚生各种活动、做一个儿童的领袖为主。初来的艺友，不问他怎样，给他一个座位，叫他做幼稚生。唱的时候同唱，游戏的时候同游戏，吃点心的时候同吃，认字的时候也同认。……这样做了一个月才做第二步。

第二期——初进幼稚园的艺友，真是像初到外国一样，什么都是新的。给他这样做了一个月，他知道幼稚园活动是这般如此的，那末他需要了解为什么要这样了。这时候指示他几种极简单的方法，例如讲故事的简明点，认方块字的变化法，带小朋友在地上玩的应注意诸点。他得了方法，就看时机，给他一群小朋友去试做。试做以后，当天或几天来讨论一次，问问有什么困难，应该怎样改进。

同时，有几种基本技能也开始了，例如唱歌、布置室内等工作。关于这步工作，与原有的能力大有关系。我们这次所收的艺友都是小学毕业生，所以训练的时候很费力。但是，因为他们有急切的需要而练习，所以进步也很快。这期时期〔间〕，至少有半年。

第三期——这期里，还是继续做各种基本技能的练习，一面又在幼稚园里实地做。这个时期的做，与前期有些不同了。就是导师常常放手，只和他们定一个活动的大纲，给他们找材料的方向。他们找到材料，依着预定的大纲，在那里自己作主的干，导师在旁边看。

干了以后，再来开会讨论。只有做，不去对照别人，会变成孤陋寡闻的。所以这期有一个重要工作是参观。参观，有本校各中心幼稚园互相的参观、到庄外去参观。在参观去以前，导师有一次谈话，指示某处可以看到什么，这次大家集中看什么。参观回来以后，有一次谈话，用对比的方法来讨论，我们幼稚园应该改进诸点。

第四期——我们艺友制才做到第三期，本期不过是预定计划。

在这期里，每两个艺友担任整个幼稚园工作二个月，导师完全处于旁观地位。每星期开讨论会三次：其中一次是预定下周活动大纲，指示材料所在地、方法所在地；其余二次都是讨论做过的情形。

在没有轮到的艺友，做搜集材料的工作。因为我们知道，将来出去实地做教师的时候，没有充分的材料是一件极窘的事，所以就在这个时候搜集。搜集得以为好的，就在幼稚园里去试验。好在我们幼稚园不止一所，晓庄和各处都可以去的。

在这期里，我们预备多谈些原理上的话。这些话当然是依着当时发生的事实而演绎出来的，所以读书的分量也要特别加多。

总共四期合起来，大约要一年半以上，或者延长至两年。四期以后，我们还不给凭证，要有她出去做事的成绩，经过半年或一年以后，我们去考察实地情形如何，再给以凭证。

二、怎样指导师范生在幼稚园里的工作

本校"教学做合一"的原则,是广义的艺友制,所以一切指导方法与前项相仿。不过,因为师范生要在师范本部过共同生活,所以初来的时候,是"校务教学做",然后是"幼稚园教学做"。

(一)幼稚师范院教学做草案

该草案共分二十四项。其中文牍、编辑、整洁、会计、庶务招待、烹饪,都是校务教学做,都在师范①里做的。不过每人因为兴趣的关系,除规定必须做的以外,其他如文牍、编辑、庶务、会计,可以选择的。竟有选了一件,可以做半年的。此外一切教学做,都在幼稚园里做的。到幼稚园里去做的很多,他的大纲如下:

(1)儿童活动。如故事、音乐、游戏……

(2)园务。如设备、整洁、材料采办、银钱出入、招待……

(3)社会活动。如社会调查、妇女运动等。

(4)儿童养护。如医药、卫生等。

(二)怎样分配时间

女同志初入校,先在师范部过三个月以上的共同生活,做校务教学做;然后,依着前方幼稚园的需要分配出去,大都是二人合办一个幼稚园。

初到园的时候,由指导员担任儿童活动,他们做小朋〔友〕一切的活动。除此而外,担任园务与社会活动。这样过了两星期,然后指导员退在旁观地位,他们来做导师。这时候,当然加忙了。

如是做三个月,作为第一期满期,再退到后方来,经过半年或三个月,再到前方去。这样合起来,至少有一年的时期在幼稚园里。

---

① 此"师范",指晓庄师范学校本部,也称"后方"。后文所言"幼稚园",也称"前方",即实习、实干之处。在晓庄师范的学习,即通过前后方的定期轮换来进行的。

（三）让她们蛮干吗

不是的。我们虽然指导员少，又加以别的工作太忙，但是于实地在前方工作的同学，极力注意的。和她们共同工作的，有下例〔列〕数事：

（1）讨论会。每星期有二次以上的讨论会：其中一次是预定下星期的活动大纲，并指示参考材料；其他数次讨论教学做的实地情形，并介绍新方法，讨论后方交来的新材料来做试验。

（2）教学做示范。有许多新材料与方法往往要示范的。这时候，并不是学生与指导员、小朋友分离的，是合在一块儿干的。有时候，指导员站在小朋友队伍里；有时候，同学站在小朋友队伍里；有时，竟以同学为〔当〕做小朋友来做，再翻转来请指导员做小朋友、同学做导师来做。

（3）指示读书。"做什么事，用什么书"，这是本校读书的信条。在前方的同志，当然要读书。所读的书分两类：一类是预先规定的，一类是临时指导的。书单详后。

（4）做试验。后方同志或其他机关研究所得，我们往往拿来做试验的。这种试验都是指导员与同学共同来做的。

（四）做些什么

他们在前方是极忙的：每天朝晨七时就要到园，讨论当天的活动；八时左右，小朋友来了，于是带着小朋友做整洁工作；以后做种种设计活动，直到十一点半，都是带着小朋友共同工作的；下午一时开始到四时半也是如此；小朋友回家去了，他们就来写儿童日记，搜集应用材料，有时候还要开讲座会，余下来的时间来看书。

（五）一段经过的事实

上方所讲的方法，不是一跳就干到这样，其中经过好几个时期。

最初，有四个人同时到园，同做幼稚园一切活动。过了两星期，感觉到不分工、不专责，效率小极了。

第二期是每二个人担任一星期，比较好些了。但是，其他二人有些不方便，并且做的人只有一星期，也做不出什么来，于是再来变。

三期是每二个人担任一个月。此法好得多了，同学的兴趣也增加了许多。大家都有在此一月中，必定做些成绩出来之努力，所以那期的成绩很好。

最近，变为三个月为一期。在时期上或者还嫌太短，不过因为幼稚园数不够分配，到此已不能再变了。将来幼稚园增多的时候，又可以延长时期。不过无论如何，他们在园的总时期至少有一年。

我们无论怎样变方法，从来没有变过分科担任[①]，这是一个幼稚教师最重要的秘诀。幼稚教师实在要件件拿得起来的。尤其是乡村幼稚园，哪里请得起几个导师来分科呢？

三、参考书

这几本书是幼稚园方法上的一部分的参考书。至于搜集儿童活动的材料参考书，本节不及写。

（1）《幼稚教育丛刊》十二本，已出版四本，陈鹤琴、张宗麟。

（2）《幼稚教育概论》，张宗麟。

（3）"幼稚教育专号"，《教育杂志》。

（4）《儿童教育月刊》，本校等。

（5）《幼稚园课程之研究》，唐毅。

（6）《幼稚园的研究》，张雪门。

（7）《幼稚园教育》，王骏声。

（8）《实际幼稚园学》，陈华。

（9）《家庭教育》，陈鹤琴。

（10）《前期儿童教育》，董任坚。

（11）《近代教育家及其理想》，唐毅。

（12）《爱的教育》，夏丏尊。

（13）《明日之学校》，朱经农。

---

① 此"分科担任"，指实行"科任教师制"，即一位教师专门担任一门课程的教学。

（14）《美国幼稚教育》，赵宗预。

（15）《蒙得校刊〔台梭利〕教育法》，但焘。

（16）《一个小学努力十年纪　第一段》，东大附小。

（17）《鼓楼幼稚园概况》。

（18）《乡教丛讯》"幼稚园专号"。

此外，杂志上文字临时指导。

又有二本英文书，极浅近，亦极重要，所以也希望大家都能用的。

（1）Parker：*Unifying theu Kindergarten anb First Grade Teaching.*[①]

（2）*A Canduct of Curricuhun in Kindergarten and First Grade.*[②]

[①] 此英文中的 theu，当订正为 the；英文 anb，当订正为 and。
[②] 此英文中的 Canduct，当订正为 Conduct；英文 Curricuhun，当订正为 Curriculum。

56 幼稚园师资在教育上的地位

张景崧

1929年4月21日

题 解 本篇原载《福建教育周刊》第 24 期"著述"栏。发表时间为 1929 年 4 月 21 日。

撰著者张景崧（1906—1978），福建龙岩人。1925 年毕业于集美师范，后留学日本，1933 年毕业于明治大学。曾任教于厦门集美小学。1938 年秋，参与筹建龙岩县立初中。1942 年任龙岩县私立溪兜初中校长。撰有《集美小学校研究课概况》《闽南小学教育几个重要问题的商榷》《初等教育者之精神》《日本中学教育一瞥》等。

《福建教育周刊》，继承《福建教育厅教育周刊》，1929 年在福州发行，由福建省教育厅主办、编辑并发行。该刊旨在"宣达教育政令，传布教育消息，研究教育学术"。主要栏目，有公牍、法规、著述、统计、报告、记载、教育消息等；主要撰稿人，有陈开泰、张永荣、峻山、蒋梦麟等。1929 年 12 月终刊，共出 53 期。

一、引言

在我们闽省教育向来不发达的地方，要聘得一个幼稚园教师，的确是很困难的。我还忆得，去年的十一月杪，省立龙溪实验小学校校长尹日新先生，因他校里要开设一级幼稚园班，特函托集美小学校同事，代为物色保姆一人。我们接到这封信的时候，就到幼稚师范那边去接洽。谁知这校的学生还没届毕业年限。我们这时聘请无由，异常的扫兴。当时感到这种困难的问题以后，增起无限的感慨，同时就引起我生了三个疑问出来。现在，把它写在下面。

（1）幼稚师范和女子师范设立的保姆养成所毕业的学生，寥若晨星。在幼稚教育的阶段上，缺乏这专门人才，是否有无发生影响？

（2）根据民国十三年陈鹤琴先生的报告，全国幼稚园，计公立的二七所，私立的七所，教会立的有一五六所；全国幼稚生数五九四〇人，教会居四三二四人。依这报告看来，教会的幼稚园的师资自然是占居大多数的了。所以，现在调查幼稚园学校教师的来源，大多是从教会里聘请来的。其服务的结果，思想上养成宗教化。在国民性训练方面，是否有无关系？

（3）在我国普通女子师范的毕业生，她们对于幼稚教育的学识和经验，大多是没有专门去领略过。在教育的效率，是否有无进步？

依照上面三点疑问的解答：幼稚园师资的缺乏、思想上的养成宗教化和教育效率上的迟进，在在是可以影响到教育普及和国家根本的大计了。

二、关于中国教育史方面

中国的幼稚园师资，多为教会的幼稚师范保姆所和本国女子师范的人才。要聘得一个中国自己开办的幼稚师范学校或保姆所毕业的学生，实在是很难找得到的。

我国开办幼稚教育师资最早首创的，除教会外，只有在光绪三十二年，有无锡竞志女学①创办幼稚园保姆科，但以人数过少，半年以后即保〔并〕入师范科。宣统末年，在北京设立一个京师第一蒙养园保姆所，都属私立的性质。

到民国十年的时候，江苏省立南京第一女子师范附设幼稚师范一所，经营设备，颇费苦心。后来因为省款不足，在民国十四年奉令暂行停办。全国幼稚教育的种子萌芽，

---

① 竞志女学：私立知名女校之一，由侯鸿鉴于1905年创办。侯鸿鉴将自己编译书稿之酬、教授薪金和出售家藏古物所得，以及夫人典卖首饰所得全部捐出，在无锡租赁校舍，创办私立竞志女学。在办学过程中，不仅获政府资助，而且得社会援手，因而办学效绩显著。

未久即遭摧残，实在可惜得很！

到了民国十六年下学期，就有福建陈嘉庚先生昆季，创办一个私立的集美幼稚园师范学校，在建筑、经济和设备各方面还算完善。除这所设立以后，在我国各省区还没听见过。

我们观察过去就可知道，我国对于幼稚师资的不注意、忽视它的了。

三、关于学制的系统方面

依学制的系统观点上看来，幼稚教育是属于专门的性质，然而是占据不重要的地位，不过是为一种附属的罢了。我国在光绪三十三年，学部《奏定女子师范学校〔堂〕章程》有一条说："教授女师范生，须副女小学生教科、蒙养院保育科的旨趣，使将来充当教习、保姆之用。"但是，没有训练保姆的明文。

从民国元年到民国五年，教育部所公布的明令只有原则的规定。根据第十一条说："女子师范学校，依前项规定外，并得附设保姆讲母讲习科。"又，民国五年改订的《国民学校令施行细则》的第六条说："蒙养园保育幼儿者为保姆，须有女子国民学校正教员之资格，或经检定合格者充之。"（注：检定时，系由检定委员会检定之。）

在民国十一年公布的新学制系统，其中关于幼稚教育方面的，于初等教育的段阶上，有一条说"幼稚园收受六岁以下的儿童"一语。在以前公布的法规是不经废止，仍继续有发生效力的。这不过是确定幼稚教育在学制上占一种种地位咧。

四、关于儿童的后天方面

从心理方面的观察，幼稚儿童在学习上的能力就在二岁到六岁之间算最强。就于学语一方面来说，在成人要学习一种方言，有的须五六年，有的须六七年，一点都没有学着的。若依四五岁的儿童，只有几月内就可以学得完善。

从生物学上来说，凡生物愈细小，他的发育愈迅速，体重及身高的百分比的增加，在幼稚时期较任何时期为大。在医学上来说，幼稚儿童的抵抗疾病的能力是非常薄弱，在死亡录上是占居多数的。

这样看来，儿童在幼稚时期，是在人生的各时期当中占据一个最重要和最危险的〔时期〕了。所以最初六年间的幼儿生活，是教育一切的基本，是完成人类生活的初基，在他后天上的感情、的智慧、的生理、的思想和道德，是有极大关系的了。

五、结论

关于幼稚园师资在教育上的地位，大体上我已经说过了。

幼稚园师资在教育上的地位，既占如是的重要，可是国人对于师资的培植，向来是一味冷淡、轻略它的。际此训政伊始，幼稚园的基本教育是应在普及的历程上占居首要工作，而且是同等的为全国民所享受；应取机会均等，不该为城市极少富家幼童所专有的。我想这点，无论谁也不能否认他的。

我们闽省教育，去岁自程时煃先生来长教育厅以后，关于社会教育、职业教育和教育行政经费等，已建设到完备和巩固的时期，然而在普通教育的幼稚师范学校，这也应当着手进行。最好在这时期，能于闽省各地较大的乡村，增设几个试验幼稚园师范的学校，使将来幼稚园的师资尽量发展，而达到孙总理在党纲上所说的"励行教育普及，尽力发展儿童本位之教育"[①]的目的和希望了。

---

① 语出孙中山《中国国民党第一次全国代表大会宣言》。正确表述，"尽力"应为"以全力"。

57 自动教学下之幼稚园的手工

张雪门

1929年8月31日

题　解　本篇原载《教育杂志》第 21 卷第 11 号"儿童研究"栏。撰成时间为 1929 年 8 月 31 日，发表时间为 1929 年 11 月 20 日。

撰成时间的确定，是依据在《幼稚园研究集》中收入该文时，文末记有："一九二九年八月三十一日，张雪门识。"

该文其后被收入《幼稚园研究集》一书，由香山慈幼院于 1930 年自刊。收入该书时，该文被更名为《幼稚园手工》。在该文文末附记中有言："本文原为我上学年度在北平孔德学校幼稚师范时所讲的材料，同学潘佩琴、关毓兰、盛代杰三君所记，最为详明。今虽经修改，但大部分的根据，仍由于三君之笔记也。潘君佩琴现已他去，关、盛二君服务于艺文，余亦将离孔德。雪地鸿迹，弥觉神弛〔驰〕矣！"

有关撰著者张雪门，参见前文《儿童和玩具》题解。

"手工"课程的历史，可前溯至 1903 年 9 月开办的湖北幼稚园。该园所规定的保育课目，为行仪、训话、幼稚园语、日语、手技、唱歌和游戏七项。其中的"手技"，即为"手工"之前身。1904 年 1 月颁行《奏定蒙养院章程及家庭教育法章程》时，又统一将"保育教导条目"，规定为游戏、歌谣、谈话和手技四项。由是，"手技"课被制度化。在"壬子癸丑学制"颁行后，蒙养园将"手技"课程更名为"手工"。在张雪门撰写这篇文章时，大学院正组织专家制定《幼稚园课程暂行标准》。

在 1929 年 8 月颁布的《幼稚园课程暂行标准》中，将原定"手工"更名为"工作"，并确立了如后目标：（1）满足对于工作的自然需要；（2）培养操作习惯，增进工作技能，并锻炼感觉能力；（3）训练关于群体的活动力；

(4）发展智力。其"内容大要"，则分列为如后9项：(1）沙箱装排；(2）恩物装置；(3）画图；(4）剪贴；(5）泥工；(6）缝纫；(7）木工；(8）织工；(9）园艺。分列上述规定，可作为阅读本文的参照。

有关《教育杂志》，参见前文《儿童心理在儿童教育上之意义》题解。

我这里所谓幼稚园的手工，是指一切使用工具、材料和各种技能，以实现理想目的之各种活动而言，其范围且包含了恩物作业的一部份。前人有将福禄培尔的恩物分作游戏和作业两类：从第一种到第十种，叫作"游戏的恩物"；从第十一种到第二十种，叫做"作业的恩物"。但是这种分类法并不十分正确。

第一和第二种恩物，固是供游戏用的；至于第三种到第九种，与其说是游戏的，还不如说是作业的。作业和游戏在有些地方虽然很相类，不过终究是不同的。游戏的兴趣，全在于正游戏的时候；游戏完了，兴趣虽不一定立即消灭，但至多也不过留一些余味。至于作业，必先有一种预定的目的，经过种种的手续以求贯澈。目的未达，需要即难满足。儿童在作业的时候，专心一志，不欲别人妨扰。其注意集中的态度虽和游戏一样，但其兴趣多在成功后的快慰。

手工是作业，不是游戏。在自动教学①下的幼稚园，别种功课真能达到自动的目的，多少总不免有些困难。

第一，幼稚生年龄太小，注意力不易集中与持久，教师用种种方法才把他们的注意引起。一有了偶发的声音或参观人，又夺去了。

第二，幼稚生社交性未甚发达，二三人还可以合在一起；稍多，反变成胡闹，不肯商量了。南京鼓楼幼稚园死了一只小麻雀，儿童们全做小麻雀的事情。做了不久，大家就厌倦了。张宗麟先生因而感到，幼稚生不宜做过大、过完整的设计，最好将一个设计分作许多的小段落，使他们做一段落，可以得到一段落的结果。这实在是经验之谈！

手工在一个设计中，可以算作一个段落，但在其本身上也是一个设计。因为手工所需的时间短，至多过不了一小时就可以获得结果，而且一个人做也可，两个人做也可，

---

① 自动教学：此处指设计教学法。

分功也可，合作也可。当作的时候，又有目的，又有方法，所以较易实行，而且也较易贯澈自动的目的。

教师参加于这种进程中，除指导外，更没有所谓"教"。什么材料合乎儿童的兴趣和能力？儿童未进行前，应怎样引起动机？既已进行，应怎样使他努力——继续做，做出来，而且做得好？那几种习惯在进行上极重要而又必须养成的？应怎样养成？凡此种种都是指导的事，但决不是教的事。现在，请先讲适合幼稚生手工的材料。

一、什么材料合乎幼稚生的兴趣和能力

福氏所创二十种幼稚生的恩物，到现在仍有它的相当的价值。只要我们能够平心静气加以辨别，未始不可供手工用。

第一和第二种，当然是属于游戏的。从第三种到第六种，本来是构造的积木。就是第二种的副恩物——用一绠[①]绳子穿着玩——也含有作业的用意。从第七种到第九种，是组织图形的手工。第十种，过密则嫌其纤，粗又失之于疏，不十分相宜。第十一种和第十二种，太紧张儿童的纤小筋肉，不适用于那样年纪太轻的幼稚生。第十三画点，也觉得太机械、太细致，不如用粉笔或蜡笔的自由画。第十四剪纸、第十五黏纸，都可采用。第十六、十七和十九，用于初小一年生，实比幼稚生适合。第十八种摺纸和第二十种泥土工，都是手工很好的材料。此外，如撕纸、沙床和一切新式的大积木又都可以适用。

从理论讲起来，这些材料只要合乎儿童的兴趣、能力，是不成问题的。他看见一样东西想做，就拿来做好了。做得成，固然合乎他的能力；即使做不成或做不好，只要他未失去对于这一东西的兴趣，一次、二次做去，最后总可以得到成功的。所以无论那一种材料，在自动教学下，不必问儿童的能力如何，更不必依儿童的能力预定课程的先后。

但话又要说回来了，教师对于材料应该有标准的。这种标准，一面固然为着教师，他面也何尝不为着学生。一种事情，有标准的总比无标准的好，有计划的总比没有计划

[①] 绠（gěng）：汲水用的绳子，此处意为节或段。

的好。况幼稚生从三足岁到六足岁，这三年的工夫，每年生理上的发展不同，所以技术的能力亦不同（幼儿画得不好，因为他的纤小筋肉还未发达，所以不能支配自己的筋肉）；更因心理的不同，所以社交性也先后两样。许多手工材料，有非合许多人不能做的，有较难做的，所以不得不定一个课程的秩序。现在略举于下：

大概三足岁到四足岁适用的手工材料——沙床（分作、合作）；串珠（分作）；第三种恩物（分作）；第四种恩物（分作）；撕纸（分作）；蜡笔画（分作）；粉笔画（分作）；泥工（分作）。

四足岁到五足岁适用的手工材料——黏纸（分作）；第八种恩物（分作）；第九种恩物（分作）；第五种恩物（分作、合作）；第六种恩物（分作、合作）。

五足岁到六足岁适用的手工材料——剪纸（分作）；摺纸（分作）；新大积木（合作、分作）；海尔氏式大积木[①]（合作、分作）。

从前听见某教育家说过："课程并不是不可定。不过，能把课程当作没有课程时一样的自由，然后可以定课程。"谨引此语做本段的注解。

二、怎样进行

根据自动教学的原则，教师从头到尾永远是一个指导的人。指导依着进行的经程，可分作五个步骤：

（一）引起动机

动机，本来由于儿童自发的活动。他到幼稚园来的时候，家里或路上所看见的、听见的种种印象，想把这些印象发表出来，在手工中做出来，即此便是动机。这种动机是

---

① 海尔氏式大积木：指希尔积木（Hill Blocks）。由美国人希尔发明，苏州吴亚可曾仿造。希尔积木尺寸较大，包括木柱、木轮和棍子等，可搭建实用性器物。它旨在促进儿童实际应用、操作能力的发展，供他们建构可随意出入的房屋、乘坐的车辆等。相较于福禄培尔的恩物，希尔积木更有利于儿童合作建构。

从儿童心里发出来的。他感到有这种需要,他想满足这种需要。当这种需要没有满足的时候,他心里感到非常的不安。假使教师能够体验到这一点,赶紧给他捉住动机,就是完成了第一步指导的责任。动机的发生固然完全由于儿童内心的自动,但平时,教师也可设法引起。引起儿童手工的动机,大约可分做四种:

1. 利用天然的变化

譬如,近几天接连下雨,洋车上的雨篷、行路者的雨伞、院子里的水池,时时和儿童相接触。这种动机出于天然,无需人力,只在教师能够利用罢了。

2. 利用设备的变换

教师单凭天然的变化引起儿童的动机是不可能的,有时还得利用设备布置特殊的环境。譬如,星期一儿童进作业室,忽然见到四围的玩具完全改了,到处都是布制的、绒做的和许许多多泥塑的骆驼,墙上还挂着《沙漠旅行图》。他们的注意力自然被这些骆驼和关乎骆驼的事情所牵引了,教师就可借此捉住他的动机。

3. 利用实际的问题

实际的事情很能引起儿童的动机。如新年的前几天,别级的同学给幼稚生送贺年片或礼物来时,他们一看见,也想做贺年片或礼物回送。这不但由于模仿,而且是事实上的要求。所以,教师要引起儿童的动机,除利用天然的变化和设备的更换外,还得借重于自然的或人为的事实。

4. 利用谈话或故事

教师引起儿童动机的方法,除上述三种外,有时在随便谈话中加一些兴趣进去,或则有声有色的给他们讲故事。这些印象留在儿童脑子中,一时不易消灭,一想到便觉得津津有味,和手工的影响很深。

（二）决定目的

教师对第一步的指导完成了,儿童自然会走到第二步。不过,幼稚生年龄究竟太小,有时仍不得不仰仗教师帮助他们决定目的,但帮助不是代理,有相当的范围。今说明于下:

1. 教师可通过引起动机,帮助儿童决定目的①

幼稚生中的大多数已经急急忙忙各做各的事情了,那还有几个人看过去似乎还没有决定目的。教师可以带那些人到做事的同学中间去参观。因为儿童富于模仿,他见到别人做事,自己也想做。这是引起动机后帮助他们决定目的底一个办法。

2. 教师有时还可用言语,探询未决定目的底儿童

如"你预备做什么?"他们如说"我不想做什么"或"想不出做什么",就可以对他们说:"好孩子都是会做事的。你们何妨商量一下呢?"那时,如果商量出一个答案来,当然已经决定了目的;如果仍要请教师的指示,也不妨由教师叫他们做一件东西。这种指示,因为出于儿童自动的要求,和命令式的指示完全不同。

(三)计划

目的已定,那末第三步就要计划。教师在那时的指导,应注意两种事情:

1. 一人独作还是和别人合作

年龄较大的儿童平时已有独作的能力。他要一人作,当然可让他一人作去。至于年龄小的,他要一个人做一件东西,教师便须考虑他的能力,看能不能自己完成一件东西。

即使平时也有独作的经验,还当审查现时所要做东西的内容。容易的,固可以让他做去;较难的,便当给以一种鼓励的暗示。这种暗示就是由于教师平时的观察,看这个儿童和那一个要好,鼓励他们,使之合作。

那些耽于独作的儿童,虽然他已有独作的能力,也当设法和别人常常合作;反之,惯于合作的儿童,几乎不合作便不能做事,虽然他并不是没有能力,就当另换一种方法去指导。

2. 应用什么材料

教师从平时的观察应该明白,那一个儿童能够选用适当的材料,那一个儿童不会。对于不会选材料的儿童,应特别注意。

譬如,一个儿童在架上取了一盒第三种恩物。教师问:"你去做什么?"他说:"我

---

① 此标题系编者依据其后内容予以加拟。

去做花篮。"第三种恩物本不是做花篮的适当材料。那末，教师就当继续下去问："这八块方木怎能成花篮呢？"假使他是有计划的，也许说："把八方块围成一圆圈。"这样虽不十分好，也可以让他做去，并且应当奖励他。

如果他是漫无计划的，给教师一问就答不上来，那末，教师应指导他："花篮是什么样子？用什么材料可做成花篮的样子？"他就渐渐明白，花篮的样子和应用剪子、浆糊及纸片等材料，然后再鼓励他去实行。

（四）实行

儿童计划已定，一人一队，或二三人一队，拿到了工具和材料，预备做第四步实行的工作。教师在那时候的指导，应注意四种事情：

1. 时时提醒他所定的目的

幼稚生注意力不容易持久，虽定好了目的，做不多时，便想做别的东西，甚或把所要做的东西忘掉了。教师应时时提醒他，问他"你做什么东西？""你做的什么东西有完成了吗？"或"这是你所要做东西的什么？"

譬如，他所定的目的是做花篮，下两句问题就当说"你花篮有完成了吗？"或"这是花篮的什么东西？"年龄愈小的，愈当提醒他；那年龄较大的儿童，只问他所做的是什么东西，就已足以唤起他所定的目的了。

2. 时时鼓励他的成功的兴趣

兴趣和注意力有相互的关系，尤其是在幼稚生被动注意①力的时期里。所以，幼稚园教师对于儿童工作，应时时鼓励他成功的兴趣，否则稍感困难便要发生厌倦。一厌倦，就停止了工作，以致什么东西都做不成功。

譬如，教师知道这一个儿童在做花篮，不妨把他做成的东西拿两件出来和他谈谈："这是什么？呵！这是花，这是叶，做得真好，像得很，一会儿就可以成功很好的花篮了。"这些话留在儿童的脑子里，好像真有一只美丽的花篮悬在空中，所以急想去做。虽然稍有困难，也冲过去了。

---

① 被动注意：亦称"无意注意"或"不随意注意"，是指没有预定目的，并且不需要意志努力而不自主的、自然的注意。它是个体对外界刺激简单的、原始的反应。

3. 设法扩充他的作业的范围

儿童爱做什么，让他做什么，本来是不错的，但教师亦不得不留意他所做的范围。假使有一个儿童，今天画一条鱼，明天画一条鱼，后天画一条鱼，天天画的还是这一条鱼。也许鱼画得颇有进步，可是这个儿童就得不到其他的技能和经验了。

作业的范围很广，并不是图画的一种；而图画的对象也很繁复，断不是仅仅乎这一条鱼。教师在这种地方，根据平时的观察，若单拘于自动的美名，再不设法指导，那末儿童在作业上所得的经验，不是太狭小了吗？

所以，教师如碰见有这种情形的儿童，应借重别人的作品来暗示他，或带他去参看别人做别种作业时的动作，或则利用谈话（或故事），引起做别种作业的兴趣来。

4. 设法引起他对于技能的注意

在自动教学下，拿技能和冲动相比较，当然冲动为要，技能居次。儿童在作业中各种动作，目的就在于满足他的冲动。换一句话来说，他有那一种的冲动，就想用那一种的动作表演。绘画、剪纸、撕纸等作业，以及作业外之游戏，无一不是他冲动的发泄，只要他的冲动能够在这些作业或非作业上真能发泄了，他内心的需要便满足了。

如果要再进一步，绘画、剪纸、撕纸等作业，不仅乎在经过一番绘画、剪纸、撕纸等动作，更想画要画得像，而且画得美；剪要剪得像，而且剪得好；撕要撕得像，而且撕得好，就不得不借重于技能。作业而指导到技能，才有长足的进步。关于幼稚园手工技能上的指导，应有两点：

（1）校正手工上动作的姿势。儿童手工不会进步，大概由于做手工时姿势的不好。譬如绘画，他总欢喜全手握笔。教师要把全手握笔的姿势换做用指握笔，就当在他画时，和他一起画，并问他："谁画得好？"那末，他一定说："先生，你画得好！"教师就可以明白告诉他："你要画得好，请看我拿笔的样子，是不是和你一样？""先生，不一样啊！""你照我样子握笔试试看。"慢慢就把他的姿势改过来了。又如，从箱子里拿出恩物和放恩物到箱子里去都有一定的姿势，校正的方法和绘画的例子差不多。

（2）略采学理上重要的原则。例如儿童画一所房子和一只狗，他总把狗画得很大，房子画得很小（并不是远近的关系）。因为儿童的注意偏于活动的一方面，但从画理上观察是错误的。教师如见到儿童画狗比房子大的时候，就当问："这样大的狗，怎样能进房子里去呢？"慢慢地，他就能把大小比例的原则认识清楚。

（五）批评

一般儿童的手工做到了第四步就算完了。教师对于手工成绩的好坏，至多给他们记上分数或标上"甲、乙、丙、丁"的字样。其实，第五步的批评，其重要并不弱于上四步，如仅有上四步的指导而略去了第五步，结果儿童得不到深切的经验。

人类做事，无论他做的成绩怎样，总应该让他明白，什么地方做得好和什么地方做得坏，以及为什么做得好和为什么做得不好。那末下次再做时，自然会对于好、坏的地方格外留心，经验自然一次比一次的发达。教师在批评上的指导最要紧的约有四点：

1. 鼓励儿童自己解释

譬如，儿童用恩物堆成了房子、铁道、火车，请教师去看，请小同伴去看。看的时候指指点点，说这是什么，那是什么，说不完的说过去，好像讲一篇故事。教师对于这种的儿童，不但不应该禁止他，而且要鼓励他，并携带不会解释的儿童一同去看。这种解释的活动，对于作业本身和儿童自身经验都有许多益处。举其大者言之，约有两点：

（1）整理思想。思想潜伏在内心的时候，本来是很棼乱的。利用工具和材料，从作业上发表出来，是已经经过一番整理的工夫。现在再添上一次言语的发表，对于作业的观念自然格外确定。

（2）耐味。吃橄榄的人，并不在于正吃的时候；吃完了，余香在舌，反觉得津津有味。儿童对手工的兴味，并不是做完就完。请教师、请小朋友去看，指着自己的成绩，说明自己的意思，手舞足蹈，其耐味正和吃橄榄一样。

2. 不要过重于技术

儿童当幼稚园的年龄，经验狭隘，筋肉的动作好些不能支配。所以，他们的手工拙劣，并不是故意的。教师如果不能体谅到这一点，许要说他们这样不好，那样不好，这里不合于比例，那里又不合于远近。那末，他们的惟一手工的兴趣，不是完全给教师打坏了吗？

所以，对这一时期儿童的成绩，无论好坏，第一，不能用成人的眼光看待，第二，不能用学理批评。只要他们能够用手工发表自己的意思，总算是对了；至于技术方面的错误，须在实行中指导，不必在批评中批评。

3. 指出他的优点来加以奖励

儿童手工做成后，不论成绩如何，教师应先把他的优点指出来告诉他，而且详细的告诉他：这一点比上一次好的地方在什么，为什么这一次能够较好。但千万不要用笼统的"好"字。幼稚生是有名誉心的，夸奖他，他自然高兴；不过一味夸张〔奖〕，没有说出"好"的所以然来，听惯了，反养成他的骄傲心，失去了奖励的作用。

所以，教师奖励他"好"时，应该把他的好处切实的指出来，使他真明白那一点"好"，为什么"好"，以后再碰见做手工时，自然格外留意了。所谓"好"，教师应明白，并不是成绩的本身，不过对前一次成绩的比较结果。

譬如，他第一次堆积木，常常要倒下来。这次他知道大的放在下，小的放在上，这就是比前次好的地方。又如，他从前画狗，总比房子大。经过实行中指导以后，改过来了，渐渐知道，大狗不能进小房子的道理，这就是他较好的地方。但狗的像不像，还是另一的问题。等到狗尾巴向下的，改画做向上的时候，那又是他进步的地方，又应该指出来告诉他。像这样的奖励，一次才有一次的经验发展。

4. 用善意建设的批评

儿童手工的成绩有时错得厉害，而且坏得不成样子，教师可以告诉他。不过，教师批评的态度须诚恳、和婉，他们才知道，不对的（坏的或错的）地方真是不对，然后自会逐渐的留意了。

有许多教师常喜欢成绩好的学生，对于〔成绩〕不好的学生，简直不愿意和他们接触。一看见他们的成绩，立刻放出严厉的声音说："这叫做什么？"有时，正在做的时候说："不用做了！不用做了！"儿童受着这种的待遇，碰见了手工就骇怕，还有什么进步可说。

教师对于儿童成绩的劣点，不但须善意的，而且须建设的。所谓"建设的批评"，就是对破坏的、不负责任的批评而言。不考查儿童的能力如何，只是一味说"坏"、说"不好"，却没有把坏和不好的地方告诉他们，久而久之，儿童虽偶或努力，因为总合不上教师的眼光，也变成了灰心、自弃。

所以，教师在指导儿童坏处的时候，应该告诉他们：（1）什么地方坏；（2）为什么坏；（3）怎样就可以不坏了。尤其是第（3）种最为有效。教师如能这样的批评才是建设的批评。

三、在进行中须养成那几种习惯和怎样养成

（一）记住放东西的一定地方

儿童做手工的时候，自然要拿做手工的工具和材料。这些工具和材料，无论何时都放有一定的地方。教师应给儿童认识的机会，什么地方放纸张、什么地方放剪子和其他一切放东西的地方，都要使他们认识得很清楚、很清楚。那末，要用的时候便可以自己动手去拿，不必再请求教师。

如果什么东西全要问教师领取，在教师固不胜其烦，儿童自己亦损失了自动的精神。

（二）认清东西的名称及件数

东西的名称及件数，教师也应该使儿童认识清楚。这于他计划上时间的经济很有关系，且教师也可省却不少的麻烦。儿童如果不认得东西的名称，那东西的观念留在他脑子里的一定很复杂。想要造屋，就须把长长短短、大大小小的积木一一重申忆起，不知要费去多少的时间。

儿童不认清东西的名称，固然要发生困难；就是认得了名称而不知件数，也是不好。例如，原用第六种恩物可计划的东西，因第四种恩物也有长方形，就改用了第四种，结果便不够用了。况儿童不认得名称和件数，收藏的时候便没法子整理，只好托教师代办。那岂不是失去自动教学的本意了吗？

（三）做手工、做游戏，在同一时间里，不要在同一的地方

幼稚园各种功课在被动教学制度底下全有一定的时间，所以在同一的地方不会冲突。要是各种动作根据儿童的自发活动，同一时间里，有的唱歌，有的做手工，有的游戏，有的讲故事。教师的指导，人既分不开，而嘈杂的各种声音又容易扰乱各人的注意，结果一定不会好。

我们要贯澈自动的教学，同时还要使儿童的注意集中，而且有结果，非养成他们各种动作、认清各有各的地方不可。这种设备并不要过费，只要有一间屋子做手工，其余都可以在院子里活动。教师的指导，屋子里一人，院子里一人，就很可以胜任了。

（四）什么地方拿、什么地方放

儿童在第一条里，已认清楚放东西的地方了。要做的时候自己去拿，当然不成问题。不过，幼稚生大概总喜欢在做的时候随便拿来；一到做完了，铃声一响，便慌忙乱放，甚至于抛了不管。教师等到下课的时候，还须一样一样代他们整理、收藏。这样，教师只得忙着做听差的工作，那里还有精神去指导呢！

所以，什么地方拿、什么地方放的习惯，必须使儿童养成。不但做完了须收起来放好，还得放在固有的地方。若他们把甲种恩物放在乙种的匣子里，或把甲、乙种恩物和丙种相混，结果里面都是错的，那岂不是更乱了吗？

（五）用完了第一匣，才拿第二匣（能用恩物三分之一材料，才可拿用恩物三分之二材料）

儿童在幼稚生的时期，自私自利、占有冲动分外强。有了一匣东西，就想二匣；有了二匣，还要三匣。其实，他个人何尝用得这许多呢！幼稚园的设备有限，他们的私欲无穷。若不加以限制，工具、材料既不够于分配，而且对于儿童本身，反足以养成两种坏习惯：

（1）发展他们占有冲动；

（2）使他们不容易做成东西。

（六）一样东西做成了，才可以做第二样

幼稚生还有一种坏习惯，专门喜欢贪多。同一时间里，又要做这样，又要做那样，结果什么东西都没有成功。因为人（况且是儿童）的精神，本来只有这一些，顾了这样，便没有了那样。现在，同时间里要照顾两件以上的东西，那里能够不散漫？况且一件东西的成功，当然要经过不少的困难，随进行，随考察，随改良，才能获得打破困难的经验。

要是同时两三件东西并做，做做这样，又做做那样，一忽儿又做做这样，从这样所得的经验无补于那样，从那样所得的经验无补于这样。即能成功，时间上已非常的不经济，而且方法中所得的经验恐怕都是偶然的侥幸罢。

教师对儿童的手工，并不是不许他做两件以上的东西。但在进行的过程上，非一样做完了，不得做第二样；非做完了第二样，不得做第三样。为的是使儿童做的时候，精神专

一，注意集中，且可获得方法上的经验。而这些所做成的成绩又可彼此联络起来，构成一种有系统、有计划的工作。如先造房子，再筑铁道，最后造火车，便是一个好例子。

（七）决定了做一种东西，非把这东西做成不可

儿童做成功一种东西，从开头一直到了末脚，中间不知道要发生过多少次的困难。只须能想法把困难打破，一次、二次的继续下去，就有成功的希望。如果一遇困难，便抛开不做，或改做了别的东西，等到别种东西做到困难时，不是依旧抛开了吗？那还有什么成功可说！

所以，教师对于儿童，无论做什么东西，既决定了，就须使他做下去。发生困难是当然的事，且儿童有了困难才会继续改良，才能得到经验的进展啊。

（八）东西做完以后，须自己拆卸，自己收藏

幼稚生年龄小，对于大事情没有自动的能力，全仗教师在轻微的事情中，一步一步使之练习。譬如，幼稚生用了第六种恩物堆成一所房子，大家看过以后，便须他自己拆卸来收藏。那末，教师即可免除了许多无谓的麻烦；儿童在自己收拾的时候，也渐渐明白了各种恩物的数目和应放的地方。

讲到这里，许是有人会想到，上面的第一、二条的习惯。本来，各种习惯决没有先后的次序，并不是养成了第一条，才许养成了第二条，差不多都是同时并进的。在第一、二条习惯练习的时候，许要用到第八条（就是现在的一条）；而第八条的养成中，正是为第一、二条的复习。因儿童自己拆卸恩物，再把恩物一块一块放进匣子里去，当时如果少了一块或两块，是很容易发现的，而且这种发现出于儿童的自动。经过这些的多次练习，各种恩物的数目，还有不记住吗？

所以，这一条习惯的养成，至少有四种利益：

（1）自己做，自己负责；
（2）可减少教师许多不必要的麻烦；
（3）为第一、二条习惯养成的练习；
（4）引起儿童数数的需要。

（九）除合作外，不要用别人所取的东西，也不要将自己所取的东西给别人用

儿童合作时，三人一队，四人一队，所取的恩物（或工具、材料）是可以公用的。若个人独做时，就不可向别人借用；不够，只有自己再去拿。无论拿一盒，无论拿两盒，以至于三盒，拿来了，只许自己用，也不得借给别人。这样，可使儿童确实认识自己所用恩物（或工具、材料）的件数。否则，有的小孩说掉了两块，有的说掉了一块，问借的孩子时，又说是早已还了。请问，教师从那里去考察呢？

本来教室里地方小，恩物放在地上容易搀和，再加上互相借用，自然更乱了。况幼稚生"人我"的观念未清（大人看小孩拿物，以为偷东西。其实，是他"人我"的界限尚未分别清楚。再小一些的婴儿连自己的脚趾也以为是别人的，用口咬痛了哭起来，才知道是自己），教师对于儿童"人我"分别的机会，格外须使他练习。

（十）合作时须分工，分工时须合作

儿童在恩物游戏的时候，你凑一块，我凑一块，合成功一种东西是可能的；若改做了花篮，仍归是东西相凑，恐怕就不容易了。假定三个人要合做一只花篮，至少应将花篮分作花叶、瓣和梗枝，以及篮的三部份。然后，每个人各担任了一部份做去，这就是合作的分工。等到花叶、瓣和梗枝、篮三部份各人都做完了，然后合起来，再编作一只整个儿的花篮，那就是分工的合作。

教师对于儿童的作业，不在乎仅叫他会作，且要使他获得做时方法上的经验。要得到这种经验，所以合作时便须分工。有的孩子因为自己做东西惯了，不喜欢和别人合作，结果社交性永远不会发达。要想发展儿童的社交性，分工时便须注意到合作。

总之，在自动教学中，使儿童自始自终获得经验，当然是分工好；但同时，因幼稚生社交性不十分发达，我们又不能因其不发达，便可抛开不顾，尤当设法引起他来，使之合作。

（十一）拿东西、做东西、放东西，都要轻轻的

幼稚生的注意力不容易集中，且很难持久，外边稍有声音，就会将他们的注意力夺了去。所以，教师须养成儿童拿东西、做东西、放东西，都有轻轻的习惯。这种习惯如果养成了，不但可以不妨碍别人的安宁，且自己做事的注意力也容易持久。

有许多儿童因手脚笨重,拿放东西都发出很大的声音,做时和拆卸时,一不留心,更震动得厉害,非但扰乱了别人的注意,即他自己的心也被扰乱了。

(十二)注意时间不要太长,也不要太短

儿童做一件东西,只要他出于真正的自动,只要他的兴趣真是没有完,当然可以不管时间的多少,按着他自己的目的、方法做下去,一直到做完了为止。但教师要知道,儿童做事,不但要使他会做,也不但要使他获得方法上的经验;同时,他〔也〕须使他领略到工作和时间的关系。

甲、乙二童,各做一件东西,性质是一样的,做成后的成绩也是一样的;但二童所用的时间,甲多于乙。评论价值,当然甲不如乙的经济了。况做事没有时间的限制,努力上就要差一些,精神一怠慢,见异思迁和成绩粗率都是可能的。

所以,教师对于儿童的手工,不得不稍限时间。过长,固有上述的弊病;过短,碰着稍复杂的工作,又做不好。然而,时间总不可以不定。有了时间,做得快的儿童,不到时限已经做完,自有其先成的乐趣;那做得慢的(或所做的工作较复杂的)儿童,也因感到时限快至,不得不向教师请求延长。若教师这时加他一刻钟或十分钟,其精神上所得的报酬,实比父母把钱给他还要快乐。

(十三)成绩都不要随成随毁,能保留的须保留,能应用的须应用

幼稚生一种手工做成功(除非平时用恩物堆成的东西),应该使他保存起来,总不要使他立时拆毁。因为儿童在这一时期里,破坏性颇厉害,如果听其随成随毁,很容易养成破坏的恶习。教师对于儿童的成绩,不论好坏,从头至尾,都应该给他保留起来。儿童查看自己所做的成绩,别有一种欣赏的趣味,且易鼓舞起自己的努力。

从前我有一位同事,把儿童所做的各种纸手工都用本子黏贴起来,一个学生一本,每本各标上学生的姓名,到放学的时候,给他们带回家去;也有利用学生各种手工成绩,在开商店的设计里,充货物的原料。这些都是分配成绩的好例子。

以上十三条习惯都是在做手工的时候,随时练习,随时养成。至于养成的方法,当然不外"习惯成就律"的三种原则:

(1)聚精会神(focalization);

（2）注意的反覆练习（attentive repetition）；

（3）无例外（permitting no exceptions）。

教师要养成儿童这些习惯，还可利用儿童的好奇心、模仿心和竞争心。现在请各举一个例子，为本文的结束。其余可类推得之。

利用好奇心养成习惯的例——幼稚生初进作业室，望见各种的东西，有五彩的色纸，有方头的剪子，有大大小小的木盒，还有一切从前所没有见过的东西，他全要望，全想看一个仔细。教师能善用儿童这种的心理，就可以使他知道某种东西应放的地方和各种东西名称及数目。

利用模仿心养成习惯的例——儿童在幼稚园的时期，模仿心最富，言语、动作，无时不受他人的暗示。教师要养成儿童那些习惯，只要自己先有那些习惯，没有不成功的。况且从旧学生中，还可以选出几位已经养成了那些习惯的人，与之朝暮相接，由观摹而渐习是当然的结果。

利用竞争心养成习惯的例——教师把未成那些习惯的幼稚生分作二队，叫每队里各出一人，在同一时间里去拿某种物件，看谁先拿到。然后，再叫每队各出一人，各把这物件送还，看谁先归还原处。一拿一放，挨次轮做。等两队所有的人全做过了，再总计那一队里的人胜的多，就是赢了。这种游戏经过几次以后，难道还有不认识东西的名称和所放的地方吗？

自動教學下之幼稚園的手工

張雪門

手工是作業，不是遊戲。在自動教學下的幼稚園別種功課，異能達到自動的目的，多少總不免有些困難第一、幼稚生年齡太小注意力不易集中與持久教師用種種方法才把他們的注意引起一有了偶發的聲音或參觀人又奪去了。第二、幼稚生社交性未甚發達二三人還可以合在一起稍多反變成胡鬧不肯商量了。南京鼓樓幼稚園死了一隻小麻雀兒童們全做小麻雀的事情做了不久大家就厭倦了張宗麟先生因而感到幼稚生不宜做過大過完整的設計最好將一個設計分作許多的小段落使他們做一段落可以得到一段落的結果這實在是經驗之談手工在一個設計中可以算作一個段落但在其本身上也是一個設計因為手工所需的時間知至多過不了一小時就可以獲得結果而且一個人做也可、兩個人做也可、分工也可合作也可當作的時候又有

我這裏所謂幼稚園的手工，是指一切使用工具材料和各種技能以實現理想目的之各種活動而言其範圍且包含了恩物作業的一部份前人有將福祿培爾的恩物分作遊戲和作業兩類從第一種到第十種叫作遊戲的恩物；從第十一種到第二十種叫做作業的恩物這種分類法並不十分正確第一和第二種恩物固是供遊戲用的至於第三種到第九種雖然很相類不如說是作業的這不過留一些餘味至於作業必先有一種預定的目的經過種種的手續以求貫澈其注意集中的態度雖和遊戲一樣但其興趣多在成功後的快慰

時候即難滿足。兒童在作業的時候專心一志不欲別人妨擾其注意集些地方雖然很相類不過留一些餘味至三種到第九種雖然很相類不過留一些餘味至於作業

另图27　《自动教学下之幼稚园的手工》原发表件（部分）

58 今日之幼稚园

陶知行

1929年10月28日

题 解　本篇原载《乡村教师》第11期。系演讲记录，记录者为戴自俺。演讲时间为1929年10月28日，发表时间为1930年4月12日。

有关撰著者陶知行，参见前文《孟禄夫人送玩具——致桃红、小桃》题解。

记录者戴自俺（1909—1994），原名戴治安，贵州长顺人。早年就读于贵阳师范学校，后与同学孙铭勋共同投考晓庄师范，为该校第三期生。后专攻幼稚教育，在晓庄幼稚园实习，参与创设蟠桃学园。晓庄学校被封后，在陶行知指导下，参与创办山海工学团，还与孙铭勋共同创办上海劳工幼儿团。曾在北平乡村教育实验区和贵州省立青岩社会教育实验区工作。后任北平香山慈幼院桂林分院幼稚师范学校教务主任。中华人民共和国成立后，曾任重庆育才学校教育组主任，后任职于教育部民族教育司。编著有《晓庄幼稚教育》《晓庄批判》《幼稚园生活进程》等。

本篇是陶行知应邀在晓庄幼稚教育研究会上发表的演讲。该研究会成立于1929年10月18日，陶行知和张宗麟被邀请作为该会指导员。此次演讲，即在该研究会成立之后不久。

1929年9月28日至10月19日，克伯屈在访问苏联后，第二次来华参观、讲学。经沈阳、大连、天津、北京后，于10月14日抵达南京。次日，应陶行知之邀，访问了晓庄学校。在晓庄学校所举行的欢迎会上，陶行知致词说："这不是平常的开会，倒是一个四代同堂的家庭会，因为先生是我留美时的老师，今天我与师范同学、小朋友都聚集一堂，这不是四代吗？"其中，克伯屈是其老师，"师范同学"是其学生，到会的"小朋友"又是师范生的学生。

故如此算来，正好是四代。本文开头所称"老先生"，即因缘于此。

《乡村教师》，周刊，1930年2月1日创刊于南京，由晓庄学校主办并发行，由乡村教育先锋团筹办并选举7人组成委员会；推定陶行知为委员会主席，方与严为总编辑，程本海为总经理。该刊宗旨是"以最诚挚的态度，最生动的文字，介绍教育上最有价值的材料于全国乡村教师，以谋乡村教育的进展，乡村生活的改造"。主要栏目，有论著、调查报告、教师通讯、乡教消息、问答等；主要撰稿人，有陶行知、张宗麟、操震球、胡尚志、董纯才、石俊等。1930年4月7日，晓庄学校被当局勒令停办后终刊，共出11期。

我对于幼稚教育是个门外汉，不配谈什么。各位既要我说话，我只有一件事向各位报告。

此次我的"老先生"克伯屈[①]（Kilpatrick）先生来参观各国的教育，当然也来参观中国的教育；参观中国的教育，当然也来参观我们晓庄的教育。他对于我们中国的幼稚园有一个批评，我们晓庄自然不能例外。

他的批评是怎样的呢？他说："现在中国的幼稚园还是在二十五年以前的幼稚园。"我听了他这个批评，当然也就起了两个反应：第一个反应是承认他这个批评有一部分是对的；第二个反应是为我们的幼稚园辩护。我为什么发生出这样的两个反应呢？现在我拿来向大家报告一下。

第一，我反对他这句话。我只承认，他的批评有十分之三点三是对的，其余之六点七是不对的。

什么叫做十分之三点三是对的？什么叫十分之六点七不对呢？这话怎么讲呢？我在当时，我就问他："中国的幼稚园还是在二十五年以前的幼稚园，当然不是今日的幼稚园。究竟什么叫做二十五年以前的幼稚园，什么叫做今日的幼稚园呢？"

---

① 克伯屈：指威廉·赫德·克伯屈（William Heard Kilpatrick，1871—1965），美国教育家，杜威实用主义教育思想的追随者及杜威教育哲学的解释者，为设计教学法的创始人。陶行知留学哥伦比亚大学时，师从克伯屈，推崇其生动活泼的讲课方式，并建立了较为亲密的师生关系。克伯屈曾多次来中国访问、讲学。著有《教育哲学》《教学方法原理》《设计教学法》等。

他说：“二十五年以前的幼稚园就是一切都是机械的，同是一律的，天天在那里拍拍手，走走圆圈，一个教师在那里弹着琴……总之，一切活动都是机械的，千篇一律、万篇一律、一成不变的。”

我当时就对他说：“你这个说法，我们这里的幼稚园确实也是这样。但是，这也才是一小部分，还有其他的一大部分，你还没有看到，我可以带你去看看。”于是，我就带他到晓庄幼稚园的农场上，去看小朋友所种的东西。后来，我又带他去看燕子矶幼稚园的。他说："啊！这些我在外国倒还没有看见过，这是很好的一种办法。"

后来，我又向他说：“我们这里所办的幼稚园，要适合下面的三个目标。

第一是要平民化。现在的幼稚教育，多数是操纵在贵族阶级及智识阶级的手里。我们这里是要把幼稚教育从贵族阶级、智识阶级的手里夺出来，普遍到平民阶级。进一步，我们还要把贵族阶级、智识阶级、平民阶级打成一片。我们这里的幼稚园不是为什么部长、总长的小孩子办的，我们是为农工阶级的小孩子而办的。我们也不是只徒喊口号，而是见诸实行的。你看，我们幼稚园里的小朋友不一个个都是农家的小孩吗？

第二是要经济化。我们深信，乡村教师要用最少的经费办理最好的教育。这是我们的信条之一。这个意思就是说，我们要用少的金钱办出好的教育，不是用很多很多的钱，把一个幼稚园弄得非常华贵。幼稚园要想在平民阶级里普遍起来，自非省钱不为功！

第三个目标是要适合于乡村儿童生活的。我们不要搬洋货，也不要骛时髦，只求适合于乡村儿童的生活。我们的主张是这样，我们的办法是这样。你如果赞成我们的主张，愿意和我们努力的话，我希望你们哥伦比亚大学在放假的一年——他们是六年之后放假一年①——有一个幼稚教师到我们此地来走一遭。那末，我们就可以打成一片、共同努力了。”

他说：“我很赞成你们的主张，我愿意努力。”

克伯屈先生给予我们这个批评是我再三的要求他，要他不辜负此行而才说的。假若今天我不将这个批评转达给大家，也就辜负了大家今天要我在这里来说话的厚意！我把

---

① 此"放假"，指哥伦比亚大学所放学术假。该制规定，连续从事教学工作6年之后，第7年不安排教学，作为学术研究的专门时间。相关调研费、差旅费及其他科研费用，学校会提供一定的经费支持。此处所指，系克伯屈6年后再放学术假时，请他邀约一位幼稚教师同来指导。

这个意思转达出来,就是要使得大家格外的努力。

我们一方面在这里干,我们一方面还要吸收别人的经验。我们要把英国的、法国的、日本的、意大利的、美利坚的……一切关于幼稚教育的经验都吸收进来,我们来截长补短,冶成一炉,来造成一个"今日之幼稚园"!要造成今日之中国幼稚园,就是从今日起,我们就要下功夫!

59　我国手指游戏在教育上的价值

张雪门

1930年1月20日

题　解　　本篇原载《教育杂志》第22卷第1号"儿童研究"栏。发表时间为1930年1月20日。

有关撰著者张雪门，参见前文《儿童和玩具》题解。

本文后收入《张雪门幼儿教育文集（上卷）》时，该书编者省略了第四部分"分指"的内容，并对本文的文字有所改动。

所谓"手指游戏"，狭义而言，指十指运动变化的游戏；广义而言，指双手协调运动的游戏。幼儿的手指游戏通常有儿歌配合，即手做动作、口念儿歌、眼做协调，全身的能动系统只做一件事情，幼儿的注意力、记忆力、感觉统合能力、节奏感和韵律感，都可同时得到训练。

有关《教育杂志》，参见前文《儿童心理在儿童教育上之意义》题解。

我由北平迁住香山后[①]，和香山慈幼院距离很近。慈幼院里的小学生，有些时常来我这里采拾松子、红叶或做种种游戏，这些游戏有时和城中学生所玩者，稍有不同。明白地换一句话说，就是除学校里一般的游戏以外，还有几种土俗的游戏。回想我六七岁在家塾的时候，和家里的人所玩的大半全是这一套。可惜，这一套的游戏，现在学校多视为太粗劣，屏弃了不用。因之，只流传于城市中的野孩子或农家未求学的儿童。也正

---

① 此"迁住香山"，系指1929年秋，张雪门辞去孔德学校南分校主任之职后，旋受香山慈幼院之聘，负责"幼稚师范丛书"的编纂工作。此处所指即为此事。

因为只流传于贫民和农村的社会，多少总不免沾染了那种社会的思想，自然更没有学校采纳的可能了。

我尝从幼稚园和小学校的游戏中，搜求现时一切的教材。除少许自己的创造以外，大半都是由于外国翻译出来的。这些翻译的原料，不论感觉的、节奏的、矫正的、计数的，以及一切的表情的游戏，可说几乎全出于各国本地方民间的流传。如土风舞、母游戏和一切的 *Mother Goose*① 等作品，尤其是彰明较著。

为什么外国民间所流传的游戏可以充幼稚园和小学校的材料，中国的倒不可以采用呢？实际上，如拍饼、数指等游戏，简直和我国所固有的一样。这因为，各民族本具有先天相类似的人类行为的基础，假定他们处在相似的背境的话，那末他们吸收其生活需要的材料，当然表现于共通的行为的方式。不过，中国的民间游戏是否全数直接可充幼稚园和小学校的应用，这却是一个大问题，非本文范围所讨论。现在，姑让我先举一种手指的游戏。

手指游戏原来是民间游戏的一种。做这种游戏整理功夫最早的一人，自不得不推幼稚园创始者福禄培尔（Froebel）氏了。他在一八四三年发表了一种《主日学报》，所登载的大概全是儿童各种的民间诗歌和游戏。在这些许多游戏和诗歌当中，印成了《母亲游戏》的单行本。《母亲游戏》的内容，是依系统排列的若干种精心选择的歌曲、游戏及画片。

福氏要使做母亲的明白为母之道，在游戏歌之前，先编了七首"母之歌"，描写做母亲的观察她新生的婴儿时，所发生的各种感情，和亲见到了儿童心身各方面发育时，所产生的希望和忧惧。共四十六首游戏歌，每首都附有简单的游戏，如拍饼、捉迷藏，或表现各种职业，等等。其目的务求适应儿童的心身或道德方面一种特殊的需要。保尔森（Emilie Poulsson）于一八八九年编了一本《手指游戏》，从"小人"到"圣诞老人"，共十八种，每种各有相当的歌词、谱曲和手指表现的式样。其余，散见于幼稚园和小学校用唱歌游戏中。虽包涵的内容不同，手指表演总占有相当的位置。

他们对于手指游戏的功用也各有各的见解。福氏除在生理上练习筋肉，知识上欲传

---

① Mother Goose：可译为《鹅妈妈》，英国童谣集。

授几何的观念外,他唯一的目的全在藉此以发挥其象征的哲学。《母亲游戏》第十二种的游戏是靶子。他指示母亲,叫孩子的手掌向上,次用手指在他的掌上画一横一竖的道儿——使四方各成直角;在这相交的十字中,再用手指如同钻一窟窿似的去钻;最后,用全手掌合在他的手掌上,而且一边做,一边唱。他在这一种启导母亲的格言里说:

这种游戏,看去似乎无味,但内部的含义,实尤甚于有力的企图。正如宝石的粗模,稍加雕琢,立能放出美丽的光彩来的。这个所指的真理,就是不同的或分得很远的东西也可以和谐地连在一起。人们肯注意到游戏里所含的真理,自会在这种游戏里,找得了许多别的意义。小孩子的心灵是被这种游戏的深意所鼓荡,而打开了一条不能见的路径。这一种活动的成就就是有生气的全体。工作自有它的相当的报酬。没有一种事可以任意的。交互的推定原是彼此的。无论何处,一切事情时常显然有一准确的比例的存在。帮助你的孩子,在感情里使之了解这些真理,他将对于人生的评价和标的,不至于失败了。

保尔森在《手指游戏》的绪言里,以为从手指游戏,可以获得康健上的进步和小指头屈曲力的成就,更可以促进思想发表的能力。他开始便引了福氏一段的话。他说:

孩子摹仿什么,知道什么。让他学习鸟的飞,他得深入于鸟的生活里;让他摹拟鱼的迅速的游泳,于是增进了他对鱼的同情;让他表演农夫、磨坊者和面包司的动作,才认得这些工作的意义。总括地说一句,各种的生活情形反映于游戏中,他的思想对于这些的重要意义,始有了把握。

巴尔麦(Luella A. Palmer)以手指为婴孩第一种的玩具和工具,且以为,母亲和亲属用他的手指及足趾游戏,很容易引起他对于这些的注意。他说:

采用手指充早期的游戏,其用意在练习儿童的筋肉,使全手屈曲如意。后来,经过手指的个别指示或使之个别的举起来,于是手指才渐渐地各个地分开了。等到每个手指能够不靠别个手指的帮助能自由动作的时候,是调剂的工夫到了。那末,手指游戏的练习，应使之有表演的动作。有几种手指游戏是年龄较大的儿童所欢喜的，如他们所能的，把手的影投到墙上或地板上，这是使手有更进步的调剂。七岁儿童所能做的，如鹰、驴、小鸡等手影游戏。这一种游戏，如能竭力发明鸟兽、花卉等各式样子，格外可以增加他的兴趣。

综上几人的见解，除福氏象征的哲学不尽合近今心理的原则外，对于手指游戏的功用，已得有五种的评价：

（1）手指游戏有增进筋肉发展的可能；
（2）手指游戏有健全手指伸缩的能力；
（3）手指游戏是获得知识的工具；
（4）手指游戏是发表思想的导线；
（5）手指游戏是〔能〕引起对于各种生活的注意、兴趣与同情。

如果我国民间流传的手指游戏在教育上有它相当的价值，那末它的内容多少总含有上述标准的成分。然后，再从所选的材料定它进行的程序，才足以供现时一般幼稚园和小学校的试用。

我国的手指游戏，根据我现时所得的材料，约可分做六种：（1）认指；（2）叠指；（3）拍掌；（4）分指；（5）指表演；（6）指影。现在，先将各种的材料、作法和功用，列举于下。

一、认指

这一种都是大人抱着小孩子玩的。玩的时候，很能引起儿童对于动作上的注意与兴趣来。

（一）大拇哥（北平）

大拇哥，二拇弟。

三中指，四大王。
　　小放牛，放牛场。
　　胳膊湾，挑水担。
　　吃饭碗，香油罐。
　　两盏灯，小菩萨。
　　挂衣裳钩儿，天灵盖。

　　唱这一则歌时，大人把小孩子拥在膝上，两臂靠着他，左手拿起他的左手，用右手拿起他右手的食指，一个一个地给他左手的小指头举起来，便一个一个地唱给这些名称。譬如，举起他左手的大拇指时，便唱"大拇哥"；举起他食指时，便唱"二拇弟"；中指，唱"三中指"；无名指，唱"四大王"；小指，唱"小放牛"；伸开他的小手掌，唱"放牛场"；放开了他的小手掌，用右掌按着他的小肘节的地方，唱"胳膊湾"；抚着他的小肩胛，唱"挑水担"；指着他的小口，唱"吃饭碗"；指着他的小鼻子，唱"香油罐"；指着他的小眼睛，唱"两盏灯"；指着他的小耳朵，唱"小菩萨"；指着他的小后脑壳，唱"挂衣裳钩儿"；抚着他的小脑壳顶，唱"天灵盖"。

　　这则游戏，经过大人手指的指点，使婴儿逐渐认识自己身上各部份的位置。

（二）大拇哥（北平）

　　大拇哥，二拇弟。
　　三中指，四姊姊。
　　小姐姐，托茶盘。
　　跨〔挎〕花篮，挑水担。
　　吃饭碗，香油罐。
　　两盏灯，小菩萨。
　　挂衣裳钩儿，天灵盖。

　　这一则游戏，其作法、目的完全和上一种相同。不过，从无名指以下至肘节的地方，换了别种名词,为的是给小姑娘用的。

(三)ㄉ^①ㄧㄡ^② ㄉㄧㄡ 虫虫飞(宁波)

  ㄉㄧㄡ ㄉㄧㄡ 虫虫飞。
  麻雀剥剥皮,都得飞ㄉㄢ^③起。
  叮一口,咬一口。
  咬得痛些些,弄ㄧㄢ奶奶销销〔消消〕气。

  唱这则游戏歌时,大人抱小孩子的姿势完全和上两种相同的。不过,用左手拿起他左手的小食指,和右手所拿他的右手小食指,使两个指尖一次一次地相撞,且随口念第一、二句;到第三句"都得飞ㄉㄢ起"时,把他的两手左右高举;然后,把他两个食指尖放下来再相撞,继续念第四、五、六句;等到念最末一句"弄ㄧㄢ奶奶销销〔消消〕气"时,又把他两个小食指移到胸部来,指点他自己的两只小乳房。

  这则游戏,不但使儿童认识自己乳房的所在,且使之领略一些麻雀啄食时的情形。在生理上是练习他的腕关节、肘关节和肩关节,以及上下臂筋肉的健全。

(四)虫虫对(江阴)

  虫虫对,鸟鸟飞。
  麻雀家来牵麦细。
  粗个烧饭吃,细个烧粥吃。
  吃得ㄉㄜ ㄉㄨㄥ^④飞。

---

① ㄉ:注音字母,对应汉语拼音中的"d"。
② ㄡ:注音字母,对应汉语拼音中的"ou"。
③ ㄢ:注音字母,对应汉语拼音中的"an"。
④ ㄜㄉㄨㄥ:四者皆为注音字母。"ㄜ"对应汉语拼音中的"e","ㄉ"对应汉语拼音中的"l","ㄨ"对应汉语拼音中的"u","ㄥ"对应汉语拼音中的"eng"。

上五句的游戏，都是大人把小孩子的两个食指尖相撞；撞后分开，分开了又撞在一起。完全和"ㄉㄡ　ㄉㄡ　虫虫飞"首两句的姿势一样。等到末句时，把他两只小手左右高举，也和前首唱第三句"都得飞ㄉㄢ起"时一样。

至于这一则游戏的功用，生理上也和前首相同的，不过表情上，除啄食以外，还带有一些家务的意义。

（五）虫儿虫儿飞（北平）

虫儿虫儿飞，
虫儿拉矢一大堆。

第一句唱"虫儿虫儿"时，把他两个小食指撞两次；唱到"飞"时，把他两只小手掌全放开，左右高举。第二句唱"虫儿拉矢"时，又把他两个小食指撞两次；唱到"一大堆"时，再把他两只小手掌全放开，左右高举。

这一则游戏，在生理上是练指、腕、肘、肩等关节的活动和上下臂筋肉的发展；在表情上又可领略一些虫儿生活的情形。

（六）蝴蝶蝴蝶飞（北平）

蝴蝶蝴蝶飞，
蝴蝶拉矢一大堆。

这一则作法、功用，和前首完全一致。不过，把"虫儿"两字改作"蝴蝶"罢了。"拉矢"，即是大便。

（七）小爬虫（北平）

这一则游戏是没有歌词的。单用右手的食指和中指伸直，并搁在桌子上；交互地一上一下，逐渐地向着孩子前面送过去；就桌子上，又移到了他的身上。据报告的张君说，他幼少的时候一望见这则游戏，便吓得不哭了。

我到家里试过，当初我两个最小的孩子[①]都觉得骇怕，后来维维说："我看出来了，这是手指，我不怕。"他果竟不怕了，因之玫玫也不怕了。维维的不怕，是因为经过了注意，获得了正确的观念；玫玫不过是由于模仿罢了。但无论怕和不怕，这则游戏确有引起孩子注意的可能，是值得介绍的。

二、叠指

这一种游戏，先由大人给孩子代叠；叠惯了，他喜欢单独自己去玩。年长的孩子看着别人的作法就会模仿。

（一）金钩儿（北平）

金钩儿，银钩儿，
反过来是一个老头儿。
老头儿，老头儿，
你上那里去？
我上南边儿买眼睛〔镜〕儿。
你坐我的小车儿去罢，
ㄗ　ㄏ[②]ㄧㄡ——ㄗ　ㄏㄧㄡ——

这一则游戏的作法，看图就可以明白（原图24—27）。不过唱"老头儿，老头儿，你上那里去？"的时候，那一只上面记有★符号的拇指应该微动，表示他正在听受小孩子的说话；直等到唱"ㄗ　ㄏㄧㄡ——ㄗ　ㄏㄧㄡ——"的时候，两只手同时向前推送，

---

① 此"两个最小的孩子"，指张雪门的儿子张国维和女儿张玫。
② ㄗㄏ：两者皆为注音字母。"ㄗ"对应汉语拼音中的"z"，"ㄏ"对应汉语拼音中的"h"。

以表示小车进行的样子。

它的功用，在生理上是练习各指节的活动，尤其是对于儿童的思想发表有绝大的影响。

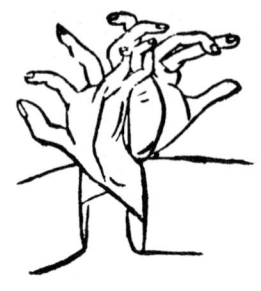

原图 24　第一句之手势图

原图 25　第二句之手势图

原图 26　第五句之手势图

原图 27　第六句之手势图

（二）三人喝酒（北平）

三人喝酒，

三马吃草，

二人打架。

王妈说，不要打不要打。

小妞妞说，该打该打。

这一则游戏作法，已详图中（原图28）。唱第一句时，在上一起的三指动摇；唱第二句时，在下一起的三指动摇；唱第三句时，在中间连在一起的二指动摇；第四句，在上三指所成圈中间的食指（图中有★符号之点）动摇；最末句，在下三指所成圈中间的小指（图中＊符号之点）动摇。

这则游戏为的是企图各个指节的活动及其健全，并发展儿童的思想感情。

原图 28　三人喝酒之手势图

（三）两头蛇（宁波）

这则游戏有作法而没有歌词。先从两个小指钩〔勾〕起，次两个无名指，次一个中指和别一个食指相钩〔勾〕，最后大拇指和大拇指相钩〔勾〕，单留出一个食指和别一个的中指上下动摇（原图 29）。

儿童从这一则游戏，可以获得中指和食指关节的活泼〔动〕，以及掌上一部份筋肉的发展；在心理上，并可扩充他的想像力。儿童在模仿作法未成功的时候，中间必须经过些许的思虑。各种的叠指游戏都具有这一种的功用。

原图 29　两头蛇之手势图

（四）姜太公钓鱼（宁波）

这则游戏也没有歌词。小指、无名指、中指，全两两相钩〔勾〕；下手的食指，从上手的小指边伸过，和上手的食指相接；单留出两个大拇指，一个在上，一个在下，遥遥摆动（原图30）。

儿童从这一则游戏所得的利益完全和上一则相同，不过把上一则的中指和食指改做了两个大拇指罢了。

原图30　姜太公钓鱼之手势图

（五）犁头（宁波）

这则游戏能增加儿童的手指的屈曲力，并扩大他的想像。先由两手的中指和大拇指，各连成一大圆圈；再把右手的食指伸入左手的圆圈中，左手的食指伸入右手的圆圈中；然后，两个无名指移到两个食指底下接起来，小指和小指也接起来（原图31）。

原图31　犁头之手势图

（六）亭子（宁波）

这则游戏的作法，看图自明。两只大拇指和无名指必须和桌面相接（原图 32）。

功用和上一则相同。

原图 32　亭子之手势图

（七）茶壶（宁波）

这则游戏的作法，在图已经很明白了，无须再说。食指、中指、无名指两两相接时，其表面愈平愈好；两个大拇指相并，紧挺住了食指的第三节（原图 33）。

其功用，同上。

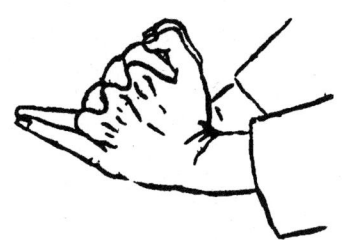

原图 33　茶壶之手势图

（八）ㄍㄜ ㄓㄩ①ㄜ ㄍㄜ ㄓㄩㄜ 耸（宁波）

　　ㄍㄜ　ㄓㄩㄜ　ㄍㄜ　ㄓㄩㄜ　耸，

---

① ㄍㄓㄩ：三者皆为注音字母。"ㄍ"对应汉语拼音中的"g"，"ㄓ"对应汉语拼音中的"zh"，"ㄩ"对应汉语拼音中的"ü"。

堕民①抬夜桶②。

两个小指交互伸直，用两个大拇指各钩〔勾〕住；两个中指也交互伸直，用两个食指各钩〔勾〕住；特留出两个无名指伸上，相背动摇，以表示新娘出嫁时，夜桶上所扎之彩（原图34）。这一种仪式，或仅是宁波有的。抬夜桶是堕民，堕民是侍候平民的一种特殊民族。迎亲时，先仪仗，次鼓乐，再次新人的彩舆，而殿以夜桶（就是便桶）。

功用和上几则都相仿。不过，指节的练习在本则游戏却在于两个无名指的活动。

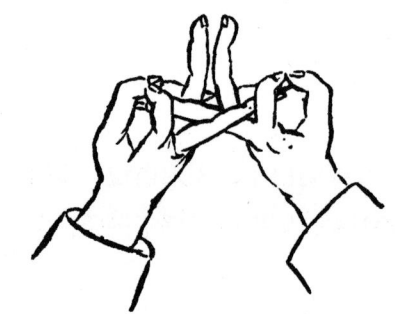

原图34　ㄍㄜ　ㄓㄩㄚ　ㄍㄜ　ㄓㄩㄚ　耸之手势图

（九）生姜（宁波）

新生姜？旧生姜？买生姜呵！
生姜要没③，生姜！

这则游戏和下面二则，都先由大人帮小孩子做；以后，他自己一只手帮别一只手做；

---

① 作者原注："念作疲。"堕民又称"怯邻户"或"丐户"，多任婚丧喜庆杂役等事。
② 夜桶：通称"马桶"或"便桶"，宁波当地也称"子孙桶"。往时旧俗，家中若有女儿出嫁时，陪嫁物中必有一个夜桶。
③ 作者原注："就是'否'字的意思。"

最末，他自己一只手本身能自动做（原图35）。等到手的本身能自动做时，各个手指的屈曲力已经完全了。歌词上两句是买主问的口吻，下两句是叫卖人的口吻。

问答都出于小孩子一个人的口里，因此逐渐领略到商人交易的意义。其余心理上的功用，和上面相同。

原图35　生姜之手势图

（十）鸡头（北平）

鸡头的作法，和"生姜"差不多，很容易从图中看出（原图36），恕不赘述了。儿童做这种游戏时，随口学鸡的啼声；白天在阳光、黑夜在灯光底下，又可投影，觉得格外有味。

其余功用也和上几则相同。

原图36　鸡头之手势图

（十一）城堞（宁波）

这一则游戏也和"生姜""鸡头"差不多，但指节格外须用力一些。别的也没有什么（原图37）。

原图37　城堞之手势图

三、拍掌

这一种游戏，除"ㄍㄨㄤ① ㄍㄨㄤ ㄔ②ㄛ"是大人代作的以外，其余都是两个小孩子对做的。因为是两个人的缘故，又要做得凑合，又要应着歌拍，就渐渐走上节奏动作的路程。

（一）ㄍㄨㄤ ㄍㄨㄤ ㄔㄛ（宁波）

ㄍㄨㄤ ㄍㄨㄤ ㄔㄛ，
萝卜豆腐渣，
公公做人家，
媳妇ㄉㄨㄡ ㄔㄛ ㄔㄛ。
再话话，再ㄔㄛ ㄔㄛ，
还要ㄐ③一两碗给人家。

大人把小孩子抱在膝上，两臂靠着他的身子；用右手举起他的小右掌，左手举起他的小左掌，使之两两相拍，随口唱上面的歌。"ㄍㄨㄤ ㄍㄨㄤ ㄔㄛ"是铙钹相合的声音；"做人家"是节俭的意思；"ㄉㄨㄡ ㄔㄛ ㄔㄛ"是指没有心肠的傻相；"ㄐ一"

---

① ㄤ：注音字母，对应汉语拼音中的"ang"。
② ㄔ：注音字母，对应汉语拼音中的"ch"。
③ ㄐ：注音字母，对应汉语拼音中的"j"。

就是盛。

这则游戏是发展肩关节的健全，并引起儿童节奏的动作。

（二）一箩麦（宁波）

> 一箩麦，
> 二箩麦，
> 三箩打乔麦，
> 四箩铁力拍。

"铁力拍"是打麦的声音。玩这一则游戏时，甲、乙二童相向而立；甲出右掌（手指向前），乙出左掌（手指向前），彼此（甲右掌手面和乙左掌手背）相叠；甲再出左掌（手指向前，手面和乙左掌手面相合），乙出右掌（手指向前，手面和甲左掌手背合），又彼此相叠（原图38）。

原图38　一箩麦之手势图

唱第一句时，甲、乙各把手掌相抚而出。唱第二句时，甲、乙的掌又彼此相叠。即叠即相抚而出。可是，第一次相叠，甲、乙右掌都在外面，左掌都在里面；等第二次相叠，变成左掌都在外面，右掌都在里面了。唱第三句时，又恢复唱第一句时的原状。唱第四句，本来和唱第二句取同一姿势，到最末一字，各拍己掌。以后，甲、乙就开始彼此拍掌。甲用右掌，乙也用右掌，一拍回转来，又各自己拍。次甲换左掌，乙也换左掌，一拍再回来，各自己拍。从此，甲、乙交换手掌相拍—自拍—相拍—自拍下去，至一方面告倦了为止。

甲、乙拍掌时的姿势，看图自明。

这种游戏，在生理上发展肩、肘、腕诸关节，以及手掌与臂的筋肉，在心理上又可唤起儿童对于农家生活的同情。

（三）一箩麦（嘉兴）

一箩麦，
二箩麦，
三箩麦，
开花摘大麦。

作法、功用，和上一则完全相同。

（四）一拇窗（武进）

一拇窗，
二拇棤，
三拇开窗盘，
四拇打手心。

本则游戏的内容，除含有一些小孩子的意趣外，其余作法、功用，全和上述的"一箩麦"相同。

（五）一拇金（江阴）

一拇金，
二拇银，

三拇开窗盘，
　　四拇打手心。

和上一则的作法、功用，完全相同。

（六）一箩麦（乌江）

　　一箩麦，
　　二箩麦，
　　三箩打大麦。

上二句的作法，和第二则"一箩麦"的第一、第二两句的表演，完全相同；第三句和第二则的第四句相同。功用也和第二则差不多。

（七）张打铁（江西）

　　张打铁，李打铁，
　　打到姐姐门口歇。
　　你不歇，我不歇，
　　一心回去学打铁。
　　打铁打了十八年，
　　赚个破铜钱。
　　爷说打酒吃，
　　囝说娶老婆。
　　娶得老婆来，
　　懒又懒，
　　灶下撒尿洗碗盏。

像这一则和下一则的歌词，许是儿童文学的好作品。这些完全孩子气的话，当然能引起儿童的欣赏。

至于作法，开首便拍掌；其唱第一句时，正和第二则"一箩麦"中的第四句的表现一样。唱完、拍完，再要拍，又从头再唱。

（八）你卖胭脂我卖粉（贵州）

你卖胭脂我卖粉，
卖到潞（？）州蚀了本。
大家买了猪头ㄎ①ㄧㄣ②，
ㄎㄧㄣ也ㄎㄧㄣ不动。
丢在河里卜隆东，卜隆东。

"卜隆东"，落水的声音；"ㄎㄧㄣ"，用牙齿咬肉吃的像〔样〕子；"潞"，译音，不知究竟是不是。

作法、功用，和上一则相同。

（九）拍大麦（唐山）

拍大麦，拍小麦；
正月正，老太太爱逛莲花灯。
拍大麦，拍小麦；
二月二，老太太爱吃白糖管。
拍大麦，拍小麦；
三月三，老太太爱吃鸭子蛋。

---

① ㄎ：注音字母，对应汉语拼音中的"k"。
② ㄣ：注音字母，对应汉语拼音中的"b"。

拍大麦，拍小麦；

四月四，老太太爱吃鸡子儿。

拍大麦，拍小麦；

五月五，老太太吃鱼不吐刺。

拍大麦，拍小麦；

六月六，老太太爱打铁。

拍大麦，拍小麦；

七月七，老太太做新鞋。

拍大麦，拍小麦；

八月八，老太太供月亮。

拍大麦，拍小麦；

九月九，老太太做ㄉㄥ ㄔㄥ糕。

拍大麦，拍小麦；

十月十，是老太太的纪念会。

拍大麦，拍小麦；

十一月一，老太太做新衣新裙子。

拍大麦，拍小麦；

十二月二，老太太预备过年的东西。

这种歌词并不是专说农家的打麦子，不过借"拍大麦，拍小麦"二句，做全首歌词的骨子罢了。儿童从这首歌里得领略了一年生活的情形，而这一种生活是极普遍的，也决不是老太太个人所独有。所以，常提"老太太"者，不过举一个例子，做全篇的主人翁的意思。

前二句，抚掌；从第三句起，开始拍掌。唱完，拍完。

其生理上的功用，连下三则，都因为举掌的姿势（原图39）和上七〔八〕则不同，发展肩、肘、腕诸关节和臂膊的筋肉较为有力。"ㄉㄥ ㄔㄥ糕"，许是一种豆沙做成的糕，和重阳糕相仿。

原图 39　拍大麦之手势图

（十）花打打（山西）

　　花打打——

　　打一配一，云果儿咬齐。

　　打二配二，南池瓜。

　　打三配三，南长瓜王。

　　打四配四，放手写字。

　　打五配五，金桥银鼓。

　　打六配六，六把扇子遮日头。

　　打七配七，七对鸭子七对鸡。

　　打八配八，园里看花。

　　打九配九，洪海流口。

　　打十配十，十个女儿采桑叶。

　　采下一簸箕，夹墙溜过去。

　　这首歌词的内容，有地名、有出产、有时令、有各种的生活，颇能表现小孩子绝对自由的想像力；且借打"几"配"几"，以练习他记数及节拍的作用。

　　动作上，唱第一句时，抚掌；从第二句起，便开始拍掌。唱完，拍完。再要拍，又从头唱起。"云果儿"，许是落花生。

（十一）打花巴掌（北平）

打花巴掌

C调　4/4拍

```
·8·
1 3 2 3  3  —  | 5  3 6 1  —  | 1  3 3 3  5 5 5  3 6 1  —  |
打 花 巴 掌 分     正  月 里 正,   老  太 太 爱  逛 个 莲  花 儿 灯。
                                                         ·8·
5.   3 5.  4 | 5  6  5  —  | 6 1 6 1 2.  4 | 1  3  2  —  ||
烧   炷 香  儿, 捻  珠  念  儿,   茉 莉 茉 莉 花    儿, ㄇㄞ ㄎㄤ ㄐㄧㄚ儿。
```

（注意：·8·符号为再唱的连接号）①

打花巴掌分正月里正，老太太爱逛个莲花儿灯。烧炷香儿，捻珠念儿，茉莉茉莉花儿，ㄇㄞ② ㄎㄤ ㄐㄧㄚ儿。

打花巴掌分二月里二，老太太爱吃个白糖棍儿。……

打花巴掌分三月里三，老太太爱吃个关东烟。……

打花巴掌分四月里四，老太太吃鱼不会离刺。……

打花巴掌分五月里五，老太太爱吃个烧白薯。……

打花巴掌分六月里六，老太太爱吃个煮白肉。……

打花巴掌分七月里七，老太太爱吃个白烧鸡。……

打花巴掌分八月里八，老太太爱吃个红烧鸭。……

打花巴掌分九月里九，老太太爱吃个白干酒。……

打花巴掌分十月里十，老太太爱吃个红石榴。……

打花巴掌分冬月里冬，老太太爱吃个饼卷葱。……

打花巴掌分腊月里腊，老太太在家做腊菜。……

唱第一句起，便开始拍掌；上四字"打花巴掌"，抚掌而出；"分"，各自拍掌；"正"

---

① 此再唱的连接号 ·8·，当订正为 𝄊。

② ㄇㄞ：两者皆为注音字母，"ㄇ"对应汉语拼音中的"m"，"ㄞ"对应汉语拼音中的"ai"。

相拍;"月里",自拍;末字"正",又相拍。拍掌的动作,和上二则完全一样。唱完拍止。若仍想拍,又可从头唱起。

"ㄇㄞ ㄎㄤ ㄐㄧㄢㄦ",植物名,颇香,也可供佛用。

(十二)拍花巴掌(天津)

拍花巴掌来正月正,老太太爱逛莲花灯。指甲草来,安根吉儿①。茉莉茉莉花,茉莉茉莉花,安根吉儿。

拍花巴掌来二月二,老太太爱吃白糖棍。……
拍花巴掌来三月三,老太太吃鱼不吐刺。……
拍花巴掌来四月四,老太太爱逛隆福寺。……
拍花巴掌来五月五,老太太爱吃大白薯。……
拍花巴掌来六月六,老太太爱吃红烧肉。……
拍花巴掌来七月七,老太太爱吃红烧鸡。……
拍花巴掌来八月八,老太太爱吃红烧鸭。……
拍花巴掌来九月九,老太太爱喝白干酒。……
拍花巴掌来十月十,老太太爱做评审官。……

这首歌词,北平也有唱的人。所谓"指甲花",就是凤仙花;"安根吉儿",就是"ㄇㄞ ㄎㄤ ㄐㄧㄞㄦ"。

作法,和上一则完全一样。

(十三)对对对(山海关)

对对对,葫芦瓢,这头儿不着那头儿着。

---

① 安根吉儿:一种植物的名称。

红萤子背，背狗子。背一个，跳十个。
跳什么跳，儿马叫。儿什么儿，张家坟。
张什么张，虎拿枪。虎什么虎，牛皮鼓。
牛什么牛，鸽蛋球。鸽什么鸽，燕子窝。
燕什么燕，扯白蛋。扯什么扯，生牛草。
生什么生，李大宾。李什么李，刷锅底。
刷什么刷，豆腐榨〔渣〕。豆什么豆，肥羊肉。
肥什么肥，大眼贼。大什么大，瓢说话。
瓢什么瓢，烈马骠。烈什么烈，猪八戒。
猪什么猪，脓带窟。脓什么脓，腰里挂个大油瓶。
油瓶漏，装黑豆。黑豆小，装干草。
干草细，咕唎咕噜唱大戏。

唱第一句首二字，抚掌而出；唱第三字，各自拍掌；从此便相拍、自拍，一直等唱完了，拍掌才止。

这类歌词很能引起儿童联想的观念。

四、分指

这一种游戏，又可以分做两类：一类是自己一个人玩的，为的是企图各指头独立的动作；一类是由两个人以上玩的，为的是指出各个的指头来，在心理上，已有了思虑的作用。

（一）天主教堂（北平）

两手中指的第二节如图紧紧相并，其余指头一概向上伸直（原图40）。在初练习的时候，每对指尖彼此相托，以后渐渐离开，变成图中的样子。最后，连那对无名指也可以自由脱开。

这种游戏是练习各个指头单独的屈伸力，但在儿童，不过一心想造成天主教堂罢了。

原图 40　天主教堂之手势图

（二）搔痒（宁波）

中指是主人，无名指和食指是侍役，大、小指是旁观者。主人痒发，侍役即来侍候。在开始未习惯时，无名指和食指交互的上下，常不易成功；而且这两个手指动时，中指连大、小二指都动，表示主人痒得难受，侍役又不会侍候，引得旁观者都笑起来了。经过相当的时间，侍役会侍候了，主人舒服，旁观不笑。那时，无名指和食指交相上下时，中指和大、小指，便能如图一样，挺直地丝毫不动（原图 41）。

儿童从这一则游戏所得的功效，完全和上一则一样。

原图 41　搔痒之手势图

（三）蛇头（宁波）

全手五指直伸，独屈第一节，是健全每个指头的指节活动的自由（原图 42）。用蛇头来适应儿童的想像，许不至于乏味罢。

原图 42 蛇头之手势图

（四）抽中心（宁波）

抽中心，打白骗。
疴缸撩起打十记，
一、二、三、四、五、
六、七、八、九、十。

一个人做，一个人或二个以上人猜。猜中了，做的人被猜的人打手心。随打随唱上记的歌词。唱完，打完。猜错了，猜的人被做的人打手心。打法一样。

这一则游戏，做的人把自己右手的指头全握在左手中，微露出每个的指尖，让给别个人指出其中指来。

儿童在这一则游戏中，不论做的或猜的，全不能不有一种思虑的作用。其心理上的功效实甚于生理。

（五）蛀虫蛀大王（宁波）

大拇指是大王，食指是鸡，中指是木棒，无名指是猫，小指是蛀虫。大王食鸡、养猫、取棒，但独畏蛀虫。鸡啄蛀虫，但对其余三种都不敌。木棒可打猫、鸡，但被损蚀于蛀虫，而且受制于大王。猫畏大王与木棒，又怕生蛆虫，但可以偷鸡吃。蛀虫可以蛀大王、木棒和猫，但独怕鸡。

玩时，二童对立，同时各任意出一指。如甲出大拇指，乙出中指，那末，甲胜了；

如乙不出中指而出小指，甲便失败。

功用和上一则同。

五、指表演

这一种游戏，全是两个人以上对玩的。

（一）水冲石头（北平）

满拳握紧，当作石头；平放手掌，当作是水；掌心向上，五指微屈，当作砂锅。石头破锅，锅煮水，水冲石头。

玩时，甲、乙各握拳，相向对立，口呼"一、二、三"。呼"一"，各把右拳从上猛向下一顿，又转回去，擎在上面；呼"二"，又顿下来，复擎在上面；呼"三"，各出心裁，从水、石、锅中表现一种，看谁胜谁负。

这一则游戏，也可以合多人同玩；或选一人摆擂台，其余的人一个一个和其较拳。如较拳者败了，更推一人上去和摆擂台者相较，直等到把摆擂打败为止。如摆擂永远胜利，自然更得大众的敬佩。大概儿童中非较有本领者，不能摆擂台；即摆，也立刻给别人打倒，徒然供人讪笑。何必呢！有时，儿童分做二队，每队各出一人相较。如乙队胜了，甲队续出一人；甲队胜了，乙队又续出，一直等到那一队的人已没有了人可以续出时，胜负才决（这时，那一队败了，而另一队胜利）。

儿童从这类游戏用力较多，其肩、肘关节的活动和臂筋肉的发展，比上述各种的手指游戏更有功效；对于心理上的思考作用也加多。

（二）剪刀裁布（江浙）

这一则游戏和上一则几乎一样。不过，把石头、水、砂锅，改做了石头、布和剪刀。表演石头的姿势也和上一则同。但伸掌，是布；从拳中单出食指和中指，是剪刀。玩时，江苏的小孩，每次须喊"一、二、三，猜"；浙江是不喊的。其"一""二""三"的动作，和上一则——"一""二"全同；到"猜"始表示，以决胜负。

六、指影

这一种游戏用手指在日光或灯光下作种种的表示，现出各种美丽、生动的影子。从严格的评判，实不能属于表演的游戏，但能诱起儿童初期手指游戏的兴趣罢了。

（一）兔

右手大拇指与食指连成一圆圈；小指与左手的小指相钩〔勾〕；左手的无名指在右手小指下，伸入于右手所成的圆圈里；左手大拇指伸上来，紧靠在右掌的旁边；留出右手的无名指和中指在上，右手的食指和中指在下。

如右手无名指和中指动摇，在影中不但现出兔耳的活动，且尤足以表示兔眼的开阖。左手大拇指在影中所投射的是兔的尾巴；左手中指和食指所投射的是兔的前脚。时常屈伸，更觉得生动活泼（原图43）。

原图43　兔之手势图

这一则和以下的几则游戏，很能引起幼小儿童的注意；年长的，便想自己模仿。关于感情、知识、思虑、记忆、想像上种种的功用很大，实不仅能启发他手指游戏的兴趣而已。

（二）农夫锄地

裁正方形硬纸一块，对折成三角形，如图★贴在右手腕上，手指全向下。另取棒——如图＊一枚。食指、中指、无名指在棒外，小指、大拇指在棒里。玩时，全手指向左右移动，很像农夫戴笠锄地的光景（原图44）。

这一则游戏，除心理的发展尽如上一则以外，对于腕力，更有特殊的功效。

原图44　农夫锄地之手势图

（三）鹿头

作法，看图自明。小指和食指所投射的影，是鹿的二角；动摇时，且能表示眼的开闭（原图45）。

原图45　鹿头之手势图

（四）马头

两个大拇指所投射的影，是马的两耳；食指和中指，是马的上颚；无名指和小指，是马的下颚。玩时，两耳和上、下颚全能活动（原图46）。

原图 46　马头之手势图

（五）鸭头

小指和无名指投射的影子，是鸭的上、下颚。动时，且能显示眼的开闭（原图 47）。

原图 47　鸭头之手势图

（六）酒壶

作法，在图中已经很明白，不必再赘。玩时，大拇指愈挺直愈好（原图 48）。

原图 48　酒壶之手势图

结语①

从上面这些的材料中，以推论我国手指游戏在教育上的价值，已不胜枚举。为求明白起见，得统计于后：

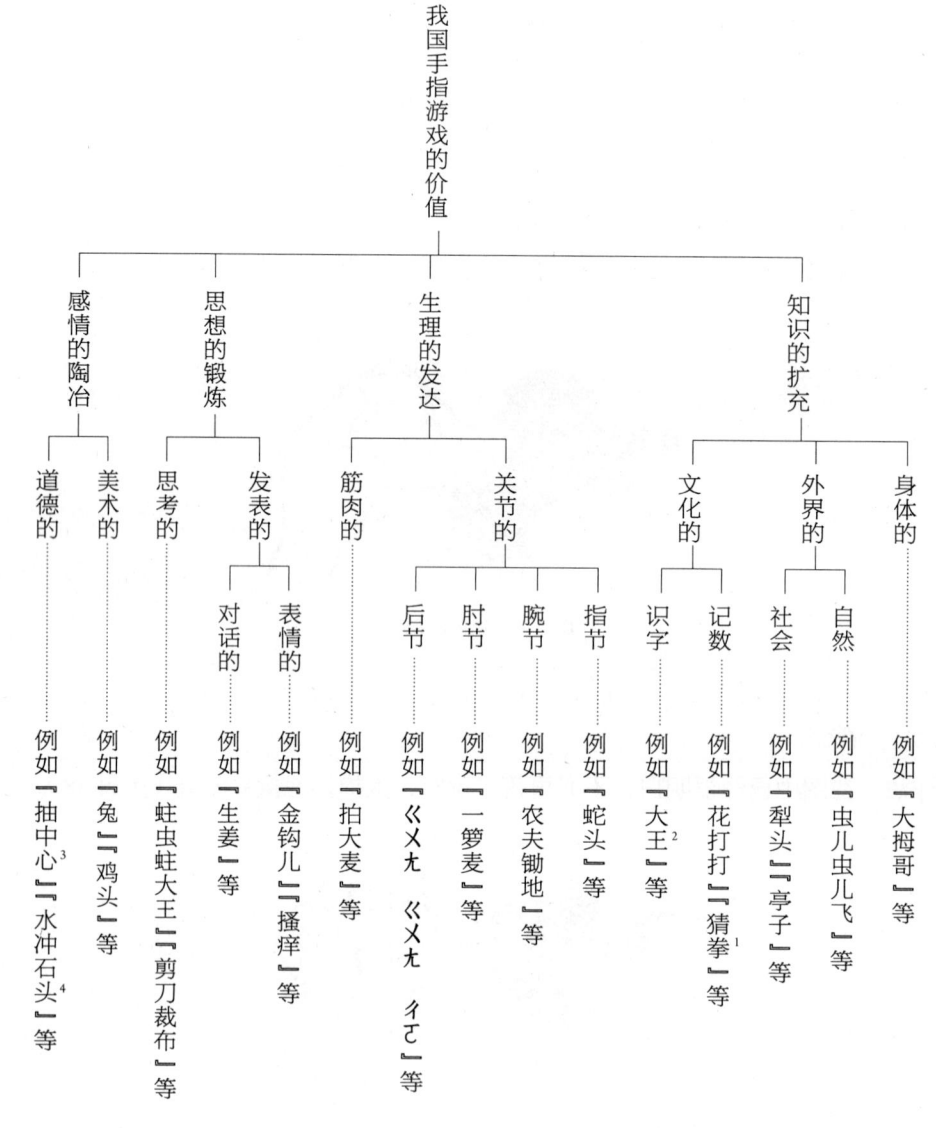

---

① 此标题系编者所加。

注：1. 猜拳在民间，常于闹酒时见之，然微嫌其枯涩。从前在杭州西湖头有一家酒楼，听见两人行酒，他们猜拳前，尚有一套歌词。因为材料无从搜集，只得从阙。

2. "大王"也可归入叠指的一类，觉得和小孩子没有多大兴趣，因此省去，兹行补图于下（原图49）。

3. 道德的习惯从游戏中养成者，各书说法不一。如从"抽中心"中，未始不可培植儿童精细、服从公意的态度。

4. 从"水冲石头"中，也可养成儿童勇敢、爱群、守法等好习惯。

原图49　大王之手势图

看过这张表之后，我们如果承认了国内的手指游戏在教育上已有它相当的价值，那末，究应如何厘定程序，以供一般幼稚园和小学校的试用？这一问题，若详细研究起来，当然不是本篇所能包括。现在所述，不过仅由我搜集这些材料时的经验，以供从事于本问题者的参考而已。

当我初见到这些材料的时候，以为最难的是叠指。后来，凭自己手指的试行，也觉得叠指最难。且这一时期的儿童，近代教育学家、心理学家都主张，与其发展他的小筋肉，实不如发展他的大筋肉。因之更相信，叠指游戏应用于儿童的后期。但从观察所得，用不到再经广博的测验、科学的考查，已足以获得相反的证明了。

这一种证明，确实值得信任的。无论在小学校、幼稚园、街上、家庭，凡是有小孩子（这些小孩子是能够做这一类游戏的）地方，都逃不出那一种情形。大概认指和"ㄍㄨㄤ　ㄍㄨㄤ　ㄔㄛ"的游戏最早，二岁左右，正在学语或未学语的孩子已经能玩；

叠指和大人代做的指影次之，多在五六岁进幼稚园的时候；拍掌、分指、指表演，以及自为的指影，总在七岁进小学校以后，而且把叠指游戏去探问一般拍掌的孩子们，差不多全会。或许是从前习过，现在忘记了；若倒过来问，便完全不知道。

　　上年我的小孩子在孔德幼稚园的时候，正在家里玩叠指玩得最高兴的时期。可是，虽天天望见孔德小学生做手指表演的游戏，但始终未见他模仿过。这些不全可以证明，叠指在拍掌等以先的事实吗？

　　总之，手指游戏，不论在家庭、幼稚园或小学校，自有它的教育上的价值。然而，各时期的详细的进行程序，尚有待于探讨。现在，再把手指游戏怎样适应各时期儿童的生活，略说一下。

　　儿童在二岁的时候，正在学语，对于外界各物虽未尽知它的名称，却已有这些东西的观念；而这些观念的获得，多由于手指和各感官相联络。其兴趣的引起是随着感官的发展而来，等各部感官渐渐交互联接，而每一种新势力又足以增加他的新趣味。所以，"大拇哥"等游戏，因感官的活动，学得各种名称，由已知而推及于未知，当然合于他那时生活的需要。他在那一时期的模仿作用，虽已非人笑也笑、人哭也哭的反射作用，然仍脱不了鸟啼、驴叫、猫走的自然模仿。所以，像"虫虫对"中的"对""飞""ㄉㄜㄉㄨㄥ飞"的动作，都是很适合的。至于想像，也正在开始。所以像"小爬虫"，能够吓住报告张君婴孩时的啼哭；而幼稚生的维维，却知道是指头了。

　　儿童到了五六岁的时候，精神的活跃已追过了感官的势力，记忆强健；而言语的进步，又足以帮助心知的发展。所以，像"两头蛇"等，不必由他直接的感觉，已有揣摩的可能。模仿，在二岁时已很发达；到现在，从直接的、冲动的，变成了较有目的底模仿，似稍含思考的简单作用。如"三人喝酒""姜太公钓鱼"等游戏，当未熟习的时候，他自己先有了一种目的，要想完成，自不得不经几许的历程。虽然这种历程在大人眼光看起来是简便的。想像力很富，他有了经验事实做根基，而不为一切关系所拦阻，可以任意自由，像"金钩儿"和大人代做的指影戏等，自然是他所需要的了。

　　进小学的初期，在儿童时代中，好像是一种过渡的时代。生理的发展渐缓；心知因过分的要求和消费，也似乎停滞；乳齿开始脱落，更换新齿。但在游戏中，社交心已发达。从前耽于个人游戏者，现在非有同伴不可。所以，"剪刀裁布""抽中心""打花巴掌"等，在七八岁就盛行了。竞争心也渐富，除非是定能胜利的，稍失败便立刻不愿意了。所以，小学生常喜欢做"水冲石头"的游戏；而有时，又常因玩这一种的游戏引起了争执。意识上思考作用，在这一时期，比五六岁时进步了，已不是仅仅乎表示需要适合于其目的——如上期之学习"三人喝酒"等——那一种的简单，多少含有推理上关系比较的作用，如"蛀虫蛀大王"，便是一个好例子。想像力因经验的日积，也渐脱离从前的空想、幻想而接近理想。因之，"兔""农夫锄地"等指影戏，当然是合于他的需要。

可惜，现在中国的手指游戏，尚未正式入学校之门；然而，幼稚生和小学生玩这一套的游戏者，依然还未尽绝。这又足以证明，材料之合于儿童生活的需要者，自有其不〔无〕足而驰的可能。今后如能扩充搜集的范围，再加以科学的整理，对于教育上的价值，实非现在所能推测。

于平西香山慈幼院

60 幼儿读物问题的讨论

龚宝善

1930年3月1日

题 解　　本篇原载《安徽教育》第 1 卷第 7 期。发表时间为 1930 年 3 月 1 日。

　　撰著者龚宝善（1907—1996），江西南昌人。毕业于国立中央大学教育学系，曾参与发起组织"人社"，参加全国第二届高等考试及格，并派任为河南省教育厅督学。后历任国立体专、江西省立工专训导主任，工专分校主任，国立中正大学教授，台湾省立师范学院公训科副教授兼图书馆主任，台湾师范大学教授等。撰有《民族复兴与民众教育》《职业教育析义》《民众教育析义》《民众教育与民众环境》《中国社会动荡中之乡村教育》《青年心理与训育实施》等，著有《现代伦理学》等。

　　《安徽教育》，地方教育半月刊，后改月刊和季刊，1929 年 10 月 15 日创刊于安庆，系由安徽省教育厅主办、编辑并发行。其宗旨为："研究教育学术，介绍新教育方法，讨论实际教育问题，谋本省教育之改进与发展。"主要栏目，有局外评论、教育专论、教育译述、教育要闻、教育实验报告、教育书报介绍、学生园地等；主要撰稿人，有程天放、胡家健、金晓晚、孟宪承、赵演、张士一、余上沅、邹恩润等。停刊时间不详，目前能查到的最后一期的时间为 1934 年 7 月 1 日。

一、幼儿与读物

"儿童读物"这个名词,虽然非常普遍的使用着,但仔细想想,"儿童"二字冠在读物之上,似乎太宽泛了,不能精细地指出这种读物所供给的对象。在儿童学上,各国学者对于儿童期的区分颇不一致,有些偏重于生理的成长,有些偏重于心理发展,很难得到一个标准的儿童期。不过,就他们所规定的各种儿童期的期限,概括起来,最长则自受胎至二十五岁止,最少亦须达到十五六岁后,方可算儿童期的终止。

现在,且举日本高岛氏区分的儿童期,列在下面:

第一期——胎儿期　　〇~四十周

第二期——婴儿期　　〇~三岁

第三期——幼儿期　　三~十岁

第四期——少年、少女期　　十~十五岁

第五期——青年期　　十五~二十五岁

由此我们知道,在儿童学上,自胎儿以至于青年,都可唤做"儿童"。他所占据的时间虽不过二十余年,但所经过生理的及心理的发育成长的变化,却非常之大。这种变化状态是发育上一个极其根本而重要的问题。除了胎儿期和婴儿期,是不能受显著的教育之外;其余三期,在教育的使命上,都必须有一种特殊的教育去适应儿童特殊的发展。

读物是实施教育的工具之一,当然也应随各期特殊的教育而变化。所以"儿童读物"这个名词,用儿童学的眼光去看,它的涵义是非常模糊而宽泛。不但幼儿读物、少年读物、青年读物,都可以笼统概括,就连胎儿、婴儿——虽然是不需要读物的——也可以包含在内呢!

那末,这种读物所供给的对象完全失了重心。虽然在现在一般人心目中的"儿童读物"所供给的对象,大概都是指自三四岁至十一二岁的儿童;但精密的说,"儿童读物"这个名词,似乎总不十分妥当。我们根据高岛氏儿童期的区分,自二〔三〕岁到十岁是幼儿期,不如改为"幼儿读物"比较要明了、洽〔恰〕切一些。

幼儿究竟是否需要读物?这是讨论幼儿读物的一个先决问题。卢梭在他所著的《爱弥儿》中说：

> 读物就是打儿童的鞭答。但许多人都以为，除掉读物，就没有儿童教育。爱弥儿虽到十二岁，还不知道书籍是什么东西。我必等他自己知道怎样去读，我才教他读书；我认定他自己知道要读书后，读书才有益处。不到相当的年龄要他读书，不过增加他的苦恼而已。

照卢梭的意思，幼儿是不需要读物的。所以，我们大人不应该强迫他们去读书。

那末，这个幼儿读物问题，根本就用不着讨论了？但是，我们就幼儿身心发展的实际上看，幼儿从三四岁起，自发模仿的戏曲本能就开始活动，想像力也非常旺盛。所以，他们一听到母亲或师长在讲故事、唱儿歌时，便非常高兴，静竖着耳朵来听，并且以后便常常要求人家讲故事、唱儿歌了。

假使幼儿读物是用故事、歌谣等混合材料来编，那我相信，幼儿需要这般读物，正和需要糖果、玩具一样的急切。不过可惜，我们成人对于幼儿，素来是非常蔑视的，几乎认他们是没有生命的东西，只是父母一种附属品。所以，从来不替儿童设身处地的想一想。他们所供给幼儿的读物，都不过是成人读物粗制的一部份，多半是艰深的、苦涩的、枯燥的，叫那班天真活泼的幼儿怎么高兴去读？无怪乎书籍变成打幼儿的鞭答，卢梭也就有这种幼儿不应读书的主张了。

然而卢梭却没有过细地一想，这不是幼儿本身不应读书的问题，而是读物编制好坏的问题。编制得不好，就是拿给成人读，也未必相宜；编制得好，幼儿又何尝不高兴读！所以我敢肯定的说："好的读物，幼儿是十分需要的。"

怎样的读物才是好的读物？换言之，才是幼儿所需要的读物？这个问题不是轻易可以解答的。因为幼儿的个性、遗传、环境各有不同，兴趣、习惯、经验也就随之变更。适宜于甲儿的读物，未必适宜于乙儿；适宜于A地幼儿的读物，未必适宜于B地的幼儿。譬如勇敢、热烈的幼儿，一定喜欢读冒险、神奇的故事；而怯弱、迟钝的幼儿，则多半不大喜欢读。又如关于雪的故事，在许多玩过雪的幼儿读到这类故事，就会想到雪的洁白可爱，自然发生特别的兴味；但是近〔处〕在热带地域以内的幼儿，终年看不见雪，简直不知道雪是一种怎样的形状，纵然故事写得很好，也难引起他们亲切的兴味了。

所以幼儿需要的读物，不能一般的肯定；在乎我们替幼儿编辑或选择读物的人，细心考察幼儿的个性、遗传、环境，去满足他们所需要的读物。不过在普通情形之下，我们也可以举出一般幼儿读物所应具的几种特性：

（1）文字要浅显有趣，就像幼儿的说话一样；
（2）音调要自然和谐，就像幼儿的唱歌一样；
（3）情节要生动活泼，就像幼儿的跳跃一样；
（4）材料要取幼儿所经验、想像得到的，就像幼儿的生活一样。

总括一句就是：幼儿所需要的读物，纯粹要"幼儿化"。

二、幼儿读物在教育上的价值

在幼儿的本身上，固然非常需要读物；同时在教育的立场上，幼儿读物也是十分重要的。它可以负着教育的使命去训导幼儿，使他们循着正当的途径：（1）满足精神的活动；（2）启发社会的情绪；（3）建设优美的品性；（4）养成自动的学习；（5）调剂现实的生活。这都是在教育上很显著的价值，兹特分述于下：

（一）满足精神的活动

幼儿到了三四岁时，看见一只鸟雀就会想到，鸟雀是不是也有母亲，也有姊姊、弟弟？……看见一座钟就要问人家，钟的摆怎么会动？怎么会叫？要吃些什么？……像这一类的问题，我们常常从许多可爱的幼儿口中听得到。

他们在这个时候，精神的活动渐次开始，想像力也很发达。因此，他们无论看见一件什么东西，就会联想到许多有趣的问题。但是，我们重〔童〕心消失的成人，素来是蔑视儿童的。对于他们的问题，总认为是幼稚的、无意识的，多半置之不理；万一高兴时，也只是老气横秋，给幼儿几句不相干的回答。像这般把幼儿活泼泼的想像力横加摧残，在幼儿的精神上，固感着十分的不愉快，使他们变做精神发育不健全的幼儿；在教育的效能上，便受了一个很重大的损失。

现在，我们要挽救成人历来对幼儿的错误，赔偿教育上的损失，最好是利用幼儿读物，如童话、歌剧等，以满足幼儿精神活动的要求，使想像的"嫩秧"，能够在他们活泼、新鲜的脑内，开出许多美丽的花，结成许多鲜硕的果。

（二）启发社会的情绪

幼儿的情绪，本来非常嫩弱、简单。什么叫做"是非"和"善恶"，在他们是很模糊的。因为，他们很少和各色各样的人物去接触，很少经历各色各样的环境，对于社会经验，当然非常生疏、缺乏。因此，社会中各种实际的关系，他们都没有伦理的观念去判断。假使突然遇着一种变异的环境，便不能应付得当，以至〔致〕陷于迷误和危险。

在幼儿读物中，常常把社会各种关系很简明的、正确的告诉幼儿，使他们知道，世间有仁慈、勇敢、诚实、忠毅、残酷、奸诈、懒惰、滑稽种种的人物，有清高、卑污、质朴、奢华、贫苦种种的环境。在他们接受这许多不同的人物和环境时，自然会发生羡慕、钦佩、爱好、恐惧、怜悯、厌恶各种情绪。在教育的使命上，我们应该一方发挥幼儿的优美性，一方抑止幼儿的恶劣性。所以读物中对于残酷、奸诈、卑污、奢华一类的叙述，必须斟酌措辞，如刺激性和诱惑力过强的描写，是绝对不宜的。

有些好的读物，更可以助长幼儿优美的同情心，使他们知道，父母、师长是怎样的劳苦育养，兄妹、朋友是怎样的诚势〔实〕可爱，劳动者是怎样的不幸，残废者是怎样的痛苦。像以上各种关系，幼儿是很难直接经验和了解，全赖好的读物去启发他们、指示他们，使他们的情绪能够照着正当的途径去扩展。

（三）建设优美的品性

幼儿最好活动。父母、师长无论如何，不能时时刻刻跟在他们的身边。因此，他们有些越轨的行动，就有时候防范不到。最好是藉优美的文学去陶冶他们，使他们自己会养成良好的品性；并且利用优美的文学去陶冶幼儿，较之父母、师长的教训，还要更有效力。因为父母、师长的教训，多半是采用一种明显的、直接的警戒式，使幼儿接受这种教训时，只感到恐惧、束缚种种不愉快的印象。脑内的容性因此微弱，教训的效力也就消失了。

至于优美的读物，完全不带一点强迫教训的意味，只是用丰富的情调、美丽的文字，编成儿歌、童话、故事等，去暗示一些好的模范和教训，使幼儿自然会用快悦的心情去接受，去摸纺〔模仿〕，去改正他们不良的品性。这种具有暗示力的读物，在教育上实有很大的贡献。

（四）养成自动的学习

从前的幼儿，总把读书认做一件苦事，必须大人用种种拘禁的方法，强迫他们去读；然而越加强迫，他们越怕读书了。所以，有许多幼儿就常常逃学、怠读。

酿成这种现象最大的原因，便是读物本身太枯燥乏味了，不能引起幼儿的兴味；再加之成人不懂教育的原理，只知一味的强迫惩罚。像这般读书，不但对幼儿毫无益处，且阻碍幼儿身心的发展。

现在我们要矫正这种错误，不是消极的让幼儿不读书就算了，必须积极的去编制以幼儿为本位的读物来供给幼儿，使幼儿觉得书是可爱的，自己愿意去读，善〔喜〕欢去学习。那末，大人们既可少费无益的精神去强迫幼儿，幼儿也再不会把读书认做是吃苦了。

（五）调剂现实的生活

喜新厌旧的本能——好奇心——在幼儿时期便已发达；同时幼儿的精力也非常旺盛，性情也非常活跃。所以，他们除想出各种游戏来消耗过剩的精力以外，并是〔且〕还很容易做出越轨的行动，来散发他们活跃的性情；否则，他们便感到现实生活是干燥无味的。

我们现在要使幼儿过剩的精力和活确〔跃〕的性情，用在正当的途径上，最好利用优美的读物去调剂现实的生活，使他们的精力有了寄托的地方，越轨的行动自然便会没有了。

三、编辑幼儿读物的意见

目前出版界的幼儿读物，数量方面固觉太贫乏了，实质方面也有许多欠缺的地方。创作的作品往往失之高深，翻译的作品又不免带一种异国的风格，都不易唤起幼儿的兴味和满足幼儿的需要。

所以编辑幼儿读物，实为现在一件刻不容缓的工作，尤其是创作方面，应该多多努力。不过这种工作并不是很容易做的，至少要具备下列两个条件：

（1）在学理上，要对儿童学和教育学有相当的认识；

（2）在实际上，要和幼儿常常接近，对幼儿有深切的了解。

然后，可以着手编辑幼儿读物，那末不至于发生芒〔茫〕无头绪和隔靴搔痒的毛病。

我很抱愧，对于上面两点，可说没有什么研究，实在不配来谈编辑幼儿读物。不过我爱幼儿，我更爱读幼儿读物，很想从这方面有一番努力，所以不揣简陋，把我的意见说一点。至于具体的计划和方法，我自知没有这种能力，只好俟诸异日吧。

（一）取材

自然界的景物，父母、兄弟、姊妹的爱，以及幼儿自己的生活，都是编辑幼儿读物最好的材料。因为这些都是幼儿常常能够接触的，对于幼儿，大半可以适用和容易体验。

至于社会、国家、各种实际问题的材料，那就必须眼光四到、愿虑周密、斟酌取去才好。譬如关于强盗的残酷行为，及不伦理的意〔恋〕爱故事等，在幼儿好奇心很发达的时期，固可以满足他们的需要，使他们发生强烈的兴越〔趣〕；但是另一方面，却暗示给他们许多坏的印象，而且他们的模仿性很强，在教育的实际上，便不免发生危险的结果。又如为着灌输或〔某〕种主义，而故意描写一些带着色彩的故事，在贯澈某种教育的目的上，也许可以发生效果；但在幼儿的心灵上，便受了不可泯灭的桎梏和创伤。

像上面类似的材料，都应该设法避免。固然，有时不能绝对不谈一点残酷的事迹；但多少须有一种"福善祸淫"的暗示，去提醒幼儿正当的观念。同时，也不宜处处带一种教训的意味，以蔑视幼儿本能的发展。

还有关于神仙的材料，在幼儿读物中究竟应否采取，这也是一个应当讨论的问题。有些人主张不应采取，理由是，以免养成幼儿迷信的观念；有些人认为可以采取，理由是，在幼儿本能上是非常需要的，即使在将来也无妨碍——因为幼儿出了戏剧时期以后，神仙观念便会渐渐消失。这个问题，我觉得前者的理由有些过虑，后者比较充足好多。不过，我们采取神仙事迹做材料，有一层要注意的，就是刺激性太强，如狞恶的、不合人道的神仙鬼怪等，不宜采取；至于优美的、和善的、近乎人形的各种神仙，不但没有害处，并且在幼儿确是非常需要的呢！

现在归纳起来，可得几条取材的标准：

（1）幼儿常常接触的；

（2）幼儿所能适用的；

（3）幼儿容易体验的；

（4）不桎梏幼儿性灵的；

（5）不暗示幼儿以坏印象的。

（二）措辞

虽然有了一些很好的幼儿读物材料，假使不善布置，那末材料的价值便不能显著的表现。所以第二步，应该知道怎样的措辞。

关于措辞的方法，严格的讲，本不是用呆板的文字可以叙述的，在乎作者能够运用机智的脑力和灵活的手腕去表现出来。但在具体方面，措辞的准则也有几点可以举出的：

（1）要语言化——"言文一致"，在成人尚有这种需要；幼儿的读物，当然更应语言化。不但文绉绉的辞句用不着，就是成人的语气也应该避去；务求酷似幼儿的口吻，使他们一读便晓，自然容易发生兴趣。

（2）要音乐化——和谐的韵律，即使是成人都很喜欢，何况在韵律时期的幼儿，自然特别需要了。所以，措辞应该合乎自然的音律——也不可过于矫强做作，弄成以词害意的毛病——使幼儿一方引起美感，一方便于吟诵。

（3）要游戏化——幼儿不是成人的模楷，所以游戏的意味，在成人看来是毫无价值的，在幼儿便认为非常神圣。我们编辑幼儿读物，应该站在幼儿的地位上着想，所以最好是采用游戏式的措辞，使合乎幼儿的兴趣。至于油腔滑调的词句也应避去，以免给幼儿以坏的启示。

（4）要美术化——美术化，并不是把词句修饰得文绉绉的意思，只是用说话的声调，去表现一种高雅的清〔情〕趣、纯洁的思想。从反面说，便是避去那些粗卤恶劣的口吻和乱杂无章的组织。

（三）命名

一本书或一篇文章的名字，就和一栋房子的大门一样，最先使人注意。假使命名不好，那末开始便给读者一个不愉快的印象；纵然内容如何华美、结构如何精细，都会使读者忽略过去，甚至于完全抛掉内容不读。所以第一层，应注意到怎样命名。

幼儿读物命名的原则，大概不外乎浅显、恰切、简要、新鲜、活泼几种。现在分述于下，并就目前已出版的幼儿读物的名字中，举出些不大妥当的——也许只是我个人所感觉到——和我所想修改的名字，写在下面，以供大家的商酌。

（1）浅显——避去深奥的字眼，使幼儿一读便懂。例如《木偶奇偶〔遇〕记》这个名字，非经过一番解释，幼儿是绝对不懂的。假如改为《危险的木头人》，不但意思非常浅显，并可引起幼儿的好奇与警戒。

（2）恰切——编幼儿的读物，而却要站在成人的地位来说话，那是使幼儿很扫兴的，最好是切合幼儿自动的口吻。命名也是一样。例如《给少〔小〕朋友们的信》，若改做《给我们的信》，我相信在幼儿看来，多少对这本书更会发生亲密的友谊。

（3）简要——名字不宜冗长。因为一冗长，读者的注意力便散漫了。尤其是幼儿的注意力很弱，他们的读物不宜用很长的名字。例如《阿丽思漫游奇境记》，在成人也许还可以用，在幼儿便委实不大好。因为在他们的眼光中，不但是长，而且难懂。"漫游奇境记"五子〔字〕，虽可把书中情节显示出来，但在幼儿实没有什么用处，只是反给他们一个累赘的印象；不如直接了当，改为《阿丽思》还似乎好些。此外，我确也想不到比较更好的名字。

（4）新鲜——一本名字很新鲜的书，自然会唤起幼儿的美感；至于陈旧的字眼，最好弃而不用。例如《爱的教育》这个名字，虽不算怎样陈旧，但总脱不了成人的语气。如果改做《宝宝的心》或《孩子的爱》，多少使幼儿感到新鲜点。

（5）活泼——呆板的名字，每易使人感到平淡、干枯。所以我们在可能的范围内，必须使字眼生动、语气活泼，能够启发幼儿的思想。例如《六千哩寻母》（见《爱的教育》的每月例话内），改为《我的母亲呢？》，用发问的语气表现出来，比较要活泼些。

（四）排印

有了好的材料、辞章、名字，一本读物的内涵可说完美无绝〔缺〕了。但是，假使只用粗工劣纸去排印，那末不仅读物的本身失了精彩，并且幼儿也不顾〔愿〕意去读。所以，最后对于排印也应加一番研究。我对于排印的艺术，并没有丝毫经验，现在不过就观察所及，略说几句。

（1）封面——封面的纸张应该十分的坚韧。因为幼儿对于书的保存，是没有成人那般小心的。至于封面画呢，当然要美观、生动，能够吸引幼儿的注意和爱好。

（2）排列——根据人类眼球的转动，排印的字体似以横排为宜。不过在事实上，有些人感到，横排也不见得能够增加阅读的效能，有时反没有直排便利。这是什么缘故呢？大概由于成人已养成了直读习惯的关系，所以会发生这种感觉。至于幼儿，在没有直读习惯之先，不妨用横排试验，或者可以得到良好的效果。

（3）插图——幼儿读物的插图就是最好的注释，绝不可少的，并且要明显、生动，在可能的范围内多多插些。

（4）标点——标点应求简单、明白，如分号（；）、注号（——）、删号（……），都最好少用。尤其是分号，容易使幼儿闹不清楚。至于节、章，应详细的分别。这都可以帮助幼儿的了解。

（5）制〔装〕订——装订应求牢固。活叶装订的办法，于幼儿读物不很相宜，容易把页数散失。除一部份小学教本，为教授便利起见外，还是以固定装订为原则。

四、幼儿阅读的指导

幼儿的阅读力，当然是很幼稚的。所以，必须经过良好的阅读指导——有时特殊的天才儿，不需别人的指导，自己会找到良好的阅读的路径，但这究竟是极少数——才能发展他们浓厚的兴趣和养成正当的习惯。

我国一向对于幼儿的阅读是无所谓指导。只是由一般父母、师长用成人的眼光，认为这本是好的，就强迫幼儿去读，那本书是坏的，就禁止幼儿去读。至于幼儿本身的兴趣和利害如何，是完全不暇领〔顾〕到。这样，不但未能培养幼儿的阅读能力，并且把幼儿爱好阅读的兴趣都无形消灭了。从此，使他们对于任何书籍，都刻了一个坏的印象，一看到书就会头痛。又怎怪现在社会上一般人缺乏阅读的兴趣，宁可整天整晚到游艺场或跳舞厅去混，决不愿抽出一刻工夫到图书馆坐坐。

现在我们为振〔正〕本清源之计，对于那班积习已成的大人是无望了，只有努力去指导这许多天真活泼的幼儿，养成他们良好的阅读习惯。关于幼儿阅读指导的方法，严格的讲,并非简短的文字所能叙述;在乎指导者因材而施,随机应变。所以,下面几种指导的方法是非常简略的,决不足以尽指导的能事。

(一)引起动机

幼儿在最初的时候,没有一点阅读的经验和印象,我们可以设法引起阅读的动机:

(1)唱歌引起法——幼儿的天性是爱好韵律的。所以,起初把读物大意编成歌词,使幼儿歌唱,以发生浓厚的兴味;然后,再由解释歌词而介绍读物,那末幼儿自然感到自己阅读的需要,冀得着更深的兴味。

(2)图画引起法——把某本读物中最精彩的情节,用图画——能加彩色更好——表示出来;图画再附些生动有趣的文字,把情节扼要介绍一下。那末,幼儿的注意力起初集中在图画上,随后就会移到文字上去,并由此会联想到阅读的兴味。

(3)演述引起法——我们替幼儿选定某种读物之后,先用演述故事的方法,讲给他们听。等他们感觉兴趣之后,再告诉他们所讲的故事是在某本书上,他们便会要着看了。

(二)介绍读物

幼儿已知道阅书之后,那末我们应该默察各个幼儿的特性和环境,介绍以相当的读物。介绍的时候,万勿用强迫的态度;只须把内容的大要告诉幼儿,再让幼儿自己去选择;并且在他们读了某种读物之后,最好和他们作一些关于读物中的问答和讨论。

譬如某儿读了《爱的教育》之后,我们就可以问他:"这本书中的许多小朋友,你喜欢那一个?""卡隆怎样好?""你想做代洛西么?""勿兰特那般的孩子,你讨厌么?"……看他怎样回答,再用讨论的态度,去给他一个正当的观念。

(三)鼓励发问

有许多幼儿,对于阅读时所得的疑难,多半模糊过去,不知道去问别人——有时,也许因为问了父母、师长而没有得到满意的解答,所以不愿再问——这种态度能使幼儿阅读的效能无形减少。

我们遇着幼儿有这类情形时,应该用种种方法去启迪他们的思考,鼓励他们多多发问。因为有价值的发问,就是开发一切知识宝藏的钥匙。即使幼儿的发问是平常的或毫无理由的，也决不应用"这还不晓得"的语气去轻视他，使他把发问看做是一件羞耻的事。

但是这一层，要望一班为名利忙碌的成人耐烦去做，只怕很难吧？不过，我们把眼光放远一点，为现在的儿童着想，为未来的成人着想，也许应该抽出一点工夫来对付呢。

（四）解答疑问

幼儿所发的疑问，当然各色的各样都有。我们接受这些疑问时，不可用同一的方法去解答，须看他们所发的问题如何。

假使所发的问题是很有价值的，那末应该详细明白的解答。假使所发的问题是轻易平常的，不要直接去解答，应该设种种譬喻，使他们自己晓悟；万一还不了解，那末再加以详细的解答。假使所发的问题是毫无理由的，不要直接去驳他，也不要置之不理，可以用同样毫无理由的问题去反问他——例如某儿问："桌子为什么不会走路？"那末可以反问："桌子为什么不要吃饭？"使他自己会想到：桌子不是活的，所以不会走。这个正面的理由，万一还不明白，那只有用正面的话讲给他听。

（五）指导参考

对于幼儿的疑问，一概不答，固然是错误；但是有问必答，也足以养成幼儿倚赖、怠惰的习惯。所以，我们除必须解答的问题解答以外，有些问题，还要让幼儿自己设法去解答。

譬如幼儿读物中遇着比较艰深的名词或字句，在参考书中可以找到的，那末不必即刻告诉他，只须指导幼儿使用参考书的方法，使他们自己去探求。这样所得的印象，恐怕比我们直接告诉的还深刻一些。

（六）阅读竞赛

好胜是人类一种本能。我们利用这种本能来举行幼儿阅读竞赛。对于优胜者，给以相当的奖励，可以鼓励幼儿阅读的兴味和增加幼儿阅读的效能。不过这种竞赛至少要有三四个幼儿以上，并且彼此的年龄和阅读的程度都相差不多，才可举行。竞赛的种类，约述如下：

（1）表演竞赛——凡关于故事、歌剧的读物，都适宜于用这种竞赛。竞赛的方法，就是假如有幼儿若干，把他们分为几组——幼儿能自动分配更好，分配先后，每组选定一种读物——故事或歌剧——按照情节，依次表演。这是以组为胜负的单位。假如只有一组或每组中要举行个别竞赛，那可用替换表演去评定优劣。

（2）演讲竞赛——凡关于常识、公民的读物，可用这种竞赛。竞赛的方法，由指导者就幼儿已读的书中，出几个题目，让幼儿自己选择一题，用演讲式把书中的大意复述出来，然后从他们演讲的言语、态度中，可以判定阅读的成绩。

（3）笔记竞赛——这种竞赛适用于年龄较长、程度较高的幼儿。竞赛的方法，由每个幼儿选定一种相当的读物，规定几天之内读完后，就把内容纲要用笔记录出，能够加以读后的印象和批评，那末更好。汇齐之后，便可以评定成绩。

61 创办儿童生活园之倡议

邰爽秋

1930年4月1日

另图28　邰爽秋像

题　解　本篇原载《教育杂志》第22卷第4号"论著"栏。撰成时间为1930年4月1日,发表时间为1930年4月20日。原发表时,题下标有文字:"是家庭、学校、社会三种教育的集合体;是实现全部的、整个的、继续的生活之发轫地;是实施儿童本位教育的场所;是超脱贫苦农工子弟的救星。"

　　撰著者邰爽秋(1896—1976),江苏东台人。1913年考入江苏省立第五师范学校。毕业后又考入南京高师教育科。1923年毕业于东南大学教育系,随即赴美留学。先入芝加哥大学,获教育硕士学位;后入哥伦比亚大学,获教育博士学位。归国后,历任南京中学校长、中央大学教授、河南大学教授、大夏大学教育学院院长。还发起创立民生教育学会,任理事长;创办民生建设实验院,任院长。中华人民共和国成立后,历任辅仁大学、北京师范大学教授。著有《民生教育》《教育经费问题》《中国普及教育问题》等。

　　有关《教育杂志》,参见前文《儿童心理在儿童教育上之意义》题解。

　　儿童生活园,在世界上还没有这样东西。这不过是个人的一种理想,提出来和热心教育的同志们讨论讨论罢了。

一、儿童地位之今昔观

现在，我们个个都知道重视儿童了。但是，这种重视儿童的态度，不过是近百年的事。在原人社会里，儿童是没有为自身而存在之权利的；他的存亡，全看他父母的意旨，或其乡里社会的便利而定。此种情形在西方，可以代表基督纪元前社会对儿童的态度。斯宾塞① 曾经说道：

> 原人儿童的地位，有如小熊。既无道德义务，又无道德制裁。惟视强有智力者之爱憎、喜怒，育之、弃之、杀之，一任其意，毫无阻止。（Spencer Herbert, *Principles of Sociology*②, Vol. I, p. 747. Appleton.）

兹举梅纳里斯③（Melanesians）民族的习俗来做证明。据郘丁东④（Codrington）说，该族堕胎、杀婴的风气很盛。孕妇之厌恶生育、保留青春姿态，或憎恨其夫，或虑其夫嫌其生殖过繁的，常使人设法堕胎。又，该族的某部分，初生婴孩的生死都归村中老妇决定，遇有貌劣或类似不良的婴孩便丢掉了。在板克群岛⑤（Banks Islands）中，婴孩之男女，非其家人所愿，或因他故而为人所恶的，辄于初生时被勒而死。（Codrington Robert Henry, *The Melanesians*, pp. 299. f. Clarendon Press, Oxford.⑥）

---

① 斯宾塞：指赫伯特·斯宾塞（Herbert Spencer，1820—1903），英国哲学家、社会学家。出身于教师家庭。曾从事铁路土木工程技术工作，后专心从事著述，宣扬社会达尔文主义。著有《社会静态论》《心理学原理》《教育论》等。
② 此句中的"Principles of Sociology"可译为《社会学原理》。
③ 梅纳里斯：通译美拉尼西亚人。美拉尼西亚为太平洋群岛名，由俾斯麦群岛、所罗门群岛、新几内亚岛、新喀里多尼亚岛和斐济群岛等组成。当地居民主要是美拉尼西亚人。该民族崇拜图腾和首领，迷信巫术和占卜。
④ 郘丁东：通译科德林顿，即后文所言《美拉尼西亚人》的作者。
⑤ 板克群岛：通译班克斯岛，为加拿大北极群岛之一，属西北地区伊努维克区。此岛于1819年被发现，以英国博物学家约瑟夫·班克斯的姓氏（Joseph Banks）命名，岛上居民极少。
⑥ 此句中的"Codrington Robert Henry"，通译罗伯特·亨利·科德林顿（1830—1922），英国人类学家，主要研究美拉尼西亚社会和文化。"The Melanesians"，通译《美拉尼西亚人》，为科德林顿的代表作，该书初版于1891年。"Clarendon Press, Oxford"，可译为牛津克拉伦登出版社。

又，在美国西南部梭里①（Zuni）印度土人当中，也有些是把残杀儿童生命当作开顽笑的。该族每年举行一种跳舞，其目的在吓小孩子学好。有些人装成妖魔鬼怪，沿户恐吓小孩。其父母虽将子女藏匿在安稳的地方，还故意恐吓他们，要把他们赶出去。据说，该族在从前，每年举行一种节期，拿村中最顽皮的小孩子做牺牲品。目今该族小孩，一听说到那个节期，便立刻变成规矩了。（Stevenson Matilda Coxe, *The Zuni Indians*：*Bureau of Ethnology Report*, Vol. V, pp. 101. ff. 1901—1902.②）

更奇妙的是，住在西伯利亚东北一带的耶可③（Yakuts）民族，竟把子女当作一件东西、一宗财产、一件买卖的货物看待。据 W. J. McGee④ 所著的 *Social Life in an Arctic Environment*⑤ 上说："在我们这种冰天雪地的地方，我们耶可人多养了小孩子，比多有钱财或多养牛羊有利益得多。在此地不管出多少钱，是很不容易得着好工人的。但是你养了儿子长大了，便是一个一钱不费的工人。"

关于父母或乡里虐待儿童的事实，即虽在西伯来⑥、希腊、罗马部落社会中，亦可找到许多。在西伯来民族中，法律规定，凡是小孩子，打了或是骂了他的父亲，便应立刻处死。至若贪食、酗酒或强顽不顺，一经父母向部落中的酋长告诉，便须受石击之刑，以示惩戒。

自基督教发生以后，社会上对于儿童生命的态度为之一变。但在事实上，仍未发生多大的影响。所以在西洋历史上、风俗上，仍可找到虐待儿童的事实。百年以前，贫苦人家的儿童做苦工、受打骂、身体肮脏、衣服不整、生活困苦，真是不堪目睹的。到了十九世纪初叶，工厂制度发生以后，儿童的命运更陷于悲惨之域。他们不去从师学徒，而去伺候机器，稍有疏懈，即遭鞭鞑〔挞〕，种种待遇，真是惨无人道！这个时候的儿

---

① 梭里：通译祖尼。
② 此句中的"Stevenson Matilda Coxe"，通译玛蒂尔德·考克斯·史蒂文森（1849—1915），北美人类学家，以深入研究祖尼文化知名。"The Zuni Indians"通译《祖尼印第安人》。"Bureau of Ethnology Report"，通译民族学局报告。
③ 耶可：通译雅库特人，为俄罗斯少数民族，属蒙古人种西伯利亚类型。
④ W. J. McGee：指威廉·约翰·麦吉（William John McGee，1853—1912），美国人类学协会会长、美国地质调查局的地理学家、美国民族学局的人种学家。
⑤ 此英文为书名，可译为《北极环境中的社会生活》。
⑥ 西伯来：通译希伯来。

童，无所谓幸福，也无所谓价值，在社会上更谈不到有什么地位了。

但是到了一八〇二年，儿童的命运便有了一个转机。在那一年，英国国会通过一案，即是各人都知道的《徒弟健康道德案》①。自这个案件通过之后，儿童的生命已经有点价值了。一八四二年，美国之罗得兰②（Rhode Island）省及麻赛朱赛③（Massachusetts）和英格兰④，乃制定儿童保护法。自此以后，儿童生命之价值便陡然增高。现在各先进国的立法里，都有儿童保护之规定了。

中国的情形怎样呢？在历史上，儿童也是没有地位的。现在受西洋的潮流的影响，也把态度改变，而将儿童地位提高、儿童的价值增大了。

二、儿童教育之重要

儿童在社会上的地位，既已一跃千丈；而儿童教育的重要，也就不言而喻了。不过，我所谓儿童教育，他的范围不是如通常所说，从小学开始或从幼稚园开始，而实从出生开始，至青年期为止的；并且他的内容，不仅偏在教的方面，而是教养并重的。至于这种教育所以重要的原因，本可不讲的；不过中国现在有些人却另有一种主张，很可影响于儿童教育的发展，所以我不可不特为提出来讨论一下。

这些人大概是以为，中国现在教育经费这样困难，将来普及小学教育，不但在最近二十年、三十年不能成功，即远到百年、二百年后，恐怕还是不能成功。并且根据桑戴克的心理研究，知道儿童的学习能力与成人的学习能力不同，年纪长的人的学习能力比儿童的学习能力高。所以说，在小孩子的时候，不必教他；等到年纪长了、学习能力高了再来教他，转觉经济得多。

---

① 《徒弟健康道德案》：通译《学徒健康与道德法》。1802年由罗伯特·皮尔爵士提出，并经英国议会通过实施。它是关于童工身心健康和教育的法令，属开创先河之法案。
② 罗得兰：通译罗得岛州。在地理上，它是美国最小的州，是美国革命中的早期13州联盟之一。
③ 麻赛朱赛：通译马萨诸塞，即马萨诸塞州，位于美国东北部，是新英格兰地区的一部分。殖民前，马萨诸塞湾岸区内有少数印第安人居住。
④ 此"英格兰"，指美国的新英格兰地区，而非英国。该地区包括美国的6个州，分别为缅因州、佛蒙特州、新罕布什尔州、马萨诸塞州、罗得岛州、康涅狄格州。

根据上述两点理由，所以有人提议，不必注重儿童教育，而注意成人教育。换言之，儿童的教育可以暂且不管，先把成人教育普及便够了。

这种主张固有相当价值，不过教育的内容并不限于文字的学习。如果教育只是文字的学习，则商务印书馆、中华书局的教科书，自然可以由四年减到二年或一年把他学完。这种主张，当然可以完全得人赞同；但是，教育除了文字学习之外，还包含健康、感情、社会各种生活之价值，也是不可忽视的。

大家想想，现在社会上有许多人弓腰曲背，像痨病①鬼一般，这是不是因为他们的体格未得正当的发展？又如我们碰见了面貌很可爱、穿得很漂亮的小孩子，想走近他，他却飞〔似〕的跑开了，这是不是因为他们的社会性未得充分的发展？他们所以未得充分发展的原因，都由于在幼年时代未得良好的教育。从前办教育的人，大都忽略这种情形。关于儿童的教育，尤其是未达学龄儿童的教育，大都不甚注意。

自从儿童心理学发达之后，教育者的眼光才渐渐变转过来，都重视儿童教育了。美国梅里尔巴满学校吴来②（Woolley）夫人，在《未达学龄时代之教育》一文里说道：

> 任何幼稚园的教师或是任何聪明的成人，同许多五岁的儿童接触过的，都知道那个时期里，儿童性格的特点和能力的程度是如何的显著；身体的习惯、心态的习惯、品性和人格的要素，在那时已经养成。即虽在五岁的时候，各儿童个性的差异差不多就要和在成人里一样。这些性格中间，当然有许多是可以改变的。但是，他们是不是无限制的改变？或是还有几种已经稳定的趋向，他们的影响简直是永久的呢？纵使他们是可以改变的，试问：某几种反应确立在人格上，有无永久的影响？近代心病学③和近代心理学答覆这些问题，确实的说，儿童期前几年的经验和那时候所成立的各种反应，可以做他一生一世当中决定的要素。我们成人的判定和态度，不知不觉的，都受了五岁以前所养成的习惯之深切的影响。

---

① 痨病：中医指结核病。当时被视为绝症，也称 19 世纪的"白色瘟疫"。
② 吴来：通译伍利，生平事迹未详。
③ 心病学：指精神疾病的相关学理，而非指心脏病。

英国谷斯特①（Sir John Gorst）氏，在《民族之儿童》②（Children of Nation）一书里，也有一段说道：

> 从公众健康的眼光看来，这些初生到学龄时期的贫苦小孩，占全人口很重要的部分。他们是致人死命微菌和传染病菌生长繁殖的地方……初生的天花、痧子、白喉或是〔猩〕红热一类的病症，医生尽可以立刻诊察出来，并且可以弄除根的，竟尔蔓延起来，传染到街道上和学校里去了……肺痨病……在英国是一个致人死命、可怕的病症。死的人当中，有八分之一是患这个病的。而这种病菌蕃殖最顺利的地方，便是这辈营养不良儿童的身体。他们把这些病菌不知不觉、无阻无碍的带到街道上和学校里去，因而影响到别的儿童和全国人口的身体。

儿童是不能不受着教育的。没有好的教育给他，他就受着坏的教育。等受了坏的教育，长大了再去教育他、改正他，那就要事倍功半了！所以，成人教育固然重要，而儿童教育尤其不能忽视。

三、儿童教育有改造之必要

现在的儿童教育，为什么有改造之必要呢？且先让我来讨论两个基本原理。

（一）生活即教育之原理

我们听惯了"教育即生活"（Education is life）的话了。我对于这句话有点怀疑。教育是否即生活，尚是一个问题；我却以为，生活即教育。生活上的经验、活动，都有教

---

① 谷斯特：通译戈斯特，即约翰·埃尔登·戈斯特（John Eldon Gorst，1835—1916），英国律师和政治家。
② 《民族之儿童》：通译《国家的儿童》。该书全名为《国家的儿童：国家应如何促进他们的健康和活力》（The Children of the Nation: How Their Health and Vigour Should be Promoted by the State）。

育之价值；不论这种经验、活动是好是坏，他的教育价值都是存在的。关于此点，在此不必多说，姑且让我把生活的性质提出来讨论一下。

这点可分开三层来说：

第一，生活是多方面的。生活的范围极广，真正的生活包含道德、健康、感情、社会、知识等等的活动。不过现在的教育只偏重在知识方面，什么认字、记账，为其重要的工作，而把其他方面的生活忽略了。这种教育实在不能养成整个的完美生活。

第二，生活是有继续性的。现在的儿童教育，居多分为数段：从初生至两岁的儿童，放在父母手里；从二岁至五岁，有些国家把他放在托儿所或婴儿教养学校①里；五岁至六岁，通常把他放在幼稚园里；六岁以上，就把他放到小学里。这样办法好像把儿童的生活当作一条布，撕成一段一段，一时放到这个机关，一时又放到那个机关，以致弄得片片断断的，不能完整，也不能继续。我不明白，把儿童教育分成几段是什么道理。试问，五岁和六岁的儿童有什么大分别，要这些教育家把他们分开放在幼稚园和小学校两种不同的机关里，却又烦一些教育家去设法把这两种机关衔接。这些办法实在有害无益，实在不算澈底，实在于儿童生活正当、继续的发展大有妨碍！

第三，生活是整个儿的。儿童教育通常分为家庭教育、学校教育和社会教育三方面。究竟这种分法是否适合，我却很为怀疑。白天到学校，说是受学校教育；晚上回到家里，受家庭教育；跑到街上，受社会教育，似乎有些说不通。儿童的生活本是整个儿的。我们这样把他切成三个方面，而各方面所施的影响却又很少联络，有时竟互相冲突。儿童生活的经验之生长，因此失去良好的效用。现代教育之失败，这也是一个原因呵！

（二）公家担任教养之原理

教养之责，在从前都是私家担任。近数百年来，一般社会才觉悟了，教育之责应由公家负责。公立学校的制度，便因此产生而且发达起来。近来的趋势却更进一步，不但教育应由公家负责，即养育亦认为应由公家负责了，并且负责任的时期，也不仅限于所谓强迫教育年龄之内。这种趋势在各国是很显著的。兹将其理由略述如下：

---

① 婴儿教养学校：通称"保育学校"，由英国麦克米伦姐妹创设，后纳入国家的法定学制。当欧美各国纷纷仿效后，形成声势浩大的保育学校运动。

第一，公家负担教养，可以保障全社会之幸福。通常的观念，以为儿童是私家的所有物，为好为坏，只与私家有利害关系，故应由私家负责教养。这种观念是不对的。儿童本来是属于社会的，他生存在社会里，为好为坏，不是关于一家人的幸福，而是关于全社会人的幸福。所以，他的教养责任应由全社会来担负。

第二，公家负担教养，可以保障各个儿童的权利。在私家负担教养责任的制度之下，富有的人家可以特别延师教其子女，养育方面更不消说，是曲尽父母之爱去维护了；至于贫苦的人家，因受经济的压迫，子女们的衣食尚且不周，更谈不到他们的教育了。这种不公平的情形，实于各个儿童的生存权利大有妨碍。负改造社会之责任者，决不能任其存在。补救的方法，惟有把教养的责任由私家手里移到全社会来负担。

第三，公家负担教养，可以增多社会的生产。私家负担教养之责，同时是最不经济的事。现代社会因分工而进化，教养子女之事，断非由父母包办所能办得好的。况且做父的，亦有其应做之事，即使能办得好，亦复太不经济。现代社会上大多数女子，皆因为教养其子女之故，不能出外做较大或较多的工作。这种情形影响于社会经济实在不小。欲图补救，亦惟有把教养的责任由私人手里移到全社会去负担。

（三）儿童教育制度之现状

我们可拿上所说的两个基本原理，来批评现代的各种儿童教育制度。儿童教育制度，可分为无组织的和有组织的二种。无组织的制度，如风俗习惯直接、间接的影响于儿童的势力都是。不过，他们是不正式的，我们暂且不管。我们可就有组织的制度来说。有组织的制度，可分为家庭、学校、社会三方面。先从家庭方面来说罢。

1. 家庭教育制度

家庭能不能给儿童一种适当的教育呢？儿童的道德、健康、感情、社会各方面的生活，在家庭里有没有正当的发展呢？这都是很有研究的价值。

先谈那些无产的人家吧。在目今社会经济组织畸形发展、养育儿童必由私家负责的时代，一般贫苦民众及其子女，所受生活上之困苦，凡是常和他们接触的人，都可看得出的。诸位不妨到上海闸北贫民窟里去走一下，看他们是过的什么生活。试问，在那种生活环境当中，一般儿童怎能得着正当的生长？不过，这还是普通情形，至若一般农工妇女养了小孩子，因生活压迫，必得工作的，他们的子女所受的苦状，更是不堪设想了。

据作者调查，农工妇女工作时，处置子女的方法有许多是很不妥当，并有时是很残酷的。姑举数条如下：

（1）捆缚禁闭：（a）以绳系住小孩，与以玩具，然后出外工作；（b）将小孩缚于船上，然后工作（船上女工）；（c）小孩缚于柱上（工厂女工）；（d）置小孩于板上，以绳系之；（e）将小孩锁闭在房内，然后出外工作；（f）将小孩缚在所坐之椅边工作（缝纫女工）；（g）挂小孩于树上。

（2）交人管理：（a）交给同居或邻人代为照拂；（b）将小孩交给邻家老人看护；（c）由老人管看携带（翁姑、外婆）；（d）令其丈夫绷抱①（桂省武鸣农村大多如此）；（e）吩咐较大的小孩管理；（f）令大孩抱小孩；（g）将小孩缚在较大的儿女背上；（h）安放摇篮内，以较长之儿童摇之使睡；（i）将小孩骑在大孩的肩上。

（3）设法安放：（a）把小孩睡在竹筐里工作；（b）置小孩于小孩床内（摇篮）工作；（c）以竹箩盛草，置小孩于箩内；（d）置竹笼中（上半截缺）；（e）置小孩于座椅上；（f）置小孩于栏凳内工作；（g）以伞置于近田之处，将小孩安坐于内（田野女工）；（h）将小孩放在树脚下面，用树皮围着（农女工）；（i）置于木盆之中；（j）将小孩放在田箕②之上，用箩筐围着（田女工）。

（4）自己携带：（a）将小儿缚在背上工作（船女工、挑担女工、纺织女工、农女工等；此种情形，广西最多）；（b）抱住小孩工作（舂米女工）；（c）置小孩于双脚下工作；（d）将小孩托坐在膝上工作；（e）将小孩抱在怀内工作（如纺织女工）；（f）一手抱小孩，一手工作。

（5）随身照护：（a）置于摇篮，以足摇之，同时工作；（b）城市女工将小孩置于孩儿椅中，一面看护，一面作工；（c）放小孩于摇篮，以一线引至身边，工作时不时摇动，使其入睡；（d）将小孩放在身旁地上；（e）将小孩放在箩筐里，一面挑，一面走；（f）给小孩以玩具，使在身边自己弄玩；（g）置小孩于坐前，与以食物。

（6）置之不理：（a）置于地面，任其自滚；（b）将小孩放在草地上坐着，然后工作；（c）放其子女于棚内，任其乱爬（农妇）；（d）置子女于树下；（e）将小孩放睡田边，然

---

① 绷抱：指用绷带捆绑于胸前。约在子女尚未学步之阶段，以此法来带孩子。
② 田箕：西南官话，指田脊或田间的小路。

后工作;(f)置小孩于床上;(g)将小孩放在地上坐着,随便给些东西。

以上各种方法,多不妥当。因为这些方法直接、间接,居多是影响到儿童的健康。其中,尤以"捆缚禁闭"最为残忍。所以我敢大胆说,现在一般贫苦民众的家庭,绝不能供给儿童一种适当的教育。

贫苦民众的家庭教养儿童的状况,既如上述,一般富有者的家庭,做父母的又怎样教养儿童呢?儿童的天性本是好奇的,但儿童发问,做父母的往往置之不理,或含糊回答,或竟厌烦斥责,弄到儿童连问也不敢问了!

同时,做父母的,也居多不知儿童有社会性之需要。母亲去赌牌或是有其他工作时,便把子女交给老妈〔子〕携带。试问,儿童和成人在一堆生活行不行?儿童只需要年纪相若的伴侣。叫他和老妈子做朋友,怎能满足他的要求呢?而且老妈子并不晓得教育的方法,往往把儿童养成乖僻的性情和种种不良的习惯。即使他晓得教育的方法,而老年人的性情、习惯,与儿童不同,也不能做他的伴侣。所以,把儿童交与老妈子在一堆生活,是不对的。

此外,一般教育子女失当的地方还有很多,在我所著的《婴儿教养学校运动》一书(广西教育厅出版)中,所举有阻遏天性、惩罚失当、止哭乖方、妄肆恐吓、欺骗诱诈、教儿为非及教儿童迷信八〔七〕种,可以参阅。

上面所说是教的方面。谈到养的方面,又有许多可说。如一般做父母的,居多给污秽的食物给孩子吃,并且儿童贪食不加节制;衣服之增减,不因气候之寒热而变换。其他如:不替儿童洗澡,养成儿童不洁之习惯;睡眠与大人同在一床;不替儿童种牛痘;儿童有病,求神拜佛,不去求医;等等不正当的方法,直是举不胜举。种种看来,都可证明,目下我国一般的家庭,就虽是富有的人家,也居多是不能给儿童一种适当的教育。

2. 学校教育制度

家庭教育的情形既如上述,学校的教育又怎样呢?学校可分为幼稚园和小学两种。我们先从幼稚园看罢。现在的幼稚园,居多注重唱歌、游戏;而对于儿童的养育,却很忽视。姑举出在国内有名的两个幼稚园关于养育方面的设施,来做说明的资料。

(1) 东大附小幼稚园①

该园所设各课，大概如下：

8：45—8：55　养性训练，清洁检查。
8：55—9：05　自由体操。
9：05—9：25　谈话。
9：25—9：45　音乐。
9：45—10：00　茶话会。
10：00—10：15　休息。
10：15—10：35　甲组工艺美术式园艺，乙组搭积木。
10：35—10：40　整理用具，自由游戏。
10：40—11：00　规则游戏。
11：15—11：45　甲组搭积木，乙组工艺美术式园艺。

卫生：脸和手清洁；吃点心时，先洗了手后吃东西；吃了东西以后，刷牙、漱口；咳嗽时，用手巾掩住。

谈话：依儿童的材料，分讲故事、表演及自由谈话等。（王骏声：《幼稚园教育》一二三页）

(2) 苏州培本幼稚园②

苏州培本幼稚园，在民国十四年四月间一天的教育状况，关于养育方面的，据王骏声君的报告，照录于下（王著《幼稚园教育》一二七页）：

---

① 东大附小幼稚园：全称"东南大学附属小学附设幼稚园"。其前身为南京高等师范附属幼稚园。南京高师改办为东南大学后，该幼稚园一度停办。1925 年复办，并作为东南大学教育系、心理系的实验基地。该园可视为当时中国公立幼教机构的典型。
② 苏州培本幼稚园：又名天赐庄幼稚园，由苏州博习医院院长柏乐文之女主持创设并办理，故可视为博习医院附设幼稚园。1917 年秋，景海女学改办为景海女子师范学校，并设幼稚师范科。于是将该园并入其中，并改称为景海女师附设幼稚园。该园可视为当时中国教会幼教机构的典型。

用点心——在留声机未唱完以前几分钟，园内的老妈子排好四圈小长方桌，每张桌上放好几盘饼干。唱歌完了，各幼稚生即入内洗手，出来一一排坐。每桌由一个幼儿出来分发饼干，分量大概一样。幼儿们接到饼干后，一面微微谈话，一面数数个数，一面放在嘴里吃，兴致颇高。

安息——用过点心后，每个幼儿入内漱口；同时，各带出来一条小席子，自由铺在地板上，静卧数分钟。那时，教师对于他们的睡眠姿势加以矫正。少间，教师发出一种较强的琴声，幼儿们立即哄然起床，并喊说："啊唷！好睡了！"同时，各把席子拿进原地方去。

现在，且让我从养育的眼光，来批评这两个幼稚园。

先批评东大附小的幼稚园。在他的每日时间表里有清洁检查和养性训练，合占了十分钟。这十分钟的工夫，在卫生上的价值有多大，实在是个疑问。再看"卫生"一项中，只说什么"脸和手清洁；〔吃〕点心时，先洗了手后吃东西；吃了东西以后，刷牙、漱口；咳嗽时，用手巾掩住"。这些花头，是否即是养育，也是一个疑问。

再看苏州培本幼稚园。他在养育上，和东大附小幼稚园比较起来，少了清洁检查，多了"安息"一项。用点心一项，和东大附小一样，都犯着摆样儿的毛病；并且所吃的东西是饼干，未必合于卫生。至于"安息"一项，只用小席子铺在地板上，静卧数分钟。教师的目的也不过在矫正睡眠的姿势，看来也好像做把戏、排格式，很少养育方面的价值。近代儿童教育家都很注意于小儿的午眠，他们主张至少要睡两三刻钟。现在这个幼稚园里，只睡数分钟的时间。我实在看不出他们在养育儿童上有什么价值。

以上所说，虽仅提出两个模范幼稚园来做例，但是中国一般幼稚园，居多如此。不但中国幼稚园如此，即在世界什么国里的幼稚园，居多都是如此。我们要改良儿童的教育，非加以根本的改革是万万不行的。

以上所述，尚系从纯粹教育的立场来说的。若从公家担任教养的原则来说，则今世通行的幼稚园，简直应归于淘汰。因为通行幼稚园的方法，只有教而无养。这种办法只有在贵族主义、资本主义的教育下才能存在。

试拿我国一般的幼稚园来说明吧。我们常时走到幼稚园里去参观，看见一般粉皮娇嫩的儿童，穿着花花绿绿的衣服，按着风琴的声音，拍手唱歌，真和一群安琪儿一样，凭你怎样心绪不佳，见着这种情形都要不由的赞叹一声"可爱"。

吃饭的时候到了，老妈子提着篮儿，装满鲜羹〔美〕的饭菜，送给小少爷或是小姐吃午饭。快散学的时候，还要来接他回家。在大城市的地方，还要用着汽车、包车呢！

这就是现在通行的幼稚园教育啊！若非是一个富有者的子女，那里能有福气来享受这种机会呢？

幼稚园里的布置，比通常教室要考究、要复杂的多；一班幼稚园的费用，比通常班级要超出一倍以上。这样好的教育机会，贫苦民众的小孩子竟梦想不到！因为他们过的是下贱生活，没有洁白的皮肤和锦绣的衣服，兜人家的爱。他们没有佣人、小使送饭送菜，更没有迎送他们的包车和汽车！他们实不配进这种贵族的幼稚园呀！

其次说到小学。小学的教育便更糟了！读者对于小学的情形都很熟悉的。通常的小学，就纯粹教育见地来看，除极少数外，每日之工作只能灌输一点文字教育。此外，如儿童的游戏活动、感情发展、身体健康，便居多置之不理。这种学校在今后之世界，简直不应存在。

更如作者前在广东参观过的某小学，设在祀堂里面；课室之上，即为宿舍，床上加床，四壁无窗，黑暗异常；空气之秽浊，如入鲍鱼之市〔肆〕。那更是不堪设想，虽在十八世纪，也不应发现这个古董了！

再从公家担任教养的原则看来，即虽那几个较好的学校，也应归于淘汰了。因为那些学校，虽说注意于儿童感情、社会、知识、健康各方面之生活，但是他们还是偏重教育，缺乏养育，只为中产以上的子弟打算，而忽略无产儿童的幸福。

为无产儿童谋幸福的小学校，不但不该收学膳等费，即衣履、书籍、住所，亦当由学校供给。通常的小学校都无如此办法，所以有许多贫苦人家的子弟，便有许多不能入学；而那些能入学的，又至多仅能得着教育机会均等的利益，而没有得着养育机会均等的利益。

由上种种看来，所以我敢大胆说，近世的小学校断不能供给一般儿童适当的教养机会！

3. 社会教育制度

家庭、学校既如上述，所谓社会方面的教育又如何呢？社会方面，有三种教育机关。

其一为育婴堂。这种机关里，居多是只有育而无教的；并且所谓"育"，也居多是糟的不堪，如饮食不洁、营养不良、衣服肮脏、有病不善为调理等情形，也是说不尽的。可不必多说了。

其二为托儿所。托儿所始自法国，多设在贫民区域内，为工人的子女设的。因为工妇每日早晨到工厂做工，无暇去管理子女，便把他们送到托儿所里去。等到散工时，再将子女取回。这种机关在世界上倒很发达，英美各国都有设立，成绩也还不错。但是这种关系〔机关〕，除极少数外，也是有养而无教；并且在养上，亦复是不得其法的，也算不得是完全的教育。

其三为儿童娱乐园或游戏场等机关。这些机关的目的，专为儿童游戏、娱乐。在理想上讲来，只能做到儿童教育的一部分，也不能给他一种全部生活发展的机会。总之，社会教育机关无论办得怎样好，都只能发展片面的生活，而不能发展全部的生活。所以我在此地，亦不愿多评批了。

除去上述各种机关之外，尚有一种特殊性质的教育机关，那就是婴儿教养学校（nursery school）。这种学校起源于英，大概设在贫苦工人区域，收容从二岁到五岁之儿童。他的特点：第一是把幼稚园和托儿所的功用合并起来。幼稚园是教的机关，托儿所是育的机关；而婴儿教养学校，则为教养并施的机关。第二是兼收家庭和学校的优点。那就是说，一方面他是个学校，另一方面又是一个家庭。

这种学校风行一时，英国国会曾通过，把他列入学校系统之内。不过，这种学校也有其不足之处。

第一，他只注重二岁至五岁之儿童。虽在英国莫密良[①]婴儿教养学校（McMillan Nursery School，此校为英国最初之婴儿教养学校）里，亦接受五岁以上之儿童；但在此种学校之理论上，却是例外。

第二，此种学校和其他学校一样，仍太拘于学校的形式，不能公开出来做儿童在社会上共同活动的机关。

第三，他的教育仍然拘束在墙壁之内，不能拿来做教育的出发点。所以，这种学校仍是美中不足。

---

① 莫密良：通译麦克米伦，即麦克米伦姐妹，她们较早创立了英国保育学校。

总起来说，现在世界上尚未有一种公家担任教养，去发展全部的、继续的、整个的儿童生活的机关。所以，我出来提倡创办儿童生活园。（关于婴儿教养学校的理论与实施，请参阅拙著《婴儿教养学校运动》，上海真如暨南学校教育研究会代售。）

四、改造儿童教育之新制度——儿童生活园

（一）儿童生活园之理论

生活园是根据生活即教育和公家担任教养两条原则，来改造儿童教育的新制度。他的意义是儿童生活的场所。生活固然是有好坏的，不过我们并不是好坏不分，而是选择好的生活经验，放在有组织的指导之下，来充分发展全部的、继续的、整个的儿童生活——道德、健康、感情、知识等等生活。

他把家庭、学校及社会教育机关三方面之优点都集合在一起，他的功用可分三方面说：

第一是家庭的功用。他供给衣、食、住的环境，使儿童到了园内，如同在家里一样；并且一切布置、设施，皆合于儿童的心理和卫生的原则，简直要比在家里还好。

第二是学校的功用。通常学校中所供给儿童的各种活动机会，他都供给。

第三是社会机关的功用。他把社会上为儿童设施的各种娱乐机会都包括进去，公开出来给儿童享受。

通常的小学校，彼此界限分得很严，所有娱乐机会，只有本校儿童去享受，他校儿童却无权分享。所以，各学校自成一个单元，彼此不相交通。生活园却要把这个界限打破。他要做一个公共生活的场所，不论那个儿童都可进去，如同进到公园里去一样。虽然各个生活园的儿童也可经过注册的手续，但是可以随便往来，不分彼此，如英美儿童在公共运动场上游戏一样。

总起上面所说的来看，生活园不是家庭，不是学校，也不是社会机关；同时却又是一个家庭，是一个学校，也是一个社会机关了。不过，这里有两点请读者不必误会的：

第一就是生活园不是想整个的取消家庭。在这过渡时代，他除去做一种模范家庭外，却还有改良普通家庭的功用。

第二点要说明的，就是生活园虽竭力把家庭、学校和社会机关的优点拿进去，但是儿童活动的范围都不限于园内。他同时却以园为中心、为出发点，以社会、自然界为场所，去发展儿童各方面的生活。所以，生活园的教育断不受园墙的限制的。

我现在要把生活园和婴儿教养学校比较一下，看他们的不同之点：

第一，婴儿教养学校收容的儿童，是从两岁到五岁止；而生活园收受的儿童，约从二岁（有时尽可在二岁以下）起至十二岁止（假定为青年期之开始）。这是不同的第一点。

其次，婴儿教养学校，为合家庭及学校之功用而成；而生活园，则除此两种功用外，更包括社会教育机关之功用。这是不同的第二点。

末了，婴儿教养学校的教育，多限于校墙之内；而生活园，则同时又以园为出发点，向社会及自然界里去发展儿童的生活。这是不同的第三点。

（二）儿童生活园之实施

1. 布置设备

生活园的场所的中心是一个花园。园中遍植花草树木，豢养各种小动物，并有广大草场和玩具，以备儿童游戏。沿这花园的四周，建筑矮而长之房屋。这种布置方法，一则可使儿童有较大之游戏场，为儿童活动之中心；二则房屋建在墙边，可以省钱。

通常小学的儿童活动，以课室为活动中心，故校舍建筑在校址之中央，实在没有多大意思。生活园布置方法，却矫正这个流弊。

其他园内的设备，在普通方面，浴室、厨房、阅书室等，皆不可少。至于各室内的设备，则应有桌椅、床铺、黑板等物，并设橱柜，以为收藏床铺、被单等物之用。

2. 活动内容

儿童以园为中心进行各种活动。所谓活动系包含一切生活在内。儿童的睡眠和游戏，均为正当的业务。

普通小学第一时上国文课，第二时又上什么课，是把儿童作业一段一段分开的；而在生活园里，则无所谓上课，更无所谓课内活动和课外活动，他把各种生活打成一片，在各种活动中得到各种兴味，并养成各种良好习惯。这种方法完全以儿童生活为本位，不是以上课为本位，亦即是以儿童为本位的教育的办法。

我不愿意说什么课程，因为课程的意义极狭。一提到课程，脑中便有什么国文、数学等等科目的名称发现出来。所以我说活动内容，而不说课程。若有人说活动内容即为课程，也未尝不可。

刚才所说以园为儿童活动中心，但儿童的活动并不限于园内的生活，如郊外旅行和参观社会各种活动，都是应有的活动。不过，我们以生活园为儿童活动之出发点罢了。

3. 生活指导员

指导人员即通常之教师，但我不用"教师"之名称。因"教师"这种名称，顾名思义就是教，学生便跟着他学。而实际上，大家都是在生活。指导员，不过为之指导而已，所以不称"教师"，而称为"指导人员"。

4. 经费

生活园之费用很大，照普通情形看来，很不易筹划。不过，国家、社会本有教养儿童之义务，儿童有受国家、社会教养之权利。谁家子女不需着教养？不过，各家各家分开来负责教养罢了。

苟能大家除去你我分家的成见，秉大公之精神，公同教养子女，则生活园之经费，便丝毫不成问题了。关于这点，孙中山先生曾经说：

> ……或疑经费（指教养经费）无所从出，此不足虑也。以人民一月义务劳力之结果，必足支持此费，如仍不足，则由义务劳力之内议加。或五日，或十日，以至一月，则无不足矣。一境之内，如人尽所长，为公家服务一二月之义务。长于农事者，为公家垦荒，则粮食足矣；长于织造者，为公家织布，则衣食足矣；长于建筑者，为公家造屋，则房舍足矣。如是少年之衣、食、住，皆可由义务之劳力成功。自治区之人民，各有双手，只肯各尽所长，则万事具备矣。不必于穷乡僻壤，搜括难得之金钱，筹集大批款项，始从事于自治也。只要人人能知双手万能、劳工神圣足矣。[①]

依照孙先生的筹款方法，生活园便很容易成功了。此外，还有许多无用之庙产。在江苏丹徒一县，即有二千万；全国合计，当在二十万万以上。——皆可利用来充经费。

---

① 语出孙中山《地方自治开始实行法》，原载《建设》第2卷第2号，1920年3月出版。

所以中国并非没有教育经费，只看我们支配的方法得宜与否而已。

至于在此过渡时期，资产的分配未能妥当，教育经费未能照理想办法筹出，则亦不妨变通办理，重收有产者之费，而免贫苦者之费，亦可以稍为弥补了。

关于儿童生活园的实施，有许多地方可采取婴儿教养学校的办法，在此也不能多说；并且这种东西，尚还是个理想，什么详细、妥当的办法，还待将来实地研究、试验呢！

（三）儿童生活园之价值

儿童生活园之价值，大概可从社会及教育两方面看。他在这两方面的价值，可从前面所说的当中看出好多。现为使阅者注意起见，特别再在他的社会价值上说一下。

现代教育之主要任务，在打倒贵族主义、资本主义之教育，而发展儿童本位之社会主义教育。这种教育，孙中山先生是竭力提倡的。他的内容应包含教育机会均等和养育机会均等两条原则（参阅作者在中山大学"教养机会均等"讲稿，见《教育研究》第八期）。生活园对于儿童——尤其是贫苦农工的儿童——却能教养兼施，充分实现这两条原则。这是他对于儿童本身的利益。

至于他对于那些儿童的母亲，亦有很大帮助。那些富有的，不消说，可以把小孩送到生活园，免去牵累之劳；至于那些农工妇女，更可因生活园之帮助，而得安心做工。我在广西见过一件很惨的事，就是一个母亲背着他的孩子摇船，那个母亲向前一动，孩子的头便向前一倒，母亲的身体向后一仰，孩子的头便也向后一仰。于是，母亲的身体前后弯仰，孩子的头也前后摇动。孩子的情形固然可怜，而做母亲的实在也太辛苦了。这种现象，国家为什么置若罔闻，而不设法补救呢？可是有了生活园之后，这个问题便易解决了！

其次，还有一个问题，附带的说一下。这种生活园是否只设在工厂或农田区域之内？农工妇女因为做工之故，无暇来管理子女，这种机关自有早早设立之必要。但是不在工厂或农田区域里的人家，做父母的也未必就会教养子女。更从他方面看，有许多母亲，因为有了子女之累，不能到社会工作的却又很多。所以在这些区域里，生活园也是应该设立的。

（四）儿童生活园与全部教育之关系

我以为，生活园的理想如能圆满实现，以后尽可不必要什么小学、中学、大学，而把他们通通改为生活园。儿童生活园之上，为青年生活园，再上为成人生活园。我这种意见，或许太过胆大；但是在真正改造过的教育之下，这种办法，照愚见是应该实现的。

生活园是作者的一种创议，世界各国都尚没有这种办法。作者在十八年夏天福建教育厅暑期学术讲演会里，曾作公开讲演，当蒙许寿裳、程柏庐、孟宪承、孙贵定、朱君毅、崔载阳、汤茂如、杜佐周、汪典存、高君珊、陈科美、邱大年诸先生加以批评，颇多赐教和鼓励之处。将来如有机会，我很想拿他试办。

我的梦想是在若干年后，不管在城在乡，走不到若干步，便可看见一个生活园，有许多欣欣向荣的儿童们在里面生活。

十九年四月一日，于上海

62　幼童唱歌应多用儿歌的商榷

沈百英

1930年4月

题　解　　本篇原载《儿童教育》第 2 卷第 4 期。发表时间为 1930 年 4 月。
　　　　　　撰著者沈百英，参见前文《现在幼稚园中亟应研究的问题》题解。
　　　　　　有关《儿童教育》，参见前文《整个教学法》题解。

"歌曲足以陶冶性情"，差不多已经成为口头禅了。但是怎样可以达到这个目的，却不是三言两语能够说尽。

因为在方法方面，同属一个歌曲，有许多不同的形式可以表出。因形式的不同，就发生异样的结果。

我国小学中自有"唱歌"以来，目的就想借歌曲来陶冶儿童的性情。可是那时所用的歌句完全是修身、训话的格调，说些劝人为善的话。他们想用直接法来训陶一切，结果非但不能得到丝毫效果，反使儿童对于"唱歌"一门觉得干燥无味，发生意想不到的恶影响。

例如："好兄弟，好兄弟，告诉你，年纪过去很容易，身体长大很容易，读书总要有志气。"（歌见《共和国新唱歌　第二集》）

此种歌曲，内容清淡无味，全属教训口气，教儿童吟唱，怎会不觉干燥呢？

后来有人评论这种歌曲，不合陶冶要旨，违反儿童心理，便扯起改革的旗帜，向着旧歌曲进攻。那时节，各处不约而同的用自然、社会的材料，借文学的手段来描写一种新歌曲，也好算歌曲史上的一个大进步。

例如："桃花片片，落在水面。水流花谢，春就去了。可爱的春光呀！明年再见。"此歌歌意很好，可惜儿童不能领会，不能欣赏入神。

新歌曲固然比了旧歌曲好得多，但是还不十分满足。因为新歌曲只能替诗人发泄感情，供给成人吟诵；教儿童歌唱，简直不能领会歌中的趣味何在，唱了如同不唱一样，也还谈不到陶冶性情呢。

新歌曲既不适合陶冶的意旨，便有人另找路径，在他方面去取材料。什么材料顶适合呢？那就该先定适合的标准。我们意想中幼童歌曲的标准是：（1）描写儿童习见的事物；（2）以儿童的见地，描写优美、壮美、滑稽美的情调；（3）合儿童的口语；（4）儿童能体味内容，而不厌反复吟唱的。能依这三〔四〕个条件，就算好的歌曲，否则仍旧不能适用。

现在要问，那一种体裁最合以上三〔四〕个条件呢？据个人的见地，以为儿歌最适合了。儿歌是用儿童的口语、儿童的感情，写述儿童生活的东西（非儿童生活的材料，当然不取）。所以将儿歌给儿童吟唱，当然适合无疑了。

其次，再说一说儿歌作歌的优点：

（1）儿歌的音韵是自然的。作歌中最重要的条件是音韵。儿歌的音韵大半出于天籁，有自然、活泼、优美的好处。比了普通歌曲的硬凑韵脚，胜过多多。（普通作歌，虽然也要注重自然的叶韵①，但总不及儿歌的活泼和自由。）

（2）儿歌的句法是自由的。整齐是作歌的重要条件，但是过重整齐，就犯呆板之弊。儿歌的好处就在有巧妙的句法，能于长短不同的句子中，含有自然动听的音节（太杂碎而不便补〔谱〕曲的，当然除外）。

（3）儿歌的语词合于儿童口吻的。儿歌的语句简短的多，这就是因为便于吟唱的缘故。虽然也有较长的句子，但能切成几个音节，仍旧可照短句唱的。

（4）儿歌有神秘的趣味。儿歌的语句，粗看起来非常浅近，年幼儿童都能了解；但细细体味内容，却又觉得含义很深，令人越唱越有滋味。唱到后来，竟有一种不可对

---

① 叶韵：亦称"谐韵"或"协韵"。为诗韵术话。指有些字如读本音，便与同诗其他韵脚不和谐，因此须改读某音，以协调声韵。凡有此改变者，便称叶韵。

人言的情境。这就是儿歌的好处,也就是儿歌作歌的特色。例如沈秉廉[①]君作《甜歌七十七曲》第五十面"摇摇船",便是用儿歌作歌的极好例子。

　　摇摇船,摇到姨母家。
　　表兄拉拉,表妹扯扯。
　　请我吃饭,留我住夜。(应读一个)
　　园里看好花,灯下听笑话。(歌中可以表显亲爱、活泼、快乐等竟〔意〕趣)

　　歌曲的种类很多,有时令歌,有纪念歌,有职业歌,有自然生活歌,有社会风俗歌等。虽不必多用儿歌体写作,但能用儿歌体写的,总以儿歌为是。这一个虽然尚得商榷和实验的,但是很希望研究同志不妨先来试一试。

---

① 沈秉廉(1900—1957):江苏吴县(今属苏州)人。1916 年考入江苏省立第一师范学校,1921 年毕业,任教于小学。次年考入上海艺术专科师范学校,师从刘质平习音乐。1925 年毕业后,曾任上海艺专、杭州艺专、宁波师范、扬州中学、温州中学、台州省立六中等校音乐教师。课余组织"春蜂乐会",创作了一批艺术歌曲与学堂乐歌。1931 年后,主要从事音乐编辑工作,先后任职于商务印书馆、听月书局、集美书店、基本书局、万叶书店、少年儿童出版社。主编有《幼稚园新歌》《动稚园音乐一百六十首》《幼稚园音乐游戏》等。

幼童唱歌應多用兒歌的商榷

沈百英

「歌曲足以陶冶性情」，差不多已經成為口頭禪了。但是怎樣可以達到這個目的，卻不是三言兩語能夠說盡。因為在方法方面，同屬一個目的，有許多不同的形式可以表出。因形式的不同，就發生異樣的結果。

我國小學中自有唱歌以來，目的就想借歌曲來陶冶兒童的性情，可是那時所用的歌句，完全是修身訓話的格調，說些勸人為善的話。他們想用直接法來訓陶一切；結果非但不能得到絲毫效果，反使兒童對于唱歌一門，覺得乾燥無味，發生意想不到的惡影響。

「例如好兄弟，好兄弟，告訴你：年紀過去很容易；身體長大很容易；讀書總要有志氣。」歌見共和國新唱歌第二集。

此種歌曲，內容清淡無味，全屬教訓口氣，教兒童吟唱，怎會不覺乾燥呢。

後來有人評論這種歌曲，不合陶冶要旨，遂反兒童心理，便扯起改革的旗幟，向着舊歌曲進攻。那時節各處不約而同的用自然社會的材料，借文學的手段來描寫一種新歌曲；也好算歌曲史上的一個大進步。

例如：「桃花片片，落在水面。水流花謝，春就去了。可愛的春光呀！明年再見。」

此派歌曲意想很好，可惜兒童不能領會，不能欣賞入神。新歌曲固然比了舊歌曲好得多，但是還不十分滿足，因為新歌曲只能替詩人發洩感情，供給成人吟誦；教兒童歌唱，簡直不能領會歌中的趣味何在，唱了如同不唱一樣，也還談不到陶冶性情呢。

新歌曲既不適合陶冶的意旨，便有人另找路逕，在他方面去取材料。什麼材料頂適合呢？那就該先定適合的標準。我們意想中幼童歌曲的標準是：（1）描寫兒童習見的事物；（2）以兒童的見地，描寫優美，壯美，滑稽美的情調；（3）合兒童的口語；（4）兒童能懂味內容而不厭反復唱。

兒童教育　第二卷　第四期　幼童唱歌應多用兒歌的商榷

一六五

63 我国现时最需要的是何种幼稚园教育

张雪门

1930年5月20日

题 解　本篇原载《幼稚园研究集》一书第145—159页。系演讲词，演讲时间为1930年5月20日，出版时间为1930年下半年。

有关撰著者张雪门，参见前文《儿童和玩具》题解。

这次演讲，是张雪门在河北省教育厅的"全省教育行政人员讲习会"上所讲。张雪门晚年在《幼稚教育五十年》中，将此次讲演的时间记为"民国十八年"（1929年），这当然为记忆模糊所致。不过，在该书中，对这次演讲的前因后果的追记，则属可靠："沈尹默先生担任了河北教育厅厅长，曾经召集全省教育行政人员举行一次讲习会，讲习各种教育。我也被邀请担任幼稚教育的讲演，并招待他们在孔德和艺文参观设备。"

对于这次讲演的自我评价，他在《幼稚教育五十年》一书中曾有言，讲后觉得"支离破碎"，认为"还没有民国十八年在河北教育厅时给各县教育行政人员讲的完整"。

《幼稚园研究集》，系张雪门自编论文集，为香山慈幼院"幼稚师范丛书"之一，由香山慈幼院1930年下半年自刊。该书共收张雪门1926—1930年自撰幼教论文8篇，篇名如后：（1）怎样在幼稚园里引导新进来的孩子；（2）幼稚园的第一日；（3）幼稚园课室内美的装饰问题；（4）从园里出去的孩子；（5）幼稚园数学应怎样教法；（6）儿童观之幼稚教育；（7）幼稚园手工；（8）我国现时最需要的是何种幼稚园教育。全书近6万字。

诸君：

今天有机会和大家讲幼稚教育，不胜荣幸！

幼稚教育，并非幼稚园教育；幼稚教育，本指儿童自堕地以至小学中间一段时间而言。在此时间中，有一定设备、课程及负有专业之教师者，则为蒙养学校①及幼稚园。惜我国蒙养学校（nursery school）初正萌芽，现可供吾人研究者，仅幼稚园而已。

鄙人对于幼稚园教育，觉得有三点应向诸君报告：（1）我国现时幼稚园教育之概况及其原因；（2）福禄贝尔②与蒙台梭利之教育在我国现时之价值；（3）我国现时幼稚园所需要的是何种教育。

一、我国现时幼稚园教育之概况及其原因③

在中国现在情况之下，吾人参观幼稚园教育，其情形不外两种：

（1）幼稚园教师，服饰古朴、态度庄严，幼稚生见之，油然而生畏惧之心。其教法若何？为何需用此种教材？教者均茫无所知。所凭者，即主观之本能及传统之注入式④耳。室之一隅，聚桌成"凹"字形；教师在其中，三面均为学生。当其授"积木课"时，教师将小匣盖开开，学生亦仿之开开，然后言曰："今日讲火车。"遂将各方块小木作成火车一辆，令学生一一按其方法成之。吾人偶询之学生，此物为何？学生多瞠目而不能答（或不敢答）。旋则毁之，令学生自为。为而不成，仍须教师授之。至数日后，学生始能自成教师所做同样之火车。此一种情形也。

（2）教师态度活泼、颜色温和，幼稚生见之，自不致生畏惧之心。当其作游戏也，学生环圆而立，中有一生居圆之中心，张臂作态；又有五生，蹲踞于其下。教师抚琴，

---

① 蒙养学校：指专收3岁以下幼儿的保育机构，现今通称"托儿所"，中国还曾称"乳儿院""婴儿园"或"婴儿教保园"。
② 福禄贝尔：通译福禄培尔。
③ 此题及二、三的标题，均为编者依据上文所言"三点"所加。
④ 注入式："注入式教学"的简称，亦称"填鸭式教学"。即将现成的知识、结论生硬地灌输给学生的一种教学方法。它是中国古代蒙学的主要教法，在中国近代基础教育中也曾有此法。

学生唱歌。彼五生中之一人，因起而作鸟飞状，渐飞渐远；其余四生，一一仿彼为之。如吾人询其所为，学生必曰："吾等作小鸟，彼中立者大树也。"若据以询教师，则知此"五只小鸟"之游戏，盖期其能发达儿童筋肉之健全及模仿之本能也。然该时之儿童，究有若干本能？而是种本能，已否全包括于幼稚园现有之实施？而本能之自身，是否皆宜发展？例如，小孩弄新购之橡皮人，固合于儿童之好奇之本能。玩耍不久，即用口咬破，亦未始不是好奇之本能。如以发展为是，则陷儿童于破坏之习；如加以限制，则究以何者为去从之标准。此则为幼稚园教育首应解决之问题。惜现时之教师，多无以知之。此又一种情形也。

中国现今之幼稚园教育，大概不外此二种情况。前者，教师固不明幼稚园之教育；即后者，亦多不知首应解决之标准。推其原因，至为复杂。

中国之幼稚园教育，许是造端于前清光绪二十八年之蒙学堂[①]。迄二十九年，张之洞[②]改订学堂章程，始规定"保育教导要旨及条目"[③]。当时所定者，为游戏、歌谣、谈话、手技四种。此四者，乃抄袭日本明治三十二年《幼稚园规程》[④]而得。外国办理此种教育，专由于女师范生。而在中国，以为"若设女学，其间流弊甚多，断不相宜"[⑤]之时代，只得求之通都大邑育婴堂乳娘。以其人数较多，其中必有识字者。即令此识字之乳娘，为堂内诸人讲授官编女教科书，若《孝经》"四书"《烈女传》《女诫》《女训》

---

① 蒙学堂：初等教育机构。为1902年颁布的"壬寅学制"中所规定的起始学校的名称。该制也称《钦定学堂章程》，由时任管学大臣张百熙主持拟定。在初等教育的10年中，包括蒙学堂4年、寻常小学堂3年和高等小学堂3年。此蒙学堂，实以识字和知识启蒙为主要任务。
② 张之洞（1837—1909）：字孝达，号香涛，晚年自号抱冰，直隶南皮（今河北南皮）人。晚清洋务派代表人物之一，时任湖广总督。因办理新式学堂有成，1903年被借调到京师主持学制改订工作，后拟成《奏定学堂章程》（"癸卯学制"），并首次为学前教育机构"蒙养院"定制。此处所言"改订学堂章程"，即指此事。
③ 保育教导要旨及条目：为《奏定蒙养院章程及家庭教育法章程》中第二章的标题。其要旨之一为："专在发育其身体，渐启其心知，使之远于浇薄之恶风，习于善良之轨范。"其保育教导的条目，则为游戏、歌谣、谈话和手技四项。
④ 《幼稚园规程》：全称《幼儿园保育及设备规程》，由日本文部省于1899年制定并颁行。系日本近代第一个幼儿园规程，具体对保育内容、保育方法和相关设备进行了规定。
⑤ 语出《奏定蒙养院章程及家庭教育法章程》。

及《教女遗规》等①。盖当时中国外表上，欲澈底维新；而思想上，仍欲保持传统之习见。此为中国官厅方面所办者。

光绪二十九年秋，湖北聘日本保姆三人，首立幼稚园于武昌。三十三年，吴朱哲②女士由日本保姆养成所学习年半回国，设保姆传习所于上海公立幼稚舍，从学者三十六人；得证书、挟所学，以供献于社会者，二十一人。北平，则甘石桥第一蒙养园〔院〕设保姆班。③同此数年间，广州、无锡等，亦有蒙养院及保姆传习所之设。于是，一般乳娘及未受保姆教育之保姆，或从而效之。此为民众方面所努力者。

吾人于此间得一结论，即当时幼稚园教师所学者，至多不过谈话、游戏等日本式之技术。无怪乎其知行之不相符——由之而不〔可〕知也。

中国第二种幼稚园之发达，吾人不能不感谢教会设立之幼稚园。教会事业，一面用消极方法设立医院，利用人生疾痛，而输以宗教之精神；一面用积极方法创办学校，以灌溉其宗教之"真理"。其目的，乃在造成一般真正之信教徒。由教会所办之幼稚师范及幼稚园，平有燕京，抗〔杭〕有弘道，苏有景海。④此外设立者尚多。至于教会所创办者直接、间接，多取法于西洋。待后，则内地教师起而效之。

吾人欲于是种幼稚园中，求其为中国应先解决之标准，自难得其真相；即据其"效法"一点言之，亦颇感缺陷。

（1）效法西洋，直接者较少，大多出于留华西教士之指示（我国年来，虽不乏外洋

---

① 所列皆为传统女子教育的知名读物。《孝经》：儒家十三经之一，系托孔子之名而作，成书于秦汉之际，旨在宣扬儒家孝道。"四书"：儒家的四本经典著作的合称，包括《大学》《中庸》《论语》和《孟子》；自宋明理学昌炽后，此四书便被用作学校的教材和科举考试的依归。《烈女传》：系西汉刘向所撰，其中载录了中国古代妇女的事迹，由百余个历史故事组成。《女诫》：系东汉班昭所撰，包括卑弱、夫妇、敬慎、妇行、专心、曲从、和叔妹七章。该书多用作女子启蒙读物。《女训》：系东汉蔡邕所撰；据称，是他为教导爱女蔡文姬而作，今仅存片段。《教女遗规》：清朝陈宏谋所辑，包括《女诫》《女训》《女论语》等，旨在教育女子遵守封建伦理纲常。
② 吴朱哲：女，生卒年未详，上海青浦人。本名朱哲，字秋贤，"吴"为夫姓。早年毕业于吴馨创办的上海务本女塾，后任该校附设幼稚舍教师。1904年赴日本留学，入东京"诚之幼稚园"学习保姆学。1907年学成归国，在上海公立幼稚舍创办保姆传习所。
③ 此"蒙养园"，当称"京师第一蒙养院"，它创设于1903年。其后附设保姆讲习班。
④ 此"平有燕京"，指北平燕京大学所附设的幼稚师范科；此"杭有弘道"，指杭州弘道女学所附设的幼稚师范科；此"苏有景海"，指苏州景海女学所附设的幼稚师范科。后二校，均附设有幼稚园。

求学之士；但为数过少，其影响不在此）；重以时间过短，故仅模仿其皮毛，而未窥其原则。

（2）且各种制度，俱有时间、空间之限制。教育亦制度也，故不能离环境而独立。模仿抄袭，自难合于国情。

（3）模仿之弊，易流于机械，驯致屏弃本国有用之材，而惟外人之马首自〔是〕瞻。催眠之歌、拍掌之戏，中国未始缺乏；而偏重于累赘之译文，悲哉！

总之，我国现时幼稚园教育，非吾人理想中之教育也。然则屏除一切，完全采取福禄贝尔与蒙台梭利之原则与实施，以为现在进行之标准则如何？请分述于下。

二、福禄贝尔与蒙台梭利之教育在我国现时之价值

福禄贝尔（Frobel）为幼稚园创始者。伊〔他〕以为："教育是忍耐，不是干涉……只有在自然形态之下，可以发展其和谐与完美。"而他方又有"吾人必极严格的循哲学思想与观念之要求而行"之言。即一切课程，须合于其神秘之哲学也。〔福〕氏为宗教家，其思想受宗教之影响绝大。

吾人试一观其"闻馨"之游戏：用各种之花，使儿童领略各花之香味；更使之闭目，从香味认出各种之花。是种游戏之作用有三：

（1）认出各物生活的式样；

（2）感官的联络；

（3）服从感官之暗示而行，不得有意与过分。

用感官以认识外物，固也。联络多种感官，则所得之印象较深，未始不合于科学。至因此而象征不同金属所做成交互联络之链，已近乎玄矣。若谓生理上的闻馨，可以移到道德之领域；感官上的感觉，可以启发内在的心灵；借"多取丁香花"，以隐射"有意的好名"，颇如我理学家"格物"与"诚意"的一段工夫。

可惜，前清士子一生的精力都用在八股文章上。而福氏偏欲假游戏作工具，非惟不得，且破损游戏本身之价值，甚无谓也。藉曰能之，此种全知全能之哲人，能否适应现时之潮流，则又一问题也。

蒙台梭利（Montessori）系医生，系社会主义者。其所办儿童之宅①，为平民之幼稚园。其教育法之根本原理，在不戕贼儿童之本性，使得自由发展其本能。其训练之基础，以自由为主；而训练之价值，尤在儿童之自动，使儿童皆向一定之目的而活动，顺其天性，毋或阻遏。其最完整之设施，感官训练之教具也。略举数种于下：

（1）色彩之练习。有木匣二具，每具中置八种颜色之丝卷板。每一种颜色中，又各有丝卷板八个，浓淡各异。先配对子，次依主色分类。若系同种之色，则应依其浓淡之程度，以八个丝卷〔板〕依次列之。然后，再及于实物之色。

（2）触觉之练习。于长方形之木板面上，以平滑纸与粗松沙纸交互贴之。闭目用手触板上之纸，以别粗细平滑。或用粗细麻布以及绸缎，使之识别粗滑。其余如各种方形、三角形、六角形等嵌板，均可借以练习触觉。

（3）三台木柱之练习。置台木三座，其上凿以圆孔十个，渐次或由大及小，或由高及低，或高低、大小皆不一致。每座另备适可嵌入该孔之木制圆柱十个，将木制圆柱一一嵌入台木上圆孔中，以练习儿童之视觉与触觉。

以上三者，仅举其例而已（其详，可参见拙编世界书局出版《蒙台梭利与其教育》②）。

蒙氏对于是种教具之作用，并不仅在于儿童之能完成其工作；其最大之目标，则在使之从教具配合上，自己发现其错误，因而引起解决之方法，再依其方法逐渐更正其错误，而至于完成也。

总之，蒙氏教育之目的，在注重于思考；而思考之训练，多偏于感官之教具。

有时，且不从实事上做起（如扣钮然）。此则心理学上心能学派形式训练③之误，恐未必诚能贯澈其实际生活也；且思考不过生活上一种行为，藉能得之，亦偏而不全。

---

① 儿童之宅：通译儿童之家。
② 《蒙台梭利与其教育》：该书由上海世界书局于1929年出版。张雪门于1926年春着手编译，次年夏始告完成。该书《自序》已收入本卷，可参阅。
③ 形式训练：指"形式训练说"。该学说以官能心理学为理论依据，认为人的心灵具有不同的官能。不同的官能活动相互配合，就构成了各种各样的心理活动。此外，各种官能可以通过练习获得发展。根据这种理论，在学校教育中容易导致偏重活动形式，而忽视内容的倾向。19世纪末以后，形式训练说不断遭到来自心理学实验结果的驳斥，证明其假设缺乏足够的科学依据。

然则幼稚园教育，我国现时究应如何办理？此则今日讲演之本题也。

三、我国现时幼稚园所需要的是何种教育

我国现在的幼稚园教育，有应注意之点三：

（1）须认清现在中国之地位，如何顺应时代潮流，求合于此时代之新生活；

（2）须注意于幼稚园时期中，儿童心身两方面发展的情形；

（3）幼稚园儿童与中国"新民族"，其中发展之程序应如何？宜如何使其联络？

若仅注意第一种，是压抑儿童个性，妨害其心身，实毁残其现时之生活也。若仅注意第二种，则终至于〔与〕人群隔离，形成愤时嫉世而无补于时世，且仍难免于时世之侵袭与压迫。根据现时儿童之能力，求适合于此时代中之新生活。教育之途径，不外乎是。

现在中国之国民，言之诚令人心痛。就生理方面的体格而言，能担任"新国民"者有几何哉？其背多曲，肩畸而不正，足不能登高行远，各种感官多不相联络，此体格之不如人也。欲姿势正直、筋肉发达、感官联络，八团锦[①]、柔软体操、球戏等尚矣。然此种枯燥无味之锻炼，可施之于成人，而不合于幼稚生之需要也。

幼稚生所需要者，游戏耳，模仿耳。于是伐木、开矿之模仿操，蜂蝶、鸟兽之表情，以及第一种恩物（六球）之游戏（如"我拿小球在手中"，为练习视、筋二感觉者），因之而代其用焉。

今仅以第一种恩物——传球之一种游戏言之：儿童作环形，依次用手相传授，第一法也；依次左手接球，右手授球，第二法也；按球于地上，自由发球，自由按球，第三法也；发球于指定之人，被指定者接之，第四法也。由第一法而至第四法，难易不同，即教育发展之经程也。

吾人于此得一结论：体格健全，是求适合此时代之新生活，亦即是注意之第一点；

---

① 八团锦：通称"八段锦"，为中国传统保健功法。古人把这套动作比喻为"锦"，意为动作舒展优美，如锦缎般柔顺；又因为其分为八段，故名为"八段锦"。

模仿与游戏，是该时儿童之需要，亦即是注意之第二点。模仿操与表情动作，乃教育上联络之实施；传球，乃联络进行上程序之一例耳。

至心理方面，国民缺乏者更多，变化复杂。教育上之补救与培养，较之生理教育为尤难。兹举其大者言之：

（1）自治力之缺乏也。国体变更几二十年，① 而民间仍望"真龙天子"之出现。故欲造成新中国，则先须培养儿童之自治能力。如捉迷藏、皮鞋游戏时之闭目，教师或用巾或用手，固不如儿童之自掩其目也。检查清洁，红纸（代表清洁）、黑纸（代表不洁）亦当由儿童自取，教师仅处监察之地位可耳。其余若因新设备而发生争执，按铃集众，令儿童自决办法以为遵守。此种机会宜随时练习，不宜以其无知忽之。

（2）自动力之缺乏也。懒惰成性，一切均欲依恃他人。故吾人对于幼稚生教育，宜如何培养其自动能力。如上述作火车，专用教师之方法做成者，此被动之教育也。犹如剪纸，随各生自动剪贴而成者（此时，演讲者出自由剪纸成绩七种相示），其方法多，其样式亦多，较之被动者，其成绩迥异矣。试细按之，此七种剪纸，实由于三人。甲之所作，多成小方孔之花纹；乙则斜方孔；而丙则特殊剪出而无孔，且于此可见其作风焉。

（3）中国国民性中，缺乏合作能力。吾人于其自由工作及组织游戏中，尤宜使之多练习。

（4）中国国民性中，缺乏责任心。吾人于幼稚园中，一切教具自不得不有一定地方。儿童取携、收藏时，便不能混乱。其余若养鸡、饲鸽、分茶点等，凡儿童能力所及者，俱当轮流担任之。

（5）此外，国民性中最大之缺点，无适应新生活之能力是也。时代变迁，而适应此时代之生活不变。旗族② 不以清室之亡而改变其生活，驯致现时之贫乏。此特国民中之一例耳。自科学发明，交通频繁，时代变化之速日益加甚。欲于此万变之潮流中谋生活之适应，必须先有随时应变之健全行为。

顾是种行为，可别为五：属于理智者三，即"建设""思考"与"练习"是也；属

---

① 此"国体变更"，指辛亥革命后于1912年1月1日成立中华民国这件事。由1912年至1930年，前后将近二十年。
② 旗族：泛指旗人，系对"八旗子弟"的统称。

于情感者二，即"发表"与"享受"是也。

每种行为，亦各有其经程。兹仅举"建设"一种言之，当可分为"动机""目的""计划""实行"与"批评"。譬如，现时香山养蜂，有获利数百元者，其亲友多羡之。羡慕，即其"动机"也。但仅有"动机"，不过当时有临渊羡鱼之情而已；有因之定"目的"及"计划"，而遇他事耽误者；有因"实行"上发生困难，遂尔中止者；有将种种困难、问题指明，而设法打破之者。吾人于此，虽不敢必最后的一人能成其功，但总较上四者有成功之可能。此无他，盖行为之健全耳。

至幼稚生，则"自由工作"尚矣。当星期一儿童之进幼稚园也，见壁上新挂一大钟，群集谈论钟表之事，此其"动机"之所由起也。上课时，或用积木堆钟，或用蜡笔作图，吾人于其"实行"中得知，其有"目的"与"计划"也。"计划"固不仅限于材料（如积木、蜡笔及纸等），而或凭想像或用写生，则又其"计划"中之方法也。待其完成以后，或彼此传观，或对师说明，未始非其末段之"批评"也。

但幼稚生年龄太小，成绩粗劣；然不谓之"建设"的健全行为，不可也。吾人宜如何利用此种心理经程，使之时常学习，以养成新国民随时应变、健全之行为，此则现时幼稚园教师及研究者之责任也。

今日之中国，内乱频兴，外忧日迫。吾以为改造中国，其革命不在枪炮，而在教育；而幼稚园，应居其始。若能将此种教育自幼稚园起，始终贯澈，推而至于小学，而中学，而大学，其中经过二十二年之陶冶①，彼等将来，必可成为新中国之新国民。至新国民实现，新中国之革命于是乎成功。

一九三〇、五、二〇，在河北教育厅讲演

---

① 此"二十二年之陶冶"，指依据"壬戌学制"，从进入幼稚园到大学院毕业，一般来说，修业年限总计为22年。

64　艺友制的教育

陶知行

1930年7月

题 解　本篇原载《教育大辞书》一书第1649页。出版时间为1930年7月。

有关撰著者陶知行，参见前文《孟禄夫人送玩具——致桃红、小桃》题解。

"艺友制教育"，所依据的是生活教育理论，是试行"教学做合一"的创造之一。它借鉴传统的艺徒制，但强调以朋友之道待人，让小学和幼稚园教师充当"师傅"，学做小学和幼稚园教师者充当"艺友"，然后通过示范指导、边干边学，从而培训教师。陶行知认为，如此可免普设师范学校之繁，并可尽快解决师资培训之难，成为普及教育的"法宝"之一。

《教育大辞书》，辞书名，1930年7月由商务印书馆初版，分上、下册。1922年始编，由唐钺、朱经农、高觉敷先后担任主编，常任编辑有沈百英、范寿康等14人。该书包括教育原理、教育史、教学法、教育制度、教育行政、教育心理学、教育统计、著名教育学术机关或团体等类别，收入词目3000余条，分别请有关专家撰写。后出有缩印本。

释义

何谓艺友制？艺者，艺术之谓，亦可作手艺解；友，为朋友。凡以朋友之道教人艺术或手艺者，谓之艺友制教育。

方法

艺友制之根本方法为教学做合一。事如何做,便如何学;如何学,便如何教。教法根据学法,学法根据做法。先行先知者,在做上教;后行后知者,在做上学。共教、共学、共做,方为真正之艺友制;亦惟艺友制,始能澈底实现教学做合一之原则。

史略

中华教育改进社考察乡村学校后,深觉改造乡村教育非另辟途径不为功。故于民国十五年,与燕子矶小学、尧化门小学、开原小学特约设置铺位,以便远道同志可以留校作较长时间之观摩。此为艺友制之发端。

江恒源[①]适为江苏教育厅长,深以此法为然,即派其侄希彭至燕子矶小学共同生活,以为回乡创办板浦小学之准备。江希彭留燕子矶数月,颇得互助之益。

十六年秋,燕子矶幼稚园成立,丁夫人[②]偕同女毕业生二人,随张宗麟[③]指导及徐教员[④]学办乡村幼稚园,进步异常迅速。至此,同人益信,此制不但为培养人才最有效力之方法,而且为解除乡村教师寂寞与推广普及教育师资之重要途径。此时虽有事实,却无名称,群戏称为"徒弟制"。但徒弟制,实不足以充分表示此制之精神。直至十七年一月五日,始定名为"艺友制"。

---

① 江恒源(1885—1961):字问渔,号蕴愚,别号补斋,江苏灌云人。职业教育家、中华职业教育社原副理事长。时任江苏省教育厅厅长,后任河南省政府委员兼教育厅厅长。与陶行知私交甚笃,大力支持陶行知的生活教育事业。著有《伦理学概论》《农村改进的理论与实际》《职业指导问题》等。
② 丁夫人:指时任燕子矶小学校长丁超的夫人。
③ 张宗麟:时任南京市教育局学校教育课幼教视导员,在燕子矶幼稚园所任之职,仅为兼职。
④ 徐教员:指当时主持办理燕子矶幼稚园的徐世璧。

艺友制在师范教育上之应用

艺友制之发现，既以小学、幼稚园为发祥地，则其应用于师范教育，自较他门教育为速。教师生活是艺术生活，其职务亦是一种手艺，应当手到心到、躬亲实行者。彼惟高谈阔论、妄自尊大，不屑与三百六十行为伍者，岂能当二十世纪教师之名？

学做教师之途径有二：一是从师，二是访友。随友学，较从师为更自然而有效。故欲为优良教师，莫便于与优良教师为友。

现行师范教育，将学理与实习分为二事。所出人才，与普通中学不相上下。国内少数优良小学，全凭天才护持。至于师范教育之人为的贡献，尚属甚微。大多数曾受师范训练之人才，至今办不出一所令人仰慕之学校，不亦深可叹息乎？

艺友制以教学做合一为原则，自能纠正今日师范教育之流弊。民国十七年一月八日，南京试验乡村师范学校、燕子矶小学、尧化门小学、晓庄小学、鼓楼幼稚园、燕子矶幼稚园已开始联合招收艺友。此是用艺友制的旗帜正式招集同志之起点。

一月九日，作者曾在《申报》及《民国日报》上发表一文，题为《艺友制师范教育答客问》，略述艺友制师范教育之原理。南京特别市教育局学校教育课陈鹤琴课长，同时向南京女子中学及南京中学师资科征求同意，派遣将毕业学生至市立实验小学充艺友；南京特别市教育局，亦拟招收艺友十余人，以培植教育行政人才。

现此制推行至为迅速。影响所及，约有五端：一、凡有优良教师之学校，皆可招收艺友，成为训练教师之中心；二、附属学校将失去惟一实习场所之资格，倘附属学校欲负训练教师之责，便非根本改造不可；三、推行义务教育之师资，可以增加一伟大之来源；四、优良乡村小学教师既可招收艺友，自能解除生活上一部份之寂寞；五、根本推翻师范教育之传统观念。

艺友制与艺徒制之比较

艺友制与艺徒制之关系甚密切。由源头上观察，艺友制亦可谓是从艺徒制中脱胎而来者。艺友制与艺徒制之所同者，为教学做合一；艺徒制是在做上教、在做上学，艺友制亦然。但艺徒制有三种流弊，系艺友制所革除者：一、艺徒制下之工匠，待艺徒几如奴仆，至不平等；二、工匠所有秘诀、心得，对艺徒不愿轻传，故使艺徒自摸黑路，精神、时间皆不经济；三、一切动作偏重劳力而少用心，太无进步。艺友制则不然：教者、学者既是朋友，便须以平等相待，以至诚相见，尤须共同在劳力上劳心，以谋事业之进步。

艺友制之推行

艺友制之成功，在乎指导之得人。故凡有指导能力者，皆可以招收艺友，初不问其事业之粗细也。图画家、音乐家、雕刻家、戏剧家、电影家、著作家、新闻家、行政家、军事家、科学家、民众运动家、医生、教师、律师、技师、拳师、农夫、木匠、裁缝、商人，皆可以招收艺友。民国十七年一月十五日，中华职业教育社[①]为推广艺友制起见，决定拟订"介绍办法"，使有志青年得以依据兴趣、才能，充当一种事业专家之艺友，以谋上进。该社并拟筹集"艺友贷金"，俾贫寒天才不致因经济压迫而失学。凡此，皆推行艺友制之重要步骤也。

---

① 中华职业教育社：中国最早研究和推行职业教育的人民教育团体。1917年由教育界、实业界、政界人士共组，社址设在上海，黄炎培长期主持该社。该社提出职业教育的目的为："谋个性之发展，为个人谋生之准备，为个人服务社会之准备，为国家及世界增进生产力之准备。"创办有中华职业学校、江苏徐公桥农村改进试验区、职业指导所等机构，并创办有《教育与职业》杂志。

65 幼稚教育谈

张宗麟

1930年8月

> **题　解**　　本篇原载《首都教育研究》第 1 卷第 1 期"幼稚教育专号"。发表时间为 1930 年 8 月。
> 　　有关撰著者张宗麟,参见前文《幼稚师范问题》题解。
> 　　《首都教育研究》,地方教育双月刊,1930 年 8 月创刊于南京,由南京市教育局主办、编辑并发行。该刊旨在"研究教育学术,改进首都教育"。主要栏目,有教育行政、幼稚教育、学校训育、道德养成、青年问题、社会教育、实验报告等;主要撰稿人,有张宗麟、黄勖成、马客谈、李清悚、李蒸、蒋子奇、甘梦丹、吴研因等。停刊时间不详,目前能查到的最后一期的时间为 1931 年 4 月。

一、幼稚园里干些什么

幼稚园里干些什么?[①] 这是我们时常听到的话,大家不以为奇的。但是仔细一想,

---

① 本句系编者所加。

好不害怕。幼稚园的活动，虽不如罗素①的讥骂（见《教育与人生》②），倒也确有愧色。

教育部新订的《幼稚园课程》③，似乎是详尽了。试问，有那几个是真实的试验去呢？有许多幼稚园，竟断章取义偏废的干；更有许多幼稚园，为着迎合一般人的欢心起见，只教些如黄莺般的唱唱、兔子般的跳跳，不但不能养成儿童做事、爱物等好习惯，反而养成儿童骄傲、懒惰、胆怯、脆弱等恶脾气。无怪乎近来很有许多略知教育的人常常说："附近没有好的幼稚园，还是放孩子在家里吧！"

幼稚教师对于儿童接触的时间很少。不过，至少应该每天有四小时以上。这四小时之中，做些什么呢？最要紧的是好习惯。例如清洁、做事勤快、对人有礼貌、爱小朋友、爱物、能发问、肯耐心做完一件事和生活上必需的习惯，如穿衣、穿鞋、洗脸等。这许多习惯是必需有指导才能养成的，决不是自由式的好听名词可以养成的。试问，现在的幼稚园能注意于此的有几个？

教育是否为着人生的？儿童是怎样生活的？我们大家都知道，没有生活能力的人，是不能生活的；就是活着，也是行尸走肉之流。我们倘若不指导儿童养成儿童生活上必需的习惯，只教他们许多不相干的东西，使他们成为成人的玩物，就是侮蔑儿童的人格。

二、儿童有本能吗

我不想在这里谈心理学，不过"本能"二字是一切教师的护身符。许多教师向古旧的心理学里，找出许多好奇心、模仿心等奇怪名辞，于是要教儿童跳舞，说这是儿童好

---

① 罗素：指伯特兰·罗素，参见前文《罗素与幼稚教育》题解。他对传统的幼稚教育有所批评，并创办比肯山学校，践履自己的教育理念，使自己的子女受教其中。
② 《教育与人生》：该书由李大年译，于1928年在启智书局出版，后多次再版。全书共三部分，分19章。第一部分论述教育与人生，包括近代教育理论的概要及教育目的；第二部分论述德育，论及恐惧、诚实、刑罚等内容；第三部分论述智育，论及智育的一般原理、十四岁以前之课程、大学校等内容。1931年，柳其伟所出译本，名为《罗素教育论》。
③ 《幼稚园课程》：指《幼稚园课程暂行标准》，由教育部于1929年8月公布，包括幼稚教育总目标、课程范围及教育方法要点三部分。该课程标准是陈鹤琴和张宗麟在鼓楼幼稚园开展课程实验的基础上形成的。

动的本能，跳舞更是人类的本能。教育上一切疑难向本能身上一放，万事平安，比"姜太公在此，百无禁忌"的条子①还要灵。

老实说，本能是没有的。一切辩证，可以看郭任远②的《人类的行为》③一书。证明儿童没有本能，可以看华真④的《行为主义的幼稚教育》⑤。

人是有反应的生物，他的反应很灵敏。简单说，有两种反应：一种是直接反应，一种是交替反应。孩子用手指去捉火，被火一灼，立刻缩回，这是直接反应；小孩子点灯睡觉，点灯与睡觉毫无关系，但是养成习惯以后，非点灯不能合眼睡觉，这是交替反应。

直接反应，人人都明白；交替反应，极复杂。竟有一件极小的事，恰恰养成了交替反应，那末，影响于终身的事业极大极大。我们虽然不必尽信华真在《行为主义〔的〕幼稚教育》上所说过分的话，但是在儿童时代的一切反应是极有关系的。我敢说一句极武断的预言，倘若照现在中国一般幼稚园教育的干下去，几十年以后，就可以见出愈加怯弱的国民性来。同志们，我们握着无上威权，应该立定脚跟，不要受许多神秘色彩浓厚的心理学的欺骗。

---

① 此"条子"，旧时多贴在屏门、客厅、堂屋的门楣上，或屋梁、楼棱上；店家最喜欢张贴在店堂或出入处上方，为岁时风俗之一。
② 郭任远（1898—1970）：广东潮阳人。早年毕业于上海复旦大学。1918年留学美国，入加利福尼亚大学伯克利分校攻读心理学，得到新行为主义代表托尔曼（Tolman）教授的赏识。因坚持极端机械主义的主张，被称为"超华生"的行为主义者。1923年修完博士学业归国，历任上海复旦大学教授、副校长，南京中央大学教授，浙江大学教授、校长等职。著有《心理学与遗传》《行为的基本原理》等。
③ 《人类的行为》：郭任远著，上海商务印书馆1923年初版。本书系统阐述了行为主义的基本观点，分上、下两卷。上卷总论行为的通性，下卷分类详述人类的行为。作者在本书的序中提出："要以自然科学的眼观来研究行为。"本书作为中国学者早期自编的一部行为主义心理学专著，具有一定的国际影响。
④ 华真：通译华生，即约翰·布罗德斯·华生（John Broadus Watson，1878—1958）。美国心理学家、行为主义心理学的创始人。
⑤ 《行为主义的幼稚教育》：华生著，章益、潘硌基译，于1930年由上海黎明书局初版。此译本共七章，包括：行为主义者对于儿童之研究、儿童恐惧之发生与控制、母亲溺爱之危害、儿童忿怒之发生与控制、日间夜间之看护、怎样施行儿童性教育、行为主义者的自释。

三、两件最重要的事

有一次,有一位极爽直的朋友对我说:"某处的幼稚园简直是疾病传染所……"他的话虽未免偏激,不过也不是完全侮蔑。试问:幼稚园对于卫生设备化了多少钱?极普通的茶杯、手巾、面盆,是团体的呢,还是个别的?每年请医生来检查过几次?有传染病的儿童,有隔离的方法吗?上课的时候还有儿童吃着糖果,扫地是满屋灰尘飞扬;痰是随便吐的,走路拖着鞋子,灰尘扬得很利害(地板房子尤其利害);落下地的东西,还是可以拾起来吃的;每天只要有点心,不问儿童平时需要水分多少;牙齿是不会教儿童刷的……举起来,太多了!

与卫生问题极相似的,是清洁问题。有许多幼稚园用许多钱买了很贵的用品,但是脏得不成样子。满房是黑暗积尘,满桌子的垢泥,茶杯的渍痕,墙角满涂着鼻涕渍;孩子的衣服只有外衣是新而且污的(因为检查清洁而换新衣服,但是久而不洗的),内衣是可以不洗、不换的……教师只捧着几个穿着漂亮的孩子亲吻,不知注意其他。这是一个大问题。

其次是,儿童于日常用品的来源也完全不知道。所以竟有长得三四十岁,不知道麦子是怎样,以为是韭菜的。城里人确是少了许多研究自然的机会,但是室内的发芽是可以做的;盆花、缸鱼、鸡、鸽等,更可以做的。还有,桌子为什么是四条腿?风琴为什么会响?水为什么要煮沸?肥皂为什么可以洗衣服?肚子为什么要饿?小鸡从那里来的?小弟弟从那里来的?……一切问题,似乎无城乡之别,都可以和儿童研究的。

最近,美国不是有一个"儿童中心教育运动"吗?Progressive Education[①]就是主张生活法的。大意可以看《儿童教育月刊》二卷四期(该刊现由开明书局出版,每年二元);倘能定一份 Progressive Education(此刊是 Primary Education 改名的),也很好。此法最要的秘诀,是在手〔于〕一切活动切合于儿童日常生活,不要乱装许多古董货到儿童的脑袋里去。

---

① Progressive Education:通译进步教育,亦称"进步主义教育运动"。此为19世纪末20世纪初盛行于美国的一种教育革新思潮。它源自反对传统教育的形式主义,代表人物有帕克、杜威等。主要观点,有以儿童为中心的学生观,以生活为内容的课程观,以解决问题为方法的教学观,淡化权威意识的教师观,强调合作精神的学校观等。

66　农谚可以做自然科的教材吗？

张兆林

1930年11月15日

题　解　　本篇原载《儿童教育》第3卷第3期。发表时间为1930年11月15日。

有关撰著者张兆林，即张宗麟的化名或笔名，参见前文《幼稚师范问题》题解。在晓庄学校被当局封闭、陶行知遭国民政府通缉后，张宗麟工作无定，时有危险。因而他到厦门集美幼师工作后，便时用此名发表文章。

有关《儿童教育》，参见前文《整个教学法》题解。

一、起因

我小的时候，很喜欢唱儿歌。当时，只有邻居老农带着我讲《大头天话》——故事。我时时要求他唱"火萤虫，夜夜红。公公挑担卖大葱，婆婆织布糊灯笼。媳妇抽排捉牙虫，儿子打卦做郎中。……"等儿歌。他老很和气，因此教了我许多儿歌。我俩就成为极要好的朋友了。直到现在，遇到机会，还时时和儿时的歌曲发联念，儿歌的效力真大。这些儿歌就是很著名的越谚。

我的孩子元，在四五岁时，几乎每晚都要求他的祖母唱歌。什么歌呢？还是"一箩麦，两箩麦，三箩开手打荞麦"等儿歌。

我有许多乡村小学生，尤其是女孩子，他们几乎没有一个不唱儿歌的。有一个时期，我提倡用山歌、童谣来代替国语教科书。孩子对合于地方音的歌曲，真爱呀！

街上的孩子似乎少唱歌。但是，有一次我在杭州西大街遇到一件极奇怪的事。这是一个极好的月夜，我从女中分校里接洽校事以后，乘月到西湖〔边〕上去散步。忽然，一阵孩子们的歌声穿出柳丝而来。好熟的歌调呀！我就寻歌声去了。愈走愈近歌声地，歌声也就愈响亮了。约莫离去数十步的柳荫下，我站住了，只看到有百数十个孩子，排着队在那里高歌、高唱。致〔仔〕细听，唱些什么呢？原来照"打倒列强"一首歌曲翻的。[①] 歌词如下：

烧饼油条，烧饼油条，
真好吃，真好吃。
三个铜板买一条，
三个铜板买一条，
快来买，快来买。

按：该曲是著名的催睡歌，不该比附中国革命歌，当然是另一问题。不过，孩子不唱"打倒列强"，而唱"烧饼油条"，一唱百和的热烈。这其中，大有意味可以寻索了。

二、为什么要采用农谚做本科的工具之一

（1）歌曲似乎是人人爱唱的。孩子们爱唱歌曲，比成人只为着抒情而唱的，尤其来得有意味。因为孩子学语是一件极不容易的事。单语、散语之难，我们读外国文时可以作比拟，韵语就容易得多。

（2）歌谣的种类很多，青年的山歌、田歌，大都是情歌。孩子们的歌谣，大都是无

[①] 此"翻的"，指翻唱。这首歌是根据大革命时期流行的著名革命歌曲《国民革命歌》翻唱的。而《国民革命歌》的曲调，又是根据法国儿歌《雅克兄弟》翻唱的。儿歌《两只老虎》也是此曲调。有关《烧饼油条》的翻唱，还有一种是"烧饼油条，烧饼油条，糖麻花，糖麻花。一个铜板两个，一个铜板两个，真便宜，真便宜"。

意义的歌。如"一颗星,格楞登;两颗星,挂油瓶;油瓶漏,好炒豆;……"一类歌曲,唱起来非常顺口,非常快活,不过没有什么意义。另外还有一种歌,也很顺口,不过含有意义、值得回味的。例如:"东虹风,西虹雨,南虹北虹卖儿女。""三月鸡,吱吱吱;三月鹅,肩上驮;三月鸭,动刀杀。"这些歌就是农谚,孩子们也爱唱的。

(3)说到农谚,中国以农立国,到现在至少有四千年。在这过去的几千年里,一般士大夫都轻视农业,不去研究。老农就靠农谚传述他的经验。所以,农谚在中国极多极多,并且验之天气、农作物,甚至畜牧、森林、养蚕等,都不爽丝毫。不但农家依之如金科玉律,并且船夫、渔翁也都传习如圭臬。西洋每件农作物与天气,很容易找到诗人的名著。中国诗人的名著又是一格,很少适合儿童的咏物诗。农谚可称是最合于儿童的咏物诗。

(4)儿童歌曲最要条件是地方性。原因有二:一是语调与音调。儿童长在本地,本地语言接触多;倘另换一个腔调,学起来极费力的,尤其是幼稚园的孩子。二是接触的事物。例如,在广东唱咏雪歌,无论如何,难使儿童了解的。中国农谚,全国都有,并且各县不同。有许多县,一县里有几种农谚。所以,就地方性的一个条件看来,最好的要算农谚了。

(5)次之,农谚富有时间性。例如:"春东风,雨祖宗。""春雾雨,夏雾热,秋雾凉风冬雾雪。"都是有关季节。又如:"雨落鸡鸣头,行人莫要愁。""日落云里走,雨落半夜后;日落胭脂红,无雨必有风。"这是朝晚晴雨的豫计。把这种有时间性的东西,触景生情地教孩子唱,孩子们也就格外喜欢唱。

三、怎样搜集农谚

我对于这个问题,第一步,想分中国为五大区域。因着纬度分为:(1)寒带,如东三省、〔内〕蒙古、新疆等省;(2)北温带,河北、山西、陕西、甘肃等省;(3)中温带,如山东南部、江苏、安徽、江西、湖北、湖南、四川、浙江等省;(4)南温带,如福建、湖南南部、江西南部、云南等省;(5)热带,如广东、广西等省。

第二步是尽量搜集。把每区内的农谚有闻必录的搜集起来。用的方法是:(1)找书籍。如《越谚》《田家五行志》、各县县志等书。（2）通信。托各县同志向当地老农去调查。这件决不能托教育局做的，因为现在中国教育行政人员实在太忙，又住在城里，不见得会答覆这样小问题；即使答覆了，也靠不住是真的。（3）实地去调查。实地问老农是一件极难的事，要先和他做朋友，然后他才肯一五一十的告诉你。

第三步是选择。选择要有标准。下面就是几条极普通的标准：

（1）有音韵的。农谚大都有音韵，偶然有单语，或不成韵，或者是古韵，读起未免拗口。所以不但要有音韵，并且要是联句。

（2）合乎科学的。农谚中，迷信之谈很不少，合乎科学的也很多。近来，有竺可桢①先生研究气候，一部分农谚用科学来解释。中国农谚倘若记月、日的，大多数是阴历。阴历与阳历，据许多人说，阳历好；但是农谚上的阴历，验之事实，也不大有出入。因为他们依据节气而排算的，节气是没有什么阴阳〔历〕之分的。不过用了阴历的日子，又去用阳历的日子，多加一层负担。

（3）描写景致、形容东西，要很逼真的。中国旧诗中咏物句子，都常是要不得的，因为不能逼真。可是，农谚中却有逼真的东西，例如"日落胭脂红"，这就是真了。

（4）求其多带孩子气的。不论什么好的东西，在儿童教育里，不要忘了儿童，正如珠玉虽宝，在肚饥时，还是用不到的。怎样算是孩子气呢？例如"清明断雪不断雪，谷雨断霜不断霜"，是没有孩子气的。"一场秋雨一场寒，十场秋雨好穿棉"，就充满孩子气。又如"二月卖新丝，五月粜新谷"，不但没意思，并且太呆板。加上两句："补得眼前疮，挖去心头肉。"不但不寒酸，并且充满了孩子气。又如"月晕而风，础润而雨"，孩子是不愿意读的。"月光生毛，大雨涛涛。""月亮濛憧憧，不下雨就起风。"孩子就高兴读了。"孩子气"三个字太混合了，请读者在例子中的字里行间求得之。

下面所举的农谚，大都与自然科有关。地点是中国的中温带。至于合不合儿童脾胃，要请读者自己批评、选择。

---

① 竺可桢（1890—1974）：字藕舫，浙江绍兴人。早年就读于唐山路矿学堂。1910 年留美学习，先习农学，后攻气象学。1918 年获哈佛大学博士学位。在美期间，参与筹组中国科学社。归国后，历任武昌高师、南京高师、南开大学教职。1928 年任中央研究院气象研究所所长，创建南京北极阁气象学研究基地。1936 年后长期担任浙江大学校长。1949 年后历任中国科学院副院长、中国科学院学部委员兼生物学地学部主任等职。著有《气象学》《物候学》等。

（1）一九二九，伸不出手；三九四九，冰上走；五九六九，沿河看柳；七九河开，八九燕来；九九八十一，犁耙一齐出。（从冬至后九天起计算）

（2）一九二九，扇子不离手；三九二十七，冰水甜如蜜；四九三十六，出汗如洗浴；五九四十五，树头秋叶舞；六九五十四，乘冷不入寺；七九六十三，上床寻被单；八九七十二，被单换夹被；九九八十一，家里造饭田里吃。（从夏至后九天起计算）①

（3）正月甘蔗节节长，二月橄榄两头黄，三月青梅口中香，四月枇杷已发黄，五月杨梅红似火，六月莲蓬水中扬，七月石榴正开口，八月菱花舞刀枪，九月山上采黄柿，十月圆眼②荔子③配成双。

（4）一场秋雨一场寒，十场秋雨好穿棉。

（5）吃过端午粽，棉衣完全送。

（6）夏作秋，没得收。

（7）不冷不热，五谷不结。

（8）晴冬至，烂年边，快快活活去耕田。

（9）清明要晴，谷雨要阴。

（10）清明前，种花园；清明后，吃蚕豆。

（11）春雾雨，夏雾热，秋雾凉风冬雾雪。

（12）雨打伏头，干死芋头。

（13）谷雨前后，种瓜点豆。

（14）处暑不露头，割下喂老牛。

（15）榆钱儿落，种谷也不错。

（16）七月荞麦八月花，九月收到家。

（17）四月南风大麦黄，才了蚕桑又插秧。

（18）桃花开，李花败，李子花开种苔菜。

---

① 此为《夏日九九歌》。明代《五杂组》所载为："一九二九，扇子不离手；三九二十七，冰水甜如蜜；四九三十六，汗出如洗浴；五九四十五，头戴秋叶舞；六九五十四，乘凉入佛寺；七九六十三，床头寻被单；八九七十二，思量盖夹被；九九八十一，阶前鸣促织。"
② 圆眼：指龙眼，也称桂圆。
③ 荔子：荔枝树的果实，即荔枝。

（19）头伏萝卜二伏菜，三伏头里种荞麦。

（20）横挑芋头直挑葱。

（21）千方百计，不如种地。

（22）葱怕露水韭怕晒。

（23）冬吃萝卜夏吃姜，郎中先生卖老娘①。

（24）家土换野土，一亩田三石五。

（25）二月卖新丝，五月粜新谷。补得眼前疮，挖去心头肉。

（26）种得千株松，万株桐，到老不会穷。

（27）家有千株柳，不用满山走。

（28）家有千株杨，不用打柴郎。

（29）栽寻〔松〕点桐，到老不穷。

（30）你也懒，我也懒，两个蚕儿做一茧。

（31）鸽子十二窝，热死一窝，冻死一窝。

（32）三月鸡，吱吱吱；三月鹅，上肩〔肩上〕驮；三月鸭，动刀杀。

（33）桃养人，李伤死，李子树下抬死人。

（34）东虹风，西虹雨，南虹北虹卖儿女。

（35）日落云里走，落雨半夜后；日落胭脂红，无雨必有风。

（36）南闪火门开，北闪有雨来。

（37）太阳反照，晒得兔叫。

（38）春东风，雨太公。

（39）星月照烂地，等不到鸡啼。（雨后）

（40）早晨下雨当天晴，晚上下雨到天明。

（41）早红雨滴滴，晚红晒背皮。（雨后）

（42）虹高日头底〔低〕，有雨到鸡啼。

（43）一雨一个泡，落得没米煮、没柴烧。

---

① 郎中先生：民间中医医生的俗称；卖老娘：意指无人找他看病，故无法养家糊口。

（44）月亮濛憧憧，不下雨就起风。

（45）两春夹一冬，夏布好遮风。

（46）雨打百花心，百样无收成。

（47）曲蟮唱山歌，有雨落不多。（曲蟮是蚯蚓）

（48）日枷风，夜枷雨。

（49）桃三李四梨五年，枣树当年就换钱。

（50）蚕豆不用粪，只要八月种。

（51）立夏栽姜，夏至离娘。

（52）云往东，一阵风；云往南，雨涟涟；云往北，一阵黑；云往西，牧牛郎披蓑衣。

67 中国近年来幼稚教育课程之变迁
——在北平师范大学教育学会的演讲

张雪门

1930年冬

题 解 本篇原载《张雪门幼儿教育文集（上卷）》一书第587—592页。演讲时间编者推定为1930年冬（张雪门晚年回忆的"民国二十一年"不确），出版时间为1994年6月。演讲地点在北平师范大学，记录者为黄芝森、曾伯声。原发表时无副题，此副题系编者所加。

该文最早发表于《师大教育丛刊》第1卷第4期，发表时间为1931年1月。该期丛刊《全国报刊索引》未录，所录丛刊第2卷第1期的出刊时间为1931年4月1日，故可反推本文的最早发表时间为1931年1月1日（该丛刊为季刊），并可大概反推演讲时间为1930年冬。

有关演讲者张雪门，参见前文《儿童和玩具》题解。

30余年后，张雪门在撰写回忆录《幼稚教育五十年》时，还对这次演讲记忆犹新："民国二十一年有一天晚上，有人约我在师大讲演。我的讲题是《我国幼稚教育的回顾》，第一段是机械模仿时期，第二段是论理组织时期，第三段是从儿童生活中取材时期。讲后，支离破碎，觉得还没有民国十八年在河北教育厅时给各县教育行政人员讲的完整。过了一段时间，有人传说，师大这次演讲会是同学自动发起的，听得很满意。"尽管所记演讲题目与具体分期，已不甚准确；但"听得很满意"，则无疑使张雪门的不安得以平复。

《张雪门幼儿教育文集》，由戴自俺主编，钱玲娟、金恒娟副主编，由北京少年儿童出版社于1994年6月初版。精选张雪门平生专著、论文集等，基本依时序录载，分编为上、下卷。编成于1991年张雪门100周年诞辰之际。文前收有陈翰笙序，文后收有张雪门长子张香山追忆文《传薪哪惜山河远》。全书近120万字。

今天有这机会到这里演讲，在座中有好些是朋友，好些是同学和同事，讲得不好的地方，望诸位指教。我们去看幼稚园里，许多五六岁的小孩子，时而到这里玩，时而到那边玩，时而排队进行，时而一块儿唱歌……这种样子是我们所常常看见的。但是，怎样去教他们，教他们做些什么呢？便不得不研究到课程方面。

一、幼稚园课程[①]

幼稚园的课程，有用活动分的，有用学科分的。照学科的分法，约举之有五：

（一）音乐，内又可分为三种

（1）唱歌。一般多是表情的，注重声音而不注重字义——如"啦啦啦，啦啦啦""呼呼呼"和"鹁鸪叫"……都是有音无义，重复而又重复。

（2）除唱歌以外，以身体的动作合音乐之节奏——普通都用钢琴，手拍一拍或两拍，都按琴声。琴声快，则动作亦快；琴声缓，而动作亦缓；琴声似马跑、鸟飞，而其动作亦如马跑、鸟飞。

（3）以各种乐器合音乐之节奏——如儿童各携乐器铃、鼓、口琴……合组音乐队，以合琴声之高低、快慢。

（二）常识，分二种

（1）社会——如邮政、工业、农业、商铺、消防队……

（2）自然——如刮风、下雪、下雨、花草树木等，数学一、二、三至一百等数，并长、方、圆各几何形。

[①] 此标题及其后二、三的标题，均系编者所加。

（三）谈话，分三种

（1）文学——即普通所说故事和歌谣。材料的内容与大人不同，要把一切无生命的物"拟人"。形式是重复的，全篇好几段，每段的事实和字汇少许变化一些，大致都是差不多的。

（2）语言——自由活动的随意谈话，以及工作时间彼此的商榷。

（3）文字——儿童有时要把发表的思想记下来，如写信、做小书等；有时为着生活上的应用，借文字来充标识，如椅子、茶杯上之标号码，衣架上标姓名等。

（四）手工，分二种

（1）特殊的——如恩物、积木等，可做车站、房屋或车子等。

（2）一般的——如泥工、纸工、木工等，和小学所用的差不多。

（五）游戏，可分五种

（1）竞争游戏——这是大人所有的，如赛球、赛跑各种竞赛。但小孩因血管和心脏未发育，与大人成反比例，不能如大人一样，做些较剧烈的动作。现时幼稚园所采用者，如"抢坐"游戏：第一次，有一小孩没抢着坐；第二次，以五儿童抢四椅，结果又有一人没椅；第三次，以四儿童抢三椅，结果又有一人没椅坐；依次轮到最后，独有一人抢着，最后抢着的一人胜利了，大家拍手贺之。

（2）表演——把动物动作以及社会中各种职业现象，在此中表演之。如表演"卖花者""皮鞋匠"及"老虎敲门"等。

（3）体操——全身筋肉运动。如"一、二、三、四""二、二、三、四"。普通操虽有益，但太机械，对于儿童没意义，故每为儿童所厌恶。因之模仿各种动作，如模仿割麦，既可练习腕力，又可练习腰力、脚力；如捆麦、背麦、把麦倒入麦桶等等动作，全身筋肉均运动到。这种动作对于儿童，亦感到兴味浓厚。

（4）感觉——用意为使五官锐敏，彼此联络，并均等发达。如"我拿小球在手中"及"听琴寻物"等是也。

（5）寻觅——和捉迷藏相似。但在幼稚园中，多半插有相当的歌曲，如："老猫睡觉醒不了，小猫时时偷着瞧。可惜小猫耍淘气，纷纷跑到外面去。老猫睁开眼睛看，不见小猫怎么办？——听得小猫叫。"边唱边可游戏。

二、幼稚园课程的经程

这些幼稚园的课程材料并不是开始就是如此。从前如何教，后来如何改？幼稚教育在课程上这条经程，我拟分作四个时期：

（一）形式抄袭时期[①]

中国幼稚园始于光绪二十九年张之洞奏定的学部章程。[②] 那时的教师和教材，说起来真令人好笑。女学堂在那时，看作最危险的事情，当然办不得；而幼稚园教师，又不能没有人。因之师资的人选，只好求之于通都大邑识字的育婴堂里的乳娘了。训练师资的材料是什么呢？就是《女四书》《烈女传》……把这种书让她们自己看，叫她们转教不识字的妇女。然而这种教师、这种教法，如何能教儿童呢？

补救的办法，则由日本请了许多"保姆"，内地又设立"保姆学校"，像上海、湖北等处，又直接选送往日本留学。这班教师回来以后，教材、教法尽使用日本学回的那些"熟料"，如恩物、故事、音乐……都是用日本的。由是，内地所谓乳娘出身的教师们起而效之，其教法就是抄袭从前书房[③]式的背讲、记述。拿八块恩物的方木来合成一火车或桌椅，教师放一块，叫学生照样放一块，全体的排列不脱教师的示范。儿童不能自己别出心裁，事实上也是不许其有别出心裁。

这个时期，可命名为形式抄袭时期。

---

① 此标题及其后（二）（三）（四）的标题，均系编者所加。
② 此"学部章程"，系记录者误记，当为《奏定学堂章程》。因为此章程并非以"学部"名义颁布，而是由光绪帝钦定。至于学部的专设，时在1905年。即在该章程颁行时，学部尚未设立。
③ 书房：指书馆、塾馆、私塾等启蒙教育机构。因其主要任务为读书、背书、写字，故也称书房。

（二）模仿时期

在这个时期里，教师不知道要如何教才能灌得进儿童的脑袋，儿童亦不知道要如何才能装得下来。教师是机械，儿童是被动，双方都感着一种极无味的痛苦。所学得的也是些"零缣①碎锦"，毫无用处。

这样过去，如何办呢？恰好有西洋牧师和他们的太太来华传教，把零碎的西洋幼稚园所用的材料介绍过来。他们用的教材和方法，当然是由西洋的。讲故事、唱歌、游戏，均比从前活泼而有趣。在形式抄袭时期的老师们看来，自是惊奇。

这个时期，可命名为机械模拟时期。

但是，这时尚有问题发生。因为材料、方法都是从西洋带来，只顾搬外人片断的"熟料"移到中国使用，材料感觉缺乏，又极为机械。而这时的儿童，虽略觉有味，然只是被动的瞎学，并不知所做的有什么意义；而且学到的一点，并不真正于人生有什么大用。我们说一句刻薄的话，正如猴子做作模拟一样，任人来指使，供人作笑料罢了。

以上两时期，可称为模仿时期。

（三）论理组织时期

民国八九年以后，南京、苏州、无锡、上海各地，经国内热心教育者的提倡，小学教育顿成活跃的气象。流风所及，幼稚园的课程也为之一变。这时最重要的为找材料，而找寻材料的地方有二：

1. 自然界

春天到了，花开、虫出、鸟长、树茂，太阳很暖；秋天来了，草枯、叶红、虫蛰伏、鸟南去，大地上笼罩一种异样的静寂。总之，一年四季的变化，材料是很多的。

2. 社会界

（1）家庭内。如节气的：一月十五元宵节，五月五的玫瑰饼②，八月十五拜月亮、

---

① 缣（jiān）：由多根丝线并在一起织成的丝织品。
② 玫瑰饼：北京传统名点。它采用鲜玫瑰花瓣，经腌制后，与炒熟的蜜糖拌在一起，做成玫瑰馅儿；然后用发酵后的面团，分层折叠后做皮；再将馅儿包好，经过烘炉烤制而成。

供兔爷①。季候的：如夏天来了，要吃冰淇淋；冬天到了，要把夏天的葛衣夏布衣裳藏起来，换上毛衣、绒褂，并要家家装上炉子……

（2）家庭外。如邮政、电报、警察、消防队……均可供给材料。

因此，材料是不忧缺乏了；然而教法仍是与第二期一样，一成不变。

这时期，命名为论理组织时期。

在这时期，国内自己已开始编制课程。如假定"煤"为中心点，在：

（1）谈话——煤之成分如何，煤之功用如何，如何运输，如何开矿，如何售卖；

（2）故事——择与煤有关系者，如小黑人；

（3）游戏——模仿开矿；

（4）音乐——唱开矿歌；

（5）手工——用恩物做煤厂，用纸做炉子等。

这一时期之优点是能根据中心点，能在中国找材料；其缺点是材料非待儿童的要求，对于儿童无动机、无内发自动。

民国十七年以前，都是这样的。

（四）创造时期

最近一二年来，幼稚园课程有突变的趋向。所教材料非由主观来定，乃根据学生环境的需要，并顾到其兴味问题。这种课程与方法就是：

1. 引起动机

如何引起，则看儿童方面是否有动机。如没有动机，可由教师设法引起。

试举一例，香山慈幼院幼稚园，三星期前的有一星期，想把"棉花"作课程。慈幼院有宽广的农场，场旁正弹着棉花。清晨由教师陪他们去看，想法引起他们的动机来，但儿童参观回来以后并不反应，倒对宫门口杂货铺所见的，觉得津津有味。

2. 决定目的

教师既看清了学生的注意都在于杂货铺上，就改成了以杂货铺买卖为课程的工作。

---

① 兔爷：亦称"兔儿爷"，是北京传统手工艺品。泥制、兔形，造型不一。因用来祭月，故中秋前后卖家较多。

3. 计划

有了目的，就定进行的计划。约举之：

（1）一个大工作中，分为小工作若干；

（2）每工作分任几人；

（3）工作之次序，如第一步作好，继续第二步，按步就班，依次作去。

4. 实行

教师在实行上，负责指导：

（1）知识上之指导。如杂货铺怎样组织、怎样买卖、购物的用途……

（2）兴趣上之指导。如儿童做钱时，给以一种做完了就可以购货去的暗示。

（3）态度上之指导。如仰仗人者，使之自作；喜独作者，使之加入团体。

（4）技能上之指导。买东西要钱，钱是用马粪纸依着铜元画轮廓，再用剪子依着轮廓，一个一个剪下来；买回来的萝菔①做菜，切菜用刀，刀是用剪子向铁皮剪成的。画铜元样子、剪纸钱、做刀，都不是一做就成功的。从做一直等到做完成，教师在做上教，学生在做上学；年长的儿童在做上教，年幼的在做上学，都是要时时加以指导的。

（5）习惯上之指导。大家做一种钱，怎样做，材料可以省节；不怎样做，材料就要多费，养成儿童的俭约。又如向杂货铺购物时，说不出用途，店伙不卖，可养成儿童购物时实际的德性。

5. 评价

实际作过以后，我们看见儿童究竟对于这件工作做得好不好，而且真得些什么经验，可作一个严正的评价。

我对幼稚园课程在这时期，命名为生活实现时期，和上一期统称为创造时期。

最近一期课程的优长地方，就是由于儿童内发的自动。一切进行，无不根据于实际生活的过程；教师在这种过程中所负的责任，是指导而不是教授。正如杜威所说"教育即生活"也。虽人的生活，并不限于理智的支配，像上面所举之例（香山慈幼院幼稚生杂货铺之活动），诚不足以包涵感情的活动；但此一时期的课程，正不知多少？

---

① 萝菔（fú）：指萝卜。

即如上一周前艺文幼稚园——哈尔飞大戏院①——的活动。前台有售票、看坐和小贩等脚〔角〕色；后台有布景、演员、导师、乐队、化妆等人员，演了什么歌唱、跳舞等玩艺儿，便已把感情的活动编在课程里了。就如香山杂货铺的活动，好像一般学校中的作业，有理智而少感情；但作业完后，游戏和故事、唱歌等随之，也未尝不合于成人规律的生活也。

成人服务学校或其他机关，工作八小时或十小时以后，或到戏院里听戏，或到电影场看电影，或则到市场去打地球②，把一天的生活来调剂一下，是有价值的生活。课程根据这种生活来分配，当然也是有价值的。所以最近一期的课程，有时把理智和情感并在一起，有时顾了作业，遗漏了游戏、唱歌……时，就可以依照成人工作完后享乐的办法。

以上，我已把幼稚课程变迁的四个时期说完了。前者为模仿期，后者为创造期。但不是这样课程进到了第二期，则第一期便没有丝毫存在；虽进到了第四期，而第一期，第二、三期，仍保留其残余的痕迹。

今天所说，不过是表示出课程的进程罢了。

三、比较和总结

现在，我们试把这四个时期互为比较：

第一时期，是教师为中心时期。如图所示：教师→学生。

第二期，是注重教材。用图示之：教师→教材⇌学生。

第三期，以教材为中心。用图示之：教师⇌教材⇌学生。

原图 50　教师、学生关系图

第四期，以儿童为中心，如图（原图 50）：

诸位将来参观幼稚园的机会很多，诸位亦有子侄，看那幼稚园课程到了哪一时期，然后再定去留。今天实在算不得是一篇讲演，不过给诸位选幼稚园时一个标准罢了。

---

① 哈尔飞大戏院：当时北京知名的演艺场所之一，位于北京西单，1930 年开业。
② 打地球：将圆锥体木棒排成一列，再用球将木棒击倒，类似于打保龄球。

至于讲不好,是早知道的。一因兄弟不善说词,二因兄弟为南方人,"南腔北调",恐有讲不明了的地方。兄弟在平,要和诸位商量的机会很多,望不时指教。

68 上海教育界欢迎华虚朋博士时的致词

蔡元培

1931年2月15日

另图30 蔡元培像

题 解　本篇原载高平叔编《蔡元培全集　第六卷》第15—16页，所据为蔡元培手稿。演讲时间为1931年2月15日，出版时间为1988年8月。演讲地点在上海香港路银行公会俱乐部。原发表时，题为《上海各学术教育机关欢迎华虚朋集会上演说词》。今题系编者所拟。

演讲次日的《时事新报（上海）》、同年3月的《教育杂志》，均刊载了相关内容。《教育杂志》发表时，题为《沪教育界欢宴华虚朋博士》。因内容有所不同，特将其中《蔡孑民致词》收作本文附录。

演讲者蔡元培（1868—1940），字鹤卿，号孑民，化名蔡振、周子余等，浙江绍兴人。1883年考中秀才，1889年中举人，1892年中进士，选庶吉士。1894年任翰林院编修。1898年归里任绍兴中西学堂监督。后历任上海澄衷学堂监督、上海南洋公学特班总教习、中国教育会会长、爱国学社和爱国女学创始人；发起成立光复会，并加入同盟会，参加反清革命活动。1907年赴德国留学，入莱比锡大学，研习心理学、美学、哲学等。闻武昌起义消息后归国，于1912年1月出任中华民国南京临时政府教育总长，领导教育改革。1917年出任北京大学校长。1927年后，历任南京国民政府大学院院长、中央研究院院长。著作有《蔡元培全集》等。

欢迎对象华虚朋（C.W.Washburne，1889—1968），美国教育家。早年师从帕克，后获加利福尼亚大学博士学位。1919—1945年，任伊利诺伊州文纳特卡的地方教育官员。上任伊始，他就从事教育实验，创立"文纳特卡制"。1939—1943年，担任美国进步教育协会会长。之后历任新教育联谊会会长、纽约市立大学布鲁克林学院师范教育部和研究生部主任、密歇根州立大学教授。著有《旧世界的新学校》《使学校适合于儿童》《什么是进步教育》等。

《蔡元培全集》，系由高平叔编，中华书局出版，共分7卷，于1984—1989年出齐。高平叔（1913—1998），原名乃同。江西都昌人。他早年留学于美国，专攻经济学。自1935年始，便接受蔡元培委托，搜集相关资料，筹备编辑蔡元培文集。此后便孜孜于此事。7卷的收文时段为：（1）1883—1909年；（2）1910—1916年；（3）1917—1920年；（4）1921—1924年；（5）1925—1930年；（6）1931—1935年；（7）1936—1940年。

今日上海二十二个学术与教育机关[①]，在此地欢迎华虚朋博士，鄙人得参加盛典，亲炙华虚朋博士，是非常荣幸的。

华虚朋博士在文纳特卡所试用的教育法，是个别教学的方法。我们一听到，就疑是偏重个性的。因为是反抗班级教学[②]的偏重群性，而有这一种运动，所以于注重个性的一点特别提出来。其实，华虚朋博士的方法是注重在个性与群性的调和，并没有偏重的。

另图31　华虚朋像

我们只要看他的四个原则：

（1）使儿童尽量地能获得将来要在生活上应用的知识和技能；

（2）每个儿童应该自然地、快乐地和完美地能享受儿童的生活；

（3）人类的进步，在每个份子能达到他充分的发展；

（4）人群的福利，要每个份子中有整个的社会意识之发展。

这四条原则里面，（2）与（3）是发展个性的，（1）与（4）是发展群性的。

---

① 此"二十二个学术与教育机关"，为上海市教育局、中华儿童教育社、沪江大学、寰球中国学生会、交通大学、暨南大学、劳动大学、复旦大学、大夏大学、光华大学、大同大学、中法工专、江苏省立上海中学、申报、新闻报、开明书店、商务印书馆、中华书局、世界书局、北新书局、慈幼协济社、华东教育会。

② 班级教学：通称"班级上课制"，即把一定数量的学生，按年龄层次和知识程度编班上课。它最早由夸美纽斯提出，后由赫尔巴特完善，苏联教育家凯洛夫最终将其模式化。我国最早采用班级教学，是在1862年京师同文馆设立之后。其显著优点是大幅提高了教学效率，而明显的不足，则是不利于因材施教。

在生物进化史上看出：无群性，则个性不能生存；无个体，则群体不能进步。

我国学术史上，法家偏重群性，道家偏重个性，均不适于我民族的习惯。惟儒家能兼顾个性与群性，流行至二千年不替。

我们私塾制①本来是个别教学法，但教材太偏于文词。近来的新式学校太拘泥班级制，不免有压迫个性之弊，于天才生及低能生极不相宜。

人类将来之工作，必有一部分是为群而设的，即稍违个性，亦不可不勉强为之；又必有一部分，是完全自由的。所以在学生时期，不可不兼顾两种性质，而使之不相冲突，且相调和。

我们正想用文纳特卡制的原则，应用在我们的教育上。欣逢华虚朋博士惠临我国，给我们质疑问难的机会，我们曷胜欢迎。

另图32　文纳特卡学校六年级学生建筑羊圈

附录　《蔡子民致词》

华虚朋博士创造之文纳特卡制，有四大原则：（1）使儿童尽量地能够获得将来要在生活上应用的知识和技能；（2）每个儿童应该自然的、快乐地和完美的能够享受儿童的生活；（3）人类的进步，在每个份子能够达到他充分的发展；（4）人群的福利，须要每

---

① 私塾制：私塾系中国古代私立教学机构，包括学馆、村塾、家塾、族塾、义学等。所谓"私塾制"，为"个别教学制"的代称。一个塾师通常教多个学生，其优点是有利于因材施教，其不足是教学效率低下、教学内容偏狭。

个份子中有整个的社会意识的发展。

此四原则，（2）（3）两者，属于个性的；（1）（4）两者，属于群性的。凡不为社会所需，亦即无所用于生活与技能。华博士调和两者为主旨，而使"个"与"群"平均的发展。中国古代教育，有重个性的，有重群性的。儒家为包含有个性与群性的，故相传而独盛者，垂二千年。

将来人类应为社会而工作。社会制度应给以闲暇，俾其就个性所好，而为自身娱乐。华氏能顾及两方面，是其优点。

美国教育比诸欧洲，新的发明为多。因其思想少拘束。我国的历史甚长，现当改革之际，正应虚心求新知，有方法皆当引而试行之。

另图33　上海教育界欢宴华虚朋博士后的合影

原载《教育杂志》第23卷第3号，1931年3月20日

69　儿童最爱玩的游戏

张宗麟　王荆璞

1931年3月1日

题　解　本篇原载《初等教育界》第 2 卷第 1 期。发表时间为 1931 年 3 月 1 日。

有关撰著者张宗麟，参见前文《幼稚师范问题》题解。

联名撰著者王荆璞（1904—1984），女，籍贯未详。早年毕业于江苏一女师，曾短期任职于幼稚园。1928 年转任晓庄学校幼稚教育指导员。1930 年与张宗麟成婚。后随张宗麟赴厦门集美乡村师范、重庆教育学院、湖北教育学院等地，均从事与幼稚教育相关的工作。中华人民共和国成立后，曾任出版总署托儿所所长。

《初等教育界》，教育季刊，一度改月刊，1930 年创刊于厦门，由集美初等教育研究会编辑，由厦门集美小学商店发行。旨在"研究实际问题，介绍新教育方法，报告实验工作"。主要栏目，有论著、译述、研究、报告、介绍书报、转载等；主要撰稿人，有王秀南、张宗麟、汪养仁、黄则吾、邓锡蕃、王登沂等。1935 年终刊，共出 4 卷 25 期。

这是一件极有意义的玩意儿：孩子们在学校里体操课内所学的游戏，到了家里（或者在下课以后）就会不去做的；同时，他们整天玩他们愿意玩的东西。这些玩意儿或者就可以称为"民间儿童游戏"。这些玩意儿是否可以采为小学或中学的游戏，恐怕还没有人敢武断。但是，小朋友们喜欢玩要是千真万确的，并且细细寻味，就是我们成人们玩要起来，也还觉有趣。对于孩子，当然富有教育意味。

本篇先来发表几个极普通、最通常见的游戏。其中有些名称是极普遍的，就不再加说明。如有南北名称不同的，略加注明。

一、斗草

原图51　斗草图

浙闽都叫"吃官司"。过了清明，车前草长得很大，并且有了花梗。孩子们就去找最粗、最韧的花梗，和他的朋友钩着花梗，嘴里唱着："吃官司，进官司，今年吃了官司去，明年吃得官司来！"唱完，两人都用力一拉（原图51），看那个花梗断了，就算输了一次。

二、掷茅针

清明前后，草地上的莎草都长了许多嫩苗，江浙人叫做"茅针"。茅针可以吃的，味道有些鲜甜。孩子们就去找茅针，找得很多，那末坐在草地上玩。一个孩子先拿着一握茅针唱着："我有茅针那个要？拿着金针银针向我掉！"（注：掉是换的意思）

唱完，就把手里的茅针向地上一撒。别的孩子看到他已经撒了，就选出相当根数的茅针，唱着："我有金针真真好，问你要不要？"撒的孩子看看他手里的茅针还不够，就说："你的金针真真好，可惜还太少。"那末，第三个孩子可以照着第二个孩子做。倘若已经能够满足撒的孩子的希望了，那末就唱："金针换茅针，请你要小心。"

这个孩子拿着茅针向地上的茅针空隙直放，倘若碰着了地上的茅针，撒针的孩子就说："金针虽然好，不及茅针牢。"他就可以得着这握茅针。别的孩子再来试做。倘若放的时候，不碰着地上茅针，那末放针的孩子就唱得胜歌："金针换茅针，一根换一根。"撒针的孩子要照放针的手里所有的茅针数，送给放针的孩子，并且这次游戏算完局。

三、吹肥皂泡

用温水半杯，放肥皂一小粒，等到水里溶化了肥皂，就用麦杆〔秆〕醮〔蘸〕水吹泡。泡有时很大，有时很小。只要麦杆〔秆〕头向上，那末每个泡都能上升；有了日光，泡还能分析日光，七色灿烂。

四、唧水筒（就是水枪）

用淡竹一节，去一个节关，留一个节关作为底，底开一个小洞；另外用竹棒一根，一头扎上棉花、破布，成功一个锣锤形，大小要恰恰能够放进竹筒。这个竹筒就可以做唧水筒玩，水也能浇得很远。在近水的乡村里，孩子们玩这个玩具，很多很多。

五、掷贝壳

江村海滨，各种贝壳是极普通的东西，孩子们就拾来做玩具。有一种玩法是掷的，可以掷的贝壳要用蚶壳、蛤壳等，其他如大的蚌壳、小的蛏壳、单壳的螺壳、蠔壳，不能用的。

玩法：先在地上画一个国界图（原图52），一个孩子先放一个贝壳在界里，然后他的右边一个孩子执贝壳用力一掷。倘若地上的贝壳被他掷出界外，那末这个贝壳就被他得到；倘若掷不中，自己的贝壳反而弄到外面去了，那末这个贝壳被地上的贝壳主人所得。他再用另一贝壳掷，倘若掷中了，但是地上的不出界，自己的到不在界内，那末这个贝壳也要送给地上的贝壳主人。再用别的贝壳掷，倘若掷不中，自己的贝壳也在界内，可以再掷；倘若掷中了，自己的贝壳也在界内，就要让再右边的孩子掷了。这样依着次序掷过去。有时候，一个贝壳恰匕〔立〕在城的线上，掷的人就要问这个贝壳的主人："你喜欢那边？"主人说："喜欢右边。"他一掷把它送到右边，那末这个贝壳被他得到；倘若送在左边，那末就算无事。

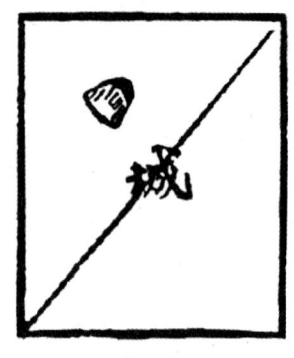

原图 52　国界图

六、敲棒

用木棒一根，长约二呎，作为公共棒；每个孩子又有一根木棒，也和这根差不多。玩法：用小砖一块，把公共棒搁在砖上，一头着地，玩的孩子向搁砖上的棒头上轻轻一敲，棒向上跳起来，那末他就在空中用力敲棒；倘若敲着了，可以敲得很远，就用公共棒来做量尺，量敲了多少远，记起数目。这样每人轮流敲了几次，就可以总算起来，计算胜负。

七、结线绷

这个名词通用于江浙、闽北，到厦门就称为"解杉"。用线一条，长约十呎，两头系住，成为一圈（原图 53），然后用两手一转（原图 54），再用中指向对面手心钩出线来，这是一个线绷。要挑的人可以用大、食两指在图五（原图 55）的 A、B 空隙处夹紧，向 C、D 处挑出，就成为图六（原图 56）。如此继续玩下去，就可以继续挑出各种花样来。

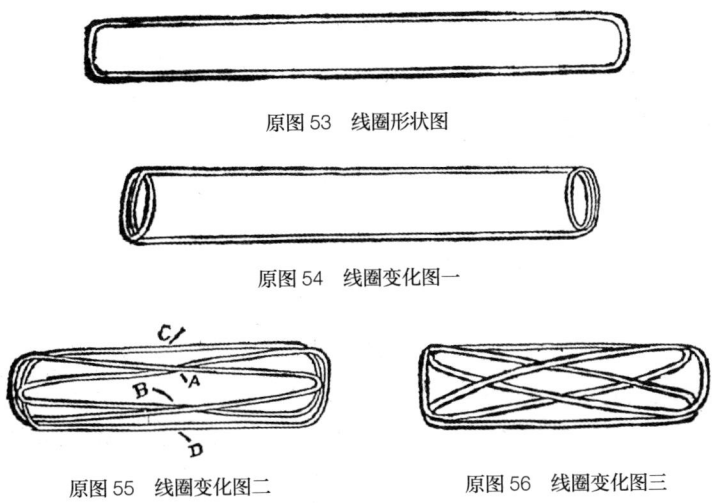

原图53　线圈形状图

原图54　线圈变化图一

原图55　线圈变化图二　　　原图56　线圈变化图三

八、抓石子

用小石子七粒，大如桃核。先向地上一撒，拿来一粒，向空中掷上，一面急向地上抓石子。第一次抓一粒，抓到以后，再用同一手接住空中的石子，然后把手里的石子放下，再继续如上次的抓。不过，第二次抓两粒，第三次抓三粒。抓完以后，就有计算的资格（孩子叫"翻手"）。

倘若有一次接不着空中的石子，或在地上抓石子时碰着不应抓的石子，或所抓的石子数不照应抓的数目，都要取消翻手的资格。翻手的方法：将七粒石子向空中轻轻一掷，急用手背去接，接得愈多愈好；然后再用手背把石子向空中轻轻一掷，用手心接住石子，计算所接到的石子。倘若得到石子，就可以继续再做，做到取消资格为止。

计算的方法有两种：一种是以次数为单位，然后计算共得多少石子；一种是先定一个数目，如五十、一百等，轮流抓玩，看谁先抓到这个数目。

石子的玩法很多。乡村成人往往在田头中间画地下棋。棋盘的式样、下棋的方法，都和象棋、围棋不相同。虽然方法很简单，到也极有趣。上海群益书局已经搜集了几种印售。

九、飞燕

用香烟的画片夹在两指中间，另一手用力一拍，可以飞得很远。谁飞得最远，谁就跑到自己画片地点，用一只脚跳到次远、三远……最近的一片，那么这许多画片都是送给他了。

十、造房子

在地上画一方格如图（原图57）。在"8"格里放小砖一块，然后独脚跳，用脚尖把这块小砖踢进"7"，再踢进"6"，依次踢到"1"，就算房子造成。画一个记号，如"1"格的形式。倘若中途这块小砖踢出小方格的线外，那末停止进行，让第二个人做。但是失败者倘若第二次轮到时，可以从前次所达到的一格开始，继续进行。凡是第一个达到"1"的人，画记号在"1"；第二个孩子就只可以到"2"为止；第三个孩子就只可以到"3"为止。这样，看谁能得到"1"，就算优胜。

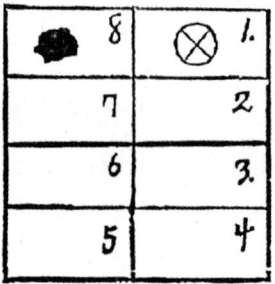

原图57　造房子图

十一、转空中（浙江叫"风车"）

用铜元或木的圆板，钻两个小孔，穿一根长的细绳，就成为一个风车。玩法：用食指钩住绳的两头，用力把铜元打几个转，乘着这个动力，两手向外用力拉，铜元就能转动，发出震动的声音，如像风轮吹动的声响（原图 58）。

原图 58　转空中图

十二、转辘轳①

这个游戏至少四人。若要增加，也必定要二的倍数。图里"1"的右手握着"3"的右手，"2"的右手握着"4"的右手；然后"1"左与"4"左、"2"左与"3"左相联。各人的脚都用力抵住中间的缸片，各人的身体用力向后仰。大家叫一声"起"，大家用力向右边转过去，可以愈转愈快，好像转辘轳，极好玩（原图 59）。

原图 59　转辘轳图

---

①　原文所载为"轳辘"，现根据文意，由编者改为"辘轳"。

以上十二个游戏，都是江浙闽三省儿童常玩的。此外，还有下列几个，因为名称极统一，所以只写一个名称在下面。

（1）打球。江浙两省儿童多用线球，因为棉线价值极廉；闽南多用橡皮球，因为橡皮价值较廉。

（2）踢毽子。用鸡毛、铜元做的，在冬季玩的很多。

（3）放纸鸢。江苏以清明前后为玩的时期，浙江以旧历二月为玩的时期，福建以秋天为玩的时期。到旧历重九，还有一个祭纸鸢的风俗，把纸鸢烧去，非过明年暑天，不能再放。

（4）跳绳。有单人跳与多人跳两种，也是冬季的游戏。

（5）滚铁环。闽南有滚橡皮环的，但是失去环的响声，就觉减色不少。

（6）骑竹马。各地都配有不同的儿歌。这个搜集工作，本篇不能详了。

（7）拔河。就是拉长绳，不很常见。不过，大多数孩子都知道这个游戏。

（8）射箭。就用竹做弓箭来玩。不过，大都为成人禁止。

（9）放弹。用短小竹筒装起竹篾弹簧，放进小石子，也可以弹得极远。

以上所举，可说是极平常的游戏。其他特殊的，如在田野里，还可以见到砍草孩子"掷草刀"的游戏；在家里，还有"排七巧板"等游戏；在旧历新年，又有"耍龙灯"的游戏。总之，儿童的游戏很多，我们继续搜集，更希望读者多多的来告诉我们！

70 四年来之中国幼稚教育

陈鹤琴

1931年4月15日

> **题 解**　本篇原载《儿童教育》第 3 卷第 8 期"儿童读物号"。发表时间为 1931 年 4 月 15 日（延后至 1931 年 5 月出版）。
>
> 　　有关撰著者陈鹤琴，参见前文《儿童每天生活的程序》题解。
>
> 　　题中"四年来"，系指 1927 年 4 月 18 日南京国民政府成立以来。在这四年中，颁布了"三民主义"教育宗旨，并配套颁行了实施方针和实施原则；还修订了学制，颁行各级各类学校课程标准。其中，《幼稚园课程暂行标准》便是办理幼稚教育的指导性文件。
>
> 　　有关《儿童教育》，参见前文《整个教学法》题解。

　　近四年来的幼稚教育比从前究竟有多少进步？课程有没有规定？教材有没有增加？师资有没有适当的机关培养？教法有没有改进？设备有没有改良？一般普通的社会，对于幼稚教育有没有相当的了解与信仰？

　　这些问题都是很值得研究的。可惜，我们没有充分的时间，把他们来详细的研究一下。现在，只可凭我个人所晓得的，约略的说一说。

一、幼稚园发达的情形

四年来，全国幼稚园究竟增添多少？教部还没有相当的调查，无从说起。不过我所知道的，确也增加了不少。

十六年秋，南京特别市教育局同时在五区实验学校内，各附设幼稚园一所，不久又增加六所。这是当时政府教育机关提倡幼稚教育之事实。

由是各地响应，上海市教育局也积极的增添幼稚园。除务本与西成原有附设外①，近来又添办幼稚园至七所之多。安庆也急起直追，同时在市立中心小学及第一实验学校，各添办幼稚园一所。

其他如杭州、苏州、镇江、北平等处，均陆续添办。幼稚教育到现在，已渐渐被人重视了。

二、幼稚园的教法②

照原理来讲，幼稚园的教法应当完全适应个别儿童的兴趣与能力的。从前的教法大概太呆板，整天把小孩子关在一间教室里，很少与自然界相接触。

幼稚园本来是一个儿童的乐园。除了游戏室、工作室之外，幼稚园应当有个很好的花园，以便小孩子一日之中常常在外游玩、鉴赏、学习。对于这一点，现在一般幼稚园还没有充分的顾到。

至于室内教学，我们也应当顾到儿童的个性。但是我们的教法，虽比从前来得活动，可是仍旧很呆板。

现在，一般普通幼稚园的教法，还是一种班级制（团体式）的教法，还不能适应儿

---

① 此"务本"，系指上海务本女塾。该校由吴馨主持创设于1902年。1904年该校附设幼稚舍，1907年该校又附设保姆传习所，此为中国私立幼师培训机构之开端。此"西成"，系指上海西成小学。该校位于上海蓬莱路，也曾附设幼稚园，主任韩希贤。
② 此序号及其后三、四，均系编者所加。

童个别需要与兴趣。照例，个别儿童或两三个儿童随意做一种工作。这种工作可以自动的去做，或者由教师暗示，或者由他们自己想出，教师只要在旁辅导。这种自由的个别教学法虽有人提倡，而采用的人还是很少。

三、师资的培养

培养幼稚教育的师资机关，可说素来是由教会开办的。公家曾经也办过几处，可惜都因经费缺乏，相继停顿。

近四年来，培养师资的机关颇有如雨后春笋蓬勃生长之势。福建集美幼稚师范[①]成立未久。而十七年夏，京市教育局与中央大学合办"临时暑期幼稚师范训练班"。当时，京市教育局聘有幼稚教育指导专员，组织幼稚教育研究会[②]。每两星期召集市立与私立各校幼稚教师开会一次，讨论实际问题，报告以前两星期的工作，拟定以后两星期的课程。开会兴趣非常浓厚。

十七年秋，南京女中正式增办幼稚师范科。同时，在上海有私人团体创办上海幼稚师范。十八年，安庆省立女中、福建省立高中；十九年，上海大夏大学也相继增设。他如教会学校之设有幼稚师范科者，有河北昌黎、福建厦门、山东泰安、北平燕京、杭州

---

① 集美幼稚师范：该校由陈嘉庚捐资创设，系集美九校之一。校址位于福建厦门，创立于1927年9月1日。首任校务执行委员会主席为陈淑华。该校初设预科、本科，各修业2年；1930年取消预科，将本科修业改为3年；1932年又将学制展延为4年。该校始终附设有幼稚园，还曾附设了艺术专修科。在20世纪30年代早中期，该校在中国幼师培训机构中较有影响力。后归并于集美师范。

② 幼稚教育研究会：系陈鹤琴以鼓楼幼稚园为依托，发起成立的幼教社团。其筹议，在1926年12月。1927年9月，陈鹤琴时任南京特别市教育局学校教育课课长，于是联络晓庄师范等单位，召集南京市公私立幼稚园教师加入，正式组建了该研究会。严格来说，该会当称为"南京市教育研究会幼稚教育研究组"。

弘道、苏州景海等校。① 最近，四川成都熊某拟私人创办幼稚师范一所，正在物色相当人材进行此事。吾国对于培养幼稚教师之热烈，亦可见一斑了。

四、课程的拟定

幼稚园的课程，四年前是没有具体规定的。十七年五月第一次全国教育会议，由大学院组织中小学课程起草委员会，拟定《暂行幼稚园课程标准》。两年来，由教部令行各省幼稚园实施、试验，以便将来修订。这次草定的标准，虽不能说尽善尽美，然比较从前漫无系统、漫无标准，觉得好得多了！希望不久就有正式标准出现，使各处幼稚园有所遵循。不过各地情形不同，希望教部对于推行标准，准许各地教师得"因地制宜"，酌量采纳。

（一）暂行课程的内容②

暂行课程的内容分：（1）音乐；（2）故事和儿歌；（3）游戏；（4）社会和自然；（5）工作；（6）静息；（7）餐点。

（二）关于工作的内容

关于工作的内容是：（1）玩沙；（2）恩物装置；（3）画图；（4）剪贴；（5）泥工；（6）缝纫；（7）木工；（8）织工；（9）园艺。共九种。

---

① 此"河北昌黎"，系指昌黎妇女圣经学校所附设的幼稚师范科，该校创设于1907年，附设幼稚师范科的时间未详。此"福建厦门"，系指厦门怀德幼稚师范学校，其前身为1901年英国长老会办的幼稚园师资班，1912年单设。此"山东泰安"，系指泰安德贞女校所附设的幼稚师范科，该校创设于1905年，1910年升格为中学，后陆续增设师范班、幼稚师范班。此"北平燕京"，系指北平燕京大学教育系所附设的幼稚师范专修科，其时在1911年。此"杭州弘道"，系指杭州弘道女学所附设的幼稚师范科。该校由三所教会女学合并而成，1916年添设幼稚师范科。此"苏州景海"，系指苏州景海女学所附设的幼稚师范科，该校创设于1902年，1916年增设幼稚师范科。

② 此标题及其后（二）（三）的标题，均系编者所加。

至于各项详细的内容，请参看教部十八年颁布之《幼稚园、小学课程暂行标准》（商务出版）。

（三）新添的教材

近年来，新教材的增添确也不少。现在略举几种如下：

1. 关于手工方面的[①]

（1）纸浆——纸浆的效用，可以同泥工一样做法，非常经济。只要拿日常看的废报纸撕成小片，浸在水桶里，约两星期后拿出来，把水挤出后，参〔掺〕入面粉少许，用手调捏。等捏得像粉团，就可做各种动物、用具等等了。做成之后，可以历久不坏。

（2）粉工——这种粉，同黏土、纸浆很相像。有一种粉可以调和各种颜色，拿来做各种东西。这种粉就是我们随时在街头巷尾可以看见，那些北方人憩了副担子，在那儿做各种动物的东西[②]。

2. 关于算学方面的

小孩子对于算学观念，还没有充分的发达，不应预先灌输给他，翻〔反〕使发生厌倦。所以当初学的时候，应该用游戏的方法，使他发生兴趣。以下有几种教具可以应用：

（1）得赏盘（参看二卷三期[③]）——用法：可将各种动物名词写在格中，上面写数目。玩时只用手拨架，即能旋转。如停止处是"狮子"，上面数目是"6"，儿童或教师可记在黑板上（纸上也可）。然后再旋，如停止在"老虎"格中，上面数目"5"，则"6"与"5"相加几何？无形中可以暗示小孩子识数观念。

（2）过桥洞（参看二卷二期[④]）——桥下各洞五个，每洞之上用粉笔注明分数；分数之大小，可照儿童计数之能力。桥共长四尺，中高八寸，边高四寸五分。可使儿童拿球，从远处滚入，由教师将滚入桥洞上的某数写在黑板上。以次类推。

---

① 此序号及其后序号，均系编者所加。
② 此"东西"，通称"泥塑"。其基本材料虽为黏土，但还加入了其他多种材料。"泥人张"即为其代表。其作品不仅有各种动物，还有形形色色的人物。
③ 此"二卷三期"，指《儿童教育》第2卷第3期中所载《介绍两种幼稚园与低年级的读法教具》一文。详见该文的得赏盘样式图及其说明。
④ 此"二卷二期"，指《儿童教育》第2卷第2期中所载《幼稚园和低年级识数教具》一文。详见该文的过桥洞样式图及其说明。

（3）算术练习板（参看一卷三八一页①）——圈格内各写某数字，中写一数与附〔符〕号，或加或减，由教师酌定。可任意指某数与圈中某数相加，叫儿童说出或写出得数。板是用白漆漆的，圈用蓝漆或绿漆漆成，数字用墨笔写上。用过后可以揩去，再写别数。

3. 关于读法方面的

（1）活动影戏（参看二卷三期②）——利用这种方法去教小孩子读法，敢说是事半功倍。

用法：用一条很长很长的纸，把字句写在每幅面积上面的一半；下半就照字句意义画图，画成一幅整个的故事。把他卷在圆木上，叫小孩子拿了上面的柄，自转自读。倘能把小孩子所耳濡目染的事物编成故事，画在上面，那是最好没有了。

（2）木字印刷（参看三卷六期③）——寻常学习文字必须经过四种过程：耳朵听得懂，嘴巴说得出，眼睛认得出，手能写得出。而四种过程中，要算手能写得出最重要了。

现在，幼稚生对于文字学习，往往只用到耳、眼、口三种过程；对于用手学习的那种过程，反因小孩子的能力薄弱不去应用。结果，小孩子有许多意思，只能说出来，而不能用文字发表出来。这是很可惜的一桩事。所以，我想出这种木字印刷来补救这种困难。

木制〔字〕印刷的内容分：（1）字汇来源；（2）字汇分类；（3）字汇用法；（4）字汇匣；（5）字汇木戳五种。单字共有五百八十个，分四匣装置。这种用手学习的利器，幼稚生尽可应用裕如、乐此不倦了。

4. 关于图画方面的

日记图——现在一般普通的幼稚园对于图画一课，往往由教师画好，或做好，或印好，再叫小孩子照了画、照了剪、照了着色，而每每忽略小孩子的自由创作。不知自由

---

① 此"一卷三八一页"，指《儿童教育》第1卷中所载《介绍两种新的算学教具》一文。详见该文的四则练习板样式图及其说明。
② 此"二卷三期"，指《儿童教育》第2卷第3期中所载《介绍两种幼稚园与低年级的读法教具》一文。详见该文的活动影戏样式图及其说明。
③ 此"三卷六期"，指《儿童教育》第3卷第6期中所载《介绍一种幼稚园与低年级的教具》一文。详见该文的木印样式图及其说明。

创作实足以启发想像、表达个性，其功效比较模仿何啻霄壤。

现在，我介绍一种日记图，可以在每天图画课上叫小孩子随意写生。或画今天他们所看见的，或做的，或读的，都可以尽情的画在纸上；再由教师择其尤〔优〕者，黏入拟就的格中。每两星期调换一次，每学期订成一本。实验以来颇见成效。

5. 关于设备方面的

（1）摇马（参考一卷二期①）——儿童好动。摇马的功用，即在可以模仿真马的动作。两手扶着扶手，两脚踏蹬上，背靠后面的靠背，前后摇动。因重心域大，所以不论前后摇动，不致倾跌。

（2）天台——可以锻练〔炼〕儿童身体，养成活泼精神。台面六角形边各装运动器具一种；中竖溜木，可从上滑下；四周绕有铁阑〔栏〕，台底铺有黄沙，以免危险。

6. 关于儿童读物方面的②

至于儿童读物方面有：（1）《图画故事》（商务出版）；（2）《幼稚园课本》（同前）；（3）《幼稚园读本》（世界出版）；（4）《好朋友》（儿童书局出版）；（5）《故事》（工部局教育处出版）。

7. 关于教师参考书

近几年发行的有：（1）《故事集（上下）》（世界出版）；（2）《幼稚园原理与实施》（张雪门，北平香山慈幼院出版）；（3）《儿童文学讲义》（同前）；（4）《幼稚园研究集》（同前）；（5）《课程：幼稚园指导法》（同前）；（6）《儿童保育法》（同前）；（7）《初期儿童教育》（董任坚译）；（8）《儿童教育月刊》（中华儿童教育社，开明书店承印）；（9）《行为主义的幼稚教育》（章益译，上海黎明书局出版）；（10）《幼稚教育概论》（张宗麟，中华书局出版）；（11）《美国幼稚教育》（赵宗预，商务出版）；（12）《幼稚教育论文集》（陶知行等，南京晓庄师范）；（13）《蒙台梭利与其教育》（张雪门，世界书局出版）；（14）"幼稚教育专号"（《教育杂志》，商务出版）；（15）"幼稚教育专号（一）（二）"（集美幼师，福建《集美周刊》）；（16）《家庭教育》（陈鹤琴，商务出版）。

---

① 此"一卷二期"，指《幼稚教育》第1卷第2期第71页中所载摇马样式图及其说明。
② 此标题系编者所加。

四年來之中國幼稚教育

陳鶴琴

近四年來的幼稚教育比從前究竟有多少進步呢？有沒有規定教材有沒有增加師資有沒有適當的機關培養教法有沒有改進設備有沒有改良？一般普通的社會對於幼稚教育有沒有相當的了解與信仰？

這些問題都是很值得研究的，可惜我們沒有充分的時間把他們來詳細的研究一下現在祇可憑我個人所曉得的約略的說一說：

一、幼稚園發達的情形——四年來全國幼稚園究竟增添多少，教部還沒有相當的調查，無從說起不過我所知道的確也增加了不少。

十六年秋南京特別市教育局同時在五區實驗學校內各附設幼稚園一所，不久又增加六所，這是當時政府教育機關提倡幼稚教育之事實由是各地響應上海市教育局也積極的增添幼稚園除務本與西成原有附設外近來又添辦幼稚園至七所之多安慶也急起直追同時在市立中心小學及第一實驗學校各添辦幼稚園一所，其他如杭州，蘇州，鎮江，北平等處均陸續添辦幼稚教育到現在已漸漸被人重視了。

幼稚園的教法——照原理來講幼稚園的教法應當完全適應個別兒童的興趣與能力的從前的教法大概太呆板整天把小孩子關在一間教室裏很少與自然界相接觸。

幼稚園本來是一個兒童的樂園除了遊戲室工作室之外，幼稚園應當有個很好的花園以便小孩子一日之中常常在外遊玩鑒賞學習對於這一點，現在一般幼稚園還沒有充分的顧到。

至於室內教學我們也應當顧到兒童的個性但是我們的教法雖比從前來得活動可是仍舊很呆板。

現在一般普通幼稚園的教法還是一種班級制（團體式）的教法還不能適應兒童個別需要與興趣照例個別兒童或兩三個兒童隨意做一種工作這種工作可以自動的去做或者由教師暗示或者由他們自己想出教師祇要在旁輔辦這種自由的個別教學法雖有人提倡而採用的人還是很少。

71 "鸟言兽语的读物"应当打破吗？

陈鹤琴

1931年4月15日

题 解　本篇原载《儿童教育》第 3 卷第 8 期"儿童读物号"。发表时间为 1931 年 4 月 15 日（延后至 1931 年 5 月出版）。

该文后又在《申报》1931 年 6 月 11 日、12 日连载发表，还见载于 1932 年 4 月《中华基督教教育季刊》第 8 卷第 1、2 期。

有关撰著者陈鹤琴，参见前文《儿童每天生活的程序》题解。

所谓"鸟言兽语的读物"，即童话、寓言等拟人化的儿童文学作品（主要是图画书），亦包括影视卡通等制作，有人还将神怪小说或民间故事列属其中。这类读物历来均是儿童成长的精神养料，故陈鹤琴有"吃奶"之喻。

但是，伴随着科学教育思潮的兴起，便有人对此类读物的质疑声不断。如邰爽秋曾在《中华教育界》第 10 卷第 7 期上，发表了《对于神话教材之怀疑》一文。其中指出："我个人对于神话的教材，亦非极端反对。不过我总觉得神话在教育上的价值很可怀疑，所以主张七八岁以下儿童想像力发达的时候，总以不用为是。"此后，对此问题的论争迭起。

有关《儿童教育》，参见前文《整个教学法》题解。

"鸟言兽语的读物"究竟应否打破？这是要看以下两个问题如何的解决：

（1）这种读物，小孩子喜欢听、喜欢看、喜欢讲吗？

（2）这种读物，小孩子听了、看了、讲了，究竟受到什么影响？

若是小孩子不喜欢这种读物，我们当然不应该给他。否则，我们要看这种读物究竟对于他有没有坏的影响。若是小孩子喜欢，而受到的影响却很坏，这种读物当然不适用。我们晓得有许多东西，小孩子喜欢的，而未必对他有好处。所以，要断定鸟言兽语的读物究竟有没有价值，只要看以上两点就可以决定的。

照我个人的经验看来，鸟言兽语的读物，年幼的小孩子——尤其是在七岁以内的小孩子——是最喜欢听、最喜欢看的。至于害处呢？我实在看不出什么。不过，究竟这种读物是否儿童所需要的，让我约略的说一说。

小孩子在一岁以外的时候，对于各种事物发生许多动作、许多兴趣。我们成人看起来恐怕要觉得很希奇。其实，从小孩子眼光里是一件很平常的事。不信，请看下面的几桩事实。

一、骑马

我的小孩子一鸣在一岁半的时期，对于无论什么可骑的东西，如桌腿、椅背、棒头等，都拿来当马骑。不但如此，有时他一听见别人说"马"这个字的声音，或"骑马"两个字的声音，就立刻把身子上下跳动，作骑马的样子，并且嘴里喊着"a—a—a"[①]的声音。

这种"棒头当马骑"的情形，在各国小孩子生活中是一桩很平常、很普遍的事。这种很平常、很普遍的儿童生活，我们成人应否让儿童享受呢？关于这种生活的读物故事，我们成人不应当让儿童看、让儿童听、让儿童讲吗？

但是，我们又要仔细想一想，这种"棒头当马骑"，不是比鸟言兽语还要神怪、还要不近情理吗？

[①] a：威妥玛式拼音符号。威妥玛式拼音（Wade-Giles Spelling System），又称"威妥玛—翟理斯式拼音"，简称威氏拼音法。这是中国清末至1958年《汉语拼音方案》公布前，国内和国际上流行的中文拼音方案。它虽保持了接近英文拼法的一些特点，但并不完全迁就英文的拼写习惯，其最大缺点是没有充分考虑汉语的语音特点。

二、洋娃娃

一个一岁多点而尚未能讲话的小孩子,就能抱了一个洋娃娃,用手拍拍他,嘴里还发出一种"a—a"的声音,表示同他讲话的意思。等到再大一些——三岁,他就能同洋娃娃谈话,好像做双簧的样子。

他真的相信,洋娃娃是真的小孩子吗?不!如他当洋娃娃是真的,那就有一种神经病了!试问,那一国的儿童,不论是野蛮的,是开化的,是古代的,是现今的,不玩这洋娃娃呢?而当洋娃娃是真的小孩子,那恐怕是绝无仅有的事吧!

三、滑稽图

下面两张图画(原图60、原图61),那一个小孩子看见不喜欢呢?关于这种图画的读物,那一个小孩子不喜欢看呢?但是,他们相信,猪真的会跳舞吗?水果真的像人吗?绝对不会的。那末,为什么我们成人不准他们享受这种好玩的东西呢?

原图60 人猪跳舞图

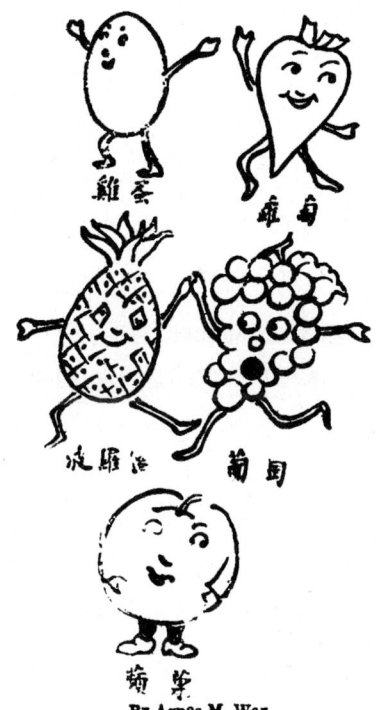

原图61 鸡蛋、水果表情和动作图

四、滑稽电影

（1）昨天，我带了我的五个小孩子（从一岁半到十岁）去看电影，第一张片子就是 Felix（黑猫）。那时，全场的小孩子一看见 Felix（黑猫）出现就大声鼓掌，高兴非常。这个滑稽故事，在中国《大陆报》①上常常登载的。这只黑猫不但会讲话，而且所做的事情往往出乎情理、违反自然，而人力所不能做的。

但是，小孩子相信黑猫真的有这样能力吗？他们是绝对不相信的。但是看的时候，他们表示十二分的快乐。看了之后，他们并没有回家去把自己家里的猫也当做 Felix 一般看待。

（2）记得上星期也看到一张滑稽副片，很可以做我们的参考。这张片子叫做《动物音乐会》。开会之前，有许多动物穿了衣服，戴了眼镜，坐了各种交通器具，来赴这盛大的音乐会。有的坐了飞艇，"轧——轧——"的从天上飞下来；有的坐了汽车，"鸣——鸣——"的从桥上开下来；有的坐了火车，"共——共——"的从远处冲过来；有的坐了马车，"得——得——"的从街上跑过来，形形色色，非常热闹。

开会的时候，节目颇觉有趣。忽而有三四位青蛙姑娘，拉着手，张着口，跳舞、唱歌；忽而有五六位老鼠小姐，跷着尾，抬着头，大唱特唱，唱得非常出色；忽而有一位白猫先生，挂着身子，吊了尾巴，两手弹琴，两只眼睛忽大忽小，神气十足。那时，黄狗、雄鸡、乌鸦……有的敲铜鼓，有的拉凡亚铃②，叫的叫，跳的跳，各献各的本领；忽而这样，忽而那样，约有十分钟的功夫。这张片子演了之后，全场不期然而然的鼓掌起来。像这种"动物音乐会"，纯粹是一种鸟言兽语的物语。而这种物语，不但小孩子喜欢看，就是成人也非常欢迎。

---

① 《大陆报》：1911 年创办于上海的英文报纸，侧重刊载时政、文化等方面的消息。
② 凡亚铃：指小提琴，当时据其音译（violin）而定名。

五、实在的阅读经验

鸟言兽语的读物在欧美非常风行。我不知道那欧美的小孩子看了、听了这些读物，究竟受到什么坏的影响。我现在且把我自己所得到的经验来说一说。

我的几个小孩子，对于鸟言兽语的读物，可以说是都很喜欢的；不但一种很普通的鸟言兽语的读物，就是很神怪的一种材料，如《西游记》——二郎神捉拿孙猴子、《封神榜》等等，也都是非常喜欢听、喜欢看。

我有时讲了之后，或者他们自己看了之后，我就问他们："这种事情是真的吗？是真有孙猴子吗？他真能一个筋斗翻十万八千里路吗？"他们都回答说："没有的！不会的！"有时候，甚至于回答说："这是故事，讲讲的！"

这样看来，这些认为消遣的儿童读物，于年幼的小孩子实在没有什么妨碍。

总结起来，小孩子，尤其在七八岁以内的，对于鸟言兽语的读物是很喜欢听、喜欢看、喜欢表演的。这种读物究竟有多少害处呢？可说是很少很少。他看的时候，只觉得他们好玩，而并不是真的相信的。

至于这种鸟言兽语的读物，常常讲给小孩子听或给小孩子看，当然有种危险。这种危险与平常小孩子所需要的东西是一样的。犹如"吃奶"，我们都晓得，奶是很好的营养料，小孩子非他不能生存的；不过到了一岁半以后，那他还是吃奶而不吃旁的东西，他虽然不至于有什么危险，但是要受损失的。我们应当慢慢儿给他吃些别的东西。鸟言兽语的读物与吃奶是有些仿佛的，年幼的小孩子是很喜欢听鸟言兽语的故事。恐怕在那时候，只有讲那些故事给他听，好像一岁的小孩子只有奶是他唯一的营养料；到了大了以后，奶应当少吃，而鸟言兽语的读物也应当少讲，多给他看些旁的读物。我们绝对不可说，奶是坏的东西，不能给他吃的。

最后，我要慎重声明的，鸟言兽语的读物自有他的相当地位、相当价值，我们成人是没有权力去剥夺儿童所需要的东西的，好像我们剥夺小孩子吃奶的那一种权利。不过，小孩子到了大的时候，我们应当供给他看别种材料，犹如奶吃了，再给他吃别的营养料一样。

现在在我国，成年的儿童读物还是那种鸟言兽语，以及各种神怪的故事，好像成年的小孩子还是要一天到晚吃奶的样子。请教：小孩子怎样会强健呢？我们应当竭力地多编各种科学故事,来丰富他的经验,来引起他的兴趣。这大概也与成年儿童的饮食是同出一辙、同一情理吧!

还要附带声明的,就是现在书坊上所出的各种神怪小说、武侠小说,实在是不合儿童心理,而且含有一种诲淫的意味;甚至出售荒诞不经的读物,如各种鬼的故事等。这种故事最好不要给小孩子看。

72 再论儿童读物
——附答吴研因先生

尚仲衣

1931年5月10日

另图35 尚仲衣像

题 解　本篇连载于《申报》1931年5月10日第17版和1931年5月13日第9版。

本篇还见载于《儿童教育》第3卷第8期"儿童读物号"。

撰著者尚仲衣（1902—1939），笔名子钵，河南罗山人。早年毕业于清华学校。1924年留美，先学医科，改学教育，入哥伦比亚大学研究院。1929年获博士学位后归国，受聘为国立中央大学教育学院教授。后历任浙江省立民众教育实验学校校长、国立北京大学教育系教授、广东勷勤大学教授、广州国立中山大学教授。1938年任第四战区政治部宣传组长，致力于抗日运动。后因车祸不幸丧生。译有《苏联的科学与教育》《普通教育学》，著有《现代教育问题》等。

在20世纪30年代初，"普及儿童科学教育"渐成浪潮，反对之声又日渐高涨。如教育家尚仲衣在1931年4月18日召开的中华儿童教育社年会上，便作了题为《选择儿童读物的标准》的发言，力主"不应给儿童以违背自然的材料"。会上陈伯吹等与之进行了辩驳，会后吴研因在《申报》发表《致儿童教育社社员讨论儿童读物的一封信——应否用鸟言兽语的故事》，陈鹤琴在《儿童教育》发表《"鸟言兽语的读物"应当打破吗？》，均明确表明了自己的质疑态度。本文之所以言"再论"，即是因为此前已有《选择儿童读物的标准》的发表。

有关《申报》，参见前文《儿童每天生活的程序》题解。

此次中华儿童教育社在沪举行年会时，仲衣提出儿童读物的讨论，时短意长，未能尽所欲言。兹特专就"童话"一项（包括神仙物语，以及其他幻想的故事），倾怀一述，以就正于诸同志。

当儿童正在发育，正要认识实在的环境、体察自然的现象的时候，负责引导他的成人们，除非另有充分的理由，不应给他一种与自然现象有所冲突的观念。世上本无神怪，鸟兽本不能作人言。所以，除另有充分的理由之外，儿童读物中也就不应含有这种与自然事理相违背的材料。

另外，"有无充分的理由"即是全局的关键，也就是童话取舍的标准。今且就童话的价值，试给以审慎的估定，试看有无理由以维持它在儿童读物的位置。若有理由，再试看其是否充足。

一、童话价值之估定

（一）启发想像

因为童话流传已久，多数人因循陈轨，从不谈起它的价值问题；即使偶尔谈判〔起〕，又被"启发想像"四字堵住了。所以直至今日，童话还能维持它在儿童读物中的重要地位，占儿童阅览时间之大部。"启发想像"，我们固难证明其必不能，然恐亦难确定其果能。在或能或不能之间，我们尚有三点疑问：

（1）科学艺术中有组织的、创造式的想像（creative imagination），是与离奇的想入非非的幻想（reverie）相同吗？

（2）若不相同，神仙幻想故事所能引起的是近乎那一种？

（3）若果相同，若幻想就是生产创造的想像，两千年前传说的长桑[①]绝技，何以不

[①] 长桑：复姓。战国有名医长桑君，可把脉知病，医术高超（见《史记·扁鹊仓公列传》），后以长桑借指良医。

实现于道地的中国，而实现于德国的 X 光线①？

在这种境况之下，虽不能说童话绝不能启发想像；但我们确信，科学故事及自然读物的激发想像的能力，决不在童话之下。科学故事中的戡天缩地奇法，纵使哪吒②现世、安徒生③的傀儡们诞生，也必得甘拜下风；自然读物中之生物界的种种惊人的适应环境方法，对仅仅能七十二变的孙悟空，也恐要莞然一笑。

（二）引起兴趣

拥护童话者，多称儿童喜悦此类的故事，而我们确又常常听见儿童恳切地要求"真的"故事。究竟儿童是否真喜悦幻想性的读物，只有长时期、有系统、客观的观察和精密的实验，方可解答，决非空谈强辩所能为力。

此类的观察尚属阙如，然实地试验确已给我们不少的智识。据近年邓恩（Dunn）精细的探讨，"幻想性"不惟不能引起兴趣，对于男孩，反略生反感。此外，曾作过关于读物兴趣之严密的研究的，如推孟④（Terman）、赵登（Jordan）、余尔（Uhl）等人，都告诉我们，"幻想性"决不是引起兴趣的最好的材料，更不是激发爱好的唯一方法；在不违反自然现象的范围以内，能引起兴味的，正多着呢！

退一步讲，姑假定邓恩、赵登等的探讨都含有错误，或都不适合于中国儿童；再假定"幻想性"，确可引起中国儿童的兴趣，那末这种兴趣所趋，我们就可以无条件的跟随吗？教育者是否有移转好尚的责任？儿童喜糖果，应否给以节制？幼儿见物，辄欲引为己有，应否加以抑止？

所以，即使"幻想性"果能引起兴趣，尚须于儿童有益无损，方可采纳。何况我

---

① X 光线：通称"X 射线"，可通过它来透视人体内部组织有无病变。它由德国物理学家伦琴（W. C. Röntgen，1845—1923）于 1895 年发现。

② 哪吒：中国古代神话传说人物，出现于《西游记》《南游记》《封神演义》等文学作品。他脚踏风火轮，能变化成三头六臂或三头八臂。在民俗中，被尊为救世护民的"五营神将"之首。

③ 安徒生：指汉斯·克里斯蒂安·安徒生（Hans Christian Andersen，1805—1875），丹麦童话作家。幼年家贫，11 岁丧父，母改嫁，当过学徒。因就读过慈善学校，喜爱文学，曾发表诗剧《阿尔芙索尔》。后毕业于哥本哈根大学，以编写剧本、出版小说维生；而主要以童话创作，使其闻名于世，被誉为"世界儿童文学的太阳"。代表作为《安徒生童话》。

④ 推孟：指刘易斯·麦迪逊·推孟，美国心理学家。

们根本就怀疑它引起兴味的能力呢！更何况我们还觉得它的价值可疑，而它的危机层层呢！

（三）包含教训

或有人以为，童话的价值在它字里行间的寓意。为讨论便利计，是否包含教训即是好读物，姑且不论；即就包含教训本身讲，我们觉得根据事实和可能材料的教训，其效力恐必较大于根据不可能幻想的教训。幻想的寓意，有时成人尚且难于领受，何况儿童！根据于不可能材料的教训，儿童明知其为虚悬、伪设，何能引起他信心？

总括以上三节，我们觉得童话的价值实属可疑，维持它在儿童读物上的地位之种种理由，实不充分。所谓"启发想像""引起兴趣""包含教训"云云，皆在或有或无之间；而不违背自然现象的读物，皆可有童话或有或无之价值。

二、童话之危机

从心理分折〔析〕的观点看来、童词〔话〕最类似梦中的幻境和心理病态人的幻想。成人而过于浸沉于幻想，尚且有害于心理健康，何况儿童！

儿童早年的自我意识本强。教育者在此时正宜辅助他，使之日渐适应客观的实在。在此种正当适应进行之时，若给他一种与所要适应的客观实在相违背的材料，消极方面，可以阻碍他的正当适应之进行，积极方面，或可构成变态的适应。在这适应进程的第一步，教育者务须注意，不使儿童早年就养成乐于离开实在，而浸沉于幻想之中的心景，不致使他养成向幻想中求满足的趋向。

成人入〔如〕以他的阅历、经验，遇着世路的崎岖、事实之难于应付，尚且往往因畏难而生变态的心景，而构成"向幻想中求满足""万事由天""酸葡萄""甜柠檬"等聊〔以〕解嘲的心理。儿童既少阅历、经验，还要适应这纷乱复杂的成人社会，辅之导之，尚恐其不能应付实在的环境，尚恐其流于变态的心景，何得眩之以幻想、惑之以非非。

童话中的主人翁，多半皆由偶然的神奇、侥幸的赞助而达到目的，绝少由直接的努力和忠实的奋进而造成幸福的。只就此一点论，多半的童话都在淘汰之列。因为我们对儿童、对社会的责任，是在教儿童去用忠实的努力，以谋社会及个人的福利；决不当鼓励，如童话中的许多不劳而获的幸福。

要而言之，童话的危机约可归纳为下列数点：

（1）易阻碍儿童适应客观的实在之进行；

（2）易习于离开实现生活，而向幻想中逃遁的心理；

（3）易流于在幻想中求满足，或祈求不劳而获的趋向；

（4）易养成儿童对实现〔现实〕生活的畏惧心及厌恶心；

（5）易流于离奇错乱思想的程序。

三、我的立场

在一般人的心目中，一谈到儿童读物，立即联想到童话（包括关于神仙物语，以及其他幻想的故事），且时常把儿童读物和童话混而为一。这是极不幸的。仲衣对于童话的作战中，有请求于教育同志者是：

（1）务须把"儿童读物"和"童话"两名词辟开，且认定童话只不过是儿童读物中的极小部分。纵使把童话全部流放了，儿童读物仍有极广、极富的园地。再者，关于童话价值及流弊的分析〔析〕，我们可归纳为两点：(a)童话的价值，实在可疑；(b)童话在下意识的危机，实在很多。以价值可疑而危机甚多的材料，去侵占儿童宝贵的光阴，可否？与其用这种读物，何不用那有童话的价值而无其危机的、根据于事实和可能材料的读物？

所以（2）务须将童话所占之儿童的时间削缩至最低限度——将大部分的时间让与不违反自然现象的读物。

（3）对于童话本身的要求，就是把童话的数量大加删削，格外审慎地选择（关于此类的选择，将另草一文以讨论）；只可保留，其真有艺术价值和游戏兴趣的第一流的童话。例如吉伯林的《象儿》①或洛夫廷的《杜里德大夫》②（只用其第一本），保留和选择的格言是"宁跌〔缺〕勿滥"。

四、附对于吴研因先生的疑问之解答

吴先生对于仲衣在儿童教育社的讲演，曾在上月二十九日《申报》、三十日《新闻报》中发表其意见，并提出五项疑问。除一、三、四等条，在上文中已有当然的解答外，今且顺便将其余的两条解答如次：

吴（疑问）：神怪故事是否应该以合情理、不合情理为取舍？

尚（解答）：不惟神怪故事，一切教材及读物（除少数滑稽材料之外），都应以合乎情理、不合乎情理，为取舍标准之一。成人们有何权利拿不合乎情理的材料给儿童！

吴（疑问）：尚先生所说，鸟兽不言而专述动物生活的故事又是什么？

尚（解答）：从这个问题看来，仿佛是吴先生以为，离了物语就没有关于动物的读物了。仲衣就很诚挚地向吴先生介绍 Jean Henri Fabre③ 的著作。读了以后，或不致再有这样问题，也或可给吴先生心目中的儿童读物另辟一片新的园地。

---

① 《象儿》：通译《象孩儿》，为英国作家拉迪亚德·吉卜林（Rudyard Kipling，1865—1936）的童话作品。
② 《杜里德大夫》：通译《杜立德医生》，为美国作家休·洛夫廷（Hugh Lofting，1886—1947）的童话作品。
③ Jean Henri Fabre：通译让·亨利·法布尔（1823—1915），法国昆虫学家、动物行为学家、作家。平生坚持自学，先后取得数学学士学位、自然科学学士学位和自然科学博士学位，精通拉丁语和希腊语，在进行精深科学研究的同时，还撰写了科普文章。代表作为《昆虫记》。

73 读尚仲衣君《再论儿童读物》乃知"鸟言兽语"确实不必打破

吴研因

1931年5月19日

另图 36　吴研因像

题　解　　本篇原载《申报》1931年5月19日第8版。

本篇还见载于《儿童教育》第3卷第8期"儿童读物号"。

撰著者吴研因（1886—1975），原名辇嬴，江苏江阴人。1906年毕业于上海龙门师范学校，任江阴县立单级小学校长、江苏省立一师附小主事。后赴上海，任商务印书馆编辑及该馆附设尚公小学校长。后任菲律宾华侨中学教导主任、教育部教育方案编制委员会党义教育组主任、教育部国民教育司司长等。中华人民共和国成立后，历任教育部初等教育司司长、中学教育司司长等职，为基础教育专家。编有《新学制国语教科书》等，著有《基本教育》等。

有关尚仲衣，参见前文《再论儿童读物——附答吴研因先生》题解。

此次有关儿童读物的论争，系由尚仲衣在中华儿童教育社的发言而引发。会后，吴研因在1931年4月29日《申报》上，发表公开信《致儿童教育社社员讨论儿童读物的一封信——应否用鸟言兽语的故事》，对尚仲衣的观点表示质疑，并望社员积极参与讨论。其后，他又在上海市教育局暑期学校发表了特别演讲《儿童读物的研究》（记录稿详见《儿童教育》第3卷第8期），较为全面地阐述了自己的观点。

有关《申报》，参见前文《儿童每天生活的程序》题解。

尚先生《再论儿童读物》，似针对拥护"幻想性童话"者而发，可是对鄙人的问题，所答未能十分圆满。虽未圆满，但我也觉得很满意了。

骤读了尚先生的大作，空气非常紧张，好像现在中国小学教科书充满了尚先生所说的"幻想性童话"；而且有许多"幻想性童话"的信徒，方在大声疾呼地拥护它，而提出问题的我，正是拥护"幻想性童话"的渠魁①。

其实呢，我可以用笑话安慰尚先生：我们敝国的小学教科书，根本就未尝和美国的教科书一样，关于"幻想童性〔性童〕话"的材料，实在不多。所谓自然、社会或者常识等教科书，关于"幻想性童话"教材，固然一点都没有；就是国语教科书有一些儿，也是微乎其微的。

至于拥护"幻想性童话"的人呢，尚先生的论文好像指定是我。其实，尚先生误会了。我虽茅塞未开，决不致〔至〕于做"幻想〔性〕童话"的忠臣。我的态度正和尚先生一样，以为应该"审慎地选择，保留其有艺术价值和游戏兴趣的第一流童话"。要是尚先生肯看一看教育部所定的《小学国语暂行课程标准》关于国语选材的种种限制，那就可以不致有此〔误〕会了。

可者〔是〕，鄙人也并不以为尚先生的言论是"无的放矢"。中国的小学教科书将来或者误会变成美国的教科书一样，充满了"幻想性童话"，而鄙人也需要尚先生的指导。尚先生这样一说，使我们以后格外审慎选择，这也实在是很好的。

以上，是对于尚先生《再论儿童读物》篇中出于误会之处的答覆。

至于尚先生应该答我的，是一个"鸟言兽语是否就是神怪故事"的最紧要的问题，尚先生对这问题，并未明白答复。这是我所认为不十分圆满的。

我以为，鸟言兽语，有些是一种作文法中的拟人法，有些是说明生活的自然故事，和《封神榜》《聊斋志异》的记载截然不同。不但不能和神怪故事混为一谈，而且也不能和"幻想性的童话"混为一谈。固然，也有许多神怪故事和"幻想性童话"而不离鸟言兽语的；但是，确又许多鸟言兽语而毫无神怪成分，且不尽含有幻想。

例如禽〔寓〕言诗的《快快布谷》，藉以勖勉农夫；《猫和蜗牛》（见《新制国语　第五册》）的问答，藉以说明蜗牛的生活。这何尝有一些〔神〕怪幻想的成分呢？尚先生前次把鸟言兽语和神怪故事混为一谈，并且有"低年级……不用鸟言兽语"的绝对主

① 渠魁：指首领、头目。

张；此次又把鸟言兽语和"幻想性童话"混为一谈，真是一误再误了。但是，尚先生对鸟言兽语，却在这次的论文中，流露赞成我的"不必打破"之说了。他说："把童话数量大加删削，格外审慎选择，……像吉〔卜〕林的《象儿》，则不妨保留。"

鄙人就把《象儿》来研究。象儿既和驼鸟说话，又和长颈鹿说话，并和蟒蛇及鳄鱼说话；不但有鸟言兽语，并且有蛇言鳄言。他叙述象鼻本短，给鳄鱼拉了而后长的一节，更含有神怪，而带着幻想性（译文见开明书店出版之《如此如此》书中）。在中国小学教科书，现尚有人敢采用这类教材，而尚先生却主张保留，则尚先生赞成鸟言兽语的程度，实在还比我们更进一步呢！这尚先生承认不必打破鸟言兽语的一个有力的证明。

尚先生虽未明白答复我那"鸟言兽语是否就是神怪故事"的问题，但他已实在赞成鸟言兽语了。所以我说，尚先生的答案虽不圆满，而我却认为满意。

尚先生既赞成鸟言兽语，何以鄙人还要多说呢？鄙人只怕我国小学教育界和关心小学教育的一般人，还未明白尚先生的意旨，把我们的议论弄糊涂了，而反同情于某省政府主席所谓"打破鸟言兽语"的论调。

可悲的很，我国小学教科书方才有"儿童化"的趋势；而旧社会，即痛骂为"猫狗教科书"。倘不认清尚先生的高论，以为尚先生也反对"猫狗教科书"，则"天地日月""人手足刀"的教科书，或者会复活起来。果然复活了，儿童的损失，何可限量呢！

最后，我还要请大家注意，童话固然包括一部分的神话和物话（不是全部，因为神话、物话中，有许多不能算为童话）。但物话也有两种：一种是含幻想性的，一种就是自然故事。尚先生的言论，虽不很赞成物话，但他对自然故事并未反对。我们以后要是编辑小学教科书，别误会了尚先生的意思，自然故事也不敢用。我并希望，尚先生以身作则，自出心裁的编一两篇模范的中国儿童读物出来，以使鄙人心目中认识一认识"新园地"的真面目。要是能编出一两部给全国儿童读的教科书，则更馨香祷祝，为全国儿童欣幸。

附带声明：我方在急于要完成一种低年级充满自然故事（不避鸟言兽语）的国语教科书，无暇多所讨论，尚祈尚先生除"鸟言兽语是否就是神怪故事而应该打破"的一问题外，别再发不很关于本题的言论。否则，不但离题太远，鄙人也不敢再和尚先生讨论了。

74 幼稚园要不要有教科书

张宗麟　梁士杰

1931年10月

题　解　本篇原载《中华教育界》第 19 卷第 4 期"教科书专号"。发表时间为 1931 年 10 月。

有关撰著者张宗麟，参见前文《幼稚师范问题》题解。

联名撰著者梁士杰，生卒年未详，福建云霄人。早年毕业于集美师范学校。1927 年受聘为厦门私立宽裕小学校长，1929 年任教于厦门集美幼稚师范学校。后与张宗麟共事，致力于幼稚教育研究，并支持张宗麟创设集美乡村师范学校。1932 年 7 月，任集美男子小学校长。次年赴上海，任儿童书局编辑，与陈鹤琴合编《分部互用儿童教科书　儿童南部国语》。后归福建，曾任福建省立实验小学校长、福建省立师范附小校长。1947 年赴菲律宾，任纳卯市中华中学校长，致力于华侨教育。著有《幼稚园教材研究》《一个实验生活教育的学校》《怎样做幼稚园教师》等。

此文的写作背景为：在每一次新编教科书出版后，中华书局均会收集广大研究者与一线教师的意见，并在《中华教育界》总结其经验与得失，以作为下一次教科书革新的参照。如《中华教育界》在第 19 卷第 4 期出版了"教科书专号"，该专号对前一阶段教科书编纂与使用情况予以回顾或反馈，并对教科书编纂中的问题进行了讨论。

有关《中华教育界》，参见前文《现在幼稚园中亟应研究的问题》题解。

一、幼稚园的整个材料是什么

我们希望,幼稚生脱离书本的教育,而接受以人类全部生活为对象的教育;我们又希望,幼稚生脱离狭窄的教室教育,而接受满足生活需要的教育。把幼稚生整个的生活,算做是幼稚教育的范围,其力量总比较大;把社会与自然的一切东西,吸收在狭小的书本上,总是容易弄假。其实,人类的行为、人我的交接,都有教育的力量。所谓过着好的生活,就是得着好的教育;过着不好的生活,就是得着不好的教育。所以教育的总目标,就是要用优良的生活去替代不好的生活,要用优良的教育去替代不好的教育。

书本教育是传递文化的工具,自有他的相当地位。可是在幼稚园的整个材料上占着什么地位,却有些问题。因为幼稚园最重要的工作,是不是符号知识的传授?幼稚生能否了解符号知识?是否需要符号知识?是否有比符号知识更重要的东西?

据儿童学研究的结果,幼稚生时代能了解一部分符号知识。不过,不是他所最需要的。幼稚生时代顶紧要的教育,是身体和心理的养护与许多日常生活习惯的养成。六岁以前的儿童,他的性格的特点、身体的健康、生活的习惯、人格的要素,在那时已经养成。这些性格与习惯,虽然有许多是可以改变的,但是有的已稳定他的趋向了。

近代心理学家已承认,儿童期前几年的经验、所成立的各种习惯,可以做他一生品性当中所决定的要素。我们成人的判断与态度,不知不觉的,都受了五岁以前所养成的习惯的深切影响。所以幼稚园的整个材料是养护与许多日常生活习惯的养成,并不在符号知识的传授。

二、教科书的意义是什么

生活教育要不要用教科书?生活教育是以教科书为一种工具,过着什么生活,就需要什么书,并不把书来死读的。因为世上尚有教科书所不能登载的世界,这世界是需要我们的手足、身心去探讨的。至于教科书的意义,大概有下列种种:

（一）为要统一教育目标，所以有统一的教科书

欧战前的德意志，为要称霸欧洲，所以把教科书上的材料都溶化着他们的教育目标。他们以为不统一教科书，是不能训练个个人都到战线上去的。日本是个岛国，内地求生活不易，所以训练向外侵略的强悍国民。因为要达到这个教育目标，所以亦统一教科书。

（二）教科书是为着教师的便利而产生的

教师一天劳到晚，一年忙到头，当然是没功夫去编他的教科书的。就是编，亦编得没有专家那末精髓；假使编得好，也没有多大经济去印刷的。因此，不得不靠赖书局所编印的教科书。

（三）教科书是为着系统学习的便利而产生的

没有教科书给儿童，他就觉得没有学习的系统，而成绩的考查亦觉涣散。这是做教师的常感到的缺点，所以需要有教科书。

（四）为着迎合社会一般人士的心理

社会上一般人士，一送儿童入学，就急切盼望他能读、能写、能算。书读得多，就以为教师贤能；书读得少，就以为教师贪懒。因此，大家也就拼命的在符号上用功夫，以博得社会人士的欢心。

最后，教科书还有一个特点，就是教科书必用符号，如文字、图画、数字等。这些符号，可以说是教科书的工具了。

就以上所说的，我们就可以默察教科书的功能到底怎样？为着上列理由而产生的教科书，是否适合于幼稚园，是一个很大的疑问。但是，儿童教育的对象是儿童，我们所为的亦是儿童，那末我们要不要用教科书，总须以儿童要不要教科书为前提。

三、中国幼稚园用教科书吗

我国幼稚园教科书的变迁史，没有小学教科书变动的利害。我们要讨论幼稚园要不要用教科书，当然先要知道历史。兹分三段落来叙述：

（一）二十五年前的蒙养园教科书[①]

当时的蒙养园，刚从私塾里蜕变而来的，是收受六岁以上的儿童。所编的"蒙学读本"，亦就有如《千字文》的体式，意思深邃，语句生涩，一切材料多数是教儿童做人道德。其行文，多为文言的。强迫语言尚未流利的儿童，学习艰深的文句，结果还是与读"赵钱孙李"差不多。（这种读本已经绝版，但是在旧书摊上还找得到。）

（二）二十年前的幼稚读本

二十年前的幼稚读本，确已较有进步，如纸张加厚、装订耐用等。可是，内容多为单字的、助语的画图，亦尚板滞，仍是脱不了"天、地、人"的圈套。（这种教科书现在还流行，是戊申年初版的识字等读本[②]，读者还能买得到。）

（三）近年来的幼稚读物

这几年来，有许多人以为幼稚园可以教识字，所以幼稚读物就再风行起来。现行的幼稚读物，确有他的优点：（1）比较知道用句子、语气较适合儿童口吻，有些材料可供表演；（2）比较有活动的图画，图画亦画得大些。

所可惜的，就是仍打不破"视儿童为具体而微的成人"的观念，与不尊重儿童有整个人格，更不知整个生活是什么，有时还有些违反学习心理的原则。例如，要知道单字是最难认识的，完全的句子意思完整、意义明晰，才比较容易读等。（上列事项，因限

---

① 此"蒙养园"，既是"收受六岁以上的儿童"，那便当指 1902 年《钦定学堂章程》中所确立的蒙学堂制度。但是，此处又言"二十五年前"，那么便当指 1904 年《奏定学堂章程》中所确立的蒙养院制度。但该制度的蒙养院招收的是 3—7 岁儿童。作者在此语焉未详。
② 此"读本"，系指商务印书馆于 1908 年初版的《看图识字》。

于本特刊编辑条例，不便列举，著者当另文详细讨论，特此声明。）

四、幼稚园用得着教科书吗

教师应该尊重小孩子的，就不该把小孩子当做小大人。一切教育材料倘若是儿童生活的，就是儿童教育。我们要从书本教育的木架上、成人的残酷里，把儿童解放出来，把他放在广阔的、自由的大自然界里生活着。所以我们以为，幼稚园最好的两部知识库，就是大自然与当地社会。

（一）大自然是不是知识库

前面说过，幼稚园最重要的是身体和心理的养护与许多日常生活习惯的养成。大自然就是给儿童以健康的机会，给儿童以学习的材料。自然界有秀丽的山川、碧绿的翠林、冉冉的野花、啾啾的好鸟，更有雄伟的太阳、可人的清风、说不尽的美景、学不尽的万物，可以怡旷人们的神情，可以治疗人们的孱弱。

一切景物都可以使儿童自身体验过，尚不致〔至〕于像教室中的书本教育的容易弄假。卢梭重真智，重由感官与心身所得到的实际的体验。卢梭说："书本有碍于科学的。以著者的理论为满足，视实际的研究为烦苦。须知道读书过多，反足以增加虚伪与无知……又，书本实足以使人们忘却真世界的卷册。"大自然真是儿童的好教材呀！

（二）本地社会所发生的事项，是不是获得知识的机会

儿童很缺乏时间知觉、空间知觉的。所以教儿童做买卖，不如带他去看人家做买卖，或是实地在做买卖；教儿童作文，不如教他报告本地方所发生的事项或讲故事。推而至于欲儿童有良好的生活习惯，赤〔亦〕可由人我间的相互关系，而为他的学习机会。本地方所发生的事项，是儿童耳朵听得到、眼睛看得到、足跑得到的事项，所以是儿童获得知识的机会，如下雪教雪、有龙眼果教龙眼果。

因为有上面的两部知识库，所以我们不赞成幼稚园以教科书为各科的中心。我们的理由：

（1）教科书没有裨益于儿童的养护及日常生活习惯的。幼稚园教科书里，虽是编着许多做人道德及应遵守的生活习惯，其实这些直接的教训，不但是儿童做不到，就是大人亦做不到。结果，养护自养护，教科书自教科书。

（2）儿童对于符号知识，可用机械的记诵，很难用理解的领略。儿童对于新事物学习的效率，必须估计这件事物与他的经验是否有关系。儿童的初步学习必须完全适合他当时的需要，然后才能养成正当的学习态度。机械的记诵不是儿童所需要，更不是学习的正当态度。我们宁可迟几时学，不可贪早学，而学成不正当的态度。为着这个理由，所以我们实在以为，幼稚园用不得教科书。

但是为着特种的关系，幼稚园或者有编印读物（注意：不是教科书）的必要。可是，最少也须注意下列的几件事：

1. 内容方面

幼稚园用书本，决不是为着符号的强记，是要多供给儿童以欣赏的资料的。例如，儿童喜欢看图画、画图画、听故事等，所以不应当以书本当做神秘的事体，应当是一部儿童最爱看的图画。内容应注意：

（1）是整个的活动——断片的事迹、静止的人物画、说理的文字，不是儿童所看得懂，亦不是儿童所欢迎的。一篇东西必须有连续的事迹，有声有色的活动着。

（2）有趣的故事——儿童虽然不能看故事书，可是能看故事画，而且是很喜欢看的。

（3）是描写儿童生活的——儿童生活怎样，自己一点不知道，一经人家道出，他却感觉着非常有趣的。

（4）一切描写都是人化的——儿童对于人物的界限不很清楚，也不必分清楚，所以描〔猫〕、狗、鸟、鱼的讲话，是不足怪的。用儿童的语气来解释真理，才能把一切真理送给儿童。所以，我们可以介绍科学给儿童，但是必须经过儿童化的科学才可以介绍。

儿童读物的内容，虽如上所述，但最好是儿童自己编、自己订的。怎样编呢？就是儿童讲、教师写。（此法可以参考小朋友书店出版《幼稚教育论文集》，陈鹤琴、张宗麟合著读法篇。）

2. 形式方面

下述几点，或可说是比较的重要些：

（1）质料——最好用布做的。最少，亦须用八十磅图画纸或牛皮纸。因为儿童的筋肉运动不能自如、注意不专，不能细心爱护一切用品；若用平常纸张印刷，多不耐用。

（2）装订——幼稚生用书，是要给他以一种欣赏的材料，所以用象形的形式装订的比较有趣。例如《鹅妈妈的故事》，可以教儿童把书订成鹅的形状。倘能利用活页的亦佳，唯教师须特别留心，以免散失。

（3）字体——最好用楷书，大小与头号铅字相仿佛。

（4）印刷——要多用彩色（但彩色不能杂乱）。倘能半图半字、字中有图、图中插字；在印刷上，字、图都用彩色，那末更好。

3. 用法

有了书，又不应该老守着旧圈套的用法。应注意的有二：

（1）活用的——应该用书本来适应儿童，不应该强迫儿童去适应书本。所以书本是要活用的，务使儿童对于书本可以得到相当快乐，不要使儿童感到书本是痛苦的。

（2）多本的，不是一本的——给幼稚生用的书，要预备多本的。这本书看完了，再去看别一本的，这样流动的看才比较有趣。

我们虽是希望，幼稚园用书不要蹈着小学教科书的后尘，应该"别开生面"的，真真是为着儿童的生活而编订的；但是我们总承认，人类的全部生活都含有教育价值，不要把儿童教育视为强记符号的教育。因为强迫六岁以下的儿童，读他们不喜欢读的书，认识他们不容易认识的符号，犹如强迫处女与一个不相识的男人接吻。这是最不聪明的事哩！

——写于集美幼稚师范

75 不适用于幼稚园的儿童故事

陈伯吹

另图 37　陈伯吹像

1932年1月15日

题　解　本篇原载《儿童教育》第 4 卷第 5 期。发表时间为 1932 年 1 月 15 日。

　　撰著者陈伯吹（1906—1997），原名汝埙，笔名夏雷，江苏宝山（今属上海）人。早年任小学教师，业余从事儿童文学创作。1929 年入大夏大学高等师范科深造，兼任上海幼稚师范学校教师。1930 年 12 月，任北新书局《小学生》半月刊主编，主编"小朋友丛书"。1934 年任上海儿童书局编辑部主任，负责编辑《儿童杂志》《常识画报》和《小小画报》，后任中华书局编审，主编《小朋友》杂志。1949 年后，任少年儿童出版社副社长、人民教育出版社编审。著有童话《一只想飞的猫》、儿童小说集《飞虎队和野猪队》等。

　　有关《儿童教育》，参见前文《整个教学法》题解。

　　所有一切的儿童故事，从很古的时候，一直流传到如今。由于人们的书经过了时间大熔炉的蒸滤，却仍不失其存在的地位，当然自有它们的价值，当然仍适用于儿童无疑。正如米、麦、豆、卵等类的饲养从前的人，由那时候起一直饲养着，现在的人们依然不失其营养的地位一样。

　　然而最年幼的儿童，方其在襁褓时，他们并不即食米、麦、豆、卵，如成人然。必先吸食乳汁，然后由易消化的渐渐递进至难消化的；不则，有害消化转致肠胃症，便失了它们唯一的功用了。同样的，儿童故事亦有深浅、难易的区分。幼稚园的适用的儿童故事，必然不相同于小学其他各年级的。若使昧然乱用，其结果即等于药石乱投，失败是不消说的。

下面所要说述的，就是九种不适用于幼稚园的儿童故事。

一、妖巫的故事

妖巫的迷诱，这件事对于孩子是太离奇了、太害怕了。这样的一种蕴藏着多量的神秘性的故事，孩子们听了，他们是不能鉴别出是真是伪、是实现〔现实〕的还是想像的。

所以如《睡美人》①（Sleehing eanty）②等，应该移入第二年级。幼稚园中的孩子们急需充实经验，所以适用于他们的那些故事该不是奇异的。

二、暴龙的故事

龙是一个太可怖的兽，会叫孩子们在心底里产生出惊骇来的。英雄的冒险与屠龙的战斗的故事，在那些脆弱的小灵魂中，会发生不自然的威胁。他们不能以大胆地、勇敢地冒险，进入国王的园庭中去那样的事实，在孩子们前夸耀他们的力量。

许多的英雄故事，固然充满着文学兴趣，但以此而给与小孩子，这不是相当的理由。若把《亚塔王的故事》③（Tales of King Avthur）④挤塞进幼稚园，它虽是美丽动人，却不能使孩子们对于武士、爵士的罪恶减少幻想。这些故事不是充分的统一给了孩子，结果必定产生知力上的混乱与不成熟。

---

① 《睡美人》：系《格林童话》中的经典童话故事之一，作者为德国的格林兄弟。
② 此英文当订正为 Sleeping Beauty。
③ 《亚塔王的故事》：通译《亚瑟王的故事》，作者为英国作家阿尔弗雷德·丁尼生。
④ 此英文中的 Avthur，当订正为 Arthur。

三、巨人的故事

《杰克和豆茎》①（Jack and the Beanstalk）、《杰克杀巨人》②（Jack the Giant Killer），是该略去的。一个小女孩，当她看见在吃舌头，便亲密地问："谁的舌头？"便告诉她说："是一只母牛的。"她立刻问得更温柔些："难道它不觉得痛的吗？"因此，她肯定她自己不喜欢这舌头。

于孩子的感觉上，砍头不仅是野蛮，并且可怖，不能够给一个机会去让他们得到显著的印象的。生活是不能没有争斗，但是小孩子不需要遇见须臾毕命的东西，以及在一刹那间所表现的悲剧。绝对的不能有巨人的故事使用在这个时候。

在《米哀开先生》③（Mr. Miacca）的故事中，有"小汤曼不能够常常良善，有一天就被罚立壁角"。这虽也是一个巨人的故事，却可以用给年幼的孩子们。因为其中满是滑稽的喜悦。"汤曼"是语言的简单化、甜美的儿童化，诉述着儿童的欲望与自己的性格；汤曼又是那样聪明和有创造力，活泼得惊人，那样的会玩，最后的效果却是永远的快活。

四、变化的故事

从人变化到兽类，这是孩子们所不喜欢的，而且是拂逆着他们的。一个小女孩子，她看了《小兄弟和小姊妹》④（Little Brothes and Sister）⑤的插画说："假使我的姐姐变了魔，我要哭叫的。"兽类是可怖的，这样的变化对于小孩子含有一种惨怖。

---

① 《杰克和豆茎》：英国民间故事。由英国作家约瑟夫·雅各布斯收录在《英国童话》中，后由英国作家托尼·罗斯改编，并出有绘本。
② 《杰克杀巨人》：通译《巨人杀手杰克》，英国童话故事，与《杰克和豆茎》的故事密切相关，由约瑟夫·雅各布斯收录。故事讲述一位名为杰克的冒险家与巨人对抗的过程。情节充满暴力及血腥。
③ 《米哀开先生》：通译《苗卡先生》，英国童话故事，由约瑟夫·雅各布斯搜集整理。
④ 《小兄弟和小姊妹》：通译《小弟弟和小姐姐》，系《格林童话》中的童话故事。作者为格林兄弟。
⑤ 此英文中的 Brothes，当订正为 Brother。

这个集合着长而且复杂的故事,像《美人与野兽》①(Beatuy and the Beasl)②,同样有变化的分子,而却是可喜的故事,该移入第二年级。有一个简单的变化故事,如《小灯和小鱼》(The ebttle Lanb and the Lettle Fish)③,其中的 Gretchen 变成小灯,Peterkin 则变为小鱼,是有趣的,并不可怕,可以选用。

同样的一个故事,如格林姆④的《罗仑及五月鸟》(Fundeuogel)⑤,其中,哥哥和妹妹被妖巫变为蔷薇树和蔷薇花;后来,再变为礼拜堂和礼拜堂顶之尖阁;第三次,又变为池塘和鸭子。

在这两个故事中,它们虽亦具有妖巫和变化,但其事实则并没有恐怖。

五、怪物的故事

在所有的儿童故事中,《当嘀嘟》⑥(Tom Tit Tot),雅各(Pacobs)⑦视为最有趣味了。那是于年长的孩子是觉得滑稽之极,但是不适合于叫六岁的孩子的信仰和理解。罗泼尔斯的"立斯金"⑧(Rumhelstiltshin)⑨是同样的必得除去。

《森林中的屋子》⑩(The House in the Wood),是相同于古代斯干狄那维亚半岛的《两个继母的姊姊》⑪(The Two Steh-Sisters)⑫,都是很美丽的,但亦都最适用于第二年级。

---

① 《美人与野兽》:通译《美女与野兽》,为童话故事,该故事有不同版本。其中法国作家普兰斯·德·博蒙特所著版本流传较广。
② 此英文当订正为 Beauty and the Beast。
③ 此英文当订正为 The Little Lamp and the Little Fish。
④ 格林姆:指德国的格林兄弟。
⑤ 此英文当订正为 Fundevogel。
⑥ 《当嘀嘟》:又名《汤姆·蒂·托特》,以故事中小怪物的名字为题的英国童话。出自约瑟夫·雅各布斯的《英国童话》。
⑦ 雅各(Pacobs):指约瑟夫·雅各布斯。英文 Pacobs,当订正为 Jacobs。
⑧ 立斯金:指侏儒妖。《格林童话》中有关于侏儒妖的故事。
⑨ 此英文当订正为 Rumpelstiltskin。
⑩ 《森林中的屋子》:通译《森林里的房子》。作者为格林兄弟。
⑪ 《两个继母的姊姊》:又名《灰姑娘》,此为众所周知的民间童话故事。
⑫ 此英文中的 Steh-Sisters,当订正为 Stepsisters。

在幼稚园中，最适用的故事是注重良善的。《白雪与红玫瑰》①（Snow While and Rose Red）②中，藏有奇怪的矮老人。但是这故事充满着慈爱、和善与家庭生活，其缺点则在太长了些。故只可用在第一年级。

六、不幸的故事

最小的孩子是可怜惜的。他们柔弱的心灵，必得常常保护之，犹如初播种的苗芽一样。那样的忧郁与悲哀，像我们在读《卖火柴的女孩》③（The Little Match Girl）中所寻获的，会给孩子以深刻的印象，他们将永不能忘坏〔怀〕于伤心的叹息，那是对于健康太不适宜了。

这贫穷的悲哀是人类生活中的一个分子，总有若干的孩子要无可免避地必然遇到的。描写这种境遇最合适的文学，应当是涵有同情和怜悯的故事。但是一年或两年之后，当他们长育得失去易感性，而且各方面发展得十分平均时，他们最好是准备去会见那样的情形，正像他们生活中所会见得到的。

七、掠夺的故事

《阴世女后》——卜赛芳④（Proserpine）⑤必得除去。没有比这再美丽的神话存在了，尤其是讲到"春天"的一节。但是，它的美丽和它的象征主义不能够合适于幼稚园，那是最相宜于第四年级的有基础的孩子们。

---

① 《白雪与红玫瑰》：《格林童话》中的故事，作者是格林兄弟。
② 此英文中的 While，当订正为 White。
③ 《卖火柴的女孩》：通译《卖火柴的小女孩》，丹麦经典童话，作者是安徒生。
④ 卜赛芳：古希腊神话人物。根据传说，冥王把她强夺去为后，人间便草枯树死、百花枯萎；而当她重回人间后，便春暖花开、万木葱茏。
⑤ 此英文当订正为 Persephone。

在事实上，随便什么种类的神话，很少寻得到适合的位置。于幼稚园中，恐怕仅有少数较简单的问题（Pourquoistale）① 故事。《海米林的吹笛者》②（The Legend of the Pied Piher of Hamelin）③，这是十分美丽的一个故事，但于幼稚园应该略去。因为掠夺的结果使孩子们失踪在山上，这是一出愤懑的悲剧。

八、长篇的故事

《丑小鸭》④（The Ugly Ducking）也是应该去掉的。那是一个极艺术的故事，而且那是一段真实的生活。它的性质是以积谷仓天井中的家禽鸡和鸭的交谊，引入于小孩子的经验中去。但是情节太复杂，须经过一幕幕的变化。最好是应用于较有能力的第三年级的孩子。

《白猫》（The White Cat），是一头穿靴的猫（Pusi in Boots）⑤——其中有最动人的插图，白猫怎样变成公主，得到一个少年的帮助，回复变成了他的新娘——因为它长，最好用于第一年级。

还有莱波雷（Laboulay）的 Pouinet，这是一个好故事，讲三个儿子中最小的一个，怎样成功而博得国王的嘉许，最后娶得公主。第一次，依斯本砍倒大橡树，它的幽暗处是一所宫殿，掘出一只井来，在朝廷的门旁，深得足够永远供给泉水。第二次，考试的胜利，他是被命令去战胜一个大食人鬼，它住在森林中。最后为证明自己的知慧比公主更聪明，而说了一个大谎话，那是很明显的。不仅主体的事实，就是这样长长的情节，已十分远隔着幼稚园的小孩子了。

---

① 此英文查无所获。
② 《海米林的吹笛者》：通译《哈梅林的吹笛手》。源自德国的民间故事。最有名的版本收在格林兄弟的《德国传说》中。
③ 此英文中的 Piher，当订正为 Piper。
④ 《丑小鸭》：《安徒生童话》中的经典故事之一，作者是安徒生，首次发表于 1843 年。
⑤ 此英文中的 Pusi，当订正为 Puss。

九、复杂的故事

那结构复杂的故事，如格林姆的《金鸟》（ Golden Bird ），必得除去。再有许多近代儿童故事，未曾经过时间淘汰者，等将来有机会再谈。

在上面述及的若干的儿童故事，都是占重要的地位。但是，他们该应〔应该〕让儿童在未来较长的年龄时去接受。其时，他们已经准备接受它们了。这样的说法完全因为是指示给幼稚园用的缘故。真的，那少数的名著是适用于随便什么的孩子，如《阿丽斯漫游奇境记》等。莱姆勃（Lamb）曾经说到她的姊姊的教育。她说："由于她偶然的或竟有计划的，跑入藏有好的、老的英国书籍的轩敞的书室中，所以起得很早，她没有多大选择或者限止，在美丽而又健全的牧场上，食了嫩叶嫩枝。"但这里所应留意的，便是莱姆勃是未曾过活在科学时代的今日，去发现孩子的个性与精细的注意到孩子的需要。因为像这《奥特赛》①（ Odyssey ）样地的大册子②，给随便怎么多的孩子看，决不能证明所有的孩子同样的喜欢读它，若不是它的趣味伸达到他们的生活。

---

① 《奥特赛》：通译《奥德赛》，为《荷马史诗》的重要组成部分，作者为古希腊诗人荷马。
② 此句中的"地"字，疑为衍字。

不適用於幼稚園的兒童故事

陳伯吹

所有一切的兒童故事從很古的時候一直流傳到如今，由於人們的害怕經過了時間大錯爐的燕鍋卻仍不失其存在的地位，當然自有他們的價值當然仍適用於兒童無疑正如米麥豆卵等類的飼糧從前的人由那時候起一直飼養著現在的人們依然不失其營養的地位一樣然而最年幼的兒童方其在襁褓時他們並不卻食米麥豆卵如成人然必先吸食乳汁後由易消化的漸漸遞適至難消化的不則有害消化轉致腸胃症便失了其唯一的功用了同樣的兒童故事亦有深淺難易的區分幼稚園的適用的兒童故事必然不相同於小學其他各年級的若使昧然亂用其結果卻等於藥石亂投也是不消說的。

下面所要說述的，就是九種不適用於幼稚園的兒童故事。

一 妖巫的故事

妖巫的迷誘邪僻事對於孩子們是太離奇了，太害怕了這樣的一種蘊藏著多量的神秘性的故事孩子們是不能鑑別出是興底偽是實現的，還是想像的所以如睡美人（Sleeping Beauty）等應該移入第二年級幼稚園中的孩子們急需充實經驗，所以適用於他們的那些故事該不是奇異的。

二 暴龍的故事

龍是一個太可怖的獸會叫孩子們在心底裏產生出驚駭來的英雄的冒險與屠龍的戰鬥的故事在那些膽弱的小靈魂中會發生不自然的威脅他們不能以大膽地勇敢地冒險進入國王的園庭中去那樣的事實在孩子們前誇爛他們的力量許多的英雄故事固然充滿著文學與趣但以此而給與小孩子這不是相當的理由若把亞塔王的故事（Tales of King Arthur）擠擁進幼稚園

另圖38 《不适用于幼稚园的儿童故事》原发表件（部分）

76 长留慈爱在人间
——致孙铭勋、台和中

陶知行

1932年11月25日

题 解 本篇原载《晓庄幼稚教育》一书第 211 页。撰成时间为 1932 年 11 月 25 日，出版时间为 1934 年 3 月。后收入安徽人民出版社版《行知书信集》（1981 年 10 月）。正题和副题均由编者所拟。

有关撰著者陶知行，参见前文《孟禄夫人送玩具——致桃红、小桃》题解。

致函对象孙铭勋（1905—1961），贵州平坝人。早年就读于贵阳师范，后为晓庄师范第三期生。入校后，与戴自俺共同学习幼稚教育，在晓庄幼稚园实习，主持创办了迈皋桥幼稚园，并参与设立蟠桃学园。晓庄学校被封后，受命办理新安小学，并创设新安幼稚园；又在陶行知指导下，在上海创设劳工幼儿团。后历任贵州平坝县立中学校长、重庆育才学校校长、西南文教部编审、西南师范学院儿童文学副教授等职。编著有《晓庄幼稚教育》《晓庄批判》《幼稚教育》《乡村幼稚教育经验谈》等。

致函对象台和中（1905—1959），甘肃庄浪人。1928 年秋考入晓庄学校。1930 年春被派赴江苏淮安，与汪达之、孙铭勋等人共同办理新安小学，后转赴安徽、河南事教。1936 年任甘肃省立兰州女子职业学校校长，1945 年任庄浪中学校长。曾任生活教育社监事。

当时，孙铭勋、台和中和汪达之，均任教于淮安新安小学。该校由晓庄学校学生吴廷荣、蓝九盛、李友梅三人创办，始创于 1929 年 6 月 6 日，由陶行知兼任校长。晓庄学校被封后，依旧由晓庄学生接办该校。陶行知此时虽不再兼任校长，但对于该校的办理，则一如继往地予以关心和支持。

有关《晓庄幼稚教育》，参见前文《在燕子矶幼稚园开园典礼上的讲话》题解。

铭勋、和中：

接读你们的信，敬悉你们要创办一个幼稚园，来纪念慈母之爱。这是再好无比了。这个幼稚园办成以后，每个小宝宝的生活里都反映出两位老太太之遗爱。

达之①信里，已提及陈鹤琴先生慨捐一百元，明年一月三十日出款，由竹因②寄来。最低限度开办费虽有着落，而经常费用，亦须预为之谋，方为久远之计。

余意以培养当地聪明、慈祥之妇女充当幼稚导师，为最良之策。我在徐家角已小小试行，③成效殊可乐观。铭勋对于幼稚园较余经验更丰，当能事半功倍。

余创燕子矶幼稚园而不能守，半因大局所关④，半因村外之太太、小姐终属痛痒无涉。你们决不可踏〔蹈〕此覆辙。开始就须多多培养当地人材，庶能垂之久远，不致人存政举、人亡政息。不知以为然否？敬祝

淮安小朋友幸福无疆！

两位老人长留慈爱在人间！

知行
十一月二十五日

---

① 达之：指汪达之（1903—1980），安徽黟县人。早年就读于安徽省立第一师范学校。1928 年就读于南京晓庄学校。1930 年 2 月，被派赴江苏接任新安小学校长。后筹组"新安儿童旅行团"和"新安旅行团"，实践生活教育理论，获热烈反响。后投奔革命，加入中国共产党，历任苏皖边区政府教育厅督学、华中干部子弟学校校长。中华人民共和国成立后，历任复办后的晓庄学校首任校长、教育部师范教育司专员、广东民族学院党委书记兼副院长。著作有《汪达之教育文集》。

② 竹因：指方与严（1889—1968），又名方竹因，安徽歙县人。1927 年秋入读晓庄师范。后被派赴湘湖师范工作，担任校长。1931 年后，在上海主编《儿童生活》《师范生》等刊物，协助陶行知开展"科学下嫁运动"，成为陶行知推行生活教育的助手。后历任山海工学团联络处主任、香港中华业余补习学校教务主任、重庆育才学校教务主任、重庆社会大学副校长。中华人民共和国成立后，先后担任教育部初等教育司副司长、民族教育司副司长。著作有《方与严教育文集》。

③ 徐家角：上海地名，具体为徐家角的乔氏山庄。陶行知租用此处后，专供有志于工学团和普及教育事业者，作为研究和居住之用。当时，在此已仿制出福禄培尔的"恩物"和蒙台梭利的教具，故言"已小小试行"。

④ 此"不能守"之"大局"，指 1930 年 4 月 7 日，国民党当局强令封闭晓庄学校一事。晓庄学校被封后，燕子矶幼稚园虽坚持办理到暑假，然秋季开学后，则只能停办。其园舍也在次年的洪水中被冲毁。

图书在版编目（CIP）数据

中国学前教育史料集成．卷五，幼稚园论集．中册 / 喻本伐总主编；喻本伐，徐恩秀本卷主编．— 北京：人民教育出版社，2022.8
ISBN 978-7-107-36853-0

Ⅰ．①中⋯ Ⅱ．①喻⋯ ②徐⋯ Ⅲ．①学前教育—教育史—史料—中国 Ⅳ．① G619.29

中国版本图书馆 CIP 数据核字（2022）第 131794 号

中国学前教育史料集成　卷五　幼稚园论集　中册
ZHONGGUO XUEQIAN JIAOYU SHILIAO JICHENG　JUANWU
YOUZHIYUAN LUNJI　ZHONGCE

丛书责编　刘雅琴　焦　艳
本书责编　仝梦冉
书籍设计　张志奇

出版发行	人民教育出版社
	（北京市海淀区中关村南大街17号院1号楼　邮编：100081）
网　址	http://www.pep.com.cn
经　销	全国新华书店
印　刷	北京华联印刷有限公司印装
版　次	2022年8月第1版
印　次	2022年11月第1次印刷
开　本	787毫米×1092毫米　1/16
印　张	36.25
插　页	4
字　数	624 千字
定　价	150.00 元

版权所有·未经许可不得采用任何方式擅自复制或使用本产品任何部分·违者必究
如发现内容质量问题、印装质量问题，请与本社联系。电话：400-810-5788